高等学校经济与管理专业系列教材

国际贸易学

（第二版）

李小北　王琎玖

杨春河　王振民　　路　剑　主编

经济管理出版社

图书在版编目（CIP）数据

国际贸易学/李小北等主编 . —2 版 . —北京：经济管理出版社，2004

ISBN 7－80207－010－4

Ⅰ . 国… Ⅱ . 李… Ⅲ . 国际贸易 Ⅳ . F74

中国版本图书馆 CIP 数据核字（2004）第 082228 号

出版发行：经济管理出版社

北京市海淀区北蜂窝 8 号中雅大厦 11 层

电话：(010) 51915602 邮编：100038

印刷：北京交通印务实业公司 经销：新华书店

责任编辑：孟书梅

技术编辑：蒋 方

责任校对：张晓燕 全志云

787mm×1092mm/16 30.5 印张 639 千字

2004 年 10 月第 2 版 2004 年 10 月第 2 次印刷

印数：5001—10000 册 定价：56.00 元

书号：ISBN 7－80207－010－4/F·11

编审委员会委员

（按姓氏笔画排列）

编 写 分 工

主　编　李小北　王琠玖　路　剑
　　　　杨春河　王振民
副主编　李泽红　陈　军　田利琪
　　　　姚金安　杨　洁　朱　红
　　　　贾国银

李小北　第一章、第二章
王琠玖　第三章、第四章
路　剑　第五章、第六章
杨春河　第七章、第八章
王振民　第九章、第十章
李泽红　第十一章、第十二章
田利琪　第十三章、第十四章
陈　军　第十五章、第十六章
姚金安　第十七章、第十八章
朱　红　第十九章、第二十章
杨　洁　第二十一章、第二十二章
贾国银　第二十三章、第二十四章
杨海芬　附录
申鹏、赵瑞琴、赵立平　参编

再 版 前 言

由中日著名经济学家李小北教授等学者共同编著的《国际贸易学》（经济管理出版社 2002 年 10 月版），自 2002 年出版以来受到广大读者的普遍好评。为了适应近两年国际经济形势的新变化和中国对外贸易的新特点，更好地满足读者的学习需求，作者对原著进行了修订。再版《国际贸易学》的突出特点表现在两个方面：

一是理论与方法体系的新颖性。在全球经济一体化的今天，国际贸易从理论到实践都出现了许多新问题，国际贸易课程也面临着研究国际贸易最新动态，充实新内容的挑战。本书在第一版的基础上拓宽了理论范畴，完善了方法体系，全书清晰、简洁、准确地描述了国际贸易的基本概念和理论，全面系统地反映了国内外国际贸易学的最新教学科研成果，强化了国际贸易实物的内容。为提高学生国际贸易实务能力，该书系统收录了近年来国际贸易领域的重大事件，并分析了主要发达国家对外贸易的状况，突出了国际贸易教学中调研分析的特色，注重培养学生分析解决实际问题的能力。

二是较强的实用性。国际贸易学是一门应用学科，因而对国际贸易实务方面的分析研究构成了本书的重要部分。该书不仅从理论上进行了系统的归纳分析，有助于推动国际贸易学的进一步深入研究，而且紧扣世界经济发展的动态，在实务方面突出实用性，做到理论联系实际，对指导我国国际贸易发展具有重要实践意义。随着中国外向型经济的快速增长，我国区域经济中对外贸易发展迅速，迫切需要各级领导干部精通国际贸易学原理，了解国际贸易的政策措施，熟悉国际贸易法规和世界市场的发展变化。本书详尽论述了国际贸易的基本理论、分析方法及贸易实务的具体内容，为领导干部学习运用国际贸易知识提供了良好教材。

中国经济成功地转轨为市场经济制度，国民经济进入快速增长的轨道，GDP已突破万亿美元，产业结构总体已步入重化工业时期，新兴工业发展迅速，如家电、电脑与手机等产业已成为世界重要的生产基地，商品出口、原料进口、吸引外资、技术引进、国际旅游、承包工程、劳务出口、境外投资和技术出口等方面都有长足发展，中国进出口贸易总额 2004 年预计将突破 1 万亿美元，外贸依存度从1978 年的 10％发展到 2003 年的 60％，其中对美国、欧盟的外贸依存度达到 40％以上，重要资源如原油、铁砂矿等的进口依存度也高达 36％～48％。因此，学好国际贸易学对我国全面建设小康社会和现代化意义重大。

中国加入世界贸易组织后的关税减让和对外贸易优惠措施，正依据承诺的时间表加以实施，国际贸易方面的行政法规亦按照 WTO 贸易规则进行了全面完善，制定了新的《对外贸易法》。在区域经济合作方面，中国同东盟（10＋1）、港澳（CEPA）签订了自由贸易框架协议，与周边国家、地区经济贸易关系日益密切，中国经济增长对亚洲经济稳定和繁荣将起到积极的推动作用。日益开放和快速发展的中国经济，既可利用国际市场、资本、技术等良好资源，也会受到国际贸易不利因素的影响。由于世界经济增长缓慢，许多国家和地区生产能力相对过剩，全球新贸易保护主义抬头，加上传统出口市场受到双边区域自由贸易因素的不利影响，中国出口产品和企业不断遇到反倾销方面的调查和不公正待遇，影响了中国相关产业的健康发展。再版后的《国际贸易学》对上述问题均有阐述，还重点充实了不断发展的国际电子商务内容，体现了本书内容与时俱进和开拓创新。

　　《国际贸易学》作为一门应用经济科学，它的生命力在于实践和创新，实践出真知，创新谋发展。本书完善的理论体系和丰富的数据与案例分析，使读者尤其是莘莘学子更易于系统地把握国际贸易理论与实务，本书亦可作为从事国际商务和经济管理等人员的参考书。我们真诚地希望广大读者能学以致用，从本书中受益，使之成为您事业成功的起点，同时，对书中疏漏和不足之处也希望广大读者不吝赐教。

编　者
2004 年 8 月

目　录

第一篇　国际贸易原理

第二篇　国际贸易实务

第一篇

国际贸易原理

第一章

聖思長見示圖

绪　论

从宏观上讲，我国已成功加入世界贸易组织（WTO），因此，急需一批精通国际贸易知识和惯例的专业人才。考虑到市面上关于国际贸易的书籍或过于零散，或过于笼统，于是编者决定自行成书。

从微观上讲，我们的城市也正经历着前所未有的巨变，我们也开始意识到了这一点。开放和对外贸易将成为经济生活的主体。国际经济一体化，科技革命迅猛发展，有利于在与世界经济的融合中引进资金，引进技术，发展自己。加入世贸组织，实施西部大开发战略，推进经济结构战略性调整，完善市场经济体制，使国内宏观经济形势继续好转，有利于我们借势而上，乘势发展。在中国加入世界贸易组织（WTO）之际，我们要充分发挥本国的优势和潜力。首先在各级领导重视的基础上，需要各级领导干部精通经济学的原理，了解国际贸易的政策措施，熟悉国际贸易法规和世界市场的发展变化，结合当地的实际情况，把当地的特色产品循序渐进地打入国际市场，根据市场需要，不断改进其产品质量，最终完全占领国际市场。新的大开放格局的形成主要体现在五个方面：在开放形式上，实行双向开放，既要引进来，也要走出去，特别是到第三世界国家，利用国外的资源、市场，办厂经商。在开放对象上，既对发达国家开放，也对发展中国家开放；既对外开放，也对内开放，特别是对京津的开放；既对境外的政府、企业开放，也对民间组织、各种朋友开放。在开放内容上，既引进资金、设备，更引进知识、技术、人才。在开放领域上，既要有第二产业，还要有第一、三产业，除国家明令禁止的，一切领域都要开放。在开放主体上，既发挥企业的开放主体作用，也要动员各级、各部门、各界人士参与开放，人人成为开放主体。这几条，既是衡量开放工作的标准，也是开放工作的目标。

国际贸易原理是对国际贸易发展历史与现实情况的具体描述和理论说明，主要研究国际贸易的历史及其在各个发展阶段上的规律性，分析与国际贸易密切相关的国际分工、世界市场、国际价值与国际价格等问题，评介国际贸易纯理论（the pure theory of international trade）。

国际贸易纯理论包括重商主义对外贸易学说、西方国际贸易理论和发展经济学的国际贸易理论。西方国际贸易理论分为两大派别：一派是在理论上居主导地位的西方传统国际贸易理论，即自由贸易理论；另一派是西方传统国际贸易理论的反对派，即保护贸易理论。西方国际贸易理论的发展过程可用示意图加以归纳。传统国际贸易理论主要包括亚当·斯密的绝对利益论、大卫·李嘉图的比较利益论、约翰·穆勒和马歇尔的相互需求论、赫克歇尔和俄林的要素禀赋论和里昂惕夫的里昂惕夫之谜。传统国际贸易理论在当代的新发展有可获得性说、熟练劳动说、人力说、研究开发要素说、规模报酬递增说、技术差距论、产品生命周期说、偏好相似说、原料周期说、产业内贸易理论及国家竞争优势说等。比较利益论是传统国际贸易理论形成的标志，绝对利益论是比较利益论的基础，相互需求论是比较利益论的补充，要素禀赋论是比较利益论的演绎，里昂惕夫之谜之后的战后贸易新理论则是比较利益论的细分和新发展。保护贸易理论主要有汉密尔顿的保护关税说、李斯特的保护幼稚工业论、凯恩斯等人的对外贸易乘数论、普雷维什的中心—外围论及保护贸易的其他论点。保护贸易新理论主要有战略贸易论和管理贸易论。见图1。

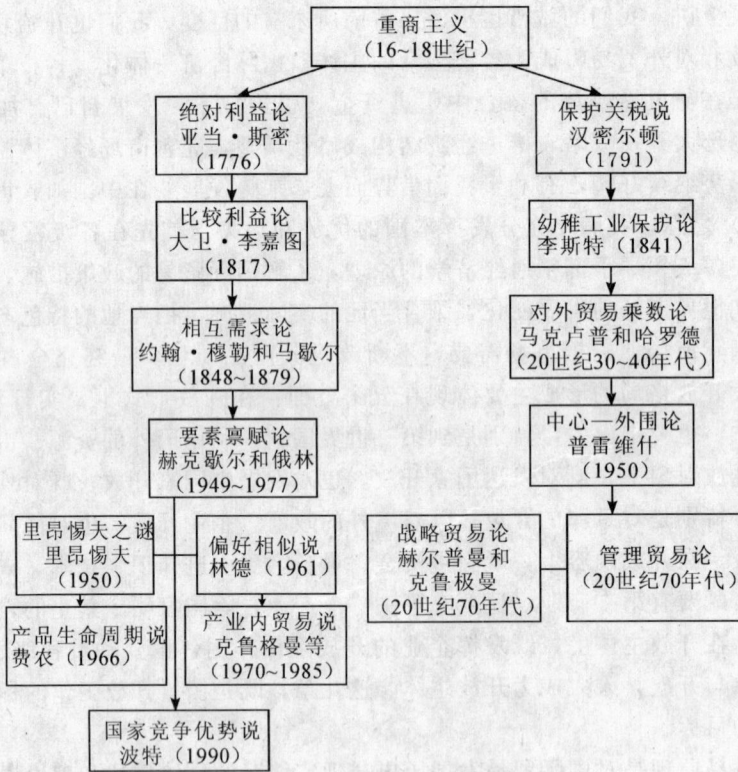

图 1 西方国际贸易理论的发展

发展经济学的国际贸易理论主要是对外贸易与经济发展的相互关系理论和对外贸易发展战略理论。

第一章 国际贸易发展简史

第一节 前资本主义的国际贸易

国际贸易属于历史范畴，它是在一定的历史条件下产生和发展起来的。国际贸易的产生必须同时具备两个条件：一是生产力发展到一定水平，有可供国际间交换的剩余产品；二是社会分工的扩大和国家的产生。从根本上说，社会生产力的发展和社会分工的扩大，是国际贸易产生和发展的基础。在原始社会末期、奴隶社会初期，生产力的发展、剩余产品的出现及社会分工的扩大、国家的产生，使国际贸易也得以产生。随着生产力的继续发展，国际贸易也在各个时期不断发展。

一、奴隶社会的国际贸易

在奴隶制度下，社会生产力较之原始社会有了较大的发展，海运事业渐渐发展起来，贸易组织、货币制度亦先后建立，使奴隶社会的国际贸易有了一定程度的发展。但由于在奴隶社会中，自然经济占据统治地位，商品生产微不足道，因而进入流通领域的商品极为有限，加之当时生产技术落后，交通运输工具简陋，使国际贸易的规模和范围受到很大限制。

奴隶社会的贸易国家有腓尼基（现在黎巴嫩境内）、埃及、希腊、罗马、印度、中国等。贸易的商品主要是王室和奴隶主阶级所追求的奢侈品，如宝石、装饰品、各种织物和香料等。此外，还有奴隶主阶级的活的生产工具——奴隶。

我国在夏商时代已经进入了奴隶社会中，贸易集中在黄河流域，主要在夏王与诸侯国诸侯之间及各诸侯国诸侯相互间进行。诸侯以纳贡形式向夏王提供商品，夏王则以赏赐方式将商品提供给诸侯。各诸侯国之间也以纳贡形式相互交换礼品。供品和赐物主要是本地特产。

二、封建社会的国际贸易

封建社会时期，国际贸易有了较大的发展。虽然在封建社会早期，进入流通领域的商品还不多，但随着商品生产的发展，封建地租由劳役和实物形式转变为货币地租，封建社会中期的商品经济得到了进一步发展。到封建社会后期，随着城市手工业较为迅速的发展，商品经济和国际贸易均有了较大的发展。但在整个封建社会时期，社会生产力水平毕竟还很低，商品经济仍处于从属地位，交通运输也还不发达，国际贸易仅局限于部分区域内进行。而且，当时的国际贸易带有政治意义，如海上、陆上的"丝绸之路"主要是为了显示大汉民族的强盛。

封建时期的贸易范围不断地扩大。在欧洲封建社会的早期，国际贸易中心主要是地中海东部和阿拉伯地区。公元 11 世纪以后，欧洲城市的兴起，使地中海、北海、波罗的海和黑海沿岸成为当时西方贸易的中心。大马士革，达姆吉，中国的长安、扬州、泉州和沿海城市等则是东方贸易的中心。这一时期国际贸易的主要商品仍然是奢侈品，如金银、丝绸、香料、宝石、象牙、瓷器和少量毛麻纺织品。西方国家以呢绒、酒等商品换取东方的丝绸、香料和珠宝等。

我国奴隶社会于春秋战国时期向封建社会过渡，生产力有了较大的发展，列国间贸易进一步增加，与邻近其他民族间的贸易也渐趋频繁。秦以后，我国形成中央集权的封建统一国家，对外贸易向境外更远领域伸展。此后的两千多年中，每遇中国国内生产发展较快、经济繁荣时期，对外贸易便有相当扩展。西汉时期，陆上贸易通道"丝绸之路"的开辟，唐代经济繁荣时陆路贸易和海上贸易的盛况，宋朝海上贸易的活跃，明初郑和率领的远洋贸易的空前规模等，都是当时生产力水平提高的具体表现。通过对外贸易，我国的丝绸、瓷器、茶叶等商品大量输往邻国和西方诸国，四大发明也由此传播出去，同时把欧亚各国的物品输入我国。

三、资本主义生产方式准备时期的国际贸易

16～18 世纪，是欧洲封建生产方式向资本主义生产方式过渡时期，即资本主义生产方式准备时期。在这一时期，由于欧洲城市的不断兴起，城市手工业逐渐发展起来，商品经济得到了一定的发展，客观上需要扩大市场。15 世纪末开始的地理大发现正是这一客观需要的结果。对非洲西海岸的探险，通往东方香料岛屿的新航路的开辟，以及美洲的发现，开始了一个海洋商业（海外贸易）和欧洲人对其他大陆殖民征服的新时期。在西欧海上强国开展的以地球为战场的商业战争中，欧洲的商业地图骤然扩大了。各大洲联结在一起初步形成了世界市场，这又极大地扩大了世界贸易的疆域，印度洋、东南亚的群岛和半岛，以及大西洋等都被绘制进来，世界贸易的规模也随之急剧扩大。

随着商业国的兴衰，国际贸易中心几度转移。14、15 世纪意大利北部的威尼斯、热那亚、佛罗伦萨等城市，以及波罗的海和北海沿岸的汉萨同盟诸城市为欧洲的贸易中心，在 15 世纪末 16 世纪初，葡萄牙的里斯本、西班牙的塞维尔、尼德兰的安特卫普、荷兰的阿姆斯特丹、英国的伦敦，先后成为繁荣的国际贸易港口，其贸易范围远及亚洲、非洲和美洲。这一时期国际贸易的商品除奢侈品外，工业原料和食品的比重开始增加，贩卖非洲黑奴的奴隶贸易也是当时贸易的重要内容。

16～18 世纪国际贸易的显著发展，加快了资本原始积累的过程，促进了资本

主义生产方式的产生。资本主义生产方式的产生需要两个条件，即货币资本的积累和劳动力与生产工具的分离。这两个条件在资本主义生产方式准备时期是由原始积累过程创造出来的，而国际贸易在这两个条件产生过程中，特别是在资本积累过程中曾起过巨大的作用。国际贸易不仅为资本主义生产提供了货币资本，开辟了市场，也提供了劳动力市场。

在历史上，西欧殖民者通过海外贸易与暴力掠夺、征服殖民地和贩卖黑奴相结合，从世界各地攫取了大量财物，运回母国，在那里转化为资本。通过发动一系列商业战争，占领旧市场，征服新世界，扩大了市场。同时，国际贸易也加速了劳动力与生产工具的分离过程，为工业资产阶级提供劳动力，英国历史上著名的"圈地运动"就是最好的例证。可见，国际贸易的发展是资本原始积累的重要手段之一，是资本主义生产方式的历史前提。但应指出，国际贸易属于流通领域，只是再生产过程的一个环节，它不能创造新的生产方式，只是为封建生产方式向资本主义生产方式过渡创造条件。因此，国际贸易只是资本主义生产方式的必要条件。决定资本主义生产方式的产生只能是社会生产力发展和生产关系的变化。

四、资本主义自由竞争时期的国际贸易

18 世纪 60 年代到 1873 年是资本主义上升、发展并确立其统治地位的时期，即资本主义自由竞争时期。在这一时期，以蒸汽机为代表的科学技术获得了惊人的发展。英国以及欧洲其他先进国家和美国相继完成了产业革命。资本主义生产从工场手工业过渡到机器大工业，使社会生产力得到空前的大发展，从而促进了国际贸易的发展。首先，因为机器大工业需要扩大销售市场，而国内市场却远远容纳不了机器大工业生产出来的大量商品，需要将大量商品输送到世界市场去销售。机器大工业时期，英国的纺织工业及法国的丝织工业，德国的化学工业，美国的汽车工业，瑞士的钟表工业，以及瑞典、丹麦、比利时、荷兰和卢森堡的许多制造业都在很大程度上依赖于世界市场。其次，机器大工业需要扩大原料来源，大城市人口所需要的食品也依赖于世界市场的供应。在机器大工业迅速发展的情况下，交通运输及通讯工具发生了变革，运载量大、速度快、运费低的运输工具如火车、轮船，通讯工具如电报机、电缆网应运而生，这又为国际贸易的发展和开辟海外市场创造了有利条件，使国际贸易在这一时期得到了空前的发展。据统计，从 1800～1870 年，国际贸易量增长了 10 倍多，其增长速度超过了世界生产的增长速度。

在资本主义自由竞争时期，与国际贸易空前发展相联系的一个值得注意的现象是殖民主义国家进一步进行殖民地掠夺和扩张，尤其是英国，从 19 世纪 60 年代开始，便以更大的规模抢占殖民地，成了横跨五大洲的所谓"日不落"殖民大帝国。

在此时期的国际贸易中，英国占据了垄断地位，其次是法国、德国和美国。英国是工业革命的先驱，依仗工业革命所造就的雄厚技术基础，取得了世界工业的霸权地位，成为"世界工厂"。工业上的霸权带来商业上的霸权，1870 年英国在国际

贸易中的比重达 25%，几乎相当于法国、德国和美国的总和。见图 1—1。

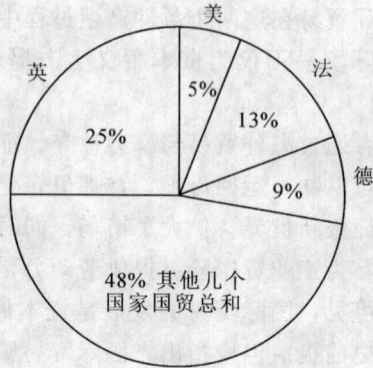

图 1—1 18 世纪中后期，英国国贸与世界经济贸易发展比例图

19 世纪，法国、德国、美国等国也相继完成了工业革命，并开始在世界市场上展开激烈的竞争，因此，这些国家在世界国际贸易中也居于重要地位。随着商品产量和数量的增多，这一时期国际贸易的商品结构较之前一时期发生了很大的变化。大宗商品，如香料、茶叶、丝绸、咖啡等的贸易比重已下降，纺织品贸易则迅速增长，且占优势地位，这与英国纺织工业的迅速发展直接有关。此外，粮食、煤炭、钢铁、农业原料、机器及运输材料等商品的贸易也有了较大的增长。随着贸易规模的扩大，国际贸易的组织形式也发生了很大变化，商品交易所、大贸易公司取代了对外贸易特权公司，运输业、保险业、银行业等在国际贸易中也得到广泛运用。

五、帝国主义时期前期（1870～1938 年）的国际贸易

19 世纪 70 年代以后，资本主义自由竞争逐渐向垄断阶段过渡，到 19 世纪末 20 世纪初，资本主义进入帝国主义阶段，直至第二次世界大战爆发，垄断资本在政治经济生活中占据了统治地位，许多帝国主义国家实行了贸易保护政策。帝国主义时期前期的国际贸易大体上可分为两个阶段，即向帝国主义过渡到第一次世界大战前时期和两次世界大战之间时期。在这两个不同的阶段，国际贸易表现出了不同的特点。

（一）向帝国主义过渡到第一次世界大战前时期（1870～1914）

在此时期，欧洲和美国发生了第二次工业革命。"钢和电的革命"为工业提供了新材料，补充了新能源。内燃机的发明与应用，大大加快了机械工业和交通运输

工业的发展。在第二次工业革命的推动下，世界工业生产飞速发展，统计资料表明，世界工业产值在 1870～1900 年的 30 年间增长了 2.2 倍，在 20 世纪初的 13 年中又增长了 66%。在这个时期，大量的铁路建筑又为进一步扩大资本输出提供了条件，资本输出的急剧增加，扩大了商品输出。这一切使这一时期的国际贸易继续有明显的增长。但与自由竞争时期相比，增长速度下降了。从 1840～1870 年，国际贸易量增长了 3.4 倍，而 1870～1900 年的国际贸易量只增长 1.7 倍。而且，国际贸易量的增长速度已落后于世界生产，这表明世界市场的扩大速度已赶不上世界生产的扩大速度，生产与市场之间的矛盾已趋于尖锐化，主要资本主义国家争夺市场的斗争加剧了。

　　该时期的国际贸易的地理格局发生了突出的变化。虽然截至 1913 年止，英国的出口仍然居世界第一位，可是英国在世界贸易中的地位下降了。1860 年英国在世界出口中所占的比重为 20%，1876～1880 年下降到 16.3%，1913 年再下降至 13.1%。而其他西欧国家、北美、非洲、拉丁美洲在世界贸易中所占的比重则增加了。见图 1－2。

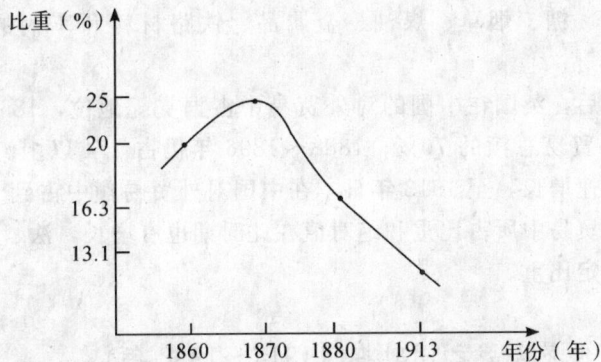

图 1－2　18 世纪末、19 世纪初英国国贸比重的变化情况

　　这一时期的欧洲，主要是西欧仍然占据世界贸易的控制地位。19 世纪的世界贸易大部分是欧洲国家间的贸易以及欧洲与其海外移民地区的贸易。1913 年世界贸易的 1/5 是欧洲的内部贸易，欧洲进口的 1/5 来自欧洲以外的国家，而欧洲出口的 15% 输往海外国家，欧洲以外国家之间的贸易所占世界贸易的份额不足 1/4。

　　在 1870～1913 年期间，世界贸易商品结构的特点是初级产品和制成品在世界贸易中所占比重稳定，但在初级产品和制成品中各类商品所占比重发生了重大变化。在 1870 年以后，随着发达资本主义国家对矿产品原料需求的增加，矿产品在初级产品贸易中所占比重有所增加，而食品和农产品原料的比重有所下降。在制成品领域里，纺织品的生产和出口在世界制成品的生产和出口中所占比重均有下降，而金属产品的生产和出口有了较大增长，化学品、纸张、木制品、陶土制品和玻璃器皿的生产和出口也有所增加。这些变化反映了发达资本主义国家工业化的发展和国际分工的扩大。

1870～1913年，中国对外贸易的半殖民地性质进一步加深了。1894～1895年日本对中国发动了侵略战争，中国被迫签订了不平等的《中日马关条约》。甲午战争以后，帝国主义加紧在中国扩张侵略势力，中国对外贸易主权进一步丧失，中国的对外贸易逐步为帝国主义所控制。中国变成了帝国主义商品的销售市场、原料产地和投资场所。在1870～1913年期间，中国的出口贸易和进口贸易均有所增加，但中国男耕女织的自给自足的经济体制和中国优越的自然条件阻碍了这个时期中国对外贸易的迅速发展。中国商品货币关系的不发达也使这个时期中国对外贸易在国际贸易中所占的份额很低。1913年中国进口额在世界进口额中所占的比重仅为2.0％，出口额占世界出口额的比重也只有1.5％。这一时期内，生丝和茶叶仍然是中国的重要出口商品，但它们在出口总额中的比重却年复一年地下降。而随着东北地区对外贸易的开放和铁路的广泛建设，大豆、植物籽和植物油在出口贸易中占据了重要地位。此外，棉花、煤、羊毛、生皮、熟皮、皮货和蛋类等的出口也有了迅速的增长。在进口贸易中，直至19世纪90年代以后，棉货的进口值才超过了鸦片。此外，棉纱、糖、烟草、煤油、金属品、铁路材料和车辆的进口也有大量增加。

鸦片战争以后，英国在中国的对外贸易中占据支配地位，1868年英国对华贸易约占中国对外贸易总额的70％；1888～1896年仍占1/4以上。甲午战争以后，日本对华贸易迅速增长，至1913年日本在中国对外贸易额中占到18.7％。美国与俄国在中国对外贸易中所占比重和绝对值在此时期也有增长，法、德两国在中国对外贸易中也占一定比重。

（二）两次世界大战之间时期（1914～1938年）

两次世界大战之间时期，资本主义世界爆发了三次经济危机，战争的破坏和空前的经济危机使世界工业生产极为缓慢，在1913～1938年的25年间，世界工业生产量只增长了83％。同时，这一时期贸易保护主义显著加强，奖出限入措施交互推进，螺旋上升，给国际贸易的发展设置了层层的人为障碍。因此，两次世界大战期间，国际贸易的扩大过程几乎处于停滞状态。1913～1938年，世界贸易量只增长了3％，年增长率为0.7％，世界贸易值反而减少了32％，而且这一时期，国际贸易的增长更为明显地落后于世界工业生产的增长，许多国家对于对外贸易的依赖性减小了。

在这一时期，国际贸易的地理格局发生了变化。第一次世界大战打断了各国间特别是欧洲国家与海外国家间的经济贸易联系，使欧洲在国际贸易中的比重下降，而美国的比重却有了较大的增长。亚洲、非洲和拉丁美洲经济不发达国家在国际贸易中的比重也有所上升。但在这一时期，欧洲国家仍然处于国际贸易的控制地位，因为两次大战间的经济危机和超保护主义政策措施在限制欧洲各国间贸易的同时,鼓励和扩大了欧洲对其他国家的贸易。

两次世界大战之间时期,国际贸易商品结构的特点表现为,初级产品和制成品在世界贸易中所占的比重持续稳定,但他们的内部结构发生了重大变化。在1913～1937年的初级产品贸易中,食品和农业原料所占的比重都下降了,而燃料和其他矿产品所占比重均有增加。制成品贸易结构的突出变化是工业产品贸易所占比重显著增加和纺织品贸易比重下降。金属和化学品的国际贸易比重也有所增加,但其他轻工产品贸易比重则下降了。制成品贸易日益从消费品贸易转向资本货物贸易,半制成品贸易也稍有增加。

两次世界大战之间中国的对外贸易:

第一次世界大战期间,帝国主义忙于厮杀,其国内生产大受损失,暂时放松了对中国的侵略,减少了对中国的商品输出。1918年大战结束后,帝国主义又卷土重来,加紧了对中国的掠夺,加之世界经济有所回升和发展,使中国对外贸易有了较大的增长。1918～1929年成了中国对外贸易史上对外贸易增长速度最快的时期。此时期,中国的出口量年均增长率达3.2%,进口量年均增长率达7%。但从1929年以后,因受世界经济危机的影响,1931年日本帝国主义又侵占我国东北,中国的对外贸易又趋于衰落。从整个时期来看,中国的对外贸易并未取得显著的进展。

这一时期中国对外贸易的商品结构发生了很大的变化。20世纪初,中国的鸦片进口已大为减少,棉织品占到首位,其次是棉纱。在当时,由于中国民族工业的发展和帝国主义在中国投资设厂,棉织品和棉纱在中国进口中所占比重大为下降,而纸张、液体燃料、化工产品、钢铁及金属制品、机械等进口所占比重则有了显著增加。出口方面,在战争期间和战后,丝及丝织品和茶叶在出口中的重要性不断降低,而大豆和豆饼在出口中的重要性则不断增加。此时期,其他重要的出口商品还有:蛋类制品、生皮、皮革、皮货、矿砂和金属等。

随着帝国主义国家争夺中国市场和势力范围竞争的加剧,中国对外贸易的地理分布也改变了。与前一时期相比,英帝国的比重逐渐下降,而日本和美国的比重却有了很大的增长。但在这一时期无论在中国的进口或出口中,英帝国仍占到首位,其次是美国,再次就是日本,德国和法国分别占到第4位和第5位。中国的对外贸易已由过去的英、美、日三国控制的局面变成多国控制的局面。

第二节　战后的国际贸易

第二次世界大战以后,世界经济形势发生了深刻的变化,世界生产和国际贸易快速增长,贸易商品结构和地理格局随之改变。国际服务贸易迅速发展,区域贸易集团方兴未艾。

一、战后国际贸易的迅速增长

第二次世界大战后，美国的经济地位江河日下，西欧和日本的力量迅速崛起，亚、非、拉地区一大批殖民地、半殖民地国家相继独立，其中有一些国家走上了社会主义道路，它们在世界经济中的地位和作用日益增强。战后不同类型的国家在统一的世界市场里相互依存、相互竞争，这种世界经济格局影响着国际贸易的发展。

世界生产的发展是国际贸易的物质基础，决定着国际贸易的发展及其规模的扩大。战后出现了第三次科学技术革命的浪潮，电子学、原子能、半导体、高分子化学、高能物理学、生物工程学有了巨大的发展，出现了一系列新兴工业部门。在科学技术革命的推动和其他因素的作用下，世界工农业生产有了较大的增长。战后交通运输工业的发展更为迅速，现代化交通运输和通讯联络工具的广泛采用，使世界各地的距离在时间上大大缩小了。此外，战后资本输出迅速地发展，跨国公司迅猛地发展。这一切都推动了国际贸易的迅速增长。1950～1973 年的 24 年间，国际贸易额从 607 亿美元增至 5740 亿美元，增长了 8.5 倍，平均每年增长 10.3%。至 1997 年国际贸易额再增至 66450 亿美元。见图 1－3。

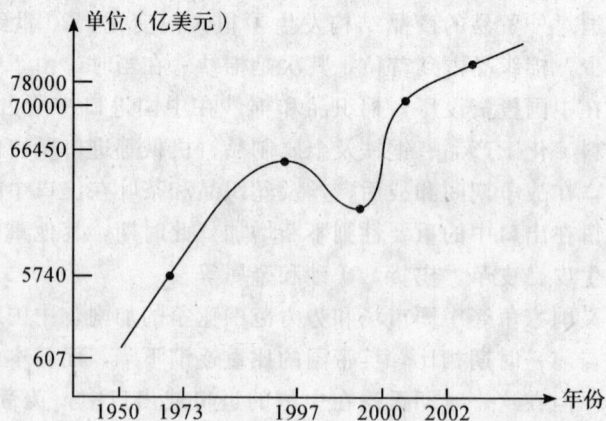

图 1－3　国贸额自 1950～2002 年的增长曲线图

而在 20 世纪上半叶，1900～1938 年的 38 年间，世界贸易量只增长了 1 倍，年均增长率仅 1.8%。战后不仅国际贸易的规模迅速扩大，而且国际贸易的增长速度超过了世界生产的增长速度，这表明国际分工和国际贸易作为经济增长因素的作用的重要性大大增加了。

战后国际贸易的发展大致可分为两个阶段。第一阶段为 1948～1973 年：与世界经济迅速增长相适应，这一时期国际贸易发展迅速，世界市场的容量扩大了，世界进口和出口总的趋势是直线上升。1948～1973 年，世界出口量年均增长率达

7.8％，超过 1913～1948 年的世界出口年均增长率 0.5％，也超过了 19 世纪的
"黄金时代"高峰时期，1860～1870 年的世界出口量年均增长率 5.6％，而且超过
了同期工业生产的增长率 6.1％。第二阶段是 20 世纪 70 年代初至今：从 70 年代
初开始，世界经济走出了它的战后"黄金时代"，缓慢地发展，与此相适应，国际
贸易增长率大幅度下降，从 1973～1981 年国际贸易年均增长率较第一阶段减少了
一半，只达到 3.6％。80 年代初，由于受到战后以来最严重的经济危机的影响，国
际贸易陷入 1981 年的零增长和 1982 年的负增长困境，1983 年以后，随着西方国
家经济的回升，国际贸易增长率有较大提高，1983～1989 年国际贸易年均增长提
高到 6.2％。进入 90 年代后，国际贸易的增长速度加快，1990～1995 年国际贸易
年均增长率达 10％左右，但 1996 年降至 6.7％，1997 年再降为 3.5％，1998 年因
受亚洲金融危机的严重影响，国际贸易再度陷入负增长的困境，1999 年，随着亚
洲国家经济复苏，国际贸易逐步回升。总的看来，战后第二阶段国际贸易的发展处
于动荡不稳和低速增长的状态。见图 1-4。

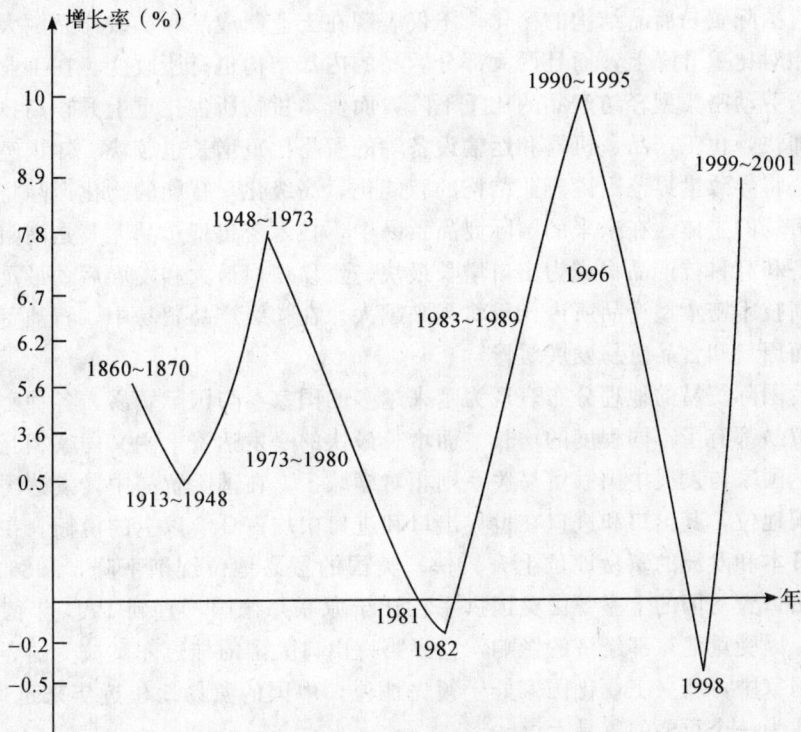

图 1-4　1860～2001 年国贸增长变化比率图

二、战后国际贸易商品结构和地理分布的变化

第二次世界大战以后，在国际贸易中制成品的增长快于初级产品，国际贸易商品结构一改战前初级产品占主要地位的局面，制成品贸易比重上升，初级产品的贸易比重下降，制成品所占比重从1953年开始超过初级产品的贸易比重，国际贸易商品结构日趋优化。造成这一变化的原因：第一，科技进步导致了更经济有效地使用原料，并推动了对出口的初级产品的不同程度的加工。第二，合成材料的大量生产减少了天然原料的使用。第三，发达资本主义国家实行的农业保护主义政策，减少了对农产品的进口需求。第四，发展中国家的工业发展使资本货物的进口增加。第五，发达国家国内需求类型变化所导致的制造业结构变化影响了发展中国家初级产品的出口。此外，初级产品贸易条件恶化以及世界产业结构日益智能化、高级化也是造成国际贸易中初级产品贸易比重不断下降和制成品比重不断上升的重要原因。

当代国际贸易商品结构的变化，不仅表现在工业制成品和初级产品两大部分间的贸易相对比重升降上，而且两大部分贸易的内部结构也有所改变。在工业制成品贸易中，劳动密集型轻纺产品的比重下降，而资本货物所占比重上升，高技术产品的增长加快，化工产品、机器和运输设备等的贸易比重增长也较快。知识经济时代的到来，将导致世界范围内产业结构的智能化、高级化。智能的物化产品将成为世界商品市场的主体。在未来的国际商品贸易中，技术密集型产品尤其是高附加值的成套设备和高科技产品将成为出口增长最快、贸易规模最大和发展后劲最足的支柱商品，高技术密集型产品所占比重将越来越大。在初级产品贸易中，石油贸易增长迅速，而原料和食品贸易发展缓慢。

战后国际贸易的地理分布表现为越来越多的国家参与国际贸易，各种类型国家的对外贸易都有了不同程度的增长。而增长最快的是发达资本主义国家相互间的贸易，发达国家与发展中国家贸易关系则相对缩减了。在国际贸易中，发达国家继续占据支配地位，其出口和进口在世界出口和进口中均占2/3以上的份额。在发达国家中，日本和欧洲的贸易地位上升较快，美国的贸易地位逐渐下降，1986年世界最大的出口贸易国的宝座曾由美国拱手相让于原联邦德国，直到1991年德国东西部统一，因受重建东部经济的影响，世界第一出口大国的桂冠才又被美国夺回。在发展中国家中，新兴工业化国家处于领先地位。中国的贸易地位近年来迅速提高，已逐渐成为一个重要的贸易大国。

三、战后国际服务贸易的急剧发展

国际服务贸易（International Trade in Service）是指国家之间提供作为劳动活动服务的特殊使用价值。它随资本主义生产方式的产生而出现，并随资本主义商品

经济的发展而不断发展。

在资本主义生产方式准备时期，随着新大陆的发现，航运业兴起，随着美洲的开发，出现了大规模的"奴隶贸易"和带有强烈的殖民主义色彩的国际劳务贸易。在资本主义自由竞争时期，随着有形商品贸易的巨大发展，铁路、海运、金融、通讯等的无形商品贸易也不断发展。虽然第二次世界大战前国际服务贸易随着商品经济的发展而不断增长，但与战后的情形比较，其规模和范围及增长速度都比较有限。只有在第二次世界大战以后，伴随着第三次科学技术革命的发生，各国尤其是发达国家产业结构不断优化，第三产业急剧发展，加上资本国际化和国际分工的扩大和深化，国际服务贸易才得到迅速发展。据统计资料显示，从1967～1980年，国际服务贸易额由700亿～900亿美元猛增到6500亿美元，1997年再增至13200亿美元，相当于当年国际贸易的19.86％。见图1－5。

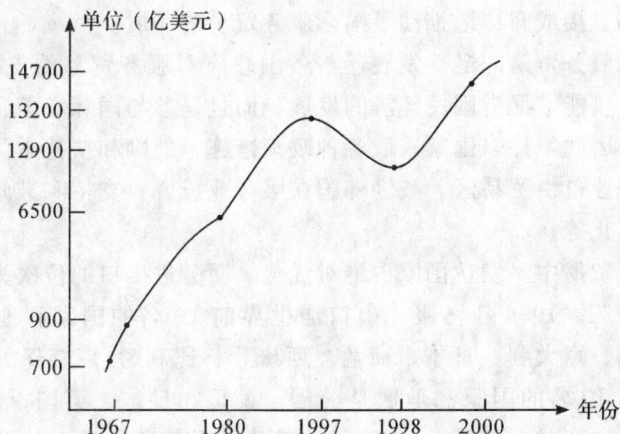

图1－5 国际服务贸易额发展变化曲线图

1998年，国际服务贸易额较上年有所下降，为12900亿美元。1979年国际服务贸易额超过了商品贸易额的增长速度。近年来，服务贸易的增长速度更高于商品贸易的增长速度。

第二次世界大战后国际服务贸易得以迅速发展的原因首先在于世界各国，尤其是发达国家服务业急剧发展，服务活动在就业和国民生产总值中的比重不断加大。目前，发达国家服务业占其国内生产总值比重达2/3，其中美国已达3/4，发展中国家服务业所占比重也达1/2。发达国家服务业从业人数占其总就业人数比重达2/3，发展中国家的这一比重达1/3。随着服务业的发展，其专业化程度日益提高，经济规模不断扩大，从而效率不断提高，为国际服务贸易打下了坚实的基础。

战后世界经济的恢复和发展，各类行业对服务的需求增加，形成了部门齐全的大规模的国际服务市场，使国际服务贸易成为可能。从20世纪60年代开始，世界上就形成了部门齐全的大规模的国际服务市场，如西亚、北非国际承包业市场，西欧制造业和服务业市场，北美高技术市场和东南亚境内服务输出市场等。

国际分工的扩大和产业结构的调整，促进了国际服务贸易规模的扩大。国际分工和产业结构调整必然导致大规模的服务输出和输入，而各国生产力水平的差异以及自然资源和劳动力分布的差异，使其发展各具比较优势，通过国际贸易，各自的服务需求得以满足。

战后跨国公司的迅速发展推动了国际服务贸易的快速增长。战后，随着生产与投资的国际化，跨国公司迅速发展。跨国公司全球性的投资活动、技术转让和国际性的生产专业化过程，促进了专家、技术人员和劳动力的国际流动，带动了金融、法律、技术服务、保险、运输、计算机服务、工程咨询等服务业务的发展。

国际经济技术合作的多样化也推动了国际服务贸易的发展。随着贸易自由化、外汇自由化，生产要素在国际间的流动性加强，国际经济合作的内容和方式日益增多，诸如国际信贷合作、国际投资合作、国际科技合作、国际劳务合作及各种国际经济援助等，都直接或间接地推动了国际服务贸易的发展。

此外，国际服务贸易的迅速发展还与各国政府对服务贸易的支持和鼓励有关。服务业的发展不仅能够促进国民经济的发展，而且是参与国际竞争、跻身于世界市场的重要基础。因此，许多国家采取各种政策措施，鼓励和扶持本国的服务业的发展，如建立服务业自由贸易区，鼓励外国在服务业投资、支持和鼓励国际和区域内部的合作与一体化等。

在国际服务贸易中，发达国家占绝对优势。服务进出口的位次为欧洲居首，亚洲位次，北美第三。1998年，服务出口居世界前10名的国家和地区是美国、英国、法国、德国、意大利、日本、荷兰、西班牙、比利时/卢森堡、中国香港。服务进口居世界前10名的国家和地区是美国、德国、日本、英国、意大利、法国、荷兰、加拿大、比利时/卢森堡、奥地利。美国是服务贸易最大的顺差国，而法国则是最大的逆差国。发展中国家和地区在国际服务贸易中地位落后，而且发展很不平衡，集中在少数国家和地区，主要是韩国、新加坡、墨西哥、泰国、土耳其、沙特阿拉伯、马来西亚、印度尼西亚、中国及中国的台湾和香港地区。

四、国际贸易格局的集团化发展

第二次世界大战后，国际竞争日益激烈，世界主要贸易国为保持其在全球市场上的竞争力，不断寻求与其他国家联合，通过优惠贸易安排、自由贸易区、关税同盟、共同市场等不同方式，组建区域贸易集团，实现在区域内贸易自由化。以1957年成立的欧共体为导线，贸易集团在全球迅速蔓延。20世纪80年代中期以后，随着东西方关系缓和及冷战结束，世界政治经济格局发生深刻变化，世界经济多极化趋势明显加快，以欧共体统一大市场为先导，北美自由贸易区、亚太经济合作组织为两翼，拉美加勒比海联盟和南方共同市场、马各里布、马什里克共同市场、东盟自由贸易区、中西亚经济合作组织、南亚区域合作联盟、东南非洲共同体为后续，掀起了区域贸易集团化的又一浪潮。即便是一向反对区域集团合作的美国于 1985 年也投入到区域集团化浪潮之中。进入 90 年代，区域经济合作不断地向深度和广度推进，区域贸易集团化步伐进一步加快，贸易集团激增，区域内贸易日益活跃和扩大。据日本贸易振兴会统计，截至 1996 年 7 月，世界经济区域、次区域集团化组织已达 112 个，其中 69 个建于 90 年代。欧盟（EU）、北美自由贸易区（NAFTA）和亚太经合组织（APEC）是世界上最大的三个区域性集团。据统计，1995 年欧盟内部贸易额占到该区域内国家对外贸易额的 62％；北美自由贸易区为 46.2％；亚太经合组织为 73％；中国近年来与亚太经合组织成员国的贸易额占对外贸易总额的比重一直保持在 75％左右；全球区域贸易额已占世界贸易总额一半稍多。区域内贸易的发展和扩大有力地推动了世界贸易的发展。因区域内贸易的开放性高于排他性，预计今后区域内贸易的发展速度仍将高于其对外贸易的增长速度，在世界贸易中的比重会进一步加大。

区域贸易集团的形成与发展，有着深刻的历史原因和社会、经济基础。

1. 地缘关系。由于邻国在历史、民族习惯、宗教信仰、消费偏好等方面较为相似，加之地理位置邻近，因而具有建立和发展彼此间经济贸易往来的基础，国际间最初的经济贸易往来，都是以地缘经济为基础发展起来的。而且，地缘经济在世界贸易发展史上一直具有重要的意义。地缘经济的范围随着生产力的发展而不断扩大，可以说区域贸易的集团化是经济地缘化在当代的集中表现，是经济地缘化发展的新阶段。

2. 贸易壁垒的存在。随着当代世界经济的发展，世界经济一体化、全球贸易自由化已是不可逆转的趋势。然而，20 世纪 70 年代中期以来，新贸易保护主义抬头，在多边贸易体制下存在着重重贸易壁垒，尤其是进入 80 年代以后，各种贸易保护主义的冲击和威胁变本加厉，使世界各国不得不寻求维护自由贸易的新方式。于是，在多边贸易体制的另一侧，发展形成了以降低贸易壁垒，推进自由贸易为中心的区域经济合作组织，而区域经济合作组织的存在和发展必然走向贸易集团化。

3. 世界经济发展的不平衡。第二次世界大战以来，在经济不平衡发展规律的作用下，各国经济实力的消长变化很大。尤其是冷战结束后，形成多极化格局，各国之间的竞争，尤其是经济竞争日益激烈，仅靠一国力量获取长久的优势已不可能，而源于地缘和传统经贸联系组成区域贸易集团则不失为提高竞争力的重要选择。美国联合加拿大、墨西哥，稳住拉美，插足亚太；欧盟不断深化一体化进程，与欧洲自由贸易联盟建立欧洲经济区；日本致力于亚太区域经济合作；发展中国家纷纷掀起经济地区主义浪潮，无不是依靠周边国家的经济贸易联合，提高自身竞争实力的重要举措。

此外，政治上的需要、调整区域内部的资源配置以降低成本、提高竞争力，以及打开一些一贯封闭保守的国家的市场以降低两国间贸易差额等等，也是区域性贸易集团形成不可忽视的原因。

世界贸易集团化是世界经济走向一体化、全球贸易走向自由化的一个发展阶段和步骤，集团贸易成了全球贸易自由化的推动力。随着区域贸易集团化的纵深发展，区域集团将进一步联合，世界经济将走向全面一体化的道路。在新的世界一体化框架中，贸易的边境壁垒将趋于消亡，而贸易投资政策、竞争政策以及宏观、微观经济政策的协调与规范将达到一个比较统一的水平，国家的政治经济主权将在一定程度上受到削弱，而贸易政策和经济政策的界限也将越来越模糊，世界经济一体化，全球贸易自由化将最终实现。

应该指出，区域贸易集团的排他性和程度不同的贸易转移效应对世界贸易产生了一些消极影响，在一定程度上困扰着世界贸易组织体制的正常运行和进一步发展。因此，世界各国应达成共识，以全球贸易自由化为目标制定贸易政策，并通过世界贸易组织采取有效措施，规避区域贸易集团的消极影响，充分发挥其积极作用，努力将区域贸易集团化汇入全球贸易自由化的潮流之中。

五、新中国的对外贸易

新中国成立后，废除了帝国主义在华的一切特权，建立了新海关，建立了新中国的对外贸易体制，成立了专营对外贸易的中国进出口公司。我国对外贸易有了很大的发展，从 1950～1998 年的 48 年间，中国商品出口额由 5.5 亿美元增至 1838 亿美元，按现行价格计算增长了 334 倍。

解放后，我国在不同时期对外贸易的发展存在很大差异。解放初期到 60 年代中期，新中国受到帝国主义的经济封锁，只能与前苏联和东欧一些社会主义国家开展有限的贸易往来，主要进口前苏联的机器设备，出口我国的农副产品和原材料。这一时期的对外贸易发展受到较大限制。60 年代以后中苏关系恶化，我国对外贸易受到直接影响，对外贸易额连年大幅度下降，1962 年我国对外贸易额由 1959 年的 43.81 亿美元降至 26.63 亿美元。"十年动乱"中，我国基本中止了一切对外贸易联系。直到党的十一届三中全会，确立了改革开放的基本国策，才为我国对外贸易带来了春天。此后，我国经济发展走上了健康、稳定、高速增长的轨道，对外贸易额不断增长。1981 年我国的商品进出口总额突破了 400 亿美元，1985 年突破了 600 亿美元，1998 年达 3240 亿美元，其中出口额达 1838 亿美元。我国在世界贸易中的地位从 1976 年的第 34 位跃为 1992 年的第 11 位，并连续五年保持这一地位，1997 年跻身全球贸易十强行列，排第 10 位，1998 年升为第 9 位。中国正重现历史上贸易大国的辉煌。根据"九五"计划和 2010 年远景规划，2000 年我国出口总额达到 2000 亿美元，2003 年进出口总额达 8512 亿美元。见图 1—6。

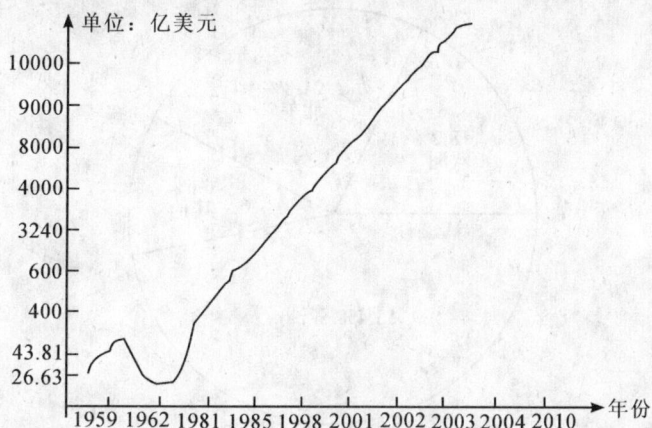

图 1—6　新中国进出口贸易总额变化发展曲线图

新中国成立以来，随着国家科学技术的发展和工业化程度的提高，我国出口商品结构逐步趋向优化。经过几十年的建设和发展，20 世纪 80 年代末我国出口产品结构已经完成了由主要出口初级产品向主要出口工业制成品的转变。90 年代开始了出口商品结构的第二个转变，即由主要出口粗加工、浅加工、低附加值的产品向精加工、深加工、高附加值产品的转变。1997 年我国出口总额中，初级产品占 13.1%，工业制成品占 86.9%；1998 年出口中初级产品和工业制成品所占比重分别为 11.2% 和 88.8%。这说明出口商品结构的第二个转变已朝好的方向发展。但总的来说，我国现阶段的出口商品结构仍比较落后，尤其是与世界贸易前十强的其他国家（地区）相比，无论在总体结构上还是在部分上都不够优化。另外，信息不灵也是阻碍我国各省国际贸易发展的根本原因之一。例如，芦苇编织的芦苇席盛产于河北省保定市安新县，每片在当地的收购价格为 20 元人民币左右，可是由韩国的贸易公司一经转手到日本国，市场的价格每片芦苇席为 620 元左右。这样的例子举不胜举。

在我国的出口产品中机电为第一大类，1998 年机电出口占出口总额的比重为 36.2%，服装、纺织品、鞋类、玩具、无机及有机化学制品以及药品等出口也占重要地位。我国进口商品仍以工业制成品以及药品为主，80% 以上是生产资料，如钢材、有色金属、化工原料、成套设备、机床、船舶和新技术等。

我国商品的出口市场中，占第一位的是发展中国家，占第二位的是发达国家。1998 年我国出口商品总额中，53.4% 输往亚洲，21.8% 输往北美洲，18.2% 出口到欧洲，其余 6.6% 输往非洲、拉丁美洲和大洋洲。我国商品进口的来源地包括发达国家和发展中国家。1998 年我国商品进口总额中，62.1% 来源于亚洲，18.8% 来自欧洲，13.7% 来自北美洲，其余 5.4% 来自非洲、拉丁美洲和大洋洲。见图 1—7 和图 1—8。

21.8%
北美

18.2%
欧洲

6.6%
其他

53.4% 亚洲

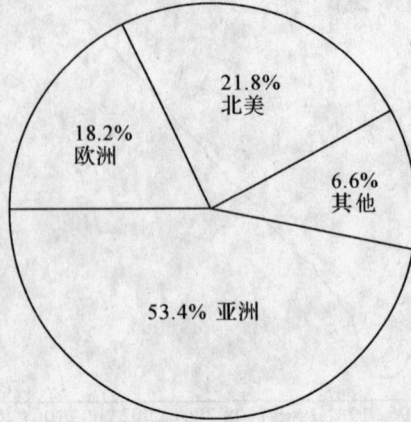

图 1-7　1998 年中国出口方向扇形图

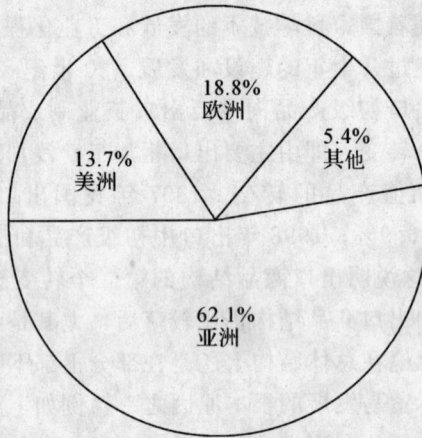

18.8%
欧洲

5.4%
其他

13.7%
美洲

62.1%
亚洲

图 1-8　1998 年中国进口来源国比例分布扇形图

第三节　国际贸易的含义和特点

一、国际贸易的含义

（一）国际贸易的概念

国际贸易是指世界各国之间商品和劳务交换的活动，从国际范围来看，这种交换活动被称为国际贸易（International Trade）；从一个国家或地区范围来看，这种交换活动被称为对外贸易（Foreign Trade）；从全球范围来看，这种交换活动则被称为世界贸易（World Trade），即各国对外贸易的总和。因此，对外贸易是以一个国家或地区为主体，相对于国内贸易（Domestic Trade）而言的。

国际贸易是人类社会生产力发展到一定阶段的产物。国际贸易的产生必须具备两个基本的条件，一是国家的存在，二是可供交换的剩余产品的存在和国际分工的需要。

国际贸易的产生和发展都是以生产力的发展为基础，并受到生产力的制约。同时，国际贸易的发展反过来又可以促进社会生产力的发展，加速整个社会物质财富的增长。随着生产的发展、科学技术的进步和交换方式的改进，国际贸易的含义也在不断地扩大。传统的国际贸易仅指有形商品的交换。现代国际贸易则指商品与劳务的交换，也称广义的商品交换，包括有形商品贸易（Visible Trade）和无形商品贸易（Invisible Trade）。后者是指运输、保险、银行、旅游、信息、咨询等服务的提供与接受，以及技术贸易。因此，国际无形贸易可以分为国际服务贸易和国际技术贸易两部分。国际无形贸易的发展是随着有形商品贸易的发展而发展的，随着第三产业比重的不断增大，其发展规模和增长速度十分惊人。到1997年，全球服务贸易已经占了全球贸易总值的1/4。无形贸易在国际贸易中的比重越来越大，倍受世界各国所重视。因此，商品贸易、服务贸易和技术贸易构成现代国际贸易的主要内容。

（二）国际贸易的研究对象

国际贸易课程的研究对象既包括国际贸易的基本理论，也包括国际贸易政策以及国际贸易发展的具体历史过程和现实情况。一般认为，国际贸易课程的研究对象包括以下几个方面：

1. 国际贸易在形成和发展过程中的一般规律。国际贸易是个历史的范畴，它是社会生产发展的必然结果。因为它是在一定历史条件下，随着生产力的发展而出现的。

国际贸易产生于奴隶社会末期，但在奴隶社会和封建社会，国际贸易的范围和规模都很有限。只有到了资本主义社会，国际贸易才获得了广泛的发展。国际贸易成为资本主义生产方式的前提和结果，在资本主义制度的发生和发展过程中具有重要意义。第二次世界大战后，国际贸易又有了空前迅速的发展。今天，世界上几乎没有一个国家可以脱离国际贸易，不与其他国家进行贸易往来而单独存在。

2. 世界各国对外贸易发展的特点。对外贸易已成为世界各国经济发展中不可缺少的重要组成部分，不论是经济发达的国家，还是经济相对落后的发展中国家，都是如此。但是，由于各国的生产力发展水平不同，在国际贸易中的地位和作用也不同。

3. 国际贸易的理论与学说。在社会经济发展过程中，理论与实践总是在相互影响和相互作用。理论是对实践的总结，同时又服务于实践，使实践有新的发展。在国际贸易的形成和发展中，各个时期的经济学家们都十分重视对国际贸易各种问题与规律的研究与探讨。

西方国家的国际贸易理论，是西方经济学家研究国际贸易发生的原因、国际交换比价的决定、国际贸易利益的分配、国际贸易与经济增长的关系等各种问题的理论总结。这些理论主要分为自由贸易理论和保护贸易理论。自由贸易理论包括古典学派亚当·斯密的绝对利益学说，大卫·李嘉图的比较成本学说，现代学派赫克歇尔和俄林的生产要素禀赋论以及当代自由贸易理论。保护贸易理论包括资本主义原始积累时期的重商主义学派，资本主义自由时期的保护幼稚工业理论，资本主义垄断时期凯恩斯的外贸乘数理论，以及当代保护贸易理论。目前，随着区域经济一体化和全球经济一体化的深入发展，尤其是世界贸易组织的建立，自由贸易理论成为国际贸易理论的主流。

4. 国际贸易的政策与措施。国际贸易是由各国（地区）的对外贸易构成的，它直接涉及各国的经济发展和财富的积累，反映各国在国际分工中的地位和作用。因此，各国都制定了有利于本国对外贸易发展的政策和措施。但是对外贸易又是相互的，贸易政策与措施应符合双边或多边的贸易发展和平衡。国际贸易政策分为自由贸易政策、保护贸易政策和资本主义垄断时期出现的超保护贸易政策。世界贸易组织为促进贸易自由化发展，对各成员国贸易措施的约束和规范做出了许多规定，今后还将做出各种规定，各国政府和经济学家应认真学习和深入研究。

5. 国际贸易的重大现实问题。世界贸易组织、区域一体化、跨国公司等重大现实问题也是国际贸易研究的主要内容，它们对国际贸易的发展和变化，对各国的对外贸易具有重大影响。因此，国际贸易研究的范围和内容比传统的领域要广阔得多、丰富得多。它不仅研究有形商品贸易、无形商品贸易与生产要素的国际转移，也研究国际投资、国际信贷、跨国公司与国际经济合作，它不仅研究国际贸易理论、政策和措施，同时还研究国际贸易的组织机构、法规体系，以及贸易经济一体化。总之，其内容涵盖了国际贸易的全部活动。

二、国际贸易的特点

国际贸易和国内贸易同属流通领域，都是商品和劳务的交换活动，其经营目的也同样是为了增加经济效益和获得利润。前者是在国际间进行的，而后者则是在一国内部开展的；前者是后者的延伸、扩大，后者是前者的基础、起点。一方面，两者并不存在性质上的不同，只不过是范围和程度上的差异；另一方面，由于国际贸易跨过了国与国之间的界限，与国内贸易相比较，具有自己的特点。

（一）手续与操作较复杂

国际贸易交易双方分属于不同的国家或地区，在交易过程中，涉及语言文字、货币制度、法规管理、地理环境、风俗习惯、商业惯例等方面差异，比国内贸易复杂得多。就出入海关的手续而言，一般要向海关提交进口许可证、产地证明书、卫生检疫证书、海运提货单、进口报关单、商业发票单等。这些手续缺一不可，否则，全部进口商品都将被卡住，造成不必要的经济损失。

国际贸易操作上的复杂性还表现在许多方面。交易磋商方面，要与交易对方讨论接洽，最终签订贸易合同，不仅要熟悉和掌握各种国际条约和通行的国际贸易惯例，而且要了解对方国家的各种贸易规定，以减少和避免贸易纠纷的发生。至于国际贸易货款支付中的信用证、承兑、汇款等具体操作上的复杂性，更是国内贸易所无法比拟的。

（二）经济环境与政治制度不同

国内贸易面对的是相对稳定而又比较熟悉的国内经济环境，包括本国的经济制度、经济政策、市场规模、消费水平和基础设施等。相对于本国单一的经济环境，国际贸易所面对的则是立体的经济环境，比国内贸易要复杂多变。第一层是国际经济大环境，把商品打入国际市场，会受到各种国际性因素的影响。如世界性经济周期的波动、国际性贸易保护主义的抬头、各主要金融市场的动荡与主要货币的汇率起伏、发展中国家支付困难，等等，这些因素都可能使一国的对外贸易受到严重冲击。第二层是国别经济环境，在国际贸易活动中，无论与哪个国家进行交往，都会受到这个国家特定经济环境的影响。例如，某国实行严格的贸易保护政策，外国商品就很难进入；如果某国希望通过外贸促进本国产业结构的调整，提高国内生产力水平，就为大量机械设备和劳务的输入提供了较好的机遇。

同时，各国的商业法规、货币制度，以至于政治制度的不同，也会影响贸易的进行。一般说来,实行自由贸易政策的国家,政府干预控制较少,对国际贸易的展开相对有益。实行贸易保护政策的国家干预控制较严,国际贸易的展开就会阻力较大。另外,与法制比较健全的国家开展对外贸易活动,只要依法正常进行,外商的利益就会受到保护;而与法制不太健全的国家进行对外贸易活动,就会存在较多的困难。

(三)国际贸易风险大

相对于国内贸易而言,国际贸易所处的是一种复杂多变的经济环境,所面临的风险也比国内贸易要大得多。这主要表现在以下5个方面:

1. 信用风险。由于资信调查上的困难,在交易进行的过程中,有可能会出现因一方违约而造成信用风险,进而带来经济损失。

2. 汇兑风险。由于汇率的不断变化,信息失灵,措施不力,就会出现汇兑风险。在多种货币流通的国际贸易活动中,各国的货币制度、国际金融市场的动荡和所使用货币汇率的波动,都会对贸易当事人的经济利益带来影响。如果不能及时、全面地洞察经济形势及制度的变化,就会给贸易一方带来巨大的损失。

3. 价格风险。国际市场价格变幻莫测,贸易双方签订合同之后,货价可能上涨或下降,无论出现何种情况,都会给贸易一方造成经济损失。

4. 运输风险。国际贸易中商品都需要长途运输,因而引起运输风险的概率明显高于国内贸易。

5. 政治风险。一些国家的政局变动、政权更迭、民族纠纷、军事冲突、政策法令修改,以及国际社会对某些国家实行的经济制裁,都会给国际贸易带来影响,造成经济损失。

(四)业务处理困难

国际贸易的复杂性同时也产生国际贸易交易活动的困难性。具体表现在:因交易技术更新快、贸易障碍多、法规惯例理解不一致,以及贸易纠纷处理不同,贸易难度加大。同时,国际贸易的市场调研比国内贸易要困难得多。因其市场大且多变,所以,交易对方资信的收集不容易。此外,开拓国外新市场、选择何种销售渠道进入、定价及贸易伙伴的选择都有一定的难度。贸易双方的交易手段,从信函到电报、电传、传真以至EDI(电子数据交换)的采用,交易技术与业务处理方式日新月异,进出口企业都要及时适应。合同签订后,在履约过程中,由于情况复杂多变,容易引起各种贸易纠纷。如果通过调解、仲裁或诉讼来处理贸易纠纷,从处理到裁决执行均比国内贸易困难。

第二章　国际分工与国际贸易

第一节　国际分工的形成与发展

一、国际分工的含义

分工是指劳动分工，即各种社会劳动的划分。它是人们在进行生产、改造自然的过程中形成的，是人类社会生产的基本形式。劳动分工是各种社会形态所共有的现象，人类社会的经济发展史就是一部劳动分工发展的历史。劳动分工最早可以追溯到人类原始社会家庭或氏族内部的自然分工。后来，由于生产力的发展，出现了三次意义重大的社会大分工：畜牧业和农业的分工；手工业从农业中分离出来；商人阶层的出现。随着生产力的发展，分工越来越细，生产逐渐专业化，新的生产部门不断出现，不仅出现了诸如工业、农业、交通运输业这些部门之间的分工，而且出现了部门内部的专业化生产分工，例如工业生产部门又分为冶炼、机器制造、纺织服装、食品加工等行业。我们通常讲的社会分工是个多支多层次庞大的体系，包括产业各部门之间、各产业部门内部之间、城乡之间、脑力劳动与体力劳动之间的分工，等等。

国际分工是世界各国之间的劳动分工，是社会分工向国外的延伸。国际分工是社会生产力和社会分工发展到一定阶段的结果，它是在近代举世闻名的产业革命以后才出现的。如前所述，资本主义以前的社会经济形态，自然经济占统治地位，商品生产和商品交换不发达，商品经济在一国经济中不占重要的地位。从国际贸易来看，地域范围小，商品结构简单，贸易数量有限，各国之间的经济联系并不十分密切。因此说，在资本主义生产方式建立以前，既没有形成世界性的贸易，也没有形成真正意义的国际分工。国际分工是在资本主义国家产业革命以后，由于大机器工业的建立，社会分工（一国经济的内部分工）超越出国家的界限向国际领域扩展，从而形成了与资本主义大机器工业相适应的分工——国际分工。

二、国际分工与世界市场、国际贸易的关系

市场是商品经济的范畴。人类社会有了商品生产和商品交换以及其他经济活

动,客观上就要求有与之相适应的市场。市场是商品交换的场所和领域。狭义上的市场是指从事商品交易的各种场所;广义上的市场则超出了单纯商品买卖的范围而泛指人类进行经济交往所反映的各种经济关系和经济现象。

世界市场是世界各国进行商品交换的场所和领域,它是由国际分工联系起来的各个国家之间商品流通的总和。在世界市场范围内,每个国家的市场成为世界市场的组成部分。世界市场的内容包括商品、货币、航运、保险等,商品是主体,其余是为商品服务的。世界市场这个概念是与资本主义生产方式紧密地联系在一起的,它是在人类历史发展到资本主义时期才形成的,随着资本主义的发展,世界市场成为一个统一的无所不包的市场。当今,世界市场既可以是一个地理空间上的概念,即国际间进行经济交往的各种场所,也可以是一个抽象的经济概念。这个经济概念是从构成世界市场的各种流通(如商品、货币和资本等国际流通)以及实现这些流通的手段和工具(如海、陆、空交通运输和通讯设施等)抽象出来的,各种国际流通领域连在一起,构成世界市场的内容。

分工、交换、市场这三个概念是密不可分的。分工引起交换,交换需要市场。生产越发展,分工越细密,交换越频繁,市场也日益扩大。也可以说,没有分工,就没有商品交换,也就不需要有市场。所以,社会分工是商品经济的基础,市场是商品经济中社会分工的表现。社会分工的发展,决定着交换的深度、广度和方式,也决定着市场的规模和内容;反之,交换的种类、数量以及市场的规模,也会影响生产和分工的发展。

同样,国际分工是国际贸易和世界市场的基础。没有国际分工,就没有国际商品交换,也不会出现世界市场。国际贸易和世界市场随着国际分工的发展而发展。国际分工的发展水平决定着国际交换活动的深度、广度和方式,也决定着世界市场的规模和内容。反之,国际交换和世界市场又是国际分工的实现手段和途径,其发展也必然影响和制约着国际分工的发展。

三、国际分工和世界市场的形成与发展

国际分工和世界市场是资本主义生产方式的历史产物,是在资本主义大机器工业的基础上形成和发展起来的。国际贸易只有到了资本主义社会才真正具有了世界性。所以,我们研究国际分工、世界市场和国际贸易都是从资本主义社会开始的。

国际分工和世界市场的形成与发展,经历了一个漫长的过程,大体上可以划分为以下四个阶段:

(一) 国际分工和世界市场的萌芽

从地理大发现到产业革命的开始,是国际分工和世界市场产生的萌芽阶段。15世纪末16世纪初的地理大发现是推动封建社会向资本主义社会过渡的一个

重要因素。当时西欧以手工业为中心的商品经济的发展，要求有不断扩大的市场为商品寻找销路。而这个时期土耳其和阿拉伯人控制了东西方贸易的通道，欧洲人迫切需要寻找一条通往东方的新航线。同时，欧洲人听说东方有大量的黄金白银，这就促使西欧国家派出许多船队远洋探险，寻找新航线，开辟新市场。1492 年意大利航海家哥伦布由西班牙出发经大西洋发现了美洲大陆；1498 年葡萄牙人达·伽马从欧洲绕过好望角到达印度；1519～1522 年葡萄牙人麦哲伦完成了第一次环绕地球的航行。这些历史上著名的地理大发现，在国际贸易史上意义是重大的，对资本主义生产方式的产生起了巨大的推动作用，也为国际分工和世界市场的形成准备了条件。

在地理大发现以前，欧洲人还不知道美洲和大洋洲的存在，对亚洲和非洲的了解也仅仅是一部分，贸易活动主要局限于地中海、北海、波罗的海沿岸国家以及中国与其邻近国家之间。地理大发现以后，欧洲人所了解的地球面积比 14 世纪时一下子增加了 5 倍。参加国际贸易的国家和民族迅速增加，除了原来的那些欧亚国家以外，还包括美洲、大洋洲、亚洲和非洲的大片地区，国际贸易的范围扩展到世界各大洲。世界市场开始出现，国际贸易规模迅速扩大，贸易的商品种类和数量也随之增多。除了金银、香料、丝绸、茶叶等源源流入欧洲外，一些原来未曾有过欧洲的新商品如美洲的烟草、可可、咖啡，印度的棉花等，或以前欧洲人很少食用的蔗糖、大米等开始大量进入欧洲市场。为了开发美洲资源，欧洲殖民主义者还用武力或欺骗等手段，贩运大批非洲黑人到美洲，使奴隶又重新成为国际贸易中的一项大宗商品。

西欧各国对美洲、非洲和亚洲这些新发现的地区进行了残酷的奴役和掠夺，建立了早期资本主义国际专业化生产及宗主国与殖民地之间的国际分工。此时，大批欧洲人涌进新发现的地区，他们以武力和欺骗等手段进行掠夺性贸易，把大量的金银财富运往欧洲。同时，欧洲殖民主义者还在这些地区开矿山、采金银，并强迫当地居民为他们生产那些当地本来不生产的热带产品，建立了以奴隶劳动为基础，为世界市场而生产的种植园制度。当时的奴隶贸易是一种三角贸易：即西非人被贩卖到美洲当奴隶，在西印度群岛生产并出口蔗糖和烟草等，与英国生产的工业品相交换。这是当时宗主国和殖民地间国际分工的一种典型表现形式。

从世界经济发展的历史看，16～18 世纪是西欧各国进行资本原始积累时期。所谓资本原始积累是指在资本主义生产方式确立以前，通过暴力使小生产者同生产资料相分离，并把生产资料和货币财富集中到少数资本家手中的过程。由地理大发现所引起的对海外殖民地的掠夺和奴隶贸易是西欧资本原始积累的重要源泉之一。马克思和恩格斯指出："美洲的发现，绕过非洲的航行，给新兴的资产阶级开辟了新的活动场所。东印度和中国的市场、美洲的殖民化、对殖民地的贸易、交换手段和一般的商品的增加，使商业、航海业和工业空前高涨。"地理大发现使世界市场进入萌芽阶段。

总之，在这一时期，由于当时各国生产力的发展水平和生产社会化程度还比较低，以手工业和工场手工业生产为基础的国际分工和国际贸易尚未从根本上支援自然经济的统治地位，世界市场上流通的商品主要是殖民地的热带、亚热带土特产品或奢侈品以及欧洲的手工业品，较落后的运输手段仍严重地限制了大宗商品进入国际交换领域。地理大发现扩展了国际贸易和世界市场，但由于大机器工业时代尚未来临，国际分工和世界市场还只是处于萌芽状态。

（二）国际分工的形成和世界市场的建立

从产业革命的开始到自由竞争资本主义时期的结束，即从 18 世纪后半期到 19 世纪后半期，是资本主义国际分工形成和世界市场建立的阶段。

18 世纪 60 年代，英国最早开始了产业革命。这场革命最初是从纺织业开始的，主要表现为纺织机、织布机的发明改进、互相推广和广泛采用。18 世纪 80 年代蒸汽机的发明和推广应用，开始了用机器生产机器的时代，机器逐渐遍及采掘、冶金、机器制造和交通运输等许多产业部门。到 19 世纪，继英国之后，法、德、美等国也相继实现了产业革命，建立了大机器工业，资本主义生产方式得以最终确立。

大机器工业对国际分工的形成和世界市场的建立起了重要的作用，主要表现在：

1. 大机器工业要求有不断扩大的国外销售市场。大机器工业是生产规模不断扩大的社会化大生产，它使生产能力和规模不断膨胀，源源涌出的大批商品，远远超出国内市场的容量，因此，需要到国外去寻找、开拓销售市场。

2. 大机器工业要求有国外的原料来源。大机器工业增加了对原料的需求，而本国的原料供应远不能满足，因此，也需要到国外开辟廉价的原料产地。

3. 无论将工业产品运销海外，还是从国外输入原料，交通运输工具是一个必要的条件。大机器工业为建造远洋轮船和铁路等交通运输工具提供了物质和技术的基础。由于蒸汽机轮船代替了帆船，缩短了国际间的距离，密切了各国之间的经济联系。

4. 随着大机器工业的建立，欧洲殖民强国改变了在资本原始积累时期以暴力等手段建立宗主国和殖民地之间国际分工关系的做法，而是通过比较温和的和平方式，靠着大机器工业的优势，以工业品的低廉价格和低廉运费作为征服国外市场的武器。

大机器工业终于打破了过去那种地方和民族的自给自足和闭关自守状态，它把经济发展水平不同的各个国家都卷进了国际分工和世界市场之中，使一切国家的生产和消费都成为世界性的。原来在一国范围内城市与农村的分工，工业与农业之间的分工，就演变成为世界城市与世界农村的分离和对立，演变成为以先进技术为基础的工业国与以自然条件为基础的农业国之间的分工。于是，"一种和机器生产中心相适应的新的国际分工产生了，它使地球的一部分成为主要从事农业的生产地区，以服务于另一部分主要从事工业的生产地区。"这个时期形成的工业国与农业国也即宗主国和殖民地之间的国际分工基本上是以英国为中心的。由于英国最早完成了产业革命，成为当时工业最发达的国家和世界工业中心，当时世界上其他绝大多数国家还主要是农业生产国。

随着国际分工的发展，国际贸易增长迅速，国际贸易的商品结构发生了很大变化。工业品，特别是纺织品贸易显著增加。煤、金属和机器在国际贸易中的地位逐渐上升。谷物、棉花、羊毛、木材等原料成为大宗贸易商品。参加国际贸易的国家和地区已遍及全世界，国际贸易具有了世界性，成为世界贸易，世界市场也初步形成。

（三）国际分工体系和统一的世界市场

第一次科技革命以蒸汽机的发明和应用为主要标志，结果导致了资本主义大机器工业的建立，生产规模的扩大和国际分工的形成。19 世纪 70 年代开始的以电力的发明和应用以及钢铁、化学和交通运输业的革新为代表的第二次科技革命，使资本主义经济在 19 世纪最后 30 年里，得到了发展。由于发电机、电动机和新的炼钢法等科学技术的广泛应用，导致了钢铁工业、冶炼工业，汽车制造业、化学工业等许多新兴工业部门的出现。新的科技进步标志着社会生产力又一次极大地提高，国际分工和世界市场再一次发生深刻的变化。

第一次产业革命以后，当时的工业国是以发展轻工业生产（例如纺织业）为主的。第二次科技革命以后，因电力、钢铁、化工和汽车制造等新兴工业的发展，在原来的工业国中，重工业的比重逐渐增加，并取代了轻工业占居主导地位。在这期间，各资本主义国家在科学技术和生产方面发展是不平衡的。19 世纪末，美国和德国在经济上发展迅速，而英国发展速度比较缓慢，英国原来所处的地位日益受到美国和德国的挑战，分工的中心从英国变为一组国家，这些工业国家的工业生产各有侧重，形成了以经济部门为主的国际分工。例如，美国专门从事电气化生产、汽车制造的实物的生产等，德国主要从事染料、药品等化学工业，比利时专门生产钢铁，挪威专门生产铝，等等。那些殖民地和附属国原来是资本主义国家的食品和原料的供应地，现在由于科技进步以及新的生产部门的出现，工业国对殖民地的原料和产品产生了新的需求，原来的农业国还发展了燃料和其他矿产品的采掘工业，以满足对各种农矿原料的巨大需求。显然，这些生产部门是服从于工业国家工业发展的需要建立的。这样，在世界各国之间，形成了门类比较齐全的国际分工体系。

19 世纪末 20 世纪初资本主义国际分工体系最终形成的结果，一方面把食品和原料的生产集中在占世界人口大多数的亚、非、拉国家；另一方面又把工业生产集中在占世界人口少数的欧洲、北美和日本。前一时期开始的世界城市和世界农村的分离与对立进一步扩大了。

科技革命推动了交通运输和通讯事业的发展。19 世纪 70 年代，铁路主要分布在欧洲和北美。到 20 世纪初，随着资本输出的增加，帝国主义国家又在亚、非、拉地区大规模兴建铁路。这时，不仅沿海港口，甚至连内地的城镇也都加入到国际分工和国际贸易中来了。海底电缆在各大洲之间先后铺设以及电报的广泛应用，缩短了国与国的距离，方便了世界各地之间的联系。这些条件极大地促进了国际贸易的发展，并在历史上第一次把各国的国内市场连结起来成为一个整体。统一的世界市场还具有其他一些特征，如多边贸易、多边结算和统一的世界市场价格，只有到了这一时期，世界市场才具备了这些基本特征。

19 世纪末 20 世纪初，资本主义进入垄断阶段。资本输出是帝国主义基本经济特征之一。过去，殖民地半殖民地国家虽然已经卷入了资本主义的商品交换，但是还没有被卷入资本主义的生产。而现在，通过资本输出，帝国主义国家在殖民地开办各种企业，发展帝国主义国家所需要的工业原料、食品和初级加工工业，结果造成亚、非、拉地区多数国家经济的畸形发展，它们的生产和出口往往只限于一两种或少数几种产品。随着世界被少数帝国主义列强瓜分完毕，资本主义生产关系扩展到全世界各个角落，整个世界经济成为资本主义的世界经济体系。总之，自由竞争资本主义向垄断资本主义的过渡，第二次科技革命所带来的巨大经济影响，以及国际分工的成型和日益完善，给统一国际市场的最终形成以决定性的推动。

（四）国际分工的深化和世界市场的进一步扩大

第二次世界大战以后，兴起了第三次科技革命，促进了世界生产力的大发展。国际分工、世界市场和国际贸易都发生了深刻变化，有关内容将在第二节详细叙述。

四、影响国际分工形成和发展的因素

国际分工的形成和发展，主要取决于两个条件：首先是社会经济条件，其中包括各国的科技水平、生产力发展水平、国内市场的大小、人口的多寡和社会经济结构的差异等；其次是自然条件，其中包括气候、土壤、资源、国土面积和地理位置等。而国际分工的性质则是由国际生产关系所制约的。

（一）社会生产力是国际分工形成和发展的决定性因素

1. 国际分工是生产力发展的必然结果。马克思主义历来认为，分工、社会分工和国际分工的产生和发展是由社会生产力所决定的。换句话说，一切分工，其中包括国际分工，都是社会生产力发展的结果，它突出地表现在科学技术的重要作用上。科学技术之所以会成为一种在历史上起推动作用的力量，归根结底因为它是生产力，而生产力是生产方式中最活跃、最革命的因素。迄今为止出现的三次科学技术革命，不仅深刻地改变了许多生产领域，而且也使社会分工和国际分工随之发生变革。

2. 各国生产力水平决定其在国际分工中的地位。在历史上，英国最先完成了产业革命，生产力水平较高，在相当一段时间内，它在资本主义国际分工中处于霸主的地位。以后，由于生产力的发展，其他资本主义强国竞争力强，但在国际分工中都处于支配的地位。

3. 生产力的发展决定国际分工的形式、深度和广度。随着生产力的发展，越来越多的、各种类型的国家都加入到国际分工行业，国际分工已把各国紧密结合在一起，形成了世界性的分工。各国参加国际分工的形式从"垂直型"向"水平型"和"混合型"过渡，出现了多类型、多层次的分工。

4. 生产力的发展决定了国际分工的产品内容。随着生产力的提高，国际贸易中的工业制品、高精尖产品不断增多；中间产品、技术贸易和服务贸易也出现在国际分工中。

（二）自然条件是国际分工产生和发展的基础

自然条件是一切经济活动的基础。没有一定的自然条件，进行任何经济活动都是困难的，甚至是不可能的。矿产品只有在拥有大量矿藏的国家生产和出口，水产品只能在一定的水域生产。多种农作物如咖啡、茶叶、橡胶等都需要在特定的地区种植，因为它们需要特定的地理、气候条件。可见，自然条件对国际分工起着不容忽视的作用。但是，西方的地理环境决定论者过分夸大了自然条件的作用，认为国际分工的产生、资本主义的萌芽和发展只是由自然条件、地理位置等因素决定的。马克思一再指出这类观点在方法论上的错误，即用比较固定不变的因素来解释社会经济现象的变化。在他们看来，自然条件是永恒的，所以国际分工也是永远不变的。例如，日本国除了海洋资源以外，其他的自然条件都是弱项，但是它总是能在绝处逢生，就证明了这一点。

有利的自然条件，只提供了进行生产和国际分工的可能性，但决不能代表它们的现实性。要把可能性变成现实性，还需要一定的条件。煤炭固然不能在没有煤矿的地区开采，但存在丰富煤矿的地区，只是到了科学技术和生产力发展到一定阶段，才能使煤炭得到充分的开发和利用。为什么在产业革命前，沉睡在世界各处地层下的矿藏亿万年没有得到开发和利用呢？这是由社会经济条件决定的，而不是自然条件决定的。

（三）政府的政策可以推进和延缓国际分工的形成和发展

在历史上，殖民主义国家或帝国主义国家为了形成有利于自己的国际分工，曾千方百计地借助于上层建筑和政府政策。例如，通过殖民统治，公布各种法令，强追殖民地实行种植园制度；通过发动商业战争，签订不平等条约，强迫战败国接受自由贸易政策；建立超国家的经济组织，调解相互经济贸易政策，促进国际分工的发展。上层建筑也能延缓国际分工的发展。对国际分工的认识是否全面，也影响各国对待国际分工的态度和方针。

（四）国际生产关系决定国际分工的性质

国际分工不是抽象的国际分工，它总是和一定的生产关系联系在一起的。社会生产关系超出国界即形成国际生产关系，资本主义的国际生产关系，反映了资本主义的阶级关系。在资本主义条件下，国际分工具有双重性：一方面，它打破了民族闭关自守，消除了民族隔阂，把每个国家和民族都在经济上联系起来，促进了世界生产力的发展，因此，它具有进步性。另一方面，资本主义国际分工是在资本主义基本经济规律的作用下，在资产阶级和垄断资本追逐利润和超额利润的动机下形成和发展起来的，因此，它又具有剥削、掠夺和不平等的性质。

第二节　战后的国际分工

一、战后国际分工的深化

第二次世界大战以后，兴起了以原子能、电子计算机和空间技术的发展和应用为主要标志的第三次科学技术革命。科学技术进步导致了一系列新能源、新材料、新工艺的出现和一系列新兴工业部门的相继建立，极大地促进了生产力的发展。随着生产专业化和生产国际化的不断加强，各国之间的相互依存关系日益加深，国际分工进入深化发展的新时期。

在国际分工的萌芽阶段，主要是宗主国与殖民地之间的分工。在大机器工业建立以后，形成了以英国为中心的工业国与农业国之间的分工，即世界城市和世界农村的对立和分工。当时的工业国以发展轻工业生产为主，而农业国主要从事食品和原料的农业生产。第二次科技革命以后，工业国家在工业生产上各有侧重，形成了各国的部门与部门之间的分工。在工业国与农业国之间，世界城市与世界农村的对立与分工进一步扩大了。第二次世界大战以后，国际分工发生了深刻的变化：19世纪所形成的世界城市与世界农村的对立和分工依然存在，但已经削弱，日益为以世界工业为主导形式的分工所取代——国际分工从传统的以自然资源为基础的分工逐步发展为以现代技术、工艺为基础的分工；从垂直型的分工日益走向水平型的分工；从产业各部门之间的分工发展到各个产业部门的分工，发展到以产品专业化为基础的新的国际分工；按照产品所进行的分工发展为按照生产要素所进行的分工；从由市场自发力量所决定的分工，越来越向着有组织的，特别是由跨国公司所组织的分工方向发展。

世界工业分工是战后国际分工的基本趋向和基本特征，这一深刻变化标志着国际分工的深化。

（一）当代国际分工格局中，工业国与工业国之间的分工居于主导地位

古典的国际分工主要是经济结构不同、技术基础不同的工业国与农业国之间的分工。它们之间的分工在战前一二百年间发展迅速，工业制成品生产国与初级产品生产国之间的分工在国际分工格局中长期居主导地位；而在经济结构相似、技术基础接近的工业国家之间的分工，则发展缓慢，它们之间的分工处于次要的地位。战后，科技飞速进步和经济迅速发展改变了战前这种国际分工格局，国际分工在经济结构相似、技术水平接近的工业国家之间得到迅速发展。

国际分工的这一发展趋势在战后国际贸易发展中明显地反映出来。战后，发达国家与发展中国家之间的贸易发展得比较缓慢，而发达国家与发达国家之间的贸易发展得比较迅速，它们在世界贸易中所占的比重不断提高。在战后世界贸易中，发达国家的出口约占世界贸易量的 3/4，而其中的 3/4 是对发达国家的出口，这就是说，一半以上的国际贸易是在发达国家之间以工业品贸易的形式进行的，而发达国家与发展中国家之间以工业品交换初级产品的贸易，只占世界贸易的 1/5 以下。这表明，传统的以自然资源为基础的世界工业与农业的分工日渐削弱，新型的以现代技术、工艺为基础的世界工业与工业的分工日趋加强。

（二）各国间工业部门内部分工日益深化

第二次世界大战前，在国际分工格局中，工业制成品生产国与初级产品生产国间的分工居于主导地位，其次才是工业国与工业国间的分工。而在工业国之间的分工中，例如钢铁、冶金、化学、机械制造、汽车、造船、造纸、纺织等工业部门间的分工，这两种类型的分工，无论是工业与农业的分工，还是工业各部门间的分工，都属于部门间的分工。

第二次世界大战以后，随着社会分工的发展，原来的生产部门逐步划分为更多更细的部门，原来的一个部门变为若干个新的独立的部门。部门内的分工不仅限于一国国内，而且越来越多地跨越国界，形成为国际间的部门内部分工。

部门内部国际分工的发展是以科学技术为基础的国际分工迅速发展的结果。战后的科技进步引起发达资本主义国家产业结构的变化，出现了一系列的高新技术产业部门。这些部门技术密集程度高、生产能力大、生产工艺和产品结构复杂，这在

客观上要求企业大型化。发达国家企业的现代化生产又要求在资金、研究与开发、生产、市场等方面必须走国际协作和国际专业化的道路。战后发达国家之间各个工业部门内部的国际分工采取了更加细分化的形式：

1. 产品专业化。这是指各发达国家的相同工业部门，对同一类型但型号、规格不同的产品，实行专业化生产。在技术进步的推动下，新产品源源涌出，各类工业品日益多样化，同类工业品在品种、型号、规格、质量、性能等方面日益差异化。在产品多样化、差异化迅速发展的情况下，即使技术水平很高，国内市场很大的国家，也不可能生产出所有型号、所有规格的同类产品。因此，在各国相同工业部门内部，不同型号、不同规格产品的分工迅速发展起来。

2. 零部件专业化。这是指发达国家把某种工业产品的零件、部件或配件，分别配置在不同的国家（包括发展中国家）进行专业化生产，然后把各种零部件集中到某个国家进行总装配，完成最终产品。现代工业产品的结构日趋复杂，越是高技术产品，所需零部件越多。生产成千上万种零部件，仅靠少数几家企业难以完成，需要有众多的有关企业参与分工协作才能解决。由于不同的国家各有技术、设备、资源等方面的优势，为了保证质量，降低成本，实行零部件专业化和国际协作也是一种必然的趋势。

3. 工艺流程专业化。这是指不同国家对生产某种复杂产品或部件的工艺过程或工序实行专业化生产。例如，把制造锻件、铸件、模压件、毛坯等中间产品或半制成品向国外出口，再由国外企业按需要进行加工，制成最终产品。

发达国家之间各工业部门内部分工的发展是战后国际分工深化发展的集中表现。产品专业化的发展必然扩大发达国家间工业制成品的相互贸易，零部件专业化和工艺过程专业化的发展引起国际贸易中零部件、配件等中间产品和半制成品贸易的比重增加。

（三）发达国家与发展中国家间工业分工在发展，而工业国与农业国之间的国际分工格局在削弱

从国际分工产生到第二次世界大战前，发达国家主要从事于工业制成品的生产，落后国家则主要从事于以自然条件为基础的农业和矿业的生产。工业国与农业国之间的分工关系构成传统的国际分工格局的主体。战后的科技革命和跨国公司的迅速发展，加速了两个转移，即某些工业产品的生产从发达国家向发展中国家的转移和某些初级产品的生产从发展中国家向发达国家的转移。由于这种转移，战后以来，发展中国家向发达国家的出口中，除了初级产品以外，还逐步增加了劳动密集型产品，有些"新兴工业化国家"还出口某些资本和技术密集型产品（如电子产品、汽车等），而发达国家向发展中国家出口的工业品则主要是资本和技术密集型产品。这种转移削弱了这两类国家间传统的分工关系基础，在一定程度上打破了传统的国际分工格局。在发达国家与发展中国家之间，在工业与农业分工趋于削弱的

同时，逐渐发展了资本和技术密集型工业与劳动密集型工业的分工，高技术工业与一般工业的分工。

二、战后国际分工深化的主要原因

战后国际分工向纵深方向发展，其原因是多方面的。

（一）第二次世界大战后科学技术的飞跃发展是国际分工深入发展的最重要的因素

历史上的科学技术革命都曾深刻地改变了许多社会物质生产领域的状况，促使它们不断改善工艺和生产过程，也促进了新兴部门和新产品的出现。它也同样促使社会分工、国际分工发生变革。战后，在第三次科技革命条件下，世界各国经济结构的变化是促使国际分工格局发生变化的重要原因。战后，发达资本主义国家竞相优先发展新兴的高技术工业部门，而传统的工业部门则发展相对缓慢。西方发达国家为了适应现代科学技术的发展和竞争的需要而进行了工业结构的调整，把那些技术层次低、使用劳动力多、耗能大、污染环境的劳动密集型工业，逐步向发展中国家转移。在科技革命的推动下，发达国家的农业也发生了深刻的变化。培育良种、灌溉施肥、改良土壤等广泛采用新技术，农业生产几乎普遍实现了机械化、化学化，家畜、家禽饲养工厂化，劳动生产率大幅度提高，产量迅速增加。发达国家不仅实现了农产品自给，而且大量出口。此外，化学工业特别是人工合成材料工业的发展，使发达国家自给程度提高，减少了对发展中国家的依赖。上述世界性的经济结构变化，导致了某些工业品的生产由发达国家向发展中国家转移，某些初级产品的生产由发展中国家向发达国家转移。

由于高科技生产耗用巨额资金和庞大的技术力量，因此，它越来越倾向于走国际合作、国际分工的道路，不仅在国家间进行专业化生产与协作，而且要在世界范围内进行这种分工协作。产品的差异性、多样化和零部件生产的专业化推动了发达国家之间部门内部分工的扩大和深化。

科技进步使战后的交通运输工具和通讯手段发生了巨大的变革，这一方面加快了运送货物、传递信息的速度；另一方面又降低了费用，为国际分工的深化和扩大提供了重要的物质条件。

（二）跨国公司的兴起和发展是推动国际分工深入发展的另一股重要力量

"二战"后，国际分工的深入发展与跨国公司在世界范围的扩张有密切关系。跨国公司以其母国为基地，在国外广设分支机构和建立子公司。它实行高度集中管理，全面安排母公司、子公司及分支机构的生产、销售、研究开发和资金调拨，并协调其设在不同国家的各公司、工厂之间的专业化生产和协作，是当代国际分工的重要组织者。跨国公司财力雄厚、技术先进、规模巨大，其内部生产专业化和协作的高度发展是国际分工进一步深化的重要推动力量。

（三）战后世界贸易自由化有助于国际分工的发展

战后，在关税与贸易总协定主持下举行了多次多边贸易谈判，各国的关税水平大幅度下降，促进了世界范围内的贸易自由化。区域性的经济贸易集团相继建立，它们在内部取消各种贸易限制，实行内部贸易自由化。这些自由化措施有助于国际分工的发展，促进了世界各国间专业化分工，特别是促进了发达国家之间和它们各个工业部门内部的专业化分工和贸易的发展。

三、第二次世界大战后国际分工深化对国际贸易的影响

国际分工是国际贸易的基础，战后国际分工的深化对国际贸易的发展有着重要的影响。

（一）扩大和加速了国际贸易

第二次世界大战后，随着国际分工深化，部门内部的国际专业化生产使原来的国内贸易扩大为国际贸易，跨国公司内部各种零部件、配件和半制成品的国际往返运输，加大了国际贸易中中间产品的比重。国际分工的深化还促使国际贸易发展速度加快，从 1965～1985 年，世界出口贸易额年平均增长率为 7.4%，而同期世界制成品生产年平均增长率只为 4.5%，世界贸易的增长速度快于世界生产的增长速度，这表明了世界贸易的扩大和世界市场容量的相对增加。

（二）各国对外贸易依存度提高

战后，国际分工的深化使各国对外贸易依存度不断提高。对外贸易依存度，也叫做对外贸易系数，是指该国对外贸易额（进口额与出口额之和）在该国国民生产总值（或国内生产总值）中所占的比重。从 1950～1980 年，整个世界出口依存度从 8.5% 提高到 17.1%，其中发达国家出口依存度从 7.7% 提高到 26.8%。这表明战后国际分工的深化使各国经济国际化的趋势不断加强。

（三）国际贸易地区分布和地理方向发生明显变化

在国际分工中处于中心地位的国家，往往在国际贸易中也占据重要地位。19

世纪以来，发达国家在国际贸易中一直居支配地位。战后，发达国家在世界出口所占的比重始终在 60％～70％之间，在国际贸易中仍居主导地位。对外贸易地理方向与各国相互分工的程度成正方向变化。战前，国际分工的主要形式是宗主国与殖民地的垂直型分工，因此当时的国际贸易关系主要是这两类国家之间的关系。第二次世界大战以后，国际分工由垂直型向水平型转变，使发达国家之间的贸易占居主导地位，而发达国家与发展中国家的贸易退居次要地位。

（四）国际贸易商品结构发生重大变化

战前，由于国际分工以垂直型分工为主，故初级产品在国际贸易中的比重一直高于制成品，初级产品占 60％，制成品只占 40％。而战后，情况发生了根本性变化，工业制成品在国际贸易中所占的比重为 60％，超过初级产品所占的比重。随着发达国家与发达国家之间部门内部分工的深化以及跨国公司的发展，中间性的产品在制成品贸易中所占的比重不断提高。

第三章　重商主义对外贸易学说

由于西方国际贸易理论的两大学派是从重商主义分离出来的，在介绍西方传统国际贸易理论之前，有必要对重商主义作一简评。

第一节　重商主义及其对外贸易学说

重商主义是资本主义生产方式准备时期建立起来的代表商业资产阶级利益的一种经济学说和政策体系。它产生于 15 世纪，全盛于 16 世纪和 17 世纪上半叶，从 17 世纪下半叶开始便盛极而衰。重商主义最早出现在意大利，后来流行到西班牙、葡萄牙、荷兰、英国和法国等。16 世纪末叶以后，在英国和法国得到了重大的发展。

一、重商主义产生的历史背景

15 世纪以后，西欧封建自然经济逐渐瓦解，商品货币经济关系急剧发展，封建主阶级力量不断削弱，商业资产阶级的力量不断增强，社会经济生活对商业资本的依赖日益加深。与此同时，社会财富的重心由土地转向了金银货币，货币成为全社会各阶层所追求的东西，并被认为是财富的代表形态和国家富强的象征。而当时金银货币主要来自商业资产阶级所经营的内外贸易，尤其是对外贸易。因此，对外贸易被认为是财富的源泉，重商主义开始登场。

重商主义所重的"商"是对外经商，重商主义学说实质上是重商主义对外贸易学说，是巨商、学者、政府官员中的所谓重商主义者关于对外贸易的理论观点和政策主张。重商主义对外贸易学说以重商主义的财富观为理论基础，认为货币是一国财富的根本、富强的象征，一切经济活动的目的是积累财富，获取财富的途径则是对外贸易顺差，因而主张国家干预经济活动，鼓励本国商品输出，限制外国商品输入，"多卖少买"，追求顺差，使货币流入国内，以增加国家财富和增强国力。

二、重商主义发展阶段

重商主义经历了从 15～16 世纪中叶的早期和 16 世纪下半叶至 17 世纪的晚期两个发展阶段，其对外学说也相应地分为早期和晚期，早期叫货币差额论，主要代表人物有英国的海尔斯（Jhon Hales）和斯坦福德（William Stafford）等；晚期称贸易差额论，最重要的代表人物是英国的托马斯·孟。货币差额论与贸易差额论关于致富的具体措施和方法有所不同。

货币差额论把增加国内货币积累，防止货币外流视为对外贸易政策的指导原则，认为国家采取行政手段，禁止金银输出，在对外贸易上遵循少买（或不买）多卖的原则，使每笔交易和对每个国家都保持顺差，就可以使金银流入国内。海尔斯和斯坦福德在《对我国同胞某些控诉的评述》一书中指出："我们必须时刻注意，从别人那里买进的不要超过我们出售给他们的。否则，我们将陷入穷困。而他们则日趋富足。"

贸易差额论反对国家政府限制货币输出，认为那样做不但是徒劳的，而且是对国家有害的。因为对方会采取对等措施进行报复，使本国贸易减少甚至消失，货币积累的目的将无法实现。托马斯·孟说："凡是我们将在本国加之于外人身上的，也会立即在他们国内制成法令而加之于我们身上……因此，首先我们就将丧失我们现在享有的可以将现金带回本国的自由和便利，并且我们还要失掉我们输往各地许多货物的销路，而我们的贸易与我们的现金将一块消失。"

贸易差额论认为，对外贸易能使国家富足，但必须谨守进出口贸易总额保持顺差的原则。托马斯·孟说："对外贸易是增加我们的财富和现金的通常手段，在这一点上我们必须时时谨守这一原则：在价值上，每年卖给外国人的货物，必须比我们消费他们的为多。"贸易差额论还认为，国内金银太多，会造成物价上涨，使消费下降，使出口减少，影响贸易差额，如果出现逆差，货币自然外流。因而认为，国家应准许适量货币输出国外，这非但不会使货币流失，而且还会像猎鹰叼回"肥鸭"一样，吸收进更多的货币，使国家更加富裕。贸易差额论者信奉"货币产生贸易，贸易增加货币"。托马斯·孟曾非常透彻地分析了西班牙由富变穷的原因是他们不能更充分地利用金银从事对外贸易。西班牙早期来自美洲的大量金银能够保持住，是因为它垄断了东印度的贸易，赚取了大量金银。这样"他们一方面可以得到自己的必需品，一方面又可以防止别人取走他们的金钱"。垄断丧失后，宫廷和战争的大量耗费，本土又不能供应，全靠输出金银购买，金银流失殆尽，使西班牙变穷。

第二节　重商主义贸易政策

一、货币政策

重商主义的货币政策，可追溯到中世纪，但在 16 世纪才相当普遍。当时奉行重商主义的国家都颁布过各种法令，规定严厉的刑罚，禁止货币输出。例如，西班牙曾规定输出金银者处死，检举者有赏，并禁止外国人购买金条。英国也曾规定输出金银为大罪。在禁止货币输出的同时，各国都想方设法吸收国外货币，政府通过法令，规定外国人来本国进行贸易时，必须将出售货物所得到的全部款项用于购买本国的货物，以免货币外流。到了重商主义的晚期发展阶段，货币政策有所放宽，准许输出适量货币，以期获得更多的货币。

二、奖出限入政策

重商主义者极力主张国家管制对外贸易，通过奖出限入政策促进出口，减少进口，实现贸易顺差，积累货币财富。在进口方面，实行重商主义的国家不仅禁止奢侈品的输入，而且对一般制成品的进口也严加限制。因为奢侈品、工业制成品价格昂贵，进口这些商品要付出大量金银，影响货币积累。英、法等国就曾制定过禁止奢侈品进口的法令。在出口方面，重商主义者主张出口制成品代替出口原料。认为输出廉价原料，再用高价购买其制成品是一种愚蠢的行为。另外，国家还用现金奖励在外国市场上出售本国商品的商人。例如，当时英国曾禁止输出羊毛、皮革和锡等原料品，奖励那些不输出原料及在英国制造并出口工业品的生产者。

三、保护关税政策

保护关税政策在重商主义的早期发展阶段便开始实行，晚期阶段已成为扩大出口、限制进口的重要手段之一。这种政策，对进口的制成品设置关税壁垒，课以重税，使进口的商品价格提高，售价昂贵，达到限制进口的目的；对进口的原料和出口的制成品，则减免关税或出口制成品时退还进口原料所征的关税，以支持和鼓励本国制成品的生产和出口。例如，法国1667年实行保护关税政策，把从英国、荷兰进口的呢绒生产率提高一倍，花边等装饰品的进口生产率也提高一倍，阻止了这些产品的出口，而对法国急需的工业品原料如羊毛、铁、锡、铅等的进口及工业制成品出口则加以鼓励。

四、发展本国工业政策

重商主义者认为，保持贸易顺差的关键在于本国能够多出口竞争力强的工业制成品，因此他们主张实施鼓励国内工业发展的政策。当时，实行重商主义的各国都围绕着发展本国工业制定并执行了种种政策措施。为了发展制造业和加工工业，有的国家高薪聘请外国工匠，同时禁止熟练技工外流和机器设备输出，鼓励原料和半成品输入，还向工场手工业者发放贷款和提供各种优惠条件；为了工业发展提供充足的劳动力，鼓励增加人口；为了降低工业生产成本，实行低工资政策；为了提高

第三章　重商主义对外贸易学说　　　　　　　　41

产品质量，制定工业管理条例，加强质量管理。例如，英国政府通过职工法鼓励外国技工移入，通过行会法奖励国内工场手工业者。法国则采取免税、补贴、给予特权，乃至皇家基金自由投资等措施，促进制造业发展，并依靠国营企业，大力发展"皇家制造业"，为扩大商品输出创造雄厚的经济基础。

第三节　对重商主义贸易学说的简评

重商主义贸易学说是重商主义的核心，是西方最早的国际贸易学说，它在历史上曾起过进步作用，并具有一定的现实意义。

首先，在理论上，重商主义贸易学说冲破了封建思想的束缚，开始了对资本主义生产方式的最初考察，指出了对外贸易能使国家富足。马克思曾肯定过重商主义是对资本主义生产方式的最初的理论探讨。同时，重商主义贸易学说（晚期）认识到了货币不仅是流通手段，而且具有资本的职能，只有将货币投入流通，尤其是对外贸易，才能取得更多的货币。正如恩格斯评价说："他们（指晚期重商主义者——笔者注）开始明白，一动不动地放在钱柜里的资本是死的，而流通中的资本却会不断增值……人们开始把自己的金币当作诱鸟放出去，以便把别人的金币引回来……"重商主义贸易学说的理论观点代表了资本原始积累时期处于上升阶段的商业资本的利益，因原则问题而具有历史进步意义。其次，在政策上，重商主义贸易学说提供了关于国家干预对外贸易的一系列主张，当时西欧各国实行重商主义贸易政策的结果，促进了商品货币关系的发展，加速了资本的原始积累，推动了历史的进步。而且，重商主义贸易政策中，许多主张、措施和借鉴意义对当今世界各国制定对外贸易政策仍有一定的影响，如积极发展本国工业、鼓励原材料进口和制成品出口等。

由于商业资产阶级的历史局限性和国际贸易实践的限制，重商主义对外贸易学说存在许多缺陷和不足。首先，重商主义对外贸易学说的理论观点是不成熟的、肤浅的，没有形成系统的理论。其次，重商主义贸易学说对国际贸易问题的研究是不全面的、不科学的。它只研究如何从国外取得金银货币，而未探讨国际贸易产生的原因以及能否为参加国带来实际利益。而且，它对社会经济现象的探索仅限于流通领域，没有深入到生产领域，因而无法提示财富的真正来源。重商主义者把货币与财富混为一谈，并错误地认为货币是衡量两个国家富强程度的尺度，因而得出对外贸易是财富的源泉、对外贸易的目的就是从国外取得货币，所以无法认识到国际贸易有促进各国经济发展的重要意义。

第四章 西方传统国际贸易理论

第一节 绝对利益论

西方传统国际贸易理论体系的建立是从绝对利益论的提出开始的，这一理论为比较利益论的创立铺平了道路。

一、亚当·斯密与绝对利益论

亚当·斯密是资产阶级经济学古典学派的主要奠基人之一，也是国际分工—国际贸易理论的创始者，是倡导自由贸易的带头人。

在亚当·斯密所处的时代，英国的产业革命逐渐展开，经济实力不断增强，新兴的产业资产阶级迫切要求在国民（经济）各个领域中迅速发展资本主义，但仍存在于乡间的行会制度严重限制了生产者和商人的正常活动，重商主义的极端保护主义则从根本上阻碍了对外贸易的扩大，使新兴资产阶级从海外获得生产所需的廉价原料，并为其产品寻找更大的海外市场的愿望难以实现。亚当·斯密站在产业资产阶级的立场上，在 1776 年发表的《国民财富的性质和原因的研究》（Inquiry into the Nature and Causes of the Wealth of Nations），简称《国富论》（The Wealth of Nations）一书中，批判了重商主义，创立了自由放任（laissez-faire）的自由主义经济理论。在国际分工—国际贸易方面，提出了主张自由贸易的绝对利益论（the theory of absolute advantage）。

二、绝对利益论的主要论点

（一）分工可以提高劳动生产率

斯密非常重视分工，他认为分工可以提高劳动生产率，因而能增加一国财富。他以制针业为例来说明其观点。根据斯密所举的例子，在没有分工的情况下，一个粗工每天至多只能制造 20 枚针，有的甚至连一枚针也制造不出来。而在分工之后，平均每人每天可制针 4800 枚，每个工人的劳动生产率提高了几百倍，这显然是分工的结果。

斯密认为，分工是由交换引起的。他说："由于我们所需要的相互帮忙，大部分是通过契约、交换和买卖取得的，所以当初产生分工的也正是人类要求相互交换这个倾向。"至于交换的原因，他认为是人类特有的一种倾向，"这种倾向就是互通有无，物物交换，相互交易。"在斯密看来，交换是人类出于利己心并为达到利己的目的而进行的活动。人们为了追求私利，便乐于进行这种交换。为了交换，就要生产能交换的东西，"这就鼓励大家各自委身于一种特定业务，使他们在各自的业务上，磨炼和发挥各自的天赋资质和才能。"这就产生了分工。

（二）分工的原则是绝对优势或绝对利益

斯密认为，分工既然可以极大地提高劳动生产率，那么每个人都专门从事他最有优势的产品的生产，然后彼此进行交换，则对每个人都有利。他指出："如果一件东西在购买时所费的代价比在家内生产时所花费的小，就永远不会想要在家内生产，这是每一个精明的家长都知道的格言。裁缝不想制作他自己的鞋子，而是向鞋匠购买。鞋匠不想制作他自己的衣服，而雇裁缝裁制。农民不想缝衣，也不想制鞋，而宁愿雇用那些不同的工匠去做。他们都感到，为了他们自身的利益，应当把他们的全部精力集中使用到比邻人处于某种有利地位的方面，而以劳动生产物的一部分或同样的东西，即其一部分的价格，购买他们所需要的任何其他物品。"

在斯密看来，适用于一国内部不同个人或家庭之间的分工原则，也适用于各国之间。他认为，每个国家都有其适宜于生产某些特定产品的绝对有利的生产条件，如果每个国家都按照其绝对有利的生产条件（即生产成本绝对低）去进行专业化生产，然后彼此进行交换，则对所有交换国家都是有利的。他在《国富论》中写道："在每一个私人家庭的行为中是精明的事情，在一个大国的行为中就很少是荒唐的。如果外国能比我们自己制造还便宜的商品供应我们，我们最好就用我们有利地使用自己的产业生产出来的物品的一部分向他们购买⋯⋯"国际分工之所以也应按照绝对优势的原则进行，斯密认为是因为"在某些特定商品生产上，某一国占有那么大的自然优势，以致全世界都认为，跟这种优势作斗争是枉然的。"他举例说，在气候寒冷的苏格兰，人们可以利用温室生产出极好的葡萄，并酿造出与国外进口一样好的葡萄酒，但要付出高出 30 倍的代价。他认为，如果真是这么做，那就是明显的愚蠢行为。

（三）国际分工的基础是有利的自然禀赋或后天的有利条件

斯密认为，自然禀赋（natural endowment）和后天的有利条件（acquired endowment）因国家而不同，这就为国际分工提供了基础。因为有利的自然禀赋或后天的有利条件可以使一个国家生产某种产品的成本绝对低于别国而在该产品的生产和交换上处于绝对有利的地位。各国按照各自的有利条件进行分工和交换，将会使各国的资源、劳动力和资本得到最有效的利用，将会大大地提高劳动生产率和增加物质财富，并使各国从贸易中获益。这便是绝对利益论的基本精神。

三、绝对利益论的进一步说明

现以英国和美国生产小麦和棉布为例对亚当·斯密的国际分工－国际贸易理论进一步分析说明如下，见表4－1。

表 4－1　　　　　　　　　　　　　　　绝对利益

国　家 商　品	美　国	英　国
小麦（蒲式耳/工时）	6	1
棉布（码/工时）	4	5

表4－1表明，美国在小麦生产上处于绝对有利地位，因为在美国每工时可生产6蒲式耳小麦，而在英国每工时只生产1蒲式耳小麦，即美国生产小麦的成本绝对低于英国。英国则在棉布生产上处于绝对有利地位，因为在英国每工时可生产5码布，而在美国每工时只生产4码布，即英国生产棉布的成本绝对低于美国。所以，在自由贸易条件下，英国应专门生产棉布并出口一部分以换取美国的小麦，美国则应专门从事小麦生产并出口一部分小麦，进口英国的棉布。

显然，分工后，小麦和棉布的生产效率在总体上均提高了，即劳动生产率提高了，因而在原有资源基础上，能生产出较分工前更多的小麦和棉布。如果两国按照1∶1交换小麦和棉布，美国用6蒲式耳小麦可换取英国的6码布，比分工前的国内交换多获2码布或节约1/2工时；而英国用6码布可换取美国的6蒲式耳小麦，即相当于30码布（因为6蒲式耳小麦在英国生产需要6工时，而6工时在英国可生产30码布），实际获益24码布或节约4.8工时。可见，实行国际分工后，通过国际贸易，英、美两国都可同时受惠，利益就来自各自发挥生产中的绝对优势，使生产效率提高而增加的产品量。

四、绝对利益论简评

亚当·斯密的国际分工－国际贸易理论包含着科学的成分和非科学成分。

斯密对社会经济现象的研究，从流通领域转到生产领域，从而对国际贸易问题采取了新的观点，这与重商主义相比是一大进步。他的绝对利益论反映了当时社会经济中已成熟了的要求，成为英国新兴产业资产阶级反对贵族地主和重商主义者、发展资本主义的有力理论工具，在历史上起过积极作用。他关于分工能够提高劳动生产率，参加国际分工、开展国际贸易对所有参加国都有利的见解，虽然经历了200多年的历史，仍具有重大的现实意义。

　　但是，斯密关于交换引起分工，而交换又是人类固有的倾向的观点是错误的。事实上，交换以分工为前提，在历史上，分工先于交换。秘鲁人的分工很早就出现了，但那时并没有私人交换；印度共同体内部有严密的分工的时候，也并无商品。同时，交换也不是人类本性的产物，而是社会生产力和分工发展的结果。此外，斯密的绝对利益论本身有一定的局限性，它不能解释国际贸易的全部，而只说明国际贸易中的一种特殊情形，即具有绝对优势的国家参加国际分工和国际贸易能够获益。如果现实生活中，有的国家没有任何一种产品处于绝对有利的地位，那这个国家是否参加国际贸易呢？对于这一重要问题，斯密的绝对利益论并未论及，这的确是理论的一大缺憾。

第二节　　比较利益论

　　比较利益论的提出是西方传统国际贸易理论体系建立的标志，这一理论的问世，具有划时代的意义。

一、大卫·李嘉图与比较利益论

　　大卫·李嘉图是英国著名的经济学家，是资产阶级古典经济学的完成者。其主要代表作是 1817 年发表的《政治经济学及赋税原理》（Principles of Political Economy and Taxation）。

　　李嘉图所处的时代是英国工业革命迅速发展，资本主义不断上升的时代。当时英国社会的主要矛盾是工业资产阶级同地主贵族阶级的矛盾，这一矛盾由于工业革命的进展而达到异常尖锐的程度。在经济方面，他们的斗争主要表现在《谷物法》存废的问题上。

　　《谷物法》是维护地主贵族阶级利益的法令。该法令规定，必须在国内谷物价格上涨到限额以上时，才准进口，而且这个价格限额不断地提高。《谷物法》限制了英国对谷物的进口，使国内粮价和地租长期保持在很高的水平上，对英国工业资产阶级非常不利。于是，英国工业资产阶级和地主贵族阶级围绕《谷物法》的存废展开了激烈的斗争。李嘉图在这场斗争中站在工业资产阶级一边，他继承和发展了亚当·斯密的理论，在《政治经济学及赋税原理》一书中提出了以自由贸易为前题的比较利益论（the theory of comparative advantage），为工业资产阶级的斗争提供了有力的理论武器。

二、比较利益论的主要假定前提

大卫·李嘉图的比较利益论以一系列简单的假定为前提，主要为：

1. 只有两个国家，生产两种商品。
2. 自由贸易。
3. 劳动在国内具有完全的流动性，但在两国之间完全缺乏流动性。
4. 每种产品的国内生产成本都是固定的。
5. 没有运输费用。
6. 不存在技术变化。
7. 贸易按物物交换方式进行。
8. 劳动价值论（the labor theory of value）——劳动是惟一的生产要素；所有劳动都是同质的（homogeneous）；每单位产品生产所需要的劳动投入维持不变。故而任一商品的价值或价格都完全取决于它的劳动成本。中国和日本完全可采用比较利益的理论，但"自由贸易"作为前题条件又似乎不可能。如笔记本电脑、轿车都是日本国的强项，可是日本国政府不太可能有这种能力和胆识，这也是由日本的国民主义决定的。

三、比较利益论的内容

大卫·李嘉图以上述假定为前提，继承和发展了亚当·斯密的理论，提出了比较利益论。亚当·斯密认为由于自然禀赋和后天的有利条件不同，各国均有一种产品生产成本低于他国而具有绝对优势，按绝对优势原则进行分工和交换，各国获益。大卫·李嘉图发展了亚当·斯密的观点，认为各国不一定要专门生产劳动成本绝对低（即绝对有利）的产品，而只要专门生产劳动成本相对低（即利益较大或不利较小）的产品，便可进行对外贸易，并能从中获益和实现社会劳动的节约。

大卫·李嘉图在阐述比较利益论时，是从个人的情况谈起的。他在《政治经济学及赋税原理》一书的《论对外贸易》一章中论述道："如果两个人都能制造鞋和帽，其中一个人在两种职业上都比另一个人强一些，不过制帽时只强 1/5 或 20%，而制鞋时则强 1/3 或 33%，那么这个较强的人专门制鞋，而那个较差的人专门制帽，岂不是对双方都有利吗？"

李嘉图由个人推及国家，认为国家间也应按"两优取其重，两劣取其轻"的比较优势原则进行分工。如果一个国家在两种商品的生产上都处于绝对有利地位，但有利的程度不同，而另一个国家在两种商品的生产上都处于绝对不利的地位，但不利的程度也不同。在此情况下，前者应专门生产比较最有利（即有利程度最大）的商品，后者应专门生产其不利最小的商品，通过对外贸易，双方都能取得比自己以等量劳动所能生产的更多的产品，从而实现社会劳动的节约，给贸易双方都带来利益。

四、比较利益论的进一步分析

现仍以英国和美国生产小麦和棉布为例，对李嘉图的比较利益论分析如下：

假设美国每工时可生产 6 蒲式耳小麦，英国每工时只能生产 1 蒲式耳小麦；美国每工时可生产 4 码布，英国每工时只能生产 2 码布（见表 4-2）。

表 4-2　　　　　　　　　　　　　比较利益

国　家 商品	美　国	英　国
小麦（蒲式耳/工时）	6	1
棉布（码/工时）	4	2

虽然美国在两种产品生产上都处于绝对有利地位，英国在两种产品的生产上都处于绝对不利地位。然而，两国生产的相对成本是不同的，因而两国各具比较优势，美国在小麦生产上具有比较优势，英国在棉布生产上具有比较优势。根据比较利益论，美国应专门从事小麦生产并出口部分小麦换取英国的棉布，而英国则应专门从事棉布生产，并出口部分棉布换取美国的小麦。如果两国间小麦和棉布的交换比例为 1∶1，美国用 6 蒲式耳小麦交换英国的 6 码布，比分工前的国内交换多获 2 码布或节约 1/2 工时，而英国用 6 码布可换取美国的 6 蒲式耳小麦，相当于国内生产的 12 码布，与分工前相比，实际获益 6 码布或节约 3 工时。可见，即使一国在两种商品的生产上都处于不利地位，通过两国分工与贸易，双方仍可获益。

五、比较利益法则的例外情况

比较利益论包含比较利益法则的一种例外情况，即当一国与另一国相比，在两种商品生产上都处于绝对不利地位，而且两种商品生产的绝对不利程度相同或绝对不利比例相同时，没有互惠贸易发生。例如，上例中假设英国每工时可生产 3 蒲式耳小麦，而不是 1 蒲式耳小麦，这样，英国两种商品的生产效率均为美国的一半，英、美两国均无比较利益商品，它们之间没有互惠贸易发生。其原因很简单：只有 6 蒲式耳小麦能换取 4 码布以上，美国才愿意与英国开展贸易。而按现在的假设，英国绝不愿意用 4 码布以上来换取美国的 6 蒲式耳小麦，因为在其国内，换取 6 蒲式耳小麦只需 4 码布。在此情况下，两国当然没有互惠贸易发生。

应该指出的是，比较利益论的这一例外情况极少发生，因而对比较利益论并无多大影响。

六、比较利益论简评

李嘉图的比较利益论具有合理的和科学的成分及历史的进步意义。

首先，比较利益论比绝对利益论更全面、更深刻。它的问世，改变了过去一般学者关于自由贸易的利益，只在一切商品均在成本绝对低的国家生产的观点，具有划时代的意义。比较利益论提示了一个客观规律——比较利益定律，这从实证经济学的角度证明了国际贸易的产生不仅在于绝对成本的差异，而且在于比较成本的差异。一国只要按照比较优势原则参与国际分工和国际贸易，即专业化生产和出口本国生产成本相对较低（即具有比较利益）的产品，进口本国生产成本相对较高（即比较不利）的产品，便可获得实际利益。这一理论为世界各国参与国际分工和国际贸易提供了理论依据，成为国际贸易理论的一大基石。其次，比较利益论在历史上起过重大的进步作用。它曾为英国工业资产阶级争取自由贸易提供了有力的理论武器，而自由政策又促进了英国生产力的迅速发展，使英国成为"世界工厂"，在世界工业和贸易中居于首位。可见，比较利益论在推动自由贸易的事业中成效十分卓著。

但是，比较利益论有一定的局限性。①李嘉图和斯密一样，研究问题的出发点是一个永恒的世界，在方法论上是形而上学的。李嘉图把他的比较利益论建立在一系列简单的假设前提基础上，把多变的经济世界抽象成静止的均衡的世界，因而所提示的贸易各国获得的利益是静态的短期利益，这种利益是否符合一国经济发展的长远利益则不得而知。李嘉图虽然偶尔也承认，当各国的生产技术及生产成本发生变化之后，国际贸易的格局也会发生变化，但遗憾的是，他并没有进一步阐发这一思想，更没有用来完善他的理论。②李嘉图的比较利益论在泛泛地论证了按照比较优势原则开展专业化生产和贸易，对所有参加国都有利之后，对于更复杂的问题，诸如引起各国劳动成本差异的原因、互利贸易利益的范围以及贸易利益的分配等问题，却没有触及。③比较利益论虽然以劳动价值论为基础，但就整体而言，李嘉图的劳动价值论是不完全的、不彻底的。根据李嘉图的劳动价值论，劳动是惟一的生产要素或劳动在所有的商品生产中均按相同的固定比例使用，而且所有的劳动都是同质的，因此，任何一种商品的价值都取决于它的劳动成本。显然，这些假设和观点是不切实际的，甚至是错误的，所以，仅用劳动成本的差异来解释比较利益是不完整的。

第三节   比较利益论的现代分析

比较利益论的现代分析主要是以边际分析、机会成本和生产可能性曲线及社会无差异曲线为分析工具的一般均衡分析。它的理论意义在于把文字语言变为几何图形，使理论表述形象清晰、简练精确、直观具体。这些分析工具和均衡分析方法对于分析其他国际贸易理论和社会经济本身也一样适用。为便于理解，下面先介绍基本分析工具，然后介绍一般均衡分析方法。

一、分析工具

（一）边际分析

边际分析（marginal analysis）来源于边际效用学派，该学派从数学和心理学角度分析商品的价值决定时，提出主观价值论，开始应用边际分析方法。以后西方经济学家以主观价值论为理论基础，把边际分析方法作为经济决策工具而广泛应用。

边际，意即在"边上"，或最后一个，或再增加一个。例如，边际效用就是再消费一个单位消费品所获得的追加满足；边际成本指再增产一个单位产品所花费的成本；边际效益指再增加一个单位产品生产所获得的效益等。边际分析的实质是数学分析，其含义是：一个经济变量每增加一个单位或发生微小变动，所引起的另一个经济变量的变化程度，可用 $\Delta Y/\Delta X$ 表示。边际分析是机会成本、生产可能性曲线、社会无差异曲线的数学基础。

（二）机会成本与相对商品价格

1. 机会成本。机会成本（opportunity cost）概念于 19 世纪由奥地利学派提出，又称替代成本（substitution cost），1936 年由美国经济学家哈勃勒（Gottfied Haberler）引入国际贸易理论，以替代大卫·李嘉图的劳动成本，成为对国际贸易进行一般均衡分析的重要工具。

所谓机会成本是指一定的生产资源用于生产某种产品所必须放弃生产另一种产品的数量，它表示放弃一种生产机会而采取另一种生产机会的代价。例如，英国的资源可用于生产小麦，也可用于织布。如果用来生产小麦，就牺牲了织布的机会；反之亦然。因此，小麦的机会成本就是将英国的资源用于生产小麦时所放弃的生产织布的数量；而织布的机会成本则是放弃生产的小麦的数量。

哈勃勒认为，李嘉图的劳动价值论过于简单，生产中投入的生产要素不是只有劳动这一种，另外，把其他生产要素换成劳动一种要素，因计量标准不同，存在着不可克服的换算困难。因此，他用机会成本理论（opportunity cost theory）来代替劳动价值论解释国际贸易产生的原因。机会成本理论认为，机会成本的差异是国际贸易产生的原因，一国在机会成本低的商品生产上具有比较优势，应专门从事该商品的生产并出口部分该产品换取本国机会成本高即比较不利的产品，这样，通过分工和交换，能为各国带来利益。在前例中（见表4—2），美国1蒲式耳小麦的机会成本是2/3码布，英国1蒲式耳小麦的机会成本是2码布；美国1码布的机会成本为3/2蒲式耳小麦，英国1码布的机会成本是1/2蒲式耳小麦。因此，美国小麦的机会成本低于英国，生产和出口小麦有比较利益；英国棉布的机会成本低于美国，生产和出口棉布有比较利益。

对机会成本进行动态分析，机会成本一般可分为边际机会成本不变和边际机会成本递增两种情况。

（1）边际机会成本不变。边际机会成本不变是指增加任一单位某产品的生产所必须放弃的另一种产品数量均相同，不论产出为多少。

机会成本不变建立在生产要素单一且同质的假设前提下，并假设生产两种产品的生产要素能够完全相互替代（或转移），转移后生产效率也相同。由于这些假设是不切实际的，所以在生产实践中，机会成本不变极为少见。

（2）边际机会成本递增。这是指随着一种产品产量的增加，每增加一单位该产品的生产，必须牺牲的另一种产品的数量越来越多。

机会成本递增发生的原因有三：①生产要素并非同质。②不同行业的生产要素的转移受到限制。③要素的替代能力有限。这样，当把所有的生产要素用来生产一种产品时，必须把不太适宜甚至最不适宜生产这种产品的要素也用来生产这种产品。因此，当减少某一产品的产量，把适宜生产另一产品的要素转移出去生产那一种产品时，边际机会成本开始会很低，但随着替换产量增多，要素的适应能力减弱，而使边际机会成本增加。

机会成本递增较切合实际，在生产实践中较为普遍。

2. 相对商品价格。相对商品价格（relative commodity prices）是指一种商品相对于另一种商品的价格，即一种商品的价格与另一种商品的价格之比。若以 P_x 和 P_y 分别表示 X、Y 两种商品的价格，则商品 X 相对于商品 Y 的价格为 P_x/P_y。

假定价格等于生产成本，且一国同时生产 X、Y 两种商品，则 X 的机会成本等于 X 相对于 Y 的价格（P_x/P_y）。根据机会成本理论，机会成本差异是国际贸易产生的原因。而商品的机会成本又等于其相对价格，因此，两国相对商品价格差异反映了他们的比较优势所在，并为互惠贸易提供了基础。

（三）生产可能性曲线

生产可能性曲线（production possibility curve），也叫生产可能性边界（production possibility frontier），或转换曲线（transformation curve），它表示一国所有生产要素都被充分有效利用情况下所能生产的两种可供选择的产品的不同产量组合。曲线上的每一点表示了该国充分而有效利用资源所能生产的两种产品的一个产量组合；边界以内各点表示生产资源未充分利用，或即使充分利用也缺乏效率；边界以外的点则表示现有资源和技术所达不到的产量。生产可能性曲线上点的斜率表示增加生产一单位的某商品所必须牺牲另一种商品的数量，即某商品的边际机会成本，亦即该商品的边际转换率（marginal rate of transformation ，MRT）。

　　生产可能性曲线因边际机会成本的动态变化趋势不同而呈不同的形状。在边际机会成本不变的情况下，生产可能性曲线是一条直线，如图 4－1 所示；在边际机会成本递增的情况下，生产可能性曲线是一条凹向原点的曲线，如图 4－2 所示。

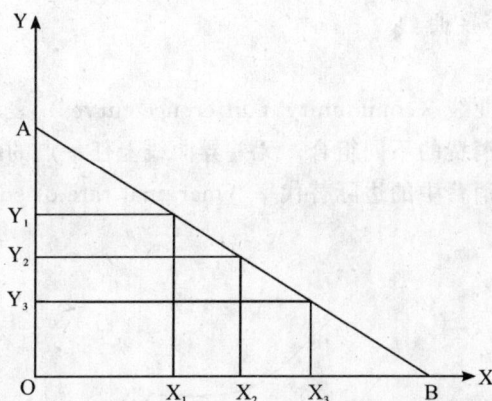

图 4－1　生产可能性曲线（边际机会成本不变）

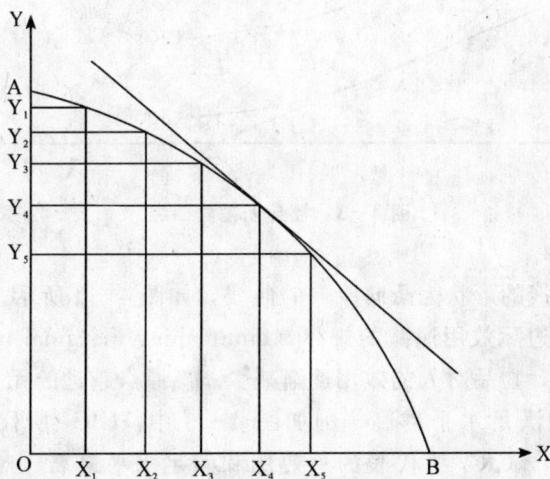

图 4－2　生产可能性曲线（边际机会成本递增）

　　在图 4－1 中，某国将全部生产要素用于 X 产品生产时，产量为 OB，都用于 Y 产品生产时，产量为 OA，AB 为生产可能性曲线。每增加 X 产品的产量为 $X_1X_2 = X_2X_3$，必须减少的 Y 产品产量为 $Y_1Y_2 = Y_2Y_3$，X 对 Y 的边际机会成本＝$Y_1Y_2/X_1X_2 = Y_2Y_3/X_2X_3 = OA/OB$，所以 AB 为直线。AB 的斜率（即 OA/OB）可衡量 X

产品和 Y 产品的国内交换比率。

在图 4-2 中，某国把全部生产要素用于 X 产品生产时，产量为 OB，都用于 Y 产品生产时，产量为 OA，AB 为生产可能性曲线。因每增加 X 产品的产量为 $OX_1 = X_1X_2 = X_2X_3 = X_3X_4 = X_4X_5$，必须减少 Y 产品的数量为 $AY_1 < Y_1Y_2 < Y_2Y_3 < Y_3Y_4 < Y_4Y_5$，所以，$AY_1/OX_1 < Y_1Y_2/X_1X_2 < Y_2Y_3/X_2X_3 < Y_3Y_4/X_3X_4 < Y_4Y_5/X_4X_5$，即边际机会成本是递增的，生产可能性曲线为凹向原点的曲线。

（四）社会无差异曲线

一条社会无差异曲线（community indifference curves）表示给予整个社会相同满足水平的两种商品消费的不同组合。无差异曲线上任一点的斜率等于两种商品边际效用之比率，称为消费中的边际替代率（marginal rate of substitution，MRS）。

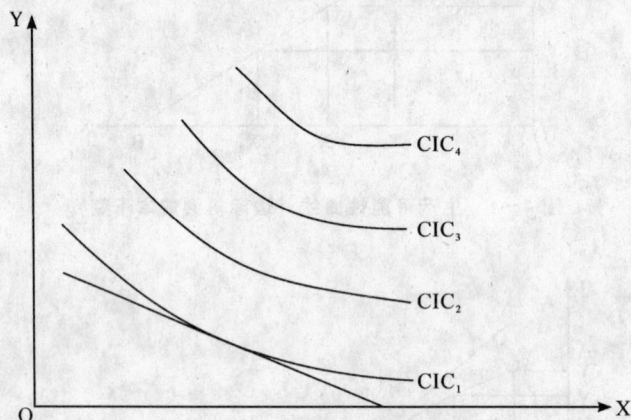

图 4-3　社会无差异曲线

社会无差异曲线的形状为凸向原点的曲线，如图 4-3 所示。这是因为人们对物品的消费存在着边际效用递减的规律（diminishing marginal utility），即随着消费物品数量的增加，物品对人的效用逐渐减少。离原点越远的无差异曲线代表的总效用越大，代表的满足水平越高，例如图 4-3 中，CIC_2 所代表的总效用高于 CIC_1，但低于 CIC_3，CIC_4 所代表的总效用和满足水平最高。对于一个国家或社会，无差异曲线是不相交的。

可见，社会无差异是反映各种消费品满足人们欲望程度的工具，在物品的效用可以替代的假设条件下进行无差异分析，便能判定人们的福利水平。

二、均衡分析

（一）隔离均衡

隔离均衡（equilibrium in isolation）指的是在没有贸易的情况下国内生产和消费的均衡。从整个宏观角度看，一国的生产与消费应该一致。若以生产可能性曲线表示生产供给，社会无差异曲线表示消费需求，则生产可能性曲线与社会无差异曲线的互切点即为一国无贸易情况下的生产和消费的均衡点，如图 4—4 中 E 点所示。

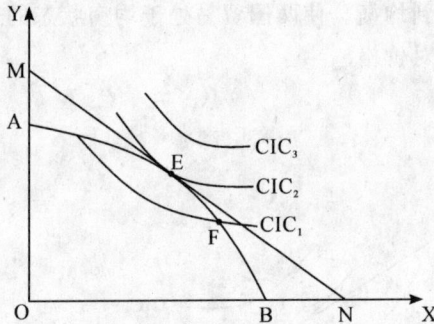

图 4—4　隔离均衡

该点表示该国最大的生产数量，也表示该国最大的满足水平，除 E 点外，任何一点都不是均衡点。例如 F 点，虽也在生产可能性曲线上，因而是该国的最大生产数量，但不是消费上的最大满足，未达到该国能够达到的满足水平，因为 F 点位于 CIC_1 上，其满足水平低于 E 所位于的 CIC_2 所代表的满足水平。相反，任何高于 CIC_2 的无差异曲线均与该国的生产可能性曲线不相切，说明是该国的生产能力所达不到的满足水平。

均衡点的切线的斜率表示隔离均衡商品相对价格 P_x/P_y，此时，两种商品的交换替代与生产中的转换恰好相等，因而，既是生产者满意的价格，也是消费者可以接受的价格。即在国内均衡情况下，生产的边际转换率（MRT）＝消费的边际替代率（MRS）＝两种商品的相对价格（P_x/P_y）＝OM/ON。

通过隔离均衡的相对价格在不同国家的差异，可以确定各国的比较优势商品和出口产业所在，一国在相对价格低于别国的产品生产上具有比较优势，因而是其出口产品，而在相对价格高于他国的产品生产上具有比较劣势，因而是其进口产品。

（二）贸易均衡

如上所述，不同国家的国内均衡商品相对价格的差异反映了他们在国内均衡点的边际机会成本不同，因而成为贸易产生的原因。如果不同国家间的贸易可能，各国的生产格局将发生变动，各自均会把生产要素从不具有比较优势的产品生产中转移出来，增加具有比较优势产品的生产，即按比较优势原则开展专业化生产。如果贸易双方面临的是边际机会成本不变，双方开展的是完全专业化生产，即将全部资源用于具有比较优势产品的生产，除非有一方为贸易小国，所能提供的贸易量不能满足另一方（大国）的全部需求，大国才不得不继续生产两种产品，即开展不完全的专业化生产。如果两国面临的是边际机会成本递增，则两国开展的是不完全的专业化生产，即便有一方为贸易小国，两国的生产专业化也只持续到两国的商品相对价格相等，两国贸易达到均衡。使两国贸易处于均衡状态的这一共同的商品相对价格称为贸易均衡商品相对价格。

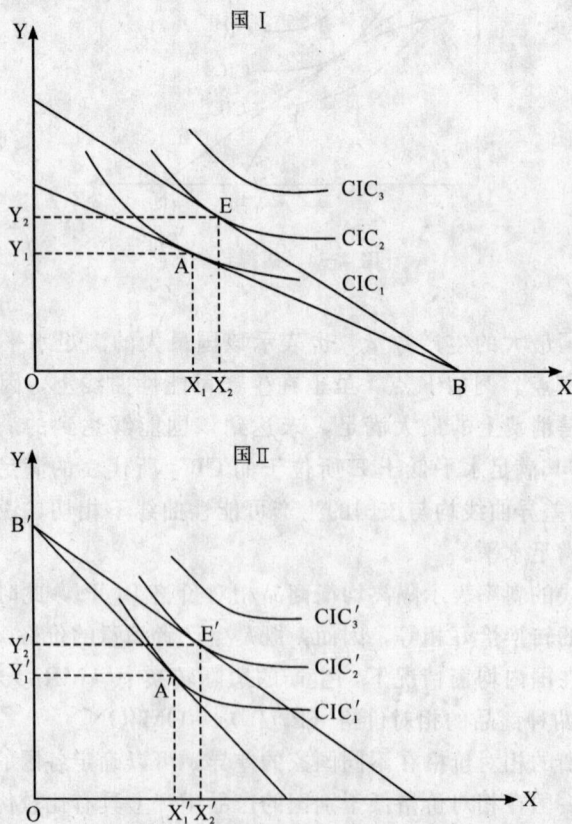

图 4—5　贸易均衡（机会成本不变）

例如，在图 4—5 中，假定国 I 和国 II 面临的是边际机会成本不变，两国的生产可能性曲线均为直线，它们与各自的社会无差异曲线的互切点分别为 A 和 A′，即在无贸易的情况下，国 I 于 A 点生产与消费达到均衡，国 II 于 A′点生产与消费达到均衡，国 I 的隔离均衡商品相对价格 P_A 小于国 II 的隔离均衡商品相对价格 P_A'，因此，国 I 在 X 产品上具有比较优势，国 II 在 Y 产品上具有比较优势。

如若两国的贸易可能，国 I 将增加 X 产品的生产，减少 Y 产品的生产；国 II 则增加 Y 产品的生产，减少 X 产品的生产，直至国 I 把全部资源用于 X 产品的生产，即生产点为 B，国 II 把全部资源用于 Y 产品的生产，即生产点为 B′，亦即进行完全的专业化生产，因为边际机会成本不变。两国通过相互交换产品，只要交换比例介于两国国内交换比例之间，彼此所得到的产品总量均大于无贸易情况下的国内商品消费总量。国 I 的消费水平建立在 E 点上，国 II 的消费水平建立在 E′点上，国 I 实际获益 X_1X_2 和 Y_1Y_2，国 II 的获益 $X_1'X_2'$ 和 $Y_1'Y_2'$。两国消费的增加及贸易利得来自双方进行各自具有比较优势产品的专业化生产而引起产量增加。

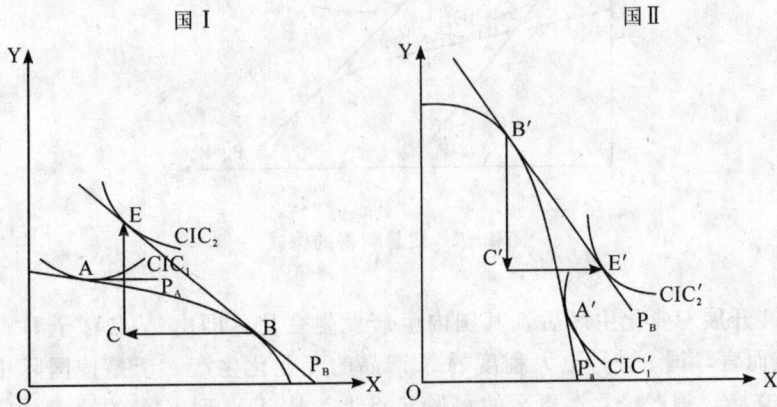

图 4—6 贸易均衡（边际机会成本递增）

在图 4—6 中，假定国 I 和国 II 面临的是边际机会成本递增，两国的生产可能性曲线均为凹向原点的曲线，但因为两国的要素禀赋不同，两国生产可能性曲线的形状不同。又因两国社会全体成员的消费习惯和偏好不同，从而使两国的社会无差异曲线的形状和位置不同。所以，由生产可能性曲线和社会无差异曲线共同决定的国内均衡点和国内均衡商品相对价格的不同，国 I 的国内均衡商品相对价格 P_A'，表明国 I 在 X 产品生产上具有比较优势，国 II 在 Y 产品的生产上具有比较优势，这就为两国的分工和交换提供了基础。如果两国的贸易可能，国 I 势必增加具有比较优势的 X 产品的生产，国 II 势必增加具有比较优势的 Y 产品的生产，即国 I 的生产格局沿着其生产可能性曲线下移，国 II 的生产格局沿着其生产可能性曲线上移，直至两国商品相对价格相等（即在两国的生产点 B 和 B′上的斜率相等）。这一商品相对价格介于两国国内均衡点商品相对价格之间，在这一水平上，两国贸易达到平衡（两国的进出口相等）。这时两国消费分别建立在共同商品相对价格线与其社会无差异曲线 C_1C_2' 相切的 E 点和 E' 点上，表明两国的经济福利水平均有所提高，这是贸易带来的利益。

值得一提的是，一国从贸易中获得的利益可划分为两部分，即从交换中所获得的利益和从专业化生产中获得的利益。从交换中获得的利益指的是两国有不同的商品数量或不同的消费偏好，通过贸易，双方均可获益。现假设上例中，国 I 由于种种原因不能进行 X 的专业化生产，而仍按国内均衡点 A 的生产组合进行生产，若按现行的国际相对价格 P_w 进行对外贸易，国 I 仍可从交换中获得利益，图 4—7 中由 A 点移至 T 点所反映的利益正是来自商品的交换。

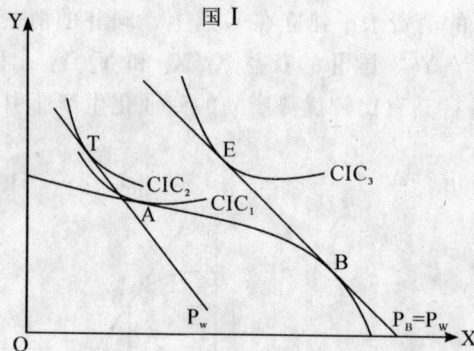

图 4—7　贸易利得的构成

若国 I 开展专业化生产后，其国内生产发生变化，即由 A 点移至 B 点，即相对于 A 点而言，国 I 进行更大程度的 X 产品的专业化生产，于是按国际相对价格与他国相交换，消费确立在更高的水平 E 点上，从 T 点到 E 点的消费效应即衡量该国得自专业化生产的利益。

得自交换中的利益和得自专业化生产的利益合计衡量贸易利得的总量。

第四节　相互需求论

相互需求论（reciprocal demand theory）实质上是指由供求关系决定商品价值的理论，是比较利益论的补充。约翰·穆勒和阿弗里德·马歇尔是相互需求论的主要代表人物。穆勒首先提出了相互需求论，马歇尔以几何方法对穆勒的相互需求原理作出进一步分析和阐述。

一、穆勒的相互需求论

约翰·穆勒（John Stuart Mill）是李嘉图的学生，是19世纪中叶英国最著名的经济学家。他的代表作为《政治经济学原理》，在该书中他提出了相互需求论，对比较利益论作了重要的说明和补充：他在相互需求论的基础上，用两国商品交换比例的上下限解释了互惠贸易的范围；用贸易条件说明贸易利得的分配；用相互需求程度解释贸易条件的变动。

（一）互惠贸易的范围

相互需求论认为，交易双方在各自国内市场有各自的交换比例，在世界市场上，两国商品的交换形成一个国际交换比例（即贸易条件），这一比例只有介于两国的国内交换比例之间，才对贸易双方均有利。现仍以英、美两国按比较优势原则生产和交换小麦、棉布为例，具体说明并图示如下：

在表4－2的假设下，分工前，在美国国内，1蒲式耳小麦可换取2/3码布，在英国国内，1蒲式耳小麦可换取2码布。按比较优势原则，分工后，美国专门生产小麦，英国专门生产棉布，再相互交换产品。如果两国间的交换比例为1蒲式耳小麦交换2/3码布，即按美国国内的交换比例进行交换，美国并不比分工前多获产品，即未获得贸易利益，因而会退出交易而使国际贸易不可能发生。显然，两国交换比例更不可能低于1蒲式耳小麦交换2/3码布，因为那样美国非但不得利，反而比国内交换少得产品，所以双方贸易不能等于或低于1蒲式耳小麦交换2/3码布这个美国国内的交换比例。同理，如果两国间的交换比例为1蒲式耳小麦交换2码布，即按英国国内的交换比例进行交换，英国不能从两国贸易中获益而会退出交易，使国际贸易不会发生。显然，这个比例更不能高于1蒲式耳小麦交换2码布，因为那样英国将失利，所以双方交换比例不能等于或高于英国国内的交换比例——1蒲式耳小麦交换2码布。综上所述，两国间小麦和棉布的交换比例必须介于1蒲式耳小麦交换2/3码布和1蒲式耳小麦交换2码布之间（1：2/3～1：2），即介于美、英两国的国内交换比例之间，才会使两国都能从贸易中获益。

图4－8中，纵轴Y表示小麦，横轴X表示棉布。两国国内的交换比例用从原点引出的射线的斜率来表示。OP_{US}的斜率为1：2/3，表示美国国内的交换比例，为小麦交换棉布的下限；OP_{US}的斜率为1：2，表示英国国内的交换比例，为小麦交换棉布的上限。OY与OP_{US}之间为美国不参加贸易的区域，OX与OP_{US}之间为互惠贸易区，位于该区域的任何从原点引出的射线的斜率，都是互利贸易条件。

（二）贸易利得的分配

国际贸易能给参加国带来利益。贸易利益的大小取决于两国国内交换比例之间范围（即互惠贸易范围）的大小。而贸易利益的分配中孰多孰少，则决定于具体的国际交换比例。国际间商品交换比例越接近于本国国内的交换比例，说明本国从贸易中获得的利益越接近于分工和交换前自己单独生产时的产品量。相反，国际间商品交换比例越接近于对方国家的国内交换比例，对本国越有利，分得的贸易利益就越多，因为越接近于对方国家国内交换比例，意味着离本国国内的交换比例越远，本国从贸易中获得的利益超过分工和交换前自己生产时的产品量越多。例如上例中，美、英两国间小麦和棉布贸易的具体交换比例若为 1 蒲式耳小麦交换 1 码布，则美国比分工前的国内交换多获 1/3 码布，英国比分工前国内交换节约 1 码布；若为 1 蒲式耳小麦交换 4/3 码布，则美国多获 2/3 码布，英国节约 2/3 码布；若为 1 蒲式耳小麦交换 5/3 码布，则美国多获 1 码布，英国节约 1/3 码布（见图 4—8）。

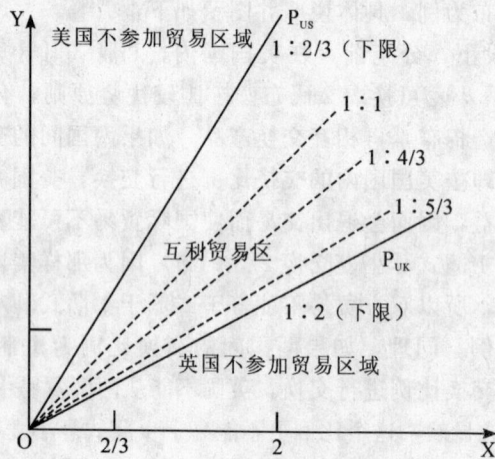

图 4—8　互惠贸易的范围

（三）相互需求法则

穆勒将需求因素导入国际贸易理论之中，以说明贸易条件决定的原则。他认为一切贸易都是商品的交换，一方出售商品便是购买对方商品的手段，即一方的供给便是对对方商品的需求，所以供给和需求也就是相互需求。在两国间互惠贸易的范围内，贸易条件或两国间商品交换比例是由两国相互需求对方产品的强度决定的，它与两国相互需求对方产品总量之比相等，这样才能使两国贸易达到均衡。如果两国的需求强度发生变化，则贸易条件或两国间的交换比例必然发生变动。一国对另一国出口商品的需求越强，而另一国对该国出口商品的需求越弱，则贸易条件对该国越不利，该国的贸易利得越小；反之，则贸易条件对该国越有利，该国的贸易利得越大，这就是相互需求法则。

前例中，假设美、英两国商品交换比例为1蒲式耳小麦交换1.7码布，如果在这个交换比例上，美国对英国棉布的需求与英国对美国小麦的需求，恰能使两国的进出口额相等，则这个交换比例就是一个稳定均衡的交换比例。例如，美国对英国棉布的需求为 $1000 \times 17 = 17000$ 蒲式耳，英国对美国小麦的需求为 $1000 \times 10 = 10000$ 蒲式耳，这时两国间的贸易达到平衡（假定两国都只有一种出口商品）。如果两国的相互需求强度发生变化，使两国按1蒲式耳小麦换1.7码布的比例进行交换，进出口额不相等，则贸易条件或交换比例不能稳定下来，必然发生相应变动。如果英国对美国小麦的需求越强，美国对英国的棉布需求越弱，则交换比例会变得对美国越有利，美国的贸易利得也就越大；反之，英国对美国的小麦需求越弱，美国对英国的棉布需求越强，则交换比例会变得对英国越有利，英国的贸易利得也就越大。例如，在1蒲式耳小麦交换1.7码布的比例上，美国对英国棉布的需求为 800×17 码，而不是 1000×17 码，英国对美国小麦的需求强度不变，仍为10000蒲式耳小麦，为能满足其对小麦的全部需求，它必须相对提高小麦的交换价值，使交换比例变得对美国有利，例如 $1 : 1.8$，在这个交换比例上，假定美国由于棉布交换价值相对下降而增加对棉布需求至 900×18 码。这时两国间的贸易又重新达到平衡（ $900 \times 18 \times 1 = 900 \times 10 \times 1.8$ ）。相反，如果美国对英国在后面的需求强度不变，而英国对美国小麦的需求强度减弱，则交换比例就要降至 $1 : 1.7$ 以下，对英国有利。

二、马歇尔的相互需求论

马歇尔（Alfred Marshall）是19世纪末20世纪初英国最著名的经济学家，新古典学派的创始人。其主要著作是1879年出版的《国际贸易纯理论》和1890年出版的《经济学原理》等。他的经济学的理论核心是边际效用论和生产费用论相结合的均衡价格论。他用均衡价格论来解释描绘贸易条件的提供曲线，对约翰·穆勒的相互需求论作了进一步地分析和说明。

（一）提供曲线

提供曲线（offer curve），也称相互需求曲线（reciprocal demand curve），它表示一国想交换的进口商品数量与所愿意出口的本国商品数量之间的关系。它表明一国进出口的贸易意向随着商品的相对价格（交易条件）的变化而变化。

提供曲线是由生产可能性曲线、社会无差异曲线以及可发生贸易的各种不同相对价格推导出来的。现根据图4—6推导两国的提供曲线于下：

先看国I，从开放贸易前的情形开始，当X商品的相对价格等于过A点（国内均衡点）的切线的斜率时，不会产生任何出口供应，这一点对应于图4—9（b）中提供曲线的原点。由与这一曲线相切的 P_A 所给定的提供曲线在原点的斜率等于 P_A 在 A 点的斜率。当 X 产品的相对价格大于 A 点的相对价格，即对 X 商品较为有利的价格，生产就会下移，消费则建立在更高的水平上，若相对价格为 P_F，则生产移至 F 点，消费位于 H 点；若相对价格为 P_B，生产移至 B 点，消费达到 E 点。其中，GH 的 Y 产品进口是以出口数量为 GF 的 X 产品交换而得的，CE 的 Y 产品进口是以出口数量为 BC 的 X 产品交换而得的，按这一方式继续考察下去，得到不同的进出口商品量的组合，在图4—9（b）中画出各条价格线，其斜率与各自在图4—9（a）中相对应的价格线一一相等，把出口标在横轴上，把进口标在纵轴上，并用一条光滑的曲线连结各点便可得到该国在各种不同的国际价格水平下贸易均衡点的轨迹，即该国的提供曲线或相互需求曲线。

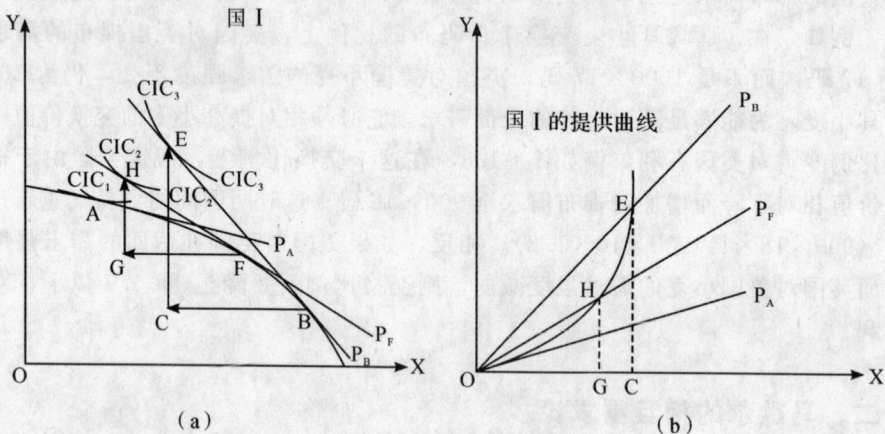

图4—9　国I提供曲线的导出

用同样的方法，可推导出国II的提供曲线，如图4—10所示：

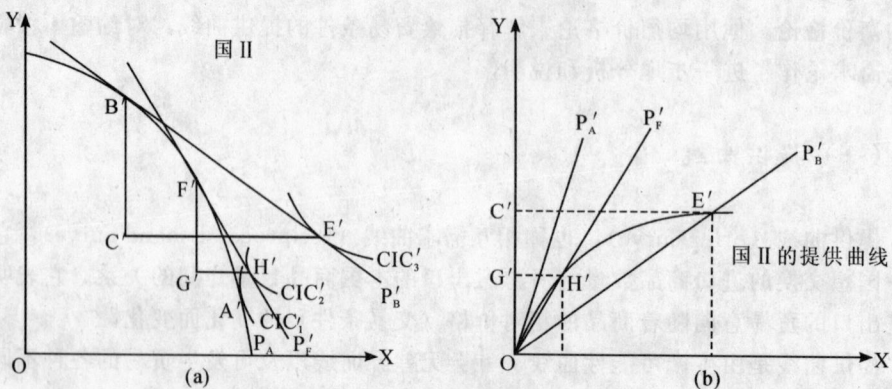

图4—10　国II提供曲线的导出

　　从以上建立的两国的提供曲线可见，各国的提供曲线凸向代表本国具有比较优势产品的坐标轴，表示相对价格对本国越来越有利。例如，国Ⅰ的提供曲线凸向X轴，表示国Ⅰ用一定数量的X产品可以交换越来越多的Y产品。因为曲线凸向X轴向上弯曲，通过曲线上每一点的射线越来越陡，即斜率越来越大（Y与X之比越来越大），意味着随着贸易量的增加，国Ⅰ交换同样数量的对方产品所用的本国产品的数量越来越少，或用同样数量的本国产品能交换更多的对方产品。相反，国Ⅱ的提供曲线凸向Y轴向下弯曲，表示用一定数量的Y产品可以交换越来越多的X产品，因为曲线向下弯曲，通过曲线上每一点的射线越来越平缓，即斜率越来越小，这意味着国Ⅱ交换同样数量的对方产品所用的本国产品越来越小，商品相对价格对本国越来越有利。

　　各国提供曲线之所以凸向代表具有比较利益商品的坐标轴，用马歇尔的供求价格论解释，原因有二：一是出口产品边际机会成本递增；二是进口产品的边际效用递减。对一国而言，一方面，随着出口的增加，必须增加出口产品产量，使边际机会成本不断提高，这就决定了用一定数量的出口产品必须交换更多的进口产品，该国才能继续扩大贸易；另一方面，随着进出口贸易的增加，国内进口产品由于消费数量增加而效用下降，出口产品的消费量减少而效用相对提高，这也决定了该国出口同样数量的产品，必须换回更多的进口产品，才能使它继续扩大贸易。总之，由于产品的效用和机会成本两方面原因，使一国的提供曲线凸向具有比较利益商品的坐标轴。

　　如果将两国的提供曲线置于同一坐标图中，我们将会看到，国Ⅰ的提供曲线位于其国内均衡价格 P_A 之上，国Ⅱ的提供曲线则位于其国内均衡价格线 P_A 之下，两国的提供曲线位于两国国内商品相对价格之间（如图 4-11 所示）。这与前述的互惠贸易的范围介于两国国内相对价格之间是一致的。

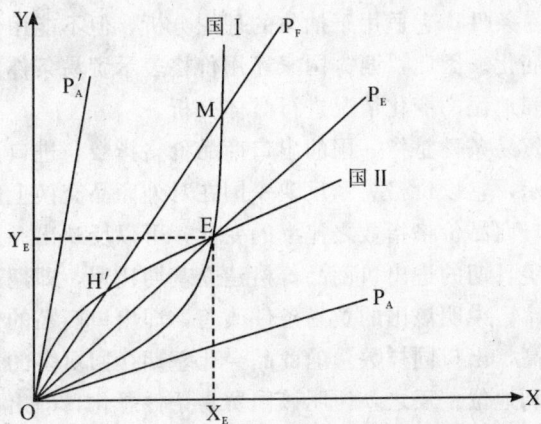

图 4-11　贸易均衡相对商品价格

（二）商品相对价格的决定与贸易均衡

把两个国家的提供曲线放在一个坐标图中，只要两条曲线在原点有不同的斜率，即两国国内的均衡价格不同，它们总会在某处相交，因为两国国内均衡价格存在差异，为贸易提供了基础。一旦贸易可能，它们便将相互交换产品。在图 4—11 中，国 I 和国 II 的提供曲线在原点具有不同的斜率 $P_A' > P_A$，因此两国的提供曲线相交于 E 点，均衡贸易商品相对价格即由从原点到交点 E 画出的射线的斜率给定。E 点满足了贸易均衡的三个条件：①一方出口的数量等于另一方进口的数量，使双方的进出口平衡。国 I 需求 OY_E 的进口，国 II 提供了这一数量的 Y 产品；国 II 需求 OX_E 的进口，国 I 提供了这一数量的 X 产品。②各国贸易收支平衡，即 $P_E = P_X/P_Y = OY_E/OX_E$。③对各国提供了最大的生产和满足。除 E 点外，两条曲线上任何一点都不具备这些性质，即贸易都不平衡。

例如，在 P_F' 价格水平上，国 II 的经济移至 H'，国 I 的经济移至 M，国 II 的 Y 产品出口供应小于国 I 的 Y 产品进口需求，因而出现对 Y 产品的过度需求；而国 II 对 X 产品的进口需求小于国 I 对 X 产品的出口供给，出现对 X 产品的过度供给。贸易的失衡，使 X 产品的价格下降，从而使价格线变得较为平缓，并缩小两国提供曲线上 H' 和 M 之间的间隙。这种变化将持续到相对价格与贸易均衡相对价格线重合。相反，若出现对 X 产品的过度需求，对 Y 产品的过度供给，则会驱使商品相对价格上升，直至与均衡相对价格相等为止。

（三）贸 易 条 件

在相互需求论中，贸易条件（the terms of trade）是指商品的物物交换比例，是以商品表示的贸易条件，它适用于抽象的理论分析，但不能用于分析说明一国一定时期贸易地位的变化。因此，西方国家还用价格表示贸易条件，以对国际贸易实践中各国贸易利益和地位的变化情况进行具体分析。

以价格表示的贸易条件是指一国的出口商品价格指数与进口商品价格指数之比率。通常用指数表示，它以价格关系反映一国在对外商品交换上的数量关系。通过不同时期一国进出口商品价格指数之比率的变化，可以反映出一国贸易条件的变化情况。若以某一确定日期的进出口商品价格建立基期比率，即期进出口商品价格指数之比大于基期比率，说明该国的贸易条件改善，即出口商品的价格指数相对于进口商品价格指数提高，出口同样数量的商品会比基期换回更多的进口商品，该国在国际贸易中处于有利地位；反之，说明该国贸易条件恶化，即出口商品的价格指数相对于进口商品价格指数下降，出口同样数量的商品会比基期换回更多的进口商品，该国在国际贸易中处于不利地位。所以，贸易条件并不表示贸易利益的绝对量，而表示贸易利益的变化情况。

贸易条件有四种不同的形式：

（1）商品贸易条件或净贸易条件（commodity or net Barter terms of trade）。商品贸易条件（N）指出口商品价格指数（P_X）与进口商品价格指数（P_Y）之比，为以百分比反映，通常乘以 100。其公式为：

$N = P_X / P_M \cdot 100\%$

它表示出口一个单位商品能够获得多少单位进口商品。

（2）收入贸易条件（income terms of trade）。以贸易量指数（Q_X）与商品贸易条件相乘来表示总贸易量变化的指数称为收入贸易条件（I）。其计算公式为：

$I = PXPM \cdot Q_X$

它衡量基于出口的进口能力，即根据 $P_X \cdot Q_X$ 这一出口收入能够获得多少进口商品。

（3）单因素贸易条件（single factoral terms of trade）。

在商品贸易条件基础上，考虑出口商品劳动生产率（Z_X）的作用所得到的贸易条件称单因素贸易条件（S）。其计算公式为：

$S = P_x P_M \cdot Z_M$

它表示包含在出口商品中的每单位生产要素所获得的进口商品数量。通过一国不同时期的单因素贸易条件的比较，可反映该国每单位生产要素的贸易利益的变化。

（4）双因素贸易条件（double factoral terms of trade）。

双因素贸易条件（D）是在商品贸易条件的基础上，考虑出口商品劳动生产率变化和进口商品劳动生产率（Z_M）变化后贸易条件的变化。其计算公式为：

$D = P_X P_M \cdot Z_X Z_M \cdot 100\%$

它衡量需用包含在出口商品中的多少单位本国生产要素来换取包含在进口商品中的一单位外国生产要素。

三、相互需求论简评

相互需求论是比较利益论的补充。穆勒补充了国际贸易为双方带来利益的范围问题，以及双方在利益的分配中各占多少问题，指出了互惠贸易的范围介于两国国内交换比例之间，两国产品的交换比例越接近于本国国内交换比例，本国获利越少，相反，越接近于对方国家国内交换比例，本国获利越多。这是正确的，充裕了比较利益论的内容。但穆勒关于相互需求强度决定贸易条件的论点是不切实际的。因为穆勒的相互需求法则的假设前提是物物交换下供给等于需求，实际上出口和进口不是以物易物同时进行的，而是彼此分离的，是商品对货币的两个不同的过程。出口的货币收入不一定同时用于进口，甚至不一定用于进口。

马歇尔用几何分析方法说明贸易条件的决定与变动，为西方传统国际贸易理论增添了新的表达方法和研究手段，是可供参考的。但马歇尔与穆勒一样，研究的问题并未反映国际生产关系的价值范畴，这使他们虽然在一定范围内和从某一角度说明了各国在贸易利益分配中，实物产品的孰多孰少问题，但不能从根本上说明国际间的商品交换是否公平合理，是否等价交换，是否存在剥削等等这些属于规范经济学方面的问题，这是相互需求论的根本性缺陷。此外，马歇尔的边际效用和生产成本论对供给曲线的解释带有主观随意性，因而是就事论事、似是而非的。

第五节　要素禀赋论

要素禀赋论（factor endowment theory）是现代国际贸易理论的新开端，被誉为国际贸易理论的又一大柱石，其基本内容有狭义和广义之分。狭义的要素禀赋论用生产要素丰缺来解释国际贸易的产生和一国的进出口贸易类型。广义的要素禀赋论包括狭义的要素禀赋论和要素价格均等化学说。下面分别介绍要素禀赋论和要素价格均等化学说。

一、赫克歇尔、俄林、萨缪尔森与要素禀赋论

赫克歇尔和俄林都是当代著名的瑞典经济学家，赫克歇尔是俄林的老师。俄林的主要代表作有：《贸易学说》（1924）、《对外贸易与贸易政策》（1925）、《世界经济危机的原因与现象》（1913）、《域际贸易和国际贸易》（1933）、《国际经济重建》（1936）、《就业的均衡问题》（1949）、《经济活动的国际分布》（1977，主编）等。1977 年俄林荣获诺贝尔经济学奖。

萨缪尔森（Paul A. Samuelson）是当代著名的美国经济学家，凯恩斯主义的新古典综合派的主要代表。1948 年出版的《经济学》是他的代表作，书中几乎探索了经济学中的所有主要问题，该书一版再版，成为西方最流行的经济学教科书和读物。他于 1970 获得了诺贝尔经济学奖，是获诺贝尔奖的第一个美国人。

要素禀赋论的基本论点是赫克歇尔首先提出来的。俄林师承赫克歇尔，创立了要素禀赋论。萨缪尔森则发展了赫—俄理论，提出了要素价格均等化学说。

1919 年，赫克歇尔在纪念经济学家戴维的文集中发表了题为《对外贸易对收入分配的影响》的著名论文，提出了要素禀赋论的基本论点，这些论点为俄林所接受。1929～1933 年，由于资本主义世界经历了历史上最严重的经济危机，贸易保护主义抬头，各国都力图加强对外倾销商品，同时提高进口关税，限制商品进口。对此，瑞典人民深感不安，因为瑞典国内市场狭小，一向对国外市场依赖很大。在此背景下，俄林继承其师赫克歇尔的论点，于 1933 年出版了《域际贸易和国际贸易》一书，深入探讨了国际贸易产生的深层原因，创立了要素禀赋论。而在美国经济由中盛走向极盛、再走向衰落的时代背景下，1941 年萨缪尔森与斯托尔珀

（W. F. Stolper）合著并发表了《实际工资和保护主义》一文，提出了生产要素价格日趋均等化的观点。萨缪尔森还在 1948 年前后发表的《国际贸易和要素价格均衡》、《国际要素价格均衡》及《论国际要素价格的均衡》等文中对上述观点作了进一步的论证，建立了要素价格均等化学说，发展了要素禀赋论。

二、与要素禀赋论有关的几个概念

要素禀赋论以生产要素、要素密集度、要素密集型产品、要素禀赋、要素丰裕程度等概念表述和说明，掌握这些概念是理解要素禀赋论的关键。

（一）生产要素和要素价格

生产要素（factor of production）是指生产活动必须具备的主要因素或在生产中必须投入或使用的主要手段。通常指土地、劳动和资本三要素，加上企业家的管理才能为四要素，也有人把技术知识、经济信息也当作生产要素。要素价格（factor price）则是指生产要素的使用费用或要素的报酬。例如，土地的租金，劳动的工资，资本的利息，管理的利润等。

（二）要素密集度和要素密集型产品

要素密集度（factor intensity）指产品生产中某种要素投入比例的大小，如果某要素投入比例大，称为该要素密集程度高。根据产品生产所投入的生产要素中所占比例最大的生产要素种类不同，可把产品划分为不同种类的要素密集型产品（factor intensive commodity）。例如，生产小麦投入的土地占的比例最大，便称小麦为土地密集型产品；生产纺织品劳动所占的比例最大，则称之劳动密集型产品；生产电子计算机资本所占的比例最大，于是称为资本密集型产品，以此类推。在只有两种商品（X 和 Y）、两种要素（劳动和资本）的情况下，如果 Y 商品生产中使用的资本和劳动的比例大于 X 商品生产中的资本和劳动的比例，则称 Y 商品为资本密集型产品，而称 X 为劳动密集型产品。

（三）要素禀赋和要素丰裕

要素禀赋（factor endowment）是指一国拥有各种生产要素的数量。要素丰裕（factor abundance）则是指在一国的生产要素禀赋中某要素供给所占比例大于别国同种要素的供给比例而相对价格低于别国同种要素的相对价格。

衡量要素的丰裕程度有两种方法：一是以生产要素供给总量衡量，若一国某要素的供给比例大于别国的同种要素供给比例，则该国相对于别国而言，该要素丰裕；另一方法是以要素相对价格衡量，若一国某要素的相对价格——某要素的价格和别的要素价格的比率低于别国同种要素相对价格，则该国该要素相对于别国丰裕。以总量法衡量的要素丰裕只考虑要素的供给，而以价格法衡量的要素丰裕考虑了要素的供给和需求两方面，因而较为科学。

三、要素禀赋论的基本假设条件

要素禀赋论基于一系列简单的假设前提，主要包括以下九个方面：

1. 假定只有两个国家、两种商品、两种生产要素（劳动和资本）。这一假设目的是为了便于用平面图说明理论。

2. 假定两国的技术水平相同，即同种产品的生产函数相同。这一假设主要是为了便于考察要素禀赋，从而考察要素价格在两国相对商品价格决定中的作用。

3. 假定 X 产品是劳动密集型产品，Y 产品是资本密集型产品。

4. 假定两国在两种产品的生产上规模经济利益不变。即增加某商品的资本和劳动使用量，将会使该产品产量以相同比例增加，意即单位生产成本不随着生产的增减而变化，因而没有规模经济利益。

5. 假定两国进行的是不完全专业化生产。即尽管是自由贸易，两国仍然继续生产两种产品，亦即无一国是小国。

6. 假定两国的消费偏好相同。若用社会无差异曲线反映，则两国的社会无差异曲线的位置和形状相同。

7. 在两国的两种商品、两种生产要素市场上，竞争是完全的。这是指市场上无人能够购买或出售大量商品或生产要素而影响市场价格。也指买卖双方都能掌握相等的交易资料。

8. 假定在各国内部，生产诸要素是能够自由转移的，但在各国间生产要素是不能自由转移的。这是指在一国内部，劳动和资本能够自由地从某些低收入地区、行业流向高收入地区、行业，直至各地区、各行业的同种要素报酬相同，这种流动才会停止。而在国际间，却缺乏这种流动性。所以，在没有贸易时，国际间的要素报酬差异始终存在。

9. 假定没有运输费用，没有关税或其他贸易限制。这意味着生产专业化过程可持续到两国商品相对价格相等为止。

四、要素禀赋论

（一）要素禀赋论的内容

要素禀赋论指狭义的赫克歇尔—俄林理论（Heckscher-Ohiln theory），又称要素比例学说（factor proportions theory）。该学说由赫克歇尔首先提出基本论点，由俄林系统创立。它主要通过对相互依存的价格体系的分析，用生产要素的丰缺来解释国际贸易的产生和一国的进出口贸易类型。

根据要素禀赋论，一国的比较优势产品，即应出口的产品是它需在生产上密集使用该国相对充裕而便宜的生产要素生产的产品，而进口的产品是它需在生产上密集使用该国相对稀缺而昂贵的生产要素生产的产品。简言之，劳动丰富的国家出口劳动密集型商品，而进口资本密集型商品；相反，资本丰富的国家出口资本密集型商品，进口劳动密集型商品。

（二）要素禀赋论的理论分析

俄林认为，同种商品在不同国家的相对价格差异是国际贸易的直接基础，而价格差异则是由各国生产要素禀赋不同，从而要素相对价格不同决定的，所以要素禀赋不同是国际贸易产生的根本原因。俄林在分析、阐述要素禀赋论时是一环扣一环，层层深入，在逻辑上比较严谨。

1. 国家间的商品相对价格差异是国际贸易产生的主要原因。在没有运输费用的假设前提下，从价格较低的国家输出商品到价格较高的国家是有利的。

2. 国家间的生产要素相对价格的差异决定商品相对价格的差异。在各国生产技术相同，因而生产函数相同的假设条件下，各国要素相对价格的差异决定了各国商品相对价格存在差异。

3. 国家间的要素相对供给不同决定要素相对价格的差异。俄林认为，在要素的供求决定要素价格的关系中，要素供给是主要的。在各国要素需求一定的情况下，各国不同的要素禀赋对要素相对价格产生不同的影响：相对供给较充裕的要素的相对价格较低，而相对供给较稀缺的要素的相对价格较高。因此，国家间要素相对价格差异是由要素相对供给或供给比例不同决定的。

通过严密的分析，俄林得出了结论：一个国家生产和出口那些大量使用本国供给丰富的生产要素的产品，价格就低，因而有比较优势；相反，生产那些需大量使用本国稀缺的生产要素的产品，价格便贵，出口就不利。各国应尽可能利用供给丰富、价格便宜的生产要素，生产廉价产品输出，以交换别国价廉物美的商品。

要素禀赋论的理论分析还可用图 4—12 加以形象归纳。从示意图的右下角开始分析，生产要素所有者的收入分配和社会消费偏好共同决定对最终产品的需求，而对最终产品的需求导致了对生产要素的派生需求，要素的供给和需求则决定要素的价格，要素的价格和生产技术又决定最终产品的价格。因此，不同国家商品相对价格的差异决定比较利益和贸易类型。但在两国偏好相同、技术水平相同以及收入分配相同，从而对最终产品和要素需求相似的假设前提下，不同国家生产要素禀赋的差异便是商品相对价格存在差异的原因。

商品相对价格

要素价格

要素的派生需求

最终产品需求

技术　　要素供给　　　消费偏好　生产要素所有者的收入分配

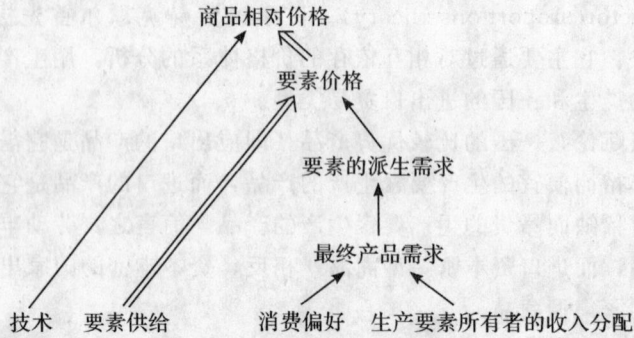

图 4－12　要素禀赋论的理论分析均衡框

（三）要素禀赋论的进一步说明

现引入要素禀赋和要素密集型产品，并用本章第三节中边际机会成本递增情况下的贸易均衡例子说明要素禀赋论，如图 4－13 所示。

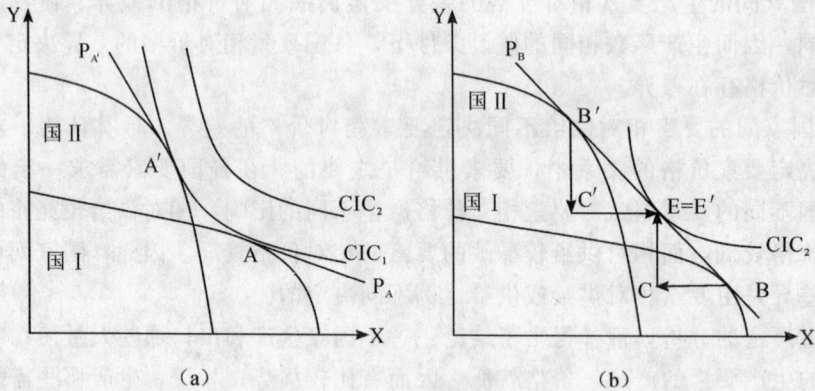

图 4－13　赫克歇尔－俄林模型

在图 4－13 (a) 中，国 I 的生产可能性曲线偏向 X 轴，因为 X 是劳动密集型产品，而国 I 又是劳动丰富的国家；国 II 的生产可能性曲线偏向 Y 轴，因为国 II 是资本丰富的国家，而 Y 又是资本密集型产品。现假设两国用相同的生产技术生产 X 和 Y 产品，两国对商品的消费偏好也相同，以同一社会无差异曲线簇表示。在没有贸易的情况下，国 I 和国 II 的隔离均衡点分别为 A 和 A′，无差异曲线 CIC，是两国生产能力所能达到的最高满足水平。通过 A、A′ 的切线 P_A 和 P_A' 分别表示国 I 和国 II 的隔离均衡相对商品价格。由于 $P_A < P_A'$，所以国 I 在 X 产品的生产上

具有比较利益，国Ⅱ在 Y 产品生产上具有比较利益。

图 4—13（b）表示开展贸易后的情况，两国按各自具有比较利益的商品来开展专业化生产，这一过程持续到两国相对商品价格相等为止，国Ⅰ和国Ⅱ的生产分别移至 B、B′点，此时，两国按相对价格 P_B 开展贸易达到均衡，$BC = C′E′$，$B′C′ = CE$。除该点以外，任何价格水平的贸易都不平衡，贸易不平衡的结果使价格向均衡贸易价格水平靠拢。

五、要素价格均等化学说

国际贸易可能导致要素价格均等化的论点是由赫克歇尔首先提出的。俄林则认为，虽然各国要素缺乏流动性使世界范围内要素价格相等的理想状态不能实现，但商品贸易可以部分代替要素流动，弥补缺乏流动性的不足，所以国际贸易使要素价格存在均等化趋势。萨缪尔森于 1941 年发表的《实际工资和保护主义》和 1948 年前后发表的《国际贸易与要素价格均等化》等文章中论证了自由贸易将导致要素价格均等化。这一理论被称为赫—俄—萨学说，它研究国际贸易对要素价格的影响。

要素价格均等化学说（factor-price equalization theory）可表述为：在满足要素禀赋论的全部假设条件下，自由的国际贸易通过商品相对价格的均等化，将使同种要素的绝对和相对报酬趋于均等。

该理论认为，由于每个国家出口的商品生产中，都密集地使用了它所拥有的丰富的生产要素，当生产要素在各国间不能直接移动的情况下，国际贸易将导致各国生产要素的相对价格和绝对价格的平均化。因此，国际贸易在一定程度上是国际间生产要素流动的代替物。

1. 按照该理论，国际贸易会导致低工资国家的工资提高和高工资国家的工资降低，导致不同国家的资本获取相同的利润，土地获取相同的地租。同样，国际贸易也会导致利润率高的国家利润率下降，使利润低的国家的利润率上升，从而减少两国间利润率的差异。

2. 不仅如此，国际贸易还会导致各种要素相对价格的完全平均化。因为，在各种要素相对价格有差异，各种商品的相对价格有差异的情况下，贸易将继续扩大，而贸易的扩大将会减少两国间要素价格的差异。贸易将会持续下去直至两国国内各种商品的相对价格完全均等化为止。同样，两国国内的要素相对价格也将平均化。

六、赫克歇尔—俄林—萨缪尔森的国际贸易论简评

赫克歇尔、俄林、萨缪尔森的要素禀赋论和要素价格均等化学说是在比较利益论的基础上的一大进步，有其合理的成分和可借鉴的意义。大卫·李嘉图及穆勒和马歇尔都假设两国交换是物物交换，国际贸易起因于劳动生产率的差异，而赫克歇

尔、俄林是用等量产品不同货币价格（成本）比较两国不同的商品价格比例，两国的交换是货币交换，各国的要素生产率是相同的，用生产要素禀赋的差异寻求解释国际贸易产生的原因和国际贸易商品结构以及国际贸易对要素价格的影响，研究更深入、更全面了，认识到了生产要素及其组合在各国进出口贸易中居于重要地位。他们研究所得出的结论有一定实用价值，例如，关于国家间商品相对价格的差异是国际贸易的直接原因：一国某种生产要素丰富，要素价格低廉，出口该要素密集型产品具有比较优势；某种生产要素稀缺，要素价格昂贵，进口这种要素密集型产品对本国有利，出口这种要素密集型产品则没有比较利益，这些观点或结论既有理论意义，也有政策意义。

但是，赫克歇尔、俄林、萨缪尔森的理论有明显的局限性。要素禀赋论和要素价格均等化学说所依据的一系列假设条件都是静态的，忽略了国际国内经济因素的动态变化，使理论难免存在缺陷。就技术而言，现实是技术不断进步，而进步能使老产品的成本降低，也能产生新产品。因而会改变一国的比较利益格局，使比较优势产品升级换代，扩大贸易的基础。再拿生产要素来说，远非同质，新旧机器总归有别，熟练工人与非熟练工人也不能相提并论。再看同种要素在不同国家的价格，全然不是要素价格均等化学说所指出的那样会随着商品价格均等而渐趋均等，发达国家与发展中国家工人工资的悬殊、利率的差距，足以说明现实世界中要素价格无法均等。

第六节　里昂惕夫之谜

里昂惕夫之谜是针对要素禀赋论所提出的一种质疑，它的提出成为西方传统微观国际贸易理论在当代新发展的转折点。

一、里昂惕夫与里昂惕夫之谜

里昂惕夫（Wassily W. Leontief）是当代著名的美国经济学家，投入产出经济学的创始人，第四届（1973 年）诺贝尔经济学奖获得者。他的代表作为《投入产出经济学》，该书收录了他从 1947 年到 1965 年公开发表的 11 篇论文，其中有两篇主要是研究国际贸易的，即《国内生产与对外贸易：美国地位的再审查》（1953年）和《要素比例和美国的贸易结构：进一步的理论和经济分析》（1956 年）。

第二次世界大战后，在第三次科技革命的推动下，世界经济迅速发展，国际分工和国际贸易随之迅猛发展，贸易商品结构和地区分布发生了很大变化，传统的国际贸易理论显得越来越脱离实际，于是引起经济学家们对包括要素禀赋论在内的已有学说的怀疑，并促成他们对一些理论模式的检验。1953 年开始，里昂惕夫挑起了经济学界针对赫克歇尔－俄林模式展开的大论战。通过检验，里昂惕夫提出了要素禀赋论的反论——里昂惕夫之谜。

二、对要素禀赋论的检验——里昂惕夫之谜

赫克歇尔－俄林的要素禀赋论认为，一国出口的是密集使用本国丰富要素生产的产品，进口的是密集使用稀缺要素生产的产品。美国是个资本丰富而劳动力稀缺的国家，按照要素禀赋论，美国应出口资本密集型产品，进口劳动密集型产品。为了检验要素禀赋论，1953 年，里昂惕夫用投入产出分析法对 1947 年美国 200 个行业进行分析，把生产要素分为资本和劳动两种，然后选出具有代表性的一揽子出口品和一揽子进口替代品，计算出每百万美元的出口品和每百万美元进口替代品所需要的国内资本和劳动量及其比例，见表 4－3。

表 4－3 每百万美元的美国出口品和进口替代品对
国内资本和劳动力的需求额（1947 年）

	出口品	进口替代品
资本 K（美元）	2550780	3091339
劳动力 L（人·年）	182.313	170.004
资本/劳动力 K/L（美元/人·年）	13911	18184

资料来源：里昂惕夫：《投入产出经济学》，商务印书馆，1980 年版，第 113 页。

里昂惕夫的研究发现，美国进口替代品的资本密集程度反而高于出口品的资本密集程度（约高出 30％），因而得出与要素禀赋论相反的结论："美国参加国际分工是建立在增减劳动密集型生产专业化的基础上，而不是建立在资本密集型生产专业化基础上。换言之，这个国家是利用对外贸易来节约资本和安排剩余劳动力，而不是相反。"里昂惕夫的惊人发现引起了经济学界的极大关注，被称为里昂惕夫之谜（the Leontief paradox）。里昂惕夫 1956 年又利用投入产出法对美国 1951 年的贸易结构进行第二次检验，检验结果与第一次是一致的，谜仍然存在。

里昂惕夫之谜激发了其他经济学家对其他国家的贸易格局的类似研究，以检验要素禀赋论。例如，日本两位经济学家建元正弘（M. Tatemoto）和市村真一（S. Ichimura）1959 年使用了与里昂惕夫相类似的研究方法对日本的贸易结构进行分析发现，从整体上看，日本这个劳动力丰裕的国家，输出的主要是资本密集型产品，输入的则是劳动密集型产品。但从双边贸易看，日本向美国出口的是劳动密集型产品，从美国进口的是资本密集型产品；日本出口到不发达国家的则是资本密集型产品。之所以出现这种情况，建元和市村认为，是因为日本资本和劳动的供给比例介于发达国家与不发达国家之间，日本与前者贸易在劳动密集型产品上占有相对优势，而与后者的贸易则在资本密集型产品上占有相对优势。因此，就日本的全部

对外贸易而言，建元和市村的结论支持里昂惕夫之谜，但在双边贸易上，他们的结论则支持了要素禀赋论。

原民主德国两位经济学家斯托尔珀（W. Stolper）和劳斯坎普（K. Roskamp）对原东德的贸易的研究表明，该国出口品相对于进口品是资本密集型的，由于原东德大约 3/4 的贸易是与东欧其他国家进行的，而这些国家相对于原东德而言是资本贫乏的国家。所以，斯托尔珀和劳斯坎普的结论与要素禀赋论是一致的。

1961 年，加拿大经济学家沃尔（D. F. Wahl）分析了加拿大与美国的贸易发现，加拿大出口品为相对资本密集型，因为加拿大的大部分贸易与美国进行，而美国是个相对于加拿大而言资本丰富的国家，所得结论与里昂惕夫之谜一致，而与要素禀赋论相悖。

1962 年，印度经济学家巴哈德瓦奇（R. Bharadwaj）对印度的贸易结构分析表明，它与美国的贸易中，向美国出口的是资本密集型产品，而进口的是劳动密集型产品，这使人大惑不解。但印度与其他国家的贸易，又是出口劳动密集型产品，进口资本密集型产品，与要素禀赋论一致，"谜"并不存在。

许许多多的检验结果，既未肯定地证实要素禀赋论，也未否定要素禀赋论。

三、对里昂惕夫之谜的不同解释

里昂惕夫之谜不仅促成了一些类似的研究工作，也引起了经济学家们对"谜"作出不同解释。归纳起来，对谜的产生主要有以下几种具有代表性的解释。

（一）劳动效率的差异

里昂惕夫认为各国的劳动生产率是不同的，1947 年美国工人的生产率大约是其他国家的 3 倍，因此在计算美国工人的人数时应将美国实际工人数乘以 3 倍。这样，按生产效率计算的美国工人数与美国拥有的资本量之比，较之于其他国家，美国就成了劳动力丰富而资本相对短缺的国家，所以它出口劳动密集型产品，进口资本密集型产品，与要素禀赋论提示的内容是一致的。

这种解释是行不通的，里昂惕夫后来自己也否定了这各种解释。因为，如果说美国的生产效率高于他国，那么工人人数和资本量都应同时乘以 3，这样美国的资本相对充裕程度并未受到影响。

（二）人力资本的差异

人力资本（human capital）是指所有能够提高劳动生产率的教育投资、工作培训、保健费用等开支。

克拉维斯（J. B. Kravis）、基辛（K. B. Keesing）、凯能（P. B. Kenen）和钱鲍

德温（R. E. Baldwin）等经济学家用人力资本的差异来解释"谜"的产生。这些经济学家认为，里昂惕夫计量的资本只包括物质资本（physical capital），而忽略了人力资本，若将人力资本部分加到有形资本当中，将很明显地得出美国出口资本密集型产品，进口劳动密集型产品。因为美国劳动比国外劳动包含更多的人力资本。他们曾作过实际的估算和研究，成功地消除了"谜"。

（三）贸易壁垒的存在

这种解释认为，谜产生的原因是由于市场竞争不完全引起的。国际间商品流通因受贸易壁垒的限制而使要素禀赋论提示的规律不能实现。有人认为，美国政府为了解决国内就业，制定对外贸易政策时有严重保护本国非熟练劳动的倾向。如果实行自由贸易或美国政府不实行这种限制的话，美国进口品的劳动密集型程度必定比实际高。鲍德温的研究表明，如果美国的进口商品不受限制的话，其进口品中资本和劳动之比率将比实际高 5％。

（四）自然资源因素被忽略

里昂惕夫是用双要素模型来分析的，未考虑其他生产要素如自然资源。而实际上，一些产品既不是劳动密集型产品，也不属于资本密集型产品，而是自然资源密集型产品。比如，美国的进口品初级产品占 60％～70％，而且这些初级产品大部分是木材和矿产品，而这些产品的自然资源密集程度很高，把这类产品划归资本密集型产品无形中加大了美国进口品的资本与劳动的比率，使"谜"产生。如果考虑自然资源这个因素在美国进出口贸易结构中的作用，就可以对谜进行解释，里昂惕夫后来在对美国的贸易结构进行检验时，在投入—产出表中减去 19 种自然资源密集型产品，结果就成功地解开了"谜"，取得了与要素禀赋论相一致的结果。这个原因也可用来解释加拿大、日本、印度等国的贸易结构中"谜"的存在。

（五）要素密集型逆转发生

要素密集型逆转（factor intensity reversal）是指同一种产品在劳动丰富的国家是劳动密集型产品，在资本丰富的国家又是资本密集型产品的情形。

当两种商品生产的替代弹性（elasticity of substitution）差异较大时，即随着要素相对价格的变化，一种产品的生产中极易用一种生产要素代替另一种要素，而另一种产品的生产则很难用一种要素代替另一种要素，这时就可能发生要素密集型逆转。这是因为，当两种商品的替代弹性差异大，例如 X 商品的替代弹性较大，Y 商品的替代弹性较小，则资本丰富的国家将用资本密集型技术生产 X 商品，劳动丰富的国家则用劳动密集型技术来生产 X 商品；与此同时，两国被迫使用类似技术生产 Y 商品，所以 X 商品在劳动丰富的国家将成为劳动密集型商品，在资本丰富的国家成了资本密集型商品，因而发生了要素密集型逆转的情况。

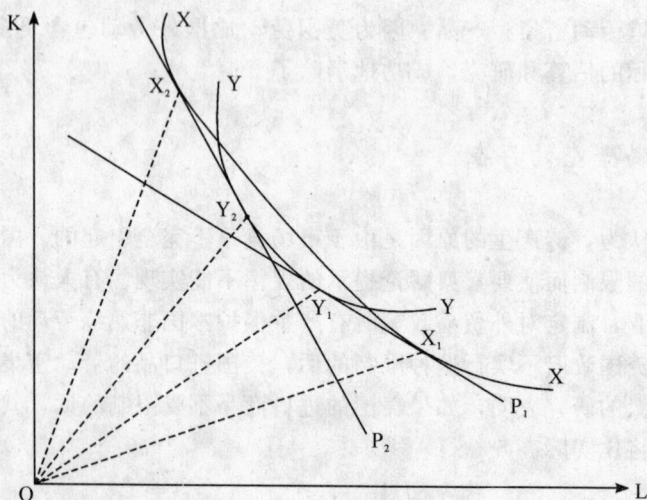

图 4—14　要素密集型逆转

如图 4—14 所示，曲线 X 和曲线 Y 是 X、Y 两种产品在两国的单位产值等产量曲线，X 富有弹性，Y 缺乏弹性。当国 I 要素的相对价格为 P_1 时，X、Y 产品的生产点分别为 X_1 和 Y_1，X 是劳动密集型，而在国 II，在要素相对价格为 P_2 时，X、Y 产品的生产点分别为 X_2、Y_2，X 却是资本密集型，要素密集型逆转发生了。

一旦发生要密集型逆转，要素禀赋论提示的规律便无法实现，因而出现"谜"。例如上例中，国 I 劳动丰富，出口劳动密集型的 X 商品，国 II 资本丰富，出口资本密集型的 X 商品，然而两国不可能同时实行这种专业化向对方出口同种产品，所以要素禀赋论便不能指出贸易的类型。因此，要素密集逆转发生可作为解释"谜"产生的原因之一。但应指出，要素密集型逆转情况的发生概率是极小的，里昂惕夫对他所研究的资料进行定量分析，要素密集型逆转发生只有 1%。因此，它对要素禀赋论并无实质性的影响。

四、里昂惕夫之谜简评

里昂惕夫之谜是西方传统国际贸易理论发展的界碑。里昂惕夫对要素禀赋论的检验具有重大的理论意义，推动了战后国际贸易理论的新发展。他的投入—产出分析法对美国贸易结构的计算分析，开辟了用统计数据全面检验贸易理论的道路。

"谜"和"谜"的检验说明，要素禀赋论已不能对战后国际贸易的实际作出有力的解释，因为战后科学技术、熟练劳动力在生产中的作用日益加强，已构成一个非常重要的生产要素，而建立在庸俗学派要素理论基础上的要素禀赋论已脱离战后的经济现实。"谜"与要素禀赋论的矛盾是理论与实践的矛盾，"谜"的解释正是结合实际对要素禀赋论前提的劳动同质（即劳动生产率相同）、两要素模型和完全竞争的假定进行了修正。

国际经济学界关于"谜"与要素禀赋论的旷日持久论战是以对要素禀赋理论前提的修正结束的。当今西方传统国际贸易理论中居主导地位的仍然是以比较优势为核心、经过修正的要素禀赋论，它被誉为西方传统国际贸易理论的基石之一。

第五章 西方国际贸易新理论

第一节 可获得性说

可获得性说（availability theory），亦称存在性理论，是美国经济学家克拉维斯1956年在《可获得性与其对贸易商品结构的影响》一文中首先提出来的。

克拉维斯认为，国际贸易商品可区分为可获得性商品和不可获得性商品。所谓可获得性商品，是指一国能以有利条件，如特殊的资源、先进的技术进行生产的供给弹性大的产品；不可获得性商品，是指一国无法生产或即使能生产也必须付出很高代价、供给弹性小的商品。例如，铜和石油是赞比亚和中东等国的可获得性商品，而对于没有铜矿和石油资源的国家而言则是不可获得性商品；咖啡、香蕉等热带产品，对加勒比海和太平洋地区的国家来说是可获得性商品，但对北美、西欧等国来说，因其自然条件不适于生产这些商品，即使能在温室中培养，也要花极高的代价，因而是不可获得性商品。又如，某些高技术产品，如电子计算机、飞机等在某些国家如美国等能通过采用先进技术、开发新产品等方式降低成本，供给弹性较大，因而是它们的可获得性商品；而在另一些国家，由于种种条件的限制不能生产或生产成本较高，供给弹性较小，因而是这些国家的不可获得性商品。

基于对商品的可获得性和不可获得性的认识，克拉维斯认为，各国对某种商品的获得可能性的不同，即可获得与不可获得的差别，亦即供给弹性的差异，是国际贸易产生的一个重要原因，拥有可获得性商品的国家将出口这种商品到不可获得这种商品的国家，对某种商品供给弹性大的国家将向对该商品供给弹性小的国家出口这种商品，这就是可获得性说的内容。

在实际的经济社会，不乏因拥有某些特殊资源或先进技术而产生国际贸易的例子。除上述提及的产品出口外，英国出口毛纺织品、法国出口高级香水，日本出口照相机、苏格兰出口威士忌酒、瑞士出口手表等等，均适用可获得性理论。因为这些产品的出口乃是通过优良的品质或通过成功的广告而广为人知，因而存在良好的信誉所致。这种良好的信誉实则是一国特殊的无形经济资源。

可获得性理论只能用以解释少部分、特殊的贸易事件，而无法用以说明一般的贸易现象。因此，一般的产品贸易还是必须借助成本的差异来说明其发生的原因。

第二节　熟练劳动说

熟练劳动说（skilled labor theory）的鼻祖是里昂惕夫，他在解释"谜"产生的原因时认为美国工人的劳动效率是其他国家工人劳动效率的 3 倍，这实际上是熟练劳动说的雏形。但真正研究并提出这一学说的是美国经济学家基辛，他于 1965年发表了论文《劳动技能与国际贸易：用单一方法评价多种贸易》，又于 1966 年发表了论文《劳动技能与比较利益》，着重讨论熟练劳动问题。

基辛按照劳动的复杂程度把企业人员分为八个等级，两大类。第一至第七级分别为科学家和工程师、技术员和制图员、其他专业人员、厂长和经理、机械工人和电工、熟练的手工操作工人、办事员和销售员，属熟练劳动；第八级是不熟练和半熟练工人，属非熟练劳动。根据这种熟练劳动和非熟练劳动的分类，他进而对 14个国家 1962 年的进出口商品构成进行了分析，得出了劳动熟练程度不同是国际贸易产生的重要原因之一，资本较丰富的国家倾向于出口熟练劳动密集型商品；资本较缺乏的国家则倾向于出口非熟练劳动密集型商品的结论。

表 5—1 是基辛所研究的 14 国中的美国、瑞典、德国、意大利、印度 5 个国家进出口商品生产所需的熟练劳动和非熟练劳动的比重。在出口商品中，美国的熟练劳动比重最高，非熟练劳动比重最低；印度的熟练劳动比重最低，非熟练劳动比重最高；在进口商品中，情况恰好相反，美国的熟练劳动比重最低，非熟练劳动比重最高；印度的熟练劳动比重最高，非熟练劳动比重最低。这表明发达国家在生产含有较多熟练劳动的商品上具有比较优势，欠发达国家在生产含有较少熟练劳动的商品上具有比较优势。换言之，劳动熟练程度不同是国际贸易产生的重要原因之一。

表 5—1　　　　**5 个国家进出口商品所需熟练劳动和非熟练劳动比重（1962）**　　　　单位：%

国　家	出　口		进　口	
	熟练劳动	非熟练劳动	熟练劳动	非熟练劳动
美　国	54.6	45.4	42.6	57.4
瑞　典	54.0	46.0	47.9	52.1
德　国	52.2	47.8	44.8	55.2
意大利	41.1	58.9	52.3	47.7
印　度	27.9	72.1	53.3	46.7

资料来源：范家骧：《国际贸易理论》，人民出版社，1985 年版，第 89 页。

劳动熟练程度之所以会成为国际贸易产生的重要因素之一，基辛认为原因有三：①劳动的熟练程度是不易达到和不能迅速达到的，而发达国家和欠发达国家所拥有的熟练劳动比重又极不相同，前者熟练劳动所占比重较大，后者非熟练劳动所占比重较大；②劳动的熟练程度在经济发展中起着重要作用，而国际贸易又与经济发展程度密切相关；③资本能够在低成本条件下进行国际移动，劳动力却只能在高成本条件下进行国际移动，且这种差别会导致国际资本边际生产力均等化和国际劳动边际生产力非均等化，故而那些主要靠资本和劳动生产出来的工业品的比较优势就主要取决于劳动的熟练程度。

第三节　人力资本说

人力资本说（human capital theory）是美国经济学家舒尔茨（T. W. Schultz）创立的。该学说用人力资本的差异来解释国家贸易产生的原因和一国对外贸易类型。

舒尔茨和许多其他西方经济学家认为，使用在国际贸易商品生产中的资本既包括物质资本也包括人力资本。物质资本指厂房、机器设备、原材料等有形资本，它是对物质资料投资的结果。人力资本指寓于人体中的人的智能，表现为人的文化水平、生产技巧、熟练程度、管理才能及健康状况，它是对人力投资的结果，即政府、企业和个人投资于教育和培训的结果。各国人民的天赋是相近的，而人的智能差别则是后天投资的结果。人力资本丰富的国家，如美国、日本在知识、技术密集型产品生产和出口上具有比较优势，而人力资本比较缺乏的发展中国家在知识、技术密集型产品上则处于劣势地位。

人的智能之所以称为资本，是因为通过教育和训练所获得的智能可持续使用一个很长时期，并大大提高劳动生产率，从而取得大于投资的收益。"二战"后一片瓦砾，有的国家能飞跃发展，其重要原因之一是战前积累的人力资本保存了下来。战后大萧条时期，美、日等国的家长含辛茹苦供子女上学，既生存于教育，也为其后来的经济发展积累了大量的人力资本。

人力资本在比较优势的决定中所起的重要作用，则是由于不同产品生产需要的人力智能高低、多寡不同。初级产品的生产需要较少、较低的人力智能，因而人力资本缺乏，但自然资源和劳动力丰富的发展中国家具有生产和出口优势；而战后信息、生物、空间、新材料、新能源等新兴产业的产品需要较高的人力智能，因此，人力资本丰富的发达国家具有比较优势。

第四节　研究开发要素说

研究开发要素说（theory of factors of research and development）是西方著名经济学家基辛、格鲁伯（W. H. Gruber）、弗农（R. Vernon）和梅达（W. D. Mehta）等人提出的。

1965 年基辛在《劳动技能与国际贸易：用单一方法评价多种贸易》一文中，用美国在 10 个发达工业国家各部门出口总额中所占的比重表示美国的竞争力，以美国用于研究与开发费用占美国各部门销售额的百分比和美国科学家和工程师占美国各部门就业人数的百分比表示研究与开发指标。通过计算分析，得出美国产品竞争力强、出口占 10 国出口总额比重大的部门，投入的研究和开发费用占美国销售额的百分比也大，科学家和工程师的人数占美国该部门全部就业人员的比重也大，即研究开发要素比重大小是产品的国际竞争力强弱的重要因素。

1967 年格鲁伯、弗农和梅达发表了一篇题为《美国工业中的国际贸易研究开发要素与国际投资》的论文，也对研究开发要素问题进行了研究。他们根据 1962 年美国 19 个产业部门的有关资料统计分析了研究开发费用、科学家和工程师人数与出口的关系，得出了与基辛基本相同的结论，即研究开发要素与出口比率密切相关。

综上所述，研究开发要素说认为，研究开发要素与产品的国际竞争力密切相关，研究开发要素比重大的产品，其国际竞争力也强，而研究开发要素比重较小的产品，其国际竞争力也较弱。

第五节　偏好相似说

1961 年，著名瑞典经济学家林德（S. B. Linder）推出《贸易与变化》一书，从需求方面探讨了国际贸易产生的原因，提出了偏好相似说（theory of preference similarity）。

林德认为，不同国家由于经济发展程度不同，需求偏好并不相同。基于需求偏好相同的要素禀赋论只能解释初级产品的贸易，而不能解释工业品的贸易。国际间工业品贸易的发生，往往是先由国内市场建立起生产规模和国际竞争能力，而后再拓展国外市场，因为厂商总是出于利润动机首先为他所熟悉的本国市场生产新产品，当发展到一定程度，国内市场有限时才开拓国外市场。因此，两国经济发展程度越相近，人均收入越接近，需求偏好越相似，相互需求就越大，贸易可能性也就越大，如图 5-1 所示。

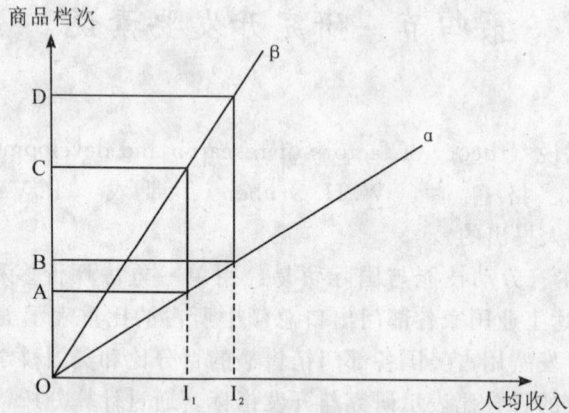

图 5-1

图 5-1 中纵轴代表商品档次，横轴代表人均收入，$O\alpha$，$O\beta$ 与原点所构成的锥形 $\alpha-O-\beta$ 代表一国对其所需求产品的档次的变动范围。假设 I 国的人均收入为 I_1，国 II 的人均收入为 I_2，与 I_1、I_2 相应的 AC、BD 分别表示国 I、国 II 需求商品档次范围，BC 部分重合，表示两国会就 BC 范围内档次的商品进行贸易。两国对产品需求的档次变动范围重合部分越大，表示需求结构越相近，贸易可能性就越大。

根据要素禀赋论，两国的资本劳动比率越相近，比较成本的差异将越小，两国的贸易量将越小。但根据偏好相似说，两国的资本劳动比率越相近，表明两国的经济发展程度越接近，因而人均收入的差异将越小，重叠的市场部分将越大，两国的贸易量将越大。因此。林德的偏好相似说似乎较赫克歇尔和俄林的要素禀赋论更适合于解释贸易发生在发达国家之间的现象。

第六节 技术差距论

技术差距论（technological gap theory）又称创新与模仿理论（innovation and imitation theory），由波斯纳（M. A. Posner）首创，他于 1961 年在《国际贸易和技术变化》一文中提出了这一理论。

技术差距论把国家间的贸易与技术差距的存在联系起来，认为正是一国的技术优势使其在获得出口市场方面占优势，当一国创新某种产品成功后，在国外掌握该项技术之前产生了技术领先差距，可出口技术领先产品。但因新技术会随着专利权转让、技术合作、对外投资、国际贸易等途径流传至国外，当一国创新的技术为外国模仿时，外国即可自行生产而减少进口，创新国渐渐失去该产品的出口市场，因技术差距而产生的国际贸易逐渐缩小。随着时间的推移，新技术最终将被技术模仿国掌握，使技术差距消失，贸易即持续到技术模仿国能够生产出满足其对该产品的全部需求为止。但在动态的经济社会，科技发达的国家是不断会有再创新、再出口出现的。

波斯纳把技术差距产生到技术差距引起的国际贸易终止之间的时间间隔称为模仿滞后（imitation lag）时期，全期又分为反应滞后（reaction lag）和掌握滞后（mastery lag）两个阶段，其中，反应滞后阶段初期为需求滞后（demand lag）阶段。反应滞后是指技术创新国家开始生产新产品到其他国家模仿其技术开始生产新产品的时间。掌握滞后指其他国家开始生产新产品到其新产品进口为零的时间。需求滞后则指技术创新国开始生产新产品到开始出口新产品之间的时间间隔，反应滞后期的长短主要取决于企业家的决定意识和规模利益、关税、运输成本、国外市场容量及居民收入水平高低等因素。如果技术创新国家在扩大新产品生产中能够获得较多的规模利益，运输成本较低，进口国关税税率较低，进出口国家的市场容量差距及居民收入水平差距较小，就有利于保持出口优势，延长反应滞后阶段；否则，这种优势就容易失去，反应滞后阶段将缩短。掌握滞后阶段的长度主要取决于技术模仿国吸收新技术能力的大小，吸收新技术能力大的间隔时间较短。需求滞后的长度则主要取决于两国的收入水平差距和市场容量差距，差距越小长度越短。

胡弗鲍尔（G. C. Hufbauer）用图形形象地描绘了波斯纳的学说，如图 5－2 所示。

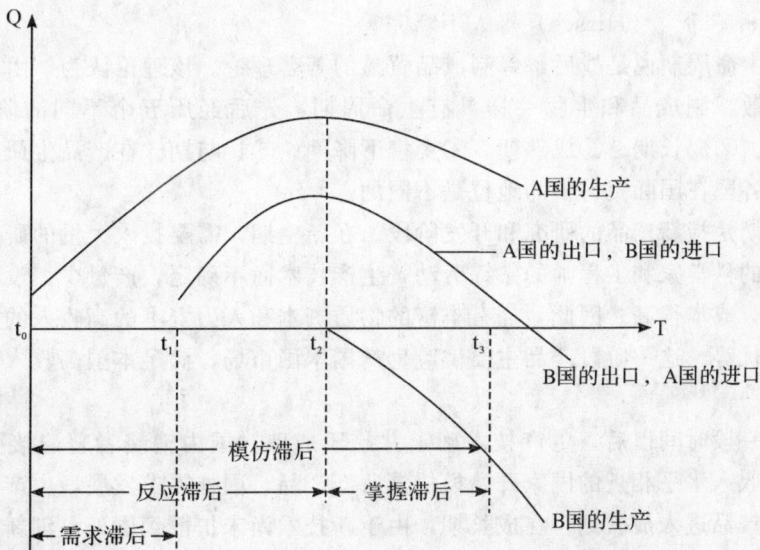

图 5－2

　　图中横轴 T 表示时间，纵轴 Q 表示商品数量，上方表示技术创新国 A 的生产和出口（B 国进口）数量，下方表示技术模仿国 B 的生产和出口（A 国进口）数量。从 t_0 起，A 国开始生产新产品，$t_0 \sim t_1$ 为需求滞后阶段，B 国对新产品没有需求，因而 A 国不能将新产品出口到 B 国。过了 t_1，B 国模仿 A 国消费，对新产品有了需求，A 国出口、B 国进口新产品，且随着时间的推移，需求量逐渐增加，A 国的出口量、B 国的进口量也逐渐扩大。由于新技术通过各种途径逐渐扩散到 B 国，到达 t_2，B 国掌握新技术开始模仿生产新产品，反应滞后阶段结束，掌握滞后阶段开始，此时，A 国的生产和出口（B 国进口）量达到极大值。过了 t_2，随着 B 国生产规模的扩大，产量的增加，A 国的生产量和出口量（B 国的进口量）不断下降。到达 t_3，B 国生产规模进一步扩大，新产品成本进一步下降，其产品不但可以满足国内市场的全部需求，而且可以用于出口。至此，技术差距消失，掌握滞后和模仿滞后阶段结束。可见，A、B 两国的贸易发生于 $t_1 \sim t_3$ 这段时间，即 B 国开始从 A 国进口到 A 国向 B 国出口为零这段时间。

　　应指出的是，技术差距论只能解释差距为何会消失，而无法充分说明贸易量的变动与贸易结构的改变。

第七节　产品生命周期说

　　产品生命周期说（product life cycle theory）由美国销售学家弗农于 1966 年在《生命周期中的国际投资与国际贸易》一文中首先提出，后经威尔斯（Louis T. Wells）、赫希哲（Hirsch）等人不断完善。

　　产品生命周期说是战后解释制成品贸易的著名理论。该理论认为，由于技术的创新和扩散，制成品和生物一样具有生命周期，先后经历五个不同的阶段，即：①新生期。②成长期。③成熟期。④销售下降期。⑤让与期。在产品生命周期的不同阶段，各国在国际贸易中的地位是不同的。

　　新生期是指新产品的研究和开发阶段。在新生期，需要投入大量的研究开发费用和大批的科学家和工程师的熟练劳动，生产技术尚不确定，产量少，没有规模经济的利益，成本很高。因此，拥有丰富的物质资本和人力资本的高收入的发达国家具有比较优势。这一阶段产品主要供应生产国本国市场，满足本国高收入阶层的特殊需求。

　　经过一段时间以后，生产技术确定并趋于成熟，国内消费者普遍接受创新产品，加之收入水平相近的国家开始模仿消费新产品，国外需求发展，生产规模随之扩大，新产品进入成长期。在成长期，由于新技术尚未扩散到国外，创新国仍保持其比较优势，不但拥有国内市场，而且打开并垄断国际市场。

　　国际市场打开之后，经过一段时间的发展，生产技术已成熟，批量生产达到适度规模，产品进入成熟期。在成熟期，由于生产技术已扩散到国外，外国生产厂商模仿生产新产品，且生产者不断增加，竞争加剧；由于生产技术已趋成熟，研究与开发（R&D）要素已不重要，产品由智能型（或 R&D 密集型）变成资本密集型，经营管理水平和销售技巧成为比较优势的重要条件。这一阶段，一般的发达工业国都有比较优势。

当国外的生产能力增强到能满足本国的需求（即从创新国进口新产品为零），产品进入销售下降期。在这一时期，产品已高度标准化，国外生产者利用规模经济大批量生产，使其产品的生产成本降低，因而开始在第三国市场上以低于创新国产品售价销售其产品，使创新国渐渐失去竞争优势，出口量不断下降，品牌竞争让位于价格竞争。当模仿国在创新国市场上也低价销售其产品时，创新国的该产品生产急剧下降，产品进入让与期，该产品的生产和出口由创新国让位给其他国家。在这个阶段，不但 R&D 要素不重要，甚至资本要素也不甚重要，低工资的非熟练劳动成为比较优势的重要条件。具备这个条件的是有一定工业化基础的发展中国家。创新国因完全丧失比较优势而变为该产品的净进口者，产品生命周期在创新国结束。此时，创新国又利用人力资本和物质资本丰富的优势进行再创新，开发其他新产品。

由于技术的传递和扩散，不同国家在国际贸易中的地位不断变化，新技术和新产品创新在技术领先的某发达国家，而后传递和扩散到其他发达国家，再到发展中国家。当创新国发明新产品大量向其他发达国家出口时，正是其他发达国家大量进口时期，当创新国出口下降时，正是其他发达国家开始生产，进口下降时期，当创新国由出口高峰大幅度下降时，正是其他发达国家大量出口时期，而其他发达国家出口下降时，正是发展中国家生产增加，进口减少时期，其他发达国家从出口高峰大幅度下降时期，正是发展中国家大量出口时期。新技术和新产品的转移和扩散像波浪一样，一浪接一浪向前传递和推进。目前美国正在生产和出口计算机、宇航、生物和新材料等新兴产品，其他发达国家接过汽车和彩电等产品，而纺织品和半导体则通过前两类国家在发展中国家落户。近年来，新技术扩散滞后期大为缩短，使得新产品的生命周期变得越来越短。

第八节　原料周期说

第二次世界大战后，合成代用品不断涌现，原料贸易的流向受到了经济学家们的关注。1978 年，经济学家梅旨（S. P. Majee）和罗宾（N. I. Robin）提出了原料周期说。

梅旨和罗宾根据一些初级原料发展的历史，将初级原料产品周期划分为三个阶段：第一阶段为"派生需求繁荣"阶段；第二阶段为"供应和需求来源替代"阶段；第三阶段为"合成代用品或研究与开发的介入"阶段。在第一阶段，工业生产的发展使对原料的派生需求急剧增加，价格急剧上涨。在第二阶段，由于初级原料供应来源的增多和使用相对便宜的产品，初级原料价格上升势头减弱，甚或价格下降。在第三阶段，研究开发的介入，新的合成代用品的形成或节约使用原料的科学方法的发现，将初级原料推向生命末期。

在原料产品周期的不同阶段，各类国家在原料的国际贸易中所处的地位是不同的。在原料周期的早期，发展中国家凭借其自然资源优势，在原料的国际贸易中占据十分重要的地位，是原料产品的主要出口国。但随着发达国家以先进技术生产合成代用品，使该项初级原料进入后期阶段，发展中国家在该原料贸易中的优势丧失，而发达国家在该原料的合成原料贸易中占据优势，它们不仅减少了初级原料的进口，而且开始出口合成原料。

近百年来，世界主要原料贸易的发展基本上都经历了上述演变过程。以橡胶为例。第一阶段（1885～1910年），汽车工业发展使天然橡胶价格在1900～1910年的10年间上升了78％，巴西和一些非洲国家供应的橡胶占世界市场橡胶供给量的61％。第二阶段（1910～1940年），传统的供应者逐渐丧失控制世界橡胶市场的能力，到了1930年，后起的马来西亚、斯里兰卡和印度尼西亚控制了世界橡胶市场的92％，这时期天然橡胶消费量增加了10倍，价格却逐渐下降。第三阶段（1940年至今），人工合成橡胶的出现并很快替代了天然橡胶，1940年合成橡胶仅占世界橡胶消费量的20％，1962年达50％，1970年已超过70％。

第九节 规模报酬递增说

规模报酬递增说（theory of increasing returns to scale）也称规模收益递增理论，是著名经济学家克鲁格曼（Paul Krugman）在与艾瀚南（Helpman Elhanan）合著的《市场结构与对外贸易》（1985）一书中提出的。其论点为：规模报酬递增也是国际贸易的基础，当某一产品的生产发生规模报酬递增时，随着生产规模的扩大，单位产品成本递减而取得成本优势，因此导致专业化生产并出口这一产品。

规模报酬递增之所以可能发生，是因为大规模生产经营一能充分发挥各种生产要素的效能，更好地组织企业内部的劳动分工和专业化，提高厂房、机器设备的利用率，取得内部规模经济效益（internal economics of scale）；二能更好地利用交通运输、通讯设施、金融机构、自然资源、水利能源等良好的企业环境，获得外部规模经济效益（external economies of scale）。

规模报酬递增为国际贸易直接提供了基础。现以国Ⅰ和国Ⅱ为例分析说明由规模报酬递增取得的贸易优势及在规模收益递增基础上互惠贸易的发生，见图5—3。

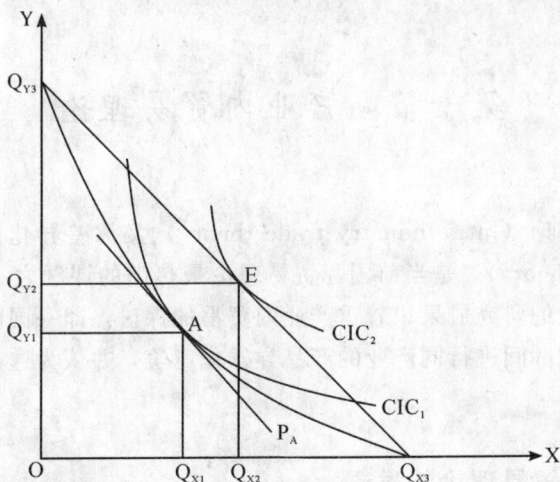

图 5—3　规模报酬递增

假定国Ⅰ、国Ⅱ在各方面都完全相同（要素禀赋、技术水平、消费偏好均同，经济的绝对规模也相当），如图 4—4，用同一条生产可能性曲线和同一簇无差异曲线表示。生产可能性曲线凸向原点，表明生产 X、Y 产品发生规模报酬递增（成本递减），即增加每一单位的 X 商品生产需要牺牲 Y 商品的数量越来越少，增加每一单位的 Y 商品生产需要牺牲 X 商品的数量也越来越少。A 点为两国在封闭经济状态下共同的生产点，国内均衡商品相对价格也相等（P_A），显然，这时并不存在比较利益问题，但却存在由专业化分工和贸易所能带来的潜在利益，优势和利益正来自规模报酬递增。如果国Ⅰ试图增加 X 商品的生产，哪怕开始只比对方扩大一点点，但在规模报酬递增的作用下，稍加扩展的 X 商品就会获得成本优势，促使其进一步扩张，这种扩张反过来又强化它的优势，出现了一种滚雪球式的专业化分工倾向，推动国Ⅰ专业化生产 X 产品，产量为 Q_{X3}。反之亦然，国Ⅱ也会专业化生产 Y 产品，产量为 Q_{Y3}。若两国各以自己生产的一部分产品进行贸易，即国Ⅰ用 Q_{X2} Q_{X3} 与国Ⅱ的 Q_{Y2} Q_{Y3} 相交换，结果两国的消费均确立在 E 点上，较之分工前 A 点提高了，经济福利也随之增加，达到了位置更高的无差异曲线 CIC_2，各获利 Q_{X1} Q_{X2}，Q_{Y1} Q_{Y2}；利得就来自各国只生产一种产品的规模报酬递增。可见，在存在规模报酬递增条件下，以规模报酬递增为基础的分工和贸易会通过提高生产率、降低成本，使产业达到更大的国际规模而获利，而参加分工和贸易的双方均获其利。

此外，规模报酬递增，尤其是内部规模报酬递增会破坏完全竞争，导致独占和倾销，也会发生国际贸易。

第十节　产业内贸易理论

产业内贸易理论（intra-industry trade theory）又称差异化产品理论（differentiated product theory），是当前国际贸易理论最热门的课题之一，该理论博采战后国际贸易新理论的研究成果，着重产业内贸易的探讨，即一国同时出口和进口同一产业的产品，国际间进行同产业的产品异样化竞争，并认为这是更符合现实情况的国际贸易。

一、产业内贸易理论的发展

产业内贸易理论的发展经历了 20 世纪 70 年代中期以前的经验性研究和 70 年代中期以后的理论性研究两个阶段。

20 世纪 70 年代中期以前，西方经济学家佛丹恩（Vordoorn）、迈凯利（Michaely）、巴拉萨（Bela Balassa）和考基玛（Kojima）对产业内贸易作了大量的经验性研究。佛丹恩对比荷卢经济同盟的集团内贸易格局变化的统计分析表明：和集团内贸易相关的生产专业化形成于同种贸易类型之内，而不是在异种贸易类型之间，而且交易的产品具有较大的异质性。迈凯利对 36 个国家五大类商品的进出口差异指数的计算结果说明：高收入国家的进出口商品的结构呈明显的相似性，而大多数发展中国家则相反。巴拉萨对原欧共体贸易商品结构的研究结果表明，欧共体制成品贸易的增长大部分是产业内贸易。考基玛对发达国家间的贸易格局的研究发现：高度发达的、类似的工业国之间横向制成品贸易增长迅速，因而认为，产业内贸易现象背后必然包含着一种新的原理，对这一新原理的揭示，可以在传统比较利益理论的基础上形成一种理论创新。

20 世纪 70 年代中期，西方经济学家格鲁贝尔（Herbert G. Grubel）和劳尔德（P. J. Loyld）对产业内贸易现象作了开创性、系统性的研究，使产业内贸易理论发展步入第二阶段——理论性研究阶段。继格鲁贝尔和劳尔德之后，格雷（Gray）、戴维斯（Devies）、克鲁格曼、兰卡斯特（Lancaster）等许多经济学家对产业内贸易进行了大量的理论性研究，使产业内贸易理论日趋丰富、成熟。格鲁贝尔和劳尔德合著了《产业内贸易》一书，书中认为，技术差距、研究与开发、产品的异质性和产品生命周期的结合以及人力资本密集度的差异与收入分配差异（或偏好的差异）相结合均可能导致产业内贸易。格雷和兰卡斯特主要从产品异质性的角度分析产业内贸易的形成，强调产品的差异性是产业内贸易的基础。戴维斯以进入市场的障碍解释产业内贸易，并从规模经济的角度揭示产业内贸易的成因，指出规模经济可以在产业内形成互有竞争力的价格，从而导致产业内贸易的发生。克鲁格曼也强调规模经济是产业内贸易的基本原因，并认为，各国的生产要素越相似，它们的产业结构的差异便越小，从而它们的贸易越具有产业内贸易的特征。

20 世纪 70 年代中期以后，在对产业内贸易的理论性研究不断深化的同时，对产业内贸易的经验性研究也步步深入。这一阶段的经验性研究已从 70 年代中期以前主要研究地区经济集团形成而导致专业化格局变化转向主要致力于研究产业内贸易的程度和趋势，以及在不同类型国家、不同产业中的发展状况及原因。

二、产业内贸易的理论解释

产业内贸易（intra-industry trade）指的是同一产业部门内部的差异产品（differentiated products）的交换及其中间产品的交流。例如，美国和日本相互交换电脑，德国与法国交换汽车，意大利和德国相互交换打字机等。产业内贸易是相对于产业间贸易（inter-industry trade）——不同产业之间完全不同产品的交换而言的。当今世界，两种类型的国际贸易均有发生。

国家间要素禀赋的差异，从而比较成本的差异是产业间贸易发生的基础和原因。国家间的要素禀赋差异越大，由于产业间贸易量就越大。这是传统的贸易理论对产业间贸易的解释。国际贸易中的产业内贸易现象显然不能用传统的贸易理论来解释，因为传统贸易理论有两个重要的假定：一是假定生产各种产品需要不同密度的要素，而各国所拥有的生产要素禀赋是不同的，因此贸易结构、流向和比较优势是由各国不同的要素禀赋来决定的；二是假定市场竞争是完全的，在一个特定产业内的企业，生产同样的产品，拥有相似的生产条件。而这些假定与现实相差甚远。纵观西方经济学界对产业内贸易的种种理论说明可知，产品差异论、规模经济或规模报酬递增论及偏好相似论可以解释产业内贸易现象。

（一）产品差异性

在每一个产业部门内部，由于产品的质量、性能、规格、牌号、设计、装潢等的不同，甚至每种产品在其中每一方面都有细微差别而形成由无数样产品组成的差别化系列产品。各国由于财力、物力、人力的约束和科学技术的差距，使它们不可能在具有比较利益的部门生产所有的差别化产品，而必须有所取舍，着眼于某些差别化产品的专业化生产，以获取规模经济利益。因此，每一产业内部的系列产品常产自不同的国家。而消费多样化造成的市场需求多样化，使各国对同种产品产生相互需求，从而产生贸易。例如，欧共体（现欧盟）建立以后，随着关税的下降并最后取消及共同体内部贸易的扩大，各厂商得以专业化生产少数几种差异化产品，使单位成本较之过去生产多种差异产品时大为下降，成员国之间的差异产品交换亦大大增加。

与产业内差异产品贸易有关的是产品零部件的贸易的增长。为了降低成本，一种产品的不同部分往往通过国际经济合作形式在不同的国家生产，追求多国籍化的比较优势。例如，波音 777 飞机的 32 个构成部分，波音公司承担了 22%，美国制造商承担了 15%，日本供给商承担了 22%，其他国际供给商承担了 41%。飞机的总体设计在美国进行，美国公司承担发动机等主要部分的生产设计和制造，其他外国承包商在本国生产设计和制造有关部件，然后运到美国组装。显然，波音 777 飞机是多国籍化的产物。类似的跨国公司间的国家联盟、协作生产和零部件贸易，正促进各国经济的相互依赖和产业内贸易的扩大和发展。

（二）规模经济或规模报酬递增与不完全竞争

规模报酬递增与不完全竞争是最普遍被用来解释产业内贸易的理论。如上节所述，规模经济或规模报酬递增是指厂商进行大规模生产，使成本降低，报酬递增。对一厂商而言，规模经济有外部的和内部的。前者不一定带来市场不完全竞争（imperfect competition），后者则将导致不完全竞争，如垄断性竞争（monopolistic competition）、寡占（oligopoly）或独占（monopoly）。这是因为国际贸易开展后，厂商面对更广大的市场，生产规模可以扩大，规模经济使扩大生产规模的厂商的生产成本、产品价格下降，生产相同产品而规模不变的其他国内外厂商因此被淘汰。因此，在存在规模经济的某一产业部门内，各国将各自专于该产业部门的某些差异产品的发展，在相互交换（即开展产业内贸易）以满足彼此的多样化需求。

国家间的要素禀赋越相似，越可能生产更多相同类型的产品，因而它们之间的产业内贸易量将越大。例如，发达国家之间的要素禀赋和技术越来越相似，它们之间的产业内贸易相对于产业间贸易日益重要。

（三）偏好相似

这是林德理论的应用。如本章第五节所述，发达国家间产业结构相似，它们之间的分工大多是部门内产品内分工。它们收入水平相近，消费结构大体相同，对对方的产品形成广泛的相互需求。因重合需求大，所以发达国家间产业内贸易量大。

三、产业内贸易程度的测定

产业内贸易程度可通过产业内贸易指数（B）来测量。
B＝1.0－∣X－Y∣/（X＋M）
式中，X 与 M 分别代表属于同一产业的产品的出口值和进口值。B 的最大值为 1，最小值为 0。当某一产业产品的进口、出口相等，即 X－M＝0 时，B 为最大值 1；但当某一产业只有进口没有出口或只有出口没有进口，即没有产业内贸易时，B 为最小值 0。工业国之间的产业内贸易程度较高。根据格鲁贝尔和劳尔德的估算，1967 年，10 个工业化国家的 B 值平均为 0.48，欧共体成员国的 B 值平均为 0.67，显示先进工业国家之间的贸易有一大部分属于产业内的贸易。而且，随着经济的发展，工业国之间的产业内贸易越来越普遍。据新加坡国立大学朱刚体博士对 1990 年 10 个发达国家和 5 个非经合组织（OECD）国家的 181 组商品的产业内贸易程度的调查计算，10 个发达国家的 B 值平均达 0.60，其中以原欧共体国家的 B 值为最高；5 个非经合组织国家的 B 值平均为 0.43，其中以新加坡的 B 值为最高。他的测定还发现，化工产品、按材料分类的工业制成品，以及未分类的其他商品的产业内贸易程度为最高，表明产业内贸易主要是工业国的制成品行业内的贸易，发展中国家间以及农产品的这种贸易不甚普遍。

应该注意的是，界定一个产业的范围大小不同，会得出极不相同的 B 值。界定的范围越大，B 值也越大，因为某一产业的范围越大，一国越可能出口该产业的某些差异产品，而进口另一些差异产品，反之亦然。因此，应慎用产业内贸易指数。

第十一节　国家竞争优势说

国家竞争优势说（the theory of competitive advantage of nations）是美国经济学家迈克尔·波特（Michael Porter）1990 年在《国家之竞争优势》一文中提出的。

一、国家竞争优势说要旨

国家竞争优势说的核心是"创新是竞争力的源泉"。波特认为，一国的竞争优势，就是企业、行业的竞争优势。国家的繁荣不是固有的，而是创造出来的。一国的竞争力高低取决于其产业发展和创新的能力高低。企业因为压力和挑战才能战胜世界强手而获得竞争优势，它们得益于拥有国内实力雄厚的对手、勇于进取的供应商和要求苛刻的顾客。

他还认为，在全球性竞争日益加剧的当今世界，国家变得越来越重要，国家的作用随着竞争的基础越来越转向创造和对知识的吸收而不断增强，国家竞争优势通过高度地方化过程得以产生和保持，国民价值、文化、经济结构、制度、历史等方面的差异均有助于竞争的成功。然而，各国的竞争格局存在明显的区别，没有任何一个国家能或将能在所有产业或绝大多数产业上有竞争力，各国至多能在一些特定的产业竞争中获胜，这些产业的国内环境往往具有动力和最富挑战性。

二、国家竞争优势的钻石模型

波特将竞争优势的各个方面归为四类，即要素状况，需求状况，相关和支撑产业，企业战略、结构与竞争等，并以此为基础构建了"国家竞争优势的钻石模型"，如图 5—4 所示。

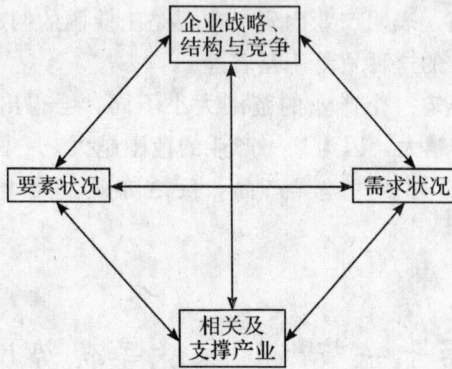

图 5—4

现对"钻石的四面"解释如下：

1. 要素状况。指适于一国在某一产业竞争中获胜的生产要素状况。波特指出，虽然要素状况在贸易类型的决定中十分重要，但这并不是竞争力的惟一源泉，最为重要的是一国不断创造、改进和调动其生产要素的能力，而不是要素的初始禀赋。在波特看来，高级要素比基本要素更有价值。

2. 需求状况。指企业在国内市场上面临的竞争及其健康程度。能在激烈竞争中生存并发展壮大的企业更可能获得竞争优势。波特指出，在促进企业持续竞争力方面，最重要的是市场的特征，而不是市场的大小。若国内消费者善于挑剔，品位较高，便有助于企业提高产品质量和服务水平，从而取得竞争优势。

3. 相关及支撑产业。指企业所有相关产业及供应商的竞争能力。那些拥有发达而完善的相关产业和支撑产业的企业在运作过程中，通过密切的工作关系、与供应商的接近、及时的产品供应和灵通的信息获得并保持优势。

4. 企业战略、结构与竞争。指资助或妨碍企业创造和保持竞争力的国内环境。波特指出，没有任何战略是普遍适用的，战略的适用性取决于某时某地企业的有关工作的适应性和弹性。政府应为社会创造一种公平的竞争环境，激励的竞争会迫使企业不断提高生产效率，以取得竞争优势。

三、国家竞争优势的发展阶段

波特认为，一国竞争优势的发展可分为四个阶段：

1. 要素推动阶段。该阶段的竞争优势主要取决于一国的要素禀赋优势，即拥有廉价的劳动力和丰富的资源。

2. 投资推动阶段。该阶段的竞争优势主要取决于资本优势。大量的投资可更新设备、扩大规模、增强产品的竞争力。

3. 创新推动阶段。该阶段的竞争优势主要来源于研究与开发。

4. 财富推动阶段。在此阶段，创新竞争意识明显下降，经济发展缺乏强有力的推动力。

四、国家竞争优势简评

波特提出的国家竞争优势说对于解释第二次世界大战以后的国际贸易新格局、新现象具有很大的说服力，对于一国提高国际竞争力，取得和保持竞争优势有重大的借鉴意义。根据这一理论，一国要提高经济实力和竞争力，必须创造公平竞争的环境，重视国内市场的需求，重视企业的创新机制和创新能力。

但是，波特的理论也存在一些局限，它过于强调企业和市场的作用，而低估了政府的作用。在波特看来，一个国家具备竞争优势，主要依赖企业的创新，政府的作用只是创造公平竞争的环境，是辅助性的。

第六章 贸易保护理论

第一节 汉密尔顿的关税保护说

汉密尔顿（Alexander Hamilton）是美国的开国元勋、政治家和金融家、第一任财政部长。1776 年，美国宣告独立，英国极力反对，派军队进行镇压，于是一场独立和反独立战争爆发并持续了 7 年之久。美国虽然取得了战争的最后胜利，经济却遭受了严重破坏，加之战后英国的经济封锁，使其经济更加凋敝。当时摆在美国面前有两条路：一条是实行保护关税政策，独立自主地发展本国工业；另一条是实行自由贸易政策，继续向英国、法国、荷兰等国出售小麦、棉花、烟草、木材等农林产品，用以交换这些国家的工业品，满足国内市场的工业品需求。前者是北方工业资产阶级的要求，后者是南部种植园主的愿望。

汉密尔顿站在工业资产阶级一边，极力主张实行关税保护制度，并于 1791 年向国会递交了一份题为《关于制造业的报告》。在报告中，他阐述了保护和发展制造业的必要性和有利条件，极力主张实行关税保护政策，并提出了以加强国家干预为主要内容的一系列措施。

汉密尔顿认为，制造业有许多优点：提高机械化水平，促进社会分工；扩大就业；吸引移民流入，加速国土开发；提供创业机会，充分发挥个人才能；自我消化农产原料和生活必需品，保证农产品价格等。因此，制造业的发展对国家利益关系重大。他还认为，保护和发展制造业对维护美国的经济和政治独立具有重要意义。一个国家如果没有一定的工业基础，不但不能使国家富强，而且很难保住其独立地位。况且，美国工业起步晚，基础薄弱，技术落后，生产成本高，难与经济起步早的国家如英、法、荷等国的廉价商品进行自由竞争。因此，必须用关税将美国新建立起来的工业保护起来，使之生存、发展壮大。他指出，为了保护和发展制造业，政府应加强干预，实行关税保护制度，具体采取如下措施：第一，向私营工业发放贷款，扶植私营工业发展；第二，实行关税保护制度，保护国内新兴工业；第三，限制重要原料出口，免税进口本国急需原料；第四，给各类工业发放奖励金，并为必需品工业发放津贴；第五，限制改良机器及其他先进生产设备输出；第六，建立联邦检查制度，保证和提高工业品质；第七，吸收外国资金，以满足国内工业发展需要；第八，鼓励移民迁入，以增加国内劳动力供给。

汉密尔顿的上述主张，虽然仅有一部分被美国国会采纳，却对美国政府的内外经济政策产生了重大和深远的影响，促进了美国资本主义的发展，具有历史进步意义。

汉密尔顿的关税保护说为落后国家进行经济自卫和与先进国家相抗衡提供了理论依据。这一学说的提出，标志着从重商主义分离出来的西方国际贸易理论两大派已基本形成。

第二节　李斯特的保护幼稚工业论

李斯特（Friedrich List）是德国著名的经济学家，资产阶级政治经济学历史学派的主要先驱者，贸易保护的倡导人。其主要代表作 1841 年出版的《政治经济学的国民体系》（The National System of Political Economy）一书。

一、保护幼稚工业论提出的历史背景

19 世纪初，德国还是一个政治上分裂、经济上落后的农业国。在政治上，拿破仑战争后虽然封建割据局面有所改善，但德意志境内依然小邦林立（尚有 38 个邦），邦与邦之间关卡重重，1848 年结束封建割据局面，完成政治上的统一，各邦才建立起统一的关税同盟，在经济上，其发展水平不仅远远落后于已经完成工业革命的英国，而且与早已进入工业革命阶段的法国以及美国和荷兰等国存在很大差距。它虽在 19 世纪 30 年代开始工业革命，但到 1848 年时，还没有建立起自己的机器制造业。工业上仍以工场手工业和分散的小手工业为主，工厂生产的比重很小。在对外贸易方面，它主要出口原料和食品，进口半制成品和制成品。这种状况反映了其落后的经济受到外来经济力量的巨大冲击和对外的严重依赖。为了发展德国经济，国内围绕对外贸易政策的选择展开了激烈的论战。一派主张实行自由贸易政策；另一派主张实行关税保护制度。前者的势力很大，且有一套理论；后者以 1819 年成立的德国工商协会为核心，势力较弱，并缺乏理论基础。在这样的时代背景下，作为德国工商协会顾问和保护贸易学派旗手的李斯特从民族利益出发，以生产力理论为基础，以意大利、汉萨同盟、荷兰、英国、西班牙、葡萄牙、法国、美国等经济兴衰史为佐证，猛烈抨击了古典学派的自由贸易学说，建立了一套以关税保护制度为核心，以幼稚工业为保护对象，为经济落后服务的国际贸易学说——保护幼稚工业论。

二、保护幼稚工业论的理论基础

生产力理论是李斯特保护幼稚工业论的理论基础。李斯特从德国工业资产阶级的利益出发，关心生产力的提高，特别是关心德国的工业生产力的提高。在他看来，财富本身固然重要，但发展生产力更为重要。他指出："财富的生产力比之财富本身不晓得要重要多少倍；它不但可以使已有的和已经增加的财富获得保障，而且可以使已经消失的财富获得补偿。"他还把生产力与财富的关系喻为果树与果实的关系。生产力犹如结果实的果树，而财富则是果树结出的果实。生产力是创造财富的源泉，财富是生产力的结果。他认为一个国家开展对外贸易，也应着眼于提高生产力，而不能着眼于财富存量的多少。

三、保护幼稚工业论的理论依据

经济发展阶段论是李斯特保护幼稚工业论的理论依据。李斯特根据他的生产力理论，批评古典政治经济学"没有考虑到各个国家的性质以及它们各自的特有利益和情况"，是忽视民族特点的世界主义经济学，提出了经济发展阶段论。他认为"从经济方面看来，国家都必须经过如下发展阶段：原始未开化时期、畜牧时期、农业时期、农工业时期、农工商业时期。"在不同的阶段，应实行不同的对外贸易政策。在一个国家的经济由原始未开化转入畜牧、农业时期，对比较先进的国家实行自由贸易是大有好处的，因为通过自由贸易可为其猎场、牧场或森林及农产品和其他原料谋得出路，并可换回更好的衣料、用具、机器以及贵金属等，以促进本国农业的发展，并培育工业基础。在一个国家进入农工商业时期以后，实行自由贸易也是可取的，因为国内工业品已具备国际竞争力，通过自由贸易，可以"在国外市场上进行无所限制的竞争，使从事于农工商业的人们在精神上不致松懈，并且可以鼓励他们不断努力保持既有的优势地位。"惟有处于农工业时期才需要保护，因为本国农业已取得较大成就且工业已有发展，但"由于还存在着一个比它们更先进的工业国家的竞争力量，使它们在前进道路上受到了阻碍——只有处在这样情况下的国家，才有理由实行商业限制以便建立保护它们自己的工业。"如果实行自由贸易政策就永远不可能发展到经济发达国家的水平。李斯特说："在自由竞争下一个无保护的国家要想成为一个新兴的工业国已经没有可能。"这时"比较落后的国家将普遍屈服于工商业与海军强国的优势之下"。

李斯特认为，当时的葡萄牙和西班牙处于农业时期，德国和美国处于农工业时期，法国仅靠农工商业时期的边缘而尚未进入农工商业时期，只有英国实际达到了农工商业时期。李斯特据其经济阶段论，为各国的贸易政策进行了历史主义的解释，并为德国及其他一些经济落后国家实行保护贸易政策提供了理论依据。

四、保护幼稚工业论的主要论点

李斯特在生产力理论和经济发展阶段论的基础上，提出了保护幼稚工业论，主张对经济落后国家应实行贸易保护政策，使其幼稚工业经过保护能够成熟，与国外竞争。

如前所述，李斯特认为，只有那些在农业、工业、社会和政治上已较充分发展，具备精神上和物质上的必要条件和手段，即已进入农工业发展阶段的国家，如德国和美国，可以把本国建成工业国家，只是由于世界上有一个比它更先进的国家的竞争使它在前进道路上受到阻碍，才有理由实行贸易保护政策。

李斯特还认为，保护制度，并非保护一切产品。粮食和原料等贸易无须保护，因为它们受到自然保护，不怕竞争；奢侈品为主的精制品贸易也不用保护或只需轻度保护，因为这些物品在国外竞争不会对国家经济发展造成威胁。只有与国家工业发展有关的幼稚工业，即有发展前途但刚刚发展且有强有力的国外竞争者的工业才需要保护。这些工业经过相当一段时间（大约 30 年）保护而成熟后就不再需要保护，到那时就应取消保护制度。

为保护幼稚工业，李斯特提出"对某些工业品可以实行禁止输入，或规定的税率事实上等于全部，或至少部分地禁止输入。"同时，"凡是在专门技术与机器制造方面没有获得高度发展的国家，对于一切复杂机器的输入应当允许免税，或只征收轻微的进口税。"

李斯特承认，实行关税保护政策，会使国内工业品价格提高，本国在价值方面有些损失。但他认为这种损失是暂时的，是发展本国工业所必须付出的代价，牺牲的只是眼前利益，而得到的则是生产力的提高。他说："必须牺牲眼前利益，使将来的利益获得保障。……的确，关税保护在初行时，会使工业品价格提高；但是同样正确的，而且也为流行经济学派认可的是，经过相当时期，国家建成了自己的充分发展的工业以后，这些商品由于在国内生产成本较低，价格是会低落到国外进口价以下的。因此，保护关税如果使价值有所牺牲的话，它却使生产力有了增长，足以抵偿损失而有余，由此使国家不但在物质财富上获得无限增进，而且一旦发生战争，可以保护工业的独立地位。""国家由于实行保护关税所遭受的损失不管怎么说只是一些价值，相反地，它赢得了力量，利用这些力量，它永远可以生产难以估量的价值。由此可见，价值的这种消耗只能看成是国家进行工业教育所付出的代价。"

李斯特主张贸易保护政策应通过国家干预经济来实行。李斯特把国家喻为国民生活中慈父般的有利引导者，认为，国家在必要时，应限制国民经济活动的一部分，如干预对外贸易，以促进国民经济的发展。他以风力和人力在森林成长中的不同作用来比喻国家在经济发展中的重要作用，他说："经验告诉我们，风力会把种子从这个地方带到那个地方，因此荒芜原野会变成稠密森林；但是要培养森林因此就静等风力作用，让它在若干世纪的过程中来完成这样的转变，世界上岂有这样愚蠢的办法吗？如果一个植林者选择树秧，主动栽培，在几十年内达到了同样的目的，这倒不算是一个可取的办法吗？历史告诉我们，有许多国家，就是由于采取了那个植林者的办法，胜利实现了它们的目的。"

五、保护幼稚工业论简评

李斯特的幼稚工业保护论具有十分重要的理论意义。这一理论的提出，确立了保护贸易理论在国际贸易理论体系中的地位，标志着从重商主义分离出来的西方国际贸易理论两大学派——自由贸易学派和贸易保护学派的完全形成。

李斯特的幼稚工业保护论的许多观点是有价值的，整个理论是积极的，对落后国家制定对外贸易政策有一定借鉴意义。他的生产力理论中，关于"财富的生产力比之财富本身，不晓得要重要多少倍"的思想是深刻的，具有无可动摇的理论说服力；他关于经济发展的不同阶段应采取不同的对外贸易政策的观点是科学的，为落后国家实行保护贸易政策提供了理论依据；他关于以贸易保护为过渡和仅以幼稚工业为贸易保护政策对象的分析是实事求是的，揭示了建立本国高度发达的工业是提高生产力水平的关键。

李斯特的保护幼稚工业论在德国工业资本主义的发展过程中起过积极的作用。它促进了德国资本主义的发展，有利于资产阶级反对封建主义势力的斗争。在保护政策的扶植下，经过1843年、1846年两次提高关税，德国经济确实在短期内有了迅速的发展，终于赶上了英、法等国。

但是，李斯特的保护幼稚工业论也存在许多缺陷。首先，他对影响生产力发展的各种因素的分析是十分混乱和错误的。他说："基督教、一夫一妻制、奴隶制与封建领地的取消，王位的继承，印刷、报纸、邮政、货币、历法、钟表、警察等等事物、制度的发明，自由保有不动产原则的实行，交通工具的采用……这些都是生产力发展的丰富泉源。"显然，李斯特是用形而上学的方法把各种不同的社会范畴、技术范畴、经济范畴与政治范畴混杂在一起作为"生产力增长的泉源"，因而不能揭示生产力和经济发展的根本原因，也不能揭示物质生产本身是社会经济生活的决定性基础这一根本原理。其次，他的经济发展阶段论是以经济部门为划分经济发展阶段基础的，这实际上是把社会历史的发展归结为国民经济部门的变迁，而撇开了生产关系这个根本原因，因而是错误的。此外，李斯特以他的生产力理论与古典学派的国际价值论对立起来，片面地强调国家对于经济发展的决定性作用，这也是错误的。

第三节 凯恩斯主义的对外贸易乘数理论

一、凯恩斯及其追随者与对外贸易乘数理论

凯恩斯（John Maynard Keynes）是当代英国最著名的经济学家，凯恩斯主义的创始人。他的代表作是《就业、利息和货币通论》（The General Theory of Employment，Interest and Money）（1936）。

马克卢普（F. Machlup）是出生于奥地利的美国经济学家，美国普林斯顿大学教授，凯恩斯的主要追随者之一。其代表作是《国际贸易与国民收入乘数》（1943）。

哈罗德（R. F. Harrod）是英国著名经济学家，牛津大学教授，凯恩斯的主要追随者之一，其代表作为《国际经济学》（1933）、《动态经济导论》（1948）。

20 世纪 30 年代，大量失业存在，资本主义经济和传统经济理论陷入严重危机。在此背景下，凯恩斯出版了《劝说集》（1932）和《就业、利息和货币通论》（1936），一改自己大危机以前的立场，对自由贸易理论展开了批评，对重商主义的一些政策进行了重新评价，并以有效需求不足为基础，以边际消费倾向、边际资本效率和灵活偏好三个所谓心理规律为核心，以国家干预为政策基点，创立了保护国内就业的新学说。凯恩斯的经济理论中有关国际贸易的论点虽然不多，但在其追随者中却颇有影响。马克卢普和哈罗德等人在凯恩斯的投资乘数原理基础上引申提出了轰动一时的一国对外贸易乘数理论（the theory of foreign trade multiplier）。

二、投资乘数原理

乘数原理是资产阶级经济学家卡恩（R. F. Kahn）首先确立的。他于 1931 年在《经济学季刊》上发表了《国内投资与失业的关系》一文，论证了在一定消费倾向下，投资与就业量的乘数关系。英国资产阶级经济学家凯恩斯在 1936 年出版的《就业、利息与货币通论》的著作中用乘数原理来分析投资对国民收入的作用，提出了投资乘数理论，成为凯恩斯理论的重要组成部分。

凯恩斯认为投资的增加对国民收入的影响有乘数作用，即增加投资所引致的国民收入的增加是投资增加的若干倍。若用 ΔY 表示国民收入的增加，K 表示乘数，ΔI 表示投资的增加，则：

$$\Delta Y = K \cdot \Delta I \tag{1}$$

国民收入的增加之所以是投资增加的倍数，是因为新增投资引起对生产资料的

需求增加，从而引起从事生产资料生产的人们的收入增加。他们的收入增加又引起对消费品需求的增加，从而导致从事消费品生产的人们收入的增加。如此推演下去，结果国民收入的增加等于增加投资的若干倍。现假定新增加的投资 ΔI 为 100 美元，它用于购买投资品便成了投资品生产者（雇主和工人）增加的收入；如果投资品生产者只消费其新增收入的 90%，于是向他们出售商品的人们便得到 90 美元的收入；如果这些人又消费其收入的 90%，即 81 美元，这又成为向他们出售商品的人们增加的收入……如此继续下去，收入也随之增加。收入增加的总和为如下无穷等比数列：

$$\Delta Y = \Delta I (I + C + C^2 + C^3 + \cdots) = \Delta I \cdot [1/(1-C)] \qquad (2)$$

（2）式中 C 为增加的收入中用于消费的比例 $\Delta C/\Delta Y$，称为边际消费倾向（marginal propensity to consume），$1/(1-C)$ 为乘数，若用 K 表示之，即得（1）式。

上例中，边际消费倾向 C 为 0.9，所以乘数 $K = 1/(1-0.9) = 10$，因此，投资增加 100 美元，可使国民收入增加 1000 美元（即 100 美元的 10 倍）；如果 C 为 0.5，则 $K = 1/(1-0.5) = 2$，即投资增加 100 美元，可使国民收入增加 200 美元（即 100 美元的 2 倍）；如果 C 为 0，即人们将增加的收入全部用于储蓄，即 $K = 1/(1-0) = 1$，即国民收入增加为投资增加的 1 倍，也为 100 美元；如果 C 为 1，即人们把增加的收入全部用于消费，则 $K = 1/(1-1) = \infty$，即国民收入增加的倍数为无穷大。可见，乘数的大小是由边际消费倾向决定的，两者成正比例关系，从另一个角度说，影响乘数大小的因素是新增收入中用于储蓄的比例的 $\Delta S/\Delta Y$，即边际储蓄倾向，用 S 表示之，则 $K = 1/S$，即乘数大小与边际储蓄倾向成反比。

三、对外贸易乘数理论

在开放经济体制下，国民经济的平衡不仅受制于投资乘数原理和加速原理，还受到对外贸易乘数原理的制约。

对外贸易乘数原理是凯恩斯的追随者马克卢普和哈罗德等人在国内投资乘数原理的基础上引申提出的。他们认为，一国的出口和国内投资一样，属于"注入"，对就业和国民收入有倍增效应。当商品劳务输出时，从国外获得货币收入，会使出口产业部门收入增加，消费也随之增加，从而引起其他部门生产增加，就业增多，收入增加……如此反复下去，收入增加将为出口增加的若干倍。当商品劳务输入时，向国外支付货币，使收入减少，消费随之下降，国内生产缩减，收入减少……因此，只有当对外贸易为顺差时，才能增加一国就业量，提高国民收入。此时，国民收入的增加将为投资增加和贸易顺差的若干倍。这就是对外贸易乘数理论的含义。

若用 ΔY 表示国民收入增量，ΔX 表示出口增量，ΔM 表示进口增量，ΔI 表示投资增量，C 表示边际消费倾向，即投资和对外贸易顺差对国民收入的乘数作用可表示为：

$$\Delta Y = [\Delta I + (\Delta X - \Delta M)] \cdot (1 + C + C^2 + C^3 + \cdots)$$

即 $\Delta Y = [\Delta I + (\Delta X - \Delta M)] \cdot 1/(1-C)$ 　　　　　　(3)

(3) 式中，$1/(1-C)$ 为乘数，若用 K 表示之，则：

$$\Delta Y = [\Delta I + (\Delta X - \Delta M)] \cdot K \qquad\qquad (4)$$

在 ΔI 和 K 一定的条件下，贸易顺差越大，ΔY 越大，即国民收入增加越大；反之，若贸易差额为逆差，则 ΔY 会缩减，即因投资增加带来的国民收入倍增为贸易逆差所致的国民收入倍减所缩小。

乘数的大小与边际消费倾向有关，两者成正比，即边际消费倾向越大，对外贸易对国民收入的倍数效应越大。从另一角度说，乘数与新增收入中用于储蓄的比例——边际储蓄倾向和新增收入中用于进口的比例——边际进口倾向有关。这是因为新增收入分别用于国内消费、储蓄和进口，所以：

$$\Delta Y = \Delta C + \Delta S + \Delta M$$

即 $1 = \Delta C/\Delta Y + \Delta S/\Delta Y + \Delta M/\Delta Y$ 　　　　　　(5)

(5) 式中，$\Delta C/\Delta Y$、$\Delta S/\Delta Y$、$\Delta M/\Delta Y$ 分别为边际消费倾向、边际储蓄倾向和边际进口倾向。若分别用 C、S、M 表示，则有：

$$c + s + m = 1$$

即 $1 - c = s + m$

亦即 $1/(1-c) = 1/(s+m)$

所以 $K = 1/(1-c) = 1/(s+m)$

四、对外贸易乘数理论简评

凯恩斯主义的对外贸易乘数理论在一定程度上揭示了对外贸易与国民经济发展之间的内在规律性，因而具有重要的现实意义。这一理论对于认清国民经济体系的运行规律，制定切实有效的宏观经济政策也有一定的理论指导意义。

但是，对外贸易乘数理论存在很大的局限性。首先，对外贸易乘数理论把贸易顺差视为与国内投资一样是对国民经济体系的一种"注入"，能对国民收入产生乘数效应。其实，贸易顺差与国内投资是不同的：投资增加会形成新的生产能力，使供给增加，而贸易顺差增加实际上是出口相对增加，它本身并不能形成生产能力。因此，投资增加和贸易顺差对国民收入增加的乘数作用并不等同。其次，对外贸易乘数在实践上是很模糊的，它常会受一国闲置资源和其他因素的影响，资源稀缺会限制该国国民收入的下一轮增长。再次，这一理论忽视了对外贸易发挥乘数作用的条件。对外贸易的乘数作用并非在任何情况下都能发挥，只有在世界总进口值增加的条件下，一国才能继续扩大出口，从而增加国民收入和就业。如果世界的总进口值不变或减少，一国将无法增加出口，除非降低出口商品价格，但降低出口商品价格，企业会因利润下降而不愿扩大生产、增加产量，因此，增加出口也无从谈起。

第四节　普雷维什的中心—外围论

普雷维什（Raul Prebiisch）是当代著名的阿根廷经济学家，第一届"第三世界基金奖"（1981）获得者。他的代表作是 1950 年出版的《拉丁美洲的经济发展及其主要问题》一书，即著名的"拉丁美洲经委会宣言"。

第二次世界大战后，随着殖民体系的瓦解，原帝国主义殖民地、半殖民地纷纷取得了政治上的独立。为了巩固这种独立地位，它们迫切要求大力发展民族经济，实行经济自主。然而，这些国家民族经济的发展受到了旧的国际经济秩序，尤其是旧的国际分工——国际贸易体系的严重阻碍。普雷维什根据他的工作实践和对发展中国家问题的深入研究，站在发展中国家的立场上，提出了中心—外围论。

一、中心—外围论的主要论点

（一）国际经济体系分为中心和外围两部分

古典学派等研究国际贸易时将世界视为一个整体，李斯特考察国际贸易时强调国家的重要性，普雷维什则将世界经济体系分为中心和外围两个部分来探讨国际贸易问题。

普雷维什认为，国际经济体系在结构上分两部分：一部分是由发达工业国构成的中心；另一部分是由广大发展中国家组成的外围。中心和外围在经济上是不平等的；中心是技术的创新者和传播者，外围则是技术的模仿者和接受者；中心主要生产和出口制成品，外围则主要从事初级品生产和出口；中心在整个国际经济体系中居于主导地位，外围则处于依附地位并受中心控制和剥削。在这种国际经济贸易关系下，中心国家主要享有国际贸易的利益，而外围国家则享受不到这种利益。这是造成中心国与外围国经济发展水平差距加大的根本原因。

（二）外围国家贸易条件不断恶化

普雷维什用英国 60 多年（1876～1938 年）的进出口价格统计资料推算了初级产品和制成品的价格指数之比，以说明主要出口初级产品的外围国和主要出口工业品的中心国的贸易条件的变化情况。推算的结果表明，外围国家的贸易条件出现长期恶化的趋势。此即著名的"普雷维什命题"。若以 1876～1880 年间外围国家的贸易条件为 100，到 1936～1938 年外围国家的贸易条件已降到 64.1，说明 20 世纪 30

年代与 19 世纪 70 年代相比，外围国家的贸易条件恶化了 35.9。

普雷维什认为，外围国家的贸易条件恶化是由以下原因造成的。

1. 技术进步利益分配不均。

如上所述，科技发明往往发生于中心国家，而这些发明直接用于中心国家的工业发展。外围国家由于自身工业技术基础等条件的限制和中心国家的限制措施而几乎享受不到世界科技进步的利益，只能充当长期向中心国家提供初级产品的角色。按理说，中心国家因技术进步的作用使其出口的制成品劳动生产率提高应比外围国家出口的初级产品劳动生产率提高更快，因而制成品价格降幅应比初级产品价格的降幅大。但随着中心国家技术进步和工业发展，企业家的利润和工人的收入不断提高，而且提高的幅度大于劳动生产率的幅度，加之工业品价格具有垄断性，工业品价格非但不下降反而上涨。而外围国家的收入增长低于劳动生产率提高的幅度，而且初级产品垄断性较弱，价格上涨缓慢，而在价格下降时又比工业品降得更快。所以，外围国家的初级产品贸易条件必然恶化。

2. 工业制成品和初级产品需求的收入弹性不同。

一般地，工业制成品需求的收入弹性比初级产品需求的收入弹性大。随着人们收入的增加，对工业品的需求会有较大的增加，因而工业品的价格就会有较大程度的上涨。相反，随着人们收入的增加，对初级产品的需求增加较大，因而对初级产品价格不会有很大的刺激作用，使初级产品价格上涨很小，甚至下降。所以，以出口初级产品为主的外围国家的贸易条件存在长期恶化趋势。

3. 中心和外围工会的作用不同。

中心国家的工人有强大的工会组织，在经济高涨时，可以迫使雇主增加工资，经济萧条时，可以迫使雇主尽量减少工资的降低，因而使工业品价格维持在较高水平上。而外围国家工会组织不健全，力量薄弱，没有能力控制或影响工资，经济繁荣时期工资上升不大，萧条时期工资大幅度下降，因而使外围国家初级产品价格较低。这是造成外围国家贸易恶化的又一原因。

（三）外围国家必须实行工业化，独立自主地发展民族经济

普雷维什基于对国际经济体系的中心和外围划分以及对旧的分工体系和贸易格局下外围国家贸易条件长期恶化的分析，提出了外围发展中国家必须实行工业化的主张。他认为，外围国家应该改变过去把全部资源用于初级产品的生产和出口的做法，充分利用本国资源，努力发展本国的工业部门，逐步实现工业化。他根据拉丁美洲各国的实际情况，提出了进口替代工业化的发展战略。即采取限制工业品进口的措施，努力发展本国工业，使工业品逐步达到自给自足，改变工业品依靠从中心国进口的局面。随着世界经济的变化和拉美国家经济的发展，他又进一步提出了出口替代的发展战略，即大力发展本国工业品出口，改变出口商品结构，由以出口初级产品为主向出口工业品为主转变。这样，外围国家的工业品不仅能够满足本国的

需要，而且可以向中心国家出口，使外围国家的工业更趋成熟。

为了实现工业化，普雷维什主张外围国家实行贸易保护政策。他认为，在一个相当长的时期内，保护政策是发展中国家发展工业所必须的。在出口替代阶段，为了鼓励制成品在世界市场上的竞争力。普雷维什指出，外围国家的保护政策与中心国家的保护政策不同。外围国家的保护是为了发展本国工业，有利于世界经济的全面发展；而中心国家的保护是对外围国家的歧视和扼制，不仅对外围国家不利，于整个世界经济发展也是不利的。因此，他呼吁中心国对外围国放宽贸易限制，减少对外围国工业品的进口歧视，为外围国的工业品在世界市场上的竞争提供平等的机会。

20 世纪 60 年代后，鉴于世界工业品市场竞争激烈和中心国在世界市场上垄断优势对外围国发展工业品出口极其不利的状况，普雷维什主张发展中外围国家建立区域性共同市场，开展区域性经济合作，以便相互提供市场促进发展中国家间的经济发展。

二、中心—外围论简评

普雷维什作为发展中国家的代言人，从发展中国家的利益出发，对国际贸易问题进行了开拓性的探讨，为国际贸易理论宝库增添了不少新内容，其中包含了科学的成分。他的中心—外围论对战后世界经济格局的分析是正确的，它使发展经济学家对战后国际经济关系的平等认识又上升到一个新的理论高度，为第三世界国家反对旧的国际经济关系，争取建立新的国际经济秩序提供了思想武器。他关于发展中国家经济发展战略的建议，对拉丁美洲和其他发展中国家都具有直接的指导和借鉴意义，为战后发展中国家的经济发展做出了重要的贡献。但是，这一理论的某些观点和解释包含有不科学的成分，如关于制成品与初级产品的技术进步与各自价格关系的论述，关于工会组织对产品价格施加影响的看法，就不够科学。

第五节 主张贸易保护的其他论点

一、国际收支论

国际收支论（balance of payment argument）主张以关税、配额等贸易保护措施限制进口，减少外汇支出，以达到迅速、有效改善国际收支的目的。

国际收支作为临时性的紧急措施，能使一国的国际收支逆差状况暂时改善，发达国家和发展中国家不时求助于关税以减少其逆差。但是，该论点忽略了一个事实——国际收支状况是进口与出口（或外汇流出与流入）的一种差额，仅减少进口（或外汇流出）并不能保证国际收支获得改善。如在本国限制进口的同时，外国采取报复手段；或本国资源由出口部门转移至进口部门生产而使本国出口减少（或外国资金流入减少）；或本国对进口品的需求缺乏弹性，关税亦无法有效减少进口；或用于出口品生产的中间投入物进口减少或价格上涨而削弱出口能力；或本国进口减少导致外国的进口能力亦随之下降；或本国进口减少而导致本国币值上升等，这些情况的发生，均会使本国无法达到改善国际收支的目的。因此，改善国际收支的更为有效的办法应是改善经济结构、提高要素生产力，以增强本国产品的国际竞争力，使出口增加，吸引外汇流入。

二、贸易条件论

贸易条件论（terms-trade-argument）者认为，在一定条件下，一国通过对进口商品征收关税和限制出口等措施，可达到改善贸易条件、提高福利水平的目的。

从理论上说，在一国对国际贸易具有影响力的情况下（即一国具备大国贸易条件时），以关税限制进口，可使进口品的国际价格下跌；限制出口，可使出口品的国际价格上升，因而以同样数量的出口品可换回更多的进口品，使贸易条件得到改善，社会福利水平得以提高。因此，贸易条件论在静态条件下成立的。但是，若外国采取报复手段，本国的贸易条件不仅无法改善，甚至可能反而恶化。再者，即使外国不采取报复措施，贸易限制使贸易利得减少的损失可能大于贸易条件改善使福利水平提高的利益，这样，本国贸易条件虽然改善，但福利水平反而降低。因此，以限制贸易来改善贸易条件并非良策，积极的办法应是促进进口替代部门的成长以改善贸易条件。

三、政府收入论

政府收入论（government revenue argument）又称关税收入论（tariff revenue argument）或幼稚政府论（infant-government argument）。该论点认为，新独立或发展中国家因其他税源缺乏或无法征得足够的税收，以征收简单、易行的关税作为政府收入的主要来源，可部分解决政府提供诸如卫生、教育、治安、水利和国防等方面的基本公共服务所需的开支。

通过关税来增加政府收入，实际上是一种利益行为，是政府实行贸易保护的动力之一。对许多落后的发展中国家而言，由于收入水平低，所得税和增值税等国内税有限并因无法监督而难以征收。而征收关税则容易得多，政府只要通过其设置的海关在外国商品进入关境时向进口商征税，便可获得关税收入。而且，若一国具备大国贸易条件，还可以将关税的一部分税赋转嫁到外国生产者或出口商身上。因此，以征收关税来增加政府收入，对落后国家生产和社会的发展有一定意义。

但是，以增加收入为目的的关税往往失之偏高和不当，因而导致资源配置严重扭曲，经济成长受阻，进口和出口能力因而递减，关税收入终将减少。所以，以关税作为增加政府收入的主要来源，是一种杀鸡取卵的做法，而以健全的税制来促进经济增长，才是政府取得开支所需的长期可靠来源。

四、收入再分配论

收入再分配论（income-redistribution argument）者主张通过贸易限制对一国的收入进行重新分配，以保护国内生产，或矫正不利的收入分配后果，或缩小贫富差别。

通过关税、配额等限制措施，可使生产者剩余增长，消费者剩余减少，即部分社会收入由消费者转移至生产者，从而保护特定产业的国内生产（详见第十二章第三节）。

另外，根据要素价格均等化学说，自由贸易对一国供给丰富的生产要素的报酬有利，而对稀缺的生产要素的报酬不利。因此，稀缺要素所有者和相对密集使用稀缺要素于生产的进口替代产业主可能会请求政府的保护，以避免其收入下降。

而在一些国家，实行贸易限制是为了税富济贫，从而缩小贫富差别。这类国家常常通过对奢侈品进口征收高关税，使富人向政府缴纳高税额，同时对必需品的出口征税以保证国内市场供给，降低价格。这种办法往往违背政府实行限制的初衷。因为对奢侈品进口课征高关税和对必需品出口征税的结果，导致国内生产者增加价高的奢侈品生产，而对价廉的必需品生产缺乏积极性。

由上分析可见，贸易限制虽然可实现社会收入在不同利益集团之间的再分配，使特定利益集团的收入增加，但并未减轻公众的负担。因此，对于收入分配不均，或因国际贸易所致的不利的收入再分配后果，或贫富差别等问题，应以国内政策救济，而不应限制贸易使贸易利得丧失、社会整体福利水平下降。

五、国内扭曲论

国内扭曲论（domestic distortion argument）建议，在国内市场不完善形成扭曲（生产扭曲、消费扭曲或要素扭曲）的情况下，应采取征税或提供生产补贴等保护措施来矫正或消除扭曲，以增进福利。

当国内存在扭曲时，应针对扭曲的根源采取相应的措施，才能纠正扭曲。生产要素市场不完善，如部门间存在着工资差异所形成的要素扭曲的对策是对生产要素的税收与补贴；产品市场不完全，如产品生产存在外部效应所形成的生产扭曲的最优措施是生产补贴；消费的不完善，如消费存在外部效应所形成的消费扭曲的纠正办法是消费税收；对外贸易的不完善，如存在垄断所形成贸易扭曲，最优政策是关税。现以生产扭曲的矫正为例，说明如下：

图 6—1 中，S_p 表示生产某商品的私人成本，假设由于生产中的外部经济，它与由供给曲线 S_s 所表示的社会成本发生了偏差。在自由贸易价格 OP_1 下，国内生产为 OQ_1，而不是社会成本所反映的产出 OQ_3。如果征收相当于 P_1P_2 的关税，私人生产者便将产出扩张至 OQ_3，私人成本与社会成本的偏差随之消除。但由于征收关税同时产生生产的正效应 Q_1Q_3 和消费的负效应 Q_4Q_2，因此，消除生产扭曲而增加的福利中有一部分被消费负效应所引起的福利减少所抵消。如果发放与扭曲相等的生产补贴同样可以消除扭曲，并能避免消费的负效应。可见，运用关税克服生产扭曲，福利并不能达到最大化，甚至可能会减少，最优的办法应该是生产补贴。

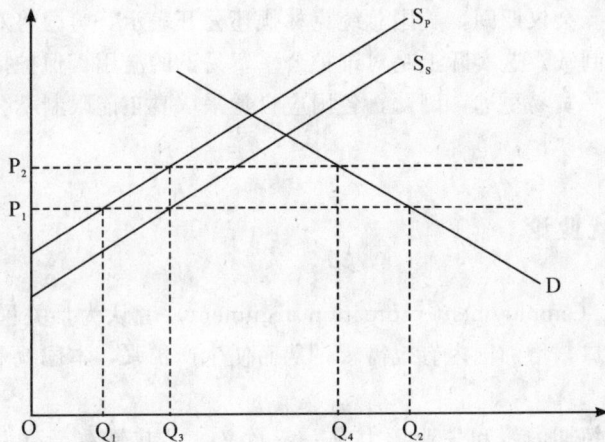

图 6—1

由上分析可见，只有正确选择恰当的措施，才能有效地矫正或消除国内扭曲，又不至于在纠正扭曲的同时造成政策性的扭曲以及相应的福利损失。

六、公平贸易论

公平贸易论（fair-trade argument）认为，国际贸易中倾销、补贴等做法破坏了公平贸易这一国际贸易规则，因而必须以反倾销税、补税反贴等保护手段来抵制，以维护国际贸易的公平竞争。该论点在关贸总协定、世界贸易组织协定及许多国家的贸易立法被采用。

当贸易对手国对出口产品进行补贴，或以低于正常价值的价格进行倾销，或以其他不正当手段进行不公平竞争，而使一国遭受不利影响时，采取征收反倾销税或反贴补税等措施来抵消不公平贸易的影响是正当的。

但是，在实践中，维护公平贸易论常常被滥用。一方面，因为一些国家实行保护，有时不加区别地对待普通的商业策略和不公平贸易行为。例如，有的国家对贸易对手国以低于国内市场价格进行的销售不分青红皂白地征收反倾销税。实际上，有些低于国内市场价格的销售对进口国并无损害或未产生不利的影响，因而不应受到谴责。1967 年关贸总协定达成一项协定，明确规定了只有在倾销对进口国的同类行业或相近产业产生重大损害或严重威胁时，才允许实施反倾销税。这一规定抑制了某些明目张胆地滥用反倾销税的行径。另一方面，各国对不公平竞争解释的不一致也导致了以公平贸易为由的保护手段的滥用。不公平竞争的定义已从最初的针对国际贸易中因为政府参与而出现的不公平竞争行为发展到现在的伙伴国的市场开放不对等，甚至比较成本的差异这一贸易基础也被歪曲为不公平竞争。例如，在世界贸易组织第三届部长会议上，美国等发达国家提出要把劳工标准问题纳入新一轮多边贸易谈判议程，便是针对发展中国家的廉价劳工而设立的壁垒，恐其影响西方国家的工业发展。会议期间，美国总统克林顿还公开表示，美国将对违反劳工标准的国家实行经济制裁。这实际上是对维护公平贸易论的滥用。保护措施的滥用会使国际贸易偏离公平贸易更远，因此，各国应自觉采取真正能限制不公平贸易的正当措施。

七、保护就业论

保护就业论（employment-protection argument）者认为，关税保护或配额的实施，可减少进口，增加国内有效需求，从而使生产扩张，本国就业和收入水平因而提高。

这一论点对短期内缓和失业压力有一定意义，尤其是在严重失业时期，例如 20 世纪 30 年代，保护不失为缓和失业的有效补救措施。

但是，保护并非解决失业问题的最佳途径。首先，它不一定十分有效。若一国通过关税等措施限制进口，其贸易伙伴的出口便会相应减少，从而限制贸易国的出口减少，该国通过保护所增加的就业因此在很大程度上被抵消。其他国家的报复，使关税等保护措施所增加的就业因此在很大程度上被抵消。其次，其他国家的报复，使关税等保护措施所增加的就业和收入提高无法长久维持。国际贸易中，一国的出口必是另一国的进口。一国通过减少进口来达到提高就业和收入，实际上是在输出自己的失业，这种以邻为壑的做法必然会导致贸易伙伴的报复。因此，由保护带来的就业和收入提高只是短暂的。再次，保护措施的长期效果并不能增加就业。从长期看，一个国家必须有进口才能维持出口的扩张，真正增加就业。而保护只是使劳工由出口产业转到保护产业，使资源使用效率降低，福利水平下降。故要提高本国就业水平，财政或货币政策远比保护政策来得有效。

八、国家安全论

国家安全论（national security argument）者主张，对于关系国计民生的产业

（如农业）和有关军用国防需要的产业，国家应以关税、补贴等手段加以保护，使其达到自给自足的目标，以摆脱对外国的依赖，加强国防力量，维护国家安全。

这种论点的基本思想是主张限制进口，以保持独立自主的经济。由于 20 世纪以来战争连续不断，第二次世界大战后又经历了长期的东西方"冷战"，这一论点经久不衰，并被发达国家用作保护特殊利益集团的利益的论据。

但是，这种基于政治与军事而非经济因素的考虑，将导致本国资源配置的扭曲和产品价格的提高。而且，保护有关国防的一些重要产业免受国际竞争的威胁，会妨碍创新，从长远看，国防力量将因缺乏创新而受削弱。

九、经济多样化论

经济多样化论（diversified-economy argument）者主张，经济高度专业化的国家应借关税保护等措施推动本国生产活动的多样化，以减少国际市场波动对本国经济的影响，稳定国内经济。

这种论点颇为中肯。高度专业化的经济，如巴西的咖啡经济、智利的铜矿经济，以及中东的石油经济，其产品的出口和价格的确容易受国际市场波动的影响，对本国的收入和就业均有十分不利的影响，国内经济很不稳定。

但是，由于资源禀赋和技术条件的限制，一个经济由高度专业化转变为多样化生产可能代价极大。加之难以预知哪些产业值得纳入多样化生产的范围，勉强多样化的结果，将导致资源使用效率的降低，从而增加多样化生产的代价。

第六节　贸易保护新理论

20 世纪 70 年代中期以来，世界产业结构和贸易格局发生了重大变化，新贸易保护主义盛行。在此背景下，一些经济学家力图从新的角度探寻政府干预对外贸易的理论依据，提出了战略贸易论和管理贸易论等新的保护理论。

一、战略贸易论

战略贸易论（strategic trade theory）以赫尔普曼（E. Helpman）和克鲁格曼等为代表。该理论认为，工业品的国际市场竞争是不完全的，工业品的生产存在规模经济，故一国政府可通过贸易保护和补贴、信贷优惠、国内税收优惠等国内政策保护和扶持那些承担巨大风险，需大规模生产以获取规模经济，并已产生外部经济的高新技术产业和对本国未来发展至关重要的行业，以创造本国在这些产业上的比较优势，获取大量的外部经济利益，为本国未来发展增强后劲。

（一）战略贸易论的基本论点

战略贸易论有两个基本论点：①由于市场的不完全竞争和规模经济的存在，某些行业的企业可以获得长期利润，这些利润超出企业主的一般利润。而政府的资助可能促进某些行业的企业战略外国对手取得成功。②由于市场对于引起企业的外部经济效应缺乏足够的反应，由政府干预来克服这种反应的不足，可建立一种环境，使某些企业的行为给其他企业带来好处，从而推动其他产业的发展。

（二）战略贸易论的政策主张

1. 不完全竞争市场方面的战略政策干预。

不完全竞争市场（主要是寡头市场）方面的战略性政策干预主要包括给予本国企业生产补贴和对本国消费者予以补贴等措施。这些政策干预有可能通过影响本国企业及其外国竞争对手的决策行为而转移一部分纯经济利润（超过正常利润部分），并产生一定的反托拉斯效果，从而提高本国福利水平。现以征收进口税为例，对不完全竞争市场方面的战略性干预效果分析如下：

假设某国 A 从美国波音公司进口飞机，并假定波音公司为垄断企业，如图 6－2所示，D_A 代表 A 国对飞机的需求曲线，MR_A 代表与需求曲线相应的边际收益曲线，平行于横轴的 MC_B 代表波音公司的边际成本线。在自由贸易条件下，波音公司为实现利润最大化，以每架飞机售价为 P^* 向 A 国出口 Q^* 架飞机，使边际收益等于边际成本。这时波音公司获得图 6－2 (a) 中阴影区域的利润。

现假定 A 国对飞机进口征收关税，只要波音公司仍想保持在 A 国的市场份额，便不会提高飞机售价，A 国消费者因而不会因关税而发生损失，而波音公司的部分垄断利润却以关税收入形式为 A 国所享有。A 国所分享到的利润取决于关税税率的高低，假如波音公司不提价，A 国的最适关税为 T，这时享有波音公司的全部垄断利润 ［见图 6－2 (a)］。

即使 A 国征收关税，使波音公司的边际成本提高至 MC_{B1}，因而波音公司提高飞机价格至 P_1，但由于 A 国的需求并非毫无弹性，因此，飞机价格提高的幅度会小于边际成本提高的幅度，即波音公司通过提高售价从 A 国消费者身上得到的额外收益会小于因关税而增加的成本支出。A 国政府所获得的关税收入 C 有可能大于消费者所受损失 (a＋b)，从而使整个国家受益 ［见图 6－2 (b)］。

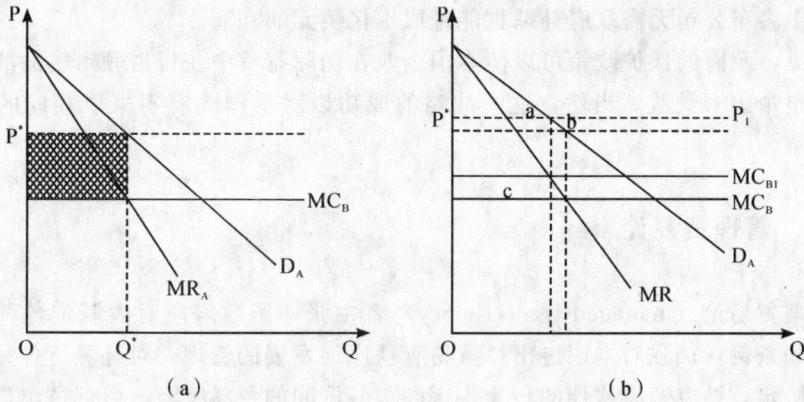

图6—2 通过关税分享垄断企业利润

可见，进口国政府通过关税来分离外国寡头或垄断企业的利润并提高本国福利水平，是有可能如愿以偿的。关键在于关税率的确定和对消费者的补偿。

2. 外部经济效应方面的战略性政策干预。

外部经济效应方面的战略性政策干预，这方面的贸易政策往往要和产业政策相配合，才能达到预期效果，具体包括信贷优惠、国内税收优惠或补贴、对国内企业进口中间品的关税优惠、对外国竞争产品征收关税等措施。若某一产业发展的社会效益高于其个体效益，即具有外部经济效应，则通过政府扶持能使该产业不断获取动态递增的规模效益，并在国际竞争中获胜，结果企业所得的利润会大大超过政府所支付的补贴。而且，该产业的发展还能通过技术创新的溢出推动其他产业的发展。现以博弈论（game theory）对政府补贴的效果分析如下：

假设美国波音公司和欧洲空中客车公司都在考虑是否制造一种新型飞机，其研制成本非常之高，每一制造商必须占领该飞机的全部市场才能盈利，假设可获1亿美元。如果两个制造商均制造这种飞机，则各亏损1000万美元（见表6—1）。

表6—1   政府补贴预期收益表   单位：百万美元

		空中客车公司	
		制 造	不制造
波音公司	制 造	-10；-10	100；0
	不制造	0；100	0；0

如果欧洲各国政府采取战略性贸易政策，每年向空中客车公司提供1500万美元的补贴，即使美国波音公司也在制造这种飞机，空中客车公司靠政府补贴仍可与波音公司竞争，并能获得500万美元的利润。然而，未享有补贴的波音公司若继续投产，必发生亏损，波音公司只好停产，将整个市场让给空中客车公司。这样一

来，空中客车公司无需政府补贴也能赚取 1 亿美元的利润。

可见，政府的保护政策可以使本国企业在国际竞争中获得占领市场的战略性优势并使整个国家受益。当然，这一战略的成功以对手国政府不采取相同的措施为前提。

二、管理贸易论

管理贸易论（managed trade theory）者主张一国政府应对内制定各种对外贸易法规和条例，加强对本国进出口贸易有秩序地发展的管理，对外签订各种对外经济贸易协定，结束贸易伙伴的行为，缓和与各国间的贸易摩擦，以促进出口，限制或减少某些产品进口，协调和发展与各国的经济贸易关系，促进对外贸易的发展。

管理贸易论是适应发达国家既要遵循自由贸易原则，又要实行一定的贸易保护的现实需要而产生的，其实质是协调性的保护。它将贸易保护制度化、合法化，通过各种巧妙的进口管理办法和合法的协定来实现保护。国际贸易领域中，商品综合方案、国际商品协定、多种纤维协定、"自动"出口限制协定、有秩序的销售安排、发达国家的进出口管制、欧盟共同农业政策都是管理贸易措施的具体反映。管理贸易不仅盛于发达国家，也为发展中国家所采用，并运用于区域性贸易集团。

三、贸易保护新理论简评

贸易保护新理论，尤其是战略贸易论表明了在现实与自由理论前提相背离的当今世界，政府干预对外贸易的必要性，并强化了政府干预的理论依据。它对发达国家和发展中国家的贸易和产业政策都产生了较大的影响，美国克林顿政府的对外贸易政策就是战略贸易政策，许多发展中国家的保护贸易也从保护贸易新理论中得到一定启示。

但是，新保护理论关于如何合理解释政府干预的方法还有待完善。另外，由于发达国家和发展中国家经济发展水平存在很大的差距，发达国家新贸易保护主义的增强，尤其是保护措施的滥用，严重损害了发展中国家的利益，并危及发展中国家的经济发展。

第七章 国际贸易政策和措施

第一节 国际贸易政策的历史演变

一、重商主义

在 15～17 世纪资本主义生产方式准备时期，为了完成资本的原始积累，英法等欧洲资本主义国家信奉重商主义的学说和政策，积极推行国家干预对外贸易的做法，采取严厉的贸易保护措施。早期重商主义者认为，只有货币才是财富，他们追求的目标是谋取对外贸易顺差，在国内积累货币财富，把贵重金属留在国内。因此，由政府或国王本人直接垄断或管制对外贸易，采取一系列行政法律措施，严禁奢侈品进口和金银出口。重商主义晚期，工场手工业和航海运输业迅速发展，商业资产阶级认识到不应当对货币的运动过分加以限制，于是，由管制金银的进出口变为管制货物的进出口，试图用更多的出口来获取贸易顺差和金银进口。这样，他们除了向原料进口提供优惠外，对其他进口货物则实行保护关税和种种措施，同时采用各种强有力的政策手段奖励出口。可见，该时期西欧各国普遍推行的是典型的保护贸易政策。

二、自由贸易政策和保护贸易政策

18 世纪中叶至 19 世纪末，资本主义进入自由竞争时期。在资本主义的经济基础上建立了适合工业资产阶级利益的对外政策。但由于各国工业发展水平不同，所采取的贸易政策也不完全相同。

英国在产业革命后，工业迅速发展，"世界工厂"的地位被确立并巩固，其产品具有强大的国际竞争力；另外，英国需要以工业制成品的出口换取原料和粮食的进口。为此，英国资产阶级迫切要求国内外政府放松对外贸活动的管制。经过长期斗争之后，英国在 19 世纪前期，逐步取得了自由贸易政策的胜利。当时的自由贸易政策是国家对进出口贸易不设立任何障碍，不进行干预，让商品在国内外市场自由竞争，所以是一种开放性的贸易政策。

与英国形成鲜明对照的是，美国和西欧的一些国家如德国推行保护贸易政策。

其基本原因在于这些国家工业发展水平不高，经济实力和商品竞争能力都无法与英国相抗衡，需要采取强有力的政策措施（主要是保护关税措施）以保护本国的幼稚工业，避免遭受英国的商品竞争，因而逐步实行了一系列鼓励出口和限制进口的措施。这时的保护贸易政策就是国家广泛利用各种限制进口的措施，保护本国市场免受外国商品的竞争，并对本国商品给予优待和补贴，以鼓励商品出口。

三、超保护贸易政策

从 19 世纪末到第二次世界大战期间，资本主义处于垄断时期。在这一时期垄断代替了自由竞争，成为一切社会经济生活的基础。此时，各国普遍完成了产业革命，工业得到迅速发展，世界市场的竞争开始变得激烈。尤其是 1929～1939 年的世界性经济危机，使市场矛盾进一步尖锐化。于是，各国垄断资产阶级为了垄断国内市场和争夺国外市场，纷纷要求实行超贸易保护政策。

超贸易保护政策是一种侵略性的贸易保护政策，与自由竞争时期的保护贸易政策相比有着明显的区别：①它不是防御性地保护国内幼稚工业，以增强其自由竞争能力，而是保护国内高度发达或出现衰落的垄断工业，以巩固国内外市场的垄断。②保护的对象不是一般的工业资产阶级，而是垄断资产阶级。③保护的手法也趋于多样化，不仅仅是高关税，还有其他各种奖出限入的措施。不过就美国而言，其对外经济政策的自由贸易成分越来越强，这反映出"金元帝国"在其鼎盛时期的战略态势。

四、贸易自由化

第二次世界大战后到 20 世纪 70 年代初，世界政治经济力量重新分化组合。美国的实力空前提高，强大的经济实力和膨胀的经济，使其既有需要又有能力冲破当时发达国家所流行的高关税政策。日本和西欧为了战后经济的恢复和发展，也愿意彼此放松贸易壁垒，扩大出口。此外，国际分工进一步深化，推动生产国际化、资本国际化，跨国公司迅速兴起，迫切需要一个自由贸易环境以推动商品和资本流动。于是，这一时期发达资本主义国家的对外贸易政策先后出现了自由化倾向。这种倾向主要表现在大幅度削减关税和降低或撤销非关税壁垒。其中，关贸总协定（GATT）缔约方的平均进口最惠国生产率下降至 5％左右。欧共体（现为欧洲联盟国）实行关税同盟，对内取消关税，对外减让关税，使关税大幅度下降。此外，在发展中国家的努力下，发达国家给予来自发展中国家的制成品和半制成品的进口以普遍优惠制待遇。在非关税减让方面，发达国家不同程度地放宽了进口数量限制，扩大进口自由化，增加自由进口的商品；放宽或取消外汇管制，实行货币自由兑换，促进了贸易自由的发展。

然而，值得注意的是，战后出现的贸易自由化倾向和资本主义自由竞争时期由英国等少数国家倡导的自由贸易不同。资本主义自由竞争时期的自由贸易反映了英国工业资产阶级资本自由扩张的利益与要素，代表了资本主义上升阶段工业资产阶级的利益和要求。战后的贸易自由化倾向是在国家垄断资本主义日益加强的条件下发展起来的，它主要反映了垄断资本的利益，是世界经济和生产力发展的内在要求。它在一定程度上和保护贸易政策相结合，是一种有选择的贸易自由化。在具体实行中，这种自由化政策形成了这样的趋势：工业制成品的贸易自由化程度超过农产品；机器设备一类资本品超过工业消费品；区域性经济集团内部的超过其外部；发达国家之间的超过发展中国家。因此，这种贸易自由化倾向发展并不平衡，甚至是不稳定的。当本国经济利益受到威胁时，保护贸易倾向必然得以重新抬头。

五、新贸易保护主义

新贸易保护主义是相对于自由竞争时期的贸易保护主义而言的，它形成于20世纪70年代中期。其间，资本主义国家经历了两次经济危机，经济出现衰退，陷入滞胀的困境，就业压力增大，市场问题日趋严重。因此，以国内市场为主的产业垄断资产阶级和劳工团体纷纷要求政府采取保护贸易措施。此外，由于工业国家发展不平衡，美国的贸易逆差迅速上升，其主要工业产品如钢铁、汽车、电器等不仅受到日本、西欧等国家的激烈竞争，甚至面临一些新兴工业化国家以及其他出口国家的竞争威胁。在这种情况下，美国一方面迫使拥有巨额贸易顺差的国家开放市场，另一方面则加强对进口的限制。因此，美国成为新贸易保护主义的重要策源地。美国率先采取贸易保护主义措施，引起了各国贸易政策的连锁反应，各国纷纷效仿，致使新贸易保护主义得以蔓延和扩张。

新贸易保护主义不同于20世纪30年代的旧贸易保护主义。第一，贸易保护措施由过去以关税壁垒和直接贸易限制为主逐渐被间接的贸易限制所取代。发达国家求助于关贸总协定的免责条款，即为了保护本国暂时性的国际收支平衡或为了避免进口国国内工业受到大量进口的严重损害等，从本国的需要和目的出发，重新进行贸易立法的解释，设置进口限制并且越来越倾向于滥用反补贴、反倾销这些所谓的维持"公平"贸易的武器，来削弱新兴工业化国家及其他出口国在劳动密集型产品成本方面的优势，阻挡发展中国家新的竞争。第二，贸易政策措施朝制度化、系统化和综合化的方向发展。贸易保护制度越来越转向于管理贸易（Managed Trade）制度，不少发达国家越来越把贸易领域的问题与其他经济领域的问题甚至包括某些非经济领域的问题联系起来，进而推动许多国家的贸易政策明显向综合性方向发展。第三，其重点从限制进口转向鼓励出口，双边和多边谈判与协调成为扩展贸易的重要手段。第四，从国家贸易壁垒转向区域性贸易壁垒，实行区域内的共同开放和区域外的共同保护。

六、发达国家对外贸易政策的发展趋势

进入 20 世纪 90 年代以后，西方发达国家逐渐走出经济低谷，其贸易政策呈现出一些新的特点和趋势。

(一) 管理贸易日益成为贸易政策的主导内容

美国先后于 1974 年、1978 年和 1988 年制定了综合贸易法案，开始了其从自由贸易政策向管理贸易政策的转变。克林顿上台后，随着其经济振兴计划的提出，对外贸易政策成为美国新经济政策的主要组成部分，这预示着美国将进入一个政府全面干预外贸活动的新时期。在美国的示范和推动下，"管理贸易"已逐渐成为西方发达国家基本的对外贸易制度。各国政府更加强调政府积极介入外贸的作用。由于贸易结构的不断升级，管理贸易所包括的商品种类逐渐增多，20 世纪 90 年代以后，管理的商品不仅包括劳动密集型产品和农产品，而且包括劳务产品、高科技产品和知识产品等。

(二) 对外贸易政策与对外关系相结合的趋势加强

各国把对外贸易看成是处理国家关系越来越重要的手段。美国是这方面的典型代表。克林顿政府执政后很快把对外贸易提到"美国安全的首要因素"的高度，并通过调整贸易政策的方法来调节对外关系。例如，美国利用人权、民主、军事控制等问题干扰贸易的举措时有发生；对社会主义国家不授予普惠制待遇；对华永久性正常贸易关系（原称最惠国待遇）需年度审核等。这些做法都把贸易政策与其政治目标相结合。可以肯定，西方国家未来的贸易政策势必与其他经济政策和非经济领域的政策更大程度地融合，向着综合性方向发展。

(三)"公平贸易"、"互惠主义"将代替发达国家的"自由贸易"和"多边主义"

第二次世界大战后，以自由贸易为主旨的关贸总协定一直主宰着世界贸易体制。尽管其间各国贸易摩擦不断，但还是以自由贸易为主要原则。近几年来，西方发达国家一方面反对贸易保护主义，另一方面又强调贸易的公平性。与高筑壁垒抑制外国竞争的保护主义或放任自流的自由主义政策都有所不同，这种公平贸易是指在支持开放性的同时，以寻求"公平"的贸易机会为主旨，主张贸易互惠的"对等"与"公平"原则。具体表现为：①进入市场机会均等，判定的标准为双边贸易平衡，而不仅仅以是否满足双方进入要求为标准。②贸易限制对等，即以优惠对优

惠，以限制对限制。③竞赛规则公平。可以预计，西方发达国家在未来的贸易政策中将继续沿着"公平贸易"的路子走下去。

（四）以非关税壁垒为主要手段

由于经过关贸总协定的多轮谈判，发达国家的关税总体水平已降至较低水平，正常关税已起不到保护的作用。因此，非关税壁垒在西方各国贸易政策中的作用日益明显。例如，西方国家为抑制发展中国家劳动密集型产品对本国的进口，主要措施是数量限制和"反倾销"手段。据关贸总协定统计，1989 年 7 月至 1990 年 6 月，国际市场上的反倾销案件为 96 起；1991 年初到 1992 年初，上升为 237 起。不容置疑，西方发达国家未来的外贸政策中，单纯的关税措施和直接的非关税措施都会相应减少，但各种新型的更灵活和更隐蔽的非关税壁垒会不断被高筑，并成为贸易政策的主体。

（五）政府推动高科技产业发展和鼓励出口成为推动外贸活动的主导措施

战后，随着国际分工的加深和自由贸易的发展，西方各国对国外市场的依赖性不断加强，从而许多国家把奖出限入的重点从限制进口转到鼓励出口。进入 20 世纪 90 年代以后，这种政策的发展步伐正在加快。日本历来重视高科技产业的发展与应用，致使欧美在该领域的优势逐步丧失，从而激发了欧美的竞争意识。出于经济利益的驱使，西方各国纷纷制定了促进高科技产业发展的政策。各国政府都在竞相资助研究开发活动，大力鼓励发展高技术部门。因此，西方各国的产品竞争优势仍将继续保持。可以预计，在未来西方国家可能会采取更积极的贸易政策，为企业创造"公平"的竞争环境。

（六）建立经济一体化，实行共同的对外贸易政策

20 世纪 90 年代以来，区域经济集团化发展迅猛，发达国家通过建立各种一体化形式加强成员国之间的贸易自由化，并以联合的经济实力和共同的对外贸易政策来对付外界的贸易攻势。随着区域经济集团的发展，这种区域内采取更加统一的贸易政策的趋势将有增无减。

综合以上分析，西方发达国家今后的外贸政策既不可能背离贸易自由化这股世界潮流，甚至还是其推动力量，但同时基于各国经济、贸易发展的不平衡，以及追求自身利益的方式和策略的变化，它们又会时常出台一些保护色彩较浓的贸易措施，进一步采取更为隐蔽和巧妙的手段。概言之，它们极可能推行的是一种有管理的、可调节的自由贸易政策。其中，在政策协调的基础上实施某些保护措施，可能

成为其外贸政策的一个特点。不完全的自由贸易政策和不断装饰的保护贸易政策仍将长期并存，不仅在不同的情况下发挥着各自的作用，而且有时还交汇融合，共同支配或影响着一个国家的对外贸易活动。

第二节　中国的对外贸易政策

建国以来，我国的对外贸易政策可分为两个阶段：一是改革开放前的高度管制政策阶段，二是改革开放后的相对自由政策阶段。

一、改革开放前的对外贸易政策

新中国建立以后，根据经济建设的需要，借鉴前苏联的经验，我国制定了对外贸易国家管制政策。中国人民政治协商会议的《共同纲领》第37条明确规定："我国实行对外贸易的管制，并采用保护贸易政策。"直至改革开放前，根据国内外条件，我国一直执行的是国家管制的内向型保护贸易政策。这种内向型的保护贸易政策对粉碎帝国主义的"禁运"和"封锁"，顶住外国的经济压力，密切配合外交斗争，促进社会主义经济建设，起过积极作用。同时也有一些副作用，如国内企业保护过度，造成中国外贸企业效率不高，国际竞争能力低下，不能积极参与国际分工，使外贸事业发展缓慢等。因此，思想解放的程度决定着我国开放的跨度和发展的速度。在扩大开放工作中，要把换脑筋、转观念作为关键环节和首要任务来抓，使思想观念向更高层次上转变，并因势利导，把新思想、新观念转化为现实生产力。

二、改革开放后的对外贸易政策

由于原来的贸易政策已不能适应国内外变化了的形势，改革开放后，我国调整了外贸政策，将国家统管下的内向型保护贸易政策转变为开放型的适度保护贸易政策。在这种保护贸易政策下，对外贸易活动由国家实行宏观调控，把扩大出口与开放国内市场相结合，积极参与国际市场上的国际分工和国际交换。其主要内容有：实行有条件的、动态的、适度的贸易保护手段，对生产技术条件不同的工业部门，在不同时期采取不同程度的适度保护；出口的目的不仅仅为了获取外汇，还要带动和促进国民经济的发展、结构的升级和技术的进步；进口的目的不仅仅为了满足国内生产和消费，还要发展出口为面向出口的产业服务；大量引进先进技术和关键设备，发展和壮大独立完整的国民经济体系；积极稳妥利用外资扩大社会再生产规模；改革外汇体制，实行单一管理的浮动汇率；积极努力加入世界性的经贸组织。

第三节　中国的经济性特区

我国的经济性特区，是指在国内划出一定的范围，在对外经济活动中采取较国内其他地区更加开放和灵活的政策，以减免关税等优惠措施为手段，通过创造良好的投资环境，鼓励外商投资，引进先进技术和科学管理方法，以促进经济发展的特定区域，主要有经济特区、经济技术开发区、高新技术产业开发区、保税区、边境经济合作区及旅游度假区等类型。

一、经济特区

经济特区是我国最早实行对外开放政策的地区，也是实行特殊优惠政策、集中吸收外资的重点地区。自1979年以来，我国先后设立了深圳、珠海、汕头、厦门和海南省五个经济特区。特区致力于发展以工业为主的外向型经济，在我国的现代化建设中发挥着技术窗口、管理窗口、知识窗口和对外政策窗口的作用。

我国的经济特区与一些国家设立的出口加工区、自由贸易区的共同之处主要表现在：重视投资环境的建设，大力吸收国外投资，并对外来投资者实行减、免税优惠政策。在经济活动方面实行特殊的政策和规定，鼓励企业走向国际市场，参与国际竞争。然而，我国具体国情使这些特区有其独特性：①我国经济特区具有社会主义性质，各种经济成分同时并存、平等竞争、共同发展。②面积较大，人口众多，经营范围广泛，涵盖了第一、二、三产业各部门。③功能较多，不仅发挥对外开放的基地和窗口作用，而且发挥经济体制改革试验场所的作用。④与国内其他区域的经济联系非常紧密。

二、经济技术开发区

1984年以来，我国在沿海、沿江开放城市的工业建设地带设立了一批经济技术开发区。具有促进外商投资、加工出口、开展国际贸易保税及技术开发等功能的经济技术开发区也是我国吸收利用外资的重点地域，而且是拓展国际经济合作与交流，发展外向型经济的重要基地。其主要任务是在划定的区域范围内，集中建设基础设施，完善涉外经济法规，建立精干高效的管理机构，创造吸引外资的良好环境，引进先进的工业项目。

经济技术开发区与经济特区有所不同：首先，在管理体制上，经济特区是相对独立的行政区域，开发区则是其所在地人民政府直接领导和管辖下实行特殊政策的地域；其次，在经济结构上，经济特区是以工业为主、工贸结合的外向型综合性经济区域，开发区则以发展先进的工业生产和科研为主；最后，在对外资企业的政策上，经济特区的外资企业享受的政策优惠多于开发区的同类企业。

三、高新技术产业开发区

高新技术产业开发区是我国借鉴国外高科技园区的成功经验，在适当地点划出一定区域，赋予优惠政策，集中发展高科技，以实现产业化的特定地域。它主要依托国内的科技力量和工农业基础，吸收国外资金，引进先进技术，致力于我国高新技术科研成果的商品化、产业化和国际化，促进高新技术产业的形成和发展。

1988年5月国务院批准建立的北京高新技术产业开发试区是我国第一个高新技术产业开发区，北京中关村科技园是我国典型的高新技术产业开发区。世界知名的科学工业园区有美国的"硅谷"、英国的"剑桥科学园区"、新加坡的"肯特岗科学工业园区"、日本的"筑波科学城"和我国台湾的"新竹科学工业园区"等。

四、保税区

保税区是我国借鉴国际上自由贸易区和出口加工区的成功经验，结合我国国情，在重要的外运港口设立的。其基本功能有三：一是保税仓储、商品展示等贸易服务；二是国际转口贸易；三是出口加工。

1984年我国就提出了保税区的设想，进入20世纪90年代，我国沿海地区逐步建立起保税区。上海外高桥保税区是我国设立的第一个保税区，也是我国目前最开放、政策最优惠的保税区。自1991年以后，国务院又相继批准了大连、天津港、广州、深圳、福田等共计15个保税区。

五、边境经济合作区

为繁荣内陆边境和少数民族地区经济，发展同周边国家的经济技术合作，从1992年开始，我国在一些边境开放城市先后举办了边境经济合作区。其目的在于利用边境开放城市的特殊条件，外引内联，广泛吸收国内外投资，在合作区内发展一些面向周边国家市场的出口加工工业，加速沿边地区的工业化进程，带动整个边境开放城市的经济发展，进而增强与毗邻国家发展经济交往的能力。例如，阿根廷的布宜诺斯艾利斯就是以中转贸易为主的过境区。

六、旅游度假区

旅游度假区是1992年以来我国在交通方便、经济比较繁荣、风景闻名于世的地区兴建的以接待境外游客、发展国际旅游为主的特定经济区域，大致有四种类型：①热带海洋度假区；②温带海洋度假区；③平原内湖度假区；④山地内湖度假区。区内建设综合服务、度假别墅、景观旅游、休闲疗养、游乐中心功能小区，以满足各类游客的喜好和要求。

　　旅游度假区的开发建设，以企业为主体，通过国内外市场筹集资金，注重利用外资。其经营面向市场，瞄准国际客源并促进国内旅游。国家在资金运筹、税费减免、进出口管理、扩大外商投资领域等方面实行扶植政策。

第四节　中国的外贸发展与经济增长

　　自 1979 年改革开放以来，中国对外贸易发展迅速，对外贸易规模不断扩大，国际贸易地位大为上升。对外贸易已成为中国经济发展的主要动力之一。

（一）对外贸易增长迅速，促进了国民经济发展

　　1980～1997 年，进出口贸易额由 381.4 亿美元增加到 3250.6 亿美元，增长了 7.5 倍，年均增长率达到 13.5%，其中出口额由 181.2 亿美元增加到 1827 亿美元，进口额由 200.2 亿美元增加到 1423.6 亿美元。自 1983 年以来，对外贸易连年增长，其中有 5 个年份对外贸易年增长率超过 20%，特别是 1988 和 1994 年年增长率分别达到 24.4%、21.0%，对外贸易额分别首次突破 1000 亿和 2000 亿美元。1996 年，中国进出口总额达 2899 亿美元，其中出口 510 亿美元，进口 1388 亿美元，贸易顺差 122 亿美元。1997 年中国外贸进出口值达 3250 亿美元，比 1996 年增长 12%。其中出口 1827 亿美元，增长 20%，进口 1423 亿美元，增长 25%，贸易顺差 403 亿美元。与中国开展贸易的国家和地区为 221 个，其中最大的贸易伙伴是日本，其他依次为香港、美国、欧盟、韩国、台湾、新加坡、俄罗斯、澳大利亚、印尼。对上述十大贸易伙伴的贸易额占中国对外贸易总额的 84%。由于受东亚金融危机的影响，1998 年中国外贸进出口总额 3239.3 亿美元，比 1997 下降 0.4%（全球贸易仅增长 2% 左右），是 1983 年以来首次出现负增长。其中出口 1837.6 亿美元，增长 0.5%，进口 1401.7 亿美元，下降 1.5%，贸易顺差 435.9 亿美元，增长 7.9%，外汇储备 1450 亿美元。1999 年。中国外贸有所回升。全年进出口总额 3607 亿美元，比上年增长 11.3%，出口总额 1949 亿美元，增长 6%；进口总额 1658 亿美元，增长 18%，贸易顺差 291 亿美元。1999 年底外汇储备达 1580 亿美元。2000 年，中国对外贸易额达到 4743 亿美元，比上年增长 31.5%，是实现东亚金融危机以来的又一次飞跃性增长。见表 7-1。

表 7—1   1980～1999 年中国的对外贸易规模

金额单位：亿美元；增长率：%

年　份	进出口总额	出口额	进口额	进出口总额环比增长	出口额环比增长	出口额在世界出口总额位次
1980	381.4	181.2	200.2	—	—	26
1981	440.2	220.1	220.1	15.4	21.5	19
1982	416.0	223.2	192.8	−5.4	1.4	17
1983	436.1	222.2	213.9	4.8	−0.4	17
1984	535.5	261.4	274.1	22.8	17.6	18
1985	696.0	273.5	422.5	30.0	4.6	17
1986	738.4	309.4	429.0	6.1	13.1	16
1987	826.5	394.4	432.1	11.9	27.5	16
1988	1028.0	475.2	552.8	24.4	20.5	16
1989	1116.8	525.4	591.4	8.7	10.6	14
1990	1154.4	620.9	533.5	3.4	18.2	15
1991	1356.3	718.4	637.9	17.5	15.7	13
1992	1655.3	849.4	805.9	22.0	18.2	11
1993	1957.1	917.6	1039.5	18.2	8.0	11
1994	2367.3	1210.4	1156.9	21.0	31.9	11
1995	2808.5	1487.7	1320.8	18.6	22.9	11
1996	2899.0	1510.7	1388.9	3.2	1.5	11
1997	3250.6	1827.0	1423.6	12.1	20.9	10
1998	3239.3	1837.6	1401.7	−0.4	0.5	9
1999	3607.0	1949.0	1658.0	11.3	6.1	10

资料来源：根据历年《中国对外经济贸易年鉴》的资料整理。

对外贸易的发展使中国对外贸易额在国内生产总值中的比重即外贸依赖度不断提高，1993 年以来一直保持在 40％左右。也就是说，中国国内生产总值的 20％左右要依赖国际市场实现，国内生产和消费中的 20％左右要靠国际市场供应，对外贸易对经济增长的贡献日益重要。而且，对外贸易的发展所带来的外汇收入的增加还直接支撑着中国技术设备的引进，增强了中国对外国资本的吸引力，直接和间接地促进了中国劳动生产率的提高和产业结构的升级，促进了国民经济的发展。根据国家统计局的统计，1997 年中国经济增长率 9％中有 2％是靠对外贸易实现的。见表 7—2。

表 7—2　　　　　　　　　1980 年以来中国的外贸依赖度　　　　　　单位:%

年　份	进出口依赖度	出口依赖度	进口依赖度
1980	12.8	6.0	6.8
1985	24.2	9.5	14.7
1988	27.2	12.6	14.6
1990	31.4	17.0	14.4
1991	35.8	19.5	16.3
1992	38.0	19.5	18.5
1993	40.0	20.0	20.0
1994	46.3	23.8	22.5
1995	40.4	21.4	19.0
1996	38.0	19.8	18.2
1997	39.0	19.0	20.0
1998	37.0	18.0	19.0

资料来源：根据历年《中国对外经济贸易年鉴》的资料整理。

（二）对外贸易商品结构不断优化

中国在 20 世纪 80 年代末出口商品结构完成了由出口初级产品为主向出口制成品为主的转变。90 年代中期出口商品结构又开始了第二次转变，制成品出口中机电等精加工产品的比重不断提高。根据统计，1980 年中国出口总额 181.2 亿美元中初级产品达 91.1 亿美元，占 50.3%，制成品为 90.1 亿美元，占 49.7%，资源性初级产品出口占一半以上，对外贸易主要依靠自然资源的禀赋优势；1989 年出口产品中初级产品的比重下降到 30% 以下，为 28.7%，制成品比重上升到 71.3%，但这时制成品中还是以初加工产品为主，产品附加值比较低；1995 年以来，中国出口商品结构有所突破，不仅制成品出口占出口总额的比重由 1994 年的 83.7% 进一步上升到 29.4%，首次超过纺织服装类产品成为中国第一大类出口商品。

1996 年、1997 年这一势头继续保持和发展：1996 年、1997 年机电产品出口额各为 482 亿、593 亿美元，都占当年出口总额的 32%。1997 年机电产品出口连续 3 年保持了第一大出口商品的地位，并成为 1985 年以来第 10 个增长幅度超过 20% 的年份。中国出口商品结构由初级产品为主向初加工产品为主，进而向精加工产品出口的转化，不仅是中国经济发展的需要，而且符合国际市场商品结构的变化趋势（见表 7—3）。在出口结构优化的同时，中国出口商品质量也不断提高。在国家"以质取胜"的要求下，中国出口厂商在注意保持价格竞争优势的同时，也日益注意非价格竞争优势的创造，不断提高产品的质量和档次。中国的出口产品已由 80

年代初的低档产品为主向中档产品为主转变，不少产品纷纷进入发达国家的超级市场，产品价格水平也有所提高。如 1990～1995 年间中国出口到美国的服装的平均单价由 3.26 美元/平方米提高到 4.08 美元/平方米，而同期美国全球进口服装的平均单价只由 3.65 美元/平方米提高到 3.74 美元/平方米。这对中国对外贸易的健康发展无疑是有利的。

在进口结构方面，1983 年以前中国进口商品中食品及饮料等生活必需的进口一直保持在 15% 左右，1982 年达 22.5%。改革开放以来，原材料的进口也一直保持在 12% 左右。90 年代以来，还注意调整软硬件引进的比例，引进技术软件的费用已占引进技术设备额的 10% 以上。资本品进口的增加对于改善中国的生产条件、提高生产的技术水平，从而促进产业结构的升级起到了举足轻重的作用。它说明中国的进口已由改革开放前的吃饭型转变为建设型，由调剂型转变为发展型。

表 7—3　　　　　　　　　1980～1997 年中国的出口商品结构　　　　　　　单位:%

年　份	初级产品出口额占出口总额	制成品出口额占出口总额
1980	50.3	49.7
1981	46.7	53.3
1982	45.0	55.0
1983	43.3	56.6
1984	45.6	54.3
1985	50.6	49.5
1986	36.8	63.8
1987	33.5	66.4
1988	30.4	69.7
1989	28.7	71.3
1990	25.6	74.4
1991	22.5	77.0
1992	20.0	80.0
1993	18.2	81.8
1994	16.3	83.7
1995	14.4	85.6
1996	14.5	85.5
1997	13.1	86.9

资料来源:《中国统计年鉴》(1997) 及 1998 年 1 月 12 日《国际商报》。

在贸易方式上，在努力发展一般贸易的同时，积极鼓励和促进加工贸易的发展。不仅发展中国家，即使一些发达国家也都重视发展加工贸易。改革开放以来，中国对加工贸易实行了一系列优惠政策，制定了一系列法律法规，促进了加工贸易的发展。20 世纪 90 年代以来，加工贸易成为推动中国外贸持续增长的动力。1996年中国出口 510 亿美元，比 1986 年增长了 1210 亿美元，其中加工贸易增长占了出口增幅的 65%。在具体行业，1995 年中国 438 亿美元机电产品出口中，仅来料加工和进料加工就占了 69.9%，达到 306.1 亿美元，一般贸易仅占 28.4%，为 124亿美元。1997 年中国加工贸易与一般贸易继续同步发展。1997 年加工贸易进出口总值 1698.1 亿美元，比 1996 年增长 15.8%，占全国外贸总值的 52.2%，比 1996年提高 1.6 个百分点。同期一般贸易进出口总值为 1170 亿美元，占全国外贸总值的 36%。

（三）　中国的对外贸易的主要问题

1. 中国对外贸易总规模虽然不断扩大，但增长并不平稳，突出表现在 1995、1996 两年外贸的大起大落。1995 年中国连续 10 个月出口增长率在 30% 以上，其中有 5 个月在 50% 以上，最高月份增长率达 88%。而 1996 年 2~11 月份又连续 9个月为负增长，全年出口增长率由 1995 年的 22.9% 降至 1.5%，1997 年又达到20.9%。1998 年外贸出现下降，1999 年上半年中国进出口总额 1580 亿元，增长4.4%，其中出口 830 亿美元，下降 4.6%，进口 750 亿美元，增长 16.6%。

2. 20 世纪 90 年代以来，中国出口商品结构虽然有较大改进，制成品出口已占绝大比重，机电产品出口甚至成为第一大出口商品，但中国附加值高、需求弹性大的成套设备等资金技术密集型产品出口少，出口机电产品中有的属原料性产品（如金属制品、零部件），还有很大部分是加工产品，在中国经过的加工工序少、产业链短、附加值低、运用的仍是中国的劳动力优势。因此，中国出口产品结构的升级需要透过表面数据看本质。提升出口商品结构仍是中国的一项艰巨任务。纺织服装、玩具、箱包等传统产品在相当长的时期内仍将是中国的重要出口商品，面对国际市场稳定的需求、日益激烈的竞争，以及中国国内劳动力、原材料价格上升的趋势（如中国国内棉花的价格已经超过国际市场价格），对这些行业加快技术改造、提高产品质量和档次、实行差别化竞争是当务之急。

3. 当今国际贸易中产业内贸易和公司内贸易越来越占主导地位，而中国的对外贸易仍主要是以资源禀赋为基础的产业间贸易，贸易主体以中小企业为主，这不利于贸易条件的改善和市场力量的掌握。如何在开放经济条件下实施有效的产业组织政策可以说迫在眉睫。

4. 在对外贸易的地理结构上，中国一直提倡国际市场多元化。但从经济学意义上讲，由于北美、西欧和日本等传统出口市场经济发达，收入水平高，市场容量大，加之交通运输、信息通讯发达，局势平稳，因而市场风险小、市场机会多，出口获利稳定，所以中国出口市场一直集中在这些地方，应该说这是合理的。但这里有两个问题：一是国内各地区之间需要加强协调，以差别产品或集体力量进入这些市场，避免自相残杀、恶性竞争；二是非洲、拉美等新兴市场风险大，但市场潜力也大，国家如何设立出口风险基金鼓励中国企业开发这类市场是一个非常现实的问题。

第五节　中国近年来对外贸易最新动态

一、2002 年出口增长面临多重困难

2001 年是亚洲金融危机后世界经济形势最为严峻的一年。世界经济衰退对中国进出口的影响甚至超过了亚洲金融危机，因为美国是中国商品出口实际上的最大市场。而 1997 年美国经济还一派繁荣，2001 年美国经济快车却似乎进行了一次急刹车，"9·11 事件"更如雪上加霜，中国经济特别是进出口自然难以"洁身自好"。2001 年中国外贸进出口总值同比增长 7.5％，进出口增幅比上年回落 24 个百分点。

2002 年这种形势没有根本性的改观。外经贸部政策研究室的钟正岩先生分析：①世界经济将继续放缓，特别是"9·11 事件"后，世界经济陷入衰退的风险显著加大，中国外贸发展面临更大的困难。②中国外经贸体制不适应入世后贸易环境的重大变化将是影响进出口增长的关键因素。③出口退税机制不完善，大量拖欠与严重骗税并存，严重困扰出口发展，加工贸易、深加工结转和配套国产原材料退税等一系列政策和管理问题亟待理顺。④中国现行的出口促进政策也将受到 WTO 规则的约束。进口存在多头管理，进口经营许可、进口配额分配、进口许可证发放等具体管理方式也不适应入世的要求。⑤2002 年是中国入世第一年，开始履行相关承诺，降低农产品、汽车、化工、通讯产品的进口关税，逐步削减非关税措施，而符合 WTO 规则的进口调控措施很不完善，短期内可能出现进口增长过快的情况，增加中国贸易平衡压力。

"9·11 事件"延缓世界经济复苏进程，世界外汇和资本市场动荡加剧，也加大了中国外贸的风险。"9·11 事件"对世界经济影响的程度还取决于美国与恐怖组织间军事报复与反报复的程度。

美联储已 9 次降息，布什政府大幅减税，但收效甚微，美国经济衰退拖累日本和欧洲，土耳其和阿根廷发生金融危机。据 IMF 统计，2002 年美国经济增长率为 2.2％、日本为 0.2％、欧盟为 2.2％。这三大市场占中国出口总额的 7 成，其经济走势直接影响中国出口表现。

经济区域化加强，贸易保护主义加剧，这也将成为中国出口的严重障碍。全球各国发动对华反倾销和保障措施近 450 起，影响中国出口超过 100 亿美元，中国入

世后对华反倾销和保障措施进一步增加。另外，中国 2/3 的出口企业和 1/4 的出口额受外国技术壁垒影响，年损失约 100 亿美元。

此外，出口总体竞争力不强也是制约中国出口可持续发展的根本问题。

出口商品科技含量不高，企业管理水平较低，政府行政有待提高。东南亚国家货币 2001 年以来兑美元贬值 2 到 3 成，对中国产品构成更强的竞争力。

表 7—4　　　　　　　　　　降税后中国部分产品进口的平均税率

产　　　品	平均税率
工业品	
其中：原油及成品油	11.6%
木材、纸及其制品	6.1%
纺织品和服装	8.9%
化工产品	17.6%
交通工具	7.9%
机械产品	9.6%
电子产品	10.7%
农产品（不包括水产品）	15.8%
水产品	14.3%

二、外贸进出口至少有 6% 的增幅

2002 年中国出口前景也有几个亮点值得一提：首先，世界经济和贸易的增长率高于 2001 年。据 IMF 统计，2002 年世界经济增长 3.5%，高于 2001 年的 2.6%；世界商品和服务贸易增长 5.7%，高于 2001 年的 4%。其次，中国经济表现稳健。中国入世，享受最惠国待遇，摆脱受歧视政策，使得中国有比较优势的商品，如纺织品等出口的外部环境有所改善；而汽车、IT、化工等高科技产品和农产品的进口也将增加。

经国务院批准，中国将从 2002 年 1 月 1 日起履行中国入世时承诺的 2002 年关税减让义务，将关税总水平由 15.3% 降低到 12%。

中国国务院关税税则委员会办公室权威人士讲：根据中国入世关税减让义务，2002 年中国有 5300 多个税目的税率有不同程度的降低，降幅面达 73%。其中，水产品、原油及成品油、木材、纸及其制品、化工产品、交通工具、机械产品、电子产品的平均降税幅度都超过了 25%。

根据中国加入世界贸易组织议定书的规定，2002 年中国对小麦、豆油、食糖等十种农产品和尿素、磷酸二氨等三种化肥产品实行关税配额管理。

这些政策的实施刺激了 2002 年中国的进口。

综合上述因素，2002 年中国进出口增长率达 6％左右，进出口基本平衡。

中国社科院的预测则更乐观，他们提出了 2002 年中国外贸增长的高、中、低三个方案，其中高方案预测的进出口增长率达到 9.9％，即使是低方案也有 6.0％（见表 7—5）。

表 7—5　　　　　　　　　中国社科院对 2002 年中国外贸增长的预测

	出　口		进　口		进出口		顺　差
	量值 （亿美元）	增长率 （％）	量值 （亿美元）	增长率 （％）	量值 （亿美元）	增长率 （％）	亿美元
高方案	2874	8.9	2735	10.9	5609	9.9	139
中方案	2801	6.1	2710	9.9	5511	7.9	90
低方案	2727	3.3	2686	8.9	5414	6.0	41

据外经贸部提供的信息，世界贸易组织公布的 2001 年世界贸易最新统计数据表明，2001 年中国货物进出口总额为 5098 亿美元，在世界贸易中的排名由上年的第 7 位上升到第 6 位。

2001 年我国出口总额为 2662 亿美元，进口总额为 2436 亿美元，出口和进口排名均居第 6 位。2001 年货物贸易排名第一的仍然是美国，德国、日本、法国、英国名列第二至第五位。加拿大、意大利、荷兰和中国香港名列第七至第十位。2002 年经济增长达 7.9％左右。

三、2003 年中国的对外贸易

根据海关总署公布的 2003 年中国外贸进出口统计数字，2003 年中国对外贸易总值高达 8512 亿美元。进口、出口双双突破 4000 亿美元大关，总体贸易增速为 1980 年以来的最高水平。其中，2003 年 12 月份进出口总值首次突破 900 亿美元，达到 904 亿美元，创造了月度进出口规模的历史新高。①据海关统计，2003 年，中国出口增长强劲，进口方面初级产品进口增长大幅攀升。2003 年中国出口累计增幅始终保持在 30％以上，机电产品出口稳占 50％，传统大宗商品出口增势良好。去年机电产品出口 2274.6 亿美元，在总出口中所占比重达 51.9％。出口增长 44.8％，高出整体增速 10.2 个百分点。②传统大宗商品出口呈现良好增长势头，服装、鞋类、纺织线装、塑料制品、家具、玩具等商品进出口量都有大幅上升。其中服装出口额最大，达到了 519.2 亿美元，增长 26.1％。在进口方面，2003 年铁矿砂、原油、大豆、食用植物油等初级产品进口增长大幅攀升，钢材、汽车及汽车配件进口持续升温。③2003 年中国初级产品 727.8 亿美元，增长 47.7％，其中增幅最大的商品是大豆，进口 2074 万吨，增长 83.3％。2003 年工业制品进口

3400.5 亿美元，增长 38.3％，其中机械设备进口 715 亿美元，增长 37.1％；此外，钢材进口 3717 万吨，增长 51.8％；汽车进口 17.2 万辆，增长 35.3％。

2003 年对外贸易出现了以下几个显著特点：①进出口贸易高速稳定增长。②一般贸易增势强劲，加工贸易平稳发展。③机电高新技术产品进出口旺盛，资源性产品进口快速增长。④进口增速将持续高于出口，贸易顺差大幅减少。⑤外贸经营主体日益多元化。⑥进出口增长的质量和效益逐步提高。

四、2004 年 1～5 月我国对外贸易状况

海关总署于 2004 年 6 月 11 日发布的最新统计显示，前 5 个月我国外贸进出口总值达 4238.4 亿美元，同比增长 37.1％，其中出口 2075.9 亿美元，进口 2162.5 亿美元，同比分别增长 33.4％和 41％；累计贸易逆差 86.6 亿美元。5 月当月我国对外贸易进出口总值高达 876.3 亿美元，同比增长 34.1％，其中出口 448.7 亿美元，增长 32.8％；进口 427.7 亿美元，增长 35.4％，实现贸易顺差 21 亿美元。

在与主要贸易伙伴的双边贸易方面，欧盟东扩后由原来的第三大贸易伙伴跃居我国第一大贸易伙伴。1～5 月，我国与欧盟双边贸易总额达 657.2 亿美元，增长 35.9％，占我国进出口总额的 15.5％。日本位居第二，仍为我国第一大进口来源地，双边贸易总额达 641 亿美元，增长 27.2％。美国作为我国第三大贸易伙伴，仍为我国的第一大出口市场，双边贸易总额达 623.6 亿美元，增长 34.4％。

统计表明，前 5 个月我国一般贸易、加工贸易增速平稳。一般贸易进出口 1857.9 亿美元，增长 34.4％，其中出口 852.4 亿美元，增长 28.4％；进口 1005.5 亿美元，增长 39.9％。同期，加工贸易进出口 1965.2 亿美元，增长 37.6％，其中出口 1151.1 亿美元，增长 35.9％；进口 814.1 亿美元，增长 40％。

在我国出口商品中，机电产品出口高速增长，出口 1135.9 亿美元，增长 44.2％，比同期我国总体出口增速高出 10.8 个百分点，占同期我国出口总值的 54.7％，比去年同期提高 4.1 个百分点。传统大宗商品出口继续保持良好的增长势头，其中服装出口 208 亿美元，增长 20.9％；纺织纱线、织物及制品出口 126.3 亿美元，增长 24％；鞋类出口 56.9 亿美元，增长 15.4％。

在进口商品中，大豆进口出现下降，铁矿砂、钢材进口增速明显回落。1～5 月，我国进口初级产品 453.2 亿美元，增长 62％。工业制成品进口 1709.2 亿美元，增长 36.3％；其中，机械设备进口 353.2 亿美元，增长 30.5％；电器及电子产品进口 521 亿美元，增长 42.4％；汽车进口 7.8 万辆，增长 7.2％；钢材进口 1560 万吨，增长 3.9％。

对 2004 年我国对外贸易发展的预测：

2002 年下半年以来，由于进口增速持续高于出口增速，使中国贸易顺差大量缩减，从 2004 年看，出口增速可能大幅回落，而国内需求仍将保持较高水平，长期以来的贸易顺差局面可能将被打破，中国贸易平衡状况可能出现较大变化。

　　2004 年是中国加入 WTO 后履行有关承诺的关键一年，大部分过度措施将在 2004 年底到期。2003 年 12 月后，所有外资企业被给予完全的贸易权。从 2004 年 12 月，中国全部放开对外经营权。2004 年将取消成品油、天然橡胶、部分汽车及零部件等 50 个税号产品的非关税措施。

第八章 20世纪90年代以来的国际贸易

第二次世界大战后的两极格局，制约和影响了世界政治和经济的各个方面，也影响着国际贸易的进程。20世纪90年代以来世界格局的转变，使经济领域上升为世界各国争夺的重点领域，美、欧、日争夺世界市场的矛盾进一步尖锐化。90年代以来，经济全球化趋势的加强，知识经济时代的到来，环境保护日益受到重视，对于今后相当长一段时期内世界经济和国际贸易的变化和发展将产生广泛而深远的影响。

第一节 世界格局的转变与发达国家间
贸易矛盾的加剧

一、世界格局的转变

第二次世界大战的一个最重要结果，就是战后世界两极格局的形成。除战后初期的一段时间外，基本上是美苏争霸的格局。欧洲是美苏两个超级大国争夺的战略重点。德国被一分为二，欧洲被划分为东欧和西欧。以美国为首的西方资本主义国家和以原苏联为首的东欧等社会主义国家形成了两大阵营。美苏两霸一直在进行着剧烈的对抗和争夺，世界处在"冷战"和对抗的局势下。美苏两国之间的矛盾成为国际关系中的主要矛盾，制约和影响着世界政治和经济的各个方面。

1989年秋冬开始，东欧发生剧变，1991年苏联解体。世界形势出现了自第二次世界大战以来最剧烈的变化：维持了40多年的两极格局中的一极坍塌了，两极格局宣告终结。但是，新的格局不可能立即形成。"现在，旧的世界格局已经打破，新的格局尚未形成，世界正处于新旧格局的交替时期"。

两极格局解体后，国际形势发展的基本趋势是缓和与和平。美苏关系已由过去的对抗到发展现在的对话，从紧张到缓和。两国已经开始建立起某种程度的合作和伙伴关系。和平与发展成为时代的两大主题。但是，世界并不安宁，战争的阴影并未消失，局部冲突和地区动荡依然连绵不断。

世界格局转变在世界经济方面的最直接反映，就是经济领域上升为世界各国争夺的重点领域，全局性的军事对抗和军备竞赛已退出了各国争夺的舞台。从综合国力看，目前只有美国是惟一的一个超级大国，但是欧盟和日本的力量也不容忽视。这样，从20世纪60年代就已开始出现的在世界经济舞台上的三足鼎立之势就进一步明显了。在世界市场上，竞争日趋剧烈，美、欧、日三方争夺世界市场的矛盾和斗争进一步尖锐化。

二、发达资本主义国家间的贸易矛盾

第二次世界大战后的初期，美国凭借它在大战中急剧膨胀起来的经济、政治和军事实力，建立了在资本主义世界的霸主地位。当时，不论是西欧还是日本，也不论是战败国还是战胜国，都要听命于美国，仰其鼻息。但是 20 世纪 50 年代以后，随着美国侵朝战争的失败，西欧和日本经济的迅速恢复和发展，美国的经济地位开始下降，实力相对削弱。这样，在市场上逐步形成了美、欧、日三足鼎立之势，三方之间的贸易矛盾开始显现，争夺市场的斗争渐趋激烈。当前，随着世界格局的转变，这种矛盾和斗争正在进一步加剧。

（一）美日贸易矛盾

美日贸易矛盾早在 20 世纪 50 年代就已开始出现，当时，日本输美纺织品激增，遭到美国的指责。在美国的压力下，日本被迫实行"自动"出口限制。由于日本在第二次世界大战后所处的国际地位，日本的对外政策始终以与美国结盟作为它的主轴和基石，日美贸易矛盾都以日本的屈从而告终。

美国对日贸易逆差，主要原因是：

1. 美国劳动生产率的增长速度落后于日本。一国商品的国际竞争能力是由多种因素作用的结果，其中最重要和最直接的影响因素是一国劳动生产率的增长速度。美日两国在劳动生产率增长速度方面的差异直接导致了两国贸易不平衡的加剧。

2. 美元高汇率使美对日贸易逆差起了加速作用。70 年代，西方经济陷入"滞胀"困境，美国生产率增长缓慢，物价上涨严重，美元受到强大压力，汇率偏低。80 年代以来，美国政府为了反通货膨胀，实行紧缩货币供应和提高利率双管齐下的经济政策，结果虽然使通货膨胀得到遏制，但高利率却引起了汇率升高。这一方面使进口商品价格降低，导致美国商品在国际市场上的竞争力进一步降低，使外贸逆差剧增。

3. 美国政府的贸易政策促使美对日贸易逆差扩大。美国政府在对外贸易活动中，尤其是 80 年代里根任总统以后，一再强调自由贸易政策，反对贸易保护主义。但在实际上仍是二者兼备，各有其用。里根政府的这种两面政策，非但没有打开日本的市场，反而给日本商品大量涌入美国国内市场提供了条件，促使美对日贸易逆差不断扩大。

4. 日本的关税和非关税壁垒也在一定程度上限制了美国商品进入日本国内市场。日本为了保护国内市场，采取了许多关税和非关税的限制措施，使美国商品难以进入日本国内市场。到80年代，日本政府仍限制20多种农产品进口。对工业品的进口限制更严，进口检验手续的烦琐规定、市场经销制度和排外性的销售系统等，均构成美国商品进入日本国内市场的障碍。

针对不断恶化的对日贸易情况，美国采取了相应的对策，以图扭转不利的局面。这些措施主要是：

1. 压低美元对日元的汇率，以增强美国商品的竞争能力。在美国政府的积极干预下，从1985年9月至1986年底，日元升值达45％。

2. 要日本政府撤销贸易壁垒，改变不公平的贸易做法，对美国商品开放市场。但日本政府步步为营，进口自由化的进展十分缓慢。

3. 采取高压手段，要日本调整经济结构，扩大内需，增加进口。日本政府虽然原则上表示同意，但往往缺乏有力的具体措施。

日美贸易矛盾是有着深刻的政治和经济背景的：

1. 冷战结束后日美安全体系发生了根本性的变化。过去，由于日本在第二次世界大战后所处的国际地位，以及日美之间所形成的特殊关系，日本政府始终把日美合作作为日本对外政策的基石，以对付苏联这个"假想敌"。所以，当双方的矛盾达到一定的尖锐程度时，最后总是以日本的妥协而告终。

2. 日美经济力量对比发生了巨大变化。1970年时，日本的国内生产总值仅为美国的1/5，而到1993年已相当于美国的67％，成为仅次于美国的世界第二经济大国。从人均国民生产总值看，日本从1987年起超过美国，到1993年已达33764美元，居世界第一位。1993年，日本的贸易收支顺差为1429亿美元，外汇储备1017亿美元，海外纯资产6108亿美元，继续保持世界最大的贸易顺差国、最大的外汇储备国、最大的纯资产国地位。

3. 日美贸易不平衡日趋严重。近20年来，美国对日贸易逆差直线上升。自1986年达到588亿美元的高峰以后，长期居高不下。

（二）美欧贸易矛盾

1986年，原联邦德国的出口贸易额第一次超出美国，跃居世界首位，美国退居第二位。此后，美德两国交替占据世界出口贸易第一和第二的地位。若以欧洲经济共同体作为一个整体来看，它的出口贸易额超过世界贸易额的1/3，约相当于美国出口贸易额的3倍。

自欧共体成立以来，它和美国之间，既是世界市场上两个最大的竞争对手，又互为重要的贸易伙伴。美国在欧共体对区外贸易中一直居于首位，欧共体在美国的出口贸易中也居首位，只是在进口贸易中略低于日本而居第二位。

美国和欧共体的贸易关系中也有贸易逆差问题，主要是除原联邦德国外的其他欧共体国家对美贸易长期逆差。60年代欧共体对美贸易逆差每年平均约为20亿美元，70年代中期以后平均每年近80亿美元，1980年更高达167亿美元。但以后逐年下降，到 1986 年已转变为欧共体顺差，美国逆差。贸易逆差问题虽然也是美国和欧共体贸易关系中的一个问题，但远不如像在日美贸易中那样突出。

美国和欧共体之间的贸易矛盾主要反映在多边贸易谈判中的争执、对第三国市场的争夺和在商品贸易领域中的摩擦等几个方面。

1. 在多边贸易谈判中的争执。共同市场的成立以及建立关税同盟和实行共同农业政策，其矛头首先是针对美国的。美国为了突破共同市场的关税壁垒，打着"贸易自由化"的旗号，通过关税与贸易总协定，先后发动了三次主要是针对共同市场的减税谈判，企图通过互减关税的谈判来削弱以至拆除共同市场的关税壁垒。第一次谈判是 1960～1962 年举行"犹龙回合"。第二次谈判是 1964～1967 年的"肯尼迪回合"。第三次谈判是 1973 年 9 月开始的"东京回合"。谈判围绕着降低工业品关税、农产品贸易和非关税壁垒等问题进行了激烈的讨价还价和尖锐的斗争。

2. 对第三国市场的争夺。欧共体自成立以来，同越来越多的国家签订了各种类型的特惠贸易协定，使美国在西欧、非洲、中东等市场的争夺中渐居下风。

3. 在商品贸易领域中的摩擦。美国和欧共体之间在商品贸易领域中的矛盾，除了反映在农产品以及纺织品和钢铁等传统工业品的市场争夺外，近一二十年还逐步扩大到高科技产品领域。20 世纪 90 年代以来，各种贸易摩擦一直连绵不断，大有愈演愈烈之势。最近的"香蕉战"就是美欧间贸易摩擦不断升级的一个典型事例。

多年来，欧盟根据《洛美协定》对从非、加、太地区进口的香蕉给予免税的优惠待遇，这引起了负责在世界市场上销售中美洲香蕉的美国跨国公司越来越严重的不满，认为欧盟违反了世界贸易组织的公平贸易原则，遂于 1998 年向世界贸易组织提出诉讼。为此，世界贸易组织成立了专门的争端解决小组。但由于美欧之间的矛盾错综复杂，小组迟迟不能作出裁决。于是，美国就单方面采取行动。依据"301 条款"决定对欧盟的一系列产品，从英国的毛衣到意大利的奶酪，征收 100％的惩罚性关税。欧盟于是状告美国，要求世界贸易组织就美国的"301 条款"是否符合国际法规进行裁决，剑拔弩张，大有一触即发之势。总之，美国和欧盟争夺市场的矛盾十分尖锐，而且表现在许多方面。但是在过去，由于它们在政治、经济和防务等方面的共同利益，有着相互依存的一面，因此它们在不断讨价还价后，相互间一般都能做出一定的让步，达成一定的妥协，矛盾暂时得到缓和。但是，在苏联解体后，美欧面临的共同威胁消失，欧洲在安全问题上对美国的依赖减少，双方的经济贸易矛盾于是就显得更加突出。总的来说，双方在经济贸易关系方面虽然依然有着协调和妥协的一面，但发展趋势将是矛盾更加突出，争夺更加激烈。

（三）欧日贸易矛盾

欧共体和日本都是资源贫乏的工业发达国家，国内市场相对狭小，对国外市场的依赖程度都很高。第二次世界大战后很长一段时间内，由于诸多方面的原因，它们之间的联系相当薄弱，双方的贸易一直处于很低的水平。20世纪60年代开始有所发展。进入70年代，两次石油冲击使西方国家处于严重的"滞胀"困境。在这种不利的经济环境下，欧共体和日本都急于寻求海外市场，谋求扩大出口以带动经济的发展，于是欧日间的贸易迅速增长。1976年，双边贸易额突破百亿美元大关，到1986年已高达418亿美元。

然而，欧日间贸易的迅速增长是一种不对称的增长。日本产品大量涌入欧共体市场，使欧共体对日贸易逆差不断增加。1973年为13亿美元，1980年超过100亿美元，1986年更增至199亿美元。

引起欧共体和日本间贸易严重不平衡的主要原因是：

1. 共同体与日本的贸易竞争主要集中在几种世界贸易中竞争最激烈的部门，如钢铁、造船、汽车、家用电器等。共同体在这几个部门中竞争能力大部分低于日本。日本具有劳动生产率高、工资水平比西欧低的优越条件。在科技水平方面，日本也略胜一筹。

2. 日本市场特有的"封闭性"，使共同体产品很难打入日本市场。日本政府一向奉行保护贸易政策，直至20世纪70年代初，日本工业竞争能力加强后，才宣布实行贸易自由化。但是，日本的贸易自由化口号只是要求别国市场自由地向日本商品开放，而日本市场却以沉重的关税和形形色色的非关税壁垒将西欧商品拒之门外。

3. 共同体各国贸易政策的协调，终不及日本一国对外贸易进行国家干预的效果显著。由于经济实力的差别，各成员国间为保护自身利益而矛盾重重。所以，对限制日本商品进口的政策往往持不同的立场，难以协调和采取统一对日策略。这使得日本能利用它们之间的矛盾来周旋于西欧各国之间。

当前，欧盟与日本间在贸易上的不平衡状况依然是影响双边贸易关系的主要障碍。鉴于双方在经济上的相互渗透和依赖空前加深，日本看到，它保持巨额贸易顺差的状况不能长期继续下去，否则将最终使它自身也难免受害，因此它必须做出一些实际的让步，扩大内需，开放本国市场，并为此从根本上改变其产业和社会结构，变目前的扩大出口型经济为进口开放型经济。在今后对西欧的贸易关系中，日本会做出适当的让步。然而，要日本改变其工业和社会结构又谈何容易，从这点看，日本所能做出的妥协将是很有限的，双方的矛盾还会继续发展，但不会发展到不可收拾的地步。在各国努力发展新科技的情况下，今后在高技术产品方面的贸易摩擦将会日益突出和尖锐。

三、发达资本主义国家间贸易关系的协调

当前，发达资本主义国家之间的经济关系以两个相互关联的方面为其基本特征：一是新技术不断进步，但作为新技术发源地的主要发达资本主义国家的劳动生产率增长明显放慢，各国之间的不平衡加剧，因此国际经济关系中的矛盾更加尖

锐。二是新技术进步加强了发达资本主义国家经济的相互依存性，国际经济关系所包含的内容发生了变化，即不但包括国际贸易、国际信贷、直接投资、技术转让和人员流动等实际经济活动，而且也包括了各国经济政策，特别是宏观经济政策的相互影响。

1985 年 9 月在纽约召开的西方 5 国财政部长会议标志着由主要发达国家控制的国际经济协调新阶段开始起步。1986 年 5 月，在东京举行的西方 7 国首脑会议确定，财政部长会议将作为它们之间进行经济协调的主要组织形式，并明确了协调的内容和方式。东京首脑会议说明：主要发达国家的经济协调从意向朝具体化迈进了一步。

上述活动表明，自布雷顿森林体系以固定汇率制为中心协调国际经济的机制崩溃以后，一个进行国际经济政策协调的新体制正在逐步形成。第二次世界大战后初期建立的国际货币基金组织、世界银行、关税与贸易总协定将继续发挥其协调作用，而西方 7 国财政部长会议将作为一种新的组织形式从事国际经济协调。新体制协调的主要对象是汇率和国际收支平衡问题，协调的内容、手段和方式都有别于旧体制。其中最大的变化是，在考虑到宏观经济政策的相互影响的基础上，把协调内容从汇率和国际收支扩大到多种经济指标和经济政策的协调。在协调宏观经济政策方面，主要发达国家已经或准备采取一些具体行动。各国在继续实行货币紧缩政策的同时，一致采取措施降低利率。为了协调财政政策，除压缩财政开支之外，还纷纷改革税制。此外，双边性的协调行动也有所进展。美日间为了解决贸易不平衡，需要日本采取措施扩大内需，双方的协调有从宏观经济领域扩展到结构政策领域的趋向。在农业政策方面，为了缓和农产品过剩，美国着手减少补贴、实行休耕；共同体将松动其共同农业政策；日本也对农产品税收和进口政策做了修改。

正在形成的国际协调新体制对抵制世界经济恶化、延缓经济危机、缓和发达资本主义国家间的经济矛盾将起到一定作用。但在资本主义经济发展不平衡的总趋势下，国际经济协调并不能根本解决国际经济关系中的矛盾。

第二节　20 世纪 90 年代以来国际贸易发展的基本趋势

20 世纪 90 年代以来，总的来说，国际贸易保持着较高的增长势头。但由于 90 年代初出现了一次世界性的经济危机，使国际贸易的增长率受到明显的影响。1990～1993年间，世界商品贸易的年增长率基本上在 4%～5% 之间徘徊。这次经济危机有两个明显的特点：

第一，这次危机的爆发在主要资本主义国家间并不同步，危机发生的时间很不一致。1990 年下半年，美、英、加等国的经济首先进入衰退，但为时不久，1991年第 2 季度美国经济就开始回升，到 1992 年第 1 季度回升速度逐渐加快。而日本和德国的经济直到1992年才进入衰退，比美国晚了两年左右。

第二，这次危机是一次较为轻微的危机。各主要资本主义国家的危机持续时间都不长，经济下降幅度也不大。美国的国内生产总值只连续下降了三个季度，降幅为2.2%。日本的萧条时间虽然持续较长，但经济的负增长不过几个季度，降幅不过1%～2%。欧共体多数国家在1992年下半年才进入衰退，其中德国西部地区经济下降幅度最大，1993年为−2.25%，其他国家多在1%左右。

正是由于这次危机比较轻微，各国又不同步，所以世界贸易依然逐年增长，只是增长速度有所减缓而已。

进入1994年，几乎所有国家都已摆脱了危机的困境，走上了复苏和活跃的道路。在这种背景下，1994年和1995年国际贸易年增长率达到了10%以上的高水平。1996年增长率重又回落，主要是受到日本经济不景气的影响。1997年爆发的东亚金融危机，更使日本经济雪上加霜，困难重重。东亚国家因受亚洲金融危机的冲击而陷入困境，对世界经济的不利影响也正在显现。但世界经济仍持续增长，只是增长速度略有放慢而已。1997年国际贸易的增长速度也因此而受到一定影响。

20世纪90年代以来的国际贸易，虽然其增长率有所起伏，但始终高于世界经济的增长率。1990～1997年世界商品贸易的年增长率约在4%～10%之间波动，而世界经济的增长率则最高年份不过4%，最低年份不到2%。这种情况表明，"对外是经济增长的发动机"这一命题并未过时，国际贸易对世界经济的增长依然起着有力的推动作用。

但是，国际贸易的发展很不平衡。在20世纪七八十年代，美国在国内外市场上面临着日本和西欧以及新兴工业化国家和地区的严峻挑战，对外贸易状况不断恶化，对外贸易逆差急剧扩大。80年代美国的对外贸易逆差累计高达10362亿美元，在世界出口贸易额中所占的比重不断下降，由1970年的15.2%降至1980年的11.3%，1990年为11.5%；而联邦德国和日本的比重则不断上升，其间有4年联邦德国的出口占了世界第一位，美国不得不屈居第二。但在90年代里，美国的对外贸易扭转了颓势，重又稳居世界第一的地位。这是资本主义经济和政治发展不平衡规律在国际贸易领域中的又一次表现。

美国在国际贸易领域中重又取得优势，是和美国经济在20世纪90年代里的良好表现以及美国政府适时地调整对外贸易政策分不开的。

20世纪90年代初，美国率先于其他国家走出经济危机低谷并呈现出较强的经济复苏和增长期，迄今已第8个年头，成为第二次世界大战后仅次于20世纪60年代的第二个最长的增长期。与此同时，德国则由于东、西德合并而背上了沉重的包袱，日本则自"泡沫经济"破灭后至今未能摆脱经济困境。美国经济实力的增强，是美国对外贸易重又取得优势地位的重要基础。

美国对外贸易政策的调整也是美国对外贸易重新取得优势的重要原因。

克林顿政府上台后，一方面大力增加对科技开发和教育的投入，对高科技产业给予支持和扶助，以增强美国商品的国际竞争能力；另一方面于1993年9月推出了"国家出口战略",对美国的出口贸易进行系统的综合改革,改变过去那种"自由放任"的对外贸易政策,由政府采取一系列具体措施来推动美国商品和服务的出口。这些措施主要有:开展经济外交,积极推动多边贸易谈判,加强与其他国家的区域经济合作;通过双边贸易谈判,打开别国的市场,努力开拓新兴的市场;放松出口管制,强化信息服务,加强出口融资服务等等。在美国政府各项政策的推动下,美国出口贸易迅猛增长,1992～1996 年间,美国商品与服务出口额由 7367 亿美元猛增至 10324 亿美元,增幅高达 40%,使出口扩大和投资增加并列为 90 年代美国经济持续增长的重要原因。

20 世纪 90 年代以来,德国一直占世界出口贸易的第二位,日本占第三位。与七八十年代相比,它们在世界出口贸易中的比重都有所下降。

对发展中国家来说,冷战的结束并未能解决南北之间的根本矛盾。作为一个整体,发展中国家与发达国家之间的贫富差距还在进一步扩大。发展中国家在世界贸易中的地位,与 20 世纪 90 年代以前相比,虽然有所提高,但尚未能有根本性的转变。世界市场上的初级产品价格还在继续下跌。

但是,不同地区的发展中国家,它们的经济和贸易发展状况很不一致。亚洲,主要是东亚地区的经济继续保持高速增长,南亚国家的经济也开始向好的方向发展。据《亚洲华尔街日报》公布的《1993 年度亚洲经济调查》的材料:11 个亚洲发展中国家和地区在 1991～1993 年的 3 年里,每年的经济增长率是经济与合作发展组织 24 个工业国的 4 倍。拉美地区的经济在经过了长达 20 年的不景气之后,从 20 世纪 90 年代开始已进入持续活跃的状态,年经济增长率约在 3%～4%左右。但非洲大陆的经济仍处于低潮,90 年代以来,年经济增长率约在 1%～3%之间,低于人口的年增长率(3%),致使人均国民生产总值仍处在连年下降的困境之中。据世界银行分析,非洲大陆要想摆脱不发达状况,其经济增长率必须达到每年 4%～5%的水平。非洲大陆与发达国家的经济差距还在明显地进一步扩大。

与这种经济发展状况相适应,东亚地区在世界贸易中所占的比重继续上升,中国大陆、香港地区、台湾地区和韩国、新加坡等在世界主要国家和地区对外贸易排序中的位次逐步提高,东亚地区已日益成为国际贸易新的增长点。非洲大陆在国际贸易中的地位则仍维持在极低水平。整个非洲大陆的对外贸易额在世界进出口贸易总额中的比重常在 2.4%左右徘徊,只相当于香港所占比重的 2/3。

第三节　世界经济发展中的大趋势与国际贸易

一、经济全球化与国际贸易

20 世纪 90 年代以来，经济全球化的趋势明显加速，给世界经济和国际贸易带来了深远的影响。

经济全球化这一名词最早出现于 20 世纪 80 年代中期，到 90 年代初已广为流传。所谓经济全球化，是指随着科技的进步、经济的发展和国际分工的深化，世界各国的经济相互联系、相互依赖、相互开放、相互融合，并最终结合成为一个整体的历史过程。

经济全球化的过程早在 16 世纪初资本主义生产方式准备时期就已开始了。到世界市场的建立时期，经济全球化趋势已很明显。马克思和恩格斯在《共产党宣言》中写道："资产阶级由于开拓了世界市场，就使一切国家的生产和消费成为世界性的了。"19 世纪下半期，世界市场得到了很大的发展。到 19 世纪末 20 世纪初，形成了统一的世界市场，经济全球化趋势更趋明显。市场化是经济全球化的基础，经济全球化的进程是和世界市场的形成和发展直接相连的。

俄国十月革命后，统一的世界市场曾经一度分裂，经济全球化的进程也因此而受挫。但是，第二次世界大战后，在世界的大部分地区里，各国经济在市场经济基础上相互联系、相互依赖的过程仍在继续，并不断有所加强，只是当时并没有提出经济全球化这一名词，而称之为经济生活国际化。

两极格局解体后，占世界人口一大半的原有和现存的社会主义国家以及 60 多个发展中国家，开展了以市场为导向的经济改革，为市场经济在全球范围内的形成和发展，从而为经济的全球化奠定了基础。

经济全球化加速发展的重要物质基础是 90 年代蓬勃兴起的、以信息技术为代表的科技革命新高潮。1993 年美国开始实施信息高速公路计划，建立了国际互联网，许多国家纷纷效仿和响应，从而把各国经济用网络连接成一个日益紧密的整体，大大加速了经济全球化的进程。

跨国公司是经济全球化的主要载体。20 世纪 90 年代以来，跨国公司不仅在数量上迅猛增加，而且出现了大跨国公司纷纷兼并的新浪潮，进一步呈现出生产国际化、经营多元化、交易内部化和决策全球化的趋势，使经济全球化进一步加速。

经济全球化有利于生产要素在世界范围内的自由流动和优化配置。经济全球化要求贸易和投资自由化，而贸易和投资自由化又推动了世界经济和国际贸易的加速发展。

但是，经济全球化从一开始就具有两重性。早在资本主义生产方式准备时期，欧洲殖民主义者在各国经济生活国际化的过程中，大规模地剥削和掠夺殖民地和不发达国家。在资本主义自由竞争时期，特别是在帝国主义时期，发达国家通过不等价交换继续剥削发展中国家。今天，经济全球化正在加速发展，大大促进了国际资本在世界范围内的快速流动和国际贸易的加速自由化。这种趋势能给世界各国和人民带来明显的经济利益和良好的发展机遇，但也使发展中国家面临巨大的风险和严峻的挑战。

经济全球化需要建立国际规则，更需要建立公平、公正、合理的国际经济新秩序。

二、知识经济与国际贸易

20世纪90年代初以来，越来越多的西方国家的经济学家、科学家、国家领导人和国际机构用知识经济这一概念来概括世界经济的最新特征和发展趋势，使其在全球得到了迅速传播。他们认为，世界经济正在从工业经济向知识经济转变，21世纪人类社会将进入知识经济时代。就中国来说，"学习市场经济知识，把握市场经济发展规律，是新形势下对各级领导干部的客观要求。特别是在加入WTO的新形势下，不懂得国际惯例和通行规则、不懂得市场经济法则的领导干部，就不能取得驾驭经济工作全局的主动权。"知识经济时代的到来，将引起人类生产、生活、思维方式的巨大变化，对世界的政治、经济和国际贸易产生重大影响。

知识经济这一概念，最早于1962年在美国出现。90年代以来，有关知识经济的书籍陆续问世。1996年，经济合作与发展组织在其发表的《1996年科学、技术与产业展望》报告中，对知识经济下了比较明确的定义："知识经济是指以知识（智力）资源的占有、配置、生产和使用（消费）为最重要因素的经济。""知识经济是建立在知识和信息的生产、分配和使用之上的经济。"同年美国一些报刊提出，美国出现了"新经济"。根据美国政府的解释，"新经济"实际就是知识经济。

知识经济是和农业经济、工业经济相对应的一个概念，它有如下几个主要特征：

1. 科学和技术的研究开发日益成为知识经济的重要基础。

2. 信息和通信技术在知识经济的发展过程中处于中心地位。

3. 服务业在知识经济中扮演主要角色。

4. 人的素质和技能成为知识经济实现的先决条件。

知识经济的诞生，是科学技术等知识因素深入应用于经济生活，从而使生产力高度发展的结果。从历史的发展看，在农业经济时代，推动社会生产力发展的是工业机器；在知识经济时代，推动社会生产力发展的将是科学技术等知识要素。18世纪中叶蒸汽机的发明，标志着人类从农业社会进入工业社会，而当代信息技术和信息产业的迅猛发展和广泛应用，将标志着人类从工业社会进入知识社会。

在20世纪90年代初露端倪的知识经济，人类社会生活的各方面发生重大的变化，对国际贸易已经显示出并将进一步显示出重要的影响。知识经济对国际贸易的影响主要可归纳为以下几方面：

1. 在知识经济时代，国际无形贸易，包括服务贸易和技术贸易将大力发展，成为国际贸易的重要内容。

2. 贸易自由化是当今国际贸易领域中的重要趋势。但是，在知识经济时代，对知识产权的保护必须大力加强，这是知识经济发展的必要前提。因此，自由贸易政策和保护贸易政策的关系将被赋予新的意义。

3. 在知识经济时代，知识密集型产业在国民经济中将占有越来越重要的地位；在国际贸易中，知识密集型的高科技产品将占有越来越大的比重。一个国家在国际贸易中的地位，在国际贸易利益分配中所占的份额，都将取决于这类产品的提供能力。

4. 知识经济以高速发展的信息网络为命脉，拓展了国际贸易的空间和场所，缩短了国际贸易的距离和时间，将会极大地改变国际贸易的程序和过程。

总之，知识经济时代的到来，正在并将进一步对国际贸易产生重大影响。

三、环境保护与国际贸易

随着社会生产力的发展和人类文明程度的提高，环境问题也随之日益突出。所谓环境问题，一般是指由自然力或人力所引起的生态平衡的破坏，从而直接或间接地影响人类的生存和发展的一切客观存在问题。简言之，即人类赖以生存和发展的客观环境遭到了某种程度的破坏，以至于影响到了人类社会的持续发展。环境是人类生存和发展的必要条件，环境的好坏直接影响到人类社会的发展和人们的生活质量。但是长期以来，由于人口数量和人类活动的高速增长以及对环境的破坏给人类的生存带来了巨大威胁。

日益恶化的全球环境，引起了有识之士的高度重视。在他们的推动下，各种环保团体、环保组织相继建立，一系列国际环保法规纷纷出台。20世纪90年代以来在全球掀起了一股日益高涨的保护环境的浪潮。1992年，联合国在巴西里约热内卢召开了环境与发展大会，发表了《关于环境与发展宣言》。《宣言》阐明了人类在环境保护和可持续发展方面的行动方案，强调加强环境问题的国际合作，并且提出，90年代是环保的10年，21世纪将是环保的世纪，全球进入了环保时代。

日益突出的环境问题和日益高涨的环境保护浪潮对国际贸易产生了深刻的影响。

1. 为了保护环境，各国、特别是发达国家纷纷采用新技术、新工艺以节约能源和原材料的使用，这就加强了90年代以来初级产品市场的疲软趋势，扩大了工业制成品和初级产品的价格"剪刀差"。

2. 新的绿色产品在国际市场上不断涌现，污染环境的产品销售困难，成为国际贸易商品结构优化的重要内容和趋势。

3. 环保产业成为具有巨大市场潜力的新兴产业部门，发达国家在提供环保设备和环保技术方面具有明显的优势，但各发达国家争夺这一市场的竞争十分激烈。

4. 越来越多的国家为了保护环境而制定了各种各样的环境标准。但各国的环境标准宽严不一，过严的环境标准被一些国家利用作为实行贸易保护主义的借口，阻碍了国际贸易的正常发展。

因此，优化环境是一个永恒的主题，需要常抓不懈；优化环境是一个系统工程，需要广泛参与，协调联动；优化环境涉及许多深层次因素，需要标本兼治；优化环境的根本目的是促进经济和社会发展，需要立足发展抓环境。

第九章 世界主要发达国家的对外贸易

第二次世界大战后，由于发达资本主义国家在世界经济中占据主导地位，因而决定了它们在对外贸易方面占有绝对优势。战后，世界贸易的特点在很大程度上是由发达国家的对外贸易所决定的。但是，发达国家对外贸易的发展很不平衡，主要表现为美国在世界贸易中的地位有所下降，而西欧和日本的作用越来越大。美国、西欧和日本三足鼎立的局面一时难以改变。

第一节 美国的对外贸易

一、美国经济发展的特点

"二战"后，美国的经济实力不断壮大，美国是当今世界最主要的发达国家，惟一的超级经济大国。美国经济贸易的变化对世界经济形势具有关键性的影响。从19世纪末期开始，美国的工业化进程进展顺利，其工业生产量迅速超过欧洲列强。此后的一个世纪以来，美国在西方世界经济增长中长期遥遥领先。美国经济之所以发展迅速，是由具体的历史、地理及社会条件综合作用的结果。

（一）美国经济发展的特点

1. 美国具有世界上最高的生产力水平和劳动生产率。在大多数科技领域中美国居世界领先地位，为世界上最大的专利出口国。

2. 美国的国民生产总值遥遥领先于世界各经济大国。1995年美国的 GNP 为7.1万亿美元，占世界 GNP 总额的 25.6%，人均 GNP 达 2.7 万美元，同年外贸进出口总额高达 1.7 万亿美元。美国是一个工业占绝对优势的工农业国家，工业占工农业生产总值的 80% 以上。它拥有最完整的工业体系，同时也有高度发达、规模巨大的农业，其农产品不仅可以保证本国的需要，而且还是世界上最大的农产品出口国。

3. 美国的产业结构发生了巨大的变化。战后，在新科技革命的推动下，第三产业和物质生产部门的比例是 7：3。服务业、金融保险业、商业和政府部门等非生产性部门的发展非常迅速。近 30 年来，美国制造业的内部构成经历了深刻而又剧烈的变化，其总的趋势是从资本密集型、劳动密集型和资源密集型产业，向高技术密集型产业转化，高新技术产业的就业份额提高了 20％。

4. 战后，美国垄断资本的集中非常迅速，国家垄断资本主义获得空前的发展，并构成美国经济的基础。在资本与生产高度集中垄断的过程中，越来越多的跨国公司正加速合并国外大企业。美国拥有世界上最多的和最大的跨国公司和跨国银行，对世界经济贸易的影响极大。

（二）美国经济贸易迅速发展的原因

1. 美国是在资本主义上升时期主要由欧洲移民建立起来的移民国家，经过同其他殖民主义国家的激烈争夺，美国最终取得了胜利，实现了当时最先进的资本主义制度，并使资本主义迅速建立和发展起来。

2. 南北方的统一，西部的开拓，大规模的铁路建设以及农业资本主义的发展为美国资本主义创造了广阔而统一的国内市场。美国历史上并不存在严重妨碍国内贸易的封建割据，各种产业部门也不存在如欧洲历史上那样的封建等级制度。另外，美国政府通过立法规定各州不能干预跨州商业事务，对州际贸易不得征收关税或捐税等。这些政策对于美国工业化的迅速展开和国内统一大市场的形成发育具有很大的促进作用。

3. 美国工业化起步较晚，但它充分利用欧洲各国现成的科技成果、资金、经验以及移民中的大量熟练工人。

4. 按照美国方式建立起来的资本主义农业，为美国工业的发展奠定了坚实的基础。

5. 美国具有极为有利的地理位置，十分丰富的自然资源和优越的自然条件。另外，在两次大战中，美国远离战火，不仅免遭战争破坏，而且军火生意做的恰到好处。

二、对外贸易在美国经济中的地位和作用

外贸在美国的国民经济中占有十分重要的地位。据美国政府统计，美国就业的一半以上要靠外贸，每出口 10 亿美元的商品，就可以给美国公民增加 2 万个就业机会。同时，由于外贸有乘数的作用，又可以刺激美国国内经济的发展，因此，历届美国总统都把外贸置于重要的地位。外贸对于美国经济发展具有以下重要作用：

1. 出口贸易为美国商品和劳务的出口提供了巨大的市场。进口贸易不仅为国内工业提供原料、燃料，而且提供大量的制成品以及日用必需品。

2. 外贸与产业结构的调整和转移紧密相连。随着产业结构的高度化，外贸的作用更加明显。

3. 外贸是影响美国国际收支的重要因素。据有关统计，从 1946～1970 年的 25

年间，美国靠外贸获得近 1000 亿美元盈余，这对弥补国际收支逆差起了很大作用。

4. 外贸的实力地位使美国较之其他发达国家更能对世界事务施加其影响，有利于美国政策的推行。外贸不仅是美国进行对外扩张、攫取资源、获得高利润的重要工具，而且还往往超脱于经济领域，成为政治斗争的武器。

三、美国的进出口贸易

（一）美国的进出口贸易在世界贸易中一直独占鳌头

"二战"后，美国对外贸易的发展速度从总体上来说是比较快的，其中进口的增长又明显快于出口。从 1946～1994 年达到 5124 亿美元，48 年间增长了 6.43 倍，年均增长率为 4.27％；同期，进口贸易额由 420 亿美元上升到 6893 亿美元，增长了 15.41 倍，年均增长率高达 6％。1996 年美国进出口总额高达 14426.4 亿美元。克林顿执政前四年（1993～1996 年）的年均经济增长率为 2.55％，据世界银行估计，1997 年的美国经济增长率可能达 3％左右，仍低于同年对外贸易年均增长率。见表 9—1。

表 9—1　　　　　1973～1994 年世界十大贸易国和地区占世界贸易的比重（％）

国别（地区）	出口贸易						进口贸易					
	1994 年		1984 年		1973 年		1994 年		1984 年		1973 年	
	比重	名次	比重	名次	比重	名次	比重	名次	比重	名次	比重	名次
美 国	12.2	1	11.4	1	12.2	1	16.0	1	17.1	1	11.6	1
德 国	10.0	2	8.9	2	11.7	2	8.6	2	7.6	2	9.2	
日 本	9.4	3	8.9	3	6.4	3	6.3	3	6.7	3	6.5	4
法 国	5.7	4	4.9	4	6.3	4	5.3	4	5.3	4	6.6	3
英 国	4.9	5	4.9	5	5.3	5	5.2	5	5.2	5	6.3	5
意大利	4.5	6	3.8	7	3.9	9	3.9	6	3.7	7	3.9	8
加拿大	3.8	7	4.4	6	4.4	6	3.6	8	4.0	6	3.6	10
荷 兰	3.2	8	3.4	8	4.2	7	2.9	10	3.1	8	4.1	7
香 港	3.1	9	1.6	10			3.7	7	1.5	10		
比利时、卢森堡	2.6	10	2.7	9	3.9	8	3.2	9	2.7	9	3.7	9

（二）美国外贸的地理结构和商品结构

1. 外贸地区结构变化。

（1）战后，美国出口贸易的方向发生了深刻的变化。表现为欧洲在美国出口贸易中的地位不断下降，而亚太地区的地位不断上升。1948年美国对西欧的出口额占其出口总额的比重曾高达35.2%，1975年下降为30.4%，1992年进一步降至19.2%。而美国对亚洲的出口比重却越来越大。1946年仅占12.7%，1982年上升为31.8%，首次超过欧洲。

（2）20世纪80年代后，美国进口贸易地区构成发生重大变化。发展中国家以及部分发达国家的地位呈下降趋势，而亚太地区一些新兴工业化国家（地区）在美国进口贸易中所处的地位日益重要。1994年美国的十大进口伙伴中有半数是亚太地区的国家或地区，如日本、中国大陆、中国台湾、韩国、新加坡、中国香港和东盟等。

2. 外贸商品结构的变化。近年来，美国外贸商品结构发生重大变化。从出口商品来看，1970年燃料、矿产品和金属在总出口中所占比重为9%，1985年下降至8%，1993年仅为4%；其他初级产品也大幅下降。机械运输设备和其他制成品在美国出口总额中所占比重则相对稳定。美国出口商品构成具有不断高级化的趋势，采用高新技术、具有高附加值的商品所占比重不断提高。

（三）美国服务贸易的发展

美国在国际服务贸易方面居世界领先地位。服务业出口在世界服务业出口中所占份额一直在10%以上，大大高于其他发达国家。1995年服务出口贸易差额又突破2000亿美元大关，达2068亿美元，1996年增至2240亿美元。美国服务贸易顺差不断增加，1994年为532亿美元，1995年为684亿美元，1996年增至743亿美元的历史最高水平，抵消了当年美国商品贸易1880亿美元赤字的40%。服务贸易每年大量的贸易顺差，为改善美国国际收支状况起了十分重要的作用。

美国服务贸易迅速发展的内因在于美国具有较高的经济发展水平。历史证明，一国经济发展水平越高，服务业部门在国际经济中的比重也越高，它在外贸中的作用也会相应扩大。另外，美国是当今世界科技研究的重要中心，专利与许可证贸易的迅速扩大，正是高科技在美国外贸中发挥比较优势的结果。

（四）美国对外贸易发展的主要障碍——巨额贸易逆差

1. 日本是美国的最大贸易逆差国，美国对日本的贸易逆差占其全部贸易逆差的比重，20世纪80年代中期为1/3，进入90年代上升至1/2。美国对日本的贸易逆差额在 1970 年还只有 4.5 亿美元，1986 年增至 586 亿美元，到 1993 年高达 625 亿美元。美国对欧盟、加拿大以及亚洲四小龙的贸易逆差开始下降，而对中国和东盟国家的贸易逆差却达 395 亿美元，中国已成为美国的第二大贸易逆差国。

2. 美国巨额贸易逆差主要来自以下三类商品：燃料；部分资本和技术密集型产品；劳动密集型产品。造成美国贸易逆差不断扩大的原因诸多，概括起来有以下四个方面：①美元比价过高。②美国产品的国际竞争力下降。③美国声称一些国家对美国的贸易采取了不公正的做法。④迅速的新兴工业化国家以其廉价的劳动力确保纺织品、服装等劳动密集型产品以及钢铁、家电等部分资本和技术密集型产品在美国市场上具有相当强的竞争力，这是近年来美国对中国和东盟国家的贸易逆差逐步扩大的重要原因。

四、美国的对外贸易政策

第二次世界大战后的美国是世界上最强大的经济和贸易国家，打破高关税壁垒，实现贸易自由化符合美国垄断资本对外扩张的需要，因此美国成为战后贸易自由化的积极倡导者和推动者。1947 年关贸总协定签订后，美国率先提出降低关税的 21%。1962 年 10 月，肯尼迪政府《扩大贸易法》取代了 1934 年的《贸易协定法》。该贸易法授权总统可削减关税 50% 以上，直至 100%。美国政府根据这一贸易法，同其他 50 多个 GATT 成员国于 1964 年 5 月开始举行"肯尼迪回合"减税谈判，1967 年 6 月底达成协议，确定工业品关税平均削减了 35%，至 1972 年 1 月全部完成。

1971 年美国贸易收支出现了自 1894 年以来的首次逆差，美国的贸易保护主义势力开始抬头。《1974 年贸易法》授权总统谈判解决贸易争端，总统可以有采取单方面措施对外国的不公平贸易行为进行报复，这就是有名的"301 条款"。从经济实力和竞争能力来看，美国当时仍处于优势地位，所以美国还不愿意从根本上改变自由贸易政策。

然而，从 20 世纪 70 年代末开始，美国的经济形势不容乐观，外贸逆差逐步扩大。日本、西欧经济的崛起动摇了美国在世界经济中的领导地位，美国认为贸易自由化政策导致其贸易伙伴的出口增加。在这种情况下，美国国会在制定贸易法案时，采取了强硬的态度。《1988 年综合贸易法》对"301 条款"作了重大修改，并增加了新规定，形成"普通 301 条款"、"特别 301 条款"、"超级 301 条款"，将保护对象扩展到服务贸易、投资、知识产权领域，具有强烈的攻击性。

美国贸易法执行机构主要有三个：

1. 国际贸易委员会（International Trade Commission，简称 ITC）。ITC 是不从属于任何政府部门的独立机构。ITC 掌有贸易调查权，其内容有：①对倾销案、补贴案发起调查，裁定是否对美国国内工业造成"损害"。②对不公平贸易行为进行调查与裁定，并予以处分。③对进口救济案件以及前共产党国家进口是否可能造成市场混乱进行调查，并提出有效建议。④监视东西方贸易发展，每季提出有关前共产党国家进口对美经济影响的报告。⑤对普惠制产品的增减调整，对美国可能产生的影响作出判断，并向总统提出建议。⑥就拟订中的"税则修改"或"贸易保护措施"对工业和消费者的经济影响向总统提出建议。⑦对农产品进口进行调查，以检查是否干扰美国农业政策。⑧向总统提供有关贸易资料。

2. 商业部（Department of Commerce）。为美国国际贸易的管理机构，下设国际贸易署（International Trade Administration）。商业部有贸易行政权，其主要职责是：①在贸易事务上，贯彻美国的贸易政策，并提供总统政策的方向。②在倾销案件及反补贴案件中确定是否有倾销或补贴事实。③管理商品进口配额，包括纺织品进口配额。④办理出口签证。

3. 美国贸易代表署（Office of United States Trade Representative）。是美国总统贸易政策的主要咨询机构，并在贸易政策委员会（Trade Policy Committee）的协助下，负责美国对外贸易政策的制定和协调工作。对实际发生的贸易问题提供政策指导，享有谈判权，其职责包括：①进行多边谈判，保护美国在国际贸易协定中的各项权益，全权负责 WTO 有关业务。②负责有关不公平贸易行为的美国政策。③协调双边贸易问题。④处理与协调国际贸易与投资问题。⑤研究国际贸易与投资政策。⑥负责经济合作与发展组织以及联合国贸易与发展会议的代表谈判活动。

冷战结束后，世界经济格局进一步多极化，日本、欧盟的经济实力日益强大，巨额的贸易逆差对美国的经济增长速度以及美国在世界经济贸易中的领导地位形成严峻的挑战。克林顿执政后，为了适应新的国际经济竞争形势，对美国的外贸政策做了相应的调整。目前，美国的政策具有以下特点：

第一，"经济安全"成为美国对外贸易政策的基石。冷战时期，美国历届政府都把美苏争霸放在一切工作的首位。冷战结束后，经济领域中的竞争日益取代军事对抗成为国际关系的主旋律。克林顿执政后，把增强美国经济实力放在首位。他明确指出："我们国家的安全是经济安全"。基于"经济安全"这块基石，美国在执行其外贸政策时加大了政府的干预程度。由"人权外交"向"经济外交"过渡，谋求经济合作与施加压力并将成为美国对华政策的一个重要特点。

第二，"公平交易"成为加强美国国际竞争力的最主要措施。克林顿入主白宫后声称，美国既不执行过去的自由贸易政策，也不奉行贸易保护主义政策，而是要建立开放的国际贸易体系，进行公平的经济竞争。实际上，美国是在"公平贸易"的名义下，对日本、德国等贸易顺差国施加压力，加强贸易限制或进行报复。

第三，进攻性的主动贸易政策。克林顿为竞选总统时提出重振美国经济的口号，开始执行所谓"积极的"贸易政策。美国贸易代表（USTR）坎特曾解释说，新贸易政策与布什贸易政策的根本区别在于，从保护国内市场和传统产业转变到积极开拓国际市场、发挥新型产业的竞争优势和潜在的规模经济效益，即"主动贸易与被动贸易政策之别"。近年来，美国与中国之间的"市场准入"问题就是这一政策的反映。

　　第四，战略性贸易政策。随着科技革命的深化，美国非常重视高科技的发展，积极推行战略性贸易政策，这一政策源于"战略贸易理论"。这一理论是克林顿外贸政策的理论基础，其具体体现就是采取相应行动来惩罚损害美国战略性产业的外国竞争者，以保护国内战略性的高科技产业。

　　第五，以多边贸易体制为依托，积极倡导区域经济一体化。首先，美国大力倡导多边贸易合作。美国在 GATT 乌拉圭回合的多边贸易谈判中，极力把服务贸易、知识产权以及与贸易有关的投资措施作为新的议题并达成协议，使美国在服务贸易等领域中的竞争优势充分得到发挥。其次，美国积极推进区域经济一体化。一方面，表现在"北美自由贸易区协定"的通过；另一方面，鉴于美国最大的贸易顺差国大都在亚洲，为了降低这些国家对美国的顺差，美国已将外贸重心逐步移向亚太地区，并要借亚太经合组织来谋求亚太地区经济贸易的主导权。

第二节　欧洲联盟对外贸易

一、欧盟经济发展概述

　　西欧是资本主义的发源地，也是资本主义世界的心脏地区。第二次世界大战前，西欧一直是世界经济、政治和文化的中心。西欧列强的角逐，影响、制约和决定着世界经济政治格局的演变。第二次世界大战使欧洲分离，西欧丧失了世界中心的地位，成为两个超级大国争夺的重要地区。两极格局终结之后，西欧联合自强的趋势不断加强。西欧的核心是欧洲联盟，欧盟集中了资本主义世界体系中人力、经济、科技潜力的很大部分，欧盟经济的发展趋势决定了整个欧洲发展的命运，同时也影响着世界经济的发展进程。目前，欧盟在世界经济中具有举足轻重的地位。

　　欧盟现有 25 个成员国，按经济发展水平可分为三类：第一类是德国、法国、英国和意大利，它们是工业高度发达的大国。四国领土占西欧领土的 36%，人口占 60%，工业产值占 70%，西欧的经济实力主要集中在四大国，其中尤其以德国重要。德国是仅次于美国的第二贸易大国，是欧洲联盟的中坚。1995 年出口贸易总额占世界出口的 10.1%，远高于其 GNP 占世界的比重。第二类是比利时、荷兰、卢森堡、丹麦、芬兰、瑞典和奥地利等北欧、中欧的工业高度发达的小国。它们的领土、人口在西欧所占的比重与工业产值所占的比重大体持平。但是，在某些经济部门和科技部门这些国家占据着极其重要的地位。第三类国家是爱尔兰和西南欧诸国，如西班牙、葡萄牙、希腊和升级后加入的国家。

　　1957～1973 年欧盟的第一次扩大，是西欧经济也是欧盟经济迅速发展的时期。在这一期间，欧盟各国的生产能力得到扩充，技术得到改造，各国的固定资本更新速度加快，联邦德国、法国和意大利等国的实际经济增长率以及对外贸易增长率都超过了美国。欧盟在发展中建立了关税同盟、欧洲货币体系，实行了共同的农业政策，加强科技合作，并相应建立了欧洲投资银行等机构，经济一体化和政治一体化都取得了很大的进展。

从1974年到目前，是欧共体（欧盟）经济相对低速增长的时期。1974～1975年石油危机以后，欧共体经济的发展在资本主义世界三个中心一直殿后，但欧盟在世界出口贸易中所占的比重从1973年的36％提高到1992年的39.4％。进入90年代后，欧盟加快了一体化进程，在建立政治联盟和经济与货币联盟上也取得了实质性的进展。1993年11月马约正式生效，欧共体发展为欧盟。根据1987年7月1日生效的《第一欧洲议定书》，到1997年底欧盟各国已按统一的经济规则，实现了共同的商品规则和市场开放，废除了限制劳动、就业和资本流动的诸多障碍，实现了欧盟的市场统一，与此同时，欧洲统一大市场的形成也在同步进行。从1990年起，欧共体与欧洲自由贸易联盟（现有成员为挪威、瑞士、冰岛和列支敦士登），就创建包括西欧19国的欧洲经济区达成协议，并从1993年起撤销了对关税和进口数量的限制，于是形成了欧洲最大的自由贸易区。1997年10月欧盟成员国签订的《阿姆斯特丹条约》（简称"阿约"）使欧洲统一大市场更趋完善，并使欧洲一体化进程进入一个更高的发展阶段。它不仅有助于实现内部人员自由流通，而且为改善欧盟政治一体化滞后，大力促进机构改革，以保证欧盟顺利东扩起着重要的作用。

1995年随着奥地利、芬兰和瑞典的加入，欧盟扩大为15国，人口增加到3.7亿，比美国还多40％，1995年欧盟的国内生产总值近7万亿美元。对外贸易总额达3万亿美元，约占世界贸易总额的28％，是美国的2.4倍，日本的4.3倍。三国入盟后，欧盟内部贸易额占其对外贸易总额的比重从58％上升到63％，成员国间的经济趋向将有所增加。欧盟成立40年来，经济一体化进程无论是在广度上和深度上有了很大发展，经济联合和政治合作不断加深，经济实力大为加强。目前，欧盟已成为当今世界最大的经济贸易一体化组织，而且已成为举足轻重的世界经济政治的中心。

二、欧洲联盟对外贸易发展状况

（一）对外贸易

欧盟的成立增加了该地区在世界贸易中的比重，使该地区的对外贸易一直遥遥领先于美国和日本，成为世界上最大的贸易集团。从1960～1990年，欧盟在世界出口贸易中所占比重从32.6％上升到40.4％；美国所占比重则从15.9％下降到11.6％；前苏联所占比重从4.3％下降到3.1％；日本所占比重从3.2％上升到1991年的8.5％，但仍远低于欧盟。1994年欧盟外贸总额达2.85万亿美元，约占

世界贸易总额的 48%，是美国的 2.4 倍，日本的 4.3 倍。1995 年欧盟外贸总额为
2.47 万亿美元，出口贸易额占世界贸易的 39.5%，世界贸易增长对欧盟的依赖程
度很大。据 IMF《国际金融统计月报》统计，1995 年欧盟的外贸依存度为 8.1%，
明显高于美国的 1.7% 和日本的 1.1%。可见，欧盟对外贸易在世界贸易中占有举
足轻重的地位。

欧盟中头号进出口大国是德国，其进出口额仅次于美国一直位居世界第二。近
年来，因其劳动力成本的提高及企业税负的加重，出口商品竞争力下降。德国
1994 年出口贸易比重为 10%，仅次于美国的 12.2%。1996 年德国商品出口额增长
6%，达到 5380 亿美元；进口额增长 3.5%，达到 4600 亿美元，进出口额为 9980
亿美元，仍居世界第二。据 IMF《国际金融统计月报》统计，1995 年在世界对外
贸易额最大的国家（地区）中，欧盟就有 7 国，它们依次是：德国、法国、英国、
意大利、荷兰、比利时和卢森堡，7 国外贸总额几乎与美国等同，都是 1.7 万亿美
元，约占 1995 年欧盟外贸总额的 69%。

（二）内部贸易

欧盟的建立大大促进了成员国之间的内部贸易，相对减少了对外部市场的依
赖。1958 年欧盟刚成立时，成员国相互进口占共同体进口总额的 33.8%。此后这
个比重稳步上升，到 1971 年占 51%，总共上升了 17 个百分点，并在这个水平上
维持了 14 年，1991 年上升到 58.6%。与此相应，欧盟向集团外出口总额所占的比
重从 1958 年的 64.1% 下降到 1969 的 49.1%，1991 年再降到 37.9% 的水平。

表 9—2　　　　　　　　　　欧盟成员国相互贸易增长状况

分类 年份	内部贸易额 （亿美元）	内部出口贸易占世界 出口的比重（%）	内部贸易占集团出口 总额的比重（%）
1960	103	8.0	34.6
1970	434	13.9	48.9
1973	1229	21.3	51.6
1986	4504	21.3	57.1
1992	8903	24.3	61.1

（三）外贸商品结构

欧盟国家多是工业发达的国家，因此无论进口还是出口，制成品均占主要地
位。战后随着经济的不断发展，欧盟制成品进出口额占全部外贸额的比重逐年上
升。进口比重在 20 世纪 50 年代中期为近 40%，60 年代上升为 50%，到 70 年代达

到 65％以上，90 年代后超过 70％。制成品的出口占全部外贸总额的比重，50 年代中期为 70％，此后不断上升，70 年代中期达到 80％。目前，制成品出口所占比重仍在逐步上升。初级产品在外贸结构中居次要地位，目前分别占出口、进口的 30％和 50％以下。欧盟石油消费的 85％，基本原料的 75％，有色金属的 100％，都依赖外部世界供应；而粮食过去依赖进口，80 年代后已转向出口。在 1991 年欧盟进口总额中，工业制成品占 72.7％。1992 年德国的制成品的进口比重占进口总额的 74％，在 1991 年出口总额中，工业制成品占 79.6％。有的国家制成品出口所占比重比整个欧盟所占的比重还要大，如德国 1991 年制成品出口占到 88.4％。

欧盟的进口商品中，以机器设备和化工产品为主，这两项在战后欧盟进口额中所占比重呈逐年上升趋势，到 70 年代中期后，基本保持在 30％左右。初级产品所占比重不断下降，食品进口在 80 年代后占全部进口额的 10％以下。出口商品中，机器设备更处于重要地位，到 1975 年已居各大类出口商品的第一位。化工产品出口呈缓慢上升趋势。其他加工制成品的出口一直稳定地发展，但稳中有降，1985 年该项出口占全部出口额的 31％。应该指出，70 年代中期以来，随着新科技革命的深入发展，高科技产业迅速兴起，高技术产品很快进入国际贸易领域，从而使欧盟商品结构发生很大变化，高科技产品在欧盟对外贸易中越来越占有重要的地位，突出表现为技术和知识密集型产品在外贸中的比重迅速上升。90 年代高技术产品所占比重还要上升。

（四）主要贸易对象

欧盟对外贸易的 80％是同发达资本主义国家进行的。其中，欧盟自由贸易联盟和美国是最主要贸易对象，日本在欧盟外贸中的比重较小，发展中国家在欧盟外贸中的比重约占 15％左右。近年来，欧盟与原苏东国家的贸易有较大发展。

1. 欧洲自由贸易联盟（EFTA），简称欧贸联，于 1960 年 5 月正式成立，最初的成员国有英国、丹麦、瑞典、奥地利、葡萄牙、瑞士、挪威 7 国，其主要目标是逐步降低直到全部取消成员国之间的工业品关税（不包括农产品），对外各国仍保持各自的关税率。1972 年 7 月，原欧共体 6 国、欧贸联 7 国以及爱尔兰、冰岛、芬兰和列支敦士登等 17 国，在布鲁塞尔签署建立自由贸易区的协议。规定经过 5 年的过渡期后，完全取消相互之间的工业品关税，并形成一个包括 17 国的西欧自由贸易区。这个自由贸易区的建立促进了欧盟与欧贸联的贸易发展，欧盟对欧贸联的出口从 1969～1971 年的年均 137 亿美元，增加到 1990～1992 年的年均 1364 亿美元。1991 年欧盟从欧贸联进口额，占欧盟进口总额的 22.4％，出口额占欧盟出口额的 25.7％。

欧盟与欧贸联于 1991 年 10 月 22 日就建立欧洲经济区问题达成协议。根据协议，欧盟 12 国和欧贸联 7 国将从 1993 年 1 月 1 日起实现商品、人员、资本和劳务的四大自由流通。后因故推迟到 1994 年 1 月 1 日付诸实施。目前，欧洲经济区已成为世界上最大的自由贸易区。从 1994 年起它已成为一个从北极到地中海、拥有 3.8 亿消费人口的大市场,其贸易额占世界贸易的 43%。

2. 美国是欧盟的主要贸易对象,欧盟是美国产品的最大的海外市场。美国对欧盟的出口从 1969~1971 年的年均 105 亿美元,增加到 1990~1992 年的年均 959 亿美元。1990~1992 年美国对欧盟的出口占其出口总额的 24%。其中,英、德两国是美国产品出口最多的市场,德国是美国进口的最大供应国。美国对欧盟出口的制成品中高技术产品约占一半,其中大部分是自动数据处理机和飞机及其零部件。美国对欧盟出口高新技术产品的比重约占英国全部高新技术产品的 30% 和进口的 20%。汽车也是美国从欧盟进口的最多产品,尤其是德国汽车,其进口数量仅次于日本和加拿大。在美国与欧盟的全部贸易中,农产品贸易的比重日益下降,但自 20 世纪 80 年代末期以来,欧盟成为美国农产品的重要市场,仅次于日本。美对欧盟出口的主要农产品是大豆、饲料及烟草产品,欧盟对美出口的酒类占美国从欧盟农产品进口的 60% 以上。自欧盟成立以来,美欧之间既是世界市场两个最大竞争对手,又是互为重要的贸易伙伴。美欧经贸摩擦主要反映在农产品问题上,另外在纺织品、钢铁等几种敏感性商品上也很突出。乌拉圭回合之后,这一矛盾有所缓和,但仍存在。

3. 日本在欧盟与日本的经济关系中,贸易问题始终占首要地位。20 世纪五六十年代双方贸易处于低水平。1958~1974 年欧盟与日本的贸易迅速增长,贸易额从 4.2 亿美元增加到 84 亿美元,增加了 19 倍。70 年代后,由于石油危机的冲击,欧日间的贸易进一步发展。1976 年为 10 亿美元,1980 年上升为 238 亿美元,到 1986 年已高达 418 亿美元,约等于 1966 年的 40 倍。然而,欧日贸易的迅速增长是一种不对称状况的发展,其结果是欧盟对日贸易逆差急剧增加。1973 年欧盟对日逆差为 13 亿美元,1976 年为 40 亿美元,1980 年上升为 110 亿美元,1986 年达到 199 亿美元。

引起欧盟与日本贸易严重不平衡的主要原因是:①日本的进出口商品结构使欧盟的贸易条件处于不利地位。日本一向以进口初级产品为主,对高级制成品采取多出口、少进口政策。②欧日贸易主要集中在如钢铁、汽车、造船、家电等几种世界贸易中竞争最激烈的部门。日本产品具有劳动生产率高、成本低的优势,而欧盟在这几个部门中竞争能力低于日本。③日本一向奉行保护贸易政策,日本市场特有的"封闭性"使欧盟产品很难打入。④欧盟各国贸易政策的协调,终不及日本一国对外贸进行国家干预的效果显著。此外,前几年随着日元升值和美日经济摩擦的加剧,也促使日本向欧盟出口的急剧增加。1996 年以来随着美元上扬,美国对日逆差的减少,日欧关系有所缓和,但双方贸易不平衡的局面在短时间内不会消失。

4. 欧盟与发展中国家的对外贸易,以同洛美协定国家和石油输出国为主,其中,同石油输出国的贸易占同整个发展中国家贸易的 50%。欧盟在同石油输出国的贸易中,进口的商品绝大部分为燃料。欧盟与石油输出国贸易的突出问题是存在巨额的贸易逆差。80 年代末期后这一矛盾有所缓解。目前,欧盟是中国第四大贸易伙伴。

5. 欧盟与原苏东国家之间的贸易关系，自 20 世纪 60 年代中期以来发展较快，特别是 70 年代之后，发展更为迅速。欧盟对原苏东国家的年均进口额从 1969～1971年的 39 亿美元，增加到 1987～1989 年的 304 亿美元；欧盟对原苏东国家的出口额从 1969～1970 年的年均 40 亿美元增加到 1990～1992 年的年均 378 亿美元。冷战体制结束后，欧盟与独联体、东欧国家的贸易仍在不断发展。

三、欧盟的外贸政策与措施

（一）关税同盟

关税同盟是欧洲联盟的基础，也是欧盟要达到的首要目标。欧盟关税同盟的目标是通过建立单一关税，把被保护主义肢解得分散孤立的成员国的狭小市场统一起来，结成内部统一大市场，实现商品自由流通。为了实现这一目标，欧盟采取了以下主要措施：第一，取消成员国之间的关税，将各个独立关税合并成一个关税。第二，禁止具有关税同等效力的捐税。不仅禁止传统关税形式的明显措施，也禁止一切以别的名称或程序来达到关税歧视的间接手段。第三，取消数量限制。欧盟成立后，主要是针对农产品和食品实施这一措施。从 1961 年起提前取消工业品进口限额，农产品数量限制改为共同体配额，适用于所有成员国。第四，禁止有数量限制同等效力的措施。这一措施包括消除贸易的技术壁垒，协调间接税，简化边境海关监管手段。第五，对外实行统一税率，统一税则商品分类目录，统一海关估价，统一商品原产地标准，其目标是建立统一的对外贸易壁垒。

（二）实行差额关税

欧盟按进口产品的种类和来源国采取不同的税率。在农产品方面，实行共同的农业政策，其要点是：第一，对非成员国的农产品进口征收差额税，即按非成员国的进口价格同成员国农产品价格的差额征税。第二，成立各类农产品的共同市场组织，制定共同价格，使农产品在共同体内自由流通。第三，对成员国农产品出口实行价格补贴，各成员国要把征到的农产品进口差额上缴共同体，建立农业共同基金以补贴农产品出口。到 1980 年底，共同农业政策的实施范围已包括欧盟各国的绝大部分农产品。

（三）非关税壁垒

非关税壁垒是欧盟限制进口的主要措施，欧盟进口商品中有 1/2 以上受到各种非关税壁垒的影响，其影响程度之深远高于美国和日本。欧盟使用的非关税壁垒主要有：进口配额制、"自动"出口限额制和进口许可证制。第一，进口配额制十分复杂而又多变。欧盟既使用绝对配额，又使用关税配额。从 1993 年起实施的数量限制为绝对配额，目前基本取消这一制度。取而代之的是欧盟根据联合国贸发会通过的普惠制决议及类似税制对来自发展中国家的货物给予关税优惠待遇。此外，欧盟的进口配额制还包括纺织品配额与非纺织品配额。第二，自动出口限额制。20世纪 80 年代以来，欧盟广泛使用自动出口限额限制进口。据 80 年代末 GATT 秘书处公布的统计资料，当时欧盟各成员国和特定行业制定的自动出口限制措施达125 种。所限制的产品主要为农产品、食品、服装、汽车、运输设备、钢和钢铁制品、硅类等。第三，进口许可证制。欧盟建立许可证制度的目的在于管理数量限制和落实监督制度。根据欧盟法律，进口需经欧盟成员国事先审批，然后签发进口许可证，成员国一般提前一天发放进口许可证，并将进口数量报告给欧盟委员会。该委员会以此来掌握和管理整个欧盟市场的进口数量。

（四）反倾销措施

欧盟成立之初，各成员国均根据各自的法律和法令分别实行反倾销、反补贴措施。但这种做法不符合欧盟建立关税同盟对外统一关税的宗旨。1968 年 7 月 1 日，欧盟第 459/68 条例正式生效，这是欧盟第一个统一的、适用于各成员国的反倾销反补贴条例。这个条例曾经多次进行修改，现行有效的欧盟反倾销反补贴条例是1988 年 8 月颁布的第 2423/88 条例。该条例共 19 条，是欧盟目前实行反倾销反补贴行动中所依据的最重要的法律文件。该条例的一些重要法律概念有：适用范围、反补贴和反倾销、倾销、正常值、出口价、正常值与出口价的比较以及损害等。欧盟规定对一种进口商品征收反倾销税必须符合两个基本条件：一是该产品对欧盟实行倾销；二是倾销的产品对欧盟有关工业造成了损害。欧盟的一个完整的反倾销案件通常要经过起诉协商阶段、调查阶段、初裁阶段和终裁阶段。一般来讲，反倾销案件从立案到终裁需要一年半时间。欧盟对中国商品进行反倾销调查时，选用的替代国（地区）主要有美国、澳大利亚、香港、韩国、印度和斯里兰卡等。欧盟长期以来将中国作为非市场经济国家对待，直到 1998 年 4 月这种状况才有所改变。

（五）欧盟的普惠制方案

1968 年联合国贸发会议通过建立普遍优惠制关税制度的决议，欧盟从 1970 年7 月 1 日起率先实施普惠制方案，对原产于发展中国家的产品实行普遍的关税优惠待遇。1994 年 12 月 31 日欧盟颁布了新的普惠制方案，从 1995 年 1 月 1 日起实施，为期 4 年。新方案具有新的特点和操作方法，并增加了一些原方案所没有的新的原则。第一，新方案实行"关税调整机制"。而取消原方案普惠制产品率为零的政策，将普惠制下的进口商品按敏感程度分为五类，分别实施自主税率和协议税率。对中国的进口商品实行协议税率。第二，新方案将受惠国分为五类，中国属于出口导向的工业部门已具有相当竞争能力的第二类。第三，新方案增设了"毕业条款"，它包括"国家毕业"和"产品毕业"。如果某个国家或地区的某种产品对欧盟出口超过欧盟普惠制项下进口额的 25％时，其优惠待遇将被取消，1996 年 1 月 1 日起恢复正常关税。第四，新方案附录列举了一些从 1995 年起不再享受欧盟普惠制国家的商品。第五，新方案制定了"特别鼓励条款"，规定从 1998 年 1 月起，为那些在国家立法中能良好地执行社会劳工和环保原则的国家提供额外优惠的可能。第六，新方案设立了"保障条款"。该条款规定，如有下列行为的受惠国将暂时全部或部分地取消优惠待遇：①强制劳动。②出口劳改产品。③不能控制毒品和洗钱活动。④不能就原产地证书问题提供行政合作或有欺诈行为。⑤被证明有不公正贸易行为，包括歧视欧盟和不能履行"乌拉圭回合"谈判关于市场准入的义务。⑥农产品部门仍沿用原方案，新方案从 1996 年 1 月起执行。

欧盟新普惠制方案对中国的出口贸易产生重大影响。中国产品被列入毕业名单之首。在欧盟新方案 149 个受惠国家（地区）中，有 31 个受惠国的部分重要产品被取消了普惠制待遇。其中被取消普惠制待遇的大宗出口产品的国家主要集中在亚洲，中国首当其中。被取消优惠待遇的中国产品，主要涉及到七大类商品：①除化肥外的所有化学产品。②皮革制品和毛皮、人造毛皮。③所有服装及其辅料。④所有鞋、帽、伞等。⑤石料、陶瓷和玻璃制品。⑥部分钢铁制品和全部其他贱金属制品。⑦杂项制品。根据这个方案，中国对欧盟出口的这些大宗产品几乎被取消或完全取消普惠制待遇。从税则分类上看，上述产品占全部分类的 41％，1993 年中国的七大类产品对欧出口额为 117 亿欧洲货币单位，占中国对欧出口总额 196 亿欧洲货币单位的 60％，占欧盟同类产品进口额的 11％。此外，欧盟长期以非市场经济国家和人权问题为由对中国进行歧视，1998 年 4 月之后这种状况有所改善。

第三节　日本的对外贸易

日本是个后起的资本主义国家，明治维新后才走上资本主义道路。"二战"中，日本成了战败国，经济遭到严重破坏。战后，日本经过五六十年代的高速发展，经济迅速崛起。日本的 GNP 总值在 1968 年超过原联邦德国，仅次于美国，如今日本经济规模占世界的 1/7 左右。在科技方面，日本也居领先地位。20 世纪 90 年代以来，日本受泡沫危机影响，经济下滑，但 1996 年经济增长率仍达 3.6％，GDP 总值（按当年价格和汇率计算）为 5.11 万亿美元。现在日本不仅是仅次于美国的经济大国，还是最大的贸易顺差、资本输出国和债权国。

一、对外贸易在日本经济中的地位和作用

日本是个资源极其贫乏的国家，经济发展需要的原料、燃料绝大部分依赖进口。其中，主要的工业用原料和燃料几乎100％依赖进口。同时，几乎所有的资源对进口的依赖程度在不断提高。20世纪70年代以后，尽管日本提出了发展技术和知识密集型战略，将产业结构从劳动密集型和资源密集型向技术和知识密集型发展，并取得了一定的成效，但还是摆脱不了对国外资源的依赖，主要资源对进口的依赖程度仍在不断提高。特殊的国情，不仅决定了日本对国外资源的依赖，也决定了对国外市场的依赖。可以说，没有进口就没有日本经济，没有出口也没有日本经济。

外贸在日本经济中的作用主要体现在以下三个方面：第一，扩大出口是日本维持高速经济增长率的重要途径。在经济恢复和腾飞时期，日本通过扩大出口贸易获得了进口原料、燃料和引进外国先进技术所支付的外汇；70年代中期以后，扩大出口贸易依然是保持日本经济低速稳定增长的重要手段。第二，出口贸易为商品和劳务提供了广阔的市场。日本国内市场相对狭小，其商品和劳务对海外市场依赖较强，特别是在当前的日本经济衰退时期，扩大出口、开拓海外市场，成为推动日本经济走出低谷的重要突破口。第三，对外贸易是经济结构调整的途径。1980年，日本提出了"技术立国"的战略，扩大在高技术领域的研究开发投资，加速向高技术行业转变的步伐，同时将一些劳动资源密集型和污染严重的产业移向海外，逐步改变出口贸易的商品结构。1986年以后，日本决定将经济结构从"出口主导型"转向"内需主导型"；同时扩大对外直接投资，将对外贸易结构从注重商品输出转向注重资本输出。这一政策的变化又引起了进口贸易的扩大。

二、对外贸易的发展

"二战"后，日本为了实现赶超欧美发达国家的目标，明确提出了"贸易立国"的经济发展战略。战后，日本经济发展的速度在发达国家中是名列前茅的，而对外贸易尤其是出口贸易的发展速度则更高。

（一）对外贸易急速扩大

从1955～1989年间，日本GNP（按固定价格计算）增加8.4倍，年均增长率为6.8％，而同期日本的出口和进口贸易则分别增加33.8％和18.9％，年均增长率分别达到11％和9.2％。其中，在1955～1972年间的对外贸易额增长了10.6倍，年均增长率为15.5％，高于同期GDP的年均增长速度14.9％。1986年外贸总额达3355.59亿美元，进出口额分别占世界总额的6.11％和10.44％。1996年

日本进出口总额为 7601 亿美元。日本出口贸易额从 1950 年的 8.2 亿美元，增长到 1996 年的 4110 亿美元，年均增长率为 16.3%，高于同期世界和工业发达国家出口贸易增长速度的 11.3% 和 11.4%。日本进口贸易额从 1950 年的 9.7 亿美元，增长到 1996 年的 3492 亿美元，年均增长率为 14.3%，这一增长速度超过同期其他发达国家的水平。由于对外贸易迅速增长，日本世界贸易中的地位显著提高。日本出口贸易在世界出口贸易总额中所占的比重从 1950 年的 1.4% 提高到 1970 年的 6.1%，进而提高到 1994 年的 9.5%。由于经济不振，1996 年日本货物贸易额占世界总额的比重为 7.3%，仍高于同年 3.6% 的经济增长率，日本依然是名副其实的贸易大国。

战后日本外贸迅速增长的原因，除人所共知的经济高速增长以及大力引进国外先进技术，国际竞争力提高，出口商品结构得到改善外，更重要的原因是，历届政府都非常重视对外贸易，把"贸易立国"作为不变国策，而且一直把重点放在出口贸易方面。政府不仅制定了出口战略，而且一直把重点放在出口贸易方面。政府不仅制定了出口战略，还从组织机构和政策措施上予以保证。"贸易立国"方针具有深远的意义：第一，它促使日本企业界积极采用先进技术，加快了日本产业技术装备现代化的步伐，紧跟世界科技发展的潮流。第二，它使日本不仅突破了自然资源贫乏对发展现代化大工业的制约，并且扩大了选择优质资源的余地，从而保证工业优质原料的获得。第三，它使日本突破了国内市场狭小的限制，建立起远远超出国内市场需求的大批量生产体制。而大批量生产体制的建立，有助于提高生产效率和质量，降低成本，增强国际竞争力，从而又有助于进一步拓宽世界市场。

（二）对外贸易结构发生根本变化

1. 出口方面。日本出口商品结构的显著特点是工业制成品的比重大，商品结构不断优化，商品比较集中。第二次世界大战前，日本的出口商品主要以丝、棉织品和农产品为主。1934～1946 年轻工业品平均占 74%，重工业品仅占 17%。50 年代仍以纺织品为主，重化工业品出口不到 50%。60 年代后重化工业品在出口中的比重不断上升，到 60 年代末超过 70%，到 70 年代末上升到 86.5%。工业制成品在出口中的比重 1970 年就高达 94%，1993 年继续提高到 97%。在制成品出口中，机器和运输新设备增长最快，从 1970 年占出口总值的 41%，上升到 1993 年的 68%；而纺织品的出口比重从 1970 年的 13% 急剧下降到 1993 年的 2%。另外，80 年代后技术和知识密集型产品的出口比重不断上升，1984 年日本高技术商品出口比重达 32.1%，领先于其他国家。日本主要的出口商品比较集中。1982～1983 年，日本的汽车、收录机、自动机器、电信设备、电力机器、船舶、仪器设备、钢管、钢板、办公机构等十项主要产品的出口占出口总值的 63.31%。从目前的趋势看，日本出口商品结构将继续向以高附加值商品为主的方向发展。

2. 进口方面。以原材料和燃料为主的初级产品的进口占进口总额的比重很高，经常达到80％左右。但自20世纪80年代以来，这种情况已发生变化。制成品的进口比重从1984年的30％上升到1994年的55％。这种状况是与石油为主的燃料进口比重下降、电脑相关的设备进口增加密切相关的。日本自然资源贫乏，与其他发达国家相比，工业生产所需要的原料、燃料等必须大量依赖进口，因此其初级产品进口的比重仍比较高。不过，日本进口的初级产品在不同时期内容有所不同。在50年代以纺织原料和粮食食品所占比重较大，1950年两者合计为70.3％；60年代后，进口原料集中到重化工业所需的矿物燃料和多发原料上。70年代燃料在进口中的比重大大提高，其他各类初级产品所占的比重相对缩小。由于石油大幅涨价，迫使日本在矿物性燃料上的进口开支急剧上升，进口开支比重从1970年的20.7％上升到1981年的50.6％，其中仅石油一项的比重就从11.8％上升到37.2％。80年代后，随着日本对外贸易摩擦的加剧和国内经济转型，国内市场面临进一步开放，制成品的进口比重不断上升，从1980年的21％上升到1987年的40.7％。

（三）进出口地区分布发生较大变化

战前日本的主要出口地区是中国和美国。战后总的趋势是对欧美出口比重不断上升，从1955年的26％上升到1970年的48％。其中对欧出口上升很快，从3％上升到17％。1981年日本出口总额中，美国占25.4％，欧洲占18.3％，亚洲占36.5％；1991年分别为29.3％、22.8％和37％。进口地区主要集中在亚洲和美国。在1950～1970年间亚洲的比重从46.3％下降到31.9％，美国从21.7％上升到29.4％。1980年美国的比重下降到17.4％，而亚洲则上升到57％。其中，来自中国的进口1960年为0.1％，1980年为3.7％。1991年日本的进口比重，亚洲为43.6％，美国是26.7％，欧洲是18.2％。

日本的主要贸易伙伴是美国和亚洲国家，特别是东南亚国家。50年代日本从美国的进口约占其总进口的1/3，但以后就逐步下降。80年代以来，日本从美国的进口约占其总进口的20％左右，1993年为23.1％。日本从东亚、东南亚的进口在50年代占其总进口的1/4，60年代东南亚在日本进口中的比重有所下降，但70年代以后，来自东南亚的进口总保持在1/4左右。90年代以来，日本从东亚、东南亚的进口又大幅上升，1995年日本从东亚的进口额占其进口总额的41.5％，远远超过来自美国的进口。1993年以来日本连续五年成为中国最大的贸易伙伴，中国成为日本仅次于美国的贸易伙伴。此外，70年代以来，中东石油输出国在日本进口中的比例显著提高。1980年来自中东的进口占其进口总值的比重从五六十年代的10％上升到31.6％。1985年以来由于油价回落这一比重又迅速下降，1993年为11.3％。

日本的出口对象也主要是美国和亚洲国家。50年代日本对美国和东南亚的出口就占其出口的一半以上。60年代后，日本对美国和亚洲国家的出口分别占其出口的 30％左右。1987 年日本对美国和亚洲的出口分别占其总出口的 36.8％和 27％；1993 年这两个比重分别为 29.5％和 31.3％。此外，日本对中东和西欧的出口也增加较快。日本对中东的出口占其出口总额的比重从五六十年代的 3％左右剧增到 80 年代初的 12％，1993 年达到 13.5％。1995 年日本对西欧的出口占其出口总额的比重为 10％，1985 年增至 13.5％，1992 年又上升到 19.7％。

三、对外贸易政策的演变

第二次世界大战后，日本的外贸政策是随着日本经济形势的变化和日本在世界市场上地位的变化而变化的。战后初期到 60 年代初，实行严格的外贸管制；60 年代以后，逐步实行了贸易自由化。从进口贸易角度来看，总的发展趋势是从"出口第一"主义向扩大内需、实行"有节制出口"转变；对进口限制由严格向逐步有选择地放松，贸易自由化水平不断提高。

（一）限制进口政策的演变

第二次世界大战后初期，日本实行的是统制经济，在外贸方面实行的是盟军最高司令部（SCAP）控制下的"管理贸易"。这种管理贸易以国营贸易、国内外市场分离和国内外经济割断为特征。1949 年以后，随着美军对日本占领政策的改变，国营贸易开始向民间贸易转变。1949 年底公布了《外汇及外贸管理法》（简称《外汇法》），同时还公布了《出口贸易管理令》和《进口贸易管理令》。《外汇法》授权政府对外贸和外汇实行直接管理，对进口用汇规定了许可限额（外汇预算），实行外汇集中制度，由法定的外汇银行将外贸中的一切票据集中到中央的贸易资金特别会计，这项制度一直延续到 1971 年 5 月。《外汇法》是战后日本第一部有关外汇与外资管理的基本法，最终完成了由日本政府实施自主管理的民间贸易体制的转轨。此外，日本政府出于节汇和扶植重点产业的需要，对外汇使用实行配额制，提高外汇的使用效率，并对进口商品数量也作了配额规定。在此基础上，日本政府又先后颁布了《对外贸易管制法》（1952 年）、《海关法》（1954 年）、《出口检查法》（1957 年），建立了出口和进口协会。政府通过该协会对外贸进行管制，具体进口许可证的商品可分为两类：一类是自动许可的商品，如原料和食品；另一类是分配外汇的商品（又叫"限额进口"商品），除第一类以外的商品都属于这一类。1959 年又增加一类自动分配外汇的商品，进口这类商品要经过通产省的许可，但外汇可以比较自由地从该类商品进口拨款范围内得到。这种外汇管制制度严格限制了商品的进口。

20 世纪 60 年代以后，严格限制外贸的政策已与日本经济的高速增长发生矛盾，同时日本受到以美国为主发达国家的压力，于是对进口的限制开始调整，并逐步推行贸易自由化。日本政府于 1960 年 6 月公布了《贸易与汇兑自由化大纲》，提出要在 3 年内取消一切限制，事实上并未兑现。在欧美国家的严厉指责下，日本终于在 1964 年实行了贸易自由化。进口自由化率从 1960 年 4 月的 41％上升到 1964 年 4 月的 93％。为适应向开放体制的转变，直接管制也逐步过渡到关税政策，这一时期日本关税的实际保护率普遍高于欧美。70 年代后，日本一方面继续逐步放宽进口限制，另一方面寻求保护方式的多样化。1979 年 12 月《新外汇法》公布，受限制的进口商品减少到 27 种，其中农产品和水产品 22 种，煤炭和工业制成品的电子计算机、机械、仪器等 5 种。限制进口品种的比率是 3％，进口自由化比率达 97％。1964 年 4 月，日本加入经济合作与发展组织（OECD）。

整个 80 年代，除 1980 年外，日本外贸连年顺差，累计超过 4000 亿美元。80 年代中期以来，为缓和日益加剧的对外贸易摩擦，日本开始推行旨在"开放国内市场"的新进口政策，通过降低关税，简化进口手续，完善进口信贷体制，扩大制成品进口，进一步推行贸易自由化，并配合国内经济转型，扩大内需，向国际社会作出进一步开放的姿态。

（二）鼓励出口政策的演变

振兴出口是日本外贸政策最主要的目标，日本长期视扩大出口为其生存出路，因此对出口贸易给予高度重视。战后初期，为改变"盲目出口"状态，1954 年成立了财团法人"海外贸易振兴会"（1958 年改称"日本贸易振兴会"），专门为日本企业进入海外市场服务。1954 年 9 月内阁决定成立出口会议，后改组为进出口贸易会议，负责对有关外贸政策的调查审议，由内阁总理大臣亲任议长。在 20 世纪 50 年代，日本还相继制定了出口保险制度、外汇资金贷款制度。1952 年制定的《进出口交易法》和 1957 年的《出口商品检验法》等一系列相关法令，为振兴出口提供了制度和法律方面的保障。

进入高速增长时期后，日本政府继续完善振兴出口制度，扶植重点产业的产品出口，提高本国企业的国际竞争力，推行出口地区多元化，积极开展多边贸易，逐步形成了以开展多边外贸为目的的加工贸易政策。

20 世纪 70 年代石油危机发生后，日本政府致力于提高出口产品结构。特别是在 80 年代后，迫于对美欧贸易摩擦的加剧，日本开始向"有节制地出口"转变，鼓励以海外投资替代商品直接出口，大力促进技术知识密集型的高附加值产品的出口。与此同时，鼓励区域经济合作，改变单纯注重出口的对外经济战略，谋求日本经济的国际化。总之，振兴出口始终是政府外贸政策的中心，它反映了日本"贸易立国"的战略思想，并推动日本主导型的经济不断向前发展。80 年代中期后，进口限制的逐步放宽，日本外贸"回归亚洲"的趋势基本适应了国内产业结构调整的形势，并对贸易自由化的推行发挥了积极作用。

第十章　国际资本移动与国际贸易

第一节　国际资本移动的主要形式

国际资本移动是指资本从一国或地区跨越国界向别的国家或地区移动、转移，进行生产和金融方面的投资活动。它是资本主义发展到垄断阶段后的重要经济现象，在当代世界经济中居于重要的地位。

国际资本移动按资本持有者的性质可分为国家资本和私人资本移动两大类；按投资期限的长短可分为长期资本移动和短期资本移动；按投资方式可分为直接投资和间接投资。下面着重介绍直接投资与间接投资这两种形式。

一、对外直接投资

对外直接投资是一个国家的投资者输出生产资本直接到另一个国家的厂矿企业进行投资，并由投资者直接对该厂矿企业进行经营和管理，即投资者对于所投资的实体具有管理控制权。

对外直接投资主要有以下五种方式：

（一）开办独资企业

投入的资本完全由一国提供，外资股份为百分之百。包括设立分支机构、附属机构、子公司等。它还可以采取收买现有企业或建立新的企业的方式来进行。

（二）兼并与收购

兼并与收购高潮开始于 20 世纪 80 年代后期，在 90 年代的国际直接投资衰退中受到影响，现在再掀高潮。1988～1995 年间，世界跨国兼并与收购总额（包括证券投资进行的兼并与收购）增加了一倍，达到 2290 亿美元；同期，多数控股兼并与收购总额（不包括证券投资进行的兼并与收购）和少数控股国际直接投资增长了 84％。达到 1350 亿美元。1996 年跨国兼并与收购总共 1630 亿美元，占全球外国直接投资流入总额的 47％。欧美企业之间的跨国界的兼并与收购尤为突出。

1996 年，大量流向美国的外来直接投资是通过企业兼并和收购进行的，企业兼并与收购投资占流向欧盟外来直接投资的一半。

（三）与投资所在国合办合资企业

两国或两国以上的投资者在一国境内根据投资所在国的法律，通过签订合同，按一定比例或股份共同投资建立、共同管理、分享利润、分担亏损和风险的股权式企业。合资企业可分为股份公司、有限责任公司、无限共同责任公司，并具有法人地位。

（四）与投资所在国合办合作企业

国外投资者根据投资所在国法律，与所在国企业签订合作经营合同而设立的契约式企业。签约各方可不按出资比例，而按合同条款的规定，确定出资方式、组织形式、利润分配、风险分担和债务清偿等权利、义务。

（五）利润再投资

《1997 年世界投资报告》称，1994～1995 年间，美国对外直接投资中，一半以上属于利润再投资。这一方面说明跨国公司经营的利润率提高，母公司要求境外分支机构汇回利润的需求降低；另一方面也说明境外分支机构利用自己所赚得的利润扩大自己在境外的经营。除此之外，对外直接投资还可分为垂直型对外直接投资和横向型对外直接投资两种。

垂直型对外直接投资又分为两种：一种是一国投资者为了在生产过程的不同阶段实行专业化而将生产资本直接输出到另一国进行设厂或建立新的企业的投资活动。这种对外直接投资在资源的开采、提炼、加工和制成品制作过程中使用较多。另一种是把劳动密集型产品的某些生产阶段采用投资的方式转移到劳动力成本较低的国家或地区进行。这种投资方式，在西方发达国家或一部分新兴工业化国家与地区进行产业结构调整时经常采用。如电子元器件和产品的设计、制造由美国或日本的电气公司完成，而将其运到香港、韩国或我国台湾省的附属公司进行组装。这种类型的垂直型对外直接投资一般是依据每一生产阶段的不同特点和要求，利用有关国家或地区的资源、加工条件、优惠措施等进行的。

横向型对外直接投资是指一国的公司或企业作为投资者将生产资本输出到另一国，在投资所在国设立子公司，从事某种产品的设计、规划、生产和销售等全部经营活动。

二、对外间接投资

对外间接投资包括证券投资和借贷资本输出，其特点是投资者不直接参与这些投资企业的经营和管理。

证券投资指投资者在国际证券市场上购买外国企业和政府的中长期债券，或在股票市场上购买上市的外国企业股票的一种投资活动。由于属于间接投资，证券投资者一般只能取得债券、股票的股息和红利，对投资企业并无经营和管理的直接控制权。

借贷资本输出是以贷款或出口信贷的形式把资本借给外国企业和政府。一般有以下四种方式：

（一）政府援助贷款

政府援助贷款是各国政府或政府机构之间的借贷活动。这种贷款通常带有援助性质。一般是发达国家对发展中国家或地区提供的贷款。这种形式的贷款一般利息较低（约 3％～5％），还款期较长，可达 20～30 年，有时甚至是无息贷款。这种贷款一般又有一定的指定用途，如用于支付从贷款国进口各种货物或用于某些开发援助项目上。

（二）国际金融机构贷款

国际金融机构主要指"国际货币基金组织"、"世界银行"、"国际开发协会"、"国际金融公司"、各大洲的银行和货币基金组织以及联合国的援助机构等。

国际金融机构的贷款条件一般比较优惠，但并不是无限制的。如世界银行只贷款给其成员国政府或由政府担保的项目。国际货币基金组织贷款的用途主要用于弥补成员国经常项目收支而发生的国际收支的暂时不平衡。世界银行贷款则重点用于发展公用事业、教育和农业。

（三）国际金融市场贷款

国际金融市场分为货币市场和资本市场。前者是经营短期资金借贷的市场；后者则是经营长期资金借贷的市场。货币市场是经营期限在一年以内的借贷资本市场。资本市场是经营期限在一年以上的中长期借贷资本市场。中期贷款一般是1～5年期的贷款，长期贷款为 5 年以上的贷款，最长期可达 10 年。一般国际金融市场贷款利率较高，但可用于借款国的任何需要，对贷款用途无限制。

（四）出口信贷

出口信贷是指一个国家为了鼓励商品出口，加强商品的竞争能力，通过银行对本国出口厂商或外国进口厂商或进口方的银行所提供的贷款。

第二节　国际资本移动的特点和原因

一、第二次世界大战后国际资本移动的特点

战后，国际资本移动较之"二战"前发生了很大的变化，主要有以下四个特征：

（一）国际直接投资占主导地位，投资规模扩大

在战后的国际资本移动中，对外直接投资占主导地位。这与战前相比发生了明显变化。1914 年，国际资本移动的 90％是以国际间接投资的形式进行的。战后，主要工业发达国家国际资本移动的 75％左右是对外直接投资。

第二次世界大战后，对外直接投资增长很快，年均增长速度超过国民生产总值和国际贸易增长速度。1986～1990 年国际直接投资年均增长率为 24.7％，而同期国内生产总值和出口的年均增长率仅为 10.8％和 14.3％。1991～1994 年国际直接投资增长速度下降为 12.7％，但仍超过国内生产总值的 4.3％和 3.8％的年均增长率。

1996 年全球外国直接投资总额增长了 10％，达到 3490 亿美元，但值得注意的是，外国直接投资实际上仅占流向国际生产领域中资金总量的一部分，大约 1/4。在直接投资之外，跨国公司子公司投入生产中资金的相当部分是由这些子公司独自在当地或其他国家筹措的。若将这部分资金考虑进去，则 1996 年跨国公司的海外投资的实际金额，包括国际生产的资本部分，据《1997 年世界投资报告》估计为 1.4 万亿美元。

（二）国际资本移动中的主体仍是西方发达国家，但发展不平衡

第二次世界大战后，国际资本移动的主体与战前相同，仍是西方发达国家。1995 年五大对外直接投资国——美国、德国、英国、日本和法国，其对外直

接投资约占世界对外直接投资的 2/3。

1996 年发达国家对外直接投资总额为 2950 亿美元，占当年国际直接投资总额的 3490 亿美元的 84.5％。但是，各国在国际资本移动中的地位却很不平衡。美国成为世界上最大的对外投资大国。1996 年美国吸收和对外直接投资流量都大于其他国家。当年流入美国的直接投资为 846 亿美元，比 1995 年的 608 亿美元增加了 39％，创历史最高记录。

表 10—1　　　1983～1995 年各类国家国际直接投资流量占世界比重　　　单位：%

年　份	发达国家		发展中国家		中东欧	
	流　进	流　出	流　进	流　出	流　进	流　出
1983～1987	76	95	24	5	0.02	0.01
1988～1992	78	93	21	7	0.77	0.02
1993	62	85	35	15	2.70	0.04
1994	59	83	39	17	2.60	0.24
1995	65	85	32	15	3.80	0.09

资料来源：《1996 年世界投资报告》中译本，对外经济贸易大学出版社，1997 年版，第 43 页表 1.1。

流向美国的直接投资中，2/3 来自欧盟跨国公司。1996 年，美国的对外直接投资为 854 亿美元，略低于上年的 933 亿美元，其中有 43％流向了欧盟。

1996 年，流向欧盟的直接投资从上年的 1110 亿美元减少到 990 亿美元，而欧盟的对外直接投资则从上年的 1490 亿美元增加到 1600 亿美元。在过去的 10 年中，欧盟吸收的外国直接投资中，欧盟成员国间的交叉投资约占一半以上；而其对外直接投资中，越来越多的部分流向了北美、中东欧和发展中国家。

欧盟各大国在吸收外国直接投资和对外投资中，英国均居首位。1996 年，英国对外直接投资从 1995 年的 420 亿美元猛增至 530 亿美元，大大超过了德国 290 亿美元、法国 250 亿美元和荷兰 200 亿美元的水平。同年，英国吸收的外国直接投资猛增至 300 亿美元，超过了法国 210 亿美元和比利时、卢森堡 140 亿美元的水平。

（三）国际资本移动的国别地区流向发生了重大变化

第二次世界大战后到 60 年代，国际资本移动的方向主要是发达资本主义国家流向发展中国家和一些前属领地。60 年代末 70 年代初以来，国际资本移动逐步发展成为发达国家相互间的对流型移动，并且发达国家间的双向投资比重仍在继续提高。据估计，西欧、日本的对外投资中，对北美国家的投资就占其对外投资总额的 50％以上。1995 年美国输入的外国直接投资达到 600 亿美元，为英国的两倍，而英国是当年发达国家中输入外国直接投资的第二大国。与此相类似的是，美国对发达国家及地区的直接投资占其对外直接投资总额的 70％以上。

1996 年，中国吸引外资规模达到历史最高水平，为 423 亿美元，约占流入亚洲各国直接投资总额的一半，自 1993 年起已连续 4 年成为美国之后世界第二大外资最多的国家。中国巨大而又日益增长的市场，宏观经济改革和"软着陆"的成功，吸引外来投资政策措施的有效实施等，成为促进外商投资流入的积极因素。新加坡 1996 年吸收外资总额为 90 亿美元，是亚洲第二大外资吸收国。外国直接投资流入增长最快的是拉丁美洲和加勒比海地区，1996 年外国直接投资流入规模为 390 亿美元，比上一年增长了 52%。其中，巴西是吸引外资最多的国家，1996 年外国直接投资流入总额为 100 亿美元。

（四）国际资本移动的部门结构发生了显著变化

20 世纪 50 年代期间，外国直接投资集中于初级产品部门和资源加工型产业；今天，外国直接投资主要集中在服务业和技术密集型制造业。80 年代期间，向服务业投资变化的速度加快，70 年代初时，世界各国直接投资中 25% 投放在服务行业，20 年以后，这一比重增加到近 55%，每年的投资流量中约有 55%～60% 投向了服务行业。

二、战后国际资本移动迅速发展的原因

（一）国际经济相互依存度提高，生产和资本市场的国际化发展迅速

这是战后国际资本移动，特别是对外直接投资迅速增长的客观基础。由于生产的国际化，各国在生产过程中实现专业化协作，使国与国间的投资成为可能。而资本市场国际化的发展，为各国的投资提供了更为良好的环境。

（二）科技进步的迅速发展和新技术革命的兴起加速了国际资本的移动

科技进步引起世界各国产业结构的变动和调整。突出表现在发达国家把劳动密集型的传统产业向发展中国家转移，与此同时带动了对这些劳动密集型产业部门的资本输出和输入。因此，技术差距的存在也成为发达国家及其与发展中国家之间对外直接投资的原因之一。

（三）国际市场竞争加剧，贸易保护主义盛行

第二次世界大战后初期已出现争夺市场的贸易摩擦。70 年代中期以来，以非

关税壁垒为特征的新贸易保护主义迅速泛滥，各国纷纷采取贸易保护的政策，保护本国国内市场，使贸易摩擦进一步加剧。因此，各国纷纷通过直接投资，提高在当地生产的比重，以便占据对方市场，绕开贸易对手设置的贸易壁垒，同时可以减缓贸易摩擦。

在世界经济中，区域经济一体化和贸易集团化趋势加强，集团化在贸易中呈现出排他性和对非成员国的歧视性，迫使各国为维护自身经济利益而竞相在对方扩大直接投资，争夺对方有利的投资领域。这在一定程度上，在客观上造成了国际直接投资规模的进一步扩大。

（四）国家垄断资本的输出促进了私人资本的输出

第二次世界大战后，发达国家政府干预经济的表现形式之一就是通过对外"援助"和贷款迫使受援国开放本国的商品和资本市场，允许外国资本的自由移动；同时，政府还把"援助"和贷款投入到一些私人资本不愿意或不容许投入的交通、通讯等公共事业部门，为私人资本的投资创造良好的投资环境。

（五）兼并与收购

联合国贸易与发展会议编写出版的《1997年世界投资报告》认为，兼并与收购是推动外国直接投资增长的一个非常重要的因素，仅外国投资方多数控股的交易额1996年跨国界兼并与收购总值约达1630亿美元，比1995年的1410亿美元增长了15.6%，约为外国直接投资总额的一半。

（六）投资体制的自由化

从1991～1996年，各国政府共对外国直接投资管理体制做出了599次调整，其中95%是朝着投资自由化方向调整的。政府间广泛缔结双边投资保护协定有力地促进了外国直接投资的快速增长。根据《1997年世界投资报告》，截至1997年年初，世界62个国家（地区）间共签订了1330个双边投资保护的协定。

（七）跨国银行和区域性金融投资机构的兴起与发展，促使国际资本市场进一步扩大，为资本移动提供了良好的环境

第二次世界大战后，跨国银行通过其海外的分支机构、参股银行、国际联合银行等形式来经营国际性的金融投资业务。国际联合银行的建立分散了独家从事大规模国际借贷活动的风险，这扩大了国际资本移动的规模和活动范围，有力地促进了国际资本的移动。

第三节 国际资本移动对国际贸易的影响

一、加速了战后国际贸易的发展

第二次世界大战后，国际资本移动的加快和规模的扩大是国际贸易迅速发展的一个重要原因。

1. 战后初期，美国政府便开始向西欧和日本等国和地区进行国家资本输出。美国国家进出口银行的贷款范围仅限于全部用于购买美国商品，并必须由美国船只装运和由美国的保险公司保险。同时，美国的跨国公司通过在海外的直接投资，把本来由本国公司内的部门间和部门内的分工扩展到全世界范围，将这种分工放大为各国间的相互依赖和合作。同时，将机器设备的进出口、原材料和零部件等中间产品的贸易密切联系起来，从而迅速扩大了美国与西方国家的贸易，并在一定程度上加速了国际贸易的发展。

2. 第二次世界大战后，发达国家对发展中国家的资本输出和私人出口信贷成为扩大其大型机械设备和成套设备出口的重要手段，扩大了它和发展中国家的双向贸易。

3. 国际资本移动成为确保原料进口的手段，第二次世界大战后至20世纪60年代，资本移动主要流向原材料采掘、冶炼行业，从而保证了发达国家经济发展所需的原材料供应问题。特别是有的发达国家的跨国公司与东道国先做好投资规模的研究，然后签订长期贸易合同，保证投资者在较长时间内得到稳定的有保证的原料供应。

二、促进国际贸易的地理分布和商品结构发生变化

第二次世界大战后，发达国家集中了海外直接投资的75%以上，这种直接投资的地区格局致使发达国家间的分工与协作不断加强，促进了它们之间贸易的发展。

第二次世界大战后，国际贸易的70%以上是在发达国家之间进行的。这一方面是由于发达国家经济发展水平相同，生产、消费结构相类似；另一方面则与企业的直接投资行为密切相关。

第二次世界大战后，国际贸易商品结构发生了重大变化，工业制成品的比重超过初级产品的比重，在工业制成品中，中间产品比重增长很快，这些都与国际资本移动，特别是大量的直接投资集中于制造业有着密切的联系。

中间产品比重的持续增长在一定程度上与跨国方式有关。跨国企业是从全球的

角度依照各地的个体条件进行资源配置的。其经营方式为内部企业间分工协作，定点生产、定点装配、定向销售，这样便会出现大量零部件在国家间的往返运输，由此增加了中间产品的贸易比重。

三、加强了国际贸易中的竞争

国际资本移动，特别是对外直接投资作为企业争夺国外市场的手段具有以下几个有利的因素：

1. 建立商业信息情报网络。

在国外的生产和贸易部门投资的企业可利用自身优势，及时、准确地搜集当地市场和商业信息，并与其他地区建成信息网络。这对企业根据市场状况适时地生产适销对路的产品，改进产品的销售都是极其有利的。

2. 增强商品的竞争能力。

通过对外直接投资，就地生产和就地或到邻近的地区销售商品，减少了运输成本和其他销售费用，或者利用东道国廉价的劳动力，既吸纳了东道国的劳动力，又有效地提高了商品的竞争能力。

3. 争夺市场份额。

发达国家通常利用技术上的优势，通过对外直接投资的方式在国外建立使用本国专有技术或其他知识产权生产新产品的企业，在其他企业仿造或制造类似产品以前抢占对方市场，从而获得生产和销售的垄断权并获得垄断利益。

四、国际贸易方式多样化

第二次世界大战后，国际资本移动中，跨国公司的对外投资迅速增加。跨国公司通过在海外设置自己的贸易机构或建立贸易为主的子公司经营进出口业务，并扩大跨国公司内部的交换范围，使跨国公司内部贸易扩大。与传统贸易相比，贸易中间商、代理商的地位则相对下降。与此同时，国际贸易的方式也多样化，出现了加工贸易、补偿贸易、租赁贸易等业务。

五、促使各国贸易政策发生变化

跨国公司作为国际资本移动的载体对国际资本移动的加速发展起着重要的作用。跨国公司倡导贸易自由化原则，要求政府为其创造良好的自由贸易环境，这必然会影响本国政府的贸易政策，跨国公司及其代表的投资国不仅需要实现资本的自由移动，也更加需要实现商品的自由移动。

第十一章 国际贸易新方式

国际贸易方式是指进行国际贸易活动所采取的具体做法。自从开展国际贸易以来，随着科技的发展和贸易竞争的需要，国际贸易方式不断推陈出新。目前，全球正进行着一场以信息技术为代表的科技革命，在这场革命的影响下，国际贸易正大量地采用电子贸易方式，贸易电子化正席卷全球。国际电子贸易的开展，一方面深刻地改变了传统国际贸易的运作方式，另一方面也成为推动国际贸易发展的又一支重要力量。

第一节 国际贸易新方式概述

国际贸易新方式是个相对概念，是指相对于传统贸易形式而言的新方式。"二战"结束以后，特别是 90 年代以来，随着经济全球化步伐的加快，国际贸易新方式不断出现。从总体上看，这些贸易新方式主要体现在以下两个方面：一是与国际投资的关系上，越来越多的国际贸易开始以与国际投资相结合的方式进行，在激烈的国际市场竞争面前，单纯从事国际贸易的方式越来越少。这类新方式有融资贸易、投资于一体的 BOT 方式、"三来一补"贸易方式等。二是最近几年知识经济对贸易各环节的渗透加快，电子商务在国际贸易中的应用，使得国际贸易方式摆脱传统贸易做法，进入了一个新的运作模式。这种国际贸易新方式本书称之为国际电子贸易（简称电子贸易）。从某种程度上讲，国际贸易后一种新方式与前一种新方式相比，对传统国际贸易方式改变更大。因此，本章就国际贸易新方式的分析，主要集中在国际电子贸易方面。

一、国际贸易新方式及其特点

国际贸易新方式的产生，是与近几年国内外电子商务的发展密不可分的。甚至可以说，国际贸易新方式实质上只是广义电子商务的一个部分。因此，要掌握国际贸易新方式，首先必须了解电子商务的相关基本概念。

（一）电子商务的含义和种类

所谓电子商务，目前国内外存在许多解释。例如，世贸组织（WTO）在其专题报告中认为电子商务是指通过电信网络进行生产、营销及销售活动，其中包括通过信息网络降低经营成本、实现从原材料查询、采购、产品展示、订购、储运以及电子支付等一系列经济活动。著名惠普公司则认为电子商务是指通过电子化的手段来完成商业活动的形式等等。

实际上，目前人们对电子商务的理解有两个不同层面内容，即有人理解的是狭义的电子商务，它只是利用电子手段进行商业交易，是贸易活动的电子化、网络化和数字化；但有人理解的是广义的电子商务，它内涵扩大到包括所有使用通信技术和计算机技术的经济活动，其中包括企业内部的电子信息化管理、政府应用电子技术进行管理等。

目前有关电子商务的分类很多，除了前面的狭义与广义之分外，从应用电子商务程度的角度，它还被分为完全的电子商务和不完全的电子商务，所谓完全的电子商务，是指整个交易过程都将由电子商务完成，交易过程完全排除了人工干预。所谓不完全的电子商务，是指交易过程部分由电子商务完成，部分由人工干预完成。现在人们所谈论的电子商务，实际上基本还都是处于不完全阶段的电子商务，从涉及地区范围角度，电子商务又可分成本地电子商务、远程电子商务和国际电子商务。此外，就从事电子商务者的性质来划分，电子商务可分为企业对企业的电子商务，企业对消费者的电子商务、企业或消费者对政府机构的电子商务等。

（二）国际贸易新方式的特点

国际电子贸易是建立在国际电子商务基础上的国际贸易新方式，它深刻地改变了传统的国际贸易模式。

众所周知，传统的国际贸易活动是非常复杂的过程，不但需要多种贸易工具，需要贸易双方反复多次的洽谈和信息交流，而且贸易活动的开展很大程度上受着贸易双方地理位置等客观条件的限制。尤其对于中、小型企业来说，要想打入国际市场是极其困难的。国际贸易新方式的出现，为企业提供了进入国际市场的快捷通道。借助于国际信息网络，经贸企业可以打破时间和空间的限制，在全球范围内寻找贸易伙伴。买卖双方不仅交易成本大大降低，而且可选择空间也大为拓宽。利用网络，企业不但可以完成货物的订购，甚至可以直接将商品送到客户。比如一些信息产品、游戏光盘等。

与传统国际贸易方式相比，电子贸易具有以下主要特点或优势：

1. 贸易成本大大降低。在传统贸易方式下，作为国际贸易主体的买者和卖者，他们要获得市场信息首先要支付较高的信息成本。在磋商和履行过程中也需要大量的书面文件和单证，开支较大，另外也易出现错漏。但在电子贸易方式下，贸易双方可以从网上直接获得市场信息，能跨越众多中间商环节，不仅信息费用低，而且信息获取快捷。同时，电子贸易还消除了书面文件，减少了文件处理成本，降低了文件处理中的差错率。

2. 贸易过程和场所实现了简单化和虚拟化。过去一笔出口交易通常要经历磋商、签约、备货、领证、报验、报关、装船、投保、议付、结汇、退税等环节。为此，出口企业要分别与国外进口方、外经贸部、运输公司、海关、商检、银行、保险、税务等不同机构在不同场所办理相关业务。但电子贸易能把这些业务都放在网上来进行，从而简化了交易程序，提高了交易效率。

3. 企业"库存"大幅减少。当前国际贸易中出现的一种趋势是：客户希望要求小批量和多品种供货，并要求交货迅速。过去出口企业只能依靠加大库存来解决上述问题。但随着库存的增加，企业经营费用必然提高，企业利润降低。电子贸易可通过信息网络，强化企业内部和企业之间的供应链，为企业及时生产创造了条件，库存因此可大大减少。

4. 为企业赢得更多贸易机会。由于国际互联网没有时间和空间的限制，其触角伸向世界每一个地方。因此，在电子贸易方式下能方便地涉及过去靠人进行销售或依靠广告销售所不能有效到达的市场，从而获得更多供求信息，增加贸易机会；另外，电子贸易还可使企业与贸易伙伴建立更好、更密切的关系，从而提高市场竞争力。特别是，一些国家已明确规定，对使用电子数据进口许可证和报关的文件优先处理，或只接受电子报关。因此，对这些国家而言，能否开展电子贸易就如同能否获得进入这些国家市场通行证一样重要。

二、国际贸易新方式主要贸易步骤

国际贸易新方式的贸易步骤都可分为交易前的准备、交易磋商、合同订立及交易合同履行四个阶段，各个步骤的具体内容分别是：

(一) 交易前准备阶段

这个阶段买卖双方主要进行交易前的各项准备工作，包括通过上网进行国际市场调查，在各种电子商务网络上制作和发布广告，寻找交易机会，了解对方国家的贸易政策，制定相应的销售策略和销售方式，通过交换信息来比较价格等交易条件，选择交易对象等。同时，开展电子贸易的买卖双方还需做好与其他有关方面的电子商务协调工作，如与银行金融机构、信用卡公司、海关系统、商检系统、保险公司、税务系统、运输公司等配套的电子商务等。

(二) 交易磋商与合同签订阶段

这阶段买卖双方将利用国际信息网络就所有双方交易细节进行磋商，并将双方磋商的结果以电子贸易合同形式签订下来。从内容上看，国际电子贸易合同应包括双方在交易中的权利、所承担的义务、对所购买商品的种类、数量、价格、交货地点、交货期、交易方式、运输方式、违约和索赔等所作的规定。电子贸易方式下合同双方可以利用电子数据交换进行签约。但需注意的是，在电子贸易合同中传统贸易方式下的贸易术语和贸易条件能否继续适用问题。

（三）交易合同履行阶段

在电子贸易合同签订后，双方便转入合同实施阶段。在这阶段，卖方的基本义务是交付符合合同的商品。根据商品性质的不同，对无形商品，通常可直接利用网络系统交付，简单又迅速。对传统的有形商品，一般还是要借助运输公司将商品运抵买方。另外，对处于运输过程中的货物，电子贸易双方可通过有关电子商务信息系统进行跟踪。这阶段买方的基本义务是按合同要求支付货款和接货。电子贸易货款在线支付程序是：用户在金融机构或信任的第三方登记注册，并由其赋予用户全系统惟一的电子身份证。然后，买方就可通过该金融机构或信任的第三方向卖方发出货款，从而完成在线付款。

需说明的是，以上介绍的实际上还是一种不完全电子商务基础上的国际电子贸易运作。如果是完全电子商务基础上的电子贸易，则其贸易步骤均可由电脑自动完成。换言之，只要贸易当事人事先将有关交易信息输入计算机，那么以后的工作，包括是否与对方成交、签约、安排生产、储运、报关、银行结算等都可由计算机利用信息网络进行自动处理，整个贸易过程已不需要人工干预。当然，目前无论国内还是国外，都还没有达到这样一个发展水平。

三、国际贸易新方式在国外的应用和发展

由于国际贸易新方式在国际贸易中的明显优势，国际电子贸易在国外发展十分迅速。据世界贸易组织（WTO）资料统计，到 2001 年国际电子贸易达 600 亿美元，到 2002 年则扩大至在整个世界贸易总额中占据 10％～15％的份额。另据瑞士信贷银行计算，1999 年世界电子贸易总额为 980 亿美元，2003 年将增长到 1.24 万亿美元。1998 年美国商务部的报告显示，目前电子贸易的增长是每 100 天增加一倍，2000 年规模达到 3000 亿美元。现在，美国在开展电子贸易方面是走在世界的最前列，不仅电子贸易量全球第一，而且电子商务已成为拉动美国经济的新的增长点。

第二节　开展国际贸易新方式的基本条件和要求

伴随着信息技术的蓬勃发展，建立在电子商务基础上从事贸易活动的技术已有

不少。但是，由于国际贸易业务的自身特点，目前进行国际电子贸易主要是采用 EDI 技术，构成 EDI 技术的要素因而也就成为开展国际贸易新方式的基本条件和要求。

一、EDI 技术概述

所谓 EDI（Electronic Data Interchange）技术，根据联合国标准化组织的定义，它是指："将商业或行政事务处理（Transaction）按照一个公认标准，形成结构化的事务处理或报文（Message）数据格式，从计算机到计算机的电子传输方法"。在国际贸易领域，EDI 技术其实就是指按照协议，对具有一定结构性的标准贸易信息，经过电子数据通讯网络，在贸易伙伴的电子计算机系统之间进行交换和自动处理。因此，EDI 技术是现代计算机技术与网络通讯技术相结合的产物，是一种贸易信息快速传递的手段。

与其他网络应用技术相比，EDI 技术的使用安全性较好，因而主要用于不同的企业或组织之间的业务往来。目前，从理论上可将 EDI 技术分为封闭式 EDI、开放式 EDI、交互式 EDI 三种。封闭式 EDI 是指 EDI 技术的标准和协议在不同系统之间是不一样的，彼此之间是处于相对封闭的状态。开放式 EDI 是使用公共的、非专用的标准。交互式 EDI 则是指两个计算机系统之间能连续不断地以询问和问答形式来实现对不同信息的自动实时反应。但当前交互式 EDI 技术还不成熟，它只是代表着 EDI 的发展方向。

EDI 技术工作方式主要是：用户在现有的计算机应用系统上进行信息的编辑处理，然后通过 EDI 转换软件将原始单据格式转换为中间文件，中间文件是用户原始资料格式与 EDI 标准格式之间的对照性文件，它符合翻译软件的输入格式，通过翻译软件变成 EDI 标准格式文件。然后在文件外层加上通信交换信封，通过通信软件送到增值服务网络或直接传给对方用户，对方用户则进行相反的处理过程，最后成为用户系统能够接受的文件格式进行收阅处理。因此，EDI 技术首先要求将这些贸易文件标准化，形成结构化、可被计算机识别和处理的数据格式，再借助数字通讯网，将商业文件从计算机传输至贸易伙伴的计算机中去。由此不难看出，计算机应用系统、通讯网络和数据标准化是 EDI 的三个基本要素。

二、计算机应用系统

要使用 EDI 技术，企业具备一套完整的计算机应用系统是最基本的条件。一般来说，该系统应由两部分组成：

1. EDI 所需硬件部分。计算机、调制解调器、通信线路是 EDI 应用必不可少的。对于一个小的 EDI 用户，一台微型计算机、一个调制解调器、一条电话线足已。而对一家大公司，也许还需要先在其内部建立一个计算机网络。

2.EDI 所需软件部分。从功能上分，EDI 系统的应用软件由以下四部分组成：

（1）联系模块，它是和用户的接口，同时也是 EDI 系统与内部信息管理系统和数据库的接口；

（2）报文生成及处理模块，它用来生成 EDI 报文和接收外部 EDI 报文并进行处理；

（3）格式转换模块，它把内部应用系统产生的报文转换成符合 EDI 标准的格式，同时将接到的报文转换成可读懂的格式；

（4）通讯模块，它是 EDI 系统与通讯网络的接口，执行呼叫、自动重发等功能。

EDI 软件的上述不同的功能模块，其作用程序是：

第一步，当一份 EDI 报文从网络传输过来后，由通信模块检查无误，发确认报文，并通知对方。反之，则通知对方重发。

第二步，通过格式转换模块将收到的 EDI 报文格式转换成本单位计算机系列格式。

第三步，将经格式转换后的报文送到报文生成和处理模块，按照不同的要求进行处理。

第四步，系统将该报文传递给联系模块，将必要的信息通知用户和内部信息管理系统以激发其他处理过程，诸如查询数据库、发出零配件、订单等。

三、网络通讯

网络通讯是开展 EDI 电子信息传递的基本要求。目前，从通讯网络信息传递的特点来分，通讯网络可分为公共电话网、分组交换网以及专用网。因为电话线传递的是信息信号，而 EDI 传递的是数字信号。所以，如果使用公共电话网就必须用调制解调器将这两种不同的信号进行转换。分组交换网的作用是提高通讯线路的利用率。专用网则往往以数字数据网（DDN）为基础为用户提供服务。

另外，从 EDI 用户之间相互传递电子信息的方式分，EDI 网络通讯又可分为点对点（PTP）、增值网（VAN）和文电作业系统（MHS）三种。点对点是 EDI 网络通讯的早期形式，它是指发送数据的计算机通过联网直接"访问"接收数据方的计算机，交换双方须以同一种格式和传输协议、同一速度，甚至在双方议定的同一时间段内进行交换。增值网是一种特殊的计算机网络，它类似于邮局，为发送者和接收者维护邮箱，并提供存储转送、记忆保管、通信协议转换、安全管制等服务，贸易伙伴之间就不需要直接联系了。文电作业系统是一种开放型系统互联，由于它能满足不同计算机系统、不同行业和不同国家在信息交换方面的要求，并且传递快速、准确、安全、可靠，因而在国际贸易领域有着广阔的发展前景。

从 1995 年 8 月起，国际互联网正逐渐成为 EDI 传输的主要平台。与传统封闭式 EDI 相比，以国际互联网为基础的 EDI，不仅投资和运营成本相对较低，而且由于在开放性的平台上实施电子商务，可以使电子商务的参与形式多样化、接入灵活更方便、速度更快。不过，目前以国际互联网为基础的 EDI 在使用中还有一些问题需要解决，如安全问题、网络运行可靠性和第三方认证问题等。

四、数据标准化

数据标准化是 EDI 技术最基本的特征。没有数据标准化，EDI 技术应用也就不可能发展到今天的水平。EDI 标准可分为企业标准、行业标准、国家标准和国际标准等。在国际贸易中，显然只能采用国际标准。

当前，EDI 的国际标准有两大主流体系，即美国国家标准局（SNSI）的 X12 标准和联合国欧洲经济委员会（UN/ECE）的 EDI－FACT 标准。但是，美国在 1992 年已决定在其第四版标准后将全力与联合国 EDI 标准（UN/EDIFACT）结合。因此，现在国际上 EDI 标准正逐渐统一于联合国 EDI 标准（UN/EDIFACT）。

联合国 EDI 标准是在有关国家开发的标准的基础上，经联合国欧洲经济委员会（UN/ECE）协调后所制定的国际标准。它融合了欧洲标准和美国标准，有较强的灵活性和有效性，适用面相当广，既能为跨行业、跨地域使用，也可作为政府或专用标准使用，是当前国际上最主要的 EDI 标准。

现在，美国在电子贸易中使用 EDI 技术最多。据调查，美国前 100 家的大企业中有 97 家商务单证、文件和票据都是通过 EDI 在网络上直接传递，美国海关业务中 EDI 业务已经占到海关申报货物的 93％。欧洲使用 EDI 技术也相当普遍，现在已经存在众多行业性 EDI 网络。尤其是 20 世纪 80 年代中后期以来，欧共体委员会为适应欧洲经济一体化发展趋势，已经开始了行业内 EDI 与跨行业 EDI 的合并工作，该项目几乎覆盖所有西欧国家。此外，在加拿大、新加坡等国家，EDI 技术的使用也日趋普遍。

第三节　国际贸易新方式的法律和税收问题

当前，国际贸易新方式对传统贸易方式的重大改变，已经使得只适用于传统方式的已有贸易法规与制度受到了挑战。其中，目前最为突出的是贸易新方式所涉及的法律问题、安全问题和税收问题。

一、贸易新方式对现有法律的挑战

贸易新方式对现有法律的挑战，归纳起来可分成以下几个方面：

（一）关于电子贸易合同成立所涉法律问题

一项交易的达成离不开一定的合同形式和要约、承诺这两个环节。在对待合同形式上，各国法律规定可有口头和书面两种。电子贸易合同显然不是口头合同，但它作为书面证据在理论上和实践上都存在一些困难。对此问题，目前联合国贸易与发展委员会（简称贸发会）的观点是："随着计算机和计算机之间传递单证的发展，可以通过设立计算机记录来同样地实现法律要求备有单证或其他记录的本意"，但这并不代表各国立法已有的规定。

再看要约和承诺。在传统贸易中，要约和承诺都是由人工进行的，合同是达成协议的结果。但完全电子商务基础上的电子贸易，其订立合同的一个重要特点是完全自动化，不受人的直接干预，这种自动化会增加两方面的可能性：一是由于缺乏机器所有者的直接控制，可能发出一个合同订立的信息，而这并不反映合同订立时当事方的意愿；二是如果发出不反映发送人意图的电文，直到错误的合同被执行，错误都可能一直不为发送人和接收人所察觉，其后果怎样处理。

（二）关于支持电子合同有效成立的一些法律问题

1. 举证问题。所谓举证是指任何证明、澄清或表明所涉及问题的事实真相的材料。传统贸易中的纸面文件属有形物，不仅可以长期保存，而且如有改动或增减都会留有痕迹，容易察觉。因此，它被用作证据没有异议。但电子文件则不同，它使用的是磁性介质，其录存的数据内容可以随时被改动，而且即使被改动或添加也不留下痕迹，因此，电子文件能否作为举证材料，大家认识不一。

另外，电子文件容易出差错，这些差错有的是人为因素造成的，有些却可归咎于环境和技术条件。如供电不均衡，计算机通讯网络运转不灵等。因此，电子文件差错责任由谁负责难以确定。另外，许多国家在证据法中都要求提交原件，而电子贸易是在计算机之间传递电子信息，电子数据都记录在计算机内，与证据法所要求的原件也有距离。

对于上述问题，目前已有一些国家从立法上进行了一些努力，如规定电子记录保管人可以是企业内部的，也可以是企业外部的；明确增值网络系统的举证具有一定的可靠性等。

2. 签字问题。在传统的以纸张为基础的书面合同中，一般最后都要求买卖双方代表签字。在电子贸易下，因人们不可能通过电子方式亲笔签名，这就产生了以什么作为签字的法律承认问题。现在联合国的观点是，建立在不能对法律作出适当解释时，可以在法律中规定电子认证就是"签字"，或允许通过电子手段来认证单证。

3. 电子提单法律效力问题。电子贸易中提单是由储存于电子计算机内的电子数据形式出现的。由于现在各国海商法都要求提单必须是书面的，因而这种电子提单能否被承认为书面单证，目前各国在立法中仍未解决。国际商会在《1990 年国际贸易术语解释通则》中规定：如果双方事先约定，则凡卖方应出具提交的各种单据和凭证均可以被具有同等效力的 EDI 单证所代替。不过对于提单的背书转让，电子提单显然是难以用传统书面提单方式进行的。

（三）关于面临的一些新的法律问题

1. 信息系统安全问题。电子贸易需要完善的加密、解密系统并在法律上作出相应规定，但目前各国法律在这方面规定普遍不够。

2. 隐私权保护问题。怎样既要使电子贸易中信息公开、自由流动，又能防止个人信息被滥用，这也是当前各国法律急待解决的问题。

3. 知识产权保护问题。网络系统的版权保护目前十分薄弱，甚至还有域名抢注事件不断发生，这都需要有相应的法律规定加以规范。

二、贸易新方式对现有税收制度的挑战

电子贸易具有"虚拟化"、"快捷性"、"无纸化"等特点，在电子市场这个独特的环境下，电子贸易交易的所有买卖合同、销售凭证等都以电子形式存在，这无疑使传统的税收制度和凭证追踪审计面临重大挑战。

对此问题，目前国外代表性观点有：

1. 美国政府观点。1997 年 7 月 1 日，美国总统克林顿发布了《全球电子商务纲要》，该纲要建议将 Internet 宣布为免税区。凡无形商品（如电子出版物、软件、网上服务等）经由网络进行交易的，无论是跨国交易或是在美国内部的跨州交易，均应一律免税。对有形商品如机械、牲畜等，即使交易是在网上进行，但商品因必须经海陆空运输送达，所以其赋税应按照现行规定办理，不应另例条文课税。

2. 加拿大税收专家阿瑟·科德尔和荷兰经济学教授卢·苏尔特观点。他们认为应对电子贸易征税，包括增值的数据交易，如数据搜集、通话、图像或声音传输等。否则，数以万计的政府财源将在国际互联网络中白白地流失。而征税的办法应是按信息传输的每一个数字信息单位征税，即征所谓的字节税（BIT Tax）。该方案强调了国家财政和税收利益保障，但由于考虑到实施征税可能会阻碍电子贸易的发展。同时，该方案也缺乏可操作性。所以，在实践中一般认为不可行。

三、国际经济组织的协调

当前，为消除以上电子贸易发展中的障碍，许多国际经济组织正抓紧对相关问题的研究，并力图在协调和统一各国相关法律、推动国际电子商务方面做出成绩。

（一）联合国贸易法委员会的协调

联合国贸法会是联合国系统内负责国际贸易法律协调和统一的组织，它从 1992 年起便致力于在全球范围内建立电子商务发展的法律体系，并最终于 1996 年 6 月通过了《电子商务示范法》。该法于 1996 年 12 月得到联合国大会的通过。

《电子商务示范法》的用途在于提供一套供世界各国进行国内电子商务例法时的参照规则，并以此推动国际上接受统一的电子贸易规则。同时，《电子商务示范法》也为贸易商提供了一个指南性的文件，以便他们在签订合同时尽可能遵循。不过，《电子商务示范法》本身不具备法律强制约束力，它只是代表了国际上对待 EDI 法律问题的主要立场。

《电子商务示范法》由两个部分组成，共 17 条。第一部分涉及电子商务总的方面，第二部分则主要针对一些特定的电子商务领域。

在第一部分（1～15 条）共有 3 章。第 1 章是"一般条款"，包括适用范围、定义、解释、经由协议的改动等；第 2 章是"对数据电文适用的法律要求"，包括对数据电文的法律承认、书面形式、签字、原件、数据电文的可接受性和证据力、数据电文的保存等；第 3 章是"数据电文的传递"，包括合同的订立和有效性、当事人各方对数据电文的承认、数据电文的归属、确认收讫、发出和收到数据电文的时间和地点等 5 个条款。

在"示范法"中，针对前文已述的一些电子贸易对法律的挑战，它是这样规定的：

在合同形式方面，《示范法》第 6 条规定：如法律要求信息必须采用书面形式，或规定了非书面形式的某些后果，则假若一项数据电文所含信息可以调取以备日后查阅，即为符合书面形式要件。在拟定"示范法"过程中，针对各国法律规定的书面形式的要求，贸法会认为没有必要取消各国的这一法律规定，只要扩大法律对"书面"一词所下的定义，使电子数据能被纳入书面范畴即可。另外，当事人可以在通讯协议中约定将电子数据视同书面。

在签字确认方面，《示范法》第 7 条规定：如果数据电文的源发方使用了一种既可鉴定他的身份，又表明其认可了该数据电文信息的方法，从所有各种情况（包括任何相关协议）来看，他所用的方法是可靠的，那么即可满足签字确认的要求。

在要求原件、证据方面，《示范法》第 8 条规定：如果一项数据电文能可靠地保证信息始终以最终形式存在，并在使用时能保持完整性和能向他人展示，则该项数据电文即满足了原件的要求。《示范法》第 9 条规定：在任何法律诉讼中，如果数据电文是举证人按合理预测所能得到的最佳数据，则不得以其不是原件，也不能仅仅以其仅是一项数据电文为由否定其作为证据的可接受性。

在关于利用 EDI 订立合同方面，《示范法》第 12 条规定：就一项数据电文而言的源发方和接收方之间，不得仅仅以意旨的声明或其他陈述采用数据电文形式为理由而否定其法律效力、有效性或可执行性。关于订立合同的要约和承诺，《示范法》第 11 条规定：除非当事双方另有协议，合同要约及承诺均可通过数据电文手段表示，并不得仅仅以使用了数据电文为理由否定该合同的有效性或可执行性。

最后，在关于合同成立的时间和地点方面，《示范法》第 15 条规定：时间确定的标准，除非另有协议，一项数据电文的发出时间以它进入源发方或代表源发方发送数据电文的人控制范围之外的某一信息系统的时间为准；除非另有协议，数据电文应以源发方设有营业地的地点为其发出地点，而以接收方设有营业地的地点视为其收到地点。

（二）世界贸易组织（WTO）

世贸组织从 1998 年起将电子贸易列入了全球贸易的一部分，并于 1998 年 9 月世贸组织大会通过了 WTO 电子商务计划。目前，世贸组织有多个机构正在对电子商务进行研究。1998 年 3 月世贸组织发布了名为"电子商务和 WTO 的角色"的研究报告。在此报告中，世贸组织强调了电子商务对世界各国，尤其是对发展中国家所提供的巨大发展潜力和机遇。但该报告同时也指出，要使这些机遇和潜力变成现实，需要发展中国家为电子商务建立一套必要的法律和法规框架。1998 年 3 月，世贸组织部长级会议还通过了一项关于全球电子商务的政治宣言，提议对全球电子商务给国际贸易带来的多方面影响进行研究，并重视其他国际组织所进行的与全球电子商务相关的工作。

世贸组织认为对电子商务应采取不征税原则，并把目前各国政府暂不征收电子贸易税看作是过去几年电子商务在世界范围内迅速发展的重要因素。世界组织认为，对于因特网服务和通过因特网进行发送的服务产品须遵守世贸组织《服务贸易总协定》（GATS）；对通过网络达成，但无原则通过海关的货物贸易合同，则依旧须按照世贸组织规定征税。至于电子商务所涉及的电信基础设施市场开放和准入问题，世贸组织认为也须遵守世贸组织《基础电信协议》和《信息技术协议》中的规定。

（三）亚太经济合作组织（APEC）

亚太经济合作组织是重要的地区性经济组织，于 1998 年 2 月该组织专门成立了电子商务工作组，负责 APEC 范围内的电子商务工作，并于同年 2 月和 6 月、9 月和 11 月分别在马来西亚和新加坡召开会议，讨论亚太地区的电子商务发展问题，还于 11 月的部长级会议上签署了《APEC 电子商务行动蓝皮书》。在该蓝皮书中，各成员方就许多问题达成了一致。其中比较主要的有：在促进电子商务发展方面，认为企业起主导作用，政府的作用主要体现在提供良好的电子商务发展环境上，包括建立各国电子商务框架、促进电子商务立法等。

为落实此次部长级会议精神，APEC 又于 1999 年 6 月在新西兰召开会议，其中电子商务工作组单独就各方电子商务的发展及立法框架问题交换了意见，并就联合国贸法会的《电子商务示范法》在 APEC 地区的推广进行了深入研讨。

第四节　国际贸易新方式在我国的运用和发展

近年来，国际贸易新方式在我国受到了高度重视，虽然我国国际贸易新方式发展水平与发达国家相比存在较大差距，但是国际电子贸易的雏形在我国已经形成，并已呈现出蓬勃发展的良好势头。

一、电子商务在我国的发展概况

我国是从 1990 年引进电子商务概念的。当时针对这一新生事物，我国还有一些其他的称谓，如无纸贸易、EDI 等。与有些国家不同，我国电子商务的发展从一开始便得到了政府有关部门的高度重视和支持。国家计委、科委及国务院电子信息系统推广应用办公室将 EDI 列入了国家"八五"计划的重点应用项目。同时，由国务院电子信息系统推广应用办公室牵头，联络其他部门组成"促进 EDI 应用协调小组"，加强对 EDI 应用的宣传和指导。在推广和应用电子商务领域，我国外经贸部及各大进出口公司始终走在全国前列，1996 年外经贸部率先在国内建成中国国际电子商务网（CIECNet）和中国国际电子商务中心（EDI 中心），为推动国际贸易新方式在我国外经贸业务中的运用发挥了积极作用。

改革开放以来我国飞速发展的计算机技术和网络通信技术，也为我国开展国际电子商务提供了现实可能性。现在，国内不少大型企业已建立起了自己内部的计算机管理信息系统（MIS），计算机通信网络在我国也已初具规模，如中国互联网（ChinaNet）和金桥网（ChinaGBN）已覆盖了全国大部分大中城市，并作为商业网投入了运营。像 EDI 增值网络（ChinaEDI）则直接给我国推广使用 EDI 技术创造了良好的条件。特别是近几年随着因特网的发展，我国电子商务步伐进一步加快，并已取得阶段性的成果。

例如，从第 80 届广交会开始，我国外经贸部推出了"虚拟广交会"，通过建立专门广交会站点，扩大广交会的对外宣传，效果明显。从第 85 届广交会起，外经贸部还进一步在互联网上举办了首届在线广交会。组织外贸企业上网，并围绕出口贸易进行网上商品浏览、洽谈、订货等活动，开幕后日均点击率都在 20 万次左右，提高了对外贸易效率，促进了我国对外贸易出口。目前，"中国商品交易市场"是在 Internet 上最大的中国商品采购基地，开办一年多来在海内外引起了强烈的反响，每月都有世界各国和各地区的约 1000 万人次来访问该站点。很多企业，特别是中小企业都是通过该网找到了客户。此外，像中国远洋运输（集团）公司从1990年开始就使用计算机处理单证，并于1991年5月正式使用CHINAPAC网和英国GE公司的网络，开展代理公司之间的电子数据交换。山东抽纱公司和中国化工进出口总公司等也在企业内部实施了EDI系统。据统计，1996年我国上网计算机只有2.4万台，但到1999年底，网络用户数已达700万户，1999年我国电子商务市场规模已有4000万美元左右。

二、我国电子商务的主要进展和特点

由于与发达国家相比，我国目前企业管理水平和业务能力还比较低，同时，国家的信息产业基础也比较薄弱。因此，从总体上看我国这几年的电子商务的进展主要是来自政府的积极推动，电子商务方面成果也主要体现在政府层面的电子商务上。它包括电子商务标准化体系建设、电子商务安全体系建设、电子商务政府管理应用体系建设以及电子商务外贸信息体系建设等。

（一）电子商务标准化体系建设

我国于1997年按国家标准制定了《中华人民共和国进出口企业代码管理办法》和配套措施，建立了进出口企业代码数据库，并于1998年1月1日起，已经在全国外经贸业务管理和国家"金关工程"中统一使用。按规定，各进出口企业代码是进出口企业的惟一身份代码。目前，我国已在配额许可证申领、电子招标、加工贸易联网审批管理和在线中国出口商品交易会等许多重要的外经贸业务统一使用了进出口企业代码。此外，在外经贸部与海关总署的许可证联网核查也采用了进出口企业代码。这为我国今后电子商务的进一步开展创造了条件。

（二）电子商务安全体系建设

1999年2月，由外经贸部承担的国家"九五"重中之重科技攻关项目"商业电子信息安全认证系统"正式通过了国家科技部、信息产业部和国家密码管理委员会的科技成果鉴定。该系统为我国实施国家"金关工程"和发展我国电子商务解除后顾之忧。目前，这项成果已用于外经贸部驻外机构联网，并不久将用于电子招标、配额许可证联网申领和加工贸易联网审批管理等网上政府管理业务。1999年，外经贸部还承接了中国建行网上银行安全系统工程的建设，这是第一个由我国自主开发的金融电子商务的安全平台。

（三）电子商务政府管理应用体系建设

中国国际电子商务工程现已完成并实现了一批重要外经贸业务的全国联网管理，如实现了全国进出口配额许可证核查管理、全国网上电子招标、全国进出口许可证联网申领、全国进出口统计信息网络化服务、全国加工贸易联网审批、全国原产地证联网申领、全国进出口商品配额执行情况反馈系统、进出口许可证发证查询系统、全国各口岸及中央企业中标配额身份证情况查询系统等一批重要应用系统的网上发布和查询。

（四）电子商务外经贸信息体系建设

近年来，外经贸部已在中国国际电子商务网上建立了一批重要的外经贸信息库，如进出口贸易数据库、外经贸企业库、进出口商品库、经贸政策法规库、贸易管理库、贸易机会库、机电招标库、招商引资库、技术贸易管理库、地区贸易库、商会信息库、驻外机构信息库、国际贸易与标准库、外经贸要闻库等，为各级政府和国外企业的经贸活动提供了方便。

我国在企业层面电子商务的开展，目前主要用于试点阶段。即使一些企业已开展电子商务，但功能主要是在网上发布信息、联系客户以及与联系政府有关职能部门，离本章前面所讲的国际贸易新方式含义还有段距离。归纳起来，我国20世纪90年代在企业层面的电子商务的进展主要表现在以下几个方面：

1. 选择了一些大型运输企业作为试点并取得了成功。通过中国国际电子商务网，我国已建立了对外贸易运输的企业内部网，货物运输的订舱、单证传输、集装箱管理、船舶管理、货物跟踪、财务及结算等重要业务过程都可实现国际标准的EDI单证传输。利用网上货物跟踪系统，客户和贸易伙伴能直接进行查询以获得有关货物状态的信息，也可通过中国国际电子商务网了解运输方面的商业伙伴的数据信息。

2. 中小企业被组织引导参与电子商务实践活动。在政府组织引导下，目前我国已有许多中小企业开始电子商务尝试，通过国际信息网络结识国外新客户，开拓国外新市场。

3. 许多企业已拥有电子商务操作平台，从而增强了企业获得国内外商务信息的渠道；规范和简化了贸易管理程序，加快了实现金融、外汇、海关、税务等外经贸相关部门的联网管理，提高了贸易效率，降低了企业成本。

三、当前我国电子商务发展的主要障碍

现阶段我国国际电子商务尚属起步阶段，或者说国际电子贸易这一贸易新方式

在我国还没真正开展起来。造成我国电子商务落后的原因是多方面的，主要体现在：

（一）我国发展电子商务的基础设施还比较落后

电子商务在一国的应用与发展是和该国完备的信息基础设施分不开的，我国目前信息基础设施薄弱，全国只有上海、北京等几座城市信息设施建设搞得比较好，许多边远贫困地区至今还没有建立网点，成为信息高速公路建设的"盲点"或"荒漠"。我国电话普及率尚不到5％，家庭电脑拥有率也不足1％，而这些数字在美国分别为93％和45％。另外，我国网络基础设备与能力制造水平也较低，关键性的信息产品如网络设备、主机操作系统等大多依赖进口。一般企业计算机技术落后，企业信息化程度低。电子商务专门人才缺乏，具有创新思维的网络经济、网络管理人才更是短缺。

（二）我国有关电子贸易的政策法规滞后

我国虽然已经出台了一些涉及网络安全和国际互联网管理的法规，但在发展电子商务的统一指导框架和专门立法上还是存有空缺。对电子商务中的电子合同、电子签名等缺乏必要的法律条文规定。目前，许多电子贸易中的交易当事人的权益不能得到有效的保障。另外，我国在网络建设中还存在着各自为政、重复建设，以及重硬件轻软件、信息资源与系统开发不力等现象。以网络建设为例，我国就存在邮电网和广电网、中国电信和联通网各自为政，以及外贸、海关税务等政府部门各建自己一套网络系统的情况，从而使我国网络建设没有形成规模效应。据有关资料显示，我国目前网络传输能力的利用率只有20％～30％，远低于发达国家70％～80％的水平。

（三）金融体系支撑不足

电子商务必须建立在信用经济基础之上，它需要高质、高效的金融服务及其电子化配合。但应该承认，目前我国的信用经济制度还很不完善，金融服务水平和电子化程度相对比较落后，人们大多习惯于"一手交钱，一手交货"，即使已从事电子商务的一些企业也多数停留在"通过网上查询，再通过银行结算"的非真正意义上的电子商务阶段。

（四）企业参与国际电子商务意识不强

从国外经验看，企业应是推动电子商务发展的主力军。但目前我国企业大多正处于改革的攻坚阶段，在企业经营机制及领导、员工思想观念上，还没有真正实现从计划经济到市场经济的转变。由于没有良好的追求发展的内在动力，这必然造成了企业信息化意识淡薄，发展电子商务的积极性缺乏。据调查，在我国1.5万家国有大中型企业中，只有10％的企业基本实现信息化或运用信息手段比较好；大约有70％的企业只是拥有一定的信息手段或正着手向实现企业信息化的方向努力。即使在已上网企业中，用于贸易机会信息查询的企业占57.1％，用于国际经贸信息查询的占40.7％，用于电子信箱业务的占30.8％，用于国际互联网浏览的占28.6％，用于贸易凭证网上传输的仅占8.8％。这些数据表明，电子贸易作为全新的贸易方式，在我国企业还没有真正被运用和采纳起来。

四、我国加快电子商务发展的对策思路

1. 我国应提高全民族对电子商务的认识，加强人才培养，努力建设一支素质高、结构合理、专业配套的电子商务人才队伍。应加快信息基础设施建设，尽量为我国电子商务的发展提供良好的物质基础；应打破行业分割管理体制，减少重复建设，提高资源利用效率。要加强关键技术研究与开发，大力推动企业信息化管理，积极引导企业开展电子商务。考虑到国际电子贸易开展，还有赖于许多相关部门的相互依赖，如银行、税务、海关、外汇、保险等。因此，我国国际贸易新方式的运用还必须注意相关行业或部门的协调和配合。

2. 要加强电子商务规划，做到全国统一规划、统一标准、统一代码、联合开发。当前围绕保密技术、安全管理、CA认证及电子支付等关键技术，有关各方须加强联系，取长补短、共同开发。在实现国内网络统一基础上，逐步实现我国与联合国贸易信息及其他国际商务信息网络的联网，使我国电子商务水平在较短时间内有一个明显的提高。

3. 应尽快营造和完善有利于我国电子商务发展的外部环境，加快我国银行金融支持系统建设，加快现行法律的修改和完善。这里尤其是围绕我国电子商务发展相关的网络管理、信息安全、金融结算、知识产权保护等问题，须尽早出台相应的管理办法和措施。考虑到电子商务的快速发展及其与法律建设相对稳定性之间的矛盾，新的法规体系可以作成一个较为灵活的法律框架。

4. 要注意发挥电子商务示范效应和政府的推动作用，积极参与国际合作与对话，努力提高我国电子商务的国际兼容性，及时吸收别国的成功经验，如新加坡、日本等国的好的做法，将电子贸易发展定位在首先从外贸计划、配额的分配，进出口商品的申请，海关的检放以及凭进出口许可证结汇、付汇、退税等方面入手，然后逐步实现真正的国际电子贸易。

我国扩大进出口的企业是我国开展国际电子贸易的主力群体，要尽快赶上国外发达国家的水平，除做好以上工作外，还必须立足加强企业内部的信息化管理等基础工作。针对目前我国一般进出口企业计算机信息软件开发能力较弱的状况，应大

力提倡出口企业与外部网络软件公司和科研单位的合作,通过借助外力尽快提高自己信息化管理水平。

当前,我国国际电子商务中心在促进我国电子商务建设方面发挥着重要作用。它不仅为贸易双方提供通讯服务,而且还担负着监控电子数据、保护电子数据真实性和安全性的职能,为处理纠纷提供合理的、可接受的证据。同时,它还进行自动审核报文、自动传递、自动维护代码、自动计费等增值服务。我国各地外经贸企业也应注意对电子商务中心优势的利用。

第十二章 关 税

第一节 关税概述

关税是进出口商品经过一国关境时，由政府所设置的海关向其进出口商品所征收的一种税收。

关税的历史悠久，早在欧洲古希腊、古罗马时代就出现了带有关税性质的税收。英国很早有一种"例行入市税"，是商人在进入市场时向当地领主交纳的通行税，后来把这种税称为关税，这个名词一直沿用至今。在封建时期，各国国内诸侯割据，关卡林立，形成了重重征税的内地关税，这不仅限制了对外贸易，也阻碍了国内的商品流通，影响了社会生产力的发展。近代关税制度是在资本主义生产方式确立以后逐渐形成的，它的一个基本特点是国境关税制，即进出口货物统一在一国国境上一次征收关税，而在同一国境内不再重征。英国最早实行这种统一的国境关税制，以后逐渐为世界各国所普遍采用。

关税的征收是通过海关来执行的。海关是设在关境上的国家行政管理机构，它授权于国家，行使国家权力，对外代表国家行使国家主权，对内代表中央政府行使对地方的权力。海关是贯彻执行本国有关进出口政策、法令和规章的重要工具，它的基本职责是根据这些政策、法令和规章对进出口货物、货币、金银、行李、邮件和运输工具等实行监督管理，征收关税，查禁走私，临时保管通关货物和统计进出口商品等。

海关对进出口货物实行监督和管理，需要规定一个地域界限，货物进入这个地域时作为进口，离开这个地域时作为出口，这个地域界限称为关境。一般说来，关境和国境是一致的，但在许多国家两者并不一致。例如，有些国家在国境内设有自由港、自由贸易区和出口加工区等经济特区，这些地区虽然在国境之内，但从征收关税的角度来看，它们是在该国的关境之外，只有进出经济特区的货物才免征关税，这时关境在范围上小于国境。又如，有些国家相互之间结成关税同盟，参加同盟的国家领土合并成为一个关境，成员国之间免征关税，货物自由进出口，只对来自或运往非成员国的货物进出共同关境时征收关税，这时关境则大于成员国各自的国境。

关税与其他税收一样，具有强制性、无偿性和预定性。强制性是指关税由海关凭借国家权力依法强制征收，而不是一种自愿性的捐纳，纳税人必须按照法律规定无条件地履行其义务，否则就要受到国家法律的制裁。无偿性是指关税由海关代表国家单方面地从纳税人征取，作为国库收入，而国家不需给予任何补偿。预定性是指关税由海关根据国家预先制定的法令和规章加以征收，海关与纳税人均不得任意更改有关的法规。

关税属于间接税。税收主体，即关税的纳税人，是本国进出口商；税收客体，即课税的对象，是进出口货物。因为关税主要是对进出口商品征税，其税赋可以由进出口商垫付，然后把它作为成本的一部分加入货价，货物售出后可收回这笔垫款，因此关税负担最后转嫁由买方或消费者承担。

关税的主要作用是：

（一）增加财政收入

海关代表国家行使征税权，因此，关税的收入便成为国家财政收入的一个来源。在资本主义以前和资本主义发展初期，由于各国工业不发达，税源有限，当时征收关税的主要目的是获取财政收入。这种以增加国家财政收入为主要目的而征收的关税，称为财政关税。随着资本主义的发展，财政关税的意义逐渐降低。这一方面是由于工商业的迅速发展和国民收入的提高使在生产领域征收个人所得税和公司所得税直接税成为比较充足的税源，关税收入在国家财政收入中的比重相对下降；另一方面是由于关税已被世界各国普遍地作为限制外国商品进口，保护国内产业和国内市场的一种重要手段来加以使用。但是，对于许多经济落后，生产不发达，国民收入低和税源有限的国家来说，财政关税仍然具有十分重要的意义，是国家财政收入的一个重要来源。

（二）保护国内的产业和市场

对进口货物征收关税，提高了进口货物的成本，削弱了它与本国同类产品的竞争能力，因而只有以保护本国产业和市场为主要目的的关税才能起到限制进口的作用，达到保护的目的。在现代国际贸易中，各国设置的关税主要是保护关税。广大的发展中国家往往通过关税来保护本国的幼稚工业，以促进民族工业的发展；而主要发达国家设置关税则更多地是为了保护本国的成熟工业和衰退工业，以维护其既得利益。第二次世界大战后，通过多次关税与贸易总协定主持的多边贸易谈判，各国的关税水平都有较大幅度的下降，利用关税来保护本国市场的作用相对减弱，但是关税仍不失为各国限制进口和实行贸易歧视的重要手段。

（三）调节进出口贸易

长期以来，关税一直是各国对外贸易政策的重要手段。一国可以通过制定和调整关税税率来调节进出口贸易。在出口方面，通过低税、免税和退税来鼓励商品出口；在进口方面，通过税率的高低、减免来调节商品的进口。例如，对于国内能大量生产或者暂时不能大量生产但将来可能发展的产品，规定较高的进口关税，以削弱进口商品的竞争能力，保护国内同类产品生产和发展；对于国内不能生产或生产不足的原料、半制成品、生活必需品或生产上的急需品，制定较低的税率或免税，鼓励进口以满足国内生产和生活的需要。此外，还可以通过关税来调整贸易差额。当贸易逆差过大时，可以调高某些产品的进口税率或征收进口附加税，以减少进口，缩小贸易逆差；当贸易顺差过大时，可以通过调低某些产品的进口税率来增加进口，缩小贸易顺差，以缓和与有关国家的贸易矛盾。

第二节　关税的主要种类

关税有多种分类方法。按照征收的对象或商品流向分类，可分为进口税、出口税和过境税；按照征税的目的分类，可分为财政关税和保护关税；按照征税的方法或征税的标准分类，可分为从价税、从量税、混合税和选择税。以上这些都是在一般关税基础上进行的分类，除此之外，还有一些是为特殊目的而设置的关税以及国家之间做出的优惠贸易安排。在本节内，我们将从一般关税、特别关税和优惠关税三个方面扼要地介绍几种比较重要的关税。

一、一般关税

一般关税是指海关征收的正常关税，包括进口税、出口税和过境税。

（一）进口税

进口税是进口国海关在外国商品输入时，对本国进口商所征收的关税，是关税中最主要的一种。进口税主要可分为最惠国税和普通税两种。最惠国税适用于与该国签订有最惠国待遇条款的贸易协定的国家或地区所进口的商品；普通税则适用于与该国没有签订这类贸易协定的国家或地区所进口的商品。最惠国税率比普通税率低，两者生产率的差幅往往很大。第二次世界大战以后，大多数国家都加入了关税与贸易总协定或者签订了双边的贸易条约或协定，相互提供最惠国待遇，享受最惠国税率，而普通税实际上只是适用于极少数的国家，因此，通常所讲的正常关税一般指的就是最惠国税。

由于保护的缘故，一国对某些产品征收较高的进口税，以削弱这些进口商品的竞争能力，达到保护本国产业和市场的目的。这种高额进口税像高墙似的把国内市场保护起来，所以在国际贸易中被形象地称为"关税壁垒"。

进口国并不是对所有的进口商品都征收高额进口税。一般说来，大多数国家对工业制成品的进口征收较高的关税，对半制成品的进口税率较低，而对原料的进口税率是最低甚至免税。

（二）出口税

出口税是出口国海关在本国商品输出时，对本国出口商所征收的关税。目前国际贸易中很少征收出口税，因为征收出口税势必会提高本国商品在国外市场的价格，削弱其竞争能力，不利于扩大出口。第二次世界大战以后，征收出口税的国家主要是发展中国家。征收出口税的目的，或是为了增加财政收入，或是为了保证本国生产或本国市场的供应。以增加财政收入为目的的出口税，它的税率一般不高，过高的税率会导致出口量减少，缩小了财源，达不到增加财政收入的目的；以保护本国生产为目的的出口税，通常是对出口的原料征税，以保障国内生产的需要或增加国外产品的生产成本，加强本国产品的竞争能力。

（三）过境税

过境税是一国对于通过其领土运往另一国的外国货物所征收的关税。过境货物只是在该国境内通过，而不进入该国的国内市场。在资本主义生产方式准备时期，这种税曾普遍流行于欧洲各国，征税的目的主要是为了增加财政收入。后来，随着交通运输事业的发展，各国在货运方面发生了激烈的竞争。同时，过境货物一般置于海关的监管下，不准自由流入国内市场，对本国生产和市场没有影响。另外，过境税的税率比较低，财政收入意义并不大。因而，在19世纪后半期各国相继取消了过境税。1921年，国际联盟在巴塞罗那签订的自由过境公约上便包括有废除一切过境税的条款。

关税与贸易总协定第五条也明文规定："缔约国对通过其领土的过境运输……不应受到不必要的耽延或限制，并应对它免征关税、过境税或有关过境的其他费用，但运输费用以及相当于因过境而支出的行政费用或提供服务成本的费用，不在此限。"目前，大多数国家在外国商品通过其领土时都不征收过境税，而只是收取少量的准许费、印花费、登记费和统计费等。

二、特别关税

在国际贸易中，有些国家特别是西方发达国家对进口商品除了征收正常的进口关税以外，还往往根据某种需要或者为了特殊的目的设置专门的关税。这类关税与一般的正常关税有所不同，所以又被称为特别关税。

（一）进口附加税

进口国家对进口商品，除了征收一般关税以外，再加征额外的关税，这种关税就叫做进口附加税。进口附加税不同于进口税，在一国《海关税则》中并不能找到，也不像进口税那样受到关贸总协定的严格约束而只能降不能升，其税率的高低往往视征收的具体目的而定。

征收进口附加税通常是作为限制进口的一种临时性的措施来实施的。其目的主要有：应付国际收支危机，维持进出口平衡；防止外国商品低价倾销；对某个国家实行贸易歧视或报复等。

进口附加税有时是对所有进口商品征收。例如1971年美国出现了第二次世界大战后以来首次贸易逆差，国际收支恶化，于是1971年8月15日，美国总统尼克松宣布了"新经济政策"，其中包括对进口商品一律征收10％的附加税的措施，以限制进口，调节贸易失衡。

进口国家对所有进口商品征收进口附加税的情况较少，大多数情况是针对个别商品征收进口附加税，以限制特定商品的进口。这种进口附加税主要有反倾销税、反补贴税、紧急关税、惩罚关税和报复关税五种。

1. 反倾销税。它是对实行商品倾销的进口货所征收的一种进口附加税。其目的在于抵制外国商品倾销，保护本国的市场和工业。

关税与贸易总协定第六条对倾销与反倾销作出了规定：用倾销手段将一国产品以低于"正常价格"的办法挤入另一国家贸易时，若因此对某一缔约国领土内工业的新建产生严重阻碍，这种倾销应该受到谴责；缔约国为了抵消或防止倾销，可以对倾销的产品征收数量不超过这一产品的倾销差额的反倾销税。

"正常价格"是指相同产品在出口国用于国内消费时在正常情况下的可比价格；如果没有这种国内价格，则是相同产品在正常贸易情况下向第三国出口的最高可比价格，或是产品的构成价格，即该产品在原产国的生产成本上加上合理的推销费用和利润。

确定倾销对进口国国内工业的损害要从三方面来认定：产品在进口国数量的相对和绝对增长；产品价格对国内相似产品价格的影响；对产业的潜在威胁和对建立新产业的阻碍。此外，还要确定上述损害是否倾销所致。若由于其他因素（如需求萎缩或消费格局改变等）造成的损害则不应归咎于倾销性进口。

总协定第六条在统一缔约国的反倾销税规定方面起了一定作用，但这个条款也同样存在着简单、笼统和约束力不强的问题。因此，在"肯尼迪回合"多边贸易谈判中制定了一个"国际反倾销法"。该法的一些条款较原来的第六条更为严谨，内容更为详尽。1979年，在"东京回合"谈判中，又对该法作了进一步修改，制定了"实施关税与贸易总协定第六条的协议"。该协议目的是解释总协定第六条规定，制定细则以实施这些规定。

但是，目前一些发达国家仍然加强反倾销的实施以限制国外商品进口，同时它们还常常借助"反倾销"调查，采取故意拖延调查时间的办法来达到这一目的。例如美国规定调查期为 6 个月，但实际上从投诉到结案至少要 287 天，最长可达 397 天。在调查期间进口商不敢大量订货，可见调查本身也起到限制进口的作用。

2. 反补贴税，又称抵消税。它是对直接或间接地接受任何奖金或补贴的外国商品进口所征收的一种进口附加税。征收反补贴税的目的在于增加进口商品的成本，抵消进口商品所享受的补贴金额，削弱其竞争能力，是进口国家的同类商品能与之在市场上公平地竞争，从而保护进口国的国内生产和市场。凡进口商品在生产、制造、加工、买卖、输出过程中所接受的直接或间接的补贴都构成征收反补贴税的理由，反补贴税的税额一般按所享受的奖金或补贴数额征收。

发达国家之间常为补贴问题发生贸易摩擦，例如美国与欧共体国家在农产品补贴问题上争吵多年，互不让步，始终无法达成协议。另外，发达国家还经常用反补贴税来限制发展中国家的商品出口，而补贴恰恰是许多发展中国家扶植新建工业的一个重要手段。由于补贴与反补贴在国际贸易中日益广泛的使用，因此达成国际性的协议以规范各国贸易做法，便成为多边贸易谈判中的一项重要内容。

关税与贸易总协定第六条、第十六条和第二十三条在反补贴税方面做了具体规定，"东京回合"达成的有关协议又进一步明确和补充了这些条款和规定。

3. 紧急关税。它是为消除外国商品在短期内大量进口对国内同类产品生产造成重大损害或产生重大威胁而征收的一种进口附加税。当短期内外国商品大量涌入时，一般正常关税已难以起到有效保护作用，因此需借助税率较高的特别关税来限制进口，保护国内生产。例如，1972 年 5 月，澳大利亚受到外国涤纶和棉纶涤纶进口的冲击，为保护国内生产，澳决定征收紧急关税，在每磅 20 澳分的正税外另加征每磅 48 澳分的进口附加税。

由于紧急关税是在紧急情况下征收的，是一种临时性关税，因此，当紧急情况缓解后，紧急关税必须撤除，否则会受到别国的关税报复。

4. 惩罚关税。它是指出口国某商品违反了与进口国之间的协议，或者未按进口国海关规定办理进口手续时，由进口海关向该进口商品征收的一种临时性的进口附加税。这种特别关税具有惩罚或罚款性质。例如，1988 年日本半导体元件出口商因违反了与美国达成的自动出口限制协定，被美国征收了 100％的惩罚关税。又如，若某进口商虚报成交价格，以低价假报进口手续，一经发现，进口国海关将对该进口商征收特别关税作为罚款。

另外，惩罚关税有时还被用作贸易谈判的手段。例如，美国在与别国进行贸易谈判时，就经常扬言若谈判破裂就要向对方课征高额惩罚关税，以此逼迫对方让步。这一手段在美国经济政治实力鼎盛时期是非常有效的。

5. 报复关税。它是指一国为报复他国对本国商品、船舶、企业、投资或知识产权等方面的不公正待遇，对从该国进口商品所课征的进口附加税。通常在对方取消不公正待遇时，报复关税也会相应取消。然而，报复关税也像惩罚关税一样，易引起他国的反报复，最终导致关税战。例如。乌拉圭回合谈判期间，美国和欧洲联盟就农产品补贴问题发生了激烈的争执，美国提出一个"零点方案"，要求欧盟十年内将补贴降为零，否则除了向美国农产品增加补贴外，还要对欧盟进口商品增收200％的报复关税。欧盟也不甘示弱，扬言反报复。双方剑拔弩张，若非最后相互妥协，就差点葬送了这一轮谈判的结果。

征收进口附加税主要是为弥补正税的财政收入作用和保护作用的不足。由于进口附加税比正税所受国际社会约束要少，使用灵活，因而常常会被用作限制进口与贸易斗争的武器。过去，我国在合理地、适当地应用进口附加税的手段方面显得非常不足。比如，因长期没有自己的反倾销、反补贴法规，不能利用反倾销税和反补贴税来抵制外国商品对我国低价倾销，以保护我国同类产品的生产和市场。直到1997年3月25日，我国颁布了《中华人民共和国反倾销和反补贴条例》，才使我国的反倾销、反补贴制度法制化、规范化。2004年6月1日，国务院修改并公布了《中华人民共和国反倾销条例和反补贴条例》，更使之完善化。

（二）差价税

当某种产品的国内价格高于同类进口商品的价格时，为了削弱进口商品的竞争能力，保护国内生产和国内市场，按国内价格与进口价格之间的差额征收关税，叫做差价税。由于这种税是随着国内外价格差额的变动而变动，因此它是一种滑动关税。

西欧共同市场对于一般农产品征收固定的进口税，即征收正常关税；对于受共同农业政策所支配的重要农畜产品如谷物、猪肉、食品、家禽和乳制品等征收差价税。

西欧共同市场征收差价税的办法比较复杂。例如，对谷物进口征收差价税分为以下步骤：首先，由欧洲经济共同体委员会对有关谷物按季节分别制定统一的"指标价格"。"指标价格"是以西欧共同市场内部的内地中心市场的价格为准而定的价格，它一般高于世界市场价格。为了维持这种价格水平，共同体还确立了干预价格，一旦中心市场的实际价格跌到干预水平，有关机构便从市场上购进谷物，以防止价格继续下跌。其次，确定"入门价格"，即从指标价格中扣除把有关谷物从进口港运到内地中心市场所付的一切费用后的余额。它是由有关产品的进口价格与入门价格的差额所决定的，这个差额的大小决定了差价税的高低。

三、优惠关税

优惠关税又称特惠税，指的是对特定国家或地区进口的全部或部分商品，给予特别优惠的低关税或免税待遇。特惠税有的是互惠的，有的是非互惠的。关税与贸易总协定一方面推行无条件的最惠国待遇原则，另一方面又把优惠关税制作为最惠国待遇原则的一种例外予以承认。这种优惠只适用于特定的国家或地区，非受惠国家不能援引最惠国待遇条款来要求享受这种优惠关税待遇。

目前，在国际贸易中较有影响的特惠税制之一是"洛美协定"国家之间的特惠税。1975年2月28日，欧洲经济共同体9国与46个非洲、加勒比海和太平洋地区发展中国家在多哥首都洛美签订了"欧洲经济共同体——非洲、加勒比海和太平洋国家洛美协定"。根据协定，非、加、太国家出口的全部工业品和94.2％的农产品可以不限量地免税进入共同体国家。共同体国家的商品进入非、加、太国家享受最惠国待遇，但不享受免税待遇。第一个洛美协定从1976年4月正式生效，为期5年，受惠的发展中国家46个；第二个洛美协定签订于1979年10月，为期5年，受惠发展中国家增加到61个；第三个洛美协定签订于1984年12月，从1985年3月1日起生效，也是为期5年，受惠国增加到68个。

洛美协定废除了欧共体国家在过去与其殖民地国家缔结的贸易中明显的殖民主义条款，初步实行了非互惠原则，即由欧共体国家向参加协定的非、加、太地区发展中国家单方面地提供免税优惠，而不要求这些国家给予反向优惠。

与发展中国家利益密切相关的还有一个全球性的优惠关税形式，叫做"普遍优惠制"。

普遍优惠制是发达国家给予发展中国家贸易优惠的一种形式。根据该制度，发达国家单方面地削减或取消对来自于发展中国家和地区的制成品或半制成品的进口关税。该制度与最惠国待遇的主要不同之处是后者的优惠属于互惠性的，而前者属于非互惠性的，即由发达国家单方面地让予。

普遍优惠制的设想最初由阿根廷经济学家劳尔·普雷比什提出。他在向1964年召开的联合国贸易与发展会议提交的报告中指出，不发达国家出口的缓慢增长与工业发达国家制成品需求量的急剧增加不吻合，建议发达国家对发展中国家的出口给予免税优惠。他强调这种免税优惠符合保护弱小新兴工业的原则，有利于发展中国家扩大工业产品出口，建立国内工业。

普雷比什的建议成为1964年3～6月在日内瓦召开的第一届联合国贸易与发展会议的谈判基础。77个发展中国家（后来称为77国集团）针对发达国家的高关税壁垒及其在各自势力范围内实行歧视其他发展中国家的关税优惠，率先提出发达国家应对发展中国家制成品和半制成品出口普遍减低或取消关税的改革要求。但是以美国为代表的发达国家对发展中国家的要求予以拒绝，其理由是普遍优惠制会破坏关贸总协定的最惠国待遇原则，担心发展中国家会以普遍优惠制原则为借口拒绝给予发达国家最惠国待遇。

发达国家经过反复协商谈判，于1969年向贸发会议提出正式建议，对原来设想的普惠制在优惠的范围和期限、受惠国的范围、包括的产品、保护条款等方面作出一些限制性规定。1970年10月联合国贸发会议正式接受上述建议，并确定18个工业发达国家为优惠提供国，同时也认可各给惠国分别制定和执行各自的普惠制方案。1971年6月关贸总协定缔约方全体根据总协定第二十五条通过了一项"豁免"，授权发达的缔约国对发展中国家产品实行优惠制，允许在 10 年内背离最惠国待遇原则。普遍优惠制于 1971 年 7 月 1 日开始实施，有效期 10 年。经过全面协商和审议，发达国家同意将原订普惠制于 1980 年期满时继续延长 10 年。目前，发达国家已实施第三个 10 年的新方案，有效期自 1991 年 1 月至 2000 年 12 月 31 日。

根据建立普惠制的决议，普惠制目标是：扩大发展中国家对工业发达国家的制成品和半制成品出口，增加发展中国家的外汇收入；促进发展中国家的工业化；加速发展中国家的经济增长率。决议确立的普惠制三项主要原则为：①普遍原则，即所有工业发达国家应对所有发展中国家制成品和半制成品普遍给予减免进口关税的优惠待遇。②非歧视原则，即应使所有发展中国家都不受歧视、无例外地享受普惠制待遇。③非互惠原则，即工业发达国家应单方面地向发展中国家作出特别关税减让或免税，而不要求发展中国家提供相应的反向优惠。

普遍优惠制实施以来，对发展中国家和地区扩大出口起了一定的促进作用。但由于各给惠国在各自普惠制方案中，对受惠国及受惠商品范围均有许多限制性规定，故普惠制实质上并不"普遍"。而且，各国普惠制方案也都以国内市场不受干扰为前提，包括了许多保护性措施，以及复杂的原产地标准和证明书等规定，这些规定都程度不同地约束和减低了普惠制的作用。另外，普遍优惠制只适用于制成品和半制成品，它尚未确实反映发展中国家的根本利益。大多数发展中国家的出口均以农产品、初级产品为主，辅以为数不多的劳动密集型制成品和半制成品。制成品和半制成品关税的降低，可能在一定程度上解决发展中国家的困难，但是，除非将普遍优惠制同样适用于包括农产品在内的所有来自于发展中国家的出口，否则根本不可能解决发展中国家所面临的特殊问题。

在"东京回合"中，关贸总协定缔约方全体大会于 1979 年 11 月 28 日通过了题为"发展中国家差别和更优惠待遇、互惠与更充分参与"的决议。决议授权总协定发达缔约国无期限地背离总协定第一条所规定的无条件的最惠国待遇原则，实施有利于发展中国家的普遍优惠制，以及授权发展中的缔约国背离第一条的规定相互提供优惠待遇，故通常称为"授权条款"。其意义在于：第一，给予普遍优惠制法律地位。第二，给予发展中国家间实行优惠待遇法律地位。第三，不必申请免除义务，为上述两项差别待遇提供了长期的法律依据。

第三节　关税的征收方法和海关税则

一、关税的征收方法

征收关税的方法，主要有从量税和从价税两种。在这两种主要的征收方法的基础上，又派生出混合税和选择税两种。

（一）从量税

从量税是按照商品的重量、数量、容量、长度、面积等计量单位为标准计征的关税。从量税税额的计算公式是：

税额＝商品数量×每单位从量税

各国征收从量税，大部分以商品的重量为单位来计征，但各国对应税商品重量的计算方法各有不同。有的国家按商品的净重计征，有的国家按商品的法定重量计征，有的国家按商品的毛重计征。

采用从量税的方法征收进口税，在商品价格下跌的情况下，加强了关税的保护作用；商品价格上涨的情况下，进口税额不变，财政收入相对减少，保护作用也随之而减弱。第二次世界大战以前，资本主义国家普遍采用从量税的方法计征关税。战后由于通货膨胀，大多数资本主义国家已逐步采用从价税，或只对一部分商品采用从量税。目前，只有少数国家如瑞士仍完全采用从量税计征关税。

（二）从价税

从价税是按照进出口商品的价格为标准计征的关税，其税率表现为货物价格的百分率。从价税税额的计算公式是：

税额＝商品总值×从价税率

从价税税额随着商品价格的变动而变动，所以它的保护作用不受商品价格变动的影响。但在商品价格下跌时，关税收入减少，作为财政关税的作用则减弱。

征收从价税，较为复杂的问题是确定商品的完税价格。完税价格是经海关审定作为计征关税依据的货物价格，它是决定税额多少的重要因素。资本主义国家所采用的完税价格标准很不一致，大体上可概括为以下三种：

1. 以运费、保险费（C. I. F）作为征税价格标准。
2. 以装运港船上交货价（F. O. B）作为征税价格标准。
3. 以法定价格作为征税价格标准。

资本主义国家对海关估价的方法长期争吵不休。为统一各国海关估价的方法，关税与贸易总协定第七条规定："海关对进口商品的估价，应以进口商品或相同商品的实际成交价格，而不得以国内产品的价格或者以武断的或虚构的价格，作为计收关税的依据。"实际成交价格是指"在进口国立法确定的某一时间和地点，在正常贸易过程中和充分竞争的条件下，某一商品或相同商品出售或兜售的价格"。当无法按上述的规定确定时，"海关估价应以可确定的最接近于实际价格的相当价格为依据"。

（三）混合税

混合税是对某种进出口商品同时征收从量税和从价税的一种方法，又称复合税。混合税税额的计算公式是：

税额＝从量税税额＋从价税税额

混合税在具体应用时有两种情况：一种是以从量税为主加征从价税。例如，美国对男式开司米羊绒衫（每磅价格在 18 美元以上者）征收混合税，每磅征收从量税 37.5 美分加征从价税 15.5％。另一种是以从价税为主加征从量税。例如，日本对手表（每只价格在 6000 日元以下者）征收混合税，每只征收从价税 15％加征从量税 150 日元。

（四）选择税

选择税是对某种进出口商品同时制定从量税和从价税两种税，选择其中一种而征收的关税。一般是选择其中税额较高的一种征收，但也有选择其中税额较低者征收的。例如，日本对坯布征收选择税，每平方米 2.6 日元或协定税率 7.5％，选择高者征收。

二、名义保护率和有效保护率

（一）名义保护率

名义保护率是指直接由某种进口商品关税税率的高低来反映对本国同类产品工业部门的保护程度。在其他条件相同的情况下，进口税的税率越高，对本国生产同类产品工业部门的保护程度就越高；税率越低，其保护程度也越低。但是，直接用关税税率的高低所反映的保护程度的高低只是名义上的，并不能反映实际的或有效的保护程度。

（二）有效保护率

有效保护率是指用进口税率与某种加工产品的增加价值比率之比来衡量对该产品的真正有效的保护程度，或称增加价值保护率。其计算公式为：

$E = T/Y$

式中：E 表示有效保护率

　　　T 表示进口产品的名义关税率

Y 表示该产品的增值比率

例如，棉布的名义关税率为 30%，纺织业的最终产品增值比率为 40%，则该种产品的有效保护率为 75%。

如果一个进口国由于本国原材料不足而必须进口原材料并征收进口税，在此情况下计算该产品的有效保护率时，不仅要考虑该产品的进口税率，而且要考虑原材料的进口税率。其计算公式为：

$$E = \frac{T - P \cdot t}{1 - P}$$

式中：E 表示有效保护率

T 表示进口产品的名义关税率

t 表示原材料的名义关税率

P 表示原材料价值在进口产品价值中所占的比重

根据上述公式，有效保护率将会出现下列的变化：

1. 当 T>t，即当该产品的名义进口关税率高于所用原材料的名义进口关税率时，该产品的有效保护率大于名义保护率，即 E>T。

2. 当 T=t 时，即当该产品的名义进口关税率等于所用原材料的名义进口关税率时，该产品的有效保护率等于名义保护率，即 E=T。

3. T<t 时，即当该产品的进口关税率低于所用原材料的名义进口关税率时，该产品的有效保护率小于名义保护率，即 E<T，甚至会出现负有效保护率，即E<0。

由此可见，有效保护率受到进口国进口产品的名义关税率、进口原材料的名义关税率和所用原材料在进口产品中所占比重的影响。发达资本主义国家对进口商品普遍采用累进的关税结构，其结果使这些国家的进口商品的有效保护率大大超过名义关税率，这实际上进一步起到了限制商品进口的作用。

三、海关税则

海关税则是一国对进出口商品计征关税的规章和对进出口的应税和免税商品加以系统分类的一览表，又称关税税则。海关税则是海关征税的依据，是一国关税政策的具体体现。

海关税则的内容一般包括两个部分：一部分是海关征收关税的规章、条例和说明；另一部分是关税税率表。关税税率表主要包括税则号列、商品名称、关税税率等栏目。

（一）海关税则的分类

根据关税税率栏目的多少，海关税则可分为单式税则和复式税则。

单式税则又称一栏税则。在这种税则中,每个税目只有一个税率,适用于来自任何国家的商品,没有差别待遇。在垄断前资本主义时期,各国都实行单式税则,到垄断资本主义时期,资本主义国家为了实行关税上的差别与歧视待遇,或争取关税上的互惠,纷纷放弃单式税则而改行复式税则。现在,只有少数发展中国家如委内瑞拉、巴拿马、乌干达、冈比亚等仍实行单式税则。

复式税则又称多栏税则。在这种税则中,每个税目定有两个或两个以上税率,对来自不同国家的同类商品适用不同的税率。资本主义国家实行复式税则的目的在于实行差别待遇和贸易政策。为反对发达国家的剥削和掠夺,许多发展中国家也实行复式税则,以保卫本国的民族权益。目前,绝大多数国家都采用复式税则,这种税则有二栏、三栏、四栏不等。

在单式税则或复式税则中,依据进出口流向的不同,可分为进口货物税则和出口货物税则;有的将进口货物的税率合在同一税则中,分列进口税率栏和出口税率栏。

我国现行的进出口税则采用进出合一制,分列进口税率栏和出口税率栏。进口税率分为普通税率和最低税率,对来自与我国没有贸易互惠条约或协定的国家或地区的进口商品适用普通税率,对来自与我国签有贸易互惠条约或协定的国家或地区的进口商品适用最低税率。

根据制定者不同,海关税则可分为国家税则和协定税则。国家税则又称为自主税则,是指一国立法机构根据关税自主原则单独制定并有权加以变更的海关税则。协定税则是指一国与其他国家或地区通过贸易与关税谈判制定,受贸易条约或协定约束的海关税则。在国家税则和协定税则中所规定的关税税率,分别称为国家税率和协定税率,国家税率高于协定税率。

(二) 海关税则中的商品分类

世界海关组织目前有 162 名正式成员,成员按照世界区域和所使用的语言划分成 6 个地区,即东南非洲地区、欧洲地区,远东及南亚和东南亚、澳洲及太平洋岛屿地区(简称亚太地区),北非和中东地区,南美、北美、中美、加勒比海地区(简称美洲地区)以及西中非地区。在 2004 年 6 月 26 日世界海关组织举行的第 103/104 届理事会会议上,中国海关被选为世界海关组织副主席(亚太地区),任期两年。这是中国海关加入世界海关组织以来首次当选。

战后初期,国际社会为了协调各国在海关税则中商品分类方法做了不懈的努力。联合国统计委员会编制了《国际贸易标准分类》,欧洲海关合作理事会制定了《海关合作理事会税则目录》。前者主要用于进出口贸易的统计和分析,后者主要用于海关和国际贸易谈判。虽然两者目的不同,但在贸易统计方面,两者关系密切,而且都被世界上绝大多数国家所采用,具有广泛的影响,因此,如何使这两套商品分类标准协调起来,成为国际贸易领域中的一大课题。

为此，海关合作理事会从 1970 年开始先后成立了研究组和专门的委员会，着手研究协调两套标准的可能性，并进行了具体的编制工作。经过多年的努力，海关合作理事会于 1983 年通过了《商品名称及编码协调制度》，简称《协调制度》，并于 1988 年 1 月 1 日起生效实施，以逐步取代《国际贸易标准分类》和《海关合作理事会税则目录》。

1.《国际贸易标准分类》。国际贸易中商品种类繁多，为了便于统计，1950年，联合国统计委员会编制了《国际贸易标准分类》，并于 1960 年和 1974 年进行了修订。

《国际贸易标准分类》编制的原则是按加工程度将所有商品分为初级产品和工业制成品两大类，然后再逐步细分。在 1974 年的修订本里，它把全部商品共分为 10 大类、63 章、233 组、786 分组和 1924 个基本项目。0～4 类为初级产品，5～9类为制成品。目录编号采用五位数，第一位数表示类，第二位数表示章，第三位数表示组，第四位数表示分组，第五位数表示项目。例如，活山羊的目录编号为001.22，其含义是：0 类、00 章、001 组、001.22 项目。

2.《海关合作理事会税则目录》。为了减少资本主义各国在海关税则中商品分类上的矛盾，欧洲关税同盟研究小组于 1952 年 12 月拟订了《关税税则商品分类公约》，并设立了海关合作理事会。它在布鲁塞尔制定了《海关合作理事会税则目录》，又称《布鲁塞尔税则目录》。

《布鲁塞尔税则目录》的分类原则是以商品的自然属性为主，结合加工程度来划分。它把全部商品共分为 21 类、99 章、1015 项税目号。1～24 章（前 4 类）为农畜产品，25～99 章为制成品。税目号采用四位数，前两位数表示章、后两位数表示该章项下的税目号。例如，男用外衣的税目号为 61.01，其含义是第 61 章第 1项。根据《分类目录解释规则》的规定，税则目录中的类、章、项这三级税目号的排列及编制，各会员国不得随意变动；项下的细目以 A、B、C……排列，各会员国对这些细目的编制有一定的机动权。

这个税则目录制定后，被世界上绝大多数国家所采用。在向我国提供普惠制的国家中，除加拿大外均采用这个税则目录。

3.《商品名称及编码协调制度》。《协调制度》的商品分类目录是以《海关合作理事会税则目录》为基础，以协调《国际贸易标准分类》为目标，并参照美国、加拿大和日本等国的海关税则的编制而成的。其商品分类方法和编码制度基本上与《海关合作理事会税则目录》相类似，按商品的生产部类、自然属性、成分、用途、加工程度、制造阶段等进行编制，共有 21 类、97 章，1～24 章为农副产品，25～97 章为加工制成品，第 77 章金属材料为空缺，是为新型材料的出现而留空。税号采用六位数，前四位数为统计目的而编排的，便于在执行新制度或根据《协调制度》编制自己的方案时，即可很方便地查到税率，又可便于商品的分类统计。

《协调制度》自 1988 年 1 月 1 日起实施至今，已有 80 多个国家和地区采用。

我国 1981 年起采用的商品分类标准是以联合国《国际贸易标准分类》为基础，

结合我国进出口商品实际情况编制而成的。我国商品统计目录编号采用六位数，第一位数表示类，第二位数表示章，第三位数表示组，第四位数表示分组，第五位数表示项目，第六位数表示子目。从 1992 年起，我国新的海关税制根据《协调制度》编制。

第四节　关税对国际贸易的影响

关税，作为外贸政策的一项重要措施，对国际贸易的影响是多方面的。各国关税水平的高低影响国际贸易的兴衰，制约国际贸易的商品结构和地理分布，影响商品价格和市场，调节贸易差额与国际收支。

一、对世界贸易发展的影响

关税是在进出口商品的价格上额外增加的费用，它提高了物价，增加了消费者的税负。有些商品由于征税，减少了进出口的流量，不利于国际贸易的开展。一般说来，在其他条件不变的情况下，世界市场上主要国家的关税税率的增减程度与国际贸易发展的速度成反比关系。当世界各国普遍提高关税，加强关税壁垒时，国际贸易的发展速度将趋向下降；反之，当各国普遍地大幅度地降低关税时，国际贸易的发展速度则趋向加快。在 1929～1933 年发生的世界性经济危机期间，发达资本主义国家竞相提高关税，高筑关税壁垒限制外国商品进口。1930 年 6 月美国通过极端保护主义的"斯穆特—赫莱关税法案"，首先提高了关税，将关税提高到美国历史上的空前水平，平均关税高达 53％。美国提高关税后立即引起许多国家的严重抗议，有 45 个国家也相继提高了关税以对美国进行报复。这场"关税战"的结果使世界市场原已十分严重的局势急转直下，国际贸易急剧下降。1939 年与 1929 年相比较，世界贸易额下降了 2/3，世界贸易量减少 1/3。第二次世界大战后，特别是在 20 世纪 50 年代至 70 年代初期间，发达资本主义国家推行贸易自由化政策。由于关税在世界范围内的大幅度降低，国际贸易迅速发展。从 1950～1973 年，世界贸易额年平均增长率为 10.3％，世界贸易量年平均增长率为 7.2％，发展速度大大快于战前。

二、对国际商品结构和地理分布的影响

关税还在一定程度上影响着国际贸易商品结构和地理分布。在 20 世纪 50 年代至 70 年代初的世界贸易自由化过程中，发达资本主义国家对工业制成品进口关税的下降幅度超过对农产品关税的下降幅度，发达资本主义国家之间的关税下降幅度

超过它们对发展中国家和社会主义国家的下降幅度，经济集团内部关税下降幅度超过其对集团外的下降幅度。这些特点，使国际贸易中工业制成品贸易的增长超过农产品贸易，使发达资本主义国家之间的贸易增长超过它们与发展中国家和社会主义国家之间的贸易，也使某些集团内部贸易的增长超过其对集团外的贸易增长。

三、对商品价格和销售的影响

一般说来，进口货物课征关税后，会导致进口国的国内价格提高，进口数量减少，从而起到保护和促进本国产品的生产和销售的作用。通常，进口关税税率越高，进口商品在国内市场上的价格也越高，限制进口的作用将越大。商品关税能增加受到保护的商品产量。但是，受到保护的商品产量的增加以未受到保护的商品产量的减少为代价。关税的这种保护和促进进口国同类产品生产和销售的作用是有一定限度的。如果对某些产品实行长期的关税保护，不仅严重损害了消费者的利益，而且也不利于有关企业改进产品技术，降低成本，追求生产效率，使受保护的产品消费数量减少，使其在高关税的保护下长期落后于世界先进水平，在国际市场上缺乏竞争能力，最终反而影响其生产和销售的发展。国外许多经济学家认为，为了避免消费扭曲，通过生产补贴而不是关税来保护幼稚工业则更好。

四、对贸易差额和国际收支的影响

当一国出现严重的贸易逆差和国际收支逆差时，如果对进口商品提高关税，可能会暂时地抑制进口，使进口支付减少，从而缩小贸易逆差，改善国际收支状况。但是，从长期来看，提高关税不但不能达到改善国际收支的目的，反而会产生相反的后果。由于征收高额进口税，国内价格会上涨，结果造成某些产品的生产成本提高。这些产品将因较高的生产成本而削弱出口竞争能力，减少出口，贸易逆差将可能重新产生或扩大。此外，一国提高关税，常常会引起有关国家的连锁反应，使其竞相提高关税以限制对方的进口，结果相互抵消了提高关税对于缩小和改善贸易收支的作用，而使世界贸易中关税达到一个更高的水平。

第十三章 非关税壁垒

第一节 非关税壁垒概述

非关税壁垒（Non—tariff Barriers，NTB）是与关税壁垒相对而言的，是指关税以外的一切限制进口的各种措施。

非关税壁垒早在资本主义发展初期就已出现，但普遍建立起来却是在 20 世纪 30 年代。由于世界性经济危机的爆发，各资本主义国家为了缓和国内市场的矛盾，对进口的限制变本加厉，一方面高筑关税壁垒；另一方面采用各种非关税壁垒措施阻止他国商品进口。第二次世界大战后，特别是 60 年代后期以来，在世界贸易组织的前身——关贸总协定的努力下，关税总体水平得到大幅度下降，因而关税作为政府干预贸易的政策工具的作用已越来越弱。于是发达国家为了转嫁经济危机，实现超额垄断利润，转而主要采用非关税壁垒措施来限制进口。到 20 世纪 70 年代末，非关税壁垒从 60 年代末的 850 多项增加到 900 多项，目前已达 1000 多项，而且有不断加强的趋势。

非关税壁垒与关贸总协定和世界贸易组织促进贸易自由化的宗旨是相违背的。关贸总协定较早就意识到这个问题，并在第七轮谈判"东京回合"中第一次把谈判矛头指向了非关税壁垒，提出减少、消除非关税壁垒，减少、消除这类壁垒对贸易的限制及不良影响，以及将此类壁垒置于更有效的国际控制之下等条款。但这些条款和协议往往是有保留的。并且非关税壁垒花样繁多、层出不穷，关贸总协定也不可能对每一种非关税壁垒都用具体条款作出明确规定。因此，非关税壁垒越来越趋向采用处于总协定法律原则和规定的边缘或之外的歧视性措施（如自动出口限制等），从而成为"灰色区域措施"（gray area measures），以绕开关贸总协定的直接约束。目前，越来越多的西方发达国家使用灰色区域措施，这在一定程度上构成了对国际贸易体系的威胁。

一、非关税壁垒的特点

非关税壁垒虽然与关税壁垒一样可以限制外国商品进口，却有其自身显著的特点。

（一）灵活性

一般来说，各国关税税率的制定必须通过立法程序，并要求具有一定的连续性，所以调整或更改税率的随意性有限。同时，关税税率的调整直接受到世界贸易组织的约束（非成员国也会受到最惠国待遇条款约束），各国海关不能随意提高以应付紧急限制进口的需要，因此关税壁垒的灵活性很弱。而制定和实施非关税壁垒措施通常采用行政手段，制定、改变或调整都更迅速、简单、伸缩性大，在限制进口方面表现出更大的灵活性和时效性。同时能根据实际情况，变换限制进口措施，达到限制进口的目的。

（二）有效性

关税壁垒的实施旨在通过征收高额关税提高进口商品的成本，它对商品进口的限制是相对的。当面对国际贸易中越来越普遍出现的商品倾销和出口补贴等鼓励出口措施，关税就会显得作用乏力。同时，外国商品凭借生产成本的降低（如节省原材料、提高生产效率、甚至降低利润率等），也能冲破高关税的障碍而进入对方国家。而有些非关税壁垒对进口的限制是绝对的，比如用进口配额等预先规定进口的数量和金额，超限额就禁止进口。这种方法在限制进口方面更直接、更严厉，因而也更有效。

（三）隐蔽性

要通过关税壁垒限制进口，惟一途径就是提高关税税率，而关税税率必须在《海关税则》中公布，毫无隐蔽性可言。非关税壁垒则完全不同，其措施往往不公开，或者规定极为烦琐复杂的标准和手续，使出口商难以对付和适应。它既能以正常的海关检验要求的名义出现，也可借用进口国的有关行政规定和法令条例，使之巧妙地隐藏在具体过程中而无需作公开的规定。

（四）歧视性

因为一国只有一部关税税则，因而关税壁垒像堤坝一样同等程度地限制了所有国家的进出口。而非关税壁垒可以针对某个国家或某种商品相应制定，因而更具歧视性。比如，1989 年欧共体宣布禁止进口含有荷尔蒙的牛肉这一做法，就是针对美国作出的。又如，英国生产的糖果在法国市场上曾经长期有很好的销路，后来法国在食品卫生法中规定禁止进口含有红霉素的糖果，而英国糖果正是普遍使用红霉素染色的，这样一来，英国糖果大大失去了其在法国的市场。

综上所述，非关税壁垒在限制进口方面比关税壁垒更有效、更隐蔽、更灵活和更有歧视性。正由于这些特点，非关税壁垒取代关税壁垒成为贸易保护主义的主要手段，有其客观必然性。

二、非关税壁垒的作用

西方发达国家的贸易政策越来越把非关税壁垒作为实现其政策目标的主要工具。对他们来说，非关税壁垒的作用主要表现在三个方面：①作为防御性武器限制外国商品进口，用以保护国内陷入结构性危机的生产部门及农业部门，或者保障国内垄断资产阶级能获得高额利润。②在国际贸易谈判中用作砝码，逼迫对方妥协让步，以争夺国际市场。③用作对其他国家实行歧视的手段，甚至作为实现政治利益的手段。总之，发达国家设置非关税壁垒是为了保持其经济优势地位，继续维护不平等交换的国际格局，具有明显的剥削性。

必须承认，发展中国家同样也越来越广泛地使用着非关税壁垒措施。但与发达国家不同的是，发展中国家设置非关税壁垒的目的主要是：①限制非必需品进口，节省外汇。②削弱外国进口商品的强大竞争力，以保护民族工业和幼稚工业。③发展民族经济，以摆脱发达资本主义国家对本国经济的控制和剥削。发展中国家的经济发展水平与发达国家相距甚远，完全不在同一条起跑线上，因而设置非关税壁垒有其合理性和正当性。为此，关贸总协定在"肯尼迪回合"中新增了"贸易和发展"部分，并陆续给予发展中国家以更大的灵活性，允许其为维持基本需求和谋求优先发展而采取贸易措施。但总的说来，从关贸总协定到今天的世界贸易组织，对发展中国家的要求注意得还不够，发展中国家有必要为此而继续斗争。

第二节　非关税壁垒的种类

非关税壁垒名目繁多、内容复杂，联合国贸易与发展会议（UNCTAD）将非关税壁垒措施分成三种类型，每种类型分 A、B 两组，其中 A 组为数量限制，B 组为影响进口商品的成本。目前，传统的分类方法是将其分为配额、金融控制、政府参与贸易、海关与海关手段及对产品的要求五个大类。从其限制进口的方法来看，不外乎是直接和间接两种。所谓直接的方法，是指进口国直接规定商品进口的数量或金额，或者通过施加压力迫使出口国自己限制商品的出口，如进口配额制、"自动"限制出口、进出口许可证、市场秩序协定等。所谓间接的方法，是指进口国利用行政机制，对进口商品制定苛刻的条例和技术标准，从而间接限制进口，如外汇管制、海关估价制度。歧视性政府采购政策及有关健康、卫生、安全、环境等过于苛刻繁复的标准等。据统计，目前发达资本主义国家所实施的非关税壁垒已达

1000 多种。主要种类如表 13—1 所示。

表 13—1　　　　　　　　　　联合国贸易与发展会议对非关税壁垒的分类

Ⅰ. 为保护国内生产不受外国竞争而采取的商业性措施

　　A 组　（1）进口配额

　　　　　（2）许可证

　　　　　（3）"自动"出口限制

　　　　　（4）禁止出口和进口

　　　　　（5）国营贸易

　　　　　（6）政府采购

　　　　　（7）国内混合规定

　　B 组　（8）最低限价和差价税

　　　　　（9）反倾销税和反补贴税

　　　　　（10）进口押金制

　　　　　（11）对与进口商品相同的国内工业生产实行优惠

　　　　　（12）对与进口商品相同的国内工业实行直接或间接补贴

　　　　　（13）歧视性的国内运费

　　　　　（14）财政部门对于进口商品在信贷方面的限制

Ⅱ. 除商业性政策以外的用于限制进口和鼓励出口的措施

　　A 组　（15）运输工具的限制

　　　　　（16）对于进口商品所占国内市场份额的限制

　　B 组　（17）包装和标签的规定

　　　　　（18）安全、健康和技术标准

　　　　　（19）海关检查制度

　　　　　（20）海关估价

　　　　　（21）独特的海关商品分类

Ⅲ. 为促进国内替代工业的发展而实行的限制进口措施

　　　　　（22）政府专营某些商品

　　　　　（23）政府实行结构性或地区性差别待遇政策

　　　　　（24）通过国际收支限制进口

一、进口配额制

进口配额（import quotas），又称进口限额，是一国政府对一定时期内（通常为一年）进口的某些商品的数量或金额加以直接限制。在规定的期限内，配额以内的货物可以进口，超过配额不准进口，或者征收较高关税后才能进口。因此，进口配额制是限制进口数量的重要手段之一。

进口配额制主要有绝对配额和关税配额两种形式。

（一）绝对配额

绝对配额（absolute quotas），即在一定时期内，对某些商品的进口数量或金额规定一个最高限额，达到这个限额后，便不准进口。绝对配额按照其实施方式的不同，又有全球配额、国别配额和进口商配额三种形式。

1. 全球配额（global quotas；unallocated quotas），即对某种商品的进口规定一个总的限额，对来自任何国家或地区的商品一律适用。主管当局通常按进口商的申请先后或过去某一时期内的进口实际额发放配额，直至总配额发完为止，超过总配额就不准进口。例如，加拿大规定，从 1981 年 12 月 1 日起，对除皮鞋以外的各种鞋类实行为期 3 年的全球配额。第一年的配额为 3560 万双，以后每年进口量递增 3%。加拿大外贸主管当局根据有关进口商 1980 年 4 月 1 日至 1981 年 3 月 31 日期间所进口的实际数量来分配额度，但对进口国家或地区不加限制。

2004 年 12 月 31 日，根据世界贸易组织《纺织品和服装协定》，世界范围内纺织品服装配额将全面取消，世界纺织品市场格局将发生巨大变化，世界纺织业将面对"后配额时代"。美国国际贸易委员会预计，中国纺织品在没有任何限制的美国市场份额将增加 2 倍，达到 30%，类似的情况也会发生在欧洲、日本及其他主要市场上。但是，发达国家占有世界纺织品服装 2/3 以上市场份额，其纺织品工业拥有先进的研发和制造技术，就近市场和快速反应机制、先进的管理以及国际化经营经验。在纺织品竞争中取胜，价格已不再是惟一的因素，品牌、质量、潮流以及创新变得越来越重要。像中国钟表业，产量占全球的 80%，但缺少世界知名品牌，出口价格平均每只不足 10 元，与瑞士等钟表强国仍有差距。从 2004 年起，中国将取消汽车进口配额限制，中国汽车产业与市场竞争将不容忽视开放经济和国际化因素的影响。

2. 国别配额（country quotas），即政府不仅规定了一定时期内的进口总配额，而且将总配额在各出口国家和地区之间进行分配。因此，按国别配额进口时，进口商必须提供进口商品的原产地证明书。与全球配额不同的是，实行国别配额可以很方便地贯彻国别政策，具有很强的选择性和歧视性。进口国往往根据其与有关国家或地区的政治经济关系分别给予不同的额度。

一般来说，按照配额的分配由单边决定还是多边协商，国别配额可以进一步分为自主配额和协议配额。

（1）自主配额（autonomus quotas），又称单方面配额（unbilateral quotas），是由进口国自主地、单方面强制规定在一定时期内从某个国家或地区进口某种商品的配额，而不需征求输出国家的同意。自主配额的确定一般参照某国过去一定时期内的出口实绩，按一定比例确定新的进口数量或金额。例如，美国就是采用自主配额来决定每年的纺织品配额。此外，据统计，1991 年欧共体各国对华单边限额达 130 多种，给我国的出口造成了严重的干扰和阻碍。

自主配额由进口国家自行制定，往往带有不公正性和歧视性。由于分配额度差异，易引起某些出口国家或地区的不满或报复，因而更多的国家趋于采用协议配额，以缓和进出口国之间的矛盾。

（2）协议配额（agreement quotas），又称双边配额（bilateral quotas），是由进口和出口两国政府或民间团体之间通过协议来确定配额。协议配额如果是通过双方政府协议达成，一般需将配额在进口商或出口商中进行分配，如果是双边的民间团体达成的，应事先获得政府许可方可执行。由于协议配额是双方协商决定的，因而较易执行。

目前，双边配额的运用十分广泛。以欧共体的纺织服装业为例，为了保护其日益失去竞争力的纺织服装业，欧共体对 80％以上的进口贸易实行双边配额管理。我国纺织品和服装受双边协议限制的对欧出口额，约占到我国对欧出口总额的 1/4。

3. 进口商配额（importer quotas），是对某些商品进口实行的配额。进口国为了加强垄断资本在对外贸易中的垄断地位和进一步控制某些商品的进口，将某些商品的进口配额在少数进口厂商之间进行分配。比如日本食用肉的进口配额就是在 29 家大商社间分配的。

（二）　关税配额

关税配额（tariff quotas），即对商品进口的绝对数额不加限制，而对在一定时期内，在规定配额以内的进口商品给予低税、减税或免税待遇，对超过配额的进口商品则征收较高的关税，或征收附加税甚至罚款。

关税配额按征收关税的优惠性质，可分为优惠性关税配额和非优惠性关税配额。

优惠性关税配额，是对关税配额内进口的商品给予较大幅度的关税减让，甚至免税，超过配额的进口商品即征收原来的最惠国税率。欧共体在普惠制实施中所采取的关税配额就属此类。

非优惠性关税配额，是对关税配额内进口的商品征收原来正常的进口税，一般按最惠国税率征收，对超过关税配额的部分征收较高的进口附加税或罚款。例如，1974 年 12 月，澳大利亚曾规定对除男衬衫、睡衣以外的各种服装，凡是超过配额的部分加征 175％的进口附加税。如此高额的进口附加税，实际上起到禁止超过配额的商品进口的作用。

关税配额与绝对配额的不同之处在于，绝对配额规定一个最高进口额度，超过就不准进口，而关税配额在商品进口超过规定的最高额度后仍允许进口，只是超过部分被课以较高关税。可见，关税配额是一种将征收关税同进口配额结合在一起的限制进口的措施。两者的共同点是都以配额的形式出现，可以通过提供、扩大或缩小配额向贸易方施加压力，使之成为贸易歧视的一种手段。比如，从 1994 年 7 月到 1995 年 5 月这段时间里，美国政府在未提供充分证据和未经充分磋商的情况下，先后两次扣减我国总量达 252 万打的纺织品配额，严重损害了我国的利益。第二次世界大战后，许多发展中国家也实行了进口配额制，其目的主要是限制非必需品及与本国产品相竞争的工业品输入，节约外汇开支，发展民族经济。

目前，如何使用配额是影响我国商品出口的一个大问题。一方面我国政府或民间团体要尽量争取更多的配额，并加强配额的管理和分配；另一方面也要用好用足这些配额。所谓用足配额，有几个方面要考虑：首先，在规定的期限内把受限制的商品配额用足。如果进口配额制中规定了留用额（上一年未用完留下的额度）、预用额（借用下一年度的额度）和挪用额（别国转让给我国的额度），我们也应加以充分利用，使配额的利用率达到最高水平。再者，也要作好商品的分类工作。由于有的国家对某些商品的分类并非十分明确严格，既可归入有配额限制或配额较少的类别，也可归入无配额限制或配额较宽裕的类别，我们应争取后一种结果，获得更多的配额，以扩大出口。所谓用好配额，是指合理地使用配额，尽量使配额带来最大利益。比如，面对有金额限制的配额就要在金额范围内争取增加出口数量，而面对有数量限制的配额，则要在数量范围内尽量多出口档次高、附加值高的产品，实现利润最大化。

最后，应该看到，进口配额制作为数量限制的一种运用形式，受到了自关贸总协定到世界贸易组织旗帜鲜明地反对。总协定曾规定禁止数量限制条款，几乎把它放到与关税减让同等重要的地位，因而不少国家转而采取"灰色区域措施"，如自动出口配额制等。

二、"自动"出口配额制

"自动"出口配额（"voluntary" export quotas），又称"自动"出口限制（"voluntary" export restrains），是指出口国家或地区在进口国家的要求和压力下，"自动"规定某一时期内（一般为 3～5 年）某些商品对该国的出口限额，在该限额内自行控制出口，超过限额即禁止出口。

"自动"出口配额制和进口配额制从实质上来说都是通过数量限制来限制进口，但仍有许多不同之处。这表现在：第一，从配额的控制方面看，进口配额制由进口国直接控制进口配额来限制商品的进口，而"自动"出口配额制则由出口国直接控制配额，限制一些商品对指定进口国家的出口，因此是一种由出口国家实施的为保护进口国生产者而设计的贸易政策措施。第二，从配额表现形式看，"自动"出口配额制表面上好像是出口自愿采取措施控制出口，而实际上是在进口国的强大压力下才采取的措施，并非出于出口国的自愿。进口国往往以某些商品的大量进口威胁到其国内某些工业，即所谓的"市场混乱"（market disruption）为借口，要求出口国实行"有序增长"（orderly growth），"自动"限制出口数量，否则将采取报复性贸易措施。第三，从配额的影响范围看，进口配额制通常应用于一国大多数供给者，而"自动"配额制仅应用于几个甚至一个特定的出口者，具有明显的选择性。那些未包括在"自动"配额制协定中的出口者，可以向该国继续增加出口。第四，从配额适用时限看，进口配额制适用时限相对较短，往往为1年，而"自动"出口配额制较长，往往为3～5年。

"自动"出口配额制主要有两种形式：

1. 非协定的"自动"出口配额。它是指出口国政府并未受到国际协定的约束，自动单方面规定对有关国家的出口限额，出口商必须向政府主管部门申请配额，在领取出口授权书或出口许可证后才能出口。也有的是出口厂商在政府的督导下，"自动"控制出口。比如，1975年，在日本政府的行政指导下，日本6家大钢铁企业，将1976年对西欧的钢材出口量"自动"限制在120万吨以内，1977年又限制在122万吨。

2. 协定的"自动"出口配额。它是指进出口双方通过谈判签订"自限协定"（self－restriction agreement）或"有秩序销售协定"（orderly marketing agreement），规定一定时期内某些商品的出口配额。出口国据此配额发放出口许可证或实行出口配额签证制，自动限制商品出口，进口国则根据海关统计进行监督检查。"自动"出口配额大多属于这一种。比如，1957年，美国的纺织业因日本纺织品输入激增而受到损害，要求日本限制其对美国出口，否则即实行更为严厉的进口限制。在强大的压力下，日本和美国签订了一个为期5年的"自动限制协定"，"自动"地把对美国的棉纺织品出口限制在2.55亿平方码之内，从而由美国在总协定之外，开创了第一个对纺织品出口进行限制的先例。

20世纪70年代以来，随着新保护主义的兴起，用自动出口限制进行保护的趋势日益加强，并表现出以下特点：一是受其影响的贸易覆盖率呈增长趋势。70年代初期，自动出口限制协定还不到一打，1980年，其数量增加到80个，如果把《多种纤维协定》下实施的自愿出口限制包括进去，到目前为止总数已达200多个。同时，其贸易覆盖率在80年代初期为5%～7%，到1986年，实施中的自动出口限制协议所影响的贸易额约为世界贸易额的8%～10%。二是受自动出口限制影响的国家更多地为发展中国家，并有增长的势头。1987年，在实施中的99个自愿出口限制协定中，影响到发展中国家出口的有50个。从自动出口限制的需求看，欧共体是最主要的策源地，占55个，其次为美国，占32个。三是受自动出口限制影响的产品开始从农业、纺织品与服装等传统领域转移至钢铁、汽车及高新技术行业。比如欧共体不仅对来自日本的钢铁、汽车采用"自动"出口限制，还对来自日本一半以上的高新技术电子产品实行"自动"出口限制。

"自动"出口限制之所以成为较流行的贸易保护措施，究其原因，与关贸总协定的有关条款和运行机制有直接关系。首先，由于关贸总协定缔约方的多边谈判已大大降低了关税，而传统的非关税壁垒措施（如进出口数量限制、海关估价制度、进出口许可证制度等）也在多边谈判的基础上达成协议，它们的使用必然受到国际社会的监督。因此，要更有力地限制进口，必须转而寻求其他措施。其次，"自动"

出口限制协议一般由两国政府部门采取不公开或半公开的方式私下达成，透明度很低。由于这种出口限制是"自愿"的，其法律地位不明确，处在不合法与合法之间的模糊区域，是"灰色区域措施"。第三，由于国际贸易中不断出现反补贴、反倾销指控，作为出口国，采用"自动"出口限制措施来解决争端比其他方法在经济上有利，且能不伤和气，继续发展与进口国的经贸关系。从进口国的角度看，选择"自动"出口限制比提高关税或规定配额能更好地避开关贸总协定的规则，依自己的意愿针对某个国家采取限制措施，而不涉及出口同类产品的其他国家，不必担心受到这些国家的报复而使本国的出口遭受损害。正因为如此，"自动"出口限制作为灰色区域措施的一种主要形式而迅速蔓延。

三、进口许可证制

进口许可证制（import license system），是指一国政府规定某些商品的进口必须申领许可证，否则一律不准进口的制度。它实际上是进口国管理其进口贸易和控制进口的一种重要措施。

进口许可证按照其与进口配额的关系，可分为两种：

（一）有定额的进口许可证

即进口国预先规定有关商品的进口配额，然后在配额的限度内，根据进口商的申请对每笔进口货物发给一定数量或金额的进口许可证，配额用完即停止发放。可见，这是一种将进口配额与进口许可证相结合的管理进口的方法，通过进口许可证分配进口配额。若为自动出口限制，则由出口国颁发出口许可证来实施。例如，德国对纺织品的进口便是通过有定额的许可证进行管理的。德国有关当局每年分三期公布配额数量，然后据此配额数量发放许可证，直到进口配额用完为止。

（二）无定额的进口许可证

这种许可证不与进口配额相结合，即预先不公布进口配额，只是在个别考虑的基础上颁发有关商品的进口许可证。由于这种许可证的发放权完全由进口国主管部门掌握，没有公开的标准，因此更具有隐蔽性，给正常的国际贸易带来困难。

进口许可证按照进口商品的许可程度又可以分为两种：

1. 公开一般许可证（open general license，OGL），又称公开进口许可证、一般许可证或自动进口许可证。它对进口国别或地区没有限制，凡列明属于公开一般许可证的商品，进口商只要填写公开一般许可证后，即可获准进口。因此，这一类商品实际上是可"自由进口"的商品。填写许可证的目的不在于限制商品进口，而在于管理进口。比如海关凭许可证可直接对商品进行分类统计。

2. 特种商品进口许可证（specific license，SL），又称非自动进口许可证。对于特种许可证下的商品，如烟、酒、军火武器、麻醉品或某些禁止进口的商品，进口商必须向政府有关当局提出申请，经政府有关当局逐笔审查批准后方能进口。特种进口许可证往往都指定商品的进口国别或地区。

进口许可证的使用已经成为各国管理进口贸易的一种重要手段。它便于进口国政府直接控制进口，或者方便地实行贸易歧视，因而在国际贸易中越来越被广泛地用作非关税壁垒措施。有的国家为了进一步阻碍商品进口，故意制定烦琐复杂的申领程序和手续，使得进口许可证制度成为一种拖延或限制进口的措施。

鉴于国际贸易中许可证尚有存在的理由，比如进行某种商品的统计，或在进口配额制下分配或控制某种商品的进口总量，或确定商品的原产地，或区别对待进口商品等，完全取消进口许可证是不现实的。但为了防止进口许可证被滥用而妨碍国际贸易的正常发展，关贸总协定从"肯尼迪回合"开始对这一问题进行多边谈判，并在"东京回合"达成了《进口许可证手续协议》。在此基础上，"乌拉圭回合"又提出了一项新的《进口许可证手续协议（草案）》，规定签字国必须承担简化许可证程序的义务，确保进口许可证本身不会构成对进口的限制，并保证进口许可证的实施具有透明性、公正性和平等性。

我国在建国初期，为了迅速稳定进出口贸易的秩序，从 1951 年起，对进口商品实行了全面的进口许可证管理。1956 年以后，实行国营外贸公司专营对外贸易业务，进口许可证实际上已不起作用，故于 1959 年取消。1979 年改革开放后，我国外经贸体制发生了巨大变化，越来越多的公司、企业拥有了自营出口权。为了便于进口管理，我国于 1980 年 10 月起重新恢复进口许可证制，1992 年，我国实行进口许可证管理的商品有 53 类、743 个税号，进口许可证发证商品占国家进口总额的 38.33%。

我国的进口许可证制度与关贸总协定《进口许可证手续协议》基本一致，但仍有些差距，例如，没有关于特种许可证的规定，没有明确进口配额及其许可证分配问题，同时管理机构过多，透明度差，申领许可证的程序和手续比较复杂等。这些问题也是复关及加入世界贸易组织谈判中遇到的市场准入障碍之一。为此，我国制定了在短时期内取消进口许可证的时间表，并已取消了部分商品的进口许可证。1998 年，我国实行进口许可证管理的商品只有 35 种、376 个税号，进口许可证发证商品占国家进口总额的比重仅为 7.83%。

四、外汇管制

外汇管制（foreign exchange control）也称外汇管理，是指一国政府通过法令对国际结算和外汇买卖加以限制，以平衡国际收支和维持本国货币汇价的一种制度。负责外汇管理的机构一般都是政府授权的中央银行（如英国的英格兰银行），但也有些国家另设机构，如法国设立外汇管理局担负此任。一般说来，实行外汇管制的国家，大都规定出口商须将其出口所得外汇收入按官方汇率（official exchange rate）出售给外汇管理机构，而进口商也必须向外汇管理机构申请进口外汇。此外，外汇在该国禁止自由买卖，本国货币的携出入境也受到严格的限制。这样，政府就可以通过确定官方汇率、集中外汇收入、控制外汇支出、实行外汇分配等办法来控制进口商品的数量、品种和国别。例如，日本在分配外汇时趋向于鼓励进口高精尖产品和发明技术，而不是鼓励进口消费品。

外汇管理和对外贸易密切相关，因为出口必然要收汇，进口必然要付汇。因此，如果对外汇有目的地进行干预，就可直接或间接地影响进出口。外汇管制的方式有四种：

1. 数量性外汇管制，即国家外汇管理机构对外买卖的数量直接进行限制和分配。一些国家实行数量性外汇管制时，往往规定进口商必须获得进口许可证后，方可得到所需的外汇。

2. 成本性外汇管制，即国家外汇管理机构对外汇买卖实行复汇率制（system of multiple exchange rates），利用外汇买卖成本的差异来间接影响不同商品的进出口，达到限制或鼓励某些商品进出口的目的。所谓复汇率，也称多得汇率，是指一国货币对外汇率有两个或两个以上，分别适用于不同的进出口商品。其作用是，根据出口商品在国际市场上的竞争力，为不同商品规定不同的汇率以加强出口；根据保护本国市场的需要为进口商品规定不同的汇率以限制进口等。

3. 混合性外汇管制，即同时采用数量性和成本性外汇管制，对外汇实行更为严格的控制，以影响商品进出口。

4. 利润汇出限制，即国家对外国公司在本国经营获得的利润汇出加以管制。例如，德国对美国石油公司在德国赚钱后汇给其母公司的利润按累进税制征税，高达60％。又比如，有的国家通过拖延批准利润汇出时间表来限制利润汇出。

一国外汇管制的松紧，主要取决于该国的经济、贸易、金融及国际收支状况，一般情况是，工业发达国家外汇管制较松，发展中国家的外汇管制则松紧不一，从紧者居多。近几年，国际金融形势动荡不安，如墨西哥金融危机，美元对日元、德国马克等货币的汇率下跌，亚洲金融危机等，都对各国经济产生了或重或轻的影响，外汇管制遂呈加强之势。

关贸总协定也涉及到外汇管制问题。它规定：一国实施外汇管制应遵循适度、透明和公正的原则。缔约国实行外汇管制，不得通过控制外汇使用来限制商品的进口数量、种类和国别，从而妨碍自由贸易。另外，各缔约国应加强同国际货币基金组织合作，协调处理有关国际收支、货币储备及外汇安排等问题。

我国是发展中国家，长期以来对外汇实行较为严格的集中管理、统一经营的方针。但是，随着改革开放的不断深入，我国的外汇管制逐渐朝宽松的方向前进，从外汇统收统支制到外汇留成制，再到银行结汇售汇制，并实现了人民币在经常项目下的可自由兑换，为人民币的完全可自由兑换打下了基础。同时，在汇率方面，实行汇率并轨，建立了以市场为基础的、单一的、有管理的浮动汇率制，并成立了全国统一的外汇市场。这些改革使我国外汇管理体制逐步向国际惯例靠拢。但也要看到，我国外汇管理仍然统得过多，政策法规的统一性和透明性仍不够高。根据关贸总协定及现在的世界贸易组织关于外汇管理要适度、透明和公正的原则，仍然有许多工作要做。

五、进口押金制

进口押金（advanced deposit）制又称进口存款制或进口担保金制，是指进口商在进口商品前，必须预先按进口金额的一定比率和规定的时间，在指定的银行无息存储一笔现金的制度。这种制度无疑加重了进口商的资金负担，起到了限制进口的作用。它同外汇管制操作所遵循的理论如出一辙，即设法控制或减少进口者手中的可用外汇，来达到限制进口的目的。例如，意大利政府从 1974 年 5 月到 1975 年3 月曾对 400 多种进口商品实行进口押金制度。它规定：凡项下商品进口，进口商都必须预先向中央银行交纳相当于货值一半的现款押金，无息冻结半年。据估计，这项措施相当于征收 5% 以上的进口附加税。又比如巴西政府规定，进口商必须预先交纳与合同金额相等的为期 360 天的存款才能进口。

进口押金制对进口的限制有很大的局限性。如果进口商以押款收据作担保，在货币市场上获得优惠利率贷款，或者国外出口为了保证销路而愿意为进口商分担押金金额时，这种制度对进口的限制作用就微乎其微了。

六、最低限价制和禁止进口

最低限价（minimum price）制，是指一国政府规定某种进口商品的最低价格，凡进口商品的价格低于这个标准，就加征进口附加税或禁止进口。例如，1985 年智利对绸坯布进口规定了每千克 52 美元的最低限价，低于这个限价，将征收进口附加税。这样，一国便可有效地抵制低价商品进口或以此削弱进口商品的竞争力，保护本国市场。比如，美国为抵制欧洲、日本等国的低价钢材和钢制品的进口，在1977 年制定实施了启动价格制（trigger price mechanism，TPM）。其实这也是一种最低限价制。它规定了进口到美国的所有钢材及部分钢制品的最低限价，即启动价格。当商品进口价低于启动价格时必须加以调整，否则就要接受调查，并有可能被征收反倾销税。以后，欧共体步美国后尘，也对钢材及钢制品实行启动价格制。

欧共体为保护其农产品而制定的"闸门价"（sluice gate price）是另一种形式的最低限价。它规定了外国农产品进入欧共体的最低限价，即闸门价。如果外国产品的进口价低于闸门价，就要征收附加税，使之不低于闸门价，然后在此基础上再征收调节税。我国农产品对欧出口就深受闸门价的影响。以冻猪肉为例，去骨分割冻猪肉是我国一项传统出口产品，在欧洲国家十分畅销。1983 年欧共体规定了其闸门价每吨 1800 美元，调节税每吨 780 美元，而当时欧共体内的销售价只有 2500

美元。由于进口成本远超出市场价格水平，中国冻猪肉于 1983 年全部退出欧共体市场。仅"闸门价"这一项农产品贸易壁垒措施，就使我国冻猪肉出口每年损失 6000 万美元。又如，正当我国冻鸡肉对欧出口数量稳步上升时，欧共体于 1991 年 4 月大幅度提高冻鸡肉的闸门价、附加税和调节税，导致鸡肉的进口成本从原来每吨 1337 美元上升到 1826 美元。这样，我国冻鸡肉对欧出口业务被迫中断，造成每年数百万美元的出口损失。

禁止进口（prohibitive import）是进口限制的极端措施。当一国政府认为一般的限制已不足以解救国内市场受冲击的困境时，便直接分布法令，公开禁止某些商品进口。仍以欧共体为例，1975 年 3 月，欧共体决定自 1975 年 3 月 15 日起，禁止千克以上的牛肉罐头及牛肉下水罐头从欧共体以外市场进口。

一般而言，在正常的经贸活动中，禁止进口的极端措施不宜于贸然采用，因为这极可能引发对方国家的相应报复，从而酿成愈演愈烈的贸易战，这对双方的贸易发展都无好处。至于一个国家也可能因政治原因而实施贸易禁运，则又另当别论。

七、国内税

国内税（internal taxes）是指一国政府对本国境内生产、销售、使用或消费的商品所征收的各种捐税，如周转税、零售税、营业税等等。任何国家对进口商品不仅要征收关税，还要征收各种国内税。

在征收国内税时，对国内外产品实行不同的征税方法和税率，以增加进口商品的纳税负担，削弱其与国内产品竞争的能力，从而达到限制进口的目的。办法之一是对国内产品和进口产品征收差距很大的消费税。例如，美国、日本和瑞士对进口酒精饮料的消费税都大于本国制品。

国内税的制定和执行完全属于一国政府，有时甚至是地方政府的权限，通常不受贸易条约与协定的约束，因此，把国内税用作贸易限制的壁垒，会比关税更灵活、更隐蔽。

八、进出口的国家垄断

进出口的国家垄断（state monopoly）也称国营贸易（state trade），是指对外贸易中，某些商品的进出口由国家直接经营，或者把这些商品的经营权给予某些垄断组织。经营这些受国家专控或垄断的商品的企业，称为国营贸易企业（state trading enterprises）。国营贸易企业一般为政府所有，但也有政府委托私人企业代办。

各国国家垄断的进出口商品主要有四大类。第一类是烟酒。由于可以从烟酒进出口垄断中取得巨大财政收入，各国一般都实行烟酒专卖。第二类是农产品。对农产品实行垄断经营，往往是一国农业政策的一部分，这在欧美国家最为突出。如美国农产品信贷公司，是世界上最大的农产品贸易垄断企业，对美国农产品国内市场价格能保持较高水平起了重要作用：当农产品价格低于支持价格时，该公司就按支持价格大量收购农产品，以维持价格水平，然后，以低价向国外市场大量倾销或者"援助"缺粮国家。第三类是武器。它关系到国家安全与世界和平，自然要受到国家专控。第四类是石油。它是一国的经济命脉，因此，不仅出口国家，而且主要的石油进口国都设立国营石油公司，对石油贸易进行垄断经营。

关于国营贸易企业，关贸总协定第 17 条中规定，它们在购买和销售时，应只以商业上的考虑（包括价格、质量、货源、推销及其他购销条件）为根据，并按商业惯例对其他缔约国提供参与购买或销售的适当竞争机会，不得实行歧视政策。该条款旨在防止国营贸易企业利用其特殊的法律地位，妨碍自由贸易政策的实施。

九、歧视性政府采购政策

歧视性政府采购政策（discriminatory government procurement policy），是指国家通过法令和政策明文规定政府机构在采购商品时必须优先购买本国货。有的国家虽未明文规定，但优先采购本国产品已成惯例。这种政策实际上是歧视外国产品，起到了限制进口的作用。

美国从 1933 年开始实行、并于 1954 年和 1962 年两次修改的《购买美国货物法案》是最为典型的政府采购政策。该法案规定，凡是美国联邦政府采购的货物，都应该是美国制造的，或是用美国原料制造的。凡商品的成分有 50% 以上是国外生产的就称外国货。以后又作了修改，规定只有在美国自己生产数量不够或国内价格过高，或不买外国货有损美国利益的情况下，才可以购买外国货。显然，这是一种歧视外国产品的贸易保护主义措施。该法案直到关贸总协定的"东京回合"，美国签订了政府采购协议后才废除。英国、日本等国家也有类似的制度。

十、海关程序

海关程序（customs procedures）是指进口货物通过海关的程序，一般包括申报、征税、查验及放行四个环节。海关程序本来是正常的进口货物通关程序，但通过滥用却可以起到歧视和限制进口的作用，从而成为一种有效的、隐蔽的非关税壁垒措施，这可以体现在几个方面。

（一）海关对申报表格和单证作出严格要求

比如要求进口商出示商业发票、原产地证书、货运提单、保险单、进出口许可证、托运人报关清单等，缺少任何一种单证，或者任何一种单证不规范，都会使进口货物不能顺利通关。更有甚者，有些国家故意在表格、单证上做文章。比如法国强行规定所提交的单据必须是法文，有意给进口商制造麻烦，以此阻碍进口。

（二）通过商品归类提高税率

即海关武断地把进口商品归在税率高的税则项下，目的以增加进口商品关税负担，从而限制进口。例如，美国海关在对日本产卡车的驾驶室和底盘进行分类时，把它从"部件"类归到"装配车辆"，其进口税率就相应从 4％提高到 25％。又例如，美国对一般的打字机进口不征关税，但将它归类为玩具打字机，则要开征35％的进口关税。不过，大多数国家采用的《布鲁塞尔税则目录》比较完善，一般产品该在哪个税则下都比较清楚，因此，利用产品分类来限制进口的作用毕竟有限。

（三）通过海关估价制度限制进口

海关估价制度（customs valuation system）原本是海关为了征收关税而确定进口商品价格的制度，但在实践中它经常被用作一种限制进口的非关税壁垒措施。进口商品的价格可以有许多种确定办法，如：成交价，即货物出售给进口国后经调整的实付或应付价格；外国价，即进口商品在其出口国国内销售时的批发价；估算价，即由成本加利润推算出的价格等等。不同计价方法得出的进口商品价格高低不同，有的还相距甚远。海关可以采用高估的方法进行估价，然后用征从价税的办法征收关税。这样一来，就可提高进口商品的应税税额，增加其关税，达到限制进口的目的。在各国专断的海关估价制度中，以"美国售价制"最为典型。

美国售价制（american selling price system），是指美国对与其本国商品竞争激烈的进口商品（如煤焦油产品、胶底鞋类、蛤肉罐头、毛手套等）按美国售价（即美国产品在国内自由上市时的批发价格）征收关税，使进口税率大幅度提高。由于受到其他国家的强烈反对，美国不得已在 1981 年废止了这种估价制度。

为了消除各国海关估价制度的巨大差异，并减少其作为非关税壁垒措施的消极作用，关贸总协定于"东京回合"达成了《海关估价协议》，形成了一套统一的海关估价制度。它规定，海关估价的基础应为进口商品或相同商品的实际价格，而不得以本国产品价格或以武断、虚构的价格作为计征关税的依据。协议还明确规定六种应按顺序实施的估价方法，并对不得采用的估价作了限制。该协议的目的是要制定一个公正、统一和中性的海关估价制度，使之不能成为国际贸易发展的障碍。

我国的海关估价制度可以说相当完善，与《海关估价协议》基本一致，只是在执行过程中有偏差。不同口岸在估价标准上采取灵活的态度，以致同一产品从不同口岸进口时，需交纳的关税相距甚远。比如汽车、空调从南方口岸进口就比从北方口岸进口来得便宜。这一点应引起注意。

（四）从进口商品查验上限制进口

海关查验货物主要有两个目的：一是看单据是否相符，即报关单是否与合同批文、进口许可证、发票、装箱单等证相符；二是看单货是否相符，即报关所报内容是否与实际进口货物相符。为了限制进口，查验的过程可以变得十分复杂。一些进口国家甚至改变进口关道，即让进口商品在海关人员少、仓库狭小、商品检验能力差的海关进口，拖长商品过关时间。例如，1982 年 10 月，为了限制日本等主要出口国向法国出口录相机，法国政府规定所有录相机进口必须到普瓦蒂埃海关接受检查，同时还规定了特别繁杂的海关手续，对所有伴随文件都要彻底检查，每个包装箱都要打开，认真校对录相机序号，查看使用说明书是否法文，检查是否所报原产地生产等等。普瓦蒂埃是个距法国北部港口几百英里的内地小镇，海关人员很少，仓库狭小，难以对付大量堆积如山的待进口的录相机。原先一卡车录相机一个上午就可以检查完，而在普瓦蒂埃却要花 2～3 个月，结果严重地限制了录像机进入法国市场。进口量从原来的每月 6.4 万多台下降至每月不足 1 万台。也有的海关，对有淡旺季的进口商品进行旷日持久的检查，故意拖延其销售季节，从而限制了进口。

十一、技术性贸易壁垒

技术性贸易壁垒（technical barriers to trade），是指一国以维护生产、消费安全以及人民健康为理由，制定一些苛刻繁杂的规定，使外国产品难以适应，从而起到限制外国商品进口的作用。

（一）技术标准

技术标准（Technical Standard）主要适用于工业制成品。发达国家普遍规定了严格、繁杂的技术标准，不符合标准的商品不得进口。例如，原西德禁止在国内使用车门从前往后开的汽车，而这恰好是意大利菲亚特 500 型汽车的式样；法国严禁含有红霉素的糖果进口，从而把英国糖果拒之门外；美国则对进口的儿童玩具规定了严格的安全标准等等。

（二）卫生检疫标准

卫生检疫标准（health and sanitary regulation）主要适用于农副产品及其制品。各国在卫生检疫方面的规定越来越严，对要求卫生检疫的商品也越来越多。如美国规定其他国家或地区输往美国的食品、饮料、药品及化妆品，必须符合美国

"联邦食品、药品及化妆品法"（The Federal Food，Drug and Cosmetic Act）的规定。其条文还规定，进口货物通过海关时，均须经食品药物管理署（Food and Drug Administration，FDA）检验，如发现与规定不符，海关将予以扣留，有权进行销毁，或按规定日期装运再出口。

（三）商品包装和标签的规定

商品包装和标签的规定（packing and labelling regulation）适用范围很广。许多国家对在本国市场销售的商品订立了种种包装和标签的条例，这些规定内容繁杂、手续麻烦，出口商为了符合这些规定，不得不按规定重新包装和改换标签，费时费工，增加商品的成本，削弱了商品的竞争力。以法国为例，法国 1975 年 12 月 31 日宣布，所有标签、说明书、广告传单、使用手册、保修单和其他产品的情报资料，都要强制性地使用法语或经批准的法语替代词。

第三节　非关税壁垒对国际贸易的影响

非关税壁垒的保护作用较之关税壁垒更直接、更灵活、更有效，且在实践中又缺乏行之有效的国际监督和规范，因而仍为各国日益广泛地采用以限制进口。据关贸总协定的专家估计，目前各种名目的非关税壁垒已多达 2500 种，世界贸易约有 48％受其影响和阻碍。非关税壁垒对世界各国的贸易影响极大，非关税壁垒问题已引起国际社会的普遍关注。关贸总协定自东京回合以来，在继续致力降低关税的同时，已逐渐将谈判重点移向消除非关税壁垒问题上。

一、对国际贸易的影响

（一）对国际贸易发展的影响

一般说来，非关税壁垒对国际贸易的发展起着重大的阻碍作用。在其他条件不变的情况下，世界性非关税壁垒的加强程度与国际贸易的发展速度成反比关系。当非关税壁垒趋向加强，实施非关税壁垒措施的国家进口商品的数量将要减少，而且由于相互影响、相互作用的结果，国际贸易的发展速度将趋向下降；反之，当非关税壁垒趋向缓和或逐渐拆除，国际贸易的发展速度将趋向加快。例如，第二次世界大战以后的 50 年代到 70 年代初，在关税大幅度下降的同时，发达资本主义国家还大幅度地放宽或取消进口数量限制等非关税措施，因而在一定程度上促进了国际贸易的发展。1950～1973 年间，国际贸易额年平均增长率为 10.3％，国际贸易量年平均增长率为 7.2％。70 年代中期以后，非关税壁垒不断加强，各种各样的非关税壁垒网严重地束缚了国际贸易的发展。1973～1979 年间，国际贸易额年平均增长率虽高达 18.9％，但剔除高通货膨胀率的影响，国际贸易量年平均增长率却仅为4.5％，1980～1985 年间的增长率更降为 3％左右。

（二）对国际贸易商品结构和地理方向的影响

非关税壁垒在一定程度上影响国际贸易商品结构和地理方向的变化。第二次世界大战以后，特别是 70 年代中期以来，不断加强的非关税壁垒对农产品贸易的影响程度超过工业制成品贸易；劳动密集型产品的贸易的影响程度超过技术密集型产品贸易；发展中国家对外贸易受到发达资本主义国家的影响程度超过发达资本主义国家之间的贸易。这种差异决定了国际商品的结构和地理方向的变化，并阻碍和损害了发展中国家和社会主义国家对外贸易的发展。同时，发达资本主义国家之间以及不同的经济集团之间相互加强非关税壁垒，限制商品的进口，也加剧了他们之间的贸易摩擦和冲突。

二、对进口国的影响

一国采取非关税壁垒措施限制进口，将使进口商品的供应量减少，在其他条件不变的情况下，也将引起进口商品价格的上涨，国内相同产品的价格也将随之而提高。例如，美国通过"自限协定"限制日本汽车的进口，结果在美国市场上日本汽车价格在 1981～1983 年间分别提高了 185 美元、359 美元和 831 美元，美国国内生产的汽车价格也随之上涨了。

一般说来，在一定的条件下，进口数量限制对价格的影响程度是不同的。进口国的国内需求量越大，外国商品进口限制的程度越大，其国内市场价格上涨的幅度将越大；进口国国内需求弹性越大或国内供给弹性越大，其国内市场价格上涨的幅度将越小。

进口数量限制等措施导致价格的上涨，成为进口国同类产品生产的"价格保护伞"，在一定条件下起到保护和促进本国有关产品生产和市场的作用。但是，由于国内价格上涨，使得进口国消费者的支出增加，蒙受损失，而有关厂商，特别是资本主义的垄断组织从中获得高额利润。同时，随着国内市场价格上涨，其出口商品成本与价格也将相应提高，削弱出口商品竞争能力。为了扩大出口，资本主义国家采取出口补贴等措施来鼓励出口，这将增加国家预算支出，加重人民的税赋负担。

三、对出口国的影响

一般说来，进口国加强非关税壁垒，特别是实行直接的进口数量限制，将使出口国商品的出口数量和价格受到严重的影响，造成出口数量减少，出口价格下跌，出口增长率下降。

由于各出口国的经济结构和出口商品结构不同，各种出口商品的供给弹性不同，其出口商品受到非关税壁垒措施的影响也不同。通常发展中国家或地区出口商品的供给弹性较小，发达资本主义国家出口商品的供给弹性较大，因而，发展中国家或地区蒙受非关税壁垒限制的损失超过发达资本主义国家。

发达资本主义国家还利用非关税壁垒对各出口国实行歧视性待遇，使得各出口国受到的影响也有所不同。例如，一国实行绝对进口配额，由于进口配额的方式不同，对各出口国的情况也将不同。如果进口国对某种商品实行全球配额，则进口国的邻近出口国就处于较有利的地位，可能增加该种商品的出口，而距离较远的国家就可能减少该种商品的出口。如果进口国对某种商品实行国别配额，若配额采用均等分配法，则实施配额前出口较多的国家，可能减少该种商品的出口，而出口较少的国家，可能增加该种商品的出口；若配额参照过去的出口实绩按比例分配，则各出口国所分别的新额度会有所不同；若配额按双边协议分配，各出口国的新配额也将有所差异。发达资本主义国家还往往采取歧视性非关税壁垒措施损害社会主义国家和发展中国家的出口利益。

在非关税壁垒日趋加强的情况下，发达资本主义国家一方面采取报复性和歧视性的措施限制商品的进口，另一方面采取各种措施鼓励商品的出口，从而进一步加剧了它们之间的贸易摩擦和矛盾。

第十四章　国际经济一体化

第一节　国际经济一体化概述

一、国际经济一体化的概念

国际经济一体化指在地域上比较接近的两个或两个以上的国家为了共同的利益所实行的某种程度的经济结合。区域内的成员国为了谋求共同的利益和经济发展，经各自政府一定授权，组成共同机构，在其领导下，通过协商，使各国经济生活由国家过程逐步转化为国际过程，取消妨害生产要素在区域内自由流动的障碍，发挥各国的优势，实现各种生产要素的合理配置，从而促进区域内的分工协作，实现规模经济，建立一个统一的市场。国际经济一体化的目标是通过国际经济一体化组织来实现的。目前，这些组织大多是区域性的，即由地理区域上相近的国家组成的，因此，通常也被称为"区域性经济一体化组织"。

1. 国际经济一体化组织不同于跨国公司。国际经济一体化组织属于宏观经济一体化，而跨国公司则属于微观经济一体化。具体区别在于：国际经济一体化组织是由国家政府出面，通过缔结国际条约组成的；而跨国公司是私人财团利用它所控制的大企业，越出一国范围，以兼并或合资的形式，在国外设立分支机构，从事跨国性的生产和销售活动。国际经济一体化组织的活动范围，除了经济领域外，有时还包括政治、外交、社会和科学技术等方面的政策协调和合作；跨国公司的活动范围主要在经济领域。

2. 国际经济一体化组织也不同于一般国际经济组织。①从地域上看，国际经济一体化一般是地域性的，即某一地区的部分国家参加；而国际经济组织则大多为全球性的，即包括世界大多数国家或广大同类国家。②从职能上看，国际经济一体化设立的共同机构具有一定的超国家权力，它所通过的决议、政策和措施对每个成员国都具有约束力和强制性，对各成员国的作用和影响是直接的；而国际经济组织的共同机构没有任何超国家权力，它所形成的决议仅具有参考性、建议性和协调性，对各成员国不具有约束力，其作用和影响是间接的。

二、国际经济一体化的形式

根据经济上结合程度的不同，国际经济一体化可分为以下几种形式：

1. 优惠贸易安排。这是国际经济一体化最松散、最初级的一种形式。在优惠贸易安排成员国间，通过签订协定，规定对全部或部分商品相互提供特别优惠的关税待遇。1932 年英国与其他英联邦国家建立的英帝国特惠制、1967 年成立的东南亚国家联盟等就属于这种形式的经济一体化。

2. 自由贸易区。这是指由签订有自由贸易协定的国家组成的贸易区。在区内各成员国取消它们相互之间的关税和数量限制使商品能够在区内自由流动，但每个成员国仍保持对非成员国的贸易壁垒。自由贸易区有两种情况：有的仅允许工业品在区内自由流动；有的允许全部商品（包括工业品和农产品）在区内自由流动。1960 年 5 月成立的欧洲自由贸易联盟，它的目标只限于逐步相互减低工业品关税，以至最后完全取消，实现联盟内部的自由贸易。1981 年成立的东南非洲优惠贸易区，在 2000 年消除该区域内所有商品的关税并减少非关税壁垒，则属于完全的自由贸易区。

3. 关税同盟。这是指两个或两个以上的国家完全取消关税或其他壁垒，并对非同盟国家实行统一的关税率而缔结的同盟。它在一体化程度上比自由贸易区进了一步。它除了包括自由贸易区的基本内容外，还有成员国之间建立统一的关税率。结盟的目的在于使参加国的商品在统一关税以内的市场上处于有利地位，排除非同盟商品的竞争，即在区内实行自由贸易，对外则通过共同的贸易壁垒实行保护。欧洲经济共同体的最初目标就是建立关税同盟，主要内容是对内取消贸易壁垒，对外筑起统一的关税壁垒。这个目标于 1968 年 7 月完成。

4. 共同市场。这是指除共同市场成员国相互间完全取消关税和数量限制，而建立对非成员国的共同关税外，共同市场成员国间的生产要素也可以自由流动。此外，区内还实行统一的货币制度，规定各国货币相互间的交换比例和波动的幅度。欧洲经济共同体于 1970 年已接近此阶段。

5. 经济同盟。这是指成员国间不但商品与生产要素可以完全自由移动，建立对外共同关税，而且要求成员国制定和执行某些共同的经济政策和社会政策，包括货币、财政、贸易、经济发展和社会福利方面的政策等，逐步消除政策上的差异，使一体化的程度从商品交换扩大到生产、分配乃至整个国民经济，形成一个庞大的经济实体。目前的欧洲经济共同体属于这种形式。

6. 完全经济一体化。这是指各参加国经济真正结合成一个整体，建立超国家的权力机构，各成员国在货币、财政、贸易等政策上完全一致，商品、资本、劳动力在区内完全自由流动，最终的状况如同一个国家。一旦实行了这样的一体化，它常常还包含政治上的一体化。这是经济一体化的最高形式。目前，欧洲经济共同体就是向这种一体化的方向发展的。

三、战后国际经济一体化的产生与发展

西欧是世界上最早建立起区域性国际经济一体化组织的地区。第二次世界大战结束后，许多西欧国家为了消除战争的祸根，曾酝酿并发起了一场欧洲统一运动，主张通过欧洲统一来维护欧洲和平。推动这场运动的重要因素有两个：一是希望建立"欧洲联盟"，并且使一个实现了非军事化的德国成为其中一员，以便把它置于欧洲国家的联合控制和监督之下，这样就可以解决德国的威胁问题。另一个是为了对付来自苏联的"共产主义威胁"。1950 年 5 月，法国外长罗贝尔·舒曼发表了一项在欧洲历史上影响深远的声明，建议成立一个超国家机构，以便统一计划和控制法国和联邦德国的煤钢生产。1951 年 4 月，法国、联邦德国、意大利、荷兰、比利时和卢森堡 6 国签署协议，并于 1952 年 8 月正式建立了一个部门经济一体化组织——欧洲煤钢共同体。该组织的成立，提供了密切西欧国家关系的最初手段，是利用经济上的联合解决欧洲安全问题的尝试，对后来欧共体的建立起了重要的影响作用。

20 世纪 50 年代末和 60 年代初，世界上曾出现了一次区域性国际经济一体化的浪潮。1958 年，一些西欧国家为了摆脱同美国的依附关系，增强自身的实力以及对付苏联的威胁，开始走上了全面经济一体化的道路，率先成立了迄今为止最为成功的区域性国际经济一体化组织——欧洲经济共同体。为了与欧共体相抗衡，其他一些西欧国家于 1960 年成立了欧洲自由贸易联盟。在欧洲经济共同体一体化的示范影响下，国际经济一体化组织迅速兴起。60 年代建立的国际经济一体化组织，除 1966 年建立的澳大利亚—新西兰自由贸易区属于发达国家之间建立的以外，其余都是发展中国家组成的经济一体化组织。发展中国家建立的经济一体化组织大多以自由贸易区、关税同盟或共同市场为目标，并不同程度地涉及其他领域的合作。在拉丁美洲，发展中国家相继成立的区域性经济一体化组织有安第斯集团（1969年成立）、中美洲共同市场（1960 年成立）、拉丁美洲一体化联盟（1960 年成立）、加勒比自由贸易协会（1968 年成立）等；在非洲有西非经济共同体（1974 年成立）、西非国家经济共同体（1973 年成立）、中部非洲关税及经济同盟（1964 年成立）、大湖区国家经济共同体（1976 年成立）等；在亚洲主要有 1967 年成立的东南亚国家联盟。这次区域性经济一体化浪潮持续的时间并不长。这些经济一体化组织，除欧洲经济共同体和欧洲自由贸易联盟外，由于成员国政府过多的干预，成员国间经济互补性差，边界冲突和政治上的分歧，或成员国较多而一体化目标订得过高等原因，大多在 70 年代偃旗息鼓了。

在这一时期建立起来的国际经济一体化组织有以下基本特征：

1. 这些国际经济一体化组织基本上是由在地理上相连或接近的国家组成的。

2. 参加区域国际经济一体化组织的成员国，社会经济制度往往相同，外交政策和对外贸易政策也基本上一致。

3. 参加国的经济发展水平比较接近，个别或少数成员国发展水平较低，必须为其他成员国所能容纳，成员国之间是互利的。

4. 参加国大多数是中小国家，它们越来越依赖国际分工和国际市场，它们的生产规模和社会化程度与国内相对狭小的市场之间的矛盾比较尖锐。

20 世纪 80 年代以来，世界经济贸易格局发生了深刻的变化。1985 年 6 月，欧洲经济共同体发表白皮书，提出在 1993 年 1 月 1 日建成内部统一的大市场。在欧共体经济一体化新举措的影响下，国际上又掀起了新的经济一体化浪潮。在欧共体实施内部市场之际，美国就开始与加拿大进行建立双边自由贸易的谈判，于 1988 年正式签署美加自由贸易协定。在此基础上，1992 年美、加、墨三国又签署了北美自由贸易协定。美国还表示有意将北美自由贸易区逐步扩大到拉丁美洲。随着美国对区域经济一体化态度的转变，世界上其他地区也纷纷出现了区域经济一体化的热潮。继北美自由贸易区建立后，许多拉美国家都要求加入到北美自由贸易的行列来。在欧洲，欧洲经济共同体与欧洲自由贸易联盟于 1992 年已达成协议，将建立一个由 19 国组成的自由贸易区。此外，欧共体还将东欧的波、匈、捷等国接受为联系国，并加强与地中海沿岸国家合作，有迹象表明将建成一个欧洲经济区。在东亚，日本也着手策划以日元为中心的东亚经济圈。在亚太经济合作组织的推动下，亚太地区也积极地探索加快该地区一体化的途径。在非洲，形势也出现了新的变化。1991 年 6 月，非洲统一组织的各国领导人在阿布贾签署了条约，计划在今后 34 年内分 6 个阶段逐步建成非洲共同市场。这些事实表明，世界正经历着一次新的全球范围的国际经济一体化浪潮，世界上绝大多数国家都被卷进这股浪潮之中。

近年来出现的区域性国际经济一体化有以下一些新特点：

1. 苏联的解体和东欧发生剧变，导致经互会的解散，这意味着社会主义国家的经济一体化组织已不复存在。但这并不意味着社会主义国家和资本主义国家可以共存于一个区域经济一体化组织中。有的东欧国家已加入欧洲经济共同体，是以将其经济转变为私有化市场经济为条件的。

2. 经济发展水平大致相同已不再是国际经济一体化组织的基本特征。不少区域性组织都在吸收发展水平低的成员国加入，即使欧洲经济共同体也不例外。北美自由贸易区包括发展中国家墨西哥，而且要继续向南延伸。

3. 改变了过去认为只有全球贸易体系才是合理的观点，出现了区域化是全球化的一个阶段或补充的新观点。

4. 改变了区域经济一体化组织只是防御性贸易政策的观点。以前，建立贸易集团是为了对付其他更强大的贸易集团的一种防御手段。区域自由贸易既是处于相对衰落国家的防御工具，也是相对上升国家以攻为守的战略手段。

5. 世界将由多层次的区域或次区域经济一体化组织构成。

第二节　欧洲经济共同体的发展

欧洲经济共同体是最早建立的区域性的国际经济一体化组织。它自 20 世纪 50 年代成立以来经历了一个规模由小到大、目标由低到高、一体化不断向更高层次演进的发展过程。欧共体的发展具有开拓性，它的一体化过程始终是在探索中进行，为其他地区经济一体化提供了经验；同时，它又具有典型性，反映了区域性国际经济一体化组织的一般性特征。

一、欧洲经济共同体的基本情况

欧洲经济共同体，又称欧洲共同市场，是根据法国、联邦德国、意大利、荷兰、比利时和卢森堡 6 国政府 1957 年 3 月 25 日在罗马签署的《建立欧洲经济共同体条约》（通常称之为《罗马条约》）于 1958 年 1 月 1 日正式宣告成立的。1973 年英国、爱尔兰和丹麦正式加入欧洲经济共同体，1981 年希腊加入，1986 年葡萄牙和西班牙也成为共同体的正式成员国。这样，欧洲经济共同体经过三次扩大，成员国由最初的 6 个增加到 12 个。1995 年 1 月 1 日欧共体又接纳了瑞典、芬兰和奥地利，使其成员进一步扩大为 15 国。自 2004 年已发展到 25 国。

1967 年 7 月 1 日，欧洲经济共同体与欧洲原子能共同体（1957 年成立）和欧洲煤钢共同体（1952 年正式成立）的主要机构合并为单一的机构，统称为"欧洲共同体"。但"欧洲经济共同体"或"欧洲共同市场"的名称沿用至今。

欧洲经济共同体的宗旨是：加强各成员国在经济上的联合，制定共同的经济政策，消除成员国之间的关税壁垒，逐步实现商品、人员、劳务和资本在共同体市场内部的自由流动，保证各成员国的经济和社会进步，不断改善人民的生活和工作条件，为欧洲各国之间更加紧密的联合奠定基础。

欧洲经济共同体的总部设在布鲁塞尔，部分机构设在卢森堡的首都卢森堡和法国的斯特拉斯堡。欧共体的主要机构有：

1. 部长理事会，是欧共体的最高决策机构，由各成员国的部长组成。它负责制定为执行共同体条约所必要的决定和协调成员国的经济政策。主席由各成员国轮流担任，任期半年。部长理事会设在布鲁塞尔。

2. 执行委员会，是欧共体的常设执行机构，由各成员国政府协商委任的 14 名委员组成，主要负责向部长理事会提出建议和立法草案，执行部长理事会的决议和条例，并负责管理共同体的财政收支和处理日常事务。执行委员会设在布鲁塞尔。

3. 欧洲议会，是欧共体的咨询和监督机构，设在法国的斯特拉斯堡。它无立法权，主要任务是负责评议监督共同体的工作。1987 年以前，欧洲议会的权力主要限于通过 2/3 多数议员的意见可以解散共同体的执行委员会和否决预算方案。1987 年欧洲单一文件签署后，规定议会可以通过共同程序改变部长理事会通过的立法。欧洲议会通过普选产生，由 518 名代表组成，每 5 年选举一次。

4. 欧洲理事会，由各成员国和政府首脑组成，负责讨论和决定共同体内外重大事务的原则方针。

5. 欧洲法院，是欧共体的最高仲裁机构，设在卢森堡。它由 13 名法官组成，主要职权是负责解释欧共体条约和其他重要的法规及对成员国间和各机构间发生的纠纷进行裁决。

此外，欧共体还设有审计院、欧洲投资银行以及其他几十个附属机构、咨询机构和专门基金。

二、欧洲经济共同体的主要成就

欧洲经济共同体自 1958 年成立以后，为了实现罗马条约提出的目标，采取了一系列的措施，并在一体化方面取得了明显的成效。

(一) 建立工业品关税同盟

欧洲经济共同体的最初目标就是要建立关税同盟，内容包括对内拆除关税壁垒，对外筑起统一的关税壁垒。取消成员国之间的工业品关税于 1968 年 7 月全部完成，比罗马条约规定的期限提前了一年半。而工业品的进口数量限制的取消则完成得更早，于 1961 年底便提前实现。建立关税同盟还要求共同体对外实行统一的关税，并实施共同的海关税则。欧共体 6 国的税率于 1968 年 7 月全部拉平。在此基础上，欧共体部长理事会又通过了共同海关税则。它是欧共体管理和调节同非成员国贸易的法律依据，适用于所有成员国，体现对外部世界进出口管理一体化的机制。关税同盟的建立对欧共体的经济贸易产生了巨大的影响，使欧共体贸易增长迅速。1958～1973 年，欧共体进出口贸易总额年平均增长率为 11.5%，而同期世界贸易的年平均增长率为 4.8%。欧共体在世界贸易中的地位也显著提高。1958 年，欧共体贸易总额占世界贸易总额的 31%，1973 年增加到 37%。

(二) 实施共同农业政策

共同农业政策是欧共体一项十分重要的措施，它是关系到关税同盟能否巩固和存在的大问题。关税同盟的建立，联邦德国等工业实力较强的国家无疑是最大的受益者，而法国等工业实力较弱的国家从关税同盟中获取的利益有限，共同农业政策的实施在一定程度上弥补了这种利益分配的不均衡。1962 年 1 月，6 国达成了建立农产品共同市场的折中协议，为共同体农业一体化奠定了基础。1968 年 8 月欧共体实现了主要农产品统一价格。1969年完全取消了共同体内部农产品的关税，对外征收进口差价税。从1971年起，共同体对农产品出口实行补贴制度，补贴一般相当于共同体市场价格与世界市场价格之间的差价，目的在于扩大欧共体农产品的出口。共同农业政策还包括以促进农业生产现代化，改善农产品的加工和销售条件以及缩小地区差别为内容的共同体农业结构政策。由于各成员国农业生产条件和农业政策相差太大，直到70年代欧共体才得以集中精力加以协调。此外，欧共体还建立了农业基金，以保证上述各项政策措施的资金需要。共同农业政策的实施，使欧洲农业发生了深刻的变化：过去一直依靠进口粮食，现已实现自给而且有余；过去经常大幅度波动的市场，现已相当稳定；农业人口的生活水平比过去有了大幅度的提高。农业部门因此而成为欧共体一体化程度较高的部门，共同农业政策成为欧共体一体化的一块基石，对欧共体的发展做出了重要贡献。但同时我们也应看到，共同农业政策也带来一些问题，如有保障的农产品价格使农产品的供给和需求相脱节从而造成农产品的大量过剩；不断增长的农业基金成为共同体预算的一大包袱，制约了其他领域里一体化的发展。

（三）建立欧洲货币体系

1978年12月欧共体各国首脑在布鲁塞尔达成协议，决定建立欧洲货币体系，因故延迟至1979年3月正式成立。欧洲货币体系的目标是在欧洲建立一个较稳定的货币区，在共同体内，保持相互汇率的相对稳定。它包括三项内容：①创建欧洲货币单位，作为欧洲货币体系的核心。②在共同体内部，实行可调整的固定汇率制，即中心汇率制，对第三国则实行联合浮动汇率。③建立欧洲货币基金，其目的是通过提供信贷以保证欧洲货币体系的运行，稳定各国货币的汇率。欧洲货币体系实际上是一种货币稳定区，一种汇率联盟，它的成立是欧共体在货币一体化道路上迈出的重要步骤，也是欧共体走向货币联盟的一个重要环节。

（四）向政治一体化迈进

欧共体在政治一体化方面所做的努力反映在欧共体成员国协调对外政策上，日益强调在对外事务上以一个声音说话。欧共体已经作为一个实体参加联合国及其他一些国际组织的活动，并同许多国家和国际组织发展外交、经济贸易关系，签订了各种国际条约和协定。

三、欧共体单一内部市场的建立

欧洲经济共同体自1958年成立以来，虽然拆除了关税壁垒，但是欧共体内部并没有实现商品的完全自由流动，12个国家之间的"围墙"集中体现在各种非关税壁垒上。这些障碍大致有三类：

1. 有形壁垒，主要是指对欧共体内部的商品和人员的边界检查、海关控制以及有关的公文要求；

2. 技术壁垒，指各国不统一的产品技术标准、管理规则以及相互冲突的商业法律等；

3. 财政壁垒，主要表现在国内税收的差别待遇上，构成欧共体各国之间的"财政边界"，从而阻碍商品自由流通。

此外，财政补贴、公共采购等也是建立共同市场的重要障碍。

由于大量新的非关税壁垒的出现，到 80 年代上半期，欧共体的关税同盟离罗马条约的规定越来越远了，欧共体依然是 12 个分割的市场，这给欧共体的经济带来了巨大的消极影响。因此，消除这些贸易壁垒，刺激经济增长，完善共同市场即建立单一的内部市场便提到了欧共体的议事日程。1985 年 5 月，欧共体通过了《关于完成内部市场的白皮书》，其中规定了内部市场的内容、各项细则和时间程序。同年 12 月，欧洲理事会卢森堡会议又拟定了《单一欧洲文件》，正式以法律的形式确定了 1992 年以前实现单一内部市场的目标，以修改和补充的形式写进了罗马条约，并就共同体的表决程序、体制改进、职权扩大等重大问题作了重要规定，使内部大市场的建设获得了组织上、法律上的保障。自此以后，欧共体加速了市场一体化的步伐，欧洲一体化出现了蓬勃发展的局面。

根据《单一欧洲文件》的规定，内部大市场是一个没有内部边界的地区，在该地区内实行商品、人员、劳务和资本的自由流通。为此，欧共体采取了一些措施，主要是制定了 286 项立法，以消除上述影响"四大自由"的有形壁垒、技术壁垒和财政壁垒。到 1992 年底，这些立法绝大多数已获通过，并转为成员国的国内立法，欧洲内部大市场于 1993 年 1 月 1 日正式启动。

欧洲内部大市场虽然已宣布建成，但它仍然存在一些问题：尚有一部分立法还没有获得通过；内部大市场对外部引起的贸易冲突；伴随着边界开放而来的非法移民、恐怖和走私活动；成员国之间经济差距的扩大等等。对于这些问题，如果欧共体各成员国不能很好地协调合作，并尽快加以解决，统一大市场的运转和完善将受到影响。

四、欧洲经济共同体一体化的新进展

1991 年 12 月，欧共体各国首脑集会于荷兰小城马斯特里赫特，会议就欧洲联盟这一议题进行了激烈的争论，最后终于通过并草签了欧洲经济与货币联盟条约和政治联盟条约（又称为"马斯特里赫特条约"或"马约"）。马约的签署标志着欧洲共同体一体化建设进入了一个新的阶段。

马斯特里赫特条约又称为欧洲联盟条约。欧洲联盟虽然在战后初期就已成为西欧国家追求的目标，但它始终没有在正式的文件中出现过。1969 年欧共体曾作出过建立经济货币联盟的决定，并制定了初步实施计划，但是由于国际和国内种种原因，经济货币联盟未能实现。80 年代后半期，欧洲局势发生了深刻的变化。统一的内部市场的建立不能没有经济与货币联盟。同时，经济与货币联盟的充分实现也不能没有政治联盟的支持，因此建立包括经济货币联盟和政治联盟在内的欧洲联盟便成为欧洲一体化进一步深化的必然选择。同时在 80 年代后半期，苏联的解体、东欧的剧变使世界政治、经济格局发生了转折性的变化。一方面，东欧诸国纷纷把目光转向欧共体，欧共体必须使其内部得到巩固和发展；另一方面，冷战的结束打破了欧洲原有力量的均衡，美国在欧洲军事力量的收缩给欧共体提出了严峻的挑战，欧洲迫切需要建立一种新的安全结构。此外，两德出人意料的统一与强大在西欧引起了巨大的不安，将德国纳入一体化的欧洲使其难以称霸成为各国的一致看法。在这种背景下，建立欧洲联盟，促进欧洲一体化建设便被欧洲人视为当然。

经济与货币联盟条约确定了本世纪末欧共体经济一体化的目标和步骤。其最终目标是要在密切协调成员国经济政策和实现内部统一市场的基础上，形成共同的经济政策。上述目标将分三个阶段逐步实现：第一阶段，从 1990 年 7 月 1 日到 1993 年底，主要任务是实现所有成员国加入欧洲货币体系汇率机制，实现资本的自由流通，协调各成员国之间的宏观经济政策，并建立相应的监督机制。第二阶段，从 1994 年 1 月 1 日至 1997 年，主要任务是进一步实现各成员国宏观经济政策的一体化，建立独立的欧洲货币机构，作为欧洲中央银行的前身，以协调和监督各成员国中央银行的货币政策和外汇储备。第三阶段，从 1997 年到 1999 年 1 月 1 日，主要目标是实行统一的欧洲货币和建立独立于各成员国政府之外的欧洲中央银行。

政治联盟条约的主要内容包括共同的外交政策、共同的防务政策、共同的社会政策和进一步扩大欧共体超国家机构和权力等。政治联盟条约的出现，是欧共体发展史上一次质的飞跃，它表明欧共体在加快经济一体化的同时，开始向政治、外交和防务一体化方向迈出了实质性的步伐。

1993 年 10 月欧共体各成员国立法机构均批准了马约，欧洲联盟遂于 11 月 1 日诞生。马约虽然已正式生效，但欧洲联盟的建设绝不会是一帆风顺的。首先，欧洲联盟的建设要求成员国让渡更多的主权，这对人们的心理承受力是很大的挑战，主权让渡问题始终是欧共体一体化向纵深方面发展的一个制约因素。其次，在共同体扩大后，成员国间的经济差距扩大，而欧洲联盟要求成员国经济条件有较强的趋同性。在缩小差距时，要求财富在成员国间的转移，这种再分配不可避免地造成成员国之间的矛盾。再次，在欧洲联盟的共同防务政策上，如何处理好西欧联盟和北约之间的关系将是欧共体面临的另一严峻问题。

第十五章 贸易条约和协定与
世界贸易组织

第一节 贸易条约和协定概述

贸易条约和协定（Commercial Treaties and Agreements）是两个或两个以上的主权国家为确定彼此的经济关系，特别是贸易关系方面的权利和义务而缔结的书面协议。贸易条约和协定按照缔约国的多少，可分为双边贸易条约和协定与多边贸易条约和协定。前者是两个主权国家之间所缔结的贸易条约和协定，后者是两个以上主权国家共同缔结的贸易条约和协定。这些贸易条约和协定一般都反映了缔约国对外政策和对外贸易政策的要求，并为缔约国实现其对外政策和对外贸易政策的目的服务。在国际经济关系中，由于各国的社会经济制度和政治经济实力对比关系的差异，它们之间所缔结的贸易条约和协定的内容和作用也有所不同。

作为对外贸易政策措施之一的贸易条约和协定，同关税措施、非关税等对外贸易的措施相比较，有其不同之处。许多关税和非关税措施是由主权国家的政府以立法或行政措施来制定的，因而属于国内法范畴。而贸易条约和协定必须由两个或两个以上的主权国家进行协商达成协议，所以，它受到国际法规范的约束。但是，贸易条约和协定与其他对外贸易措施之间又有着密切关系和相互配合的作用。这些国内立法和行政措施往往是一个国家政府与其他国家政府进行贸易条约和协定谈判的基础。当一个国家的立法或行政措施同其他国家的立法和行政措施发生利益上的冲突时，就必须通过双边或多边谈判，采取协议的方式进行解决。当一个国家立法或行政措施的某些规定转变为贸易条约和协定的条款或规定时，缔约国一方的政府就应承担贸易条约和协定的义务。

贸易条约和协定是国际条约和协定的一种。但条约和协定同其他政治性的国际条约和协定相比又有其一定的特殊性。从其内容上，贸易条约和协定主要是确定缔约国之间的经济和贸易关系；从国际法角度上，贸易条约和协定往往遵守某些国际法通用的法律条款，如最惠国待遇条款和国民待遇条款等。从国际惯例上，贸易条约和协定，既可在建立正式外交关系的国家之间签订，也可在没有建立正式外交关系的国家之间签订；既可在不同国家的政府间签订，也可在不同国家的政府与民间团体之间或双方的民间团体之间签订。但政治性的国际条约和协定，一般只能在建立正式外交关系后由有关国家的政府签订。现仅就贸易条约和协定的内容结构及所适用的主要法律待遇条款，简单介绍如下：

一、贸易条约和协定的内容结构

贸易条约和协定一般由序言、正文和结尾三个部分组成。

序言通常载明缔约双方发展经济贸易关系的愿望及缔结条约或协定所遵守的原则。

贸易条约和协定的正文，是贸易条约和协定的主要组成部分，它是有关缔约各方权利、义务的具体规定。不同种类的贸易条约和协定，其正文所包括的条款和内容有所不同（如本章第二节所介绍的通商航海条约、贸易协定、支付协定的主要内容，通常在有关条约或协定的正文中予以规定）。

贸易条约和协定的结尾包括条约和协定的生效、有效期、延长或废止的程序、份数、文字等内容，还有签订条约和协定的地点及双方代表的签名。缔结条约和协定的地点对于需要经过批准的条约和协定有特别的意义，如果条约是在一方首都签订的，按惯例批准书就应在对方国家的首都交换。贸易条约和协定一般以缔约各方的文字写成，并且规定两种文本具有同等的效力。

二、贸易条约和协定中所适用的主要法律待遇条款

在贸易条约和协定中，通常所适用的法律待遇条款是最惠国待遇条款和国民待遇条款。

（一）最惠国待遇条款（Most-favored Nation Treatment）

1. 最惠国待遇条款的含义与种类。最惠国待遇条款是贸易条约和协定的一项重要条款。它的基本含义是：缔约国一方现在和将来所给予任何第三国的一切特权、优惠及豁免，也同样给予缔约对方。最惠国待遇的基本要求，是使缔约一方在缔约另一方享有不低于任何第三国享有的待遇。换言之，即要求与其他一切外国人或外国企业处于同等地位，享有同样的待遇，不给予歧视待遇。

最惠国待遇条款无条件的最惠国待遇和有条件的最惠国待遇两种。无条件的最惠国待遇是指缔约国一方现在和将来给予任何第三国的一切优惠待遇，立即无条件地、无补偿地、自动地适用于对方；有条件的最惠国待遇是指如果一方给予第三国的优惠是有条件的，则另一方必须提供同样的补偿，才能享受这种优惠待遇。无条件的最惠国待遇条款首先是英国采用的，所以又叫做"欧洲式"最惠国待遇条款；有条件的最惠国待遇条款最先是美国采用的，所以又叫做"美洲式"最惠国待遇条款。现在的国际贸易条约和协定一般都采用无条件的最惠国待遇条款。

最惠国待遇应当是平等的、相互的。但从历史上看，帝国主义国家同殖民地、

半殖民地国家所签订的贸易条约中的最惠国待遇条款，往往是片面的、不平等的，即帝国主义国家要殖民地国家给予最惠国待遇，而殖民地国家则不能享受帝国主义宗主国提供的最惠国待遇。第二次世界大战后，随着民族独立和解放运动的高涨，国际形势发生了深刻的变化，发达资本主义国家已不能再像过去那样把片面的、不平等的最惠国待遇条款强加于人。它们在与发展中国家签订贸易条约和协定时，一般都规定相互提供最惠国待遇条款。

2. 最惠国待遇条款的适用范围。最惠国待遇条款可以适用于缔约国经济贸易关系的各个方面，也可以只在贸易关系中某几个具体问题上适用。在签订贸易列举范围以内的事项适用最惠国待遇条款，在列举范围以外的，则不适用最惠国待遇条款。

最惠国待遇条款的适用范围很广，通常包括以下五个方面：

（1）有关进口、出口、过境商品的关税及其他各种捐税。

（2）有关商品进口、出口、过境、存仓和转船方面的海关规定、手续和费用。

（3）进、出口许可证的发给和行政手续。

（4）船舶驶入、驶出和停泊时的各种税收、费用和手续。

（5）关于移民、投资、商标、专利及铁路运输方面的待遇。

在具体签订贸易条约和协定时，缔约双方可以根据两国的关系和发展贸易的需要，在最惠国待遇条款中具体确定其适用的范围。

3. 最惠国待遇条款适用的限制和例外。在贸易条约和协定中，一般都规定有适用最惠国待遇的限制或例外条款。

（1）最惠国待遇条款适用的限制。是指将适用范围限制于若干具体的经济和贸易方面。例如，在关税上的最惠国待遇只限于某些商品，或最惠国条款只包括缔约国的某些地区等。最惠国待遇适用的限制可分为两种：①直接限制。即在贸易条约或协定中明确规定最惠国待遇适用范围的限制，通常从商品范围上、地区上和商品来源上等加以限制。②间接限制。即未在条约或协定中明确规定，而采用其他办法（如将税则精细分类等）以达到限制缔约国的某些商品适用最惠国待遇的范围。

（2）最惠国待遇条款适用的例外。指某些具体的经济和贸易事项不适用于最惠国待遇。在现代的贸易条约和协定中最常见的最惠国待遇的例外有以下几种：①边境贸易。一些国家往往把边界两边15公里以内的小额贸易在关税、海关通关手续上给予减免等优待，不适用于任何缔结有最惠国待遇条款国家的正式贸易关系。②关税同盟。已经结成关税同盟的成员国之间，在关税上的免税待遇，应作为最惠国待遇的例外。③国内法令和规章中的某些规定。即一国为了维护社会秩序、国家安全、人民保健，防止动植物病害、衰退、死亡等而制定的法令和规章。在执行过程中缔约国双方有权对这类商品的输入或输出加以限制或禁止，这种行为不应作为对最惠国待遇的违背。④沿海贸易和内河航行。在航行问题上，对于缔约国一方在沿海贸易和内河航行方面给予他国优惠视为例外。⑤多边国际条约或协定承担的义务。缔约国一方参加其他多边国际条约或协定而履行其所承担的义务如触及最惠国待遇利益者，应视为例外。⑥区域性特惠条款。即若干特定的国家之间通过条约或协定相互给予的优惠待遇，应作为最惠国待遇的例外。⑦其他例外。如沿海捕鱼、武器进口、金银外币的输出入和文物、贵重艺术品的出口限制和禁止等，也常作为例外。

（二）国民待遇条款（National Treatment）

国民待遇条款是法律待遇条款之一。它的基本含义是指缔约国一方保证缔约国另一方的公民、企业和船舶在本国境内享受与本国公民、企业和船舶同等的待遇。

国民待遇条款一般适用于外国公民或企业经济权利。如外国产品所应缴纳的国内税捐，利用铁路运输和转口过境的条件，船舶在港口的待遇，商标注册、著作权及发明专利权的保护等。但是，国民待遇条款的适用是有一定的范围的，并不是将本国公民或企业所享有的一切权利都包括在内。例如，沿海航行权、领海捕鱼权、购买土地权等，通常都不包括在国民待遇条款的范围之内，这些权利一般都不给予外国侨民或企业，只准本国公民和企业享有。

第二节　贸易条约和协定的种类

贸易条约和协定的种类很多，现仅就常见的几种分别介绍如下：

一、通商航海条约

通商航海条约（Treaty Commerce and Navigation）又称通商条约、友好通商条约等，是全面规定两国间经济和贸易关系的条约。其内容比较广泛，常涉及到缔约国之间经济和贸易关系的各方面问题。

一般说来，这种贸易条约的正文包括的主要内容有以下9个方面：

1. 关于缔约国双方的进出口商品的关税和通关的待遇问题。这是条约中的主要问题，其中包括进出口商品关税问题、海关附加捐税以及履行海关通关手续等问题依据的原则，一般为最惠国待遇原则。

2. 关于缔约国双方公民和企业在对方国家所享有的经济权利问题。这些权利主要包括财产购置权、工商经营权、征收捐税的待遇和移民权等。

3. 关于船舶航行和港口使用问题。通常规定缔约国一方的船舶进入另一方港口在卸货和装货、缴纳港口捐税等方面应依据最惠国待遇条款或国民待遇条款。

4. 关于铁路运输和过境问题。在条约中规定缔约国双方在运送旅客、货物及办理铁路运输手续方面应相互给予的待遇。由于铁路运输方面已签订有若干国际多边公约，通常在条约中引用这些多边公约。

5. 关于知识产权保护问题。在条约中往往规定缔约国双方公民和企业在对方境内享有和利用专利权、商标权、版权等问题的条款，通常在这些问题上也引用相应的国际公约。

6. 商品进口的国内捐税问题。对于进口商品的国内捐税的征收，通常规定应依据最惠国待遇或国民待遇条款。

7. 进出口数量限制问题。由于许多国家往往采用各种进出口数量限制措施，因此有些条约对这些问题作了某些规定。

8. 关于仲裁裁决的执行问题。如规定缔约国之间的贸易企业发生争议，经缔约国一方的仲裁机构作出裁定时，缔约国另一方承担在其本国的执行仲裁裁决的义务。

9. 其他问题。在有些通商航海条约中，还根据缔约国之间的经济和贸易的具体情况规定其他内容，如样品和展览品的免税输入、领事的待遇、国有化问题等。

二、贸易协定和贸易议定书

（一）贸易协定（Trade Agreement）

贸易协定是指两个或几个国家之间调整它们相互贸易关系的一种书面协议。其特点是对缔约国之间的贸易关系规定得比较具体，有效期一般较短，签订的程序也较简单，一般只需经签字国的行政首脑或其代表签署即可生效。

贸易协定正文的主要内容，通常包括以下几方面：

1. 最惠国待遇条款的规定。在协定中通常规定最惠国待遇条款及其适用范围和例外，以便减少和避免缔约国双方在执行过程中的分歧。1978 年，我国与欧洲经济共同体的贸易协定第 2 条，规定在下列方面相互给予最惠国待遇：①对进口、出口、转口和过境的货物征收的关税和各种捐税以及关税和捐税的征收方式。②有关进出口货物的报关、过境、存仓和转船的规章、程序和手续。③对进出口货物或劳务直接或间接征收的内部捐税和其他捐税。④有关进口和出口货物许可证发给的行政手续。同时，在此条约中还规定下列方面不适用最惠国待遇条款：①缔约任何一方系关税同盟或自由贸易区的成员而给予有关成员国的利益。②缔约任何一方为方便边境贸易而给予其邻国的利益。③缔约任何一方为履行国际产品协定所产生的义务而可能采取的措施。

2. 出口商品货单和进口贸易额。在这方面，有的协定的规定比较原则，只对双方进出口商品和贸易额的增长表示一种愿望。有的协定具体规定在协定有效期内双方进出口的货单和贸易额。主要可分为三种：①在协定中附有进出口总货单，明确规定双方相互供应的货物品种和贸易额。进出口货单是贸易协定不可分割的一部分，这种货单对双方具有较大的约束力，双方政府必须保证实现。②在协定中对货单中的一种或几种主要进出口商品规定一定的数量或金额，由缔约国双方政府保证实现，货单的其余部分则只列出商品的品名而不规定数量和金额，由双方的外贸企业自行联系成交。③把货单作为协定的附表，在附表中仅列出商品的种类及主要品名，不列数量或金额，双方政府仅保证发给进出口许可证。

3. 作价原则和使用货币的规定。作价原则是指确定双方交易的货物价格的原则。通常规定签订合同时以该种商品在国际市场上有代表性的价格作为基础，由双方进出口贸易公司协商确定。使用货币是指进出口双方在业务中产生的债权和债务的清偿所使用的货币，例如，规定某一种可兑换的货币、双方某一缔约国的货币或第三国的货币。有的协定在这方面未作具体规定，由双方贸易公司在合同中自行确定。

4. 支付和清算办法的规定。关于支付与清算办法有不同的规定。有的贸易协定规定采用记账结算或双边清算办法进行结算；有的规定部分货款采用记账结算，部分采用现汇支付的办法；有的规定货款都用现汇支付。

在贸易协定中把支付协定中各种条款都包括在内，这种协定就成为贸易与支付协定。

5. 优惠关税的规定。在有些协定中规定了优惠关税条款。主要有两种：①直接确定具体商品的优惠关税税率。即两国间通过协商确定一部分具体商品的进口优惠税率，其中包括商品税目、商品名称和优惠的生产率。②间接确定适用某种关税税率。即在协定中只规定某些商品能享受免税或最低税率的待遇，这些免税或最低税率的具体内容，在协定中并无规定。

6. 其他事项规定。有些规定根据需要还订有其他规定，如商品检验、仲裁、设立商务机构、举办展览、广告宣传和保障条款等。

（二）贸易议定书 （Trade Protocol）

贸易议定书是指缔约国就发展贸易关系中某项具体问题所达成的书面协议。这种贸易议定书往往是作为贸易协定的补充、解释或修改而签订的。有的贸易议定书是协定的附件，有的则不作为附件。另外，在签订长期贸易协定时，关于年度贸易的具体事项，往往通过议定书的方式加以规定。贸易议定书的签订程序和内容比贸易协定更为简单，一般由签字国有关行政部门的代表签署后即可生效。

三、支付协定

支付协定（Payment Agreement）是两国间关于贸易和其他方面债权、债务结算办法的书面协议。支付协定是外汇管制的产物，在实行外汇管理的条件下，一种货币不能自由兑换成另一种货币，对一国所拥有的债权不能用来抵偿对第三国的债务，结算只能在双边基础上进行。因此，就需要通过缔结支付协定的办法来解决两国间的债权和债务问题。"战后"资本主义国家所签订的支付协定实际上是一种支付清算协定。

支付协定的主要内容有以下六个方面：

（一）清算机构的规定

支付协定的目的在于避免支付外汇和黄金，而采用直接抵消债权债务的办法进行两国之间的结算。因此，必须设立清算机构。通常双方都指定它们的中央银行作为清算的负责机构，处理双边的清算工作。

（二）清算账户的规定

清算机构办理清算业务是通过清算账户进行的。清算账户主要有两种：①单边账户（Single Account）。即只在缔约国一方的中央银行开立清算账户。这种账户有强制建立的，也有根据协定建立的。②双边账户（Bilateral Account）。即缔约国双方的中央银行互为对方国家开立清算账户。目前，绝大多数的清算账户都是双边账户。

（三）清算项目与范围的规定

清算项目与范围是指两国间的贸易和非贸易往来应通过清算账户进行结算的项目与范围。该项目与范围，除了进出口贸易外，还包括进出口贸易的从属费用，如运费、保险费、佣金等。此外，也可包括一些其他项目，如外交费用、侨汇等。凡未列入清算范围的项目结算，仍用收付现汇的方法办理。

（四）清算货币的规定

在单边账户下，用开立清算账户国家的货币记账和进行支付；在双边账户下，使用的货币分为记账货币和支付货币两种。记账货币可以用一方的货币，也可以用第三国的货币，用何种货币记账由双方谈判后在协定中确定。而双方的债权人和债务人，在具体办理收付时，则应分别使用本国的货币。

（五）清算方法的规定

缔约国双方的债务人，主要是进口商，要用本国货币把应付款项，通过指定银行，交入负责清算的本国中央银行，记入对方国家的清算账户，结清所欠的债务；

而缔约国双方的债权人，主要是出口商，也应通过指定银行，从本国中央银行的清算账户领取本国的货币，收回货款。

缔约国双方的中央银行，要把收付款项互相通知，以便了解双方债务与债权清算的情况，尽量保持双方清算账户的平衡。清算账户不平衡对负债国有利，而对债权国不利。针对这种情况，第二次世界大战后，支付协定中通常规定了信用"摆动额"（Swinging Limit），即双方国家根据协定互相提供信用的限额，一般为年度出口额的5%～10%。在信用"摆动额"的范围内，虽然清算账户上没有存款，中央银行仍然办理付款，实际上是给对方国家以信用。对超过信用"摆动额"的部分，中央银行可停止付款，并可要求负债方用现汇、黄金或货物偿还。

（六）清算账户的差额处理

支付协定都规定了有效期，协定到期时，协定所规定的清算项目仍可进行一段时间，一般为3～4个月，清算的账户差额才进行总结算。

清算账户差额的处理方法主要有以下四种：①在一定期限内由债务国向债权国输出商品。②用双方同意的可兑换的货币或黄金支付。③用双方同意的其他不可兑换的货币支付。④将金额转入下年度清算账户内。

1929～1933年，世界经济危机发生后，签订支付协定的国家日益增多，其中绝大部分是双边支付协定。但自1958年以来，发达资本主义国家相继实行货币自由兑换，放松外汇管制，双边支付清算逐渐为多边支付结算所代替，它们已不需要签订支付清算协定。至于一些仍然实行外汇管制的发展中国家，有时还需要采用支付协定来清算对外债权和债务。

第三节 国际商品协定和商品综合方案

国际商品协定是指某项商品的主要出口国和进口国之间为了稳定该项商品的价格和保证供销等目的所缔结的政府间的多边协定。

国际商品协定的主要对象是发展中国家的初级产品。发展中国家希望通过协定，维持和稳定这些商品的合理价格和保证这些产品的生产和销售，但作为主要消费国的发达资本主义国家不愿承担这种义务，因此，在谈判中双方充满着矛盾和斗争。在第二次世界大战以前，只签订有小麦（1933年签订）和糖（1937年签订）两种国际商品协定。

随着国际政治、经济形势的发展变化，国际商品协定的目标和内容也发生了变化。"战后"初期，国际商品协定是参照哈瓦那宪章第六章关于政府间商品协定的规定订立的，其宗旨是防止或减轻由于初级产品的产销不能及时地调整而造成的严重困难，防止初级产品的价格过分波动，保证供应不足的初级产品的公平分配。从 20 世纪 50 年代末开始，发展中国家和发达资本主义国家之间的矛盾不断激化，需要为国际商品协定拟定新的原则和方法的问题已提到议事日程。1964 年，联合国第一届贸易和发展会议对国际商品协定提出了许多新的建议。1976 年 5 月，联合国第四届贸易和发展会议通过了商品综合方案的决议，提出用共同基金、缓冲存货、补偿性资金等办法，来解决世界商品贸易问题，对国际商品协定赋予新的内容和目标，事实上，国际商品综合方案的目标和原则已经成为缔结国际商品协定的依据。协定的内容也比以前更为广泛和具体。

一、国际商品协定

第二次世界大战后，国际商品协定（International Commodity Agreement）的数目有所增加，共签订了糖（1953 年签订）、锡（1956 年签订）、咖啡（1962 年签订）、橄榄油（1958 年签订）、小麦（1949 年签订）、可可（1973 年签订）、天然橡胶（1979 年签订）7 种国际商品协定。

国际商品协定一般由序言、宗旨、经济条款、行政条款和最后条款等部分构成，并有一定的格式。其中，经济条款和行政条款是国际商品协定中两项主要的条款。

（一）经济条款

经济条款是确定各成员国权利和义务的依据。它关系到各成员国的具体权益，是国际商品协定中最重要的内容。由于商品不同，有关经济条款的内容也不尽相同。从现行的国际商品协定来看，经济条款主要有以下四种规定：

1. 缓冲存货的规定。缓冲存货（Buffer Stock），就是由该商品协定的执行机构按最高限价和最低限价的规定，运用其成员国提供的实物和资金，干预市场和稳定价格。其办法是在最高限价和最低限价之间划成三档，即高档、中档、低档。当市场价格涨到高档时，抛售缓冲存货的实物以维持价格在最高限价之下；在中档时，不动用缓冲存货；在低档时，利用缓冲存货的资金在市场上收购，把价格保持在最低限价以上。这种规定最主要的是对最高限价、最低限价和价格档次达成协议，并有大量资金和存货，否则，往往难以起到应有的作用。主要采用缓冲存货规定的有国际锡协定和国际天然橡胶协定。

2. 出口限额的规定。这种条款规定一个基本的出口限额，每年再根据市场需求和价格变动，确定当年平均的年度出口限额。年度出口限额按固定部分和可变部分分配给有基本限额的各出口成员国。固定部分占全部年度限额的 70％，可变部分占 30％。可变部分按出口成员国的库存量占全体出口成员国总库存量的比例进行分配。属于这种类型的有国际咖啡协定。

3. 多边合同的规定。多边合同（Multilateral Contracts）条款规定，进口国在协定规定的价格幅度内，向各出口国购买一定数量的有关商品；出口国在协定规定的价格幅度内，向各进口国出售一定数量的有关商品。当进口国在完成所供应进口的数量后，可在任何市场，以任何价格，购买任何数量的有关商品。出口国在完成所供应出口的数量后，可以任何市场，以任何价格，出售任何数量的有关商品。因此，它实际上是一种多边性的商品合同。属于这种类型的，有国际小麦协定。

4. 出口限额与缓冲存货相结合的规定。这是指同时采用这两种办法来控制市场和稳定价格。国际可可协定采用这种办法。其具体办法如下：①规定可可豆的最高限价格和最低限价。②确定指示价格。指示价格是纽约可可交易所和伦敦可可集散市场 15 个连续营业日的每日价格的平均数。③当指示价格超过最高限价或低于最低限价时，可可理事会就采取出口限额和缓冲存货所规定的办法调节价格，使价格恢复到最高限价与最低限价的幅度内。

（二）行政条款

该条款主要涉及权力机构和表决票的分配。商品协定的权力机构有理事会、执行委员会和监督机构。虽然名称不一，但都是协定最高权力机构的常设机构。由于权力机构关系到协定的履行和管理，涉及各方面的切身利益，因而职位的分配往往是各出口国和各进口成员国所关心的重要问题。各权力机构达成的协议，除采用协商一致的办法外，一般要通过表决决定。表决方式可根据情况需要，分别采用简单分配多数、2/3 分配多数、特别表决等。各成员国对重大问题进行投票表决，是参加协定成员的一项基本权利。因此，各协定对表决票的分配及其使用有具体的规定，以保证每个成员国享有一定的表决权。

（三）最后条款

该条款主要规定协定的签字、批准、生效、有效期、加入、退出等具体程序和手续。

从国际商品协定的执行情况来看，这些协定对于稳定商品价格和生产国的出口收益、适当满足消费国的需要起到了一定的作用。但由于少数发达资本主义国家的干扰，多数协定不能发挥应有的作用。国际商品协定是进口国和出口国双方矛盾斗争暂时妥协的产物，如果发生经济危机等问题，这种协定往往不能起作用。在这种情况下，发展中国家提出建立商品综合方案的主张，要求用一种综合的办法来解决商品贸易问题。

二、商品综合方案

商品综合方案（Integrate Programme for Commodities）是发展中国家在 1964 年 4 月第六届特别联大会议上第一次提出来的，1976 年 5 月，联合国第四届贸易和发展会上正式通过了商品综合方案的决议。这项方案主要解决发展中国家初级产品贸易问题，其主要内容有以下几个方面：

1. 建立多种商品的国际储存或称"缓冲存货"。其目的是为了稳定商品价格和保证正常的生产和供应。国际储存的商品选择标准有以下两条：（1）这项商品对发展中国家具有重要利害关系。（2）这项商品便于储存。国际储存的主要商品有：香蕉、咖啡、可可、茶、糖、肉类、植物油、棉花、黄麻、硬纤维、热带木材、橡胶、铝、铁、锰、磷、铜和锡。

2. 建立国际储存的共同基金。共同基金（Common Fund）是综合商品方案的一种国际基金，用来资助这些国际初级产品的缓冲存货和改善初级产品市场，提高初级产品的长期竞争性，如开发研究、提高生产率、改进销售等。初步提出的金额为 60 亿美元。

3. 商品贸易的多边承诺。为了稳定供应，参加方案的各国政府承诺在特定时间内各自出口和进口某种商品的数量。

4. 扩大和改进商品贸易的补偿性资金供应。当出口初级产品的发展中国家的出口收入剧减时，国际货币基金将给予补偿性贷款。

5. 扩展初级产品的加工和出口多样化。为达此目的，要求发达资本主义国家降低或取消对来自发展中国家初级产品的加工产品的进口关税和非关税壁垒，并采取促进贸易等措施。

商品综合方案是发展中国家为了打破旧的国际经济贸易秩序，建立新的国际经济贸易秩序所采取的一个重要步骤。但由于触动了发达资本主义国家在世界市场的垄断地位和利益，因此，要将方案的内容变成现实，还须经过长期艰苦的斗争。从 20 世纪 60 年代开始，一些生产初级产品的发展中国家还组成各种原料输出国组织，共同对付发达资本主义国家的垄断与控制，维护初级产品出口国的权益。第一个成立的组织是石油输出国组织（OPEC），以后其他一些组织也相继成立，如铜出口国政府间委员会（IGCEC）、铁矿砂出口国协会（AIOEC）、国际铝土协会、钨生产者协会（ATP）、天然橡胶生产国协会（ANRPC）等。

第四节　关税与贸易总协定

关税与贸易总协定（General Agreement on Tariff and Trade，GATT），简称

关贸总协定，是关于关税与贸易政策的多边国际协定，于 1947 年 10 月 30 日由 23 个国家在日内瓦签订，1948 年 1 月 1 日生效，1995 年 1 月 1 日为世界贸易组织所取代。47 年内，总协定的成员不断增加，缔约方之间的贸易额不断提高，其规范的领域不断扩大，在国际贸易中的作用日益加强。

一、关贸总协定的产生

第二次世界大战以后，除美国之外的发达资本主义国家都受到了战争的严重创伤，在恢复本国国民经济的同时，都关心世界经济的重建。当时，国际经济关系上有三大问题需要解决：其一是在金融方面，重建国际货币制度，维持各国间汇率的稳定和国际收支的平衡；其二是在国际投资方面，创立处理长期国际投资问题的国际组织；其三是在贸易方面，重建国际贸易秩序，扭转贸易保护主义和歧视性贸易政策，促进国际贸易自由化。美国作为"战后"超级政治经济大国，为了对外扩张和担当重建世界经济的领袖，积极倡导和推动了"战后"国际经济关系三大问题的解决。前两个问题的解决，分别产生了国际货币基金组织（International Monetary Fund，IMF）和世界银行（International Bank of Reconstruction and Development，IBRD）。对于第三个问题的解决，由于拟议中的国际贸易组织（International Trade Organization，ITO）的夭折而由关贸总协定代行。

国际贸易组织的构想是由美国国务院提出的。1946 年 2 月，联合国经济与社会理事会通过决议，决定召开联合国贸易与就业会议，负责国际贸易组织的筹建和宪章的起草工作。1947 年 4 月在日内瓦举行的第二次筹备会议上通过了《国际贸易组织宪章》草案，并达成了 123 项双边关税减让协议。之后，参加国将这些协议与草案中有关贸易政策的部分加以合并，经修改后称为《关税与贸易总协定》，并将其作为一项过渡性的临时协议来处理各国在关税和贸易方面的问题，待《国际贸易组织宪章》生效后就用宪章的有关部分代替它。同年 10 月 30 日，23 个国家签署了《关税与贸易总协定临时适用议定书》，并于 1948 年 1 月 1 日起临时生效。

1947 年 11 月，在哈瓦那召开的世界贸易和就业会议上通过了《国际贸易组织宪章》（即《哈瓦那宪章》）。但由于美国国会对其他国家提出的修正案不予批准，其他各国也持观望态度，《哈瓦那宪章》没有得到必要数量国家的批准，因而成立国际贸易组织的计划未能实现。关贸总协定就成为各缔约国在贸易政策方面确立某些共同遵守的准则，推行多边贸易和贸易自由化的惟一的、带有总括性的多边协定，一直沿用至世界贸易组织正式成立，才结束其临时性地位。

总协定总部设在瑞士日内瓦，其组织机构主要有缔约国大会；代表理事会；委员会、工作组和专门小组；18 国咨询组；总干事；秘书处。

二、关贸总协定的宗旨、内容及基本原则

（一）关贸总协定的宗旨和内容

关贸总协定既是一项含有一整套多边贸易原则和规则的契约，又是缔约方进行贸易谈判的场所。其宗旨是：通过多边贸易谈判，大幅度地削减关税和其他贸易障碍，取消国际贸易中的歧视待遇，从而实现提高生活水平、保证充分就业、保障实际收入和有效需求的持续增长，扩大世界资源的充分利用和扩大商品的生产和交换。

关税与贸易总协定文件最初只有三部分，共 35 条，后因发展中国家的加入，总协定于 1965 年增加了有关发展中国家贸易和发展问题的内容，作为第四部分，含 3 条。

总协定的第一部分为第 1 条和第 2 条，是总协定的核心，规定了最惠国待遇原则和关税减让表；第二部分从第 3 条到第 23 条，是总协定的重要条款，主要是各缔约方的贸易政策；第三部分从第 24 条到第 35 条，主要是各有关程序和手续的规定；第四部分从第 36 条到第 38 条，是专门处理发展中国家贸易和发展问题的条款。

（二）关贸总协定的基本原则

关贸总协定的基本原则可归纳为以下几条：

1. 非歧视原则。这是总协定最为重要的原则，由无条件的最惠国待遇条款和国民待遇条款来体现。

2. 关税保护和关税减让原则。总协定只允许缔约国通过关税来保护国内某些产业，且要求缔约国之间通过关税减让谈判逐步降低关税。总协定不允许采用非关税壁垒进行保护。

3. 一般取消或禁止数量限制原则。总协定原则上禁止采用进出口数量限制。但是，为了稳定农产品市场，平衡国际收支，促进发展中国家的经济发展等目的，可在非歧视的基础上实施或维持数量限制。

4. 公平贸易原则。总协定反对倾销和出口补贴等不公平贸易行为，并授权缔约国在其某项工业由于倾销或出口补贴受到重大损害或受到重大威胁时，可征收反倾销税或反贴补税予以抵制。

5. 豁免与采取保障措施原则。总协定规定，当某缔约国因承担义务使某种产品进口大量增加而严重损害或严重威胁国内同类产品的生产时，可以全部或部分地暂停实施其所承担的义务，或者撤销或修改关税减让，但在采取该保障措施行动之

前，必须与受影响的缔约国磋商，否则受影响的缔约国有权暂停实施大体上对等的关税减让或其他义务。

6. 磋商调解原则。总协定规定了磋商调解和解决贸易争端的程序和办法。在总协定范围内，大部分贸易争端通过有关缔约方直接协商解决，经缔约方协商未能解决的问题，总协定理事会可设立独立专家小组来审查，寻求双方均满意的解决办法。

7. 给予发展中国家特殊优惠待遇原则。总协定规定了给予发展中国家的贸易与经济发展方面以关税和其他特殊优惠待遇，如允许发展中国家之间进行有限的关税减让，而不必对发达国家实行对等的减让；允许发展中国家进行有限的出口补贴；发展中国家可享受普遍优惠制，等等。

8. 贸易政策法规在全国统一实施和透明原则。总协定原则上要求缔约方提前公布所有的贸易政策法规，使其他缔约方在其实施前有一定时间熟悉。但总协定不要求公开那些会妨碍法令的贯彻执行，会违反公共利益，或会损害某一企业的正当商业利益的机密资料。

三、关贸总协定的历次多边贸易谈判

（一）关贸总协定历次贸易谈判简况

自 1947 年以来，在总协定的主持下，共举行了八轮多边贸易谈判，每一轮谈判都取得了一定的成果，参见表 15-1。

表 15-1　　　　　　　　关税与贸易总协定历次多边贸易谈判简况表

届次	谈判时间	谈判地点与名称	参加方	谈判主要议题	谈判主要成果
1	1947 年 4 月～10 月	瑞士日内瓦	23	关税减让	就 45000 项商品达成关税减让协议，使占资本主义国家进口值 54% 的应税商品平均降低关税 35%，影响世界贸易额近 100 亿美元；关贸总协定也随谈判的和临时适用协定的签订而临时生效。
2	1949 年 4 月～10 月	法国安纳西	33	关税减让	谈判总计达成的双边关税减让协议 147 项，增加关税减让商品 5000 项，使占应税进口值 56% 的商品平均降低关税 35%。
3	1950 年 10 月～1951 年 4 月	英国托尔基	39	关税减让	达成关税减让协议 150 项，又增加关税减让商品 8700 项，使占应进口值 11.7% 的商品平均降低关税 26%。

续表

届次	谈判时间	谈判地点与名称	参加方	谈判主要议题	谈判主要成果
4	1956 年～5月	瑞士日内瓦	28	关税减让	达成近 3000 项商品的关税减让，但仅涉及 25 亿美元的贸易额占应税进口值 16％的商品平均降低关税 15％。
5	1960 年 9 月～1961 年 7 月	瑞士日内瓦（狄龙回合）	45	关税减让	达成约 4400 项商品的关税减让，共涉及 49 亿美元的贸易额，使占应进口值 20％的商品平均降低减税 20％
6	1964 年 5 月～1967 年 6 月	瑞士日内瓦（肯尼迪回合）	54	（1）关税减让；（2）反倾销问题	使分别列入各国税则的关税减让商品基础上合计达 60000 项，工业品进口关税税率下降了 35％，影响了 400 亿美元的商品贸易额；制定了第一个反倾销协议；为发展中国家新增了贸易与发展部分；开创了波兰作为"中央计划经济国家"参加关贸总协定多边贸易谈判的先例
7	1973 年 9 月～1979 年 4 月	瑞士日内瓦（东京回合、尼克松回合）	99	（1）关税减让；（2）减少、消除非关税壁垒；（3）框架协议	以一揽子关税减让方式达成关税减让约束，涉及 3000 多亿美元贸易额，平均关税水平下降 35％，达成多项非关税协议和守则；通过了给予发展中国家优惠待遇的"授权条款"
8	1986 年 9 月～1993 年 12 月	瑞士日内瓦（乌拉圭回合）	117	共 15 项议题，大致可分为 4 大类：市场准入；贸易竞争规则；"新领域"的议题和贸易体制程序的议题	达成涉及 21 个领域的 45 个协议，减税商品涉及的贸易额高达 1.2 万亿美元，减税幅度近 40％，近 20 个产品部类实行了零关税；农产品的非关税措施全部关税化，并进行约束和减让，纺织品的歧视性配额限制在 10 年内取消；非关税壁垒受到严格规范；涉及的三个新领域即服务贸易、与贸易有关的知识产权和与贸易相关的投资措施等议题谈判成功；达成了关于建立世界贸易组织的协定。

（二）总协定及其多边贸易谈判的特点

从各次谈判情况可以看出总协定的发展过程和特点：

1. 参加总协定的国家不断增加。总协定临时生效之初，仅有 23 个缔约方，至 1994 年底，已有 128 个缔约方。而且，每次参加多边贸易谈判的国家也在增加。这从一个侧面说明了战后贸易自由化在世界范围内不断扩大。

2. 历次多边贸易谈判中，发达国家居于主要地位。尤其是美国、欧洲经济共同体、日本等是谈判的主角，也是谈判的主要受益者。尽管发展中国家在总协定中的权益逐步受到重视，但因其在国际贸易中的比重只占 1/5 左右，加上其市场受到发达国家的控制与垄断，使发展中国家从谈判中获得的利益较少。在"乌拉圭回合"谈判中，广大发展中国家得到的实惠比希望的少得多，在市场准入、纺织品贸易自由化等方面远未达到要求，而在其处于劣势的服务贸易、知识产权、投资等领域却不得不承担许多新的义务。

3. 美国在总协定中的地位举足轻重，影响巨大，但其作用日趋下降。美国是总协定的积极倡导者和支持者，总协定是在美国的积极策动下产生的，并且总协定的历次多边贸易谈判也都是在美国的提议下进行的。但是，20 世纪 70 年代末以来，由于美国经济实力衰退，加之欧洲经济共同体和日本等经济实力的增强，美国的权威地位开始动摇，谈判实力不断削弱。在"乌拉圭回合"谈判中，欧共体的强硬立场使美国在谈判开始时提出的对农产品"取消一切补贴"的"世界农业改革长期目标"已被暂时搁置起来。

4. 谈判内容增多，谈判时间拉长。随着世界经济结构的变化，贸易内容的复杂，加上各缔约方经济贸易发展的不平衡，使得谈判内容从关税减让扩展到非关税壁垒，谈判所涉及的商品从有形商品贸易扩展到无形商品和服务贸易。由于谈判内容的增加，范围的扩大，牵涉面越来越广，每次谈判的时间逐渐拉长。早期的谈判几个月就可以完成，到"乌拉圭回合"则历时 7 年之久。

第五节　世界贸易组织

世界贸易组织（World Trade Organization，WTO），简称世贸组织，其前身为关贸总协定，1995 年 1 月 1 日问世后，它与总协定并行了一年，于 1996 年 1 月 1 日事实取代总协定，现有成员方 134 个，它为国际贸易提供了一整套强化了的规则和行为规范。

一、世界贸易组织与世界贸易组织协定

如前所述，早在关贸总协定成立以前，已有一个国际贸易组织的意念，借以处理国际间各项影响贸易的因素。而关贸总协定只是一份临时起草的协议，为的是在国际贸易组织正式成立之前，能尽快推行贸易自由化。后因美国国会未批准成立国际贸易组织，关贸总协定便成了国际谈判的场所，但始终处于临时性的地位，其权威性不强。

随着国际经济贸易形势的发展，关贸总协定的作用因其法律地位、职能范围、管辖内容和运行机制等方面的局限性而日显有限，故建立国际贸易组织的呼声和建议在关贸总协定实施的 40 多年中未曾中断。学术界更是关心成立国际贸易组织问题，并提出一系列构想。

关贸总协定自"乌拉圭回合"谈判以来，建立国际贸易组织问题引起了普遍关注。

《建立世界贸易组织协议》的达成可谓"乌拉圭回合"多边贸易谈判的一项重大意外成果。

当1986年"乌拉圭回合"多边贸易谈判开始时，其中的15个议题中并没有建立世界贸易组织的问题，只是设立了一个关于修改和完善关贸总协定体制职能的谈判小组，但是在新议题中已涉及货物贸易以外的问题，如知识产权保护、服务贸易以及与贸易有关的投资措施等。面对这些非货物贸易的重要议题，很难在关贸总协定的旧框架内来谈判，而有必要创立一个正式的国际贸易组织通过分别谈判来解决。因此，在1990年初，当时担任欧共体主席的意大利首先提出了建立一个多边贸易组织的倡议。这个倡议后来以12成员国名义正式提出，得到美国、加拿大等主要西方大国的支持，于12月召开的布鲁塞尔部长会议上正式作出决定，又历经一年的紧张谈判，于1991年12月形成了一份"关于建立多边贸易组织的协定草案"，并成为同年底《邓克尔最后案文》的一个部分。1993年12月15日"乌拉圭回合"结束时根据美国的提议把"多边贸易组织"（MTO）改名为"世界贸易组织"。《建立世界贸易组织协议》于1994年4月15日在摩洛哥的马拉喀什部长会议上获得通过，《建立世界贸易组织协议》连同其四个附件，加上《部长会议宣言》及决定共同构成了"乌拉圭回合"多边贸易谈判的一揽子成果，并采取"单一整体"义务和无保留例外接受的形式，被104个参加方政府代表签署，其中包括中国政府代表的签署。至此，一个国际贸易领域的正式组织——世界贸易组织宣告成立，于1995年1月1日开始运作，从而结束40多年关贸总协定临时适用的历史。

《建立世贸组织协议》由序言、16个条案文和4个附件组成。序言和16条案文主要规定了世贸组织的宗旨和目标、职能、组织机构、成员资格、决策方式，以及特定成员之间互不适用多边贸易协议等内容，4个附件就规范和多边贸易关系作了实质性规定。附件1包括：①货物贸易协定。②服务贸易总协定（GATS）及其附录。③与贸易有关的知识产权，包括冒牌货物贸易的协议（TRIP）。④与贸易有关的投资措施协议（TRIMS），计4个重要文件。附件2是关于处理贸易争端规则和程序的备忘录。附件3是关于贸易政策评审机制协议。附件4包括东京回合另外4个多项贸易协议，即关于民用航空器协议，关于政府采购协议，关于国际牛乳协议和关于牛肉协议。

二、世界贸易组织的宗旨和基本原则

（一）宗旨和目标

《建立世界贸易组织协议》的序言规定，世界贸易组织全体成员"在处理贸易和经济领域的关系时，应以提高生活水平、确保充分就业、大幅度和稳定地增加实际收入和有效需求、持久地开发和合理地利用世界资源、拓展货物和服务的生产和贸易为目的，努力保护和维持环境，并通过与各国的不同经济发展水平相适应的方式来加强环保"。由此可见，世界贸易组织的宗旨不仅重申了关贸总协定的目标，而且强调扩大服务贸易、保护和维持环境、确保各成员国（包括发展中成员）在国际贸易增长中得到与其经济发展相适应的份额。

（二）基本原则

世界贸易组织适用的基本原则主要来自关税与贸易总协定、服务贸易总协定以及历次多边贸易谈判，特别是"乌拉圭回合"谈判达成的一系列协议。它由若干规则和一些规则的例外所组成，例如，无歧视待遇原则、贸易自由化原则，贸易争端协商处理原则，等等。

1. 无歧视原则。这一原则承袭了关贸总协定的非歧视原则，主要针对进出口商品和有关事项。它要求世贸组织成员国相互给予无条件的最惠国待遇和国民待遇，即要求每一成员国在进出口方面应以平等的方式对待所有其他成员国，而不应采取歧视待遇；同时，要求每一成员国对进入本国市场的任何其他成员国的产品应在国内税或其他国内商业规章等方面给予和本国产品同等待遇，而不应歧视。

2. 贸易自由化原则。这一原则从本质上来说，就是限制和取消一切妨碍和阻止国际间贸易开展与进行的障碍，包括法律、法规、政策和措施等。而世界贸易自由化从根本上来说，是通过削减关税、弱化关税壁垒以及取消和限制形形色色的非关税壁垒等措施来实现的。因此，这一原则又是通过关税减让原则和一般取消数量限制原则等来实现的。

3. 透明度原则。这一原则继承了关贸总协定的贸易政策法规在全国统一实施和透明原则，是世贸组织成员在货物和服务贸易中必须遵守的基本原则之一，它要求有关成员国政府实施与贸易有关的法律和规章时，必须予以公布，接受其他成员国对其政策法规进行检查、监督和纠正，以保证成员国有关法规真正符合世界贸易组织协议的规定。但世贸组织允许成员国对某些机密不予公开。

4. 市场准入原则。这是指一国允许外国的货物、劳务与资本参与国内市场的程度。市场准入原则旨在通过增强各国对外贸易体制的透明度，减少和取消关税、数量限制和其他各种强制性限制市场进入的非关税壁垒，以及通过各国对开放本国特定市场所作出的具体承诺，切实保证各缔约国市场准入的条件，使各国在一定的期限内逐步放宽市场开放的领域，加深开放市场的程度，从而达到促进世界贸易的增长，保证各国的商品、资本和服务可以在世界市场上公平自由竞争的目的。

在货物贸易领域，市场准入原则几乎体现在所有"乌拉圭回合"最终文件的有关协议中，包括关税的减让，各种非关税壁垒的约束和取消，以及长期游离于多边规则之外的纺织品和服装及农产品贸易领域。在服务贸易领域，市场准入原则的实施对各缔约国而言不是一般性义务，而是具体承诺的义务，只适用于各成员国所承诺开放的部门。虽然获得对外开放服务市场的具体承诺是一个极其艰难的过程，但市场准入原则的确立已形成了一个可以逐步开放的市场的机制，其影响将持续于今后长期谈判的过程中。

5. 公正、平等处理贸易争端原则。国际贸易争端是伴随着国家间经济交往的开始和发展所不可避免的一种现象。在关贸总协定所规定的争端解决程序和对其修改、补充基础上形成的世界贸易组织争端解决机制体现了贸易争端处理的公正、平等原则。具体体现在以下几方面：实行调解制度，建立上诉机构，从全体一致通过机制到全体一致否决机制的转变，对发展中国家及最不发达国家的特殊规定及世界贸易组织的道义压力。

6. 给予发展中国家和最不发达国家优惠待遇原则。这项原则是关贸总协定该原则的进一步加强。世界贸易组织除了继续对发展中国家的贸易与经济发展方面实行关税和其他特殊优待之外，还在以下几方面给予发展中国家一定的优惠待遇：①允许发展中国家用较长时间履行义务，或有较长的过渡期。②允许发展中国家在履行义务时可有较大的灵活性。③规定发达国家向发展中国家提供技术援助，以便发展中国家更好地履行义务。

三、世界贸易组织的职能和机构

（一）职能

根据世贸组织协议第三条的规定，世贸组织职能是：为该协议和各多边贸易协议的执行、管理、运作和目标的进一步实现提供方便并提供框架，为该协议及其附件有关各成员方的多边贸易关系谈判提供场所，为在部长级会议决定下谈判结果的执行提供框架，为该协议附件 2 有关争端处理规则和程序谅解书进行管理，以及对贸易政策评审机构进行管理。此外，为了在全球性的经济决策方面形成较大的协调，世贸组织还应和国际货币基金组织和世界银行及其附属机构进行适当的合作。

（二）组织机构

为执行其职能，世贸组织在瑞士日内瓦设立相应的组织机构（见图 15—1）。

部长会议

争端解决机构　　总理事会　　贸易政策审议机构

服务贸易理事会　　货物贸易理事会　　与贸易有关的知识产权理事会

贸易与发展委员会　　贸易与环境委员会　　国际收支调控委员会　　财政和行政预算委员会

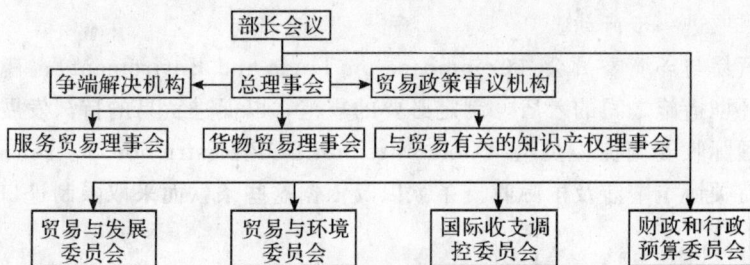

图 15—1　世界贸易组织机构

1. 部长会议（Ministerial Conference）。它是世贸组织的最高决策机构（但为非常设机构），定期举行会议（至少每两年一次），对国际贸易重大问题做出决策，在适当时候发动多边贸易谈判。

2. 总理事会（General Council）。它是世贸组织的核心机构，负责日常对世贸组织的领导和管理。在部长会议休会期间代为执行各项职能。

3. 秘书处（The Secretariat）。它负责处理日常工作，由部长会议任命的总干事（Director－General）领导。总干事和秘书处的职责具有国际性，在履行职务中，不得寻求和接受任何政府或世贸组织以外组织的指示。

4. 分理事会。总理事会下设三个分理事会，分别履行不同的职责。

（1）货物贸易理事会（Council for Trade in Goods）。该理事会主要负责管理监督 1994 年关贸总协定及其附属的 12 个协议的执行。其下分设 12 个委员会具体负责各项协议的执行。

（2）服务贸易理事会（Council for Trade in Service）。该理事会主要负责管理监督服务贸易总协定的执行。下设基础电讯谈判小组、自然人移动谈判小组、海上运输服务谈判小组、金融服务委员会及专业服务工作小组。

（3）与贸易有关的知识产权理事会（Council on Trade－related Aspects of Intellectual Property Rights）。它主要负责管理、监督世贸组织知识产权协定的执行。

5. 争端解决机构（Dispute Settlement Body，DSB）和贸易政策审议机制（Trade Policy Review Mechanism，TPRM）。这两个机构均直接隶属于部长会议或总理事会。

争端解决机构下设专家小组和上诉机构，负责处理成员方之间基于各有关协定、协议所产生的贸易争端。

政策审议机制负责定期审议各成员方的贸易政策、法律与实践，并就此做出指导。

6. 专门委员会。部长会议下设四个专门委员会分别负责处理相关事宜。

（1）贸易与发展委员会（Committee on Trade and Development）。其职责是定期审议多边贸易协定中对欠发达国家优惠条款的执行情况，并定期向总理事会报告，以便采取进一步行动。

（2）贸易与环境委员会（Committee on Trade and Enviroment）。其职责是协调贸易与环境措施之间的矛盾，制定必要的规范，以促进贸易的持久发展。

（3）国际收支调控委员会（Committee on BOP Restrictions）。该委员会负责监督审查有关协定中涉及国际收支条款以及依据这些条款而采取限制进口措施的执行情况。

（4）财政和行政预算委员会（Committee on Budget，Finance and Administration）。该委员会负责确定并收缴成员方应交的会费，提出世贸组织的年度财务报告及预算，负责世贸组织的财产及内部行政事务。

四、世界贸易组织体制的特点

（一）管辖内容广泛

关贸总协定的管理范围狭窄单一，其规则只涉及货物贸易，且农产品和纺织品都是作为例外处理的。世界贸易组织体制不仅包括关贸总协定已有的货物贸易方面的规则，而且包括经"乌拉圭回合"修改和新制定的规则，例如，"东京回合"的五个守则、装运前检验协议、原产地规则协议、与贸易相关的投资措施协议、与贸易相关的知识产权协议和服务贸易总协定等。

（二）体制统一

关贸总协定体制由两层结构组成：一层是总协定文本和前七轮多边贸易谈判达成的关税减让表；另一层是多种纤维协议和东京回合的9个协议。多种纤维协议采用背离总协定的管理方法，东京回合守则采取自由选择参加方法，这样就导致缔约方在总协定体制内权利和义务的不平衡，还导致关贸总协定体制本身的分化。而世界贸易组织体制所管理的协议，除政府采购协议、牛肉协议、民用航空器贸易协议、国际奶制品协议等东京回合的四个协议外，成员方必须一揽子签署参加，确保了世界贸易组织体制的统一性。

（三）法律健全

关贸总协定从法律上说并非一个组织，只是一项临时适用的契约，其组织机构和法律基础都不健全。世界贸易组织的体制不仅把总协定临时适用变为正式适用，而且建立了一整套组织机构。这样，世贸组织将与其他国家组织在法律上处于平等地位，具有法人资格，对其所有成员国均有严格的法律约束力。作为正式国际组织，它是国际法主体，享有特权与豁免。由于它不是联合国专门机构，也不隶属于联合国体系，因此可避免联合国的各种影响，比较符合发达国家特别是贸易大国的愿望。

（四）完善了争端解决机制

关贸总协定是惟一有争端解决机制的准国际组织，但该机制不够健全。表现在：专家小组权限过小，争端解决时间过长，监督后续行动不力。"乌拉圭回合"中建立起来的综合争端解决机制健全了各种程序，特别是加强了对实施裁决的监督。为确保世界贸易组织规则的严格遵守和世界贸易组织体制的正常动作，综合争端解决合同制适用该体制所管理的一切协议和决定。

（五）建立了贸易政策审议机制

为了监督缔约方是否严格维护关贸总协定秩序，许多国家要求通过"乌拉圭回合"建立贸易政策审议机制。1988年底，各缔约方就建立贸易政策审议机制问题达成了协议，该协议于1989年4月12日临时生效后试行的结果表明，贸易政策审议机制不但能促进各国政策的透明度，而且有利于改善缔约方之间的贸易关系。

（六）加强了全球经济决策的协调

世界贸易组织通过加强其与国际货币基金组织和世界银行之间的联系，将使它们在全球经济决策过程中加强协调，使政策和行动更加和谐一致，发挥更大的作用。

五、世界贸易组织对世界经济贸易的影响

如上所述，世界贸易组织统辖着国际中货物、服务、与贸易有关的知识产权和与贸易有关的投资措施等领域的业已强化的规则，其参加方包括了世界绝大多数国家或地区，尚未加入的国家和单独关税区纷纷提出申请。可以断定，若世界贸易组织体制按既定目标正常运行，有效实施各有关规则，必将能遏制贸易保护主义的蔓延，促进贸易、投资自由化发展，从而加速国际货物贸易，服务贸易、国际投资的增长，并推动世界经济一体化、全球化进程。

值得注意的是，自世界贸易组织体制运作以来，出现了一些不正常现象，暴露了一些问题。如大国操纵多边决策现象依然存在；实施某些规则时忽略成员方经济发展水平的差异；接纳新成员谈判的内容与世界贸易组织协议的规定相脱节等。又如，1999年底，在西雅图召开的世贸组织第三届部长会议上，美国、欧盟等发达

国家针对发展中国家的廉价劳工这一主要有利条件，企图把贸易与劳工标准问题挂钩，遭到发展中成员的坚决反对，矛盾难以调和，导致西雅图会议无果而终——会议结束时仍未能就启动新一轮多边贸易谈判达成一致。因此，世贸组织应采取有效措施制止和纠正各种不正常现象，解决所存在的种种问题，使世贸组织体制正常运行，确保各成员方，尤其是发展中国家得到相应的利益，最大限度地推动世界经济贸易的发展。

第六节　中国与关贸总协定、世界贸易组织

中国是关贸总协定的创始缔约国之一。但新中国成立后，台湾当局的非法退出总协定，使中国与总协定的关系长期中断。为扩大开放、深化改革，中国政府于1986年7月向总协定正式提出"复关"申请，从此踏上"复关"的征途，直至1995年11月15日中美签署中国入世双边协议，中国在"入世"谈判中取得重大突破。"入世"后的权利为中国经济发展带来机遇，但"入世"后应尽的义务也给中国带来一定挑战。

一、中国与关贸总协定

中国是关贸总协定23个创始缔约国之一，并参加了总协定第一轮和第二轮关税减让谈判。新中国成立后，台湾当局因不甘心让中国大陆享受到从总协定谈判中获得的关税减让，1950年以"中华民国"的名义非法退出总协定，1965年，又非法取得关贸总协定的观察员资格。直到1971年联合国恢复中国的合法席位，台湾的总协定观察员身份才被取消。

当时，由于中国政府对总协定的情况不够了解以及国内实行高度集中的计划经济，加之对外贸易在中国国民经济发展中的作用不大，因此，中国政府未在总协定问题上作过任何表态，与总协定的关系长期中断。

1978年党的十一届三中全会把改革开放作为基本国策，从此，中国参加了总协定主持下的一系列活动。1980年8月，中国代表出席了国际贸易组织临时委员会执委会会议，参加了时任总干事邓克尔的选举。1981年，中国代表列席了关贸总协定纺织品委员会主持的第三个国际纺织品贸易协议的谈判。1983年，中国政府签署了该协议，并成为关贸总协定纺织品委员会的正式成员。1982年，中国获准以观察员身份参加总协定活动。1984年又被授予总协定"特殊观察员"身份，并被允许参加总协定理事会及其下属机构的会议。

1986年7月，中国正式提出了恢复在关贸总协定缔约国地位的申请，同时，阐明了"以恢复方式参加关贸总协定，而非重新加入；以关税减让作为承诺条件，

而非承担具体进口义务；以发展中国家地位享受相应待遇，并承担与我国经济和贸易发展水平相适应的义务"等三项重返关贸总协定的原则。1987 年 2 月，中国向总协定正式递交了《中国对外贸易制度备忘录》（The Memorandum on China's Foreign Trade Regime），同年 3 月，总协定成立了中国问题工作组，开始进行恢复中国的总协定缔约国地位的谈判。但由于西方国家对中国"复关"的要价过高，直至 1994 年 12 月举行的工作组第 19 次会议，仍未能达成中国"复关"的协议。

二、中国与世界贸易组织

（一）中国与世界贸易组织的相互需要

世界贸易组织成立后，中国原先的"复关"问题转变为加入世界贸易组织问题。中国"入世"问题，经过非正式谈判后，于 1996 年 3 月开始正式谈判。

在从"复关"到"入世"的谈判进程中，中国政府一贯持积极态度，并明确表示愿意在乌拉圭回合协议的基础上，根据中国的经济发展水平和按照权利与义务平衡的原则，本着灵活务实的态度，与各成员方进行认真的谈判，以早日加入世界贸易组织，因为"入世"不仅是中国对外开放的需要，也是中国进行经济体制改革和建立社会主义市场经济体制的需要。中国需要世界贸易组织。

贸易组织同样需要中国。具有世界人口 1/4 的中国是世界上最大的发展中国家，是世界十大贸易大国之一，也是世界上经济发展速度最快、最具潜力的国家之一，是当今世界多极格局不可忽视的一极。中国正在进行的改革开放将使其在世界经济中扮演更加重要的角色。世界贸易组织只有接受中国，才称得上是完整的世界性多边贸易体系，才能真正实现其"拓展贸易"的目标。

（二）中国"入世"后的机遇与挑战

"入世"后，中国将享有世贸组织成员可享受的权利，从而为中国带来诸多发展机遇。首先，能在 134 个现有成员中享受多边的、无条件的和稳定的最惠国待遇，并享受其他世贸组织成员开放或扩大货物、服务市场准入的利益。作为发展中国家，还可享受一定范围的普惠制待遇及发展中国家成员的大多数优惠或过渡安排。这些权利将为中国有竞争优势的产业开拓国外市场，并为后来优势的充分发挥拓宽国际空间，从而为扩大中国的货物和服务贸易，增加对外投资提供条件。其次，"入世"后，我国有权参与各个议题的谈判，与其他成员平等地参与有关规则的制定、修改以及多边贸易体制的建设。这将大大增强中国在世界事务，尤其是国际贸易方面的发言权和主动权，维护中国在世界贸易中的地位和合法权益，并在建立国际经济新秩序、维护发展中国家利益等方面发挥更大的作用。再次，"入世"

后，我国可以利用世贸组织的贸易争端解决机制和程序，公平、客观、合理地解决与其他国家的经贸摩擦，从而为我国对外经济贸易的发展营造良好的外部环境。此外，我国还可通过世贸组织的讲坛，宣传改革开放政策，积极发展与世界各国的经贸合作和技术交流，更多地利用外资，拓宽我国接受世贸组织发达成员的经济传递的渠道。这将有利于中国社会主义市场经济体制的尽快确立。

当然，进入世贸组织，也要承担相应的义务，承受国际竞争的压力。在经济实力和综合国力都不够强的情况下与世界经济接轨，并在高层次和高水平上参与国际分工，将使中国面临严重的挑战。首先，中国的产品要到国外去参与国际竞争，同时，中国必须向经济实力较强的发达国家开放国内市场，成本高于国外同类产品、非价格竞争因素劣于国外同类产品的行业将受到严重冲击。其次，中国进入世贸组织需要承担相应的义务，如要向其他成员方提供最惠国待遇，降低关税，增加外贸政策的透明度，公布实施的贸易限制措施，开放服务贸易，扩大对知识产权的保护范围，放宽对引进外资的限制，等等。这就把质量不同的经济实体——中国的企业与发达国家的企业一下子放在相同的竞争环境里，使中国企业面临国际竞争的严峻挑战。此外，进入世贸组织将使中国的国内市场成为世界统一大市场的有机组成部分，世界经济的波动将对中国的经济发展产生或多或少的直接和间接影响。

总而言之，加入世贸组织对我国的经济是利大于弊。这不仅是对我国加入世界贸易组织后的权利与义务、责任与利益相比较而言，更重要的是"入世"有利于促进我国建成能按经济规律办事、按国际规范管理、经得起国际竞争考验、能对市场作出及时正确反应的宏观调控和微观管理体系，使中国能在世界经贸舞台上与其他成员共同竞技，合作发展。

第二篇

国际贸易实务

第十六章 国际贸易术语和价格

第一节 国际贸易术语概述

一、国际贸易术语的含义和作用

在国际贸易中，买卖双方分处于不同国家，相距较远，所以，在货物的交付过程中，常会涉及到以下问题：由谁办理进出口许可证、报关检验、装运、保险、卸货？由谁支付货物自起运地到目的地所需的各种费用，包括运费、装卸费、保险费、检验费、包装费、仓储费、银行手续费、进出口捐税等？还有货物在整个装运过程中可能会遭受损坏、丢失、灭失等各种风险，如何确定风险界限？由谁承担？此外，货物运输和交接过程中，买卖双方需移交哪些单据？货物所有权的转移界限如何划分？等等。这些问题若在每次交易中都要求买卖双方反复磋商、洽谈加以明确，不仅耗时耗费，还会影响交易的达成。因此，在实务中，买卖双方往往采用某些专门的贸易术语来解决。

所谓贸易术语（Trade terms），是指用一个简短的概念或英文缩写来表示商品的价格构成，和在货物由卖方交付买方的过程中，买卖双方有关手续、费用和风险的责任划分等的专门用语。这些专门用语又称贸易条件或价格术语。它是在国际贸易长期实践的基础上产生的。贸易术语的使用，简化了交易洽谈的内容，节省业务费用，同时，明确划分买卖双方各自的责任，消除交易过程可能发生的误解和日后的争议。

二、有关贸易术语的国际惯例

国际贸易是在法律和惯例的基础上进行的。国际贸易所采用的贸易术语，一般来源于国际贸易惯例。由于各国法律制度、贸易惯例与习惯做法不同，因此，各国对各种贸易术语也有不同的解释，这些解释上的差异，往往会引起买卖双方的争议。为了避免各国在解释上出现分歧，引起纠纷，一些国际组织和商业团体对一些贸易术语做出统一解释，制定了一套有关解释贸易术语的规则。这就形成了国际贸易惯例。

国际贸易惯例是指在国际贸易实践中逐步形成的具有较普遍指导意义的一些习惯做法或解释。国际贸易惯例不是法律，对贸易各方不具有强制性，在订立合同时，买卖双方可以采用亦可不采用。只有在当事人承认或同意采用贸易惯例来约束时，该项国际贸易惯例就有了法律性。当前在贸易术语方面，影响较大的国际贸易惯例主要有《国际贸易术语解释通则》（International Rules for the Interpretation of Trade Terms，缩写形式为 INCOTERMS）、《1932 年华沙－牛津规则》（Warsaw－Oxford Rules1932，简称 W. O. Rules 1932）、《1941 年美国对外贸易定义修订本》（Revised American Foreign Trade Definitions 1941）。其中影响最大、应用最广的是《国际贸易术语解释通则》。

《国际贸易术语解释通则》是国际商会于 1936 年在巴黎制定的，后为适应国际贸易发展的需要，分别在 1950 年、1967 年、1976 年、1980 年、1990 年和 1999 年对它进行了六次修订和补充。目前使用的《INCOTERMS 1990》是 1990 年 4 月作为国际商会第 469 号出版物正式公布的，同年 7 月 1 日起开始生效。该通则适应了电子数据交换（简称 EDI）系统广泛使用和不断更新的运输技术，尤其是集装箱运输、滚装船运输和多式联运的需要。对《INCOTERMS 1980》中的"铁路交货/敞车交货（FOR/FOT）"和"启运机场交货（FOA）合并到货交承运人（FCA）"中，增加了"未完税交货（DDU）"术语，并改变了部分术语的名称。对当事人义务的规定，使用了 10 个项目对应分项列出的方法。同时，按卖方所承担的责任不同将 13 种贸易术语分成 E、F、C、D 四组，规定在提供有关单证时，可以提供相应的电子单证。

值得注意的是，首先，《INCOTERMS 1990》中的术语适用于国际买卖合同；其次，《1941 年美国对外贸易定义修订本》对 FOB 术语的解释存在差异，因此，在同美国、加拿大商人进行交换时，为减少不必要的争议，应对采用的贸易术语的解释规则加以声明，如在合同中注明："This contract is subject to the provision of INCOTERMS 1990"。

为了适应国际贸易区域化而产生的免税区的增多、电子商务的广泛运用以及国际贸易运输实践的变化，国际商会近日又公布了《2000 年国际贸易术语解释通则》（INCOTERMS 2000）。《INCOTERMS 2000》将于 2000 的 1 月 1 日对买卖双方在合同中的责任定义正式生效，它是在《INCOTERMS 1990》基础上进行修订的，在术语的种类上还是沿用《INCOTERMS 1990》中的四组 13 种术语。它将使国际贸易变得更加容易。

第二节　主要国际贸易术语

国际贸易中使用的术语有十几种。其中最常用的仍然是三大传统贸易术语：

FOB、CFR 和 CIF。随着运输业的不断进步，集装箱运输和多式联运的发展，FCA、CPT 和 CIP 也成为国际贸易中的常用术语。

一、装运港交货的三种常用贸易术语

（一）FOB〔FREE ON BOARD（…named port of shipment）〕即装运港船上交货（……指定装运港）

"装运港船上交货"是指当货物在指定装运港越过船舷时，卖方即履行了交货义务，买方必须自该交货地点起负担一切有关费用和货物灭失或损坏的风险。

根据《INCOTERMS 1990》的解释，采用 FOB 术语，卖方的义务是：①提供符合合同的货物和商业发票或与商业发票具有同等效力的电子信息以及按合同规定需提供的证明货物符合合同的其他凭证。②自负风险和费用取得出口许可证或其他当局签发的核准书，并办理货物出口所需的一切海关手续。③按照港口的习惯方式，在规定的日期或期限内，在指定装运港将货物交至买方指定的船上。④承担货物在指定装运港越过船舷以前的一切风险和费用（指出口时需支出的海关手续费、一切关税、捐税和其他由当局收取的费用）。⑤给予买方关于货物已交至船上的充分通知。⑥自费向买方提供关于证明货物已按合同规定交货被交付的通常单据，除非上述单据系运输单据，根据买方的请求并由买方负担风险和费用，给予买方一切协助，取得有关运输合同的运输单据或具同等效力的电子信息。⑦自费提供货物所需的检验、运输所需的包装和标记等。

买方的义务是：①收取按合同交付的货物并支付价款。②自负风险和费用取得进口许可证或其他由当局签发的核准书，并办理进关手续。③自费订立自指定装运港的运输货物的合同，给予卖方关于船名、装船地点和所要求的交货时间的充分通知。④负担货物在指定装运港越过船舷后货物灭失或损坏的一切风险和费用。⑤如果买方未将指定的船名、要求装货的日期或装货的泊位及时通知卖方或者买方指定的船只未按规定的时间到达或未按指定的期间承载货物或者在规定的日期和指定期限终了前截止装货，则自规定的交付货物的约定日期或期满之日起，由买方承担由此产生的一切风险和费用，但应以该货物已正式划归本合同项下为基础。⑥偿付卖方为协助买方获取提单或其他运输单据所产生的一切费用。⑦自担风险和费用取得进口所需证件等。

在实务中，以 FOB 术语订立合同时，还须注意以下三个问题：

1. 风险划分界限。按《INCOTERMS 1990》的解释，以货物在装运港越过船舷为界，但在实际业务中，一般都要求卖方于货物装船后，提供一份"清洁提单"，尤其是在信用证支付方式下。

2. 装船费用划分问题。术语通则明确规定卖方必须在规定日期或期限内按港口习惯方式在指定装运港将货物交到买方指定的船上，但并未说明装船费用由谁承担。为了明确装船费用的划分，一般采用在 FOB 术语后加附加条件来解决。①FOB Liner Terms（FOB 班轮条件），指有关装船费用按班轮条件办理，即卖方不负担装船费用。②FOB Under Tackle（FOB 吊钩下交货），指卖方仅负责将货物交到买方指定的船只的吊钩所及之处，有关装船的各项费用由买方负担。③FOB Stowed（FOB 包括理舱），指卖方负担将货物装入船舱，并支付包括理舱费在内的装船费用。④FOB Trimmed（FOB 包括平舱），指卖方负责将货物装入船舱，并支付包括平舱费在内的装船费用。应注意：FOB 术语变形仅在于明确买卖双方关于装船费用和责任划分，并不改变风险的划分和交货的地点。

3. 船货衔接问题。FOB 术语合同是由买方派船接货的，因此，买方必须给卖方以充分通知，否则，买方应承担有关责任。然而船只按时到达并及时通知，而卖方货未备妥，卖方应承担由此造成的空舱费、滞期费以及由此发生的一切费用。

（二）CFR ［COST AND FREIGHT（… named port of destination）］即成本加运费（……指定目的港）

"成本加运费"是指卖方必须支付将货物运至指定目的港所必需的费用和运费，但当货物在装运港越过船舷时，货物灭失或损坏的风险以及由于货物已装上船后发生的事件而引起的任何额外费用，自卖方转移至买方。

卖方的基本义务是自负运费；订立运输合同；在规定的日期或期限内，在装运港将货物交至船上；提供合同规定的有关商业单据和运输单据（或具有同等效力的电子信息），以及按合同规定需提供的证明货物符合合同的其他凭证；办理货物出关所需的一切有关证件和手续，支付有关费用。

买方必须收取按合同规定交付的货物，支付价款，同时，自负风险和费用，取得进口所需有关证件，办理进关手续等。采用 CFR 术语应注意的是：

1. 装船通知和投保。以 CFR 术语成交的合同，货物的运输合同由卖方签订，而货物的保险办理或保险费支付却由买方承担。因此，卖方在货物装船后，应及时发出装船通知，以便于买方及时办理保险手续。否则，货物在运输途中所遭受的风险均由卖方负担。

2. 卸货费用问题。《INCOTERMS 1990》明确规定，以 CFR 术语成交，卖方必须负责订立运输合同，将合同规定的货物运到目的港并支付到指定目的港的运费，但却未明确卸货费由谁承担。为了避免在这一问题上的争议，实务中通常采用 CFR 术语的变形来解决。

（1）CFR Liner Terms（CFR 班轮条件），指卸货费用按班轮条件，即买方不负担卸货费，因卸货费已包括在运费中，卸货费由卖方负担。

（2）CFR Landed（CFR 卸到岸上），指卖方需负担货物卸至码头上的各项有关费用，包括驳船费和码头费。

（3）CFR Under Ship's Tackle（CFR 轮船吊钩下交货），指买方在船舶吊钩下接货，卖方负担卸货费。

（4）CFR EX Ship's Hold（CFR 舱底交货），指货物运达目的港后，由买方自行启舱并负担由舱底将货物卸至码头的卸货费。

CFR 术语变形只明确卸货费用的负担，并不改变 CFR 的交货地点和风险的划分界限。

（三）CIF［COST INSURANCE AND FREIGHT（...named port of destination）］即成本加保险费、运费（……指定目的港）

"成本加保险费、运费"是指卖方除了承担与 CFR 术语下同样的义务外，还必须为货物在运输中灭失或损坏的买方风险取得海上保险。卖方订立保险合同，并支付保险费。

此外，卖方还必须自行负担费用，向买方提供包括运输单据和保险单据在内的全套装运单据。当然也必须提供符合买卖合同的货物和商业发票，或与商业发票具有同等效力的电子信息；必须办理货物出口结关手续，支付出口关税等。而买方必须在目的港接收货物，支付货款，办理进关的证件、手续，支付有关费用。

应注意：①CIF 术语也有卸货费用具体由谁承担的问题。同样，它也可通过订立由 CIF 术语之后加附加条件的办法加以解决，即 CIF Liner Terms（CIF 班轮条件）、CIF Landed（CIF 卸到岸上）、CIF EX Tackle（CIF 吊钩下交货）、CIF EX Ship's Hold（CIF 舱底交货）。②保险责任问题。买方应注意到，按 CIF 术语成交，卖方按惯例只需按最低责任的保险险别取得保险。保险金额通常按合同规定的价款另加 10％确定，并采用合同中的币制。③风险转移问题。在 CIF 术语下，卖方虽订立货物自装运港至目的港的运输合同和保险合同，支付运费和保险费，但货物灭失或损坏的风险仍是在装运港货物有效地越过船舷时，由卖方转至买方。人们常称 CIF 术语为到岸价。这里"到岸"仅指所支付的运费和保险费到岸，责任并未到岸。卖方交货地点仍是装运港。④单据问题。CIF 术语合同属于象征性交货合同，只要卖方的单据齐全和符合合同、信用证条款的规定，即使货物没有到达目的港，买方也不能拒绝付款赎单。

以上三种术语只能用于海运和内河运输。为了配合大经贸战略实施和避免风险，出口我们一般争取用 CIF 术语合同；进口争取用 FOB 术语合同。

二、货交承运人的各种术语

（一）FCA［FREE CARRIER（…named place）］即货交承运人（……指定地点）

"货交承运人"是指卖方在指定地点将经出口清关的货物交给买方指定的承运人监管时，即履行了交货义务。如买方未指明确切的地点，卖方可在规定的交货地或地段内选择任何处由承运人接管货物。如按商业惯例，在与承运人订立合同时（如铁路或航空运输）卖方需提供协助的话，卖方可在由买方负担风险和费用的情况下行事。

FCA 术语可用于各种运输方式，包括多式联运。

"承运人"是指在运输合同中承担履行铁路、公路、海洋、航空、内河运输或多式联运或承担取得上述运输履行义务的任何人。

（二）CPT［CARRIAGE PAID TO（…named place of destination）］即运费付至（……指定目的地）

"运费付至"是指卖方支付货物运至指定目的地的运费。在货物被交承运人保管时，货物灭失或损坏的风险以及由于货物交给承运人后发生的事而引起的额外费用即从卖方转移至买方。

如果需要利用后续承运人将货物运至指定目的地，则风险自货物交付给第一承运人时转移。

CPT 术语要求卖方办理货物出口清关。CPT 术语适用各种运输方式包括多式联运。

（三）CIP［CARRIAGE AND INSURANCE PAID TO（…named place of destination）］即运费、保险费付至（……指定目的地）

"运费、保险费付至"是指卖方除须承担在 CPT 术语下的同样义务外，还须对货物在运输途中灭失或损坏的买方风险取得货物保险。卖方订立保险合同，并支付保险费，一般只需按最低责任的保险险别取得保险。

CIP 术语亦要求卖方办理货物出口手续。CIP 术语同样适用于各种运输方式包括多式联运。除上述六种术语外，《INCOTERMS 1990》中还有 EXW，工厂交货（……指定地）；DAF，边境交货（……指定地）；FAS，船边交货（……指定装运港）；DES，目的港船上交货（……指定目的港）；DEQ，目的港码头交货（……指定目的港）；DDU，未完税交货（……指定目的地）；DDP，完税后交货（……指定目的地）。其中，EXW 是卖方责任最低的一种术语，DDP 是卖方责任最大的一种术语。EXW、FAS 术语要买方办理出口清关手续，因此，若买方不能直接或间接地办理出口手续，则不应使用。而在 EDQ、DDP 术语中要求卖方办理进口结关手续，同样，若卖方不能直接或间接地办理进关手续，也应避免使用。

1990 年 7 月 1 日开始生效的《国际贸易术语解释通则》分类见表 16-1。

表 16-1　　　　　　　　国际商会《1990 年国际贸易术语解释通则》分类

类别	国际代码	英文	中文	交货地点	风险划分界限	运输方式	运输办理	保险办理	运费	保险费	出口税	进口税
E组	EXW	Ex Works	工厂交货价	在出口国家的卖方所在地工厂	货交买方	任何	买方	买方	买方	买方	买方	买方
F组	FCA	Free Carrier	货交承运人价	在出口国指定的交货地点	货交承运人	任何	买方	买方	买方	买方	卖方	买方
	FAS	Free Along-side Ship	装运港船边交货价	在出口国指定装运港码头的船边	货交船边	海运内陆水运	买方	买方	买方	买方	买方	买方
	FOB	Free On Board	装运港船上交货价	在出口国装运港指定的船上	货越过船舷	同上	买方	买方	买方	买方	卖方	买方
C组	CFR	Cost and Freight	成本加运费价	在出口国装运港的船上	同上	同上	卖方	买方	卖方	买方	卖方	买方
	CIF	Cost Insurance and Freight	成本、保险费加运费价	在出口国装运港的船上	同上	同上	卖方	卖方	卖方	卖方	卖方	买方
	CPT	Carriage Paid to—	运费、付至……	在出口国某一地点货交承运人	货交承运人	任何	卖方	买方	卖方	买方	卖方	买方
	CIP	Carriage and Insurance Paid to……	运费、保险费付至……	在出口国某一地点货交承运人	货交承运人	任何	卖方	卖方	卖方	卖方	卖方	买方

续表

类别	国际代码	英文	中文	交货地点	风险划分界限	运输方式	运输办理	保险办理	运费	保险费	出口税	进口税
D组	DAF	Delivered At Frontier	边境交货价	在进口国关境前某一地点	在指定地点货交买方	任何	卖方	卖方	卖方	卖方	卖方	买方
	DES	Delivered Ex Sip	目的港船上交货价	在进口国指定目的港的船上	指定目的港的船上货交买方	海运内陆水运	卖方	卖方	卖方	卖方	卖方	买方
	DEQ	Delivered Ex Quay	目的港码头交货价	在进口国指定目的港的码头	指定目的港码头货交买方	同上	卖方	卖方	卖方	卖方	卖方	卖方
	DDU	Delivered Duty Unpaid	未完税交货价	在进口国指定目的地	指定地点货交买方	任何	卖方	卖方	卖方	卖方	卖方	买方
	DDP	Delivered Duty Paid	完税后交货价	在进口国指定目的地	同上	同上	卖方	卖方	卖方	卖方	卖方	卖方

第三节　商品进出口价格的计算

　　在国际贸易中，商品价格的计算较国内贸易复杂。它涉及的因素较多，如计价货币的选择，有关商品的成本和各种各样费用的核算，国际市场行情的不断变化，各种风险性因素等。价格因素更是交易双方磋商的焦点，因为它直接关系到买卖双方的经济利益，影响一个国家对外贸易的发展。因此，如何合理、正确地把握国际市场商品的作价具有十分重要的意义。

一、进出口商品作价的基础

我国进出口商品作价所遵循的基本原则是贯彻平等互利，根据国际市场价格水平，结合国别、地区政策和自己的购销意图确定适当的价格。在实际业务中，由于影响国际贸易商品价格的因素很多，因此，在具体确定商品价格水平时，还应综合考虑各种影响价格的因素。

（一）进出口商品价格应考虑的因素

1. 商品的内在质量。包括商品的性能、式样、包装、品牌等。在国际市场中，一般都贯彻优质优价的原则，商品质量的好坏影响着价格水平。

2. 运输距离。运输距离的远近影响着运费和保险费，从而影响价格。

3. 交货地点和交货条件。采用不同的贸易术语成交直接影响着交货地点和交货条件。买卖双方承担的风险、责任和费用的不同，影响商品价格构成因素也不同。

4. 季节性需求的变化。在国际市场上，季节性需求对商品的价格影响很大。我们应充分利用季节性需求变化，掌握季节性差价，争取有利价格。

5. 成交数量的大小。按国际惯例，成交量大时，应在价格上给予优惠（数量折扣）；反之，成交数量小时，价格可高些。

6. 支付条件和汇率风险。如在信用证支付方式下，采用即期付款还是远期付款，价格应有所区别。在计价货币中，采用硬币还是软币结算，其币值的变动趋势等也应考虑到价格中去。

此外，交货期的远近、贸易对象不同等也会影响价格。

（二）出口成本的核算

在国际贸易中，加强对出口成本的核算非常重要。一般地说，成本是企业作价的最低界限，不计成本、不计盈亏片面追求成交量是不可取的。不计成本、不计盈利不仅会影响企业的经济效益，给国家带来经济损失，而且还会被国外市场提起反倾销的诉讼。在出口业务中，加强成本核算，主要应考虑出口总成本、出口销售外汇（美元）净收入和人民币净收入等因素。

出口总成本包括出口商品的进货（收购）或生产成本，加上出口前的一切费用和税金，如外销包装费、保管费、国内运费、出口证件费用、银行费用、邮电费、预计损耗以及预期合理利润等。

出口销售外汇净收入是指出口商品按 FOB 价出售所得的外汇净收入。出口销售人民币净收入是指出口商品的 FOB 价按当时外汇牌价折成人民币的数额。

根据上述资料，就可以计算出下列指标，以比较、分析商品出口的盈亏状况以及作价合理与否。

1. 出口商品盈亏率

出口商品盈亏率是指出口商品盈亏额与出口总成本的比率。其计算公式为：

$$出口商品盈亏率 = \frac{出口销售人民币净收入 - 出口总成本}{出口总成本} \times 100\%$$

计算结果为正值时，表示盈利；计算结果为负值时，表示亏损。

2. 出口商品换汇成本

出口商品换汇成本是指以某种商品的出口总成本与出口所得的外汇净收入之比，反映用多少人民币换回一美元。如得出的值高于银行当时的外汇牌价，则出口为亏损；反之，则为盈利。其计算公式为：

$$出口商品换汇成本 = \frac{出口总成本（人民币）}{出口销售外汇净收入（美元）}$$

3. 出口创汇率

出口创汇率是指加工后的成品出口的外汇净收入与原料外汇成本的比率。如果原料是进口的，其外汇成本按 CIF 价计算，若原料是本国产品，则按该原料的FOB 出口价计算。这一指标可以分析商品出口的创汇情况，确定出口成品是否有利。特别是在进料加工情况下，更有必要核算这一指标。其计算公式为：

$$出口创汇率 = \frac{成品出口外汇净收入 - 原料外汇成本}{原料外汇成本} \times 100\%$$

二、进出口商品的作价方法

这里主要指在进出口合同中如何规定作价方式。在贸易实务中，买卖双方往往根据具体情况采取不同的作价方法：

1. 固定价格，这是指买卖双方事先在合同中订立明确的价格。根据各国法律规定，即使合同价格与交货时的市价差别很大，即使一方不利时，也不得提出更改，双方应如期履行合同。

在合同中规定固定价格是一种常规普遍的做法，它具有明确、具体、肯定和便于核算的特点。由于国际市场行情变化较大，为了减少价格风险或解决买卖双方在价格上的分歧，一些变通的做法也逐渐被采用。

2. 暂不固定价格，这是指在合同中订立"活价"。合同中只规定成交的品种、数量和交货期，而具体价格待定。一种方式是在价格条款中明确规定订价时间和订价方法。例如，"在装船月份前××天参照当地及国际市场价格水平，协商制定正式价格"或"按提单的日期的国际市场价格计算"。另一种方式是只规定作价时间。例如，"买卖双方于××年××月××日协商确定价格"。这种方法由于没有明确规定作价标准，到订价时，容易导致分歧，产生不能履约的后果，一般只用于有长期交往和有较固定交易习惯的买卖双方。

3. 暂定价格，是指在合同中先订一个初步价格，作为开立信用证和初步付款的依据，待双方确定最后价格后，按多退少补的原则进行清算。

4. 部分固定价格、部分暂不固定价格，为了照顾买卖双方的利益，解决双方在作价方法方面的分歧，在大宗交易和分批交货的情况下，可采用部分固定、部分非固定的方法，即双方只约定近期交货部分的价格，而余下的部分，待到交货前一定期限内作价。

5. 滑动价格，又称价格调整条款。国际上某些生产周期长的机器设备和原料性商品的交易中通常采用价格调整条款，即买卖双方只约定初步价格，再按原料价格、工资的变动等来计算合同的最后价格。

在使用这一条款时，要注意约定这些因素在合同期间变动幅度需调整的范围。如约定超过一定范围才给予调整，未超过范围的，不予调整。

三、佣金和折扣的运用

在对外贸易中，正确和灵活运用佣金，有利于做活生意，调动中间商的积极性，进而增加销售。

（一）佣金（Commission）

佣金是中间商介绍交易或提供服务从卖方或买方处收取的报酬。佣金分明佣和暗佣两种。明佣是在合同中明确规定佣金的多少，暗佣指不在合同中涉及，而另行约定的佣金。佣金的表示有以下几种方法：一种用文字表示。如每公吨 200 美元 CIF 旧金山包括佣金 3％。另一种在贸易术语后加注"佣金"英文缩写字母"C"和佣金百分比。如每公吨＄200CIFC3％纽约。亦可用绝对数表示，例如，每公吨支付 10 美元佣金。

实际业务中，佣金的计算一般以合同金额或价格的百分比来计算。在我国贸易实务中，一般采用以发票金额为基础来计算佣金。其计算公式为：

佣金＝含佣价×佣金率

$$含佣价＝\frac{净价}{1－佣金率}$$

净价＝含佣价－佣金

（二）折扣（Discount）

折扣是指卖方按货物原价给予买方一定百分比的价格减让。国际上折扣的种类很多，有一般性折扣、现金折扣、数量折扣和特殊折扣等。折扣与佣金一样，直接关系到商品的价格和买卖双方的经济利益。在价格条款中，折扣通常有两种表示方法：一种用文字表示，例如，CIF 纽约每吨 100 美元，折扣 3%；另一种用绝对数表示，例如，每公吨折扣 10 美元。折扣一般在买方付款时已扣除。其计算通常以成交额或发票金额为基础，即折扣金额＝原价×折扣率。买方实际付款＝1－折扣率。

在既有折扣又有佣金的交易中，应掌握先扣除折扣再计算佣金的方法。因为折扣部分不应付佣金。

四、几种常用价格术语之间的换算

在贸易洽谈中，常涉及一方以某一价格术语报价，而另一方要求必报其他术语的价格。这就涉及价格术语之间的换算。下面主要介绍 FOB、CFR 和 CIF 三个最常见术语之间的换算。

（一）以 FOB 价换算其他价格

(1) CFR＝FOB＋F

(2) $CIF = \dfrac{FOB+F}{1-（1+投保加成）\times 保险费率} = FOB+F+I$

其中，F 表示运费，I 表示保险费。

（二）以 CFR 价格换算为其他价格

(1) FOB＝CFR－F

(2) $CIF = \dfrac{CFR}{1-（1+投保加成）\times 保险费率} = CFR+I$

（三）以 CIF 价换算其他价格

(1) FOB ＝CIF×［1－（1＋投保加成）×保险费率］－F
　　　＝CIF－F－I

(2) CFR ＝CIF×（1－投保加成×保险费率）
　　　＝CIF－I

若价格中含有佣金，由于 $含佣价 = \dfrac{净价}{1-佣金率}$，以 CFRC 为例要换算其他价，则① FOB ＝ CFRC（1－佣金率）－ F；② CFR ＝ CFRC×（1－佣金率）；③ $CIF = \dfrac{CFRC\times（1-佣金率）}{1-投保加成\times 保险费率}$。其他术语可以此类推。

（四）以 CIFC 换算成其他价格

(1) FOB＝CIFC×（1－投保加成×保险费率－佣金率）－F

(2) CFR＝CIFC×（1－投保加成×保险费率－佣金率）

(3) $CIF = \dfrac{CIFC×（1－投保加成×保险费－佣金率）}{1－投保加成×保险费率}$

五、不同计价货币之间的价格换算

实际业务中，常出现原报人民币价，而客户要求改报美元价；原报美元价，而客户要求改报英镑或人民币价等情况。这就涉及了不同计价货币之间的价格换算问题。现举例如下，我们设下列外币买卖已在中国银行挂牌。或要保证我出口公司收入不变，则：

（一）人民币价换算成外币价（对外报价）

$外币价 = \dfrac{人民币}{外汇买入价}$

（注：在银行外汇买卖牌价中，前者为买入价、后者为卖出价。）

（二）外币价换算成人民币价

人民币＝外币价×外汇卖出价

（三）外币甲价换算或外币乙价

$外币乙价 = \dfrac{外币甲价×外币甲卖出价}{外汇乙买入价}$

例：设某货物 CFR100 英镑，现外商要求改美元价，若中国银行外汇牌价行情为：＄100＝RMB827.06－827.82；£100＝RMB1320.23－1320.68，则

$CFR 美元价 = \dfrac{100×1320.68}{827.06} = 159.68（美元）$

六、合同中的价格条款

国际贸易合同中的价格条款，一般由商品单价和总值两个部分构成，其中，单价通常由计量单位、单位价格金额、计价货币和贸易术语四个要素组成。例如，

Per Unit USD 100 CIF New York。而总值则是单价×成交数量。在实际制单中，有时为了格式上的美观，也有将贸易术语写在总值一栏中的。

第十七章 国际贸易货物的运输

第一节 运输方式

国际贸易货物的运输方式很多,有海洋运输、铁路运输、航空运输、邮包运输、江河运输、管道运输、联合运输和集装箱运输等。在国际贸易中,根据进出口商品的特点、货运量大小、自然条件、装卸港的具体情况以及国际政治局势的变化,选择适当的运输方式,是完成外贸货物运输的重要条件。

一、海洋运输

海洋运输是指利用商船在国内外港口之间通过一定的航区和航线运输货物的方式。与其他运输方式相比,海洋运输具有运量大、运费低廉、不受道路和轨道限制,通过能力大等方面的特点。在世界贸易总量中,2/3 以上是由海洋运输完成,因此,它是外贸货物中最主要的运输方式。

(一) 海运船舶种类

海运船舶基本上分两大类,一类是干货船 (Dry Cargo Carrier);另一类是油槽船 (Oil Tanker)。干货船分以下几种:

1. 杂货船 (General Cargo Ship)。主要装运整件货物。普通的有两层甲板,并备有起重机,先装下层舱,后装上层舱,可使货物不受过重压力。

2. 散装货船 (Bulk Carrier)。这种船舱口多,利用码头设备,可加速装卸。主要装水泥、砂糖、化肥、矿石、谷物等粒状货物。

3. 冷藏船 (Refrigerated ship)。船上设有冷藏设备,船舱像冷藏库,专门用来运输易腐商品,如蔬菜、水果、肉类等。

4. 客货轮。分上下两层,上层载客,下层载货。

5. 集装箱船 (Container Ship)。专门用来装运集装箱的船舶。这是一种只有宽敞平坦的甲板而没有船舱的船舶。一艘大型集装箱船舶可装运集装箱 600 只以上,总吨位达 5 万吨以上。

6. 子母船 (Lighters Aboard Ship)。装运舶船 (即子船) 的船舶。

7. 车辆驶上驶下船 (Roll on/Roll off Ship)。这种船的首尾和左右两侧各备有高大的舷门，船舶靠岸后，舷门和码头之间用渡桥连接，运输车辆通过渡桥驶上驶下，为运输提供方便。

(二) 海洋运输船舶的经营方式

海洋运输船舶的经营方式有两种：班轮和不定期船。不同的经营方式适用不同的货物运输。一般来说，用班轮运输，还是用不定期船运输，买卖合约中都应有明确规定。卖方交货时，必须按合约规定办理。

1. 班轮运输 (Liner Transport)。

(1) 班轮运输的特点。班轮又称定期船，这是一种在固定航线上，以既定的港口顺序来回行驶的船舶。一般具有航线固定、港口固定、航期固定、运价固定的"四固定"特点。

(2) 班轮运费。班轮运费包括基本运费和附加费两部分。基本运费是指货物在航线的各基本港口之间进行运输所规定的运价，它构成全程运费的主要部分。基本运费的计收标准，通常按不同标准分为下列几种：

1) 按货物的重量计收，运价表内用"W"字母表示，一般以公吨作为计量单位。

2) 按货物的体积（或尺码吨）计收，运价表内用"M"字母表示，一般以立方米作为计量单位。

3) 按商品的价格计收，即按从价运费收取，运价表内用"A. V."表示。

4) 按货物的重量或体积，由船公司选择其中收费较高的一种计收运费，在运价表中用"W/M"表示。

5) 按货物的重量、体积或价值三者中较高的一种计收运费，在运价表中用"W/M or A. V."表示。

6) 按货物的件数计收，即从件运费，适用于卡车和活牲畜等商品。

7) 对大宗低值商品，采用船货双方临时议定运价的办法。

班轮运费中的附加费是船方根据不同情况，为了抵补运输中额外增加的开支或在蒙受一定损失时收取的费用。该费用名目繁多，包括：超重附加费、超长附加费、直航附加费、选港附加费、绕航附加费、燃料附加费、变更卸货港附加费和冰冻附加费等。

上述基本运费和各种附加费，一般均按班轮运价表计算。

2. 不定期船运输 (Tramp Transport)。

(1) 不定期船的特点。不定期船是指没有固定的航行时间，也没有固定的航线和停泊港口的船舶。不定期船运输的特点是：所载货物价值小、数量大、运费的负担能力小。在目前的国际贸易中，除了小额成交的货物或零批杂货大多使用班轮运输外，大宗交易的货物如粮食、矿砂、石油、煤炭、木材、化肥等一般都采用不定期船装运。

（2）不定期船的租赁。不定期船是由船东租给租方（货方）运输货物的，可以租用船舶的一部分或特定舱位，也可以租用整条船舶。

租船业务是在租船市场上进行的，在具体的业务中，船东和租船人并不直接洽谈，而由船东代理人（船舶经纪人 Chartering Agent）和代表租船人的租船代理人（Ship Broker）从中洽谈，遇有纠纷，也由他们从中调解。有时一笔租船业务要经过两个或更多的经纪人和代理人，才能达成交易。交易谈妥后，每个经纪人和代理人都要得到船租总额的 1.25％ 的佣金。名义上佣金由船东负担，实际上转嫁到租船人身上。

当前世界上主要的租船市场有：伦敦租船市场、纽约租船市场、东京租船市场、欧洲大陆和北欧租船市场、香港租船市场等。其中以伦敦租船市场规模最大，历史也最悠久，至今已有一百多年的历史，在这一市场上达成的运价，往往为其他租船市场所采用。

（3）租船业务（Charter）。租船业务分定程租船和定期租船两种。定程租船（Voyage Charter）亦称程租船或航次租船。在这种租船方式下，租船人按照协议及时提交货物和交付运费，船舶所有人按协议将船舶的全部或一部分租给租船人，并负责将货物自某一港口或若干港口装运至指定的目的港或某一地区的若干个港口，并承担船舶的经营管理及航程中的一切开支。

按照航次的多寡，定程租船又可分为单航次租船、来回程租船、连续单航次租船、连续来回程租船等多种方式。

定期租船（Time Charter）亦称期租船。是指按一定期限内租赁船舶的方式。定期租船的租期从数月到数年不等，在租赁期间，船舶由租船人掌握、调度和使用。定期租船的租费是按月（30 天或日历月）以每一夏季载重吨或按每日租金额为计算单位，租金一经议定，在租赁期间内，不论租船市场租价如何涨落，租金都固定不变。

期租船在不同航次中所产生的费用和船舶燃料费、装卸费、垫仓物料费等，均由租船人负担。船方负责保持船舶在租船期间的"适航性"（Classification），并负担船员工资、伙食给养、船舶维修保养、船壳机器保险等各项费用。所谓船舶"适航性"是指：①船舶的船体、船机、航行设备及一切附属设备适于该航次的航行要求。②适当地配备船员、装备船舶及配备供应品。③货舱、冷藏舱和其他载货处能适宜和安全收受、承运和保管货物。如因船舶不适航造成海损，船舶所有人要负责赔偿责任。

（三）海运业务的现代化

目前，海运业务正向现代化方向发展，其具体目标是：

1. 巨型化。干货船的吨位，一般在三四万吨以上，油轮的吨位更大，可达 50

万吨，目前，正在设计制造的大型油轮为百万吨级。船型越大，船运成本越低。

2. 高速化。10年前，船舶的平均航速在11～12海里，现在的航速是不定期船15海里左右，定期船在20～27海里之间。船舶周转速度也随之加快。

3. 专业化。专业化船舶是为了运输特定货物而建造的。最初的专业化船舶仅限于油船和矿砂船，目前，已发展到木材专用船、水泥专用船、车辆专用船等。专业化船舶约占不定期船舶的1/4。船舶专业化程度越高，成本越低，装卸也越方便。

4. 自动化。近年来，船舶采用电子计算机遥控装置、自动操舵装置、无线电探测器等日益增多。自动化装置节省了人力和物料费用，使航行管理更加科学。

5. 箱运化。货物装上船舶前，先装在特定的箱子里，经海关铅封后，用吊车装上船，直运国外。中途更换车船时，毋须把货物逐件取出，而是整箱地搬下搬上，因而提高了装卸效率，节省了费用，便利了运输。

6. 子母船化。大船上装驳船，大船称母船，小船称子船，装运时，母船停靠港口，子船在内河装货，运到港口，然后连货一起装上母船。到达目的港后，子船从母船上卸下，直航内河卸货。这也能提高效率，节省费用。

二、铁路、航空和邮包运输

（一）铁路运输

铁路货物运输是指利用铁路进行国际贸易货物运输的一种方式，它担负着进出口货物的集散和运进运出的繁重任务，仅次于海洋运输的一种重要运输方式。它具有不受气候条件影响，可以保证常年正常运行；在运输过程中可能遭受的风险小、速度快、运量大以及高度的连续性等特点。

目前，我国同接壤的朝鲜、蒙古、前苏联、越南等国家都有铁路相通，而且，通过前苏联，铁路线可以直达东欧、西北欧以及亚洲内陆国家。从1954年起，我国参加了国际铁路货物联运，办理国际联运的国境站属我国的有丹东、集安、图门、绥芬河、满洲里、二连、凭祥、山腰等。此外，有些进出口货物是直接通过广九铁路运输的。

（二）航空运输

航空运输速度快，运行时间短，货物中途破损率小，但其运量有限，且运费较高，故适用于运送体轻而贵重、量少而急需的物品（如精密仪器、重要机器部件、化学药品、电讯器材等），以及某些价值较高的鲜活商品和易腐商品等，如海产品、水果和蔬菜的进出口。

　　根据运输货物的不同需要，航空运输主要包括班机运输、包机运输、集中托运等几种方式。

（三）邮包运输

　　邮包运输是指通过邮局寄送进出口商品的一种较简便的运输方式。根据各国邮政部门之间的协议，形成国际邮包运输网。国际邮包运输具有国际多式联运和"门到门"运输的性质，并且手续简便，费用较低。

　　邮包运输包括普通邮包和航空邮包两种方式。邮包运输对包裹的大小和重量有一定的限制，一般规定每件长度不得超过 1 米，重量不得超过 20 公斤，故只适用于量轻、体积小的商品投寄。

三、联合运输

　　联合运输是指使用两种或两种以上的运输方式以完成某项运输任务的综合运输方式，如陆空联运、陆海联运、海空联运等。

（一）陆空（海空）联运

　　我国对外货物运输中的陆空联运（亦称陆—空—陆联运，即 Train...Air...Truck），是在陆海空三种运输方式的基础上，各择其优点发展形成的综合运输方式。这种运输方式虽然从 1974 年才开始在我国出口货物运输中应用，但是它的发展很快，目前已经成为我国出口中一种惯用的且易被买方所接受的联合运输方式，使用这种运输方式的地区已由欧洲发展到北美洲、澳洲和亚洲，运输的商品也由单一的生丝发展到服装、药品、裘皮等。

　　这种运输方式的具体做法是：

　　陆（或海）——从发货地装火车（或船）到香港；

　　空运——从香港装飞机运到欧洲、北美洲、澳洲、亚洲等地的中转点（或目的地）；

　　陆运——从国外中转点再装卡车运到目的地。

　　根据实践，采用陆空联运的运输方式具有运输时间短、费用节省、手续简便、收汇时间早等优点。

（二）陆海联运

　　我国对外贸易货物的陆海联运，是在 1977 年才开始试办的一种新的联运方式。这种方式的做法是：首选由内地省、市的出口公司，自起运地把货物装火车运往香港，然后由香港华夏公司联系二程船舶将货物从香港运往国外目的港。

由于目前国内铁路能力仍然有限，陆海联运的方式不能广泛使用，一般只有在不影响供应港澳货物运输的前提下，符合下列条件者，才予使用：国内港口无直达船且转船有困难者；经香港陆海联运的运费不高于海运经香港转船费用者；原属经黄浦或广州海运出口在香港转船者；贸易上确有特殊需要者。

采用陆海联运方式出口，内地出口公司在起运地将货物装车后，即可凭规定的货运单据就地办理结汇，因而有利于缩短收汇时间。

四、集装箱运输

集装箱运输是以集装箱作为运输单位进行货物运输的一种现代化的运输方式。它可适用于海洋运输、铁路运输及国际联合运输。与其他方式相比，集装箱运输可提高装卸效率及运输质量，简化货运手续，降低货运成本，因此，日益成为一种被普遍采用的重要运输方式。

集装箱运费是由船舶运费和一些有关的杂费组成。可按杂货基本费率和附加费计费，也可按包箱费率计算。但船运公司为了保证其盈利，通常规定最低运费，即起码运费。在拼装货的情况下，如果箱内所装货物没有达到规定的最低计费标准时，由货主负担亏舱损失。各船运公司都分别以重量吨和尺码吨规定不同类型集装箱的最低装箱吨数，并以二者中高者作为集装箱最低计费标准。因此，应充分利用集装箱容积，节省运输费用。

五、其他运输方式

我国同相邻国家的少量进出口货物以及内地同港澳地区的部分交易货物是通过公路运输的。同我国有河流相通连的国家，也有少量进出口货物是通过河流运输的。此外，我国出口到朝鲜的石油，一般采用管道运输。

第二节　装运条款

对外贸易货物主要是通过海洋运输的，而且，海运进出口合同中的装运条款比较复杂，因此，以下仅就海上装运条款加以说明。

一、装运期和交货期

（一）装运期和交货期的区分

装运期（Time of Shipment）和交货期（Time of Delivery）是两个不同的概念，它们的区分是与交货条件相联系的。在目的港船上交货（Ex Ship）条件下，装运期和交货期被截然分开，装运期是指在装运港装货的时候，交货期则是指货到目的港后向买方交货的时期；装运港交货条件下（即在 FOB、CIF、C&F 条件下），交货地点就在装运港船上，卖方把货物交到装运港船上的时间就是交货时间，故装运期和交货期从时间上来看又是一致的。在这里需要指出的是，按装运港交货条件成交时，实际上买方并不在装运港收货，如果使用"交货期"字样，则可能将"交货期"误解为在目的港向买方交货的时期。为避免误解，在按 FOB、C&F 和 CIF 条件成交时，最好避免使用"交货期"字样，而以使用"装运期"为宜。

装运期或交货期是买卖合同中的一项主要条件。在合同签订取得货物，以满足生产、消费或转售的需要，如遇市场价格变动还可能使买方遭受价格上的损失。因此，如卖方违反这一条件，不能按期装运或交货，则构成卖方的违约行为，买方有权撤销合同，并要求赔偿其损失。

（二）装运期或交货期的规定方法

国际贸易合同中，对装运期或交货期的规定方法主要有以下几种：

1. 明确规定装运或交货的期限。如限某年、某月，内或某月、某日以前装运或交货。这样规定，期限明确、具体，既便于安排船货，又可避免在装运期或交货期问题上发生争议。

2. 收到信用证后若干天装运或交货。采用这种规定方法，可以促使买方早日开证或按期开证，有利于卖方安排生产和组织货源。但若买方拖延或拒不开证，则装运期或交货期也就无法确定，从而使卖方处于无法履行合同的被动地位。因此，采用此规定方法时，应在合同中加订带约束性的条款，如"买方如不按合同规定开证，卖方有权按买方违约提出索赔"。

3. 采用某些术语规定装运期"即刻装运"（Prompt Shipment）、"尽速装运"（Shipment as soon as Possible）、"优先装运"（Shipment by First Apporunity）等。这类方法，容易引起争议，故国际商会修订的《跟单信用证统一惯例》规定，不应使用"迅速"、"立即"、"尽快"和类似的词语，如使用了这类词语，银行将不予理会。

4. 收到电汇、信汇或票汇后若干天装运。这种方法表明，买方在交货前即需预付货款。这种先收款、后装运的办法，显然对卖方有利。

（三）规定装运期或交货期应注意的问题

1. 应根据货源和船源的实际情况，把生产、组织货源、成交和运输统一考虑。
2. 装运期或交货期的规定要明确，时间长短要适度。
3. 装运期和信用证结汇有效期之间应有合理的间隔时间，以便卖方装船后有充足的时间去办理结汇手续。
4. 在规定装运期或交货期的同时，应一并规定开证日期。

二、装运港和目的港

（一）装运港和目的港的规定

在国际贸易业务中，货物的装运或目的港除了同商品的价格有关，属于价格术语的不可缺少的组成部分外，同时，又与买卖双方所承担的运输责任有关，又属于装运条件的重要内容。

为了便利卖方安排货物的装运和适应买方接受或转售货物的需要，在一般情况下，装运港都是在交易洽商中由卖方提出，经买方同意后确定，目的港则由买方提出，经卖方同意后确定。

根据买卖双方的需要，装运港和目的港可以分别规定为一个，例如，装运港－上海，目的港－鹿特丹；也可以规定为两个或两个以上，例如，装运港－天津/上海/大连，目的港－伦敦/汉堡/鹿特丹。

（二）规定国外装卸港的注意事项

1. 不能接受我国政策不允许往来的港口为装卸港。
2. 装卸港的规定要明确、具体。
3. 不能接受以国名或内陆城市作为装卸港的条件。
4. 要考虑港口装卸等具体条件。
5. 要注意港口有无重名问题。

（三）规定国内装卸港的注意事项

1. 要考虑货源的流向和集散货物的方便，如选择以接近货源地的口岸为装运港，接近用货或消费地区的口岸为卸货港。

2. 要考虑港口设施和具体条件。

三、装卸时间、装卸率和滞期速遣费

装卸时间的规定有各种不同的方法，我国各进出口公司一般都采用按连续 24 小时晴天工作计算。采用此计算方法时，只要港口气候条件适于进行正常装卸作业，则昼夜 24 小时都应算作装卸时间。

装卸率是指每日装卸货物的数量，它一般按港口习惯的正常速度来确定。因此，规定装卸率时，应从港口的实际出发。

规定装卸时间和装卸率，涉及到滞期速遣费的问题。未按规定的装卸时间和装卸率完成装卸任务，延误了船期时，则应向船方支付一定金额的罚款，此项罚款称为滞期费，它相当于船舶因滞期而发生的损失和费用。反之，如按规定的装卸时间和装卸率提前完成装卸任务，则可向船方领取奖金，此项奖金称为速遣费，它一般相当于滞期费的一半。

因此，负责租船的买方或卖方，为了约束对方按时完成装卸任务，在买卖合同中要预先规定装卸时间和滞期速遣费条款。

四、装运通知

按照国际贸易惯例，卖方于货物装运时或装运前后，必须将货物名称、合同编号、船舶名称、航次、装运期、开船期、目的港名称等通知对方，以便买卖双方相互配合，共同做好货、船的衔接工作。

以离岸价格条件达成的交易，卖方必须在备妥货物准备装运前 30 天左右通知买方，以便对方及时派船装运。买方在接到通知后，也应按照约定时间将船舱预计到达装运港受载的日期通知卖方，以便卖方做好装船准备。

以成本加运费价格条件达成的交易，卖方必须在货物装上船舶前，将装运期通知买方，以便对方及时投保水险。如果卖方不及时发出装运通知，致使买方不能及时投保水险，货物在运输途中的一切风险，就要由卖方承担。

以到岸价格达成的交易，卖方发出装运通知，目的是使对方做好接受货物的准备工作。

根据国际商会制定的《国际商业术语》的规定，不论按何种价格条件成交，卖方都有义务及时将装运期通知买方。

五、分批装运和转船

（一）分批装运

分批装运（Partial Shipment）指卖方把一批货物分几次装运。货物是否可以分批装运，要根据货物的性质来确定。机器一类的货物，不能分批装运，否则，货到目的地，不能运转，无法开工；花色不同的货物一般也不能分批装运，以免高中档花色分割，影响销售。大批量货物的交易，卖方由于货源问题、洽租运输问题才提出分批装运；买方在资金困难或根据市场销售需要，也希望分批装运。常用的分批装运有以下几种：

1. 批数由卖方决定。如 in two or three Shipments at Shipper's Option，即卖方选定分二三批装运。

2. 批数随船期而定。如 Ship 30% of the total quantity by first Shipment，balance by next Shipment，即第一批装运 30%，其余以后装运。

3. 约定时间和数量分批。如 Shipment in three equal lots during three months，即 3 个月内分批装运。

在分批装运的情况下，如第一批不能按时装运，以后分批是否受影响，须事先协商妥当，以免发生纠纷。

（二）转船

转船（Transhipmemt）主要是由于没有直达船到达目的港，或虽有直达船但船期不定或航次间隔较长，不利于及时装运。转船不需要决定转船的具体事项，习惯上一般由承运人决定中转港。

转船运输，货物容易受损，且又增加一笔转船费，买方一般不轻易接受转船运输。如买方不同意转船，结汇的信用证也规定不可转船，即使承运人愿出具证明书证明非转运不可，也不能违反信用证的规定。在这种情况下，卖方只有商请买方修改信用证，即删去信用证上"不可转船"字句，卖方如不经买方同意而转船，就成为违约行为，银行和买方都不会同意接受转船提单。

第三节　装运单据

装运单据种类很多，其中主要的有海运提单、铁路运单、航空运单、邮政包裹单等。这些装运单据，不仅反映了买卖双方的责任和权益，而且体现了货主与承运人之间的关系，凡交接货物和收付货款，都离不开这些单据。因此，在签订买卖合同时，必须对装运单据的种类和份数作出具体的规定。

一、海运提单

（一）海运提单的性质和作用

海运提单（Ocean Bill of Lading）简称提单，是承运人或其代理人在收到货物后签发给托运人的一种证件，它体现承运人与托运人之间的关系。提单的性质和作用，主要表现在下列三个方面：

1. 货物收据。提单表明承运人已按提单所列内容收到货物，持有人可以凭提单在目的港向承运人收取货物，承运人也有责任把货物交给提单的合法持有人。

2. 物权证书。提单是代表货物的物权证书。承运人收到托运的货物后，即签发提单。提单一经签发，处理货物必须以提单为依据。持有人可以在货物不在自己手里的情况下，凭提单处理货物，没有提单就没有货物处理权利，提单和物权不可分离。

3. 运输契约的证明。由于运输契约是在装货前商订的，而提单一般是在装货后签发的，故提单本身不是运输契约，而是运输契约的证明。

（二）海运提单的内容

海运提单的内容一般包括提单正面内容和背面印载的运输条款。

1. 提单的正面内容分别由托运人、承运人或其代理人填写，通常包括托运人、收货人、被通知人、装运港或收货地、目的地或卸货港、船名、国籍、航次、货名及件数、毛重及体积、运费、提单签发数、签单日期及签单人。另外，由于提单一般有三份正本，副本若干，应声明其中一份正本提单完成提货后，其余两份无效。

2. 提单背面印有明确承运人与托运人、收货人、提单持有人之间权利和义务的运输条款。为了统一提单背面条款的内容，缓解船货双方矛盾，曾先后签署了有关提单的国际公约《海牙规则》（Hague Rules）、《维斯比规则》（Visby Rules）和《汉堡规则》（Hamburg Rules）。由于这三项国际公约制定的时间和产生的历史背景不同，故其内容有很大差异，采用不同规定的国家其提单背面的内容亦即各有不同。

（三）提单的分类

提单可以从各种不同角度加以分类，主要有以下几种：

1. 根据货物是否已装船分为已装船提单和备运提单。

（1）已装船提单（On Board B/L）是指承运人已将货物装上指定船舶后所签发的提单。其特点是提单上面有载货船舶名称和装船日期。

（2）备用提单（Received for Shipment B/L）又称收讫待运提单。是指承运人收到托运货物等待装船期间签发给托运人的提单。这种提单上没有装船日期和具体船名。

2. 根据提单上对货物表面状况有无不良批注，可分为清洁提单和不清洁提单。

（1）清洁提单（Clean B/L）是指货物装船时，表面状况良好，承运人在签发提单时未加注任何货损、包装不良或其他有碍结汇的批注的提单。

（2）不清洁提单（Unclean/Foul B/L）是指承运人在提单上加注了货物表面状况不良或货物存在缺陷和包装破损的提单。在信用证支付方式下，银行一般不接受不清洁提单。因此，出口商或托运人常常出具保函换取清洁提单，但这是一种侵权行为，应视具体情况而定。

3. 根据收货人抬头不同分为记名提单、不记名提单和指示提单。

（1）记名提单（Straight B/L）又称收货人抬头提单。是指在提单的收货人栏内具体写明收货人的名称，只能由该收货人提货。故这种提单不能通过背书转让，在国际贸易中很少使用。

（2）不记名提单（Open B/L 或 Bearer B/L）是指提单收货人栏内没有填明具体的收货人或指示人的名称，谁持有提单，谁就可以提货不需背书转让。故又称"来人提单"。这种提单风险大，也很少采用。

（3）指示提单（Order B/L）是指在提单收货人栏内只填写"凭指示"（To Order）或"凭某人指示"（To the Order of...）字样的一种提单。这种提单可以通过背书转让。背书的方法有两种，一种是"空白背书"，即在提单背面仅有转让人签章，不注明被背书人的名称，可以继续背书转让；另一种是"记名背书"，即提单背面既有转让人签章，又注明被背书人的名称。实际业务中多采用"空白抬头，空白背书"提单。

4. 根据运输方式不同分为直达提单、转船提单和联运提单。

（1）直达提单（Direct B/L）是指轮船装货后，中间不经换船直接驶往指定目的港所签发的提单。

（2）转船提单（Transhipment B/L）是指在装运港装货后，轮船需在中途港换装所签发的提单。这种提单上应注明"转船"或"在××港转船"字样。

（3）联运提单（Through B/L）是指由海运与其他运输方式联运时第一承运人签发的包括全程运输手续及运费的全程提单。但一般来讲，第一承运人会在提单上载明只负责自己承运区段的责任。

5. 根据提单内容繁简可分为全式提单和略式提单。

（1）全式提单（Long Form B/L）是指提单既有正面内容，又在背面列有承运人和托运人权利义务的提单。

（2）略式提单（Short Form B/L）又称简式提单，是省略提单背面条款的提单。

依据其他一些条件，提单也有不同分类。如根据船舶运营方式不同，分班轮提单和租船提单；根据提单使用有效性，即有无船长、承运人签章分为正本提单（Original B/L）和副本提单（Duplicate B/L）。此外，还有一些比较重要的提单：

1. 集装箱提单（Container B/L）。是指集装箱运输货物时签发的提单。

2. 舱面提单（On Deck B/L）又称甲板货提单。是指对在甲板上的货物签发的提单。承运人对舱面货损失或灭失不负责任。但采用集装箱运输时，装于舱面的集装箱是"船舱的延伸"，视同于舱内货物。

3. 过期提单（Stale B/L）。是指错过规定的交单日期或晚于货物到达目的港的提单。前者期限为 21 天，即提单签发日后 21 天才向银行提交，银行拒收；后者一般在订立条款后银行可接受。

4. 倒签提单（Antedated B/L）。指承运人应托运人请求，签发提单日期早于实际装船日期的提单，以符合信用证对装船日期的规定，便于结汇。是一种违法行为。

5. 预借提单（Advanced B/L）又称无货提单。是指信用证规定装运日期和议付日期已到，货物已由承运人接管，但因故未能及时装船或装船完毕，托运人出具保函，要求承运人签发的已装船提单。

预借提单与倒签提单属于同一性质，都不是按规定装船完毕日期签发的提单，应尽量不用或少用。

二、其他主要运输单据

（一）铁路运单

铁路运单是铁路与货主间缔结的运输契约。国内铁路货物运输使用的运单和国际铁路货物联运使用的运单，其格式和内容有所不同。国际铁路货物联运运单随同货物从始发站至终点站全程附送，最后交给收货人。它既是铁路承运货物的凭证，也是铁路向收货人交付货物和核收运费的依据。国际铁路货物联运运单副本，在铁路加盖戳记证明货物的承运和承运日期后交给发货人，它可作为发货人据以结算货款的凭证。

（二）航空运单

航空运单（Airway Bill）是航空公司出具的承运货物的收据，它是发货人与承运人之间缔结的运输契约，但不能作为物权凭证进行转让和抵押。此外，航空运单也是海关查验放行的一项基本单据。

（三）邮包收据

邮包收据（Parcel Post Receipt）是邮局收到寄件人的邮包后出具的收据，它是收件人凭以提取邮包的凭证。当邮包发生灭失或损坏时，它还可作为索赔和理赔的依据。

（四）多式联运单据

多式联运单据（Multimodal Transport Document）是指证明多式联运合同，以及证明多式联运经营人接管货物并负责按合同条款交付货物的单据。它由多式联运经营人签发。签发这种单据的多式联运经营人必须对全程运输负责，即不论货物在哪种运输方式下发生的属于承运人责任范围内的灭失或损害，都要对托运货物的人负赔偿责任。多式联运单据使用的范围较联运提单为广。联运提单限于在由海运与其他运输方式所组成的联合运输时使用。而多式联运单据既可用于海运与其他运输方式的联运，也可用于不包括海运的其他运输方式的联运。

第十八章　国际贸易结算主要方式
——信用证

第一节　信用证

一、信用证概述

信用证（Letter of Credit）是银行出具的一种有条件的付款保证。在国际贸易结算中，虽然经常使用票据和汇付等形式，但基本上以使用信用证为主。

《跟单信用证统一惯例》对信用证的定义为："'跟单信用证'和'备用信用证'（以下统称'信用证'）是指一项约定，不论其如何命名或描述，系指一家银行（'开证行'）应客户（'申请人'）的要求和指示或以其自身的名义，在与信用证条款相符的条件下，凭规定的单据：①向第三者（'受益人'）或其指定人付款，或承兑并支付受益人出具的汇票。②授权另一家银行付款，承兑并支付该汇票。③授权另一家银行议付。"

在国际贸易中，上述信用证定义中的申请人是进口方，开证行是进口地银行，受益人是出口商。于是可以对信用证作这样的理解：

1. 信用证是开证行应进口方的请求向出口方开立的在一定条件下保证付款的凭证。

2. 付款的条件是出口方（受益人）向银行提交符合信用证要求的单据。

3. 在满足上述条件的情况下，由银行向出口方付款，或对出口方出具的汇票承兑并付款。

4. 付款人可以是开证行，也可以是开证行指定的银行。收款人可以是受益人，或是其指定的银行。

对于信用证定义中表达的"约定"，应特别注意以下两点：①由银行承诺付款。而在汇付和托收方式中，银行均未作出此种承诺。②条件是由受益人提交符合信用证要求的单据。在国际贸易中单据是第三者或当事人出具的履约证书，所以，信用证的约定是要求受益人以单据的形式向银行证明自己已履行了合同义务，银行即向其支付货款。对一个实际上已履行了合同义务的出口商来说，要提交这样的单据是能够做到的。因而信用证所提出的条件，并未对卖方构成合同义务的实质性的变更或添加。

二、信用证的当事人和一般业务程序

信用证的基本当事人有三个：开证申请人、开证行和受益人。其他当事人主要有：通知行、议付行、付款行、偿付行和保兑行。

在国际贸易结算中使用的跟单信用证有不同的类型，其业务程序也各有特点，但都要经过申请开证、开证、通知、交单、付款、赎单这几个环节。现以最常见的议付信用证为例，说明其业务程序。议付信用证业务程序，见图18-1。

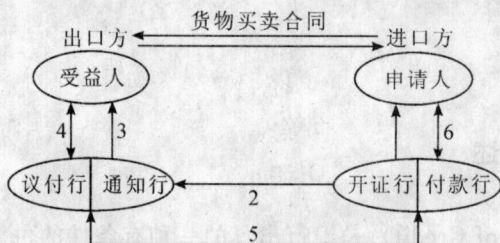

图 18-1　议付信用证业务程序

进出口双方签署买卖合同中规定以信用证方式支付货款。于是一般业务程序：

（一）申请开证

开证申请人即为合同的进口方，应按合同规定的期限向所在地银行申请开证。申请开证时，申请人应填写并向银行递交开证申请书，开证申请书的内容包括两个方面：一是指示银行开立信用证的具体内容，该内容应与合同条款相一致，是开证行凭以向受益人或议付行付款的依据。对于这一部分内容，申请人也可附上合同，由银行据以缮制信用证后交申请人确认。二是关于信用证业务中申请人和开证行之间权利和义务关系的声明。其基本内容包括：申请人承认在付清货款前开证对单据及其代表的货物拥有所有权，必要时，开证行可以出售货物，以抵付进口的欠款；承认开证行有权接受"表面上合格"的单据，对于伪造单据、货物与单据不符或货物中途灭失、受损、延迟到达，开证行概不负责；保证单据到达后如期付款赎单，否则，开证行有权没收申请人所交付的押金，以充当申请人应付价金的一部分；承认电讯传递中如有错误、遗漏或单据邮递遗失等，银行不负责任。

开证申请书内容应完整明确，为防止混淆和误解，不要加注过多的细节。

申请人申请开证时，应向开证行交付一定比例的押金或其他担保品，押金为信用证金额的百分之几到几十，其高低由开由开证行规定，与申请人的资信和市场行情有关。对于资信良好的客户，有的银行会授予一定的开证额度，在规定额度内开证，可免交保证金。

（二）开证行开立信用证

开证行接受申请人的开证申请后，应严格按照开证申请书的指示拟订信用证条款，有的草拟完信用证后，还应送交开证申请人确认。开证行应将其所开立的信用证由邮寄或电传或通过 SWIFT 电讯网络送交出口地的联行或代理行，请他们代为通知或转交受益人。通知行的主要责任是鉴定信用证签名或电传密押的真实性，而且，受益人如有问题也可以通过这家银行进行查询。

信用证的开证方式有信开和电开两种。信开是指开证行以航邮将信用证寄给通知行；电开即是由开证行将信用证加注密押后以电讯方式通知受益人所在地的代理行，即通知行，请其转知受益人。电开方式又分"全电开证"和"简电开证"。"全电开证"是指将信用证的全部内容加注密押后发出，该电讯文本是有效的信用证文本。"简电开证"是将信用证主要内容发电预先通知受益人，银行承担必须使其生效的责任，但简电本身并非信用证的有效文本，不能凭以议付或付款，银行随后寄出的"证实书"才是正式的信用证。如今大多用"全电开证"的方式并开立信用证。

（三）通知行通知受益人

通知行收到信用证后，经核对鉴字印鉴或密押无误，应立即将信用证转知受益人，并留存一份副本备查。

通知行通知受益人的方式有两种：一种是将信用证直接转交受益人，附加经签署的通知书；另一种是当该信用证以通知行为收件人时，通知行应以自己的通知书格式照录信用证全文经签署后交付受益人。这两种形式对受益人来说，都是有效的信用文本。

按《跟单信用证统一惯例》规定，如通知行无法鉴定信用证的表面真实性，它必须毫不迟延地通知开证行说明它无法鉴别，如通知仍决定通知受益人，则必须告知受益人它未能鉴别该证的真实性。

（四）交单议价

受益人收到信用证后，应立即进行审核，如发现信用证中所列条款内容与买卖合同不相符合，或者不符合有关国际惯例（主要是《国际贸易术语解释通则》和《跟单信用证统一惯例》）中的规定，应立即通知申请人要求修改，由申请人向开证行提交修改申请书，开证行作成修改通知书后按原来信用证的传递方式交付通知行，经通知行审核签字密押无误后转知受益人。

受益人对信用证的内容审核无误，或收到修改通知书后可以接受，即可根据信用证的规定发运货物，缮制并取得信用证规定的全部单据，开立汇票（或不开汇票，视信用证规定），连同信用证正本和修改通知书（如果有修改通知书），在信用证规定的有效期和交单期内，递交给通知行或与自己有往来的银行或信用证中指定的议付银行办理议付。

议付是受益人利用信用证取得资金融通的一种方式。即由受益人向上述当地银行递交信用证规定的全套单据，银行在单证一致的前提下，扣除了预付款的利息和手续费后，购进受益人出具的汇票和全套单据。俗称"买单"，又称"出口押汇"。议付是可以追索的。

按《跟单信用证统一惯例》规定，如开证行在信用证中清楚表明适用于议付，则开证行对议付行承担了付款责任。如果开证行在信用证中表明该证适用于付款或承兑方式，则开证行并不对买单银行承担信用证所规定的付款责任，该行此时可作为汇票的善意持票人或受益人的委托人向开证行索赔。

即使开证行在信用证中指定了议付行，议付行也不承担必须议付的责任。信用证也不禁止受益人直接向开证行交单。但通常议付是受益人获取货款的一种最为安全快捷的方式。

（五）寄单索偿

议付行议付后，取得了信用证规定的全套单据，即可凭单据向开证行或其指定银行请求偿付货款。如果开证行未在信用证内指定其他银行，则议付行应将单据寄交开证行；若开证行在信用证中指定了一家付款行，则议付行应将单据寄交给付款行。收到单据的开证行或付款行，在审单无误后，则应将款项偿付给议付行。若开证行在信用证中指定了一家偿付行，则议付行应向开证行寄单，但同时又向偿付行发出索偿通知，偿付行在接到索偿通知后，按其与开证行的事先约定，向议付行偿付；如偿付行拒绝偿付，开证行仍应承担付款责任。开证行和付款行的付款，是不可追索的。

开证行或付款行如发现单据和信用证不符，应在不迟于收到单据的次日起7个营业日内通知议付行表示拒绝接受单据，如未能在该期限内表示拒绝，则开证行必须履行付款责任。

（六）申请人付款赎单

开证行在向议付行偿付后，即通知申请人付款赎单。开证人应到开证行审核单据，若单据无误，即应付清全部货款与有关费用（如开证时曾交付押金，则应扣除押金的本息），若单据和信用证不符，申请人有权拒付。申请人付款后，即可从开证行取得全套单据。此时申请人与开证银行之间因开立信用证而构成的契约关系即告结束。

三、信用证的内容

目前，信用证大多采用全电开证，各国银行使用的格式是不尽相同，文字语句也有很多差别，但基本内容大致相同，主要包括以下九个方面：

1. 信用证本身的说明。

（1）信用证的类别：说明可否撤销、转让；是否经另一家银行保兑；偿付方式等。

（2）信用证号码、开证日期、有效期和到期地点。

2. 信用证的当事人

（1）必须记载的当事人：申请人、开证行、受益人、通知行。

（2）可能记载的当事人：保兑行、指定议付行、付款行、偿付行、承兑行等。

3. 信用证的金额和汇票

（1）信用证的金额：币别代号、金额、加减百分率。

（2）汇票条款：汇票的金额、到期日、出票人、付款人。

4. 货物条款。货物条款包括货物名称、规格、数量、包装、单价以及合约号码等。

5. 运输条款。运输条款包括运输方式、装运地和目的地、最迟装运日期、可否分批装运或转运。

6. 单据条款。单据条款说明要求提交的单据种类、份数、内容要求等，基本单据包括：商业发票、运输单据和保险单；其他单据有：检验证书、产地证、装箱单或重量单等。

7. 其他规定

（1）对交单期的说明。

（2）银行费用的说明。

（3）对议付行寄单方式、议付背批和索赔方法的指示。

8. 责任文句。通常说明根据《跟单信用证统一惯例》开立以及开证行保证付款的承诺，但电开信用证可以省略。

9. 有权签字人的签名或电传密押

四、信用证的业务特点

（一）信用证是一种银行信用

开证银行在信用证中作出承诺，在单据符合信用证条件的情况下，开证行负首要的付款责任。

（二）信用证是一种自足文件

信用证的开立以买卖合同为基础。但信用证一经开出，就是一种独立的完整的契约文件。在信用证业务中，当事人只按信用证的规定办事，不受买卖合同的约束。

（三）信用证是一种单据业务

在信用证业务中，各有关方面处理的是单据，而不是和单据有关的货物、服务或其他行为。银行严格审核单据，以确定单据表面上是否符合信用证条款。而对单据的形式、准确性和真实性等不负责任。

上述信用证的特点，不仅保证了银行对信用证业务的可操作性，也保证了受益人所得到的银行信用是充分的，不受干扰的。但是，如果出口方所出具的单据和货物不一致，甚至伪造单据，申请人（进口方）有可能遭受必须付款而又得不到合同规定货物的风险。此时进口方只能凭合同向对方交涉。

五、信用证的种类

（一）按基本性质分类

1. 根据是否要求受益人提交单据，分为跟单信用证和光票信用证。

（1）跟单信用证是开证行凭跟单汇票或单纯单据付款的信用证。单据是指代表货物或证明货物已交运的运输单据。如提单、铁路运单、航空运单等。通常还包括发票、保险单等商业单据。国际贸易中一般使用跟单信用证。

（2）光票信用证是开证行仅凭不附单据的汇票付款的信用证，汇票如附有不包括运输单据的发票、货物清单等，属光票。

2. 根据开证行的责任，分为不可分撤销信用证和可撤销信用证。

（1）不可撤销信用证是指信用证一经开出，在有效期内，未经受益人、开证人及保兑行（如果有）的同意，开证行不得片面修改或撤销信用证的规定和承诺。

信用上未注明可否撤销，即为不可撤销信用证。国际贸易中使用的信用证，基本上是不可撤销信用证。

（2）可撤销信用证是指开证行有权随时予以修改或撤销，但若受益人已按信用证规定得到议发付、承兑或延期保证，则银行的撤销了或修改无效。

3. 根据是否有另一家银行为信用证加保，可分为保兑信用证和不保兑信用证。

（1）保兑信用证是指开证行开出的信用证，由另一家银行保证对符合信用证条款规定的单据履行付款义务。对信用证加保兑的银行称为保兑行，保兑行承担与开证行相同的独立的付款责任。

（2）当开证银行资信好和成交金额不大时，一般都使用不保兑的信用证。我国银行通常不开具要求另一家银行保兑的信用证，故我国进口企业通常不接受开立保兑信用证的要求。

4. 按信用证付款方式，分为即期付款信用证、远期付款信用证、承兑信用证和议付信用证四种方式。

（1）国际贸易中最常见的是议付信用证，议付信用证是开证行在信用证中表明，允许受益人向某一指定银行或任何银行交单议付的信用证，开证行保证在单证一致的前提下，向议付行付款或承兑并付款。通常在单证相符的条件下，议付银行和扣取利息和手续费后，即将货款垫付给受益人。议付信用证可分公开议付信用证和限制议付信用证，前者受益人可任选一家银行作为议付行，后者则由开证行在信用证中指定一家银行为议付行。开证行对议付行承担付款责任。议付信用证可以是即期的，也可以是远期的，对受益人来说，区别在于交单议付时扣除的利息不同。

（2）即期付款信用证和远期付款信用证都在信用证中明确规定一家银行为付款行，不要求受益人出具汇票，仅凭提交的单据付款。承兑信用证则规定由开证行或指定的承兑行对受益人开出的远期汇票进行承兑。以上三种信用证，是否有银行愿意议付与开证银行无关。

一切信用证都必须明确表示它适用于哪一种方式。

（二）按附加性质分类

1. 可转让信用证。信用证上注有"transferable"，受益人有权将信用证的全部或部分转让给一个或数个第三者（即第二受益人）使用的信用证可转让信用证。可转让信用证的受益人一般是中间商，第二受益人则是实际供货商。

受益人可以要求信用证中的授权银行（转让行），向第二受益人开出新证，新证由原开证行承担付款责任。原证条款不变，但其中信用证金额、商品单价可以减少；有效期和装运期可以提前；投保比例可以增加；申请人可以改成原证的受益人。可转让信用证只能转让一次，即第二受益人不能再转让给新的受益人，但转回给第一受益人是允许的。

在使用过程中，当第二受益人向转让行交单后，第一受益人有权以自己的发票和汇票替换第二受益人的发票和汇票，以取得原证金额和新证金额之间的差额。

2. 循环信用证。信用证被全部或部分使用后，其金额可恢复使用直至达到规定的次数或累积总金额为止的信用证为循环信用证。这种信用证适用于分批均衡供应，分批结汇的长期合同，以使进口方减少开证的手续、费用和押金，使出口方既得到收取全部交易货款的保障，又减少了逐笔通知和审批的手续和费用。

循环信用证的循环方式可分为按时间循环和按金额循环。

循环信用证的循环条件有三种：①自动循环。即不需开证银行的通知，信用证即可按所规定的方式恢复使用。②半自动循环。在使用后，开证行未在规定期限内提出停止循环的通知，即可恢复使用。③非自动循环。在每期使用后，必须等待开证行通知，才能恢复使用。

3. 假远期信用证。信用证中规定："远期汇票即期付款，所有贴现和承兑费用由买方负担。"这种信用证，受益人开出的是远期汇票，但议付时等同于即期汇票，不因此增加受益人支付贴息的负担。对开证申请人来说，通过支付贴息和手续费，取得了延期付款的融资方便。为了降低融资成本，申请人往往找一家提供优惠贴现率的银行，作为开证行。

4. 带电汇偿付条款的信用证。信用证中规定，议付行在议付后可以电传方式通知开证行，要求开证行立即以电汇方式将货款拨交议付行。这种方式使出口商在议付时减少扣减贴息的计息天数，但开证行未经审查即先行付款，故开证行往往在信用证中指定一家可靠的议付行，即为限制议付信用证。

5. 背对背信用证。指受益人以原证为抵押，要求银行以原证为基础，另开立一张内容相似的信用证。背对背信用证通常由中间商申请开立给实际供货商。其使用方式与可转让信用证相似，所不同的是原开证行和新证由同一家开证行承担付款责任；而背对背信用证和原证信用证分别由两家不同的银行作为开证行。

背对背信用证的受益人可以是国外的，也可以是国内的。

6. 对开信用证。指两张互相制约的信用证，进出口双方互为开证申请人和受益人，双方的银行互为开证行和通知行。这种信用证一般用于补偿贸易、易货贸易和对外加工装配业务。

通常在先行开出的信用证中注明，该证需待回头信用证开出后才生效。

第二节　国际商会《跟单信用证统一惯例》

信用证是国际贸易中通行的一种结算方式，国际商会的《跟单信用证统一惯例》对跟单信用证当事人的权利和义务、有关业务和术语作了统一的解释，成为信用证业务的行为准则。随着国际贸易的发展，新的运输方式和通讯方式的出现，以及使用《统一惯例》过程中暴露的问题，国际商会多次对其作了修订，最新的版本与1993年5月公布，定名为《跟单信用证统一惯例，1993年修订本，国际商会第500号出版物》（简称 UCP500），于1994年1月1日实施。

UCP500 已为各国银行普遍接受。在开立信用证的正文上，均表明适用于UCP500，故其对各有关当事人具有约束力。

UCP500 对信用证业务的各项规定，体现了独立性、完整性、可靠性与可操作

性的统一。操作中常见的主要规定简介如下:

1. 汇票不应以申请人作为付款人。

2. 银行审单时间为收到单据次日起算的 7 个银行工作日。

3. 议付行在议付时应对汇票及单据付出价金,仅审核单据而未付出价金不构成议付。

4. 对于申请人单方面所作的信用证的修改,受益人可以作出接受或不接受的通知,也可以保持沉默直至交单为止。交单时按修改书制单,即表示接受,修改书生效;若没有按修改书制单,应由受益人另具通知书以示拒绝。

5. 运输单据的签署必须表明承运人(或多式联运经营人)或其代理人的身份,代理人签署时应标明被代理人(承运人)的身份或名称。

6. 信用证中的禁止转运条款,仅对海运中港至港的非集装箱方式的转船有约束力。

7. 装运期以单据签发的日期为准,若单据上另有装船日期、起飞日期、由承运人接管日期等批注,则以该日期为准。

8. 发票必须由受益人开立,如信用证未规定必须签署,发票可以不加签署。

9. 信用证业务项下各项费用,由指示方(申请人)负担。即使信用证规定此类费用由受益人或其他人负担,如遭拒付,指示方仍有支付的最后责任。故费用的最终承担者为开证申请人。

10. 对于信用证的类型,若未规定可撤销,即为不可撤销;只有"transferable"一词,才被认可转让。

第三节　银行保函

一、银行保函的基本概念

在国际经济交易中,双方当事人都希望自己的契约权利得到保障,以避免由于对方违约而遭受的损失。在国际货物贸易中,跟单信用证就是这样一种保障,使卖方得以避免发货后买方拒付的风险。

国际经济交易涉及诸多领域,交易双方所承担的风险大小不同、类型不同,上述跟单信用证仅适用于货物贸易中买方向先行发货的卖方作付款保证。而银行保函则是根据契约一方当事人(委托人)的请求向另一方当事人(受益人)承诺,在委托人违约时由银行按保函规定的条件履行经济赔偿责任。

按照国际商会《见索即付保函统一规则》(国际商会第 458 号出版物,简称URDG458)的定义,保函是指"凡由银行、保险公司或其他组织或个人(称担保人）以书面开立的；对提示与保函条款相符的书面付款要求以及保函所规定的其他单据而付款的保函，担保书或其他付款保证，而不论其名称如何。该项付款保证是开给第三者（称受益人）的：

1. 应某一当事人（称委托人）的指示并由其承担责任而开立的。

2. 应某一银行、保险公司，或其他任何组织或个人（称指示方）因执行另一委托人的指示而作出要求或指示并由各该指示方承担责任而开立的。"

从上述定义可知，本文中所述银行保函，即是银行应某一当事人的请求，并由该当事人承担责任，由银行开立的书面承诺，保证在受益人提示出面请求和符合保函中所规定的单据时，由银行支付一定金额的货币。

二、见索即付银行保函的特点

1. 保函必须以付款为目的。保函是向受益人担保某项义务的履行，如果由于委托人违约而不能履行该项义务，只能由担保人以支付款项的方式予以赔偿，而不能由担保人来代替履行义务。

2. 付款的惟一条件是单据。保函往往是银行（担保人）应契约一方当事人（委托人）的请求而向契约的另一方（受益人）开立的，目的是保证在委托人违约时向受益人承担经济赔偿责任。但担保人并不需要认定委托人是否违约的事实。只要受益人向担保人提出书面付款请求，提交与保函规定相符合的单据，担保人即予付款。在这一点上，保函和信用证是十分相似的，即银行在有关业务中处理的仅是单据。不同的是保函要求提交的单据并不是商业单据，而是受益人关于委托人违约的声明或有关证明。针对不同的经济交易，保函中对单据的规定不同，最简单的是仅由受益人提交一纸声明；也可以要求由有资格的专业人士（如工程师、建筑师）出具一张证明；最严格的则是要求受益人提交法院的判决书或仲裁机构的裁决书。但无论如何，担保人无调查违约事实的义务。

3. 保函的独立性是相对的。由于保函对单据的要求是比较简单的，所以，在保函情况下比跟单信用证更容易发生欺诈行为。为此，《见索即付保函统一规则》中明确声明该规则"并不影响国家法律有关欺诈、滥用权力和对保函不公平索偿的原则和规定"，并规定受益人提交的索偿要求中应说明委托人在哪一方面违约，使其成为受益人的"明白声明书"。各国有关担保的法律，均规定若对受益人的欺诈行为有确凿的证据，受益人无权取得保函下索赔。

三、直接担保和间接担保

1. 直接担保，银行应委托人的指示直接开立保函给受益人，这一保函称直接担保函，其当事人有 3 个：

（1）委托人，即为申请开立保函的当事人，也是国际经济交易契约的一方当事人。当担保人承担赔偿责任时，委托人必须对担保人负清偿责任。

（2）担保人，为开立保函的银行或金融机构，承诺在委托人违约时，凭规定的付款要求和单据，向受益人付款以赔偿其经济损失。

（3）受益人。受益于保函而使其契约权利得到保障的人，是国际经济契约的另一方当事人，往往是提供信用的一方。当对方（委托人）不履行责任时，受益人即可由保函的保障而得到一定货币金额作为补偿。

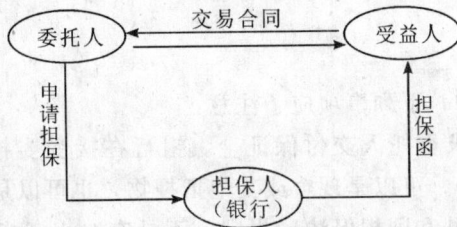

图 18—2　直接担保业务流程图

2. 间接担保。有些国家的法律规定本国企业在国际经济交易中只能接受当地银行开立的保函，在这种情形下，委托人只能请求自己的往来银行（指示方）向国外受益人所在地的银行（担保人）开出一份反担保函，反担保函通常包括两方面的内容，一是向国外银行发出的担保指示，要求其向指定的国外受益人开立保函；二是指示方向其保证，在收到与反担保函相符的付款要求和单据时即向其履行付款，该国外银行即为反担保函的受益人，也是担保函的担保人。

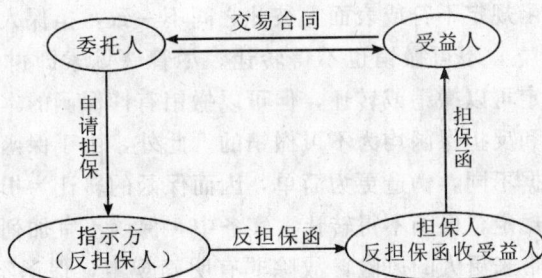

图 18—3　间接担保业务流程图

如图 18—3 所示，间接担保比直接担保多了一个当事人，即指示方。在间接担保的情形下，按《见索即付保函统一规则》的定义，担保人是"应某一银行（指示方）因执行另一委托人的指示而作出要求或者指示并由该指示方承担责任而开立"该保函的。

反担保函是指示方和担保人之间的约定；担保函是担保人和受益人之间的约

定。尽管担保函是依据反担保函开立的，但这两个保函都是独立的法律文件。担保人的付款条件只能是受益人提交符合保函规定的单据；指示方的付款条件只能是担保人（反担保函的受益人）提交符合反担保函的单据。但是，如果当事人之间发生纠纷，适用的法律和受理的法院不同，反担保函适用于指示方所在地的法律；担保函适用于担保人所在地的法律；若保函中已规定了适用法律时，以保函的规定为准。

四、保函实务

在银行保函业务中，下列事项应予注意：

1. 担保人有权要求委托人交付保证金。银行在接受委托人申请开立保函时，通常要求其提供保证金，可以是现金或其他抵押物，也可以是其他金融机构出具的反担保函。《中华人民共和国担保法》规定，不具有法人资格的国家机关，不得为企业申请担保出具反担保。

2. 间接担保方式应持谨慎态度。以间接担保方式向国外受益人出具担保，我国银行应向国外受益人所在地银行开立反担保函，由国外银行向该受益人开具保函。这意味着国外银行有权决定是否接受索偿。我国银行作为反担保人，按《见索即付保函统一规则》规定，只要担保人（国外代理银行）说明收到索偿单据符合保函条款，反担保人无权调查受益人的要求是否单证一致，如无证明担保人欺诈的确切证据后其他可以推卸的事实，反担保人无权拒付。

3. 担保人的审单责任。担保人必须合理谨慎审核所提交的全部单据，以肯定它们在表面上是否符合保函条款，担保人对单据的真实性和正确性不承担责任。如果按单据看来与保函规定不符或表面上彼此之间不一致，担保人应予拒绝。

4. 保函一经开立，不可撤销也不得转让。尽管《见索即付保函统一规则》并不禁止在保函上规定可以撤销或转让，但可以撤销有悖保函的本意，所以，除非另有表示，所有保函和反担保函均为不可撤销的。此外，由于保函的索偿单据和信用证所要求的商业单据不同，伪造更为简单，因而保函的转让为担保人带来更大的风险，故除非有明确规定，保函不得转让。实务中，保函不宜加列转让条款。因而保函的转让为担保人带来更大的风险，故除非有明确规定，保函不得转让。实务中，保函不宜加列转让条款。因而，保函是既不可撤销也不能转让的。

5. 保函的到期日。保函的到期日除可规定为某一日历日期外，还可规定为某一事件的发生日作为参照日计算到期日，但这一事件的发生也需要有单据证明。规定到期人对保函来说是非常重要的，银行能在此日期自动撤销该保函，以免增加额外的风险。

6. 保函的适用法律。保函应遵守担保人所在地的法律，但也可以在保函中规定所选择的适用法律。我国银行在开立保函时，不规定法律条款，按《见索即付保函统一规则》规定，适用于我国的法律。对于某些以间接担保方式开立反担保函时，当地的担保银行往往要求适用于当地法律，对我国银行不利，但如委托人同意接受，我国银行作为反担保人也可以接受。

五、银行保函和跟单信用证的区别

银行保函和跟单信用证在本质上十分相似，它们都是银行向受益人开出的有条件的支付承诺；是独立于基础合约的法律文件；银行的付款条件仅仅是受益人提交规定的单据，且银行对单据的真伪和有效性不承担责任。但在具体业务中，银行保函和信用证有许多不同之处：

1. 适用范围。信用证只能用于凭单付款的货物贸易项下，为进口方向出口方作付款保证；银行保函可用于任何类型经济交易合同中，为契约的一方向另一方保证履行某项契约义务。

2. 付款责任。信用证一经开出，受益人凭单首先向开证行请求付款，开证行必须按信用证规定履行付款责任；保函开出后，担保行并非必须付款，首先应由委托人履行有关的合同义务，若委托人已履行了义务，则担保行不需付款，若委托人未能履行义务，受益人才向担保行提出索赔请求，担保行按保函规定履行赔偿责任。

3. 所需单据。信用证要求受益人提交的单据是包括运输单据在内的商业单据；保函要求受益人提交的单据是受益人出具的关于委托人违约的声明或相关证明。

4. 兑现银行。信用证的兑现银行除了开证行外，还可以有保兑行、付款行、议付行、承兑行、偿付行等；保函只有担保行一家，并无其他银行参与支付。

5. 交单方式。信用证中受益人可以按信用证规定向议付行、付款行、承兑行、保兑行或开证行交单；保函的受益人只能直接向担保行交单。

6. 融资作用。信用证受益人可以通过议付、贴现和打包贷款等形式实现融资；保函受益人不能利用保函从第三方取得融资，有关单据也不能议付。

7. 开立依据。信用证可以是银行应客户要求而开立，也可以银行自行开立；但保函必须应客户请求而开立，担保人不能自行开立。

8. 适用法律。《跟单信用证统一惯例》没有规定信用证业务的适用法律，一旦当事人之间发生纠纷，如何依法解决较为复杂。《见索即付保函统一规则》规定，担保人或指示方业务所在地的法律，适用于保函项下的纠纷，明确声明根据《见索即付保函统一规则》开立的保函受有关国家法律的管辖。

9. 风险担保。开证行有权要求申请人支付保证金，并在付款时掌握代表货物所有权的单据，以此作为开证行为申请人支付货款的风险担保；担保行有权要求委托人支付保证金或提供反担保，作为其承担赔偿责任的风险担保。

第四节　备用信用证

《跟单信用证统一惯例》把跟单信用证和备用信用证统称为信用证，并给了一个统一的定义。同样是国际商会的文件《见索即付保函统一规则》中声明：备用信用证在技术上也可属本规则范围之内，开立者如方便起见，也可规定为适用《统一规则》。上述两个文件表明，备用信用证既具有信用证特点，也具有保函的特点。

一、备用信用证的含义

备用信用证是一种信用证，是由银行应申请人的请求或以自身名义，向受益人出具的，保证凭规定的单据向受益人支付一定数额款项的书面凭证。

但备用信用证又不同于一般的跟单信用证，开立备用信用证的目的，不是由开证行向受益人承担首先支付货款的责任（这正是跟单信用证的目的），而是由开证行向受益人承担一项义务：保证申请人履行有关合同义务，若申请人未能履约，则由银行负责向受益人赔偿经济损失。因此，备用信用证要求受益人提交的单据也和跟单信用证不同，不是代表物权或证明卖方履约的商业货运单据，而是受益人出具的关于申请人违约的声明或证明文件。倘若申请人按合同规定履行了有关义务，受益人就无需向开证行递交此类违约声明，以要求赔偿经济损失，这样，已开立的备用信用证也就"备而不用"了。

二、备用信用证和银行保函

备用信用证往往被看成是具有信用证形式的银行保函，这是因为两者都是银行为申请人（委托人）的违约向受益人承担赔付的责任；而且作为付款惟一依据的单据，都是受益人出具的违约声明或有关证明文件。所以，从律观点看，两者并无本质上的区别。

但在实务和专用术语上，两者还具有较大不同，备用信用证已发展到适用于各种途径的融资工具，包含比见索即付保函用途更广的范围。两者差别如下：

1. 兑付方式。备用信用证可在即期付款、延期付款、承兑、议付 4 种方式中规定一种作为兑付方式，而银行保函的兑现方式为付款。相应地，备用信用证可指定议付行、付款行等，受益人可在当地交单议付或取得付款；保函则只有担保行，受益人必须向担保行交单。

2. 开立方式。备用信用证的开立，开证行通过受益人当地的代理行（即通知行）转告受益人，通知行需审核信用证的表面真实性，如不能确定其真实性，则有责任不延误地告知开证行或受益人。对此,《跟单信用证统一惯例》作了明确规定。

保函的开立可以有直接担保和间接担保两种。其中直接担保方式,担保行和受益人之间的关系与备用信用证开证行和受益人的关系相同,但《见索即付保函统一规则》对通知行没有作出规定,因此,保函可由担保行或委托人直接递交给受益人;如果担保行通过一家代理行转递,则按常规这家代理行应负责审核保函签字或密押的真实性。

以间接担保方式开立保函,委托人(即申请人)所委托的担保行作为指示方开出的是反担保函,而作为反担保函受益人的银行(受益人的当地银行)再向受益人开出保函并向其承担义务,开立反但保函的指示方并不直接对受益人承担义务。

3. 融资作用。备用信用证适用于各种用途的融资:申请人以其为担保取得信贷;受益人在备用信用证名下的汇票可以议付;以备用信用证为抵押取得打包贷款;另外,银行可以没有申请人而自行开立备用信用证,供受益人在需要时取得所需款项。而银行保函除了借款保函的目的是以银行帮助申请人取得借款外,不具有融资功能,而且不能在没有申请人(委托人或指示方)的情况下由银行自行开立。

4. 法律管辖。由于《跟单信用证统一惯例》中没有规定有关法律管辖权的内容,一旦跟单信用证当事人发生争议,多年来在管辖方面有着纠纷,特别是在《跟单信用证统一惯例》和国家法律有冲突时。比如,《跟单信用证统一惯例》第3条规定:一家银行作出的信用证项下义务的承诺,不受申请人与开证行之间或受益人之间在已有关系下产生的索赔或抗辩的制约。当申请人以受益人违约为由要求法庭下令银行止付时,就会产生这种冲突。

《见索即付保函统一规则》明确规定了"制约的法律和管辖权",确认了保函业务受有关法律的制约,除非保函中已另作规定,该制约的法律为担保人所在地的法律。

5. 适用惯例。《跟单信用证统一惯例》在适用范围中表明,"适用于所有在信用证文本中标明按本惯例办理的跟单信用证(包括本惯例适用范围内的备用证)。"《见索即付保函统一规则》中表明"备用信用证在技术上也可属本规则范围之内,开立者如为方便起见,也可规定为适用《见索即付保函统一规则》。"

究竟备用信用证在开立时应注明按哪一个惯例办理?对此国际商会在其511号出版物《UCP500与UCP400比较》中作了说明:"全国委员会……一致同意备用证不能并入银行保函规则,即不能并入《见索即付保函统一规则》。""备用信用证已发展到适用于各种用途的融资工具,包含着比见索即付保函用途更广泛的范围。由于这个原因,以及因为统一惯例的一套规则最适合备用证的基本性质,于是备用信用证就和统一惯例连接起来了。"

从以上引述中可见,尽管备用信用证实质上等于是银行保函,但从实务的观点看,更适用于《跟单信用证统一惯例》。即使担保内容相同,如果注明适用于《见索即付保函统一规则》,就应被称为银行保函。还必须说明的是,尽管《见索即付保函统一规则》和《跟单信用证统一惯例》中部分条款的内容相一致,但这是两个独立的、有不同适用对象和不同准则的文件，所以，绝不能在同一个银行文件上注明同时适用于两个惯例。

美国和日本的法律不允许开立银行保函，只允许开立备用信用证。

第十九章 国际贸易中的保险

国际贸易是一个复杂的过程，从交易一开始到合同履行结束，存在着各式各样的风险，为了转嫁这些风险和保障国际贸易各方的利益，就需要投保相关的保险。

第一节 国际贸易中的保险类别

与国际贸易中存在的众多风险相适应，有众多的险种为国际贸易提供保险保障。这些保险的种类有：

一、运输货物保险

国际贸易中的运输货物保险是以运输中的各种货物作为标的（Subject），在被保险人（Insured，买方或卖方）支付一定保险费的前提下，对保险标的在运输过程中所发生的约定风险范围内的损失，给予被保险人经济上的补偿的一种保险业务。运输方式不同，货物运输保险种类也不同，习惯上分为海上货物运输保险、陆上货物运输保险、航空运输保险和邮包保险。

二、来料加工、补偿贸易业务保险

来料加工、补偿贸易业务保险是对加工装配和补偿贸易业务中有关财产在储存、运输、生产和交换过程中因自然灾害或意外事故造成的损失予以承保的保险业务。

在我国，根据有关规定，补偿贸易项目引进设备的进口运输保险，应积极争取在我国保险，补偿期间的财产保险和产品出口的运输保险一律在我国办理。保险实务上将这三段保险全部由我国保险公司承保的做法称之为来料加工一揽子保险（Blanket Insurance），简称三段保险。如果投保三段保险，为简化手续，投保人可与保险公司订立预约运输保险合同，保险公司除在第三段成品出运时出立出口保险单，以便国外检验代理外，对第一段进口运输和第三段加工期间的财产保险，不另出立保单。另外，在保费计收上也给予优惠。如果三段保险均在我国投保，保费按7折计收；凡投保运输和财产两段保险的，保费按8折计收。

三、产品责任保险

随着我国对外贸易的发展，我国的产品越来越多地进入国际市场。鉴于存在某些产品在国外发生责任事故引起对方巨额索赔以及诉讼纠纷的情况，我国外贸部门及相关企业日益重视产品责任保险的投保工作。为适应上述要求，我国从 1980 年起开办了产品责任保险。

四、出口信用保险

出口信用保险又叫输出信用保险，是为了鼓励本国出口商扩大出口，由特定保险公司承保出口商因买方不履行贸易合同而遭到损失的信用保险。该险别目前承保的风险已扩展至政治风险及企业风险。

第二节　国际贸易中的运输货物保险

国际贸易中最重要的风险莫过于各种货物在运输、仓储过程中的灭失或损坏。为避免由此造成的损失，最好的方法就是投保国际货物运输保险。

一、国际贸易中的海上运输货物保险

海上运输是国际货物运输的主要方式。海上运输货物保险在国际贸易中具有重要意义。

（一）海上货物运输中的风险

海上货物运输过程中的风险分为两大类：一是海上风险；二是外来风险。

1. 海上风险。海上风险又称海难（Perils of the Sea），是指船舶、货物在海上航行过程中所遭遇的偶然发生的风险。海上风险从性质上划分，可分为自然灾害和意外事故两类。

（1）自然灾害（Natural Calamities）。一般是指不以人们意志为转移的自然界力量所引起的灾害，是保险人承保的主要风险。通常包括：恶劣气候（Heavy Weather）、雷电（Lightning）、海啸（Tsunami）、浪击落海（Washing Overboard）、洪水（Flood）、地震（Earth quake）、火山爆发（Volcanic Eruption）以及海水，湖水，河水进入船舶、驳船、运输工具、集装箱、大型海运箱或储存处所

(Entry of Sea，Lake or River Water into Vessel，Craft，Hold，Conveyance，Container，Lliftvan of Place of Storage)。

（2）意外事故（Accident）。海上意外事故一般是指运输工具遭遇外来的、突然的、非意料中的事故。它主要包括：火灾（Fire）、爆炸（Explosion）、搁浅（Grounding）、触礁（Stranding）、沉没（Sunk）、碰撞（Collision）、倾覆（Capsized）、投弃（Jettison）、吊索损害（Sling Loss）、海盗行为（Piracy）、船长、船员的不法行为（Barratry of Master and Mariner）等。

需要注意的是，根据保险界的解释，海上风险不仅仅只包括海上发生的一切风险，意外事故也不仅泛指海上意外事故。根据英国伦敦保险协会新的《协定货物条款》，它还负责陆上运输工具的倾覆或出轨等意外事故。因此，海上运输货物保险所承保的意外事故，不囿于在海上所发生的意外事故。

2. 外来风险。外来风险（Extraneous Risks）一般指上述海上风险以外的其他外来原因所造成的风险。它必须是意外的、事先难以预料的。类似货物的自然损耗或本质缺限则不包含在外来风险之内。外来风险可分为一般外来风险和特殊外来风险。

（1）一般外来风险。主要包括：偷窃（Theft，Pilferage）、缺少和提货不着（Short － delivery&Non － delivery）、渗漏（Leakage）、短量（Shortage in Weight）、碰损（Clashing）、破碎（Bredkage）、钩损（Hook Damage）、淡水雨淋（Fresh and Rain Water Damage）、生锈（Rusting）、沾污（Contamination）、受潮受热（Sweating&Heating）、串味（Taint of Odour）等。

（2）特殊外来风险。主要指战争、罢工、交货不到、拒收等和与军事、政治、国家政策、法令以及行政措施等有关的外来风险。

（二）海上损失

货物在海上运输中，由于海上自然灾害和意外事故所造成的损毁与灭失称为海上损失（Marine Loss）。海上损失按损失程度可分为全部损失和部分损失。在部分损失中还可分为共同海损和单独海损。

1. 全部损失。全部损失（Total Lloss）简称全损，指保险标的由于保险责任范围内的风险事故造成的全部灭失或视同全部灭失的损害。它包括实际全损与推定全损两种情况。

（1）实际全损（Actural Total Loss－ATL），又叫绝对全损（Absolute Total Loss）。构成实际全损有以下四种情况：

1）被保险货物实体已完全灭失。

2）被保险货物已丧失原有用途与价值。如水泥被海水浸泡或硬块。

3）被保险人对保险货物的所有权已无可挽回地被完全剥夺。如货物被敌国没收。

4）载货船舶失踪达一定时期仍无音讯。该期限我国海商法规定为两个月。

（2）推定全损（Constructive Total Loss—CTL），也称商业损失，指被保险货物受损后，实际全损已不可避免，或者恢复、修复该标的物或运送货物到达原定目的地所耗费用，估计已达到或超过其实际价值或保险价值。

2.部分损失。部分损失（Partial Loss）是指被保险货物的损失没有达到全部损失的程度。它包括共同海损与单独海损两种情况。

（1）共同海损（General Average）。是指在海上运输中，船舶和货物等遭受自然灾害、意外事故和其他特殊情况，为解除共同危险，船方采取的合理的、人为的措施所引起的特殊牺牲与合理的额外费用。共同海损应由船舶、货物、运费等有关的利害关系方共同负担。

构成共同海损必须具备以下条件：

1）危险必须是真实存在的，危及船舶与货物共同安全的。臆测的危险不构成共同海损的危险。如航行中，船长看到货舱通风孔冒气，误认为烟，便往货舱灌水，抵目的港后，发现并未发生火灾，因上述行为造成的货物水渍损失就不属于共同海损。

2）共同海损的牺牲和费用必须是为了解除船货危险，有意识地采取的合理措施的直接后果。所谓"有意识"是区别于意外的。船舶在航行中遭遇到的意外损失由受害人自行负担，而有意识采取措施造成的损失，应由受益各方共同分摊。所谓"合理"是指在采取措施的当时看来，措施是有成效的，因而也是符合全体利害关系方利益的。

3）共同海损是牺牲和费用必须是非常性的和额外的。所谓"非常性"是指船长在其正常职责范围内，所采取的非正常措施，是为避免危险或减少危险的损失，而做出的特殊的牺牲。所谓"额外的"是指在船舶正常营运费用以外的费用。

以上各项是构成共同海损所必须具备的条件，缺一不可。

（2）单独海损（Particular Average）。是指在海上运输中，由于保单承保风险直接导致的船舶或货物本身的部分损失。它是一特定利益方的部分损失，不涉及其他货主或船方，仅指保险标的本身的损失，并不包括由此引起的费用损失。在伦敦保险协会新的货物条款中，该术语已不再被使用。

3.费用损失。海上风险和外来风险除了使保险货物本身遭到毁损与灭失外，还会带来费用上的损失。海上运输货物费用损失主要包括施救费用与救助费用两部分。

（1）施救费用（Sue & Labour Charges）。是指被保险货物在遭遇承保责任范围内的灾害事故时，被保险人或其代理人、雇佣人、受害人为了避免、减少货物损失，采取各种抢救与防护措施所支出的合理费用。

为了鼓励被保险人对受损货物积极采取抢救措施，防止损失进一步扩大，减少保险人赔款支出，我国和世界各国的保险法规或保险条款一般都规定：保险人对被保险人所支付的施救费用应承担赔偿责任，赔偿金额以不超过该批货物的保险金额为限。上述规定在保险合同中是一项补充性或独立的协议，施救费用的赔付不受保险标的损失赔款的影响。

（2）救助费用（Salvage Charges）。是指海上保险财产在遭遇保险事故时，由保险人和被保险人以外的第三者采取救助措施并获成功，由被救方付给救助方的一种报酬。它一般可列入共同海损的费用项目。在各国保险法或保险合同中，一般都规定保险人对救助费用负赔偿责任，保险人对救助费用的赔偿责任是以不超过获救财产价值为限。长期以来，在国际海上救助中普遍采用的救助合同格式是英国的以"无效果、无报酬"为原则的"劳合社救助合同标准格式"。不过，近年来，针对海上石油运输不断增加，海上污染严重，为了鼓励救助人救助行为，保护海洋环境，根据有关方面要求，劳合社已在其1980年救助合同格式中，对"无效果、无报酬"原则作了一些例外的规定：对于遇难的油船，救助人只要没有过失，即便救助无效，也可以获得合理的报酬。

（三）海上运输货物保险的分类

海上运输货物保险亦称水险，指保险人对于保险标的因海上保险事故的发生而导致的损失负赔偿责任的保险。它一般分为：

1. 海洋运输货物保险。这是海上运输货物保险中最主要的险种。它承保在海洋运输过程中，因自然灾害、意外事故或外来原因所导致的货物的损失。

2. 海洋运输货物战争保险。这是海洋运输货物保险的附加险。它承保海上发生的战争、敌对行为以及常规武器等造成货物的损失。

3. 海洋运输冷藏货物保险。它是一种专门保险，承保海运冷藏货物因灾害、事故、外来原因造成冷藏货物的损失和腐烂。

4. 海洋运输散装桐油保险。它也是一种专门保险，承保海上运输的散装桐油不论任何原因造成的短少、渗漏、沾污和变质的损失。

在上述分类方法基础上，还可根据能否单独投保划分为基本险和附加险。基本险所承保的主要是自然灾害和意外事故所造成的货物损失或费用；附加险承保的是其他外来风险所导致的损失或费用。

（四）海洋运输货物保险的保险单与条款

1. 海洋运输货物保险单。保险单是保险合同双方权利、义务的主要依据，是保险人的承保证明。海上运输货物保险的保险单上一般都经双方约定载明保险货物的保险价值。

（1）保险单的内容。保险单包括以下内容：

——保险人和被保险人。

——保险标的物的详细说明，如货物标记、包装及数量、保险项目和保险金额等。

——保险费率与保险费。

——装载运输工具、开航日期、装运地、目的地。

——承保的险别。

——出险后索赔时需要证件和立即通知保险人查勘的规定等。

——赔款偿付地点。

——订立保险合同的日期及双方的签字。

——保险责任与除外责任。

（2）保险单的种类。目前，我国保险市场上使用的水险保险单大体有四种形式。

——保险单（Insurance Policy）。俗称大保单，是应用于海上保险的标准保险单。正面采用表格方式，印有要填写的有关内容；背面印有保险条款，将保险人与被保险人的责任义务全部载入。保险单是保险人印就的固定格式，但使用时还可根据双方当事人的约定进行增删、修改，以调整双方权利义务。

——保险凭证（Insurance Certificate）。俗称小保单，是一种简化了的保险单，上面不印保险条款，但同大保单具有同样效力。一般用于预约保险合同中。基于小保单的特点，在实务中，应该按信用证要求出具保险单，不要以保险凭证代替，否则，易给信用证开证申请人或开证行以单证不符为由拒付货款或保留追索权的口实。

——联合凭证（Combined Certificate），亦称联合发票。是一种发票和保险单相结合的比保险凭证更为简化的保险凭证。目前，只有我国采用这种形式，且仅适用于出口到港澳、新加坡和马来西亚地区的业务。

——预约保险单（Open Policy），亦称开口保单。是一种定期统保契约的证明，是一种没有总保险预约的保险总合同，是保险人对被保险人将要装运的属于约定范围内的一切货物自动承保的总合同。目前，我国仅用于按 FOB 或 CFR 条件进口的货物和出口展卖的展卖品。出口贸易货物保险很少使用它。

——暂保单（Binder Cover Note），亦称临时保险单。是保险人签发正式保险单前所出立的临时证明。它常常是在投保人与保险人订立保险合同时，还有一些条件尚未确定，而投保人又急需保险凭证的情况下，由保险人先行开立的。保险人签发的暂保单特别为按 FOB 或 CFR 条件进口的投保人提供了方便。有了暂保单，进口人可预先办妥投保，获得国外装运通知后，再将装运细节通知保险人，换取正式保险单。

（3）保单的填制。保险单是保险合同的书面证明文件，因此，保险人在出单时一定要讲求保单质量。填单时要认真负责，要按有关要求出单；保险用语要明确，特别是保险条件的用语更要肯定、恰当；保险单的单面要整齐清洁，正本、副本都要字迹清楚，要避免模糊难认；保险责任范围必须明确、清楚；如发现错误，应立即修改更正，小错可加盖校正章在原保单上改正，如修改内容较多，应注销原保险单重新出单。在此基础上，填制保单的有关项目：

——被保险人。在 CIF 条件下，出口货物一般由出口商投保，若信用证没有特别规定，在制单时，被保险人一定要与信用证的受益人名称保持一致。

——标记（唛头）。保单上标记要与提单、发票及其他单据上的标记一致。

——包装的数量、重量及保险货物名称。对包装的性质如箱、包、捆、件，以及数量、重量等须书写清楚；货物名称的填写必须具体明确。

——保险价值与保险金额。保险价值多少，由保险人与被保险人共同确定。保险金额一般要按发票的 CIF 价格加上一定成数计算。另外，保险金额的大小写金额要一致，所用货币和信用证上所用货币要一致。

——装载工具、起运地、目的地和开航日期。海运货物应填具体船名和已知的二程船名。保单上的起运地和目的地应与提单或其他运输单据一致。开船日期应按提单日期填列。

——承保险别。险别填制要十分谨慎，严格按信用证说法表示。

——勘定理赔代理人。填写目的地的代理人名称。

——赔付地点。在保险目的地以外地方给付赔款时，应申明赔付地点。若信用证上规定了偿付地点，应与信用证上所规定地点一致。

——出具保单日期。保单的出具日期要比提单日期或其他货运单据日期早，以表示货物在装运前已投保。

（4）保险单的审核。审核保险单时应重点审核以下几项：

——保单签发人。依照《跟单信用证统一惯例》规定，保险单必须与信用证规定相符，且必须由保险人或其代理人签署。保险经纪人签发的暂保单只有经信用证特别授权才予接受。

——保险单的受益人和背书。由于只有在 CIF 或 CIP 条件下信用证才会要求出口人提供保险单，所以，出口人到保险公司投保时，保险单受益人为出口人。进口人要想享有保险利益必须在其付款后要求出口人在保单上背书。

——保单与信用证必须在保额与货币币种上保持一致。

——保单与信用证必须在货物名称上保持一致。

——保单份数。为了与海运提单配合使用，信用证通常规定保单正本一式几份，副本若干份。

（5）保险单的批改与转让。

——保单的批改。签发保单后，在有效期内，被保险人如发现投保时申报存在的问题，或由于新的情况出现，致使保险单所载内容与实际情况不符时，被保险人必须书面向保险人或其代理人提出批改申请。保险人批改保险单一般采用签发批单（Endorsement）的方式进行。

——保险单的转让。保险单的转让主要是指保险单权利的转让，通常采取被保险人在保单上背书来完成。在海上运输货物保险中，保险单可以不经保险人同意而自由转让。但这种转让必须在保险标的所有权转移之前或转移的同时进行。在海上保险单办理转让时，保险单转让的有效性不取决于损失是否发生，而取决于被保险人对保险标的是否具有可保利益。

2. 海上运输货物保险条款。现在国际市场上所使用的海运货物保险条款，主要有伦敦保险协会制定的协会条款（Institute Cargo Clauses－ICC），其他的还有美国条款、法国条款、北欧、德国和日本条款。我国也有自己的条款，简称中国保险条款（China Insurance Clauses－CIC）。

（1）我国海上运输货物保险条款与险别。我国的国际运输货物保险条款简称中国保险条款，主要分为海上、陆上、航空、邮包四类。其中，海上保险条款，除平安险、水渍险和一切险合并在海洋运输保险条款外，其他各种附加险都有自己单独的条款。中国保险条款，其组织结构采取按内容性质归类的方法进行分款、分项，层次和条理比较清楚。我国海上运输货物保险条款就其组成部分看，基本上分为责任范围、除外责任、责任起讫、被保险人的义务及索赔期限等几个部分。上述几部分的不同组合便构成了我国海上运输货物保险的具体险别。其中能单独投保，不附加在某一险别下的险别称为主险或基本险；那些只有在保了主险以后才允许附加的险别叫附加险。下面先就基本险别介绍如下：

第一，平安险（Free from Particular Average－F. P. A）。其原意是"单独海损不赔"。平安险是我国延用已久的习惯叫法。其责任范围是：

——在运输过程中，由于自然灾害和运输工具发生意外事故，造成被保险货物的实际全损和推定全损。

——由于运输工具遭受搁浅、触礁、沉没、互撞、与流冰或其他物体碰撞以及失火、爆炸等意外事故造成货物的部分损失。

——在运输工具已经发生搁浅、触礁、沉没、焚毁等意外事故的情况下，货物在此前后又在海上遭受恶劣气候、雷电、海啸等自然灾害所造成的部分损失。

——在装卸或转运时，由于一件或数件整件货物落海造成的全部或部分损失。

——被保险人对遭受承保责任内的危险事故的货物进行抢救，防止或减少货损的措施而支付的合理费用，但以不超过该批被救货物的保险金额为限。

——运输工具遭遇海难后，在避难港由于卸货、存仓及运送货物所产生的特别费用，以及在避难港卸货引起被保险货物的全部损失或部分损失。

——共同海损的牺牲、分摊和救助费用。

——运输契约订有"船舶互撞责任"条款，根据该条款规定应由货方偿还船方的损失。

由于平安险承保范围限于上述内容，因此，一般多适用于大宗、低值、粗糙、无包装货物，且投保平安险费率较低。

第二，水渍险（With Particular Average－W. A.）。水渍险也是我国的一种习惯叫法，其英文含义是"负单独海损责任"。它的承保范围是平安险所承保的全部责任和被保险货物在运输途中，由于恶劣气候、雷电、海啸、地震、洪水等自然灾害所造成的部分损失，以及暴力、盗窃、投弃、船长及船员的恶意行为等意外事故造成的部分损失。一些散装但不易生锈的货物常投保此险别。

显然，水渍险的保险责任大于平安险，因此，水渍险的保险费率高于平安险。同时，由于水渍险负单独海损责任，所以，在赔款计算时，通常有免赔率的规定，免赔率高低视货物性质而定，但免赔率规定不适用于共同海损、船舶或驳运工具发生搁浅、触礁、沉没或焚毁所造成的损失。

第三，一切险（All Risk）。一切险的责任范围除包括平安险和水渍险的所有责任外，还包括在运输过程中，由各种外来原因所造成的保险货物的全部或部分损失。所谓"外来原因"引起的赔偿责任指的是海洋运输货物保险的 11 种一般附加险。一般附加险包括：偷窃提货不着险（Theft，Pilferage and Non－Delivery）、淡水雨淋险（Fresh Water Rain Damage）、短量险（Risk of Shortage）、混杂、沾污险（Risk of Intermixture ＆ Contamination）、渗漏险（Risk of Leakage）、碰损、破碎险（Risk of Clash ＆ Breakage）、串味险（Risk of Odour）、受潮受热险（Damage Caused by Sweating ＆ Heating）、钩损险（Hook Damage）、包装破裂险（Loss for Damage Caused by Breakage of Paching）、锈损险（Risk of Rust）。

一切险承保的责任虽然比水渍险广，但对于不可避免的、必然发生的风险事故所造成的损失仍不负责。由于它的责任范围广，因此费率最高。另外，一般附加险既可构成一切险的责任范围，也可在投保平安险或水渍险时选择投保使用。

除了一般附加险外，海洋运输保险还包括 6 种特别附加险和两种特殊附加险。其中，特别附加险所承保风险大都同国家行政管理、政策措施、航运贸易习惯等因素有关，包括交货不到险（Failure to Deliver）、进口关税险（Import Duty）、舱面险（On Deck）、拒收险（Rejection）、黄曲霉素险（Aflatoxin）、出口货物到香港（含九龙）或澳门存仓火险责任扩展条款（Fire Risk Extension Clause For Storage of Cargo at Destination HongKong，Including Kowloon，or Macao）。特殊附加险包括海运战争险（War Risk）、罢工险（Strikes Risk）。

除了海运战争险适用"水面危险"原则，即被保险货物在保险单载明的装船港装上海轮开始起，直到在保险单载明的目的港卸离海轮时为止外，以上其他各险种均适用"仓至仓条款"（Warehouse to Warehouse Clause），即保险人对被保险货物所承担的保险责任从货物运离保险单载明的发货人仓库或储存处所时开始生效，直到货物运到保险单载明的目的地收货人仓库或储存处所时止。货物进入仓库后保险责任即行终止。

（2）伦敦保险协会海运货物保险条款。由于英国在海上保险中有着特殊的地位，因此，伦敦保险协会所制定的保险规章制度，特别是保险单格式与保险条款对世界各国有着广泛影响。协会货物条款（ICC）最早制定于 1912 年，是为了补充、修改沿用已久、内容陈旧的劳合社保险单（S. G.）而制定的。第二次世界大战后，由于贸易的内容与运输方式都发生了较大变化，原来的保险单已不适应贸易的需要，在此情况产生了伦敦保险协会货物条款，到 1963 年正式形成一套完整的伦敦协会货物保险条款。这一套条款需要经常进行修改补充，最近的一次修订完成于

1981 年，并于 1982 年 1 月 1 日起在伦敦保险市场开始使用。1963 年的修订本共分 15 条，而 1982 年版本为 19 条。下面先对 1963 年版本作一介绍。

第一条，运输条款（Transit Clause）。本条实际上是保险责任起迄的期限条款，它将以前的"仓至仓条款"进行了扩展。规定自货物从保险单所载明的码头仓库运出起，经正常运输途径，直至货物运入最终仓库，或卸货后届满 60 天，或在目的港或中途港仓库准备分派用时为止。本条款虽有在最终卸载港卸载完毕满 60 天的规定，但这 60 天不是"当然的"，而是在不得已情况下的通融时间。

第二条，航程终止条款（Termination of Adventure Clause）。本条款规定，在被保险人无法控制的情况下，船舶被迫在抵达目的地之前停泊或在中途港终止航程时，保险公司仍旧按仓至仓精神，负责保险货物在当地出售或继续运往保险单所载目的地和其他目的地。但被保险人知悉航程变更后，应通知保险公司，以便酌情加付保费。

第三条，驳运条款（Craft & Craft Clause）。本条款明确规定，保险货物如果用驳船装卸，在驳船上发生保险事故的损失，保险公司也负责任。且每条驳船都分别作一个单独的保险。

第四条，航程变更条款（Change of Voyage Clause）。本条款是对发生航程变更，或对承保标的、载运船舶、航程的陈述有遗漏与错误时，可在收取加保费后，承保继续有效的一种规定。

第五条，险别条款（F. P. A.，W. A.，All Risks Clause）。本条款是对保险人的承保责任进行规范，按三种不同险别分别订明保险范围。即平安险条款（F. P. A. Clause）、水渍险条款（W. A. Clause）、一切险条款（All Risks Clause）。

第六条，推定全损条款（Constructive Total Loss Clause）。它规定对实际全损显然已不可避免，或货物的恢复整理及继续运往保单目的地的费用超过其到达目的地时的价值时，视为推定全损来赔付。

第七条，共同海损条款（General Average Clause）。它明确规定共同海损与救助费用的赔付，根据运输契约规定按国外理算书或约克·安特卫普规则办理。

第八条，承认适航性条款（Seaworthiness Admitted Clause）。本条款规定，如果承运货物的船舶不具备适航能力致使货物受损，保险人可在赔付给被保险人后，对船方行使追偿权。

第九条，受托人条款（Baliee Clause）。本条款规定，被保险人及其代理人在任何情况下都应采取措施，以减少或避免货物损失，同时，应保证维护和行使向承运人、受托人或其他第三者追偿损失的一切权利。

第十条，无受益条款（Not to Insure Clause）。本条规定，货物保了险后，不能因此减免承运人或其他受托人的责任，保险人具有向被保险人以外第三者追偿的权利。

第十一条，互有过失碰撞条款（Both to Blame Collision Clause）。船舶因对方过失而碰撞，被保险货物所受损失，由保险人负责赔偿。

第十二条，战争险不保条款（Free of Capture and Seizure Clause）。货物保险条款不包括战争险，但如果加保了战争险，则本条款予以删除。

第十三条，罢工、暴动及骚乱不保条款（F. S. R. & C. C. Clause）。凡因罢工、暴动、政变等导致运输货物的灭失或损坏，保险人不负赔偿责任。但加保罢工险的除外。

第十四条，合理措施条款（Reasonable Despatch Clause）。本条款规定，被保险人在其能够控制的一切情况下，应尽快采取合理措施，否则，保险人不负责任。

第十五条，"仍予负责"条款（Note "Held Covered" Clause）。本条规定，如果发生需要另议保险费情况，被保险人知道后必须立即通知保险公司，只有履行这一义务后，保险人才考虑是否接受。

1982 年 1 月 1 日的伦敦协会货物保险新条款在结构上改变了以前依附于劳合社保单的组织方法，其组织结构采用了我国按内容性质归类的方法，分为八节、十九条。这八节分别为承保范围（Risk Covered）、除外责任（Exclusion）、保险期限（Duration）、赔款（Claims）、保险利益（Benefit of Insurance）、减少损失（Minimising Losses）、防止延迟（Avoidance of Delay）和法律实施（Law and Pratice）。另外另一个备注（Note）。这十九条是在原来基础上新增加了保险利益条款、续运费用条款、增值条款、放弃条款和英国法律与惯例条款，同时，又对其他一些条款进行了适当修改。显著的变化有：①险别改用英文字母表示，取消了平安险、水渍险和一切险名称，代之以 ICC（A）、ICC（B）、ICC（C）。②对保险人承保的风险损失，不再做全部损失与部分损失的划分。③增加了恶意损害险，承保被保险人以外的其他人出于非政治动机的故意破坏行为所导致的保险货物的灭失与损害。

总之，协会条款 1982 年版本比 1963 年版本更明确、清晰，对被保险人来说更易于理解，顺应了时代的要求。

（五）海上运输货物保险条款的选择使用与实施

1. 保险条款的选择。买卖双方在洽谈交易时，应明确保险条款的选择使用，并写明下列情况：

（1）险别。不同的货物、航程、航线可能遭遇风险不同，需要保险的险别也就有所不同。投保人在投保时需要根据货物的特性、货物的包装、航线等不同的情况适当选择保险险别，做到既获得足够的经济保障，又节省不必要的保险费支出。

（2）投保人。货物运输保险的投保人取决于双方成交时的价格条件。根据《1990 年国际贸易术语解释通则》的解释，EXW（工厂交货价）、FCA（货交承运人价）、FAS（装运港船边交货价）、FOB（装运港船上交货价）、CFR（成本加运费价）均由买方办理保险。CIF（成本、保险费加运费价）、CPT（运费付至价）、CIP（运费及保费付至价）、DAF（边境交货价）、DES（目的港交货价）、DEQ（目的港码头交货价）、DDU（未完税交货价）、DDP（完税后交货价）均由卖方办理保险。

（3）保险金额。保额一般按 CIP 价格总值的 110％计算，一般不低于 CIF 或 CIP 价格的 100％。

（4）保险条款。在我国投保货物运输保险时，一般采用中国保险条款（CIC），但应投保人要求也可采用英国伦敦协会货物保险条款（ICC）。

2. 保险条款的实施。在保险条款实施过程当中，以 FOB 或 CFR 价格条件成交的买卖合同中，虽由买方投保，但有时会由于一些原因，由买方委托卖方为其办理保险，这样就会把货运险中的"仓至仓"条款范围改为"船至仓"的范围。因为"仓至船"这段时间里，买方无可保利益，如要得到完全保障，卖方则需自行投保装船前的保险。在 CIF 价格条件下，投保人与保险利益一致，在象征性交货后，随着风险的转移，保单也就可以背书转让，这样各方利益都得到了保障。中国保险条款（CIC）规定，在按 CIF 价出口时，保险应由卖方在货物出运前办理，保单出单日期不得晚于提单出单日期。

在信用证（L/C）方式下，只要卖方交付的单据与信用证相符就可以取得货款。如果买卖双方以承兑交单（D/A）或付款交单（D/P）支付方式达成交易，买方在未付款前货物受损，买方就不会付款赎单，卖方的风险就会很大。但如果双方以 CIF 价成交，在 D/P 或 D/A 付款方式下，货物受损，保险公司就可赔偿给卖方。但如果双方以 FOB 价格成交，卖方则须投保卖方利益险方可得到保障。

办理运输货物保险时，如以 CIF 价格出口，卖方需同当地保险公司联系，在确定装运日期和运输工具后，根据合同或信用证有关规定填制保单。在以 CFR 和 FOB 条件进口时，保险由买方办理。在我国，进口企业一般与保险公司签有预约保险合同，货物一经启运，即自动承保。

（六）海上运输货物保险索赔

被保险货物在抵达目的地后，经过检验，如果发生了保险责任范围内的损失，被保险人即可按照保险单有关条款的规定向保险人提出索赔。

1. 损失通知。被保险人一旦获悉或发现保险货物遭受损失，应立即通知保险公司。损失通知一经发出，索赔行为开始生效，不再受索赔时效的限制。由于在保险单上已事先标明在目的港的检验、理赔代理人名称和地址，所以，被保险人或其代表可就近通知代理人，并申请对货物进行检验。同时，被保险人应会同有关部门对受损货物进行施救、整理，以避免损失进一步扩大。检验完毕后，被保险人应取得检验报告。这是向保险人索赔的一个必备单证。

需要强调的是，海上运输货物的损失往往与承运人、受托人有关，故保险人应保全对承运人等有关各方要求赔偿损失的权利。如货物有可疑之处，但损失尚不能确定，不得签署"清洁受货单"。

被保险人进行损失通知的方式通常有电话和书面通知两种。电话方式比较快捷，但为了慎重起见，最好在电话通知后，再附上书面通知。

2. 提请赔偿。保险货物的损失经过检验，以及办妥向承运人追偿的手续后，被保险人就可向保险公司或其代理人提出赔偿请求，并将有关单证附上。通常提供的单证有：

（1）保险单或保险凭证正本。这是申请赔偿的基本证件。

（2）运输合同或契约。这里指海运提单，它可以证明保险货物的承运状况，如承运人、件数、运输路线、交运时的货物状态等，以确定受损货物是否为保险公司所承保，以及在保险责任开始前的货物状况。

（3）商业发票。它是买卖双方清偿货款的依据文件。被保险人向保险人要求赔偿时，需提供商业发票，作为计算保险赔款的依据。

（4）装箱单、磅码单。它用以证明被保险货物装运时件数和重量的细节，是核对损失数量的依据。

（5）向承运人等第三者责任方请求赔偿的函电或其他单证和文件。这些文件可证明被保险人已履行了他应办的追偿手续，也维护了保险人的追偿权利。

（6）货损、货差证明。这是在承运人所签发的提单是清洁的，而所交的货物有残损或缺少的情况下，要求承运人签发的文件。它既是向保险公司索赔的证明，同时，又是日后向承运人追偿的依据。

（7）索赔清单。索赔清单是指受损货物经清点并计算出损失金额后，将有关详细资料列出的一份明细表。它是索赔的主要文件之一，可使保险人了解货主索赔的内容。同时，还可以与保险单对照复核损失金额有无超过免赔额等情况。

（8）检验报告。检验报告习惯上由保险人与被保险人之外的第三方出具，具有公证作用。其作用在于证明损失原因、损失程度、损失金额、残余物价值及受损货物处理经过等情况，以确定保险责任和应赔金额。

（9）海难报告书。是载货船舶在航运途中遭遇恶劣气候或其他人力不可抗拒的海上事故时，船长将实际情况以书面形式概要地向有关管辖部门报告，并经该部门签证的一种证明文件。它主要是用以证明船舶遭受恶劣气候的重要文件，但不能用以断定保险货物损失就是遭遇恶劣气候的结果。

另外，如果索赔是由经纪人代理的，还必须出示当事人授权书。

保险人在有关索赔手续办妥后，就可等待保险公司最后审定责任，领取赔款。

二、国际贸易中其他运输方式下的运输货物保险

在国际贸易中，货物的运输除了主要采用海洋船舶运输方式外，还有采用陆上运输、航空运输或国际多式联运等方式的。随着国际贸易规模的扩大，其他运输方式也更多地被采用，这些运输方式下的保险也日益壮大起来，成为国际货物运输保险中的不可缺少的组成部分。由于海洋运输历史悠久，故此，海洋运输保险对陆上运输保险和航空保险的形成有着很大的影响。这种影响，使陆运保险和航空保险在

许多方面都与海上保险有着相同的规定，但由于运输方式不同，所遇风险不尽一致，陆、空运输货物保险又与海洋运输货物保险有着不尽相同的规定。

（一）陆上运输货物保险

陆上运输主要包括铁路运输和公路运输两种，所使用的运输工具通常是汽车和火车。陆上运输货物保险（Overland Transportation Insurance）主要承保以火车、汽车等陆上运输工具进行运输的货物保险。在我国，陆上运输货物保险的主要险种包括陆运险（Overland Transportation Risks）和陆运一切险（Overland Transportation All Risks）两种。另外，还设有专门险——陆上运输冷藏货物保险（Overland Transportation Cargo Insurance—Frozen Products）和附加险——陆上运输货物战争险（Overland Transportation Cargo War Risks—By Train）。

1. 陆运险与陆运一切险。

（1）陆运险的责任范围。陆运险与海运险中的水渍险相似。保险人负责赔偿被保险货物在运输途中遭受自然灾害，或由于陆上运输工具（仅限于火车和汽车）遭受碰撞、倾覆或出现出轨，以及驳船在驳运过程中因驳运工具遭受搁浅、触礁、沉没、碰撞，或由于遭受隧道坍塌、崖崩或失火等而造成的全部或部分损失。此外，被保险人对遭受承保责任内的风险事故的被保险货物采取抢救，防止或减少货物损失而支付的合理费用，在该被救货物保险金额限度内的，由保险公司负责赔偿。

（2）陆运一切险的责任范围。陆运一切险的承保责任范围相当于海运险中的一切险。保险人除承担陆运险的赔偿责任外，还负责货物在运输途中由于外来原因造成的全部或部分损失。陆运一切险与陆运险一样，责任范围均仅适用于火车和汽车。

陆上运输货物保险的除外责任和责任起迄等与海洋运输货物保险大体一致，不再重述。

2. 陆上运输冷藏货物保险。陆上运输冷藏货物保险的责任范围除包括陆运险所列举的自然灾害和意外事故所造成的全部或部分损失外，还负责赔偿由于冷藏机器或隔温设备在运输途中损坏所造成的被保险货物解冻溶化而腐烂所造成的损失。但由于战争、罢工或运输延迟而造成的损失，以及保险货物在责任开始时未保持良好状况所造成的额外损失不予负责。一般的除外责任也适用本险别。

3. 陆上运输货物战争险。该险别是一种附加险，国外私营保险公司大都是不保的。在我国，中保集团为适应外贸需要，接受加保，但目前仅限于火车运输。保险人负责赔偿在火车运输途中，由于战争，类似战争行为和敌对行为、武装冲突以及各种常规武器所致的损失。

（二）航空运输货物保险

由于飞机是现代世界上最快捷的交通工具，因此，国际贸易中的货物运输，特别是贵重或时间性强的货物，大多采用空运，航空运输货物保险（Air Transportation Cargo Insurance）的重要性日益增强。航空运输货物保险承保空运途中因为自然灾害、意外事故或外来风险造成的货物损失。这种保险险别的划分，在我国主要分为航空运输险和航空运输一切险，以及一种附加险，即航空运输货物战争险。

1. 航空运输险（Air Transportation Risks）和航空运输一切险（Air Transportation All Risks）。航空运输险与海运货物保险中的水渍险大致相同。保险公司负责赔偿被保险货物在运输途中遭受雷电、火灾、爆炸，或由于飞机遭受恶劣气候或其他危险事故而被抛弃，或由于飞机遭受破撞、倾覆、坠落、失踪等自然灾害和意外事故所造成的全部或部分损失。航空运输一切险除负上述责任外，还负责被保险货物由于外来原因所致的全部或部分损失。

2. 航空运输货物战争险。该附加险承保货物在航空运输途中，由于战争，类似战争行为、武装冲突，以及由此引起的捕获、拘留、扣留、扣押和各种常规武器所致的损失。

第三节　国际贸易中的信用保险

一、出口信用保险概述

（一）出口信用保险的含义

出口信用保险是保险公司向出口公司提供收汇风险保障的一种保险。在现今的国际贸易中，销售产品的竞争十分激烈，除了产品质量与价格竞争外，还有支付方式和贸易条件的竞争。以前，我国为了安全起见，在国际贸易出口中尽量要求对方采用信用证结算方式。现在，不少发达国家和发展中国家在出口贸易中采用 D/P（付款交单）、D/A（承兑交单）或 OA（赊账）等非信用证结算方式，以增强其竞争力。如果我们再一味坚持信用证结算方式，势必实现对外出口的大发展，就不能不研究当前国际贸易中的新趋势，采用灵活多样的非信用证收汇方式，为进口方提供商业信用，增加出口方的竞争能力。但是，这样做也意味着同时伴随而来的是收不回货款的风险。为消除这种风险，出口信用保险便应运而生了。它与一般商业性保险的区别在于它体现着政府鼓励扩大外贸出口的倾斜政策,因而,它是一项非盈利性的、政策性的保险业务。

(二) 出口信用保险的作用

出口信用保险作为一项政策性保险业务,其基本作用表现为:

1. 支持出口方以信用赊账方式出口货物,提高出口方竞争能力。当出口方在遭受买方商业风险或买方所在国的政治风险而不能或不能按时收到货款时,由保险人及时赔付给出口方。通过将出口业务中的呆账、坏账由过去经常采用的财务报损处理办法,改为由保险人提供经济补偿的办法,使卖方不致因买方不付账而影响资金周转和经济效益。

2. 可为出口方提供买方资信调查和市场信息服务。由于保险公司和国外有较广的业务接触,因此,可以通过各种渠道了解掌握买方的资信状况,并用电脑加以储存和管理,从而通过信息库为出口方提供必要的咨询服务,使出口方全面了解进口方的资信状况和经营水平,提高出口方的决策科学化水平。

3. 出口信用保险为出口方向银行融资提供了便利条件。出口信用保险单是安全收汇的保障,有出口信用保险单做担保,银行就可免除后顾之忧,为出口方提供贷款。

除上述作用外,出口信用保险还被赋予了为实施市场多元化战略保驾护航的历史重任。

(三) 出口信用保险的种类

目前,我国办理的出口信用保险,根据货物性质,期限长短,承保方式不同分为短期出口信用保险和中长期出口信用保险两类。

1. 短期出口信用保险,是指付款期不超过 180 天的出口货物信用保险。它主要为批量多、重复性强的初级产品和消费性工业制成品货物出口的收汇风险提供保障。经保险公司同意,短期出口信用保险有时也适用于信用期超过 180 天的合同。短期出口信用保险对商业风险的最高赔付比例一般不超过 90%,政治风险的赔付比例一般不超过 95%。短期出口信用保险适用于出口方按 D/P、D/A、OA 等商业信用付款条件,产品全部或部分在出口方所在国制造的出口合同。

2. 中长期出口信用保险,承保付款信用期在一年以上的资本性货物或半资本性货物出口信用风险。其中,资本性货物或半资本性货物指诸如船舶、飞机、成套设备,以及承包工程等。它主要适用于使用银行买方信贷、卖方信贷或其他方式签订的收汇期在一年以上,但一般不超过 10 年,金额在 100 万美元以上,但一般不超过 1 亿美元的出口合同。在我国,还要求出口的大型成套设备和机电产品等资本性、半资本性货物国产化率在 20% 以上。车辆、轮船和飞机等国产化率在 50% 以上。

二、我国出口信用保险的责任范围与除外责任

（一）责任范围

出口信用保险承保的主要风险是买方拒付货款风险，因此，出口信用保险一般都承保商业风险和政治风险。

1. 商业风险，商业风险是指完全属于买方自身的商业信用产生的风险，即由于进口方的自身责任而不能如期偿付的风险。主要包括：

（1）买方无力偿还债务。具体指法院已宣告买方破产或买方已接到法院关于破产清算的判决或裁定区别于买方已由法院委任的清算人、破产接管人接管区别于买方已做出将其全部资产用于清理债务的安排；或买方的债权人已接受买方的全部或大部分资产。

（2）买方收货或超过付款期限，未支付货款。其中，短期出口信用保险中超过付款期限4个月，中长期出口信用保险中超过付款期6个月，未支付货款的均被视为商业风险。

（3）买方拒绝收货及付款，而其原因并非由于出口方违约，且出口方已采取措施，包括必要时向买方起诉，迫使买方收货付款，亦被视为商业风险。

2. 政治风险，是指买卖双方均无法控制的风险。出口信用保险承保的政治风险包括国家风险和汇兑风险。国家风险是指买方的所在国家发生战争或其他政治事件，阻止或禁止买方履行义务而使买方不能付款或合同无法执行而产生的风险。汇兑风险是指由于一国外币储备严重不足，进口方虽有偿还能力并愿意偿还，但国家不允许其兑换足够的硬通货偿付出口方货款。

政治风险主要包括：

（1）买方所在国颁布法律、法令、命令、条例，或采取行政措施，实行外汇管制，限制汇兑，或禁止买方所购货物进口。

（2）买方所在国发生战争、敌对行为、内战、叛乱、革命、暴动或其他骚乱。

（二）除外责任

除外责任是保险人不负赔偿责任的范围，其作用在于使保险人的赔偿责任更加明确。出口信用保险的除外责任有：

1. 其他保险中已承保的风险与损失，出口信用保险不负赔偿责任。如在交货时已经或通常能够由运输货物风险负责的损失，出口信用保险不予负责。

2. 由于汇率变动而引起的风险与损失，出口信用保险不负责。

3. 由卖方或代表卖方的任何人违反合同或不遵守法律引起的损失。

4. 在货物交付前，买方已有严重违约行为，卖方有权停止发货而仍向其发货所造成的损失。

5. 在交付货物时，由于买方违反法律规定而未得到进口许可证，或进口许可证展期所引起的损失。

6. 由于卖方的或买方的代理人及承运人破产、欺诈、违约和其他行为引起的损失。

第二十章　期货贸易

第一节　期货交易的概念与功能

在经济全球化和经济一体化的背景下，国际贸易和跨国投资的规模日益扩大，各国之间的经济联系越趋紧密。各国为了在经济增长和发展中获得最大利益，在宏观经济政策上频繁地使用各种调节政策。各种宏观和微观因素引发的经济波动所导致的收益不确定性引起人们对期货和期权越加重视，期货和期权知识成为从事国际贸易和国际金融专业人士的基础知识之一。

一、期货交易概念

在社会生产力发展的历史上，人类的商品交换形式不断创新，形成了赠送、物物交换、现货交易、期货交易等多种交易方式。期货交易方式是在人类的商品交换形式发展过程中萌发、成长和完善的。每一种交易方式的产生，是对已经存在交易方式功能的补充和发展，新的交易方式将提高商品交易的速度、增加商品交易的机会、减少商品交易的成本、降低商品交易的风险、提供规避交易风险和开辟新的投资机会。

现货交易（Spot trade）是以货币为媒介，在买卖双方就商品的质量、数量和价格确认并达成口头或书面的合约以后，即刻或在较短的时期内（2～7天）进行现货交割（Delivery）的交易方式。在相当长的时期内，商品交易主要是以现货交易方式为主。

由于交易的即时性，现货交易存在某些局限：①存在一定的交易风险。现货买卖双方对交易商品的品种、质量、数量、价格、交货时间、地点和付款方式确认以后，如果商品的市场价格发生波动，交易者将无法规避价格风险。②价格信息的不完整性。现货交易形成的现货价格只能反映商品市场的即期供需状况和信息，不能预示将来时期的商品供求趋势变化。③交易成本比较高。现货交易大多是买卖双方的直接交易，交易过程中没有交易中介的参与，存在交易毁约、货款拖欠等的风险。

为了克服现货交易形式的不足，人们推出了远期交易（Forward trade）形式。远期交易是交易双方经过协商，对交易商品的品种、质量、数量和价格确认后，以契约（Contract）的形式，规定双方在将来某一时刻和地点实行现货交割的交易。由于远期交易是对将来某一时刻交割的商品进行交易，所以，远期交易的价格信息反映了人们对将来市场供需的预期。远期交易中，商品供需趋势的透明度大大增强。而且由于交易合约对交易双方具有一定的约束性，从而在一定程度上减少了远期交易商品的未来供需和价格走势的不确定性和盲目性，降低了经营风险。一直到19 世纪，在欧美农产品的交易中，远期交易发挥了重要的作用。

但是，远期交易也存在以下局限：①信息的不完整性。由于有的远期交易仍然是分散性交易和一对一的个别交易，这种远期交易形成的价格信息的公开性和流动性差。在远期交易中，人们获得的价格信息往往是局部市场的信息。②交易合约的个性化强，降低了规避风险的能力。远期交易中，交易合约规定的商品品质、交易数量、交割时间和地点是由交易双方商定的，所形成的交易合约的内容千差万别，各不相同。远期合约的这种个性化的特点，难以形成远期合约交易的二级市场，从而削弱了远期交易规避价格风险的功能。③交易成本比较高。由于远期交易大多数是一对一的交易形式，缺少交易中介的参与。当交易双方的资信度不确定时，也会产生毁约现象，交易成本和交易风险都会增加。

为了克服远期交易的局限和不足，期货交易（Futures trade）应运而生。

期货交易有以下特点：

1. 交易的期货合约必须是标准化合约。

在交易所交易的期货合约，是由国家的期货交易监控和管理组织，例如，中国的证监会、美国的期货交易委员会批准交易商品的标准化合约。所谓标准化是指对批准交易商品的品质、数量、交割地点、交割日期、价格的报价单位、每日价格的涨跌幅度限制等约二十多项指标内容的标准化。

2. 期货交易必须遵从交易管理部门所制定的交易规则，以公开的形式进行。

例如，在交易所指定的交易池内，或者在交易所设计的电子交易系统中进行交易。这样，从形式上可以保证期货交易的公开性、公平性和公正性。

3. 交易双方必须通过交易中介结算。

场外交易者通过经纪公司在场内的出市代表进行交易，场内交易者可以直接在交易所内交易。但是，他们的交易结果必须由结算所（Clearing hourse）进行结算。期货交易的交易风险由交易中介——结算所承担，从而降低了交易成本和交易风险。

4. 期货交易实行逐日结算制和保证金制。

结算所和经纪公司对交易者的交易头寸和价位进行每日结算。交易双方必须对自己的交易头寸（Position）交纳规定的保证金（Margin）。当期货市场价格走势不利于交易者的交易头寸，交易者的账面上未实现亏损超过了规定的维持保证金幅度时，经纪公司将向交易者发出追加保证金（Marging call）通知，交易者必须在规定的时间内缴纳追加保证金。如果交易者不能及时缴纳，经纪公司有权将交易者的头寸平仓。所以，期货交易者实质上是承担了每日价格波动的风险和履约的责任。

5. 期货交易的流动性比较强。

由于期货交易的对象是标准化合约，实行保证金制，因而吸引了大量的投机者参与，交易者的头寸容易了结，从而降低了交易者进出市场的障碍和成本。

总而言之，期货交易（Futures trade）是指交易双方或由其经纪人按照规定的交易程序和交易规则，在有组织的交易所内，以公开的交易形式，例如，公开喊价（Open crying）或者电子交易系统，对由期货交易管理部门批准的、在将来特定时点进行现货交割的、标准化合约的交易。

二、期货交易的功能

期货交易是商品经济发展到一定程度的高级交易形式，是人们对将来交割的现货商品价格预期的交易。期货交易中所形成的即期的期货价格，应当反映交易商品的将来价格。如果期货价格和将来现货价格预期产生偏差，将会引起套利交易。在套利交易的作用下，越是临近交割期，这种偏差越趋于收敛。

由于期货交易的价格是人们对将来现货价格的预期，期货交易具有价格发现、套期保值两大基本功能以及在这两大功能的基础上衍生的其他功能。

（一）价格发现的功能

在期货交易中，由于交易者交易的是标准化的期货合约，人们所关注的只是与期货商品价格波动相关的因素和现货商品价格变化趋势。而且期货交易吸引了大量的投资者参与，为了准确地判断期货价格的未来走向，投资者对国内外与期货商品价格有关的信息，进行了缜密的研究。在研究的基础上，交易者制定出相关的交易策略。其次，交易所能够按照期货交易规则，严密监管期货交易的进行，基本上可以实现公平、公正、公开的交易原则，排斥垄断和价格操纵行为。由于投资者在公开竞争和严密监管的环境中进行交易，所以，由这种规范的交易形式产生的期货价格，包含的信息密度高、置信度强，能够比较准确地反映商品的供给和需求趋势和人们对未来价格的预期。

在实际的商品交易中，人们往往利用期货价格预测相关的商品供求变化趋势，或者作为远期交易合约计价的基准价格。我国上海金属交易所的有色金属价格、郑州商业交易所的粮食价格、美国芝加哥期货交易所的小麦价格，英国金属交易所的金属价格都成为国内外商业谈判中的基准价格。例如，商业谈判中往往在合约中这样规定：交割价格以 5 月份的该商品的 6 月期货合约价格为计价的基准价格，上浮 3%，如果到 5 月份，6 月份的期货价格为 3.45 元，则现货的交割价格为 3.55 元。

（二）规避价格风险的功能

期货市场和现货市场存在于同一社会经济体系中，是两个平行的市场。在两个市场中，相同标的商品的现货价格和期货价格的变化，受到的供给和需求或者其他经济因素基本相同。所以，两个市场中的价格波动方向大体是一致的。在以上的前提下，假设某一交易者在现货和期货的两个市场中，拥有相反交易方向的头寸，例如，在现货市场上拥有多头头寸，买进某种商品；而在期货市场上拥有空头头寸，卖出相同的商品。当两个市场价格发生同方向的任何变化时，交易者在一个市场的亏损，可以由另一个市场的盈利抵补。这样就可以实现规避价格风险的目的。期货市场规避风险的功能，确保了交易者的经营稳定性和经营目标的实现。

（三）降低交易成本

虽然交易者在期货市场和期权市场上所建立的头寸，都可以利用现货市场的头寸替代，但是在期货市场，交易者可以用较低的交易成本建立相应的头寸。例如，交易者可以在期货市场上买进和股票指数结构相同的组合投资以替代在股票市场上建立的股指多头。在期货市场上所需要的交易成本只是现货市场上的 1/15 左右。

（四）提供了新的投资机会

由于期货和期权（Option）市场的交易需要的保证金小于在现货市场上实际支付的资金；交易双方通过交易中介进行交易，市场进入的障碍相对低；期货交易是对将来价格预期的交易，价格的波动比较频繁，等等。期货交易的这些特点，为投资者提供了大量的套利机会。

（五）促进国际经济一体化

20 世纪 70 年代以来，金融期货的发展，推动了期货市场国际化的进程，跨越国界的期货交易形成的期货价格，已成为调节世界商品供求和资源合理配置的重要指标之一。国际期货交易给国际投资提供了规避价格风险的有力工具，提高了国际市场的透明度，促进了国际贸易的发展，加强了国与国之间的经济联系，推动了国际经济一体化。

第二节　期货交易的参与者

根据参与期货交易目的不同，可以将交易者分为两类：一类是套期保值者；一类是投机者。

（一）套期保值者

套期保值者是指在现货市场中，已经持有现货或即将持有现货的个人和公司，他们参与期货交易的目的，是通过期货交易规避他们在现货市场的头寸可能面临的价格风险。套期保值者可能是商品的拥有者和使用者，如粮油进出口公司或粮油加工厂，也可能是投资者，如股票投资者、跨国公司等。

（二）投机者

投机者现在和将来在现货市场中都不持有现货，他们参与期货交易的目的，不是为了规避现货市场的价格风险，而是企图利用期货市场的价格波动，高卖低买，赚取利润。

投机者可以分为场外交易投机者和场内交易者。场内交易者是指在场内的投机者。他们具有交易所的会员资格，但是只为自己或自己的公司进行交易。他们偏向做小价差、大交易量的短线买卖。场内交易者与场外投机者相比，具有时间和价格上的优势。他们对市场判断的准确率、交易的效率以及成功率都胜于场外交易者。

第三节　期货交易的交易中介和管理机构

为了保障期货交易的顺利进行，期货交易有以下的交易中介和管理机构：

一、期货市场交易中介

（一）期货交易经纪公司

场外交易者进行期货交易必须通过期货交易经纪公司。期货经纪公司必须是经注册登记的，期货交易所的会员公司，是独立的法人。期货经纪公司的主要职能是为场外交易者提供期货经纪人、场所、报价及通信设备，以便客户下达交易指令；负责将客户的交易指令传递到经纪公司在期货交易所的出市代表进行交易；交易成交后，经纪公司负责将交易结果通报客户；同时，经纪公司负责管理客户账户，使客户的账户余额能反映客户的交易结果；经纪公司监视客户保证金余额的变化，负责通知客户交纳追加保证金；经纪公司有协助客户进行实物交割的责任。此外，经纪公司还负责传递市场信息，进行市场的分析报告，向客户提供期货和期权的交易知识和交易策略的培训。

（二）期货交易中介商

期货交易中介商是独立的法人，但不是期货交易所的会员。一般情况下，一个中介商可以与数家经纪公司有业务往来，代理经纪公司接受客户的交易指令，然后将交易指令转交给有业务往来的经纪公司，传到交易所进行交易。但是，期货交易中介商不能持有客户账户；它在会员经纪公司的授权下，可以以会员经纪公司的名义接受客户的资金，但是，必须在当天存入会员经纪公司的账户；期货交易中介商不能以个人或公司的名义接受客户的保证金。

（三）商品交易顾问

商品交易顾问是给客户提供交易咨询，收取顾问费或代理客户进行交易，分享利润的个人或公司。他们的主要功能是为客户提供商情分析、交易计划，或者接受客户的授权管理客户的账户，为客户进行交易。商品交易顾问也不能以自身的名义接受客户的保证金。他们可以是独立的法人，也可以是自然人，受雇于经纪公司、期货交易中介商。商品交易顾问必须是期货交易协会的会员。

（四）商品基金经理

商品基金经理是将为数众多的投资者的资金集中在一个基金账户下，代理参加商品基金的投资者统一进行期货和期权交易的个人和公司。商品基金经理只能以投资大众参加的基金名义，收取投资客户的资金。

（五）经纪人

期货经纪人是自然人，受雇于经纪公司、中介商、交易顾问和商品基金经理。其职能是为客户分析市场行情，代客户进行期货交易。一个经纪人只能在一家公司任职。经纪人必须通过各国规定从事期货交易的资格考试，取得经纪人的资格。

（六）场内经纪人

场内经纪人是会员经纪公司的出市代表，为该经纪公司的客户（场外套期保值者和场外投机者）在期货交易所内进行场内交易。有的场内经纪人也为自己的公司进行交易。

二、期货市场管理机构

期货市场管理机构有三个层次，由下而上分别为期货经纪公司、期货交易所和结算所、期货交易协会和期货交易委员会。

（一）期货经纪公司

经纪公司是直接面对客户的交易中介机构。在期货市场中，有一句行话是"期货经纪公司对自己的客户必须了如指掌"。因为场外客户是通过经纪公司进行期货交易的，期货经纪公司有责任监控客户的交易是否违反期货交易的规则。例如，为了防止客户企图控制市场价格，交易所对许多交易合约都规定了客户持有的最大交易头寸的限制。但是，仍然有的客户试图利用不同的账号进行交易，逃避这种规定的制约，达到操纵市场价格的目的。经纪公司是代理客户进行交易的，一般而言，他们能够及时发现客户的违规行为并加以制止。所以，在期货交易中，凡是发生重大的违规事件，总是和期货经纪公司的监管不严和纵容有关。

（二）交易所和结算所

交易所是会员所有制的组织，是期货交易的场所。有的交易所规定只允许个人拥有交易所会员的资格，例如，芝加哥交易所。有的交易所也允许企业和机构获取交易所的会员资格。交易所的会员资格可以像商品一样出售和转让。但是，交易所对会员资格申请者的资信，个人的品德等方面要进行严格的审查。

交易所的主要功能是为交易双方提供具有交易软硬件设备的场所，并确保交易所会员能在公平、公正、公开的条件下进行交易。

1. 交易所的基本功能如下：

（1）制定并执行保障期货交易的公开、公平、公正等原则的条例。

（2）监管市场中的交易状况，确保交易有秩序地进行。

（3）根据经济发展和市场交易的需要，设计新的交易合约，推出新的交易合约进入期货交易。

（4）对投资者和大众进行期货交易知识的宣传、培训，扩大期货交易的市场。

交易所严格禁止场内交易者任何欺骗性的交易和行为。例如，所有权没有变化的虚假交易；利用谣言影响价格走势；泄露客户交易指令；和自己的客户做对手交易；向交易所提供虚假的报告；不执行交易所合法的指示；禁止场内经纪人优先为自己交易；交易所也禁止内部交易。

目前，世界各地的期货交易所都以结算所作为期货交易的结算机构。结算所采用会员制的组织形式。结算所会员的资格一般为公司所有，只有结算所会员才有资格在结算所进行结算。结算所对会员的资格审查比较严格，要求资本雄厚，财务健全。19 世纪 20 年代，在美国堪萨斯交易所出现了美国第一家结算所。

结算所可以是期货交易所内相对独立的一部分，例如，美国芝加哥商品交易所的结算所，也可以是独立的法人机构，例如，在英国，期货交易是通过国际商品结算所结算。

2. 结算所的主要功能：

（1）结算功能。当交易成交以后，场内经纪人必须将交易记录一式三份，其中一份传递到结算所，交易信息转到结算所，结算所经过核算，将盈亏记录记载到结算所会员账户上。

（2）交易担保功能。在期货交易中，场外交易的双方不直接接触，交易是通过经纪公司的场内经纪人进行的。场外交易者无需了解对方的资信，因为结算所作为期货交易的结算中介，对交易的买者来说，结算所是卖者；对交易的卖者来说，结算所是买者。结算所承担期货交易的履约风险。

（3）监管实物交割。在商品期货交易中，约有 3％的交易合约需要进行实物交割。在实物交割过程中，结算所负责办理有关手续，并依照交易规则进行监管。

（4）市场信息的发布。美国在 1974 年用法律规定，结算所必须负责公布每天交易量、未结权益等指标。

（三）国家期货交易管理机构和期货行业管理机构

存在期货交易的国家基本上都设立了国家对期货交易的管理机构和期货行业机构，例如，美国商品期货交易委员会是根据 1974 年商品期货交易委员会法案成立的美国期货交易的最高监管机构。在这之前，美国的期货市场由美国农业部管理。在我国，期货交易是由证监会下属的期货管理委员会管理。

美国商品期货交易委员会的主要监管职能是：依照期货交易的法规对交易所和结算所进行监管；对期货合约的监管，审核新的交易合约；对经纪公司和经纪人的监管；对交易活动的监管。

为了保证期货交易"三公"的交易环境，各国基本上都建立了期货交易的行业协会。例如，1974 年，美国国会通过了一项关于期货交易规则的新法案。其中有一款是要求期货行业成立一个自律性组织。其目的是"防止欺诈和垄断，维护交易的公正原则，保护公众的利益，完善自由竞争的市场机制"。于是美国全国期货协会成立了。期货经纪公司、商品基金经理、期货介绍商、商品交易顾问和经纪人要求必须是期货协会的会员。期货协会的主要职能是：审核会员资格；监督期货经纪公司的财务；负责对经纪人的业务考核；负责仲裁经纪公司与客户的交易纠纷。

第四节　期货交易的保证金制度和风险管理分散系统

保证金制度和逐日结算制是期货交易中防范交易风险的主要制度。

一、保证金制度

期货的交易者在进行交易时，必须按照经纪公司的要求在自己的账户内存入按照交易头寸价值计算的规定比例的资金，作为期货交易的保证金。交易者交纳保证金的目的，是表达自己对履行合约的承诺。所以，交易双方都必须缴纳保证金。期货交易的保证金和现货交易、证券交易的保证金不同，它不是交易的预付款或订金。期货交易的保证金实质是交易者对每天期货商品价格波动风险的担保。

保证金可分为两种：一是期货经纪公司要求进行期货交易客户缴纳的保证金。该类保证金又可以分为两类：初始保证金和维持保证金；二是结算所对进行交易的结算所会员要求缴纳的保证金。这种保证金也可分为两类：结算保证金和变动保证金。

初始保证金是经纪公司在客户进行期货合约交易时，按照交易所对每种期货商品合约规定的比例（一般为期货合约价值的 5％～18％），向客户收取的现金或其他法定许可的替代物如债券，等等。维持保证金是当期货市场价格向不利于交易者头寸的方向波动时，交易者的账户余额所必须保持的最低金额。维持保证金一般为初始保证金的 70％左右。一旦客户的账户余额低于维持保证金，经纪公司将会立即发出追加保证金通知。追加保证金的数额等于初始保证金减去客户目前的账户余额。客户在收到追加保证金通知后，应在规定的时间内，一般不得超过 24 小时，将资金存入自己账户中。如果客户逾期不交，经纪公司有权将客户的交易头寸平仓。由此而产生的一切损失由客户自己负责。追加保证金通知往往在以下几种情况下发出：由于市场价格走势不利于交易者的交易头寸，而使交易者的交易头寸出现亏损，客户的账户余额低于维持保证金；由于交易者进行新的交易而需要的维持保证金大于客户的账户余额（一般情况下，客户要求进行新的交易时，账户现存资金必须充足）；由于客户交易的期货商品的价格波动增加，交易所为了减少交易风险，指示提高期货商品的保证金比例，使得客户的账户余额低于新规定的维持保证金金额。

结算保证金是结算所会员自己或代表客户进行交易时要向结算所缴纳相应的保证金。这类保证金称之为结算保证金。结算保证金有以下特点：①有的交易所规定以结算所会员的持有合约价值总量的比例缴纳结算保证金，即按会员的持有空头合约量和多头合约量的价值总和计算，称之为总额保证金；有的交易所规定以结算所会员的净持有合约价值量的比例交纳保证金，即将会员的空头合约和多头合约相抵所得的净头寸的价值量计算，称之为净额保证金。②结算所按逐日结算制对结算所会员的交易头寸进行结算，一旦价格的走势不利于会员的交易头寸，会员保证金金额降低，结算所会立即向会员发出变动保证金的通知，要求会员在当日将变动保证金存入自己的账户。③当场外的交易客户违约未能及时地向非结算所会员的经纪公司缴纳追加保证金时，经纪公司仍然要向所属的结算所会员公司缴纳保证金。如果非结算所会员的经纪公司违约，未能及时地缴纳保证金，其所属的结算所会员公司有责任向结算所缴纳保证金。

二、逐日结算制

为了有效地监管客户所面临的价格风险和保证金数额的变动情况，期货交易是采用逐日盯市的结账方法，每天对交易者的交易头寸盈亏进行账面结算。每天交易结束，结算所和经纪公司将根据市场的收盘价格或者结算价格和交易客户的入市价位，计算交易客户的账户余额和调整客户保证金的数额。

第五节　期货交易的流程

交易者进行期货交易，一定需要熟悉期货交易的流程、交易中的基本概念，以及在各个交易环节中交易者的权利、责任和所要承担的交易风险，同时，也要了解各种交易指令，以便能够利用交易指令实施自己的交易策略。

首先要选择资本雄厚、承担风险的能力强、有较好的市场分析能力、手续费用比较低的经纪公司开设账户。正规的经纪公司应该首先向交易者说明期货交易的风险性，并且出示期货交易风险申明书等必须签署的有关文件，希望交易者能够清晰地了解期货交易的风险，然后再确定是否参与期货交易。交易者不要与没有出示类似文件，片面鼓吹期货交易高盈利的经纪公司交往。同时，交易者要向经纪公司了解各种期货合约的保证金和手续费的规定、交易指令的类型和适用性及公司交易效率，等等，并且和经纪公司签订商品交易账户协议书。在商品交易账户协议书中规定了交易者的权利和义务。

一、交易者开设的账户的分类

（一）以账户所有权划分

1. 个人账户。由单一客户开设的账户，而且只有开户者本人有权使用该账户。

2. 联合账户。有两个或者两个以上的客户共同出资开设的账户。这种账户又可以根据参与者死亡后权利的划分，分为生存者继承权型和权利分持型。前者参与者死亡后，账户所有权归联合账户的生者；后者的参与者死亡后，账户所有权的比例不变，死亡者对账户的所有权由其继承人拥有。

3. 合伙账户。有两人以上共同经营的账户。开设这种账户除了签署必要的文件以外，还要签署"合伙人协议书"，以确认授权某一位或几位合伙人负责该账户的经营。

4. 公司账户。客户代表公司进行期货交易开设的账户。客户必须向经纪公司出示公司营业执照和公司董事会同意进行期货交易的决议书，确认授权该客户进行期货交易，并且证明进行期货交易是符合公司的规章，经纪公司才能允许客户开设公司账户。

（二）以管理形式划分

1. 授权账户。客户以书面的形式，授权商品交易顾问或者期货经纪人使用自己开设的账户进行交易。经纪人在完成交易以后，必须向客户报告交易情况。美国芝加哥商品交易所规定，只有注册登记时间至少两年以上的经纪公司和交易顾问才可以受理这类账户。授权账户的有利之处是可以让缺乏期货交易经验和时间的人参与期货交易；账户所有者可以随时增加或提取账户内的资金；当授权者对交易顾问的交易不满意时，可以随时结清交易账户。但是，授权账户也有不利之处。例如，初始投资金额比较大。

2. 非授权账户。这类账户是属于客户自己所有的，经纪人只有得到客户的指令后才可以进行交易，否则，由此而产生的一切责任由经纪人负责。

3. 完全揭示账户。该账户只有结算所会员经纪公司才能开设。会员经纪公司可以将客户的每日交易记录、结算报告直接制表并转交给客户。

4. 共同账户。是非结算所会员经纪公司在会员经纪公司里，为他的客户开设的共同使用的账户。通过非结算所会员经纪公司进行交易的个人交易结算和报表是由非会员经纪商从共同账户中分离出来提供给客户的。

5. 套期保值账户。只有证明自己是进行套期保值的客户，签署了套期保证证明书，才能开设套期保值账户。由于套期保值者在现货市场中持有与期货市场中相反的头寸，他们面临的价格风险比较小，所以，套期保值账户只需要支付规定保证金 50%~70%。

为了保证交易者能够实现不同的交易策略，期货交易所设计了多种交易指令供交易者使用。

二、交易指令

交易者在不同的时期内选择不同指令，或者利用不同交易指令的组合进行交易，反映了交易者对期货价格走势的预期和根据价格预期所制定的相关交易策略。理解和把握交易指令，对于实现交易者的交易目标是至关重要的。

但是，不同交易所对交易指令的选择和规定是不同的。有的交易指令在某一交易所可以使用，而在其他交易所不能使用。所以，交易者在进行交易之前，必须了解进行交易的交易所确认的、可行的交易指令。下面介绍一些常用的交易指令：

（一）市价指令

市价指令是指当交易者发出市价指令时，表明交易者要求以即时的价位，尽快获得交易头寸。场内经纪人接到指令后，应立即以最快的速度、最好的价位执行指令。但是，经纪人不能担保一定能以最好的价位成交。市价指令的表达举例如下：

Buy 1 December Gold at Market

（以市价购买 1 个 12 月份的黄金合约）

市价指令的特点是，交易者能够迅速进入市场，建立交易头寸；能够迅速对冲，退出市场，了结交易头寸。但是，由于期货价格的波动频率较快，发出市价指令的交易者是以迅速成交为主要目标，因此成交价格与交易者的期望价格可能有差异。交易者执行市价指令可能会有三种结果：成交价格等于、高于或低于交易者期望的交易价格。以市价指令进行交易而出现的买高或卖低的现象，称为"追价"，追价将增加交易者的交易费用。

（二）限价指令

为了避免市价指令的追价现象，交易者可以使用限价指令。限价指令要求经纪人必须以交易者在指令中指定的价格或比指定价位更好的价格成交，从而避免追价现象。限价指令的表达如下：

Buy 3 December Gold at ＄365.00

（以 ＄365.00 的限价购买个黄金期货合约）

这种指令的优点是交易者可以按照指定的交易价格成交，避免追价所引起的交易费用增加。缺点是交易者可能失去一些交易机会。

例如，当期货市场价格只到＄365.00，而没有穿越价格，以后的行情一直高于＄365.00时，交易者发出的限价指令将不会被执行。

（三）只有触及才执行的指令

为了弥补限价指令的不足，交易者可以选择该指令。这种指令在交易者指定交易价位上类似于限价指令，但是也有所不同。其主要区别是这种指令不需要穿越交易者指定的价位。场内经纪人接到指令后，如果市价触及指令所指定的价格，交易指令则自动转变为市价指令。由于交易指令在市场价格触及指定价位后立即执行，即使发生追价，交易价格偏离指定价位的幅度也比较小，从而降低了交易费用的增加。指令的表达形式是：

Buy 3 December Gold at ＄365.00MIT

（以触及＄365.00的价格才执行交易，购买3个12月份的黄金合约）

（四）止损指令

止损指令是交易者为了避免在交易中发生更大的损失或保护已经得到的盈利而经常使用的一个指令。它的特点是买高卖低，逆势触价转为市价指令执行。即下达止损指令的买入价位高于目前正在交易的期货合约价格；卖出价位则低于目前正在交易的期货合约价格。这种买高卖低的操作反映了交易者对期货市场价格走势的分析和交易策略。

止损指令的重要作用是保护盈利，限制损失。一般情况下，做多头交易利用空头止损指令保护盈利，限制损失。例如，某一交易者认为，小麦期货价格可能上升，于是，以价格＄2.53买进5个12月份的小麦期货合约，做多头交易。果然，一个星期以后，小麦期货价格上升到＄2.60。交易者认为小麦价格还有上升的空间，不想立即平仓。但是，交易者又担心小麦价格突然下跌，已实现的利润将丧失。此时，交易者可以发出止损指令：

Sell 5 December Wheat at ＄2.58 stop

（以止损指令在价位为＄2.58卖出5个12月份的小麦合约）

因为止损指令具有逆势触价执行的特点，所以，在上面的例子中，当价格走势逆转下跌时，只要价格触及指令价位＄2.58，止损指令立即转为市价指令执行。这样就可以保护交易者已有的收益不遭受损失。与发出指令时的期货市场价格相比，空头止损指令的价位比市场的价格低。这就是所谓的卖低。

做空头交易者一般用多头止损指令来限制损失。例如，交易者对小麦的价格看跌，做空头交易，以＄2.35的价位卖出5个12月份的小麦合约。成交以后，市场价格果然下跌到＄2.20。此时，交易者已经处于获利的价位。但是，交易者认为市价将继续趋弱，价格还有下跌的空间，不愿意立即平仓获利了结。可是，交易者又担心市场价格突然上升，而措手不及，于是发出了多头止损指令。

Buy 5 December Wheat at ＄2.22 stop

（以止损指令在价位为＄2.22买进5个12月份的小麦合约）

这样，当市场价格逆转上升触及到止损指令价位＄2.22时，止损指令转为市价指令执行，从而保护了交易者的收益。与发出指令时的期货市场价格相比，多头止损指令的价位比较高，这就是所谓的买高。

除了以上介绍的交易指令外，还有浮动止损指令、止损限价指令、开盘价指令、收盘价指令、立即成交否则作废指令、执行一个另一个自动作废指令、直接取消指令、依附指令、转月指令、授权交易指令、分阶段执行指令，等等。

目前，我国的期货交易都采用电子交易系统，在交易中，常用的指令为市价指令、限价指令等。

第六节　套期保值

期货交易主要功能之一是套期保值，规避价格风险。为了清晰地分析套期保值规避价格风险的基本原理。首先假设交易是在完美的市场条件下进行的。所谓完美的市场条件是指，期货市场价格和现货市场价格的波动幅度和方向一致，考虑交易费用；不考虑交易的盈利和持有成本。当套期保值者在现货和期货两个市场持有的相同标的商品头寸规模相同而方向相反时，可以完全规避价格波动的风险。套期保值之所以能够规避价格风险，是因为在某一特定的社会经济系统内，标的商品的期货价格和现货价格受大体相同的因素影响，两种价格的走势大体一致。其二，期货合约到期时，由于套利者买低卖高的交易行为，致使商品的期货价格和现货价格将趋于一致。因此，套期保值者在现货和期货两个平行市场中，处于方向相反、数量相同的交易头寸时，当价格发生波动，交易者在一个市场上的亏损会被在另一个市场上的盈利弥补，从而实现了规避价格风险的目的。

期货市场的套期保值策略有两种：一是空头套期保值；二是多头套期保值。

空头套期保值或者空头避险：套期保值者在现货市场上已拥有现货，他期望将来的现货价格上升而持有现货，但是又担心将来的现货价格下降而受损。交易者可以利用期货交易套期保值的功能，实现规避现货市场价格风险的目的。交易者在期货市场上，以期货价格卖出相当于现货头寸的期货合约，以暂时替代将来在现货市场上的现货空头，利用期货价格锁定现货价格的变动。

例如，某一仓储商在1月5日买进200000蒲式耳玉米，价格为＄2.20。他准备在3月5日卖出。为了防止价格下跌，他在期货市场中卖出相当于现货头寸的期货合约。价格为＄2.30。如果到2月底，现货价格下跌至＄2.00。套期保值者将会在现货市场上卖出现货，在期货市场上买进期货合约平仓，退出期货交易。他的交易结果如表20—1。

表 20—1

交易时间	现货市场	期货市场
1月5日	买进玉米200000蒲式耳，价格＄2.20/蒲式耳	卖出玉米期货合约40个，价格＄2.30/蒲式耳
2月28日	卖出玉米200000蒲式耳，价格＄2.00/蒲式耳	买进玉米期货合约40个，价格＄2.10/蒲式耳
交易结果	（＄2.00—＄2.20）×200000＝—＄40000	（＄2.30—＄2.10）×40×5000＝＄40000

在2月28日，玉米现货售价为＄2.20，交易者在现货市场损失＄0.20。可是由于期货市场的价格也下跌，交易者在期货交易中获利＄0.20。所以，交易者的实际售价为＄2.20。交易者参与了期货交易，他在现货市场的损失被期货交易的盈利抵消，从而锁定了销售价格，避免了现货价格下跌的风险。但是，熊掌鱼翅不可兼得。进行套期保值的机会成本是交易者放弃了在现货市场价格上升获利的可能。如果将来的现货价格上升了，交易者也不能从中获利。假如，2月底的现货价格上升到＄2.40。期货价格为＄2.50。交易者的交易结果如表20—2。

表 20—2

交易时间	现货市场	期货市场
1月5日	买进玉米200000蒲式耳，价格＄2.20/蒲式耳	卖出玉米合约40个，价格＄2.30/蒲式耳
2月30日	卖出玉米200000蒲式耳，价格＄2.40/蒲式耳	买进玉米合约40个，价格＄2.50/蒲式耳
交易结果	（＄2.40—＄2.20）×200000＝＄40000	（＄2.30—＄2.50）×40×5000＝—＄40000

在2月28日，玉米现货售价为＄2.40，交易者在现货交易中获利＄0.20。但是期货价格也有所上升，致使他在期货交易中亏损＄0.20。所以，他的实际售价仍为＄2.20。由于交易者参与了期货交易，他在现货市场的盈利被期货交易的亏损抵消。

多头套期保值：套期保值者目前没有现货，但是他计划购买和拥有现货。他期望将来的现货价格下跌，但是又担心将来的现货价格上升。交易者可以事先在期货市场上，以期货价格买进相当于将来现货头寸的期货合约，以暂时替代将来买进现货的头寸。以期货市场价格锁住将来购买现货的成本。

例如，某一出口商在1月5日与客户以现行价＄2.20，签订在3月5日卖出200000蒲式耳玉米。签约后，出口商面临三种选择：立即在现货市场中买进玉米，并库存到3月初出货。这样，他的资金将被套牢两个月；他可以在3月初买进现货，以便在5月卖出。但是，在这段时间内他将面临玉米价格上升的风险；为了减少资金占用和避免将来购买价格上升风险，他可以先在期货市场中买进相当于现货头寸的期货合约，以规避现货市场价格波动的风险。

假如目前的期货价格为＄2.30，到2月底，现货价格上升至＄2.40。同样期货市场的价格也会上升至＄2.50。套期保值者将会在现货市场上买进现货出口，在期货市场上卖出期货合约平仓，退出期货交易。他的交易结果如表20－3。

表 20－3

交易时间	现货市场	期货市场
1月5日	卖出玉米 200000 蒲式耳，价格＄2.20/薄式耳	买进玉米期货 40 个合约，价格＄2.30/ 蒲式耳
2月28日	买进玉米 200000 蒲式耳，价格＄2.40/蒲式耳	卖出玉米期货合约 40 个，价格＄2.50/蒲式耳
交易结果	（＄2.20－＄2.40）×200000＝－＄40000	（＄2.50－＄2.30）×40×5000＝＄40000

玉米现货售价为＄2.20，交易者购买成本为＄2.40，亏损＄2.20。但是，交易者在期货交易中获利＄0.20，所以，实际购买成本仍为＄2.20。由于交易者参与了期货交易，他在现货市场的损失被期货交易的盈利抵消，从而锁定了他的购买成本，避免了由于将来价格上升带来的风险。进行多头套期保值的机会成本是套期保值者将失去将来现货市场价格下跌可能得到的盈利。如果将来的现货价格下跌了，交易者也不能从中获利。假如，2月底的现货价格下跌到＄2.00，期货价格为＄2.10。交易结果如表20－4。

表 20－4

交易时间	现货市场	期货市场
1月5日	卖出玉米 200000 蒲式耳，价格＄2.20/蒲式耳	买进玉米期货合约 40 个，价格＄2.30/蒲式耳
2月30日	买进玉米 200000 蒲式耳，价格＄2.00/薄式耳	卖出玉米期货合约 40 个，价格＄2.30/ 蒲式耳
交易结果	（＄2.20－＄2.00）×200000＝＄40000	（＄2.10－＄2.30）×40×5000＝－＄40000

玉米现货售价为＄2.20，购买成本为＄2.00，交易者在现货交易中获利＄0.20。但是由于期货价格的下降，致使他在期货交易中亏损＄0.20。所以，他的实际售价仍为＄2.20。交易者参与了期货交易，他在现货市场的盈利被期货交易的亏损抵消。

第七节　基差风险和基差分析

以上的期货交易是在完美的市场条件下进行的，套期保值能够完全规避价格风险。在现实市场环境中的套期保值却是复杂的，有诸多因素影响套期保值的结果，交易者进行套期保值时，可能不能完全规避价格风险，例如，基差风险。

基差是指某一特定地点，商品的现货价格与该商品在某一交割月份的期货合约价格之间的价差。基差值等于现货价格减期货价格。有的教科书也定义为用期货价格减现货价格。

$$B = S_{t,i} - F_t = (S_t - F_t) + (S_{t,i} - S_t)$$

式中 $S_{t,i} - F_t$ 包含了分割期货市场和现货市场的时空因素。其中 $(S_t - F_t)$ 定义为时间基差，反映了商品在不同月份之间的持有成本。持有成本包括仓储费用、利息、保险费和仓储损耗。$S_{t,i} - S_t$ 为空间基差，反映了两个不同地区市场之间的运输费用和地区市场交易商品和期货合约规定的交割商品等级差异。因此，基差是由时间基差 $(S_t - F_t)$、空间基差 $(S_{t,i} - S_t)$ 组成的。

基差 $= (S_t - F_t) + (S_{t,i} - S_t) = $ 时间基差 + 空间基差

如果不是特别指明，人们约定，基差等于现货价格和目前最近的交割月份的期货合约价格之差。

因为在现实的市场中，现货市场的价格反映了即时商品的供给和需求的平衡，而期货市场的价格是反映了人们对期货合约到期日的、将来现货市场商品的供给和需求平衡的预期。由于将来的不确定因素可能使得现货市场和期货市场的价格波动方向不一致。即使现货市场和期货市场的价格波动方向一致，两个市场价格波动的幅度也可能不一致。两个市场价格变化的不一致性会导致套期保值失败。我们称这种风险为基差风险。

基差可以是正值，也可以是负值。正值基差和负值基差反映了不同的市场形态。当基差等于负值时，市场处于正常市场的形态。在正常市场形态中，现货价格低于期货价格，较近月份交割的期货价格低于较远月份交割的期货价格。正常市场形态表示市场价格对交易者持有商品时所支付的持有成本的补偿。当基差等于正值时，市场为反向市场形态。即现货价格大于期货价格，较近月份交割的期货合约价格大于较远月份交割的期货合约价格。市场价格对持有商品所花费的成本不予补偿。反向市场形态往往是在商品供给严重短缺时产生的。这种市场价格形态向人们表示，市场优先考虑当前现货价格和期货价格反向背离的信息，激励商品存储商和生产者及时将仓储商品交运现货市场，以弥补现货市场的供给不足。

在以下的章节里，如果不是特别指明，分析和结论都是在正常市场的条件下进行和得出的。在不考虑运输成本和商品质量价差的情况下，基差值存在理论上限，基差值不能超过其持有成本。在这个假设下，期货价格必须等于现货价格加持有成本。如果基差值绝对值大于持有成本，就会诱导人们买进现货储存，以便到期时套期牟利。这种仓储行为将使即时现货供给减少，存货增加，现货价格将会上升。人们对将来的价格预期看跌，期货价格下降，基差的绝对值缩小，直至等于持有成本；反之，如果基差绝对值小于持有成本，就会诱导人们买进期货，在将来到期现货价格上升时，卖出期货，以套期牟利。这种行为将使期货价格上升，基差的绝对值缩小，直至等于持有成本。

所以，在套利的作用力量下，期货价格必须等于现货价格加持有成本。

$F_t = S_t + B$

式中：B：持有成本。

在期货交易中，人们对基差的走势和基差的分析有多种表示方法和术语。在下面先一一介绍，然后再进行基差的综合分析。

1. 基差趋宽或趋窄。这种表示方法是根据 T_0 时到 T_1 时的基差曲线的走向和时间横轴的相对位置定义的。也可以从 T_0 到 T_1 时，基差绝对值的大小理解基差趋宽趋窄的概念。基差的绝对值由小变大，称之基差趋宽；基差的绝对值由大变小，称之为基差趋窄。

2. 基差趋强和趋弱。这种表示方法是以基差从 T_0 到 T_1 时的走向的图形来定义的。同样，也可以从 T_0 时到 T_1 时的基差的数值大小来理解基差趋强趋弱的概念，当基差的数值由小变大，称之基差趋强；基差的数值由大变小，称之为基差趋弱。

套期保值者参与期货交易的实质是进行基差的买卖。所以，人们将套期保值者在现货市场的买卖方向，定义为他们对基差的买卖方向。例如，空头套期保值者入市时，他在现货市场的交易头寸是多头，所以定义为买入基差；当他平仓出市时，定义为卖出基差。而多头套期保值者入市时，定义为卖出基差，当他们平仓出市时，定义为买入基差。无论是空头还是多头套期保值，只有卖出基差减买入基差大于或者等于零，套期保值才能成功。

多头套期保值：

6月1日，谷物出口商与客户签约出口大豆 200000 蒲式耳，$2.5/蒲式耳，定于8月1日交运。谷物出口商担心大豆价格上升，决定采用多头套期保值避险。他以 $2.6/蒲式耳的价格买进7月期货合约。7月20日，大豆价格下跌，他以 $2.55 的价格卖出期货合约平仓。并在现货市场以 $2.4 的价格买进现货。他的套期保值结果和面临的基差风险分析如表 20－5。

表 20－5

交易时间	现货市场	期货市场	基　差
6月1日	卖出 200000 蒲式耳大豆，价格 $2.5	买入大豆期货合约，价格 $2.6	－ $0.1
7月20日	买进 200000 蒲式耳大豆，价格 $2.4	卖出大豆期货合约，价格 $2.55	－ $0.15
交易结果	$2.5－$2.4＝$0.10	$2.55－$2.60＝－$0.05	－ $0.10－（－$0.15）＝$0.05

基差分析：

该出口商入市的现货价格为 $2.5，期货价格为 $2.6，基差为 －$0.1。出市的现货价格为＄2.4，期货价格为＄2.55，基差为－＄0.15，基差趋宽（基差趋弱）。交易者的卖出基差为－＄0.1，买入基差为－＄0.15。基差盈利为－＄0.1－（－＄0.15）＝＄0.05。所以，可以得出关于套期保值基差分析的第一规则：在进行多头套期保值时，如果套期保值者的基差趋宽，套期保值者的基差买卖是卖窄买宽；或者说套期保值者的基差趋弱，套期保值者的基差买卖是高卖低买。那么，套期保值者将会盈利。

但是，如果基差变化如下，则又是另一个结果。

例如：6月1日，谷物出口商与客户签约出口玉米100000蒲式耳，每蒲式耳＄1.55，定于8月1日交运。谷物出口商担心玉米价格上升，决定采用多头套期保值避险。他以＄1656/蒲式耳买进7月期货合约，7月20日他以＄1.55的价格卖出期货合约平仓，并在现货市场以＄1.5的价格买进现货。他的套期保值的结果和面临的基差风险分析如表20－6。

表 20－6

交易时间	现货市场	期货市场	基　差
6月1日	卖出 100000 蒲式耳玉米，价格＄1.55	买入玉米期货合约，价格＄1.65	－＄0.1
7月20日	买进 100000 蒲式耳玉米，价格＄1.5	卖出玉米期货合约，价格＄1.55	－＄0.05
交易结果	＄1.55－＄1.5＝＄0.05	＄1.55－＄1.65＝－＄0.10	－＄0.10－（－＄0.05）＝＄0.05

套期保值者在现货市场的交易结果为每蒲式耳盈利＄0.05（＄1.55－＄1.5＝＄0.05）。在期货市场的交易结果为每蒲式耳亏损＄0.1（＄1.55－＄1.65＝－＄0.1）。整个套期保值的结果为每蒲式耳亏损－＄0.05（＄0.05＋（－＄0.1）＝＄0.05）。

基差分析：该出口商入市的现货价格为＄1.55，期货价格为＄1.65，基差为－＄0.1，出市的现货价格为＄1.5，期货价格为＄1.55，基差为－＄0.05，基差趋窄和基差趋强。基差趋强时，盈利基差是多头基差。而交易者卖出基差为－＄0.1，买入基差为－＄0.05。基差亏损为－＄0.1－（－＄0.05）＝－＄0.05。所以，可以得出关于套期保值基差分析的第二规则：在进行多头套期保值时，如果套期保值者的基差由宽趋窄，套期保值者的基差买卖是卖宽买窄（低卖高买）。那么，套期保值者将会亏损。所以，多头套期保值者期望基差变化趋弱，卖窄买宽，才能盈利；反之，基差趋强，卖宽买窄，多头套期保值者将面临亏损。因此，多头套期保值者应当选择基差相对窄的时候入市，在基差相对宽的时候出市，才能盈利。

空头套期保值：

例如：6月1日，谷物仓储商买入大豆200000蒲式耳，每蒲式耳＄2.0，定于

9月1日卖出。谷物仓储商担心大豆价格下跌，决定采用空头套期保值避险。他以$2.1/蒲式耳卖出8月期货合约。8月20日他以$2.2的价格买进期货合约平仓，并在现货市场以$2.05的价格卖出现货。他的套期保值的结果和面临的基差风险如表20—7。

表 20—7

交易时间	现货市场	期货市场	基　差
6月1日	买入200000蒲式耳大豆，价格$2.0/蒲式耳	卖出大豆期货合约，价格$2.10	－$0.10
8月20日	卖出200000蒲式耳大豆，价格$2.05/蒲式耳	买进大豆期货合约，价格$2.20/蒲式耳	－$0.15
交易结果	$2.05－$2.0＝$0.05	$2.10－$2.20＝－$0.10	－$0.15－（－$0.10）＝－$0.05

套期保值者在现货市场的交易结果为每蒲式耳盈利$0.05（$2.05－$2.00＝$0.05），在期货市场的交易结果为每蒲式耳亏损$0.1（$2.1－$2.2＝－$0.1）。整个套期保值的结果为蒲式耳亏损$0.05（－$0.1＋（$0.05）＝－$0.05）。

基差分析：

该仓储商入市的现货价格为$2.00，期货价格为$2.1，基差为－$0.1，出市的现货价格为$2.05，期货价格为$2.2，基差为－$0.15。从现货价格和期货价格的走向分析，基差趋宽和趋弱；交易者买入基差为－$0.1，卖出基差为－$0.15。基差亏损为－$0.15－（－$0.10）＝－$0.05。所以，可以得出关于套期保值基差分析的第三规则：在进行空头套期保值时，如果空头套期保值者的基差趋宽，空头套期保值者基差的买卖是买窄卖宽；即高买低卖，那么，空头套期保值者将会亏损；反之，如果基差趋窄，空头套期保值者将会盈利。

例如：6月1日，谷物仓储商买入小麦200000蒲式耳，每蒲式耳$1.4，定于9月1日卖出。谷物仓储商担心小麦价格下跌，决定采用空头套期保值避险。他以$1.6/蒲式耳卖出8月期货合约。8月20日他以$1.65的价格买进期货合约平仓。并在现货市场以$1.5的价格卖出现货。他的套期保值的结果和面临的基差风险如表20—8。

表 20—8

交易时间	现货市场	期货市场	基 差
6月1日	买入 200000 蒲式耳小麦，价格 $1.4/蒲式耳	卖出小麦期货合约，价格 $1.6/蒲式耳	— $0.20
8月20日	卖出 200000 蒲式耳小麦，价格 $1.5/蒲式耳	买进小麦期货合约，价格 $1.65/蒲式耳	— $0.15
交易结果	$1.5 — $1.4 = $0.10	$1.60 — $1.65 = — $0.05	— $0.15 — (— $0.20) = $0.05

套期保值者在现货市场的交易结果为每蒲式耳盈利 $0.1（（$1.5 — $1.4）= $0.1）。期货市场的交易结果为每蒲式耳亏损 $0.05（$1.6 — $1.65 = — $0.05）。整个套期保值的结果为每蒲式耳盈利 $0.05（$0.1 + （— $0.05）= $0.05）。

基差分析：

该仓储商入市的现货价格为 $1.4，期货价格为 $1.6，基差为 — $0.2，出市的现货价格为 $1.5，期货价格为 $1.65，基差为 — $0.15。基差趋窄和基差趋强；盈利基差为多头基差。交易者买入基差为 — $0.2，卖出基差为 — $0.15。基差盈利为 — $0.15 — （— $0.2）= $0.05。所以，可以得出关于套期保值基差分析的第四规则：在进行空头套期保值时，如果套期保值者的基差趋窄，套期保值者基差的买卖是买宽卖窄；或者说套期保值者的基差趋强，套期保值者的基差买卖是低买高卖，那么，套期保值者将会盈利。

所以，空头套期保值者期望基差趋强，买宽卖窄，才能盈利；反之，如果基差趋弱，买窄卖宽，套期保值者将面临亏损。因此，空头套期保值者只有选择基差相对宽的时候入市，而在基差相对窄的时候出市，才能盈利。

综上所述，套期保值并不是没有风险的，套期保值者在进行交易时会面临基差风险。

基差风险来自于下列因素的不确定性：

1. 相关商品供给和需求的不确定。当市场处于供不应求时，现货市场价格提高，人们对将来供给增加的预期上升，期货市场的价格可能下降。反之，现货市场的价格下降，人们对将来供给增加预期下降，期货市场的价格可能上升。

2. 替代商品供求的不确定性。替代商品的价格变化会拉动相关商品的价格同向变化。替代商品价格上升，相关商品的价格上升；替代商品价格下降，相关商品的价格下降。

3. 人们对未来价格预期的不确定性。当人们对未来的价格预期是上升，人们可能买进期货，导致期货价格上升；当人们对未来的价格预期是下降，人们可能卖出期货，而导致期货价格下降。

4. 商品的品质差异。当套期保值者持有的商品与交易所期货合约规定的交割商品存在品质差异时，品质的差异引起的价格差异可能影响交易者预计的基差。

5. 运输状况和运输费用的不确定性。运输费用的变化取决于运输状况。如果运输状况恶化，可能影响空间基差的变化。

6. 仓储设备供求状况和费用的不确定性。仓储费用取决于仓储设备的供需和交易者对仓储设备等级需求的差异。仓储费用的变化将影响持有成本。

7. 利率变化的不确定性。在现代经济社会中，利率变化是经常发生的。利率变化会影响持有成本的变化。利率上升，使持有成本上升，交易者可能卖出商品，导致价格下降；利率下降，持有成本下降，交易者可能买进商品，导致商品价格上升。

交易者是为了规避价格风险进行套期保值的。然而，在套期保值中，他们还将面临基差风险。既然如此，他们为什么还要进行套期保值呢？因为在期货投资分析中的一个基本假设是，所有的交易者都是理性的投资者。所谓更改投资者，是指在收益一定的条件下，更改投资者选择风险小的交易决策；在风险相同的条件下，投资者选择收益大的交易决策。他们之所以要以基差风险来替代在现货市场中面临的价格风险，是因为基差是现货价格和期货价格之差，其波动幅度比现货市场价格或期货市场价格波动幅度都要小。波动幅度越小，意味着交易者面临的风险越小。所以，交易者倾向于套期保值，以基差风险替代面临的现货市场价格风险。

第八节　规避基差风险

在商品交易中，一旦存在着交易风险，人们总能创造出新的交易方式进行规避，在期货交易中也是如此。为了规避期货交易中的基差风险，人们创造了多种方法：有的方法是通过新的交易，将套期保值者面临的基差风险转移出去，例如，基差交易；有的是利用组合投资理论，灵活地调整交易者的套期保值比率，将基差风险降低到最小程度，例如，方差法和最小二乘法等。

一、基差交易

基差交易是套期保值者为了规避在套期保值中可能面临的基差风险，而与现货市场上的基差风险承担者进行的转移基差风险的交易。基差交易的一般操作是通过交易双方协议，由套期保值者确定协议基差的幅度和选择期货价格的期限，由现货市场的基差风险承担者在这个期限内选择某日的商品期货价格为计价基础。然后在所确定的计价基础上加上协议基差，得到双方交易现货商品的协议价格。届时，双方以协议价格交割现货，而不考虑现货市场上该商品即时的实际价格。

基差交易的实质是套期保值者通过基差交易，把在套期保值中面临的基差风险通过协议基差转移给现货交易中的对手。因此，套期保值者常常利用基差交易配合套期保值，以达到完美的或者盈利的避险交易。

基差交易有买方叫价、卖方叫价、场外交易，等等。

（一）买方叫价

买方叫价和空头套期保值相配合。交易者在现货市场拥有现货，并期望在将来某一时期卖出现货。他担心将来的现货价格下降，所以，在期货市场上卖出期货合约，进行空头套期保值。空头套期保值者在入市时是买入基差。如果在他出市时，基差趋弱或趋宽，即出市基差小于入市基差，他将面临基差风险；如果基差趋强或趋窄，即出市基差大于入市基差，他则不仅可以规避价格风险，而且可以在交易中盈利。因此，他所关注的是出市基差不能小于入市基差。空头套期保值者对于具体的期货价格或现货价格的大小并不关注，只是关注基差的大小。为了规避基差风险，空头套期保值者可寻找现货商品的购买者，在卖出现货的同时，也卖出趋窄的确定基差。只要基差交易的对手能够接受空头套期保值者提出的协议基差，空头套期保值者就能实现买宽卖窄，达到规避基差风险，保证盈利的目的。作为空头套期保值者的基差交易对手，现货市场的买方在将来时刻需要现货商品。但是，他认为目前现货市场商品的价格有下降的趋势，所以，不愿意以即刻的现货价格成交，而愿意接受卖方提出的协议基差和自己在规定的期限内有选择某一时点期货价格作为计价基础权利的基差交易。由于最后确定成交时间和作为计价基础的期货价格是由买方选定的，所以，这种方式的基差交易称之为买方叫价。

例如，10月3日，某交易者（简称甲方）买入一批小麦，价格为$3.40，为了规避现货市场价格风险，甲方在期货市场上卖出3月期货合约，价格为$3.52，进行套期保值。入市时买入基差为－$0.12。乙方是面粉加工商，他在3个月后需要一批小麦，但是，他认为3个月后，小麦价格将会下降，因而不愿意以现价买入小麦。因此，乙方通知甲方，愿意进行基差交易。甲方提出的定价原则是给乙方30～50天的时期，在这段时间内由乙方选择任何一个时点的3月份小麦期货合约的价格。甲方可以以低于这个期货价格的$0.03的价格将小麦卖给乙方。如果乙方接受这个定价条件，则基差交易成立。假如45天后，3月份小麦期货价格下降到$3.35，乙方认为这个价格已经到达谷底，决定以此期货价格为计算价格的基础。按照协议，乙方通知甲方的经纪人，以甲方的名义买进3月份的小麦期货合约，对冲甲方在期货市场的空头部位。甲方则以$3.32（$3.35－$0.03＝$3.32）的成交价格卖出小麦给乙方。以上交易结果如表20－9。

表 20—9

交易时间	现货市场	期货市场	基　差
	甲方买入小麦期货合约，价格＄3.40	卖出小麦期货合约，价格＄3.52	－＄0.12
	卖给乙方小麦期货合约，价格＄3.32（协议价格）	乙方以甲方名义买入小麦期货合约，价格＄3.35	－＄0.03（协议基差）
甲方的交易结果	＄3.32－＄3.40＝＄－0.08	＄3.52－＄3.35＝＄0.17	－＄0.03－（－＄0.12）＝＄0.09

　　甲方在现货市场亏损＄0.08，在期货市场上盈利＄0.17。整个交易的实际盈利为＄0.09，实际卖价为＄3.49。从基差分析中也可以得到这个结论，卖出基差是－＄0.03，买入基差是－＄0.12，基差盈利为＄0.09。

　　乙方为什么要承担甲方的基差风险？首先，他进行基差交易的目的是为了降低经营风险。价格风险只是面粉加工商面临的经营风险之一。进行了基差交易，乙方可以获得未来的稳定货源供给；其次，乙方对市场价格的行情看跌，在基差交易中，他可以有在一段时期内，对价格走势进行观察和对成交价格进行选择的权利，可能以低于目前的价格买进现货。第三，乙方对今后的基差预期与甲方有差异，乙方认为，将来的实际基差可能比协议基差小，按照协议基差计算，乙方可能以低于将来的现货市场价格买进商品。所以，买方愿意承担卖方的基差风险。

　　如上例，乙方可以有 50 天的观察和选择的时间，最后，当价格下降时，他在现货交易中以比 10 月 3 日的价格＄3.40 低＄0.08 的价格成交。如果在成交时，现货市场的实际价格为＄3.335，实际基差的绝对值小于协议基差，实际基差比协议基差趋窄，为－＄0.015。乙方则可以以低于现货市场的＄3.32 购买现货。

　　但是，乙方也会面临基差交易的风险。如果实际现货价格为＄3.31，实际基差的绝对值大于协议基差，实际基差比协议基差趋宽，为－＄0.04，则乙方将以高于现货价格的价格购买现货，乙方将遭受损失。如果价格不是如乙方所料下降而是上升，乙方将遭受更大的损失。

　　所以，在买方基差交易中，甲方通过在期货市场与现货市场中的共同操作，将甲方在空头套期保值中面临的基差风险转移到乙方身上，实现完美的避险或者盈利的目的。在基差交易中，乙方是基差风险的承担者。乙方承担风险的报酬是他可以降低经营风险，可能以低于目前的市场价格买进现货，但是他将承担基差风险。

（二）卖方叫价

　　卖方叫价是与多头套期保值相配合的。套期保值者在现货市场签约卖出现货，但是，目前并不拥有现货，计划在将来某一时期买进现货交付。交易者担心将来的现货价格上升，所以，在期货市场上买进期货合约，进行多头套期保值。他入市时是卖出基差，面临的基差风险是基差趋窄。为了规避基差风险，他可以进行基差交易，在将来买入现货的同时也买入趋宽的基差。在现货市场上，基差交易的卖方拥有现货商品，但是，由于他认为商品价格有上升的趋势，而不愿意以目前的现货价格成交，愿意接受买方提出的协议基差和在一定的期限内选择商品的期货价格为计价基础的条件进行交易。由于最后确定成交时间和作为计价基础的期货价格是由卖方选定的，所以，称之为卖方叫价。

例如，1月5日，甲方签约卖出一批玉米，价格为＄2.54，为了保值，甲方在期货市场上买进3月份期货合约，价格为＄2.62。卖出基差为－＄0.08。乙方为仓储商，拥有充足的库存玉米，但是，乙方认为3月份后，玉米价格将会上升，因而不愿意以现价卖出玉米。因此，乙方通知甲方，愿意进行基差交易。甲方提出的定价原则是给乙方30～50天的时期，由乙方选择在这段时间内的任何一个时点的3月份的玉米期货合约的价格，甲方要求以低于这个期货＄30.10的价格买进小麦。如果乙方接受这个定价条件，则基差交易成立。假如45天后，3月份的玉米期货价格上升到＄2.89，乙方认为这个价格已经到达顶点，确定以此期货价格为计算价格。按照协议，乙方通知甲方的经纪人，以甲方的名义卖出3月份的玉米期货合约，对冲甲方在期货市场的多头头寸，甲方则以＄2.79（＄2.89－＄0.10）的协议价格买入乙方的玉米。以上交易结果如表20－10。

表 20－10

交易时间	现货市场	期货市场	基　　差
1月5日	甲方卖出玉米期货合约，价格＄2.54	买进玉米期货合约，价格＄2.62	－＄0.08
2月19日	买入乙方玉米期货合约，价格＄2.79（协议价格）	乙方以甲方名义卖出玉米期货合约，价格＄2.89	－＄0.10（协议基差）
交易结果	＄2.54－＄2.79＝－＄0.25	＄2.89－＄2.62＝＄0.27	－＄0.08－（－＄0.10）＝＄0.02

甲方在现货市场亏损＄0.25，在期货市场上盈利＄0.27，整个交易的实际盈利为＄0.02，实际卖价为＄2.52。从基差分析中也可以得到这个结论。卖出基差是－＄0.08，买入基差是－＄0.10，基差盈利为＄0.02。甲方在入市时的卖出基差为－＄0.08，如果在他出市时，基差趋强或趋窄，即出市基差大于入市基差，他将面临基差风险；如果等于入市基差，他将实现套期保值的目的；如果基差趋弱或趋宽，即出市基差小于入市基差，他则不仅可以套期保值，而且可以在交易中盈利。因此，甲方所关注的是出市基差不能大于入市基差。而对于具体的期货价格或现货价格的大小并不关注，只要乙方能接受甲方提出的基差条件，甲方就能实现卖窄买宽，达到规避基差风险，保证盈利的目的。

作为乙方，他进行基差交易的目的：①可以降低经营风险，乙方所拥有的商品销售得到了保障。②乙方对价格走势看涨，他可以有一段时期对价格走势进行观察和选择的权利，如上例，乙方可以有 50 天的观察和选择的时间，最后当价格上升时，他在现货交易中以比 7 月 1 日的 \$2.54 价格高 \$0.25 的价格成交。③乙方对今后基差预期比甲方趋宽。如果实际基差的绝对值大于协议基差，例如为 $-\$0.15$，乙方则可以以高于现货价格的价格卖出现货。所以，乙方愿意承担基差风险。但是，如果实际基差绝对值小于协议基差，例如 $-\$0.08$，则乙方将以低于现货价格的价格卖出现货。如果价格走势并非如乙方所料上升，而是下降的话，乙方将遭受更大损失。

所以，在卖方基差交易中，甲方通过期货市场与现货市场的共同操作，将甲方在多头套期保值中面临的基差风险转移到乙方身上，以实现完美的避险目的。在基差交易中，乙方是基差风险的承担者。乙方承担风险的报酬是当他所预期的价格上升以及实际基差绝对值大于协议基差时，他将获利。

（三）场外交易

场外交易是在多头和空头套期保值者之间进行的交易。他们通过互换之间的期货头寸，实现双方在现货市场头寸的交易。双方在现货市场的交易价格是由双方协商确定某一日期的期货价格，再加上或者减去一个双方协议基差得出的。这种交易是通过他们在期货交易的经纪人成交的，但是，由于这种交易不仅要求交易双方持有的期货头寸在数量、到时时间相同，而且也要求双方在现货市场上持有的头寸在品种、质量、数量也相同。所以，交易所允许这种交易可以不在期货交易所的交易池内进行，而由双方的经纪人在交易所指定的场外，不通过公开喊价进行协商交易。这种交易称为场外交易。

多头套期保值者和空头套期保值者进行场外交易的动机是不同的。多头套期保值者，在将来需要现货，而担心现货价格上升，因此，在期货市场上买进期货。如果在期货到期时，现货商品紧缺，价格上扬，虽然他可以在期货市场上获利以弥补在现货市场上高价买进的亏损，但是，如果他的现货需求无法满足，将会影响他的经营，造成更大的损失。所以，多头套期保值者不仅关注规避现货市场的价格风险，也非常关注货源的稳定，规避经营风险。

空头套期保值者，在将来卖出现货，而担心现货价格下跌，因此，在期货市场上卖出期货，以规避现货市场的价格风险。如果在期货到期时，现货商品充足，价格下跌，虽然他可以在期货市场上获利以弥补在现货市场上低价卖出的亏损，但是，如果他的现货滞销，这也会影响他的经营，造成更大的损失。所以，空头套期保值者不仅关注规避现货市场的价格风险，也非常关注销路的稳定，规避经营风险。

套期保值者对经营稳定性的整体考虑是场外交易产生的基础。例如，某加工商在加工中需要玉米，为了规避价格风险，在期货市场上买进 12 月玉米期货 5 手，价格＄2.62。某仓储商计划在12月卖出玉米，为了规避价格风险，仓储商在期货市场上卖出12月份玉米期货5手。到11月中旬，双方为了保障经营的稳定性，委托各自的经纪人进行场外交易。加工商以持有的5手多头期货合约换取仓储商计划在现货市场上卖出的玉米。双方确定现货交易的价格为高于目前期货市场上12月份玉米合约的价格4美分。目前，期货市场的玉米合约的价格为＄2.72。多头套期保值者虽然在现货市场上以比较高的价格买进玉米，但是，他在期货市场上的盈利可以抵补这一支出，更重要的是，他在玉米供给紧张的情况下，可以确保货源。空头套期保值者由于期货价格的上升，他在期货市场将面临亏损。此时，有买者为了保障货源的稳定，愿意以比较高的价格购买，而这个价差正合其心意。所以，场外交易可以一拍即合。反之，如果临近到期日，玉米供给充裕则玉米现货的价格下跌。此时空头套期保值者在期货市场上盈利。但是，考虑到现货的销路，空头套期保值者有进行场外交易的需要，所以，他委托期货经纪人在场外和多头套期保值者的经纪人进行协商，愿意以低于12月的期货价格的一个幅度卖出现货。多头套期保值者由于保障销路的稳定，愿意以比较低的价格销售，其价差正合其心意。所以，场外交易也可以一拍即合。

利用基差交易转移基差风险或者利用场外交易确保经营的稳定的局限性是在现货市场上必须有接受套期保值者提出基差交易条件的交易对手，基差交易和场外交易才可能实现。所以，这类交易是受到一定条件制约的。为了克服这种障碍，人们又推出了利用数理统计的方法，通过计算期货价格和现货价格变化的方差和相关性，得出套期保值最佳比率，利用变化套期保值的比率，规避价格变化的不确定性导致的收益风险。

套期保值的最佳比率：在传统的套期保值交易中，交易者为了减少在现货市场头寸的价格风险，在期货市场上拥有和现货市场相反的，数量相等的交易头寸。在理论上，期货市场上的盈利可以弥补现货市场上的亏损，或者现货市场上的盈利可以弥补期货市场上的亏损。传统的套期保值交易者在现货市场和期货市场的交易看成是两个互补的交易行为。现代的套期保值是组合投资概念上的套期保值。组合投资的套期保值认为，套期保值者在现货市场和期货市场的拥有头寸是一个组合投资。组合投资目标是在组合投资收益一定的条件下，追求最小的投资风险；在组合投资风险一定的条件下，追求最大的组合投资收益。交易者可以通过选择最佳套期保值比率的方法实现这个目标。

所以，如果期货价格变化的幅度比现货价格小，则交易者在期货市场上的头寸应该比现货头寸大；如果期货合约的价格变化的幅度比现货价格大，则交易者在期货市场上的头寸应该比现货头寸小。在组合投资中，交易者的期货合约头寸和现货头寸的比例，称为交易者的套期保值比率（Hedge ratio）。能使得组合投资者的盈利最大或者风险最小的套期保值比率称为最佳套期保值比率（Optimal gedge ratio）。计算最佳套期保值比率的方法有方差法和最小二乘法。

二、基差交易模型

（一）方差法

令 S_o 为现货的初始价格，F_o 为期货的初始价格，S_t 为现货在 t 时的不确定价格，F_t 为期货在 t 时的不确定价格。N_s 为交易者在现货市场持有的商品头寸，多头头寸为正数，空头头寸为负数。N_f 为交易者在期货市场中持有的期货商品的头寸，多头头寸为正数，空头头寸为负数。Ph 为组合投资的收益。如果交易者做空头套期保值，可以得到 20－1 式：

$$P_h = (S_t - S_o) \times N_s + (F_o - F_t) \times (-N_f)$$
$$\quad = (S_t - S_o) N_s + (F_t - F_o) N_f \tag{20-1}$$

（20－1）式中，$(S_t - S_o)$ 为交易者在套期保值期间，现货商品单位价格变化的幅度；$(F_t - F_o)$ 为交易者在套期保值期间，期货价格变化的幅度。则套期保值的期望收益为 20－2 式：

$$E(Ph) = [E(S_t) - (S_o)] N_s + [E(F_t) - F_o] N_f \tag{20-2}$$

如果即时的期货价格是时间 t 的期货市场价格的无偏估计，$F_o = E(F_t)$，可以得到 20－3 式：

$$E(Ph) = [E(S_t) - S_o] N_s \tag{20-3}$$

即套期保值的期望盈利是即时现货市场的价格和将来现货市场期望价格的差，表示这段时期可能发生的仓储成本。

其次，由于持有的现货商品是可以交割的，而且将其持有到到期日，由于套利交易的压力，则将来的现货期望价格将等于将来的期货期望价格：

$$E(S_t) = E(F_t) \tag{20-4}$$

则可得到：

$$E(Ph) = (F_o - S_o) N_s \tag{20-5}$$

那么，可以看出在理论上，套期保值的期望盈利取决于初始的现货价格与期货价格基差。

如果将（20－1）式两边同除以 N_s，即可得出以现货市场头寸为单位的组合投资套期保值单位盈利：

$$Ph / N_s = (S_t - S_o) + (F_t - F_o)(N_f / N_s) \tag{20-6}$$

令：$\Delta s = S_t - S_o$，$\Delta f = F_t - F_o$，$h = N_f / N_s$（套期保值比例），

则可得：

$$Ph/Ns = \Delta s + h\Delta f \tag{20-7}$$

这样，可以写出套期保值的单位盈利方差的表达式：

$$\sigma_h^2 = \sigma_s^2 + h^2 \sigma_f^2 + 2h\sigma_{sf} \tag{20-8}$$

σ_h^2：为套期保值的单位盈利方差；σ_s^2：现货市场价格变动方差；σ_f^2：期货市场价格变动方差；σ_{sf}：现货价格和期货价格变动的协方差。由于组合投资套期保值的单位盈利方差越小，套期保值者面临的风险越小，所以，可以对（20—8）式求 h 的偏导，并令其等于零。其经济意义是计算出组合投资收益的风险为零的套期保值比率。

$d\ (\sigma_h^2)\ /dh = 2h\sigma_f^2 + 2\sigma_{sf}$

令 $2h\sigma_f^2 + 2\sigma_{sf} = 0$ 　　　　　　　　　　　　　　　　（20—9）

则 $h = -\sigma_{sf}/\sigma_f^2$

当套期保值比例 h 等于 $-\sigma_{sf}/\sigma_f^2$ 时，套期保值的盈利变动最小。负号表示在期货市场上持有空头头寸。由 20—9 式可见，最佳套期保值比例取决于现货市场和期货市场价格变动的协方差和期货价格变动的方差。由于上述的协方差可以写成期货价格变动的标准差乘以现货价格变动的标准差，再乘以两者的相关系数。

$\rho_{sf} = \dfrac{\sigma_{sf}}{\sigma_s \sigma_f}$ 　　　　　　　　　　　　　　　　（20—10）

$h = -\ (\rho_{sf} \times \sigma_f \times \sigma_f \times \sigma_s)\ /\sigma^2 f$

所以，

a. 当期货价格变动一定时，现货市场价格变动增大时，套期保值比例应当提高。

b. 当现货市场价格变动一定时，期货市场价格变动增大，套期保值比例应当减少。

c. 当期货价格变动和现货价格变动的相关系数越大时，证明避险的有效性增加，套期保值的比例可以提高。

（二）最小二乘法

最小二乘法提供了计算最佳套期保值比例的另一种方法。可以根据现货价格和期货价格变化的数据，以期货价格变化量为自变量，以现货价格变化量为因变量，建立回归模型：

$\Delta S = \alpha_0 + \alpha_1 \Delta F + \varepsilon$ 　　　　　　　　　　　　　　　　（20—11）

其中 α_0，α_1 为回归系数，ε 为随机变量，其期望值为零。根据模型可以绘出图 20—1。Y 轴为现货价格的价差，X 轴为期货价格的价差。

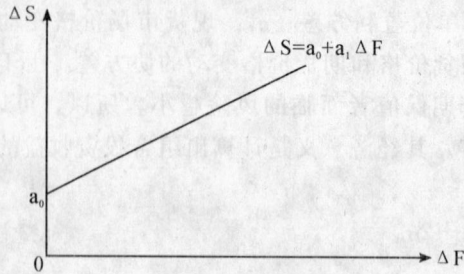

$$\Delta S = a_0 + a_1 \Delta F$$

图 20—1

在图中，ΔS 是由三个部分组成：①Y 轴上的截距 α_0，一个固定的价格差。当期货价格变化的期望值为零时，将来的现货期望价格等于现在的期货价格。现货价格变化的期望值等于将来的现货期望价格减现在的现货价格，等于现在的期货价格减现货价格，即为基差。所以，如果假设期货变化的期望值为零，回归模型中的误差期望为零，20—11 模型中的截距，则反映为仓储成本。②α_1 是斜率，$\alpha_1 \Delta F$ 是随着期货价格单位变化量的变化而变化的现货价格变化量。③ε 是与期货价格变化无关的残差变量，或者称为随机变量。代表了实际现货价格变化与模型模拟的理论值的差距，表示了基差风险。

将回归模型代入（20—7）式中，可得

$$Ph/N_s = \alpha_0 + \alpha_1 \Delta F + \varepsilon + h \Delta F$$

$$= \alpha_0 + (\Delta F + h) \Delta F + \varepsilon \qquad (20-12)$$

从式 20—12 可见，对组合投资盈利的影响因素被简化为期货价格单一因素的变化量。如果令套期保值比率 $h = -\alpha_1$ 时，进行套期保值的单位收益将独立于现货价格和期货价格的变化的影响。例如，当 $\alpha_1 = 1$ 时，表示期货价格变化一个单位，将引起现货价格一个单位的变化，期货价格与现货价格的变化是同步的。此时，最佳套期保值比例应当为 -1，或者是 100%，$\alpha_1 = 0.7$ 时，套期保值比率为 -0.7，期货价格变化对组合投资的影响为零。当 $\alpha_1 = 0$ 时，表示期货价格的变化与现货价格的变化无关，则套期保值的比例等于零。这样，就可以将组合投资的比率降低到最低水平。所以，$h = -\alpha$ 是最佳套期保值比率。

三、套期保值的有效性

当期货价格和现货价格是完全相关的，其随机误差为零时，套期保值才会有充分的效率。因为在套期保值模型的回归图型中可以看到，即使套期保值的比例为100%，由于理论值与实际值仍有偏离，套期保值的有效性也不是 100%。

为了测定套期保值的有效性，可以先测定套期保值的无效性。套期保值的无效性是由进行套期保值后的组合投资收益变化的方差和没有进行套期保值的组合投资收益变化的比例表示的。从套期保值盈利方差式20—8中可知，当套期保值比例为零时，h＝0 即不进行套期保值时，交易者收益变化等于现货价格的方差 σ_s^2。从 20—12式中可知，当套期保值的比例等于－α_1 时，即进行最佳套期保值时，交易者收益变化的方差等于回归模型中的随机变量的方差。即剩余方差 σ_ε^2。所以，套期保值的无效性可以用进行套期保值和不进行套期保值对组合套期保值收益率的影响比率表示，套期保值无效性公式为

$$\frac{\sigma_\varepsilon^2}{\sigma_s^2} \qquad\qquad (20-13)$$

该值的大小在 1—0 之间。当该值越接近 1，表示套期保值的无效性越大，进行套期保值和不进行套期保值对收益的影响相似。反之，越接近于零，表示进行套期保值和不进行套期保值有比较大的差异。由于有效性和无效性是互补的，所以，套期保值的有效性可以用下式表示：

$$\overline{\rho}^2 = 1 - \frac{\sigma_\varepsilon^2}{\sigma_s^2} \qquad\qquad (20-14)$$

这个表达式在统计学上是利用最小二乘法建立模型的调整过的可决系数。调整过的可决系数越大，说明套期保值的有效性越好。

四、套期保值的其他风险

作为商品生产者进行套期保值，除了面临基差风险以外，还会面临以下的一些风险：

（一）数量风险

数量风险是交易者进行套期保值时，交易者拥有的现货商品数量和他进行套期保值的期货商品数量出现预期以外的差异产生的数量暴露风险。数量风险有两种，一种数量风险是来自套期保值者对未来的生产量的不可控性。例如，农产品的生产量。如果生产者对今后的生产产量的预期与实际产量存在偏差，而生产者是依照预期产量的规模进行套期保值的，这种偏差就会产生风险。如果实际产量低于预期产量，交易者在期货市场的头寸就会产生暴露风险，反之，如果实际产量大于预期产量，交易者在现货市场的头寸就会产生暴露风险。另一种数量风险来自于期货合约规格的标准化和套期保值者持有的商品数量之间的偏差。虽然交易者拥有确定数量的商品，但是由于期货合约是标准化合约，套期保值持有的期货合约头寸和他实际持有的商品头寸不一致时，他也会面临数量风险的暴露。

（二）品质风险

由于期货合约规定了交割商品的品质，所以，当交易者所持有的商品品质和期

货合约规定交割的商品品质不一致时，可能会引发品质风险。因为不同品质的商品的价格波动可能不一致，这种涨跌不一致会影响基差幅度的差异，从而影响套期保值的效果。

（三）相关商品相关度的风险

这种风险是在进行相关商品的套期保值时发生的。由于能够进行期货交易的商品是有限的，所以，交易者可以选择相关的期货商品对拥有的现货商品进行套期保值。例如，套期保值者希望对棉纱进行套期保值，他可以对棉花进行期货交易；如果套期保值者拥有某些股票组合希望进行套期保值，他可以对股票指数期货合约进行套期保值。由于这些商品之间的相关程度存在着一定的不确定性，由此而产生的价格差异会影响套期保值的效果。

（四）交易费用风险

交易者在进行期货交易时，交易费用变化的不确定，可能影响套期保值的效果。例如，价格的激烈波动，保证金的比率提高，增加了的保证金的数量；交易期间利率的变化，增加了已有的保证金机会成本；交易时产生的追价，增加了交易费用，等等。交易费用的不确定可能影响套期保值的效果。

（五）交易风险

交易所为了防止期货价格的激烈波动，对每种期货商品规定了价格涨停板线。所以，当期货市场的价格波动达到涨停界线时，交易将停止，套期保值者无法对冲，面临交易风险。

所以，交易者在进行套期保值时，必须充分认识到各种风险才可能成功。

第九节　投机与套利

期货市场的高风险和高盈利的特点吸引了大量的投机者。也正是有了投机者在期货交易规章制度管理下的交易行为，期货市场的流动性才得到保证，期货市场的价格发现功能才得以实现，套期保值者面临的风险才能够转移。所以，在期货市场的运作中，投机者的功不可没。但是，投机者对期货市场运作的贡献是投机者集团进行期货交易的客观效益，而不是投机者的主观动机。投机者的主观动机是为了利用价格波动，买低卖高，谋求利益。所以，试图控制和操纵市场价格是投机者的本能。期货市场的管理部门一旦放松对交易规则的执行，或者交易规则稍有疏漏，投机者就会乘机操纵市场价格，扰乱市场交易秩序。

投机者相对于套期保值者的风险厌恶程度比较低，他们拥有一定的风险资本，愿意承担价格波动的风险。

投机者在期货交易中发挥了重要的经济作用。投机者的交易承担了套期保值者期望转移的价格风险，使套期保值者的交易目的得以实现。

套期保值者的交易目的是为了转移可能面临的价格风险。在套期保值的集团里，如果空头套期保值和多头套期保值的头寸不平衡时，没有投机者的参与，套期保值者的交易将不能实现。在现实的期货交易中，空头套期保值的头寸往往大于多头套期保值的头寸，套期保值集团内部是不能实现交易的平衡。其一，投机者在期货交易中，投入风险资本，承担了套期保值者转移的价格风险，使得套期保值者转移价格风险的目的得以实现。其二，投机者的交易增加了期货市场的交易量，提高了期货市场的交易效率，使得市场的流动性增强，减少了套期保值者进入和退出市场的障碍和交易成本。其三，投机者的交易促进了市场价格一体化的实现。期货市场价格体现了时间基差、空间基差以及人们的预期。从理论上分析，期货市场的价格体系是非常严密的，在一定的时间和空间内，某种商品的期货价格波动应当保持在一定的幅度内。如果期货市场的价格在时间、空间或者产品之间出现了异常的价差，就会引起投机者的卖高买低交易，使期货市场的价格回归于相对正常的价差范围内。投机者这种频繁的交易强化了现货市场和期货市场价格在时间、空间和产品之间的联系，促进了市场价格一体化的实现。

场内交易者拥有期货交易所的会员资格，为自己或者自己的公司进行期货交易。他们是期货交易的专家。他们的人数不多，但是，他们的交易行为对期货价格有重大的影响。他们的交易特点是交易价差小，交易量大，交易频率高、持有头寸时间短，有时仅持有几分钟甚至几秒钟。

日交易者是指持有交易头寸的时间不超过一个交易日的投机者。在期货交易中，场内交易者都是日交易者，但是，有的场外交易者也是日交易者。日交易者认为，影响期货价格的信息是每日变化和不同的。如果投机者持有一个交易头寸过夜，在夜间发生的事件可能影响第二天的交易头寸风险报酬。所以，日交易者认为，规避这种信息风险的最好策略就是持有交易头寸的时间不要超过一天。

头寸交易者认为，市场的价格趋势具有一定的惯性，因此，持有交易头寸时间超过两天以上获得投机的风险报酬可能性大。一般而言，场外投机者大多是头寸交易者。他们持有头寸的时间有的超过两天，有的甚至一两个月。空头投机者对市场价格预期趋弱，他们卖出期货合约，如果期货市场的价格趋弱，他们就可能盈利，反之，他们就可能亏损。多头投机者对市场价格预期趋势强，他们买进期货合约，如果期货市场的价格趋强，他们就可能盈利，反之，他们就可能亏损。

一、期货套利（Spread）

期货套利者是指交易者买进一个期货合约的同时，卖出另一种期货合约的组合交易。在这种交易中，投机者是对期货市场的时间、空间和产品之间的基差进行套利。因此，投机的策略又可以分为跨月套利、跨市场套利和跨产品套利。

期货套利交易比头寸交易面临的风险较小，交易成本较低。因为在市场价格的变化下，交易者在一个合约交易上的亏损，会被他在另一个期货合约上的盈利弥补。因此，交易所和经纪公司规定，套利交易所需要缴纳的保证金低于头寸交易，在一般情况下，他们缴纳的保证金的比例和套期保值交易的相同。

二、期货套利的种类

按照套利的标的商品，期货套利可分为以下几种：

（一）跨月套利

跨月套利的交易者是在同一个交易所对不同交割月份的相同期货商品合约进行买卖。这种交易是交易者对相同期货商品，不同到期月份的期货合约时间基差进行套利。当出现了异常宽的基差，在套利的作用下，基差会趋窄；当出现了异常窄的基差，在套利的作用下，基差会恢复到合理的宽幅。在对时间基差进行套利时，仍然要保持对基差的卖窄买宽，才能获利。因为较近的期货合约对市场行情的反应比较远月份的期货合约敏感，所以，当交易者对期货市场行情看涨，他的套利策略往往为买进较近月份的期货合约，卖出较远月份的期货合约。当交易者对期货市场行情看跌，他的套利策略往往为卖出较近月份的期货合约，买进较远月份的期货合约。

（二）跨月多头套利

某套利者认为，目前玉米的 3 月期货合约和 7 月期货合约的基差异常宽，而且套利者认为，今后的市场价格的趋势看涨，他可以买进 3 月期货合约，卖出 7 月期货合约进行套利。见表 20－11。

表 20－11

交易日期	3 月合约	7 月合约	基　差
2 月 20 日	买进 1 手，价格 $ 2.10	卖出 1 手，价格 $ 2.20	－0.10
3 月 15 日	卖出 1 手，价格 $ 2.30	买进 1 手，价格 $ 2.35	－0.05

不考虑交易费用，交易者在这次交易中可以获利＄0.05×5000＝＄250

（三）跨市场套利

跨市场套利的交易者是在不同交易所对相同交割月份的相同期货商品合约进行买卖。这种交易是投机者对相同期货商品、相同到期月份的期货合约空间基差进行套利。当相同的期货商品在几家期货交易所进行交易时，由于地域间的差异，各个交易所的相同商品的期货合约价格会存在一定的差异，这种差异称为空间基差。空间基差包含运输费用和不同交易所规定的交割商品的品质价差。如果出现了异常的基差，套利者可以买进价格相对偏低的交易所的期货合约，卖出价格相对高的交易所的合约而获利。例如，在 1986 年 10 月，由于软冬红小麦歉收，芝加哥交易所的小麦期货价格比堪萨斯交易所的价格高出 40 美分，套利者卖出芝加哥交易所的小麦期货，买进堪萨斯交易所的小麦期货合约，从牟取空间基差异常的利润。套利者在进行跨市场套利基差分析时，必须要排除运输费用和商品的品质价差部分变化的影响。在进行跨越国界的跨市场套利时，还要考虑到汇率变化的影响。

例如，某交易者在对伦敦食糖期货交易所和纽约食糖期货交易所的 12 月份的期货价格进行分析以后，排除了正常的空间基差的影响，认为伦敦交易所的食糖期货的价格相对偏高，而纽约交易所的食糖期货合约的价格相对偏低。于是，交易者卖出伦敦交易所的 12 月份期货合约，买进纽约交易所的 12 月份期货合约，进行跨市场套利。一个月以后，两个交易所的期货价格恢复正常，交易者可以在套利中获利。

表 20－12

交易时间	纽约食糖期货交易所	伦敦食糖期货交易所	基 差
9 月 5 日	买进 12 月食糖期货 1 手，价格英镑/吨	卖出 12 月食糖期货 1 手，价格英镑/吨	－2 英镑
10 月 25 日	卖出 12 月食糖期货 1 手，价格英镑/吨	买进 12 月食糖期货 1 手，价格英镑/吨	－1 英镑
	3 英镑/吨	－2 英镑/吨	1 英镑

（四）跨商品套利

跨商品套利是在两种用途基本相同，具有替代关系的，价格具有一定相关性的不同商品之间的套利。因为当其中某一商品的价格上升时，人们就会增加对其替代商品的需求，从而导致替代商品的价格上升。反之亦然。

例如，在美国，玉米和燕麦作为饲料，存在比较密切的替代关系。燕麦和玉米合约的价格变化具有一定的季节性。燕麦在七、八月份收获，玉米在 10 月收获。在燕麦收获季节时，燕麦的价格相对于玉米价格下跌，而到 11 月份，玉米的价格相对于燕麦的价格下跌。所以，在七、八月份燕麦和玉米的价差会扩大，到年底，玉米和燕麦的价差恢复正常。套利者可以根据以往的价差和对将来市场供需的预期，进行跨商品套利。例如，某套利者认为 7 月 1 日的 12 月份玉米合约价格偏高，燕麦合约价格偏低，玉米和燕麦的基差比正常情况偏宽，于是买进燕麦期货，卖出玉米期货，进行跨商品套利交易。在价差恢复正常时，套利者将获得收益。

表 20—13

交易时间	燕麦期货	玉米期货	基　差
7 月 1 日	买进 12 月的燕麦期货，价格 $1.20	卖出 12 月份玉米期货，价格 $2.05	-0.85
11 月 1 日	卖出 12 月份燕麦期货，价格 $1.50	买进 12 月份玉米期货，价格 $2.20	-0.70
	$0.30	-$0.15	$0.15

第二十一章　国际服务贸易

第一节　国际服务贸易的构成

一、国际服务贸易的含义

服务是相对于产品（有形产品）的一个经济学概念。它是指以提供活劳动形式满足他人需求取得报酬的活动，服务的国际间流动便构成了国际服务贸易（International Trade in Services）。"乌拉圭回合"关于服务贸易谈判的第一阶段发表的《蒙特利尔宣言》谈到，服务贸易是跨越国境的服务和消费。国际服务贸易有广义与狭义之分。狭义的国际服务贸易是指发生于国家之间符合服务定义的直接的有形的劳动的输出输入，还包括无形的、提供者和使用者在没有实体接触的情况下发生的交易活动。广义的国际服务贸易才是人们更为关注的贸易活动。

服务是一种特殊形态的商品，区别于其他一般商品。服务没有固定的存在实体，但服务和一般商品一样有价值和使用价值，服务的特殊使用价值在于它提供了某种劳动，而对劳动的享有实质上就是对服务这种特殊商品使用价值的消耗。国际服务贸易就是对各种性质劳动所形成的服务的跨国界的提供与享用。

《服务贸易总协定》对服务贸易下了较为准确的定义：

1. 过境交付（Cross-border Supply），从一成员境内向任何其他成员境内提供服务。

2. 境外消费（Consumption Abroad），在一成员境内向任何其他成员的服务消费者提供服务。

3. 商业存在（Commercial Presence），一成员的服务者在任何其他成员境内通过商业存在提供服务。

4. 自然人流动（Movement of Person），一成员的服务提供者在任何其他成员境内通过自然人流动提供服务。

二、国际服务贸易的特点

较之国际货物贸易，服务贸易有以下三个明显的特点：

1. 服务是无形的，是生产与消费同时完成的过程，没有一个有形的、独立的存在形式，因此，海关人员无法在关境口岸发现服务的进口与出口，服务贸易也就无法正常地被纳入海关统计中。因此，不能利用关税或配额保护本国的服务业。

2. 服务贸易更多地依赖于要素的移动和服务机构在境外的设置。货物是有形的，只要付出一定的运费，货物就可以从出品国运往进口国，从产地运往销地。因此，生产者和消费者均无须离开国境就可以实现进出口。有一些服务也是可以通过"运输"达到进出口的目的。比如，一方可以通过计算机终端处理一些商务；另一方可以接受这一服务。其他通过邮件、电传或电话等而无须面对面就可以完成的服务交易，也都可以进行国与国之间的贸易。这一类服务活动，被称为"可交易服务"（Tradeble Seivrces）或"长距离服务"（Long-distance Services），这类服务虽然不能像货物那样可以储存，但它像货物那样可以被"运输"，也即服务的供给方和消费方都无须发生空间上的移动就可以完成服务的贸易。然而，大部分的服务贸易要求供给者和消费者在空间上的接近。与有形商品贸易和可交易服务贸易相比，这类服务贸易必须伴随着生产要素的国际移动。这并不意味着非要服务的供给者到消费者所在国境内去，相反方向的移动也同样可以。例如，建设工程服务是供给者到消费者所在国境内提供，旅游服务由消费者到供给者所在国境内享用，教育服务则既可以由供给者到消费者所在国境内完成，也可以由消费者到供给者所在国内来完成。在实践中，供给者的移动居多，这就依赖于服务机构在境外的设置。

3. 法律、法规和行政措施成了服务业保护贸易的主要手段。由于服务的无形及生产与消费过程的同一性，海关无法用关税与配额限制服务进口，于是，政府制定的法律、法规以及行政措施成为限制国外的服务提供者进入的主要保护手段。这就是规范服务业的市场准入、控制服务的从业资格、限制服务部门开放的领域。法律法规等措施也是一种非关税壁垒，对于服务贸易来说，无其他可供选择的非关税壁垒，而这种非关税壁垒比对有形商品的阻碍作用还要大。

三、国际服务贸易的内容

国际服务贸易的内容极其广泛，按《服务贸易总协定》中"服务部门参考清单"的规定，服务贸易包括12大类，即商业性服务、销售服务、金融服务、娱乐服务、通信服务、教育服务、卫生服务、运输服务、建筑服务、环境服务和其他服务。这种分类主要以"行业"作为划分国际服务贸易类型的标准。

关于服务贸易的内容分类，还有两种一定代表性的分类方法。

第一种是以"生产"为核心进行划分的。按此分类法，服务贸易可分为三类：

1. 生产前服务。如研究与开发、设计、调研和可行性研究等。

2. 生产服务。指生产过程中的服务，如生产过程中的质量管理、软件和人力资源管理等。

3. 生产后服务。如广告、营销、包装、运输等。

第二种以服务贸易中生产要素的密集程度进行划分的。按此类分法，服务贸易可分为：

1. 资本密集型服务贸易，如航运、通信、工程建筑等。

2. 技术、知识密集型服务贸易。如银行、金融、法律、信息服务等。

3. 劳动密集型服务贸易。如旅游、维修、建筑等。

在世界服务贸易统计上，一般采用国际货币基金组织的统计方法。它在统计时按以下四类计算：①货物运输。②其他运输服务。③旅游。④其他服务。

第二节　国际服务贸易的现状及迅速发展的原因

一、发展过程与发展现状

服务贸易和货物贸易一样，是随着商品经济的出现而产生、随着商品经济的发展而发展的。只不过由于服务贸易商品的特殊性，在相当长的一段时间内，服务贸易发展的速度很慢，贸易额在世界总贸易额中所占比重很小。

从 19 世纪中叶到 20 世纪中叶的 100 年里，在当时的社会经济条件下，有形商品的贸易一直在国际贸易中占据主导地位，国际服务贸易由于规模尚小还未引起世人的关注。

第二次世界大战结束以后，特别是进入 20 世纪 60 年代，受社会经济发展的影响，尤其是受第三次科学技术革命的影响，各国的国内服务业都有了突飞猛进的发展，这主要表现在服务业在国民收入中所占比重越来越大，在服务业中就业的人数超过农业和工业，居三大产业之首。与此同时，国际服务贸易也有了迅速的发展。

目前，国际上一种较为普遍接受的理论认为，世界经济已发展成"后工业化经济"（Post-Industrial Economy）或"信息经济"。这种经济的特点为，由以产品为基础的经济向以服务为基础的经济转变，服务业与服务贸易已成为国际经济活动中最具活力的领域。

二、发展特点

战后国际服务贸易发展的特点是：

1. 国际服务贸易的增长速度超过国际商品贸易的增长速度。在 20 世纪 70 年代是如此，到 80 年代后期表现尤为明显。服务贸易在世界贸易中的比重上升。

2. 发达国家间双向对流的服务贸易发展大大快于发达国家与发展中国家之间单向移动的服务贸易。

3. 由于技术进步而产生的新型国际服务贸易的发展远快于传统形式的服务贸易项目。例如，通信服务中传统电话、电报服务与传真、光导纤维的信息快速传递服务。又如，集装箱与传统运输服务。

4. 国际服务贸易在发达国家和发展中国家的发展极不平衡，发达国家在国际服务贸易中处于绝对优势。发达国家占了国际服务出口的 70%～80% 的比例，拥有数以千亿计的贸易顺差。就是在发展中国家占有比较优势的劳动密集服务项目，也难以同发达国家抗衡。如世界旅游业中，欧洲占了国际旅游总收入的 1/2。

发展中国家作为一个整体在国际服务贸易中所占份额极低，大部分国家长期处于逆差，但相对而言还存在着相对发达国家（主要指中等收入国家）和最不发达国家之分。就相对发达国家而言，由于在某些项目上具有同发达国家相抗衡的比较优势，如韩国的工程承包业、新加坡与香港（地区）的金融业等，因而服务贸易略有顺差。但是，广大最不发达国家则为国际服务的"纯进口国"，逆差甚巨。

5. 服务贸易行业垄断现象极为严重。它不仅表现在一些关系到国家主权与安全的行业，如邮政、电信、民航、铁路、广播等，绝大多数国家（特别是发展中国家）都在不同程度上实行国家垄断，而且私人垄断现象也非常突出，其中，美、日等国际资本出口中占主要地位有"垂直集中"（Vertical Concentration）和"水平集中"（Horizontal Concentrarion）两种情况。"行业集中"又称"垂直集中"，指某一服务项目集中在少数几家私人垄断公司的现象。根据关贸总协定的有关统计，六大会计事务所掌握了全球的会计事务，来自三个国家的四家保险公司占了世界保险市场的 30%，而国际影视服务则为"美洲动画片协会卡特尔"（The Motion Picture Association Of American Carel）独家垄断。"水平集中"主要是指服务企业日益扩大其经营范围到"相互关联行业"（Inter-linked Sectors），以获取市场垄断地位。通常"水平集中"的发生，以运用相同的电气设备和人力资源为要件，如电讯公司业务范围扩展到数据处理等方面，即属此列。

6. 国际服务贸易市场呈多元化趋势。随着世界经济和技术的发展，近年来，服务输入国越来越多，世界服务贸易市场争相崛起。20 世纪 70 年代以前，世界服务贸易市场集中在西方发达国家；20 世纪 70 年代，中东几个主要产油国依赖丰富的地下资源，吸收大量投资，成为国际服务的主要输入市场；20 世纪 80 年代以来，随着亚太地区经济迅速发展，特别是"四小龙"的崛起，东南亚服务输入非常活跃。目前，世界各大洲都形成了各自的服务贸易市场。可以认为，20 世纪 90 年代的国际服务贸易市场已不会再局限于一两个区域，市场多元化已成定型。但是，也应该看到，决定一个地区的服务输入市场的大小，同本地的政治经济、技术发展状况是分不开的。因而可以预计，西欧人（包括德国及欧洲经济区的其他各成员国）、美加墨自由贸易区、东南亚、中东将成为未来 10 年世界上主要的服务输入市场。

三、国际服务贸易迅速发展的原因

第二次世界大战后，国际服务贸易迅速发展，主要原因在于：

（一）第三次科技革命的驱动，服务业迅速发展，就业人员和所占比重大大提高

第二次世界大战后，在新技术革命的推动下，各国普遍在产业结构调整中大力发展服务业，使服务业在国民经济中的份额和就业人员的比重大幅度提高。发达国家服务业在国民经济的比重一般占 45％～65％，而发展中国家也占 30％～45％。就业人员中服务业吸纳的人数，发达国家在 50％～75％之间，发展中国家为 20％～55％。个别国家较突出，如美国，1990 年其就业人口中服务业吸纳了 75％，制造业仅吸收了 23％，农业吸收了 2％。在国民经济日益向服务化方向发展的趋势下，国际间相互提供的服务贸易量也就大大增加了。因此，服务业的发展为服务贸易提供了坚实的物质基础。

（二）跨国公司的迅速发展，加强了服务国际化扩展的趋势

在 20 世纪 60 年代后，跨国公司向全球扩张，全世界跨国公司的发展特别迅速。在跨国公司全球经营和发展的过程中，许多跨国公司深感服务业对其获取竞争优势的重要性，这就加速了服务国际化的速度。跨国公司在金融、信息和专业服务上都是重要的供应者，其中许多公司迅速扩大，向全球出售服务。激励跨国公司的动力是：第一，通过跨越国境数据资料的流动和世界信息网的建立，使跨国公司有能力提供越过其会统部门的各种服务。如，银行提供非银行服务。第二，跨国公司通过扩大其活动和经营范围继续为顾客服务。这在保险业和银行表现较为明显。如，国际保险公司传统上一直为国际原料和制成品贸易服务。跨国银行扩大国际金融市场的活动，扩大国际商品支持的服务也使广告公司和专业服务量增大，促进了服务贸易发展。第三，巨型跨国公司的发展，提高了供应世界市场各种服务的能力，并为跨国性服务公司的建立提供了条件。它们有能力向国际市场提供各种服务，或者使商品与服务相结合，或者挖掘进入金融市场、扩大信息系统的潜力，把交钥匙工程设计和其他劳务结合来。

（三）服务业已成为世界市场竞争的主要手段和重要基础

第二次世界大战后，非价格竞争取代价格竞争而成为主要竞争手段，服务业为非价格竞争力的提高提供了重要保证，这也增加了服务的"可贸易性"。

（四）国际经济技术合作方式的多样化，促进了服务贸易的扩大

随着世界经济相互依赖的加深，国际经济合作方式多样化，也为国际服务合作的扩大创造了条件。国际服务合作指拥有工程等技术人员和劳动力的国家和地区提供所需服务，并由接受服务一方付给报酬的一种国际经济合作。这种经济交往，促进了输入国的经济发展，也有利于服务出口国的经济收益和科技水平的提高。国际服务合作已成为世界各国进行国际经济交往的重要方式和内容。

（五）通信和信息技术、交通运输业的迅速发展为一国经济增长和发展奠定了坚实基础

第二次世界大战后，世界生产布局有了较大变化，交通、通信业的迅速发展对各国经济的发展起了重要作用。特别是通信和信息技术在世界服务贸易中的广泛采用，把一系列国家的经济命脉、主权、安全等关键领域引入了国际交换市场，更加深了各国服务业相互间的依存关系，为服务贸易的发展提供了良好的环境。

（六）各国政府支持是国际服务贸易发展的催化剂

服务业在维护一国经济及政治利益方面均处于重要的战略地位。为此，各国政府普遍采取了政府干预方式大力扶植和发展服务业，也采取了诸多措施保护国内服务市场。主要有：①建立服务自由贸易区，在区域内减免税收其他管制。例如，公开注册航运制是鼓励国际航运服务的具有历史意义的先例。利比里亚、巴拿马等公开注册国的居民由于是公开注册船舶的拥有者而获益匪浅。以载重吨计算，世界航运有1/3是在方便旗帜下运营的。②政府鼓励投资、加速服务业发展，并有意识地利用外资发展本国落后的服务业。例如，法国政府鼓励外国投资者在巴黎地区以外开设服务企业。③大力发展信息及电信技术设备，鼓励跨越国境的自由流动。④提供财政支持，建立新的基础设施，改造旧的服务设施。⑤各国普遍采取措施大力发展教育，努力提高人力资本素质。⑥支持和鼓励区域间服务部门的合作和一体化。如，欧盟在一体化协定中授权成员国间进行服务自由移动，广泛支持服务合作和一体化。

第三节 国际服务贸易格局和地区分布

各国服务业的发展水平极不相同，西方发达国家服务业发达，在国际服务贸易

中处于绝对优势地位，占绝大部分，而发展中国家服务业较落后，在服务贸易中处于次要地位。近年来，新兴工业化国家和地区的服务业发展速度较快，处于国民经济的重要地位，服务贸易也较发达，其发展速度也较快。

一、西方发达国家的服务贸易

西方发达国家是国际服务贸易主要的进出口国家，17 个西方发达国家占国际服务贸易出口总额的 74.3％，其中七大工业国（美国、法国、德国、英国、意大利、日本、加拿大）约占国际贸易出口总额的 51.4％。美国既是世界商品贸易最大的进出口国，也是世界上最大服务出口国，1992 年，向海外出口的商业服务达 1623 亿美元，占全球服务出口总额的 16.2％，高于其商品贸易占全球 12.3％的比例。如果以经济合作与发展组织 25 个成员国计算，则其占世界服务贸易出口总额的近 80％。主要的出口服务国也是服务进口总额的 55％；经合组织 25 个成员国占世界服务进口总额的 79％。因此，国际服务贸易的主体仍是发达国家，所不同的是与商品贸易比较，发达国家在国际服务中的地位更加突出，所占的份额更大。从地区构成看，按各大地区划分，国际服务贸易出口中，西欧所占比重最大，亚洲占第二位，北美占第三位。在进口中，位次同出口。在年平均增长速度上，出口增速最快的为亚洲，次为北美，再次为西欧。进口增速排列北美居首，亚洲位次，西欧第三。按国别划分，在国际服务出口中，前 10 名依次分别是：美国、法国、英国、德国、日本、意大利、西班牙、荷兰、比利时－卢森堡、奥地利。10 国进出口量占世界 2/3。在进口中，前 10 名依次分别是：日本、美国、德国、法国、英国、意大利、荷兰、比利时－卢森堡、加拿大、瑞典，10 国进口量占世界总量也为 2/3。美国一国的服务出口占世界 1/6，日本一国的进口占世界 1/8。美国是国限服务贸易的最大顺差国，日本是最大逆差国。发展中国家在国际贸易中的地位相对落后，而且发展极不平衡，集中在少数国家和地区。在世界出口前 15 名中，方出现新加坡。进入世界前 25 名服务贸易大国和地区的发展中国家和地区还有：韩国、香港、墨西哥、台湾、泰国和土耳其。

在发达国家的服务贸易中，各国的发展极不平衡，行业发展也不平衡。例如，美国、法国、德国、日本是最大的运输服务出口国，它们约占全球运输服务出口的一半。特别是日本，在运输服务方面有巨额顺差。在国际货物运输业中，美国曾是最大的运输服务出口国，如今已失去了领先地位，变成了净进口国。在运输服务贸易中，美国逆差持续增长，但在国际空运业务中，美国所占的比重很高，而且顺差很大。一些发达资本主义小国，如，比利时、荷兰、丹麦、瑞典和挪威，在运输服务中均有大量的顺差。在国际旅游业的服务中，法国、意大利、英国有顺差。

在国际货币基金组织的统计资料中，"其他服务"是上述七国最大的服务贸易项目，它包括政府和私人服务。前者最大的贸易国是美国，占世界该类服务贸易总额的一半以上。美国从培训外国留学生、国际组织活动等方面获取世界上最多的收入，但其在国外的官方机构费用、驻外军费开支已远远超过此项收入。在政府服务贸易中，美国已出现逆差，法国、意大利、英国也是逆差，但数额不大；德国、日本则有较大数量的顺差。由于美国在许可证出口、工程咨询服务、租赁、信息服务中处于领先地位，故其私人服务贸易顺差较大。美国与英国、法国两个国家的私人服务贸易中，凭借其在伦敦的金融、商业中心区的咨询和承包公司的大量收入，处于大量的顺差地位，但对日本、德国却有逆差。

需要着重指出的是：西方发达国家的跨国公司在国外分公司的服务生产和贸易中地位日益重要。以物质生产为主的跨国公司积极参加服务生产和出口。例如，在信息处理上大量出售服务的电子计算机生产公司和其他工业部门的公司都在积极参与银行、金融、保险、经纪人和其他服务项目。与此同时，专业服务公司不断地扩大自己的经营范围，提供的服务日益多样化。主要原因是现代通讯手段和计算机技术使跨国公司能及时了解服务市场的供求状况，可以提供全套服务，以其多样化减少业务风险，提高和增强竞争能力。如，它们把过去分开的银行、保险、交易所和经纪人服务等项目经常合并为金融服务；母公司也通过服务多样化进而解决子公司、分公司所属的运输、信息、金融、销售业务等。

二、发展中国家的服务贸易

发展中国家的国际服务贸易中的地位低下，大多数国家的服务领域不发达，在国际服务贸易中具有比较劣势，没有能力出口。特别是现代服务方面，绝大多数发展中国家在服务贸易上都处于逆差地位。但是，发展中国家的服务贸易是不平衡的。不同地区的服务贸易状况并不相同。

（一）拉丁美洲和加勒比地区

在拉丁美洲的国内生产总值中，商品生产部门（农业、采矿和制造业）的重要性下降，而服务业所占比重急剧上升。这些服务大部分来自基础设施和生产者服务的扩张。但是，"运输和通讯"、"金融和商业（生产者）服务"的重要性仍大大低于发达国家。1986年，拉美和加勒比地区的"金融和商业"服务占国内生产总值的7.2％，而发达国家已占13.7％。同年，上述地区"运输和通讯"占国内生产总值的8.7％，而发达国家早在1981年就已占了11.1％。

（二）非洲

非洲地区服务贸易逆差超过商品贸易逆差，使经常项目长期处于逆差地位。非洲国家高度依赖服务的进口，尼日利亚以外国家的服务贸易都呈严重逆差。像加蓬、刚果、扎伊尔、喀麦隆、赞比亚等国家，进口服务都占其用汇的45％左右。

造成这些国家巨额逆差的主要原因是进口增长过猛，出口增长太慢。

（三）西亚中东

这一地区整个经常项目都是高度依靠石油价格的变化。1981 年以前是顺差大幅度增长，1981 年后顺差急剧下降，到 1983 年转为逆差。它们的主要顺差项目是商品贸易和投资收入，而在服务贸易和工人汇款上是逆差。这一地区是主要的服务进口者和商品及资本的出口者。在 20 世纪 80 年代，由于局势紧张，旅游收入急剧下降，但"其他"服务收入一直在增长。在整个服务支出中，"其他"服务出口所占比重也呈上升趋势。因而服务贸易总体上仍是逆差。在服务项目中，只有运输是顺差。

在 20 世纪 80 年代上半期，服务业平均占西亚国家国内生产总值的一半。在非石油出口国，约占 60％；在海湾合作理事会的石油出口国约占 45％。社会和个人服务是整个西亚地区主要的服务活动，中间性服务尚未发展。

（四）亚洲和太平洋地区

亚洲的新兴工业化国家和地区，如，中国台湾省、中国香港地区、韩国、新加坡、泰国、菲律宾等，除个别国家和地区外，其经济发展速度较快，服务业更是如此。这些国家与地区均有一定数量的服务顺差，特别在旅游、咨询服务、运输等方面表现突出。但是，亚洲还有另一类国家，例如，印尼、马来西亚等，它们在商品贸易上有一定数量的顺差，但服务贸易方面却呈逆差。

三、前苏联和东欧国家

前苏联、东欧国家在世界服务中仅占 5％左右，低于其在商品贸易中所占 10％左右的比重。这些国家制造业较发达，而服务业欠发达。它们的服务出口中首要部分是"其他服务"，然后是航运、旅游。在服务进口中航运也占一半以上，然后是建筑安装设计。服务项目集中在航运、旅游、建筑和工程承包，而保险、知识产权交易较少。其中，捷克、斯洛伐克、匈牙利、波兰有少量服务贸易顺差，而其他国家处于逆差地位。

第四节　《服务贸易总协定》

一、《服务贸易总协定》的产生及目的

随着国际服务贸易的不断发展，国际服务贸易在世界经济中的地位和作用日益加强，服务贸易的自由化问题也逐渐为各国所关注，特别是以美国为首的发达国家，为了迅速占领世界服务市场，积极倡议服务贸易的自由化。

关税与贸易总协定第八个回合的谈判首次将服务贸易纳入议程，经过4年多的艰苦磋商，前后召开了二十多次会议。在综合了关贸总协定秘书处、谈判各方、联合国贸发会议、经济与合作组织等提案及尽可能包括各方观点的基础上，于1990年7月拟定出《服务贸易多边框架协定草案》，并于同年12月3日至7日举行的部长级会议上将该草案更名为《服务贸易总协定》（General Agreement On Trade In Services，GATS），关税与贸易总协定乌拉圭回合于1994年4月15日成功地结束了，此轮谈判的重大成果之一就是达成了《服务贸易总协定》。

《服务贸易总协定》的目的在于制定处理服务贸易的多边原则和规则的框架，包括对各个服务部门制定可能需要的守则，以便在透明度和逐步自由化的条件下扩大服务贸易，并以此作为促进所有贸易伙伴的经济增长和发展中国家经济增长的一种手段。同时，提请各国在遵守一般义务和纪律的前提下，作为开放本国各个服务部门的具体承诺，然后在框架协议生效后，就上述的具体承诺举行多边谈判，以逐步实现服务贸易的自由化。

二、《服务贸易总协定》的内容

《服务贸易总协定》包括序言和六大部分，共35条及5个附件。其中：第一部分是定义和范围；第二部分是普遍义务和纪律；第三部分是具体承诺；第四部分是逐步自由化；第五部分是制度规定；第六部分是最后条文。其主要内容如下：

序言：阐述签署服务总协定的宗旨，以期在透明和逐步自由化的条件下，扩大服务贸易，并促进各贸易伙伴的经济增长和发展中国家的增长。协定还特别强调应有助于提高发展中国家服务能力、效益和竞争性，对不发达国家给予特殊照顾。

第一部分：指出协定所适用的各国所采取的影响服务贸易的措施，并对服务贸易的含义作了明确的定义。

第二部分：规定各缔约国必须遵循的共同原则和纪律。包括：服务贸易的最惠国待遇；各国有关服务行业的无规章制度的透明化问题；对发展中国家参与服务贸

易提供帮助；对经济一体化下服务贸易的自由化问题的规定；有关服务贸易的国内规章合理性；对另一缔约国签发的证书或资格的认可；对垄断或专营服务的特殊规定；对服务行业的限制性商业惯例的约束；缔约方的紧急保障措施；对由于服务贸易而产生的支付和转移不应有任何限制；当存在严重国际收支逆差或外部金融困难时，缔约方可对服务贸易采取限制措施；对政府采购不适用最惠国待遇；市场准入和国民待遇原则；服务贸易限制的一般例外条款。

第三部分：具体承诺。包括：市场准入；国民待遇和对上述两条的例外。市场准入是指缔约方开放市场给予其他缔约国不低于按照减让表中同意并明确规定的条款、条件或限制所提供的优惠待遇，不采取任何其他限制措施妨碍市场进入。国民待遇是指在已承诺的部门、已承诺的条件和资格下，缔约一方给予缔约另一方不低于本国同类服务或服务提供者所得到的优惠待遇。缔约方可以不对上述两条承担义务。

第四部分：贸易的逐步自由化。规定缔约方在本协定生效后一定时间，开始进行连续多轮谈判，以逐步提高自由化水平。谈判应有确定的指导方针，通过削减或取消对服务贸易具有不利影响的各种措施。每一缔约方应将作的具体承诺列入减让表，包括市场准入的承诺义务，国民待遇的承诺义务，与承诺有关的保证，实行承诺的时间和承诺义务的生效时期。任何一项减让在其生效 3 年后可以进行修改或撤回。

第五部分：有关服务贸易的协调制度。缔约一方在另一方就某项提出磋商时，应给予适当的机会。对争端的解决和执行，联合行动的投票，建立理事会及其他组织。

第六部分：最终条款。就本协定的接受、加入、生效、适用、拒绝、修正、退出，对某些概念的定义，对附件性质的说明等的有关规定。

三、《服务贸易总协定》的特征

《服务贸易总协定》作为国际服务贸易领域第一个全球性的多边协定，与货物贸易领域的《服务贸易总协定》相比，有许多独特之处。概言之，主要有以下三大特征。

（一）一般义务与特定义务分别规范

《服务贸易总协定》最显著的特点就是其将第二部分"一般责任和纪律"与第三部分"特定义务"加以区分。前者适用于成员方的所有服务部门，不论成员方是否开放某些服务部门，都同样具有约束力；而后者则是指经过双边或多边谈判达成协议后才承担的义务，只适用于成员方承诺开放的服务部门，而且成员方可根据本国该服务部门的发展情况对其履行特定义务列出条件和限制。总之，一般义务是以

"关天窗"方式规范的,即一般义务应被普遍遵守,除非属于明确列出的例外,包括最惠国待遇豁免清单所列情况和援引一般例外、安全例外、保障条款等情况;而特定义务是以"开天窗"方式规范的,即成员方通过"特定列表法"列出其愿意按所列条件、方式或程度承担市场准入和国民待遇等特定义务的特定服务部门,再通过不断地谈判逐步扩大其实施范围,向服务贸易自由化方向迈进。

(二) 借鉴和沿用了《关税与贸易总协定》的基本原则精神

《关税与贸易总协定》(简称《关贸总协定》)以贸易自由化和贸易无歧视等为宗旨,其规则在近半个世纪的实践中经过不断完善和发展,已较为全面和丰满。从《服务贸易总协定》条文中,不难看出《关贸总协定》的影响,许多基本规范,如最惠国待遇原则,国民待遇原则、透明度原则等都来源于《关贸总协定》,有些条款,如一般例外、安全例外、保障收支平衡例外等条款则直接借用了《关贸总协定》的规范。因此,《服务贸易总协定》作为在世界贸易组织统辖下与《关贸总协定》并行的基本文件,其目标和原则基础是相同的。

(三) 许多具体规则尚待谈判确定

虽然《服务贸易总协定》借用了不少《关贸总协定》的规则对国际服务贸易进行规范,然而,服务贸易毕竟与货物贸易有许多差别,其交易的复杂性和客体的无形性使一些在货物贸易领域得以适用的规则难在服务贸易领域直接套用,有些监督方法难以操作,也难达效果。因此《服务贸易总协定》中有不少条款并未规定明确而严格的规则或义务,而只是对各成员方进一步磋商作出安排,如第 10 条"紧急保障措施"并未对成员方在服务贸易领域采取紧急的保障措施的条件和方式等进行详细规定,而只是要求各成员方基于无歧视原则对紧急保障措施进行多边谈判,谈判结果应在 1997 年底之前付诸实施。还有如第 13 条"政府采购"要求成员方在 1996 年底之前就政府采购服务问题进行多边协商。第 15 条"补贴"也要求成员方为制定服务贸易中的反补贴纪律举行多边谈判,等等。可以预见,随着服务贸易领域谈判的不断推进,《服务贸易总协定》中未明确的各项具体规则都将逐渐明朗,服务贸易规则体系也将日臻完善和发达。

四、《服务贸易总协定》的积极作用

从《服务贸易总协定》的制定及其规则看,其积极作用主要体现在以下几方面。

（一）它是国际服务贸易迈向自由化的重要里程碑

在《服务贸易总协定》制定之前，关贸总协定对于国际贸易自由化的推进和努力主要集中在货物贸易领域，对服务贸易一直未进行过统一规范。《服务贸易总协定》的诞生为服务贸易的逐步自由化第一次提供了体制上的安排与保障，对于建立和发展服务贸易多边规范是一项重大突破。它确立了通过各成员方连续不断的多边谈判，促进各国服务贸易市场开放和发展中国家服务贸易增长的宗旨，使各成员方有了进一步谈判的基础，得以向服务贸易自由化方向不断迈进。服务市场的逐步开放将会带来更多的贸易机会，建立更为稳定的贸易往来关系。这对于国际服务贸易的进一步增长具有不可低估的作用。

（二）将规则的原则性与灵活性有机结合起来

《服务贸易总协定》将一般义务与特定义务分开规范的做法使成员方在服务贸易领域既要遵守共同的原则和普遍的义务，又可以根据本国服务业发展的实际情况安排服务市场开放的步骤，使本国服务业和经济发展不致受到严重冲击。《服务贸易总协定》考虑到成员方的发展水平和经济转轨国家的情况，制定了服务贸易谈判所应遵循的方针：谈判应在部门清单的基础上进行，所达成的义务和保留应建立在适当分解为部门与分部门的水平上，给予发展中国家适当的灵活性。这既可推动各成员方在具体服务部门的谈判中进入实质阶段，也便于体现各成员方的利益和要求，使规则不仅具有鲜明的约束力，同时，又有一定的弹性。

（三）对发展中国家给予了适当的照顾

《服务贸易总协定》有不少条文涉及发展中国家。鉴于发展中国家在世界服务贸易中的劣势地位，这些条文为发展中国家提高对国际服务贸易的参与程度、加强本国服务业的竞争力、扩大服务贸易的出口提供了较大的优惠，如在市场准入和给予国民待遇的程度和条件方面，在获得服务贸易有关信息和经济技术援助方面，在服务贸易逐步自由化的进程方面，都对发展中国家作出了照顾性的特别规定。这些特别规定与原先关贸总协定对发展中国家的安排相比，优惠条件要充分、有效得多，发展中国家可以得到的好处也更具有实质性。将一般义务与特定义务分开规范也是采纳了发展中国家集团"亚非提案"的主张。这些都表明，发展中国家经过不懈努力，谈判地位已有了很大提高。

（四）有利于促进各国在贸易方面的使用与交流

《服务贸易总协定》不仅对国际服务贸易的扩大和发展起了巨大的推动作用，而且使各成员方从服务贸易市场的保护和对立转向逐步开放和对话，倾向于不断加强合作与交流。特别是其在透明度方面的规定，更有利于各成员方在服务贸易领域的信息交流和技术转让。另外，定期谈判制度的建立，也为成员方提供了不断磋商和对话的机会。这使得各成员方对服务贸易方面的合作更愿意采取积极态度，从客观上促进了全球服务贸易的繁荣和发展。

总之，国际服务贸易总协定的缔结，有利于促进各种类型的国家国际服务贸易不同程度的增长，有利于各国服务业的国际化发展，有利于促进各国国际分工的进一步深化，并且最终有利于世界经济的繁荣。

第五节　国际租赁

在讨论国际租赁之前，有必要首先澄清租赁的概念。所谓租赁，是指出租人在一定时间内把租赁物租借给承租人使用，承租人则按租约规定分期付给一定租赁费用的经济行为。这样，出租人就可以以收取租赁费的方式收回其全部或部分投资并保持对租赁物的所有权，承租人则因缴纳租赁费而取得租赁物的使用权。由此可见，租赁实际是一种三边关系的交易：出租人既是出资人，又是购货人；承租人是租货人和付租金人；供货人是生产厂商。它是信贷和贸易相结合的融资和融物混为一体的业务过程。

租赁具有如下特点：

第一，将借钱和借物融合在一起。一般借贷表现为或者借钱或者借物，借钱还钱，借物还物；租赁则是既借钱又借物，还的是钱而不是物。

第二，租赁物的所有权和使用权分离。在一般的商品流通和贸易中，成交之后，商品的所有权和使用权全部由一方转移到另一方，而租赁却不同，在租赁期间，所有权属于出租人，承租人只有使用权。

以上所述的租赁的概念、特点同样适用于国际租赁。国际租赁是指位居不同国家的出租人和承租人之间的租赁，亦称跨国租赁。出租人通过国外厂商购买承租人所需要的设备，根据双方签订的租约，承租人向出租人缴纳租金而获得设备使用权。它是国际信贷和国际贸易相结合的新型的融资和融物合为一体的业务。国际租赁对于出租人来说，能起到既输出资本，又输出设备的双重作用；原则是对承租人来说，既能利用外资，又能引进国外先进设备。

国际租赁是一种新发展起来的国际投资方式。它产生于第二次世界大战以后。

在 20 世纪 50 年代以后的 40 多年时间里，许多国家的政府，为了振兴本国经济，积极支持和扶植租赁事业，使国际租赁业务得以迅速发展。国际租赁已成为世界许多国家参与国际投资的一种重要形式。

一、国际租赁市场的结构

西方各国的大垄断组织为扩大其商品输出，纷纷通过其金融机构或企业出面组建租赁公司或贷款给其他租赁公司，以出租商品的方式给外国企业融通资金。这样，既可达到投资的目的，又可推销其产品，加速资金周转和扩大再生产。但是，大多数租赁公司并不生产租赁所需设备，他们只不过是资金的间接提供者或中介人。在国际租赁市场，一般作为出租人出现的机构主要有：

（一）租赁专业公司

20 世纪 70 年代以来，国际租赁业务有了迅速发展，专营租赁业务的公司纷纷成立。大租赁公司在国内外广泛设置分支机构，而且还设立信贷部门，安排对出口设备租赁的资金供应。

（二）银行、保险等金融机构

近 20 多年来，西方主要工业国的银行、保险公司等金融机构，以其雄厚的资金进入租赁行业，给租赁公司贷款，促使租赁业迅速发展。有的银行还自设租赁公司，如日本东京租赁公司是第一劝业银行的分公司，住友银行设总合租赁公司，法国东方汇理银行创立法国第一家长期租赁公司——"阿尔杰克"公司。

（三）融资租赁公司

融资租赁公司有别于租赁专业公司，它只从事租赁业务中的资金融通业务。它只限于接受承租人的请求，向制造商购买机器设备，并运交出租的机器设备，承租人和制造厂商不发生直接的关系。这类租赁合同规定，承租人可长期使用机器设备，并规定租赁机器设备所发生的一切费用均由承租人支付，同时，负责机器设备维修和保养。

（四）制造厂商

西方工业国的大工业制造商，为了出租其生产的机器设备，多在工厂内设立租赁部，或设立附属于它的租赁公司，在法律上完全独立，这便于吸收外部资金，而且在会计上独立设立账户。

（五）经销商、经纪人

经销商在资本主义国家的商品市场上，实际是在生产者和消费者之间从事储存、分配、运输等劳务的中间商或批发商。在经营租赁业务时，它们是作为出租人。它们在许多国家有广泛的销售网，承接大出口商和制造厂商委托的租赁业务。

租赁经纪人是在承租人与出租人之间安排租赁交易而收取一定佣金的某一公司或个人。他们本身并不经营租赁业务，而只是代表出租人或承租人寻找交易对象，并代表委托人与对方磋商租赁条件，促成交易，从中收取佣金。

（六）厂商或租赁公司与金融机构组成联合组织

制造厂商和大的租赁公司与供应资金的银行或其他金融机构联合组成多边租赁联营或卡特尔等垄断组织，以保证参与公司能在国外占有更大的租赁市场。

（七）国际性租赁公司

由于国际租赁市场的竞争越益激烈，因而 20 多年来，相继出现了国际性的租赁组织。如 20 世纪 60 年代中期，美、法、意、荷和其他国家的银行组成了国际租赁协会。1972 年西欧的一些国家设立了租赁俱乐部。金融组织也组成了国际联合组织，1973 年美、英、意、联邦德国、日本和加拿大等国家的银行联合组成一家东方租赁控股公司。

二、国际租赁的形成

从利用租赁的目的和收回投资的角度，租赁可分为"完全支付"（Full pay-out Lease）的金融租赁和"不完全支付"（Not Full pay-out Lease）的经营租赁两种基本形式。维修租赁、衡平租赁、综合性租赁和回租租赁等都是在这两种基本形式上发展起来的租赁方式。

（一）金融租赁（Finance Lease）

金融租赁是指企业在需要筹款添置机械设备时，租赁公司不是向其直接贷款，而是将代其购入的机械设备租赁给企业，从而以"融物"代替"融资"。根据这种租赁形式的性质，租赁合同一经签订，就不能解约，租期也较长，租赁物的选择、修理、保养、管理均由承租人负责和承担。换句话说，金融租赁是由租赁公司融资，把机械、设备买进或租进来，然后租给企业使用，企业则按合同规定，以交租赁费的形式按期付款给租赁公司。合同期满后，机械设备按合同规定处理。一般处理方法有三种：①合同期满后将设备退还租赁公司。②合同到期继续租赁。③留购，以名义货价（或象征性价格）把设备买下来，办理产权转移的法律手续。

概括地说，金融租赁有以下特点：

1. 由承租人选择设备，而不是出租人。

2. 承租人将设备用做经营或专业性用途。

3. 出租人提供融资服务，按照它与承租人之间签订的合同购进设备。

4. 出租人保持设备所有权，承租人在租赁合同有效期内享有设备使用权。

5. 在合同规定的租赁期内，双方无权撤销合同。

6. 承租人负责设备的维修和保险，出租人只负责垫付货款，购进承租人所需设备和按期出租。

7. 租赁期限较长，一般设备租赁 3～5 年，但大型设备如飞机、钻井平台等的租期可达 10 年以上。

8. 租赁合同期满时，承租人对设备有权选择留购、续租或退租三种方法。

金融租赁一般以两种形式进行：一是直接租赁；二是转租赁。直接租赁是指由租赁公司自筹外汇资金购进外国厂商的设备后，直接将设备租赁给需要该设备的承租人。转租赁是指租赁公司或经营租赁的银行部门从外国租赁公司租进设备后再转租给其他承租人（次承租人）。

（二）经营租赁（Operating Lease）

也称为服务性租赁（Service Lease），国内有时译为使用租赁、营运租赁、作业租赁、操作性租赁。经营租赁是一种不完全支付租赁，规定出租人除提供融资外，通常也提供特别服务，如保险和维修等。它是一种较短期的租赁，租赁物的维修、保养和管理均由出租人负责提供，因此其租金也就比金融租赁高。

经营租赁具有如下特点：

1. 在租赁期满之前，承租人预先通知出租人就可中止合同，退回设备。

2. 出租人一般需要将设备出租多次，方能收回其全部投资和获得利润。

3. 在租赁合同期内，出租人要对租赁物负责维修、保养工作，以便在租赁期满后将租赁物出售或续租给原承租人或转租给另一承租人。

4. 在经营租赁方式下，承租人账务上仅作为费用处理，而资产仍在出租人的账簿上。这种租赁业务一般由制造厂商的租赁部或租赁专业公司经营。

（三）维修租赁（Maintenance Lease）

这是金融租赁加上各种服务条件的租赁方式。维修租赁的租赁费包括服务费，因此较为昂贵。维修租赁的租赁期较长，通常是两年以上，租赁物多以车辆为主，其目的是减轻承租人对车辆等的维修、管理业务。在维修租赁的合同期限内，原则上不能中途解约。采用这种方式租赁汽车时，租赁公司向用户提供一切业务上所需的服务，包括购货、登记、纳税、保险、检查、维修、检车和事故处理等服务。

（四）衡平租赁（Leveraged Lease）

也叫杠杆租赁或代偿贷款租赁。它是金融租赁的一种特殊方式。衡平租赁是一种真正的租赁，即出租人拥有出租设备的法律和经济主权，并通过折旧或投资津贴和减税而享有任何减免利益。通常这种给予出租人的减税鼓励或免税优惠以较低租赁费的形式转让给承租人。而出租人的投资获享衡平权的利益，是由于通过向银行或保险公司等金融机构借得租赁物成本的大部分的缘故。出租人的投资通常是成本的 20%～40%，其余的由金融机构贷款。通过这种衡平作用可使出租人的投资扩大 3～5 倍，而且能使出租人以较少的现款投资享有设备成本 10% 的全部减税优惠。银行的融资通常不能向出租人追索，它靠出租设备的租赁费来偿还。

衡平租赁具有如下特点：

1. 在法律上至少涉及三方面的关系：承租人、出租人和长期贷款人。

2. 贷款人提供的贷款成为该项租赁交易的基本部分，而且对出租人没有追索权。

3. 出租人购买出租的设备，至少必须付出价格的 20% 作为其自身的投资。

4. 租金不得预付或延期偿付。

5. 租金的偿付必须是平衡的，各期所付租金的金额大小相差不得太多。

6. 出租人对承租人使用设备不加任何限制。

7. 出租人的投资虽然只有设备成本的 20%～40%，却可获得 100% 的所有权的税务优惠。

8. 租赁期满，出租人必须将设备的残值按市价售予承租人，但承租人不得以象征价格付款购买设备。

（五）回租租赁和综合性租赁（Sale and lease back Lease）

指由出租人拥有和使用设备的公司买下设备，以物主身份再将设备回租给原物主继续使用，而原物主成为承租人。在这种租赁方式下，设备的原物主既可获得一笔资金，缓和其财政紧张状况，加速资金的周转；又可以继续使用所需要的设备。

综合性租赁是租赁和其他贸易方式相结合的一种租赁方式。如它与补偿贸易、来料加工、包销、买方信贷、卖方信贷、信托投资、合资经营、合作经营等方式相结合，从而形成与纯粹租赁有别的一种租赁形式。

例如，租赁和补偿贸易相结合的综合租赁形式，是指出租人将机器设备租给承租人，而承租人以所租赁机器设备生产的产品来偿付租金；租赁和加工装配相结合的租赁，是指承租人用租赁方式引进设备，开展来料加工业务，以加工费按期分付租金；租赁和包销相结合的综合性租赁业务，是指由承租人用租赁的机器设备生产出来的产品由出租人包销，出租人从包销价格中扣取租赁费。这种结合的方式较多，具体的选用取决于租赁设备的种类，承租人的财务状况等多种因素。

三、国际租赁业务合同

国际租赁的直接当事人有出租人、承租人和供货人，如果是衡平租赁，还要增加第四方，即向出租人提供贷款的金融机构。因此，租赁业务合同比较复杂。完整的国际租赁合同应由多个合同组成，至少应包括出租人与承租人签订的租赁合同、出租人与供货人签订的进出口销售合同、出租人与金融机构签订的贷款合同，以及承租人与供货人的设备维修、保养合同和保险合同等，这里仅介绍国际租赁业务中的租赁合同。

一般说来，国际上并无国际租赁合同的标准条款规定，且常常因租赁设备物品性质不同及租赁公司所愿承担的责任不同而异，但都必须包括一些基本内容。例如，融资租赁合同条款一般应包括以下几方面的内容：

（一）对租赁物的描述

合同中应明确开列租赁物品的名称、牌号、型号、规格、性能、数量和交货期等，通常在合同中以附表形式列出。

（二）租赁物品的所有权

应明确合同所列租赁物品是出租人根据承租人要求出资购回租给承租人使用的；在租赁期内，租赁物品的所有权属于出租人，承租人仅有使用权，并规定承租人在租赁期内不得采取任何侵犯租赁物品所有权的行为。

（三）租赁期限

明确规定租赁业务的开始日期、合同有效期。在整个合同有效期内，除非另有规定，否则，当事人双方的任何一方不得解约或退租。

（四）租金

租金是租赁合同的主要内容。一般要规定以下几方面内容：

1. 明确租金的数额、租金交付日期、交付方法、次数、交付地点和使用的币种等。

2. 明确规定租金的构成和计算方法。一般以租赁业务中所需的成本为基础来计算，包括租赁物品价和采购所需的费用，租赁期内由于物品所有权而产生的各种费用，如利息支出，固定资产税及其他税款、保险费、租赁公司的佣金管理费、手续费以及利润等。

具体计算公式为：

$$每期租金 = \frac{租赁物品采购价 - 估计残值 + 税金 + 保险 + 佣金 + 利息}{支付次数}$$

3. 规定缴纳租金期数。缴纳租金的期数是用整个租赁合同的期限和每次缴纳租金时间计算出来，可以按月按季，也可以半年一次或按年缴纳，租赁人应根据企业本身的经营状况、支付能力等经过认真核算后，作出合理的规定。

4. 明确第一次缴纳租金的时间。通常规定要在租用设备开始正常运行之后，以便承租人用该设备生产的产品出售后获得的利润交纳租金。

5. 确定租金缴纳形式。一般有固定费率法和递减费率法两种，由当事人双方通过协商达成协议后在合同中写明。

6. 关于租金的变更条款。在一般情况下，租金确定后是固定不变的，但有的租赁公司要求增订该条款，并要求承租人确认这种变更。其条款内容为：由于国家增减有关税项、税率、银行利率等因素或其他条件发生变化必须变更租金时，出租人可根据实际情况对租金做相应变更。如果获知承租人认可，合同中就增加此项条款。

（五）租赁物品的交货、验收、质量保证

1. 明确租赁物品的交货时间、地点，以及是由供货人直接交付承租人还是须由出租人交付。

2. 明确租赁物品到达交货地点后的验收时间、手续以及相应的权利和义务。

3. 明确租赁物品的质量保证条件与销售合同中的质量要求相符，规定在质量保证期内如发现属于供货人责任的质量问题，应由何方与供货人办理索赔事宜等。

（六）租赁物品的维修、保养及其费用

融资租赁合同中需明确规定由承租人负责租赁物品的维修和保养。也可由承租人与供货人签订委托维修保养合同，以保证租赁物品处于良好状态，承租人应承担相应的全部费用。

（七）租赁期内的保险

由于在整个租赁期内，租赁物品的所有权属于出租人，故合同通常规定租赁物品由出租人负责投保，承担保险费用；但对由于承租人使用不当等属于承租人责任的损失风险，则应由承租人负责并承担费用。

（八）租赁合同的终结和租赁期的延长

租赁合同期满时，租赁物品如何处理，应在合同中明确规定。若采用租赁物品退还租赁公司的办法，则一般规定退还费用由承租人负责，并保证租赁物品除正常损耗外，仍保持良好状态；若采取承租人续租办法，也应于合同期满前若干时间内书面通知出租人，按双方协商一致的续租租金的多少和时间延长租赁期。

第六节 补偿贸易

补偿贸易是在 20 世纪 60 年代末 70 年代初在传统的易货贸易的基础上发展起来的。由于这种方式可以解决国际投资和贸易中的外汇短缺问题，因此，在发达国家和发展中国家、发达国家之间以及苏联、东欧国家之间的经济合作中广泛流行。

一、补偿贸易的特点

补偿贸易是进口方在外汇资金短缺的情况下，原则上以不支付现汇为条件，从国外引进技术、设备，待工程建成投产后以产品分期偿还其价款的一种投资和贸易相结合的、灵活的国际投资方式。补偿贸易有其显著的特点：

（一）有赊销易货贸易性质

由于发达工业国的技术、设备过剩，力图通过这种特定贸易方式输出机器设备，转让技术、"诀窍"、专利或生产许可证，以谋取较多的利润，给外汇资金短缺的进口国提供了无需支付现汇即可引进技术、设备的可能性。在成交时，进口方一般不必动用现汇支付价款，而待投产后分期以产品偿付其价款，因此，它具有明显的易货贸易性质。

（二）是特殊的信贷手段

由于补偿贸易所需时间较长，少则两三年，多则几十年，这就不可避免地要涉及信贷。出口国通过提供信贷推动其商品出口，进口国通过这种信贷方式，获得技术、设备和专利等。由于进口国对利用补偿贸易是种特殊的信贷，是国际上利用外资引进技术、设备的一种颇受欢迎的方式。

（三）是一种特殊的国际直接投资方式

发展中国家资金短缺特别是外汇短缺，需要引进大量外资。由于补偿贸易的进口方以产品作为偿还贷款的手段，所以，有利于调运国外投资合作者的积极性，使他们关心企业的兴衰；有利于提高产品的质量，使产品在国际市场上有竞争力；有利于利用外国投资者在国外现有的销售渠道，便于开拓国际市场。

（四）具有"对等"贸易的性质

补偿贸易中用产品偿付的对象是引进的设备、技术、专利等，而用于偿付的产品一般都是引进技术、设备的直接产品，并且是以直接产品为补偿进口设备等的价款，所以，它又具有对等贸易的性质。

由以上特点可以看出，补偿贸易不同于合资经营和合作经营。合资经营、合作经营和补偿贸易一样，都属国际直接投资，但具体做法不同。合资经营、合作经营项目比补偿贸易大，时间也更长。一般合资、合作经营期在 10 年以上，而且合资经营、合作经营企业都涉及利润分配问题。补偿贸易则不同，补偿贸易的项目可以是引进国原有企业的技术改造项目，也可以是新上的基建项目，无论是前者还是后者，进口方和投资者的关系都不是债务人和债权人的关系。用这种方式购买出口方的机器设备和物资，虽然货款未付清，但进口方对这些设备和物资及由此兴建的企业拥有完全的所有权与经营权。由于按照补偿贸易合同规定，出口方有义务购买全部或部分产品，所以，产品出口稳定，不易产生产品滞销、资金无法周转的问题。

二、补偿贸易的形式

补偿贸易中偿付设备价款的形式是双方最为关心的问题，往往是谈判中双方争议的焦点。因补偿贸易本身是一种灵活的国际投资和国际贸易相结合的方式，所以其补偿方式也比较灵活，无统一的要求，一般根据需要和可能以双方的意向具体商定。根据偿付设备价款形式的不同，目前，国际上常见的补偿贸易主要有以下几种形式：

（一）直接补偿

也称产品返销或回购，指进口方用引进的设备或技术所生产的全部产品分期偿还进口合同的价款。为此，在签订合同时，出口方必须承担按期购买一定数量直接产品的义务。这是当前补偿贸易的基本形式，在国际上广为应用。例如，前苏联同澳大利亚、原联邦德国、法国等 10 多个国家订立了钢管——天然气补偿贸易协定，前苏联购买这些国家的大口径钢管铺设天然气管道，若干年后，前苏联用天然气偿还这些国家提供的大口径钢管的贷款。

（二）间接补偿

也称非直接补偿或互购，指进口的技术或设备不生产有形产品，或者生产的有形产品出口方并不需要，或者进口方对该产品有较大的需要，那么，经双方协商一致，也可以用指定的其他产品来分期偿还进口合同的价款。为此，在签订合同时出口方必须承担在一定时期内购买一定数量上述产品的义务。东欧国家与发达国家间的贸易通常采用这种方式。在通常情况下，发达国家的银行只对可以收到现款的出口提供信贷，而对不付现款的出口不提供信贷。间接补偿方式，正可以克服这一障碍。具体做法是，在发达国家的制造商与东欧国家的国营企业谈判达成一笔偿付现款的出口贸易的同时，它又在另一项协议下保证从进口国购买不是用进口设备生产的产品，该产品的价值等于全部出口产品价值额或等于部分出口产品价值额，发达国家的制造商再把这批货物转卖掉，这样就减少了或完全免除了东欧国家的外汇支付。例如，英国化工设备出口商对波兰输出工厂设备，为了回收货款，它必须把从波兰买到的菲亚特汽车经专业贸易商之手转卖给阿根廷。专业的易货贸易商通常要插手这些互购条件的谈判，他们索取的费用视货物的种类和销售的难易程度而定。

（三）部分补偿

也称综合补偿。指补偿贸易中进口设备、技术等的价款，部分用直接产品或间接产品偿付，部分用现汇或贷款偿还，如美国丰收拖拉机公司卖给波兰拖拉机的工艺设计和制造技术，波兰用零部件偿还部分贷款。

三、补偿贸易的商品作价

商品作价是补偿贸易中的关键问题，直接涉及当事人双方的利益。补偿贸易的商品作价，包括设备技术等商品的作价和抵偿产品的作价两方面。抵偿产品因一般为分批交货，因此，其作价又涉及作价时间和作价方法问题。

设备等商品的作价通常较为固定，价格主要取决于商品的质量和牌号，有的设备连同专利或技术使用费一起报价。西方国家同前苏联、东欧国家进行补偿贸易时，设备的作价往往要根据抵偿产品在西方市场上易销的程度和抵偿产品在总价款中所占比例的大小决定。因为东欧国家的抵偿产品在西方往往必须削价才能出售，因此，抵偿产品比例越大，其承担购进抵偿产品的损失越大。为弥补这笔损失，西方国家不得不相应提高自己出口设备的价格。因此，在这种情况下，设备的售价势必较现汇交易时高。

抵偿产品的作价分两种情况。一种是单笔货物的补偿，一次偿清且交货期又比较近，则一般可在签订合同或确定品种时确定价格。另一种是分期、分批交货，延续的时间长，因市场情况变幻莫测，过早地确定价格会给双方带来一定的价格风险。在这种情况下，一般先定一个作价原则，如规定在交货前多少天作价。

国际上抵偿产品的作价办法主要有以下几种：

1. 以国际市场有关的商品交易所或报刊所公布的价格为基础，议定调整幅度。

2. 以西方同等产品的出厂价为参考，折让一定的幅度。

3. 按国际市场或售给经销商的优惠价。

4. 参照竞争者的价格，给予一定幅度的优惠。

5. 按生产国（或地区）的国内（或地区）工资和原材料价格指数对暂行价进行调整。

四、补偿贸易的外资偿还期限

外资的偿还期限指合同规定的设备贷款和利息或支付进口设备的贷款和利息应该还清的期限。这个期限一般根据交易双方各自的条件协商确定。补偿贸易的外资偿还期有的为一两年，有的则长达十几年、几十年。

补偿贸易的交易双方对外资偿还期限的长短，认识是不完全一致的。对进口设备或使用贷款一方来说，因使用外国投资的时间越长，付出的利息就越高，因而一般都希望偿还的时间短些，但时间的长短不决定于主观愿望，而取决于客观的偿还能力。偿还能力是决定补偿贸易偿还期长短的决定因素。偿还能力一般取决于：进口设备的安装和正式投产的时间长短；贷款资金总额的大小和利息的高低；生产能力和提供出口商品能力的大小；出口商在国际市场上的售价和销售情况等；设备进口方的经营管理水平等。设备进口方对偿还期的要求，事实上也并非越短越好。如果它的抵偿产品在国际市场上畅销，价格趋势越涨越高，涨价幅度又超过利息负担，偿还期长一些则反可多得利。因此，设备进口方在确定偿还期限时既要考虑偿还能力的客观可能，还要考虑抵偿产品在国际市场上的销售情况和价格趋势等因素。

偿还期对于设备出口和提供贷款的一方来说，由于设备贷款和贷款在偿还期间可收取利息，所以，偿还期的长短对出口方不像进口方那样至关重要。当然，如能早收回本息，可以减小风险。

如果在合同规定的偿还期内设备进口方要求提前偿还，国际惯例是许可的，但原定利率不能变动。

五、补偿贸易的支付和结算

在补偿贸易方式中，不论设备的进口或抵偿品的出口，双方都需用货币进行讨价还价，因而都要涉及补偿贸易的支付和结算问题。国际上补偿贸易的货款支付和结算一般多采取以下几种方式。

（一）现金支付

以现金支付设备货款的方式主要是利用银行的信贷，交易双方必须先取得供应方所在地银行的承诺，同意提供贷款并负责清算。这样，设备出口方在设备装运后，可向银行取得现金贷款，待设备出口方将抵偿产品装运，并将全部装运单证送交该银行后，由该银行向设备供应方收取货款、清算账目。

（二）银行担保

指补偿贸易的双方通过各自的银行，在货物装运前分别向对方开具保函。保函中主要规定进口方的付款义务和付款安排，并表示提供不可撤销的、无条件的、无保留的保留付证。如果任何一方不能履行合同规定的支付贷款，或设备出口方因没有按期购买抵偿产品而应受的罚款没有按期支付时，银行将有义务向出口方付款。

（三）对开信用证

一般的做法是：设备进口方通过指定银行开出设备进口的远期付款信用证，而设备出口方则通过它的指定银行开出抵偿产品进口的即期付款信用证。这样，设备进口方就可在抵偿产品出口后及时收到货款，以便按时偿付为设备进口所开远期信用证的货款。因而，设备进口所需的外汇资金形式上采用信用证付款，实际上是以返销或回购的商品抵付的，只不过是利用了银行的资金。

（四）托收

通常的做法：对设备出口的贷款采用远期托收，即设备出口方先将提单等单证连同证票、委托所在地银行寄交设备出口方所在地银行办理远期汇票承兑；设备进口方出口的抵偿产品采用交单付款的即期托收方式。这种付款方式对设备出口方来说风险较大，一般在补偿贸易双方可以相互信任并且补偿贸易规模不大的情况下才予采用。

六、补偿贸易的处罚和仲裁

补偿贸易合同和其他的贸易、投资合同一样，为了保护各自的利益，促使对恪守信用、履行所签合同中的义务，合同中一般都有违约处罚条款。

补偿贸易合同除订立通常的处罚条款外，还应结合补偿贸易的特点规定一些特有的处罚条款。补偿贸易中的罚金通常包括两种：一种是设备出口方未能履行采购义务应交纳的罚金。为了保证这两项罚款的履行，一般要求对方在订约后提供银行担保，按国际惯例，第一种罚金的幅度一般可掌握在抵偿额的 10%～20%。如果设备进口方未能按时交货，设备出口方除要求罚款外，在合同中还可规定解除其购买抵偿产品的义务。

补偿贸易合同还应明确规定实施合同的地点和仲裁的地点，如合同产生纠纷，则应由双方同意的仲裁机构仲裁。仲裁机构的决定是最后的裁定，但它不具有强制性。如果其中一方不执行仲裁机构的裁决，另一方只能向对方国家的司法机构申诉，受理后由该司法机构做出强制性的最后决定。

第二十二章　国际知识产权贸易

第一节　国际知识产权贸易的形成和特点

一、国际知识产权贸易的形成和演变

国际知识产权贸易是国际贸易的重要内容之一，与国际贸易有关的知识产权（Trade Related Intellectual Property，简称 TRIP），已经成为国际贸易的较新领域之一。

所谓知识产权（Intellectual Property），是人们对自己思维创造的无形产品所拥有的排他性所有权，主要包括工业产权（专利权、商标专用权等）和版权，因而，它又简称智力成果权。1967 年世界各国缔结的《关于建立世界知识产权组织公约》中第二条还明确规定，知识产权指的是同下列知识成果相关的权利，即：①文学、艺术和科学作品。②表演艺术家的表演、录音与广播。③在人类一切活动领域的发明。④科学发现。⑤工业品外观设计。⑥商标、服务标记、商号及其他名称。⑦反不公平竞争活动。世界银行还把知识产权的定义和内容简括为："知识产权系指工业设计、发明、著作或技（艺）术成果。"随着科学技术的发展，知识产权的类型越来越多。现代知识产权的保护是商业交易发展的需要。在以高科技知识为基础的经济时代里，知识产权的保护显得更加重要。

迄今国际贸易中知识产权制度演变，可划分为如下三个主要阶段。

（一）知识产权国际制度的产生与发展（1883～1967 年）

保护知识产权的国际协调，始于 1883 年、1886 年分别签署的《保护工业产权巴黎公约》和《保护文学与艺术作品伯尔尼公约》，这两个公约均规定建立各自的执行机构，即"国际局（International Bureau）"1893 年，上述两个国际局合并，标志着保护知识产权的国际协调一开始就朝着整体化和全面化的方向发展。20 世纪 60 年代初，西方工业国逐渐摆脱了战争带来的经济困境。在"战后"形成的国际贸易（关税与贸易总协定）与国际金融。（国际货币基金组织）体制协调下，世界经济与贸易进入了一个新的发展时期。相应地，保护知识产权的国际协调运动也

得到了恢复与发展。《保护原产地名称及其国际注册》里斯本协议（1958 年），《保护表演者和录音制品作者与广播组织》罗马公约（1961 年）等一系列国际知识产权保护公约相继签署。

（二）世界知识产权组织的成立（1967～1994 年）

1967 年，世界知识产权组织（The World Intellectual Property Organization，英文缩写为"WIPO"）诞生。1970 年，世界知识产权组织设立了"知识产权国际局"，代替了原来巴黎公约与伯尔尼公约的联合国际局，作为该组织的秘书处。1974 年，总部在瑞士日内瓦的世界知识产权成为联合国组织系统的特别机构之一，截至 1997 年，共 165 个成员国。中国于 1980 年加入该国际组织。

世界知识产权组织的宗旨是：第一，通过各国合作和在必要时与其他国际组织的协作，促进世界范围的知识产权保护；第二，保证巴黎公约与伯尔尼公约以及巴黎公约成员国签署的其他一系列国际条约的协调执行。世界知识产权组织在促进知识产权保护的国际协调方面，起到了十分积极的作用。1967～1994 年，在该组织的主持下制定并经签署生效的《国际知识产权条约》包括：专利合作条约（1970），旨在专利程序的微生物存放之国际承认布达佩斯协议（1977 年），关于国际商标注册马德里协议定书（1989 年），关于国际专利分类斯图堡协议（1971 年），建立商标图形分类维也纳协议（1973 年），建立外观设计国际分类洛迦诺协议（1968 年），保护录音制品作者免遭未经授权复制其制品日内瓦公约（1971 年）和有关卫星传播节目信号布鲁塞尔公约（1974 年），集成电路知识产权华盛顿条约（1989 年）等。世界知识产权组织还特别地关注发展中国家的知识产权保护，协助这些国家根据国际协调标准与本国具体实际，制定和完善国内知识产权立法，帮助其充分利用他国的技术和文学艺术作品，从而使知识产权国际协调运动建立在更广泛的基础上，逐步缩小各国间知识产权保护水平的差异。

（三）与世界贸易组织的主要区别

在世界知识产权组织的主持下，知识产权保护的国际协调运动，客观上促进了国际贸易中的知识产权保护，但是，20 世纪 80 年代以来，美国一些西方工业发达国家，为了最大限度地保护其经济利益，力图尽快提高与国际相关的知识产权保护水平，仍然抱怨世界知识产权组织未能按其要求提高知识产权保护的国际水平。1993 年底，历经 8 年的关税与贸易总协定的第八轮（即"乌拉圭回合"）多边贸易谈判结束。美国等发达国家依仗其在该组织的地位，最终将《与贸易有关的知识产权协议》纳入了作为"乌拉圭回合"谈判成果的"一揽子"协议，并在新建立的世界贸易组织里设立了专门的理事会，负责执行知识产权协议的落实。1994 年后，尤其是世界贸易组织于 1995 年 1 月 1 日起运行，并于 1996 年 1 月 1 日起正式替代原关税与贸易总协定以后，保护知识产权的国际协调出现了前所未有的新局面：世界知识产权组织与世界贸易组织合作，全面加强知识产权的国际保护。1995 年 12 月 22 日，这两个国际组织的总干事在日内瓦签署了 WTPO 与 WTO 的合作协议（于 1996 年 1 月 1 日生效）。近两年来，世界知识产权组织致力于全面提高知识产权保护的国际水平，主持制定了包括商标法条约、版权条约、表演与录音制品条约在内的一些新条约，而世界贸易组织则侧重于落实《与贸易有关的知识产权协议》。

二、国际知识产权的内容和特点

国际知识产权主要分为两大类：

第一类是工业产权。它包括：工、商、农、林各业的产权，所谓工业产权是指一国公民和法人在生产和实践活动中基于创造活动所产生的一种权利，它的主要部分是专利权与商标权。专利权是指国家专利机关，依照法律授予发明创造申请人对其发明创造在法定有效期内享有制造、使用和销售的专有权利。专利权是重要的工业产权之一，包括发明专利、实用新型专利、工业外观设计专利、水稻培植技术专利等内容。商标权是指商标的使用者向主管部门申请，主管部门核准注册后授予的商标使用权，它受法律保护。商标权也是重要的工业产权之一。经核准注册的商标，是商标所有人的财产，因此，商标权是一种财产性质的权利，包括各种商标、厂商名称，货物标记、货源标记、原产地名称等多种内容。

第二类是著作权（亦称版权）。所谓著作权是指公民、法人或非法人单位依照法律规定，对科学、文学、艺术（著作）所享有的人身权利和财产权利。著作权的主体是著作权所有人，著作权的客体则是指作者创作的能够以某种有形形式复制的、受著作权法保护的科学、文学、艺术作品。

以上两类国际知识产权具有以下显著特点：

1. 知识产权具有法律上的独占性。这是由于知识产权是无形财产，它没有形体，也不占据空间，难以实际控制它，而必须依靠法律保护的特点，即通过国家主管机关，依法授予专有权。

2. 知识产权同人身权有着紧密的联系性。这是由于知识产权和知识产权的第一所有者的创造精神的联系十分密切，是特定的创造性脑力劳动成果，知识产权所有者的这个无形财产可以转让给他人使用，但是，他的创造者身份是不能转让的。一项专利的发明者，一个作品的著作者永远是他本人，因而知识产权同人身权有着紧密的联系性。

3. 知识产权具有空间上的地域性。这是由于任何国家都只保护自己授予或承认的知识产权，也就是知识产权离开了授予国的国境就失去了效力，只有在授予国境内才有效。因此，外国人的知识产权要想得到该国的保护，就必须向该国申请；同样，该国人的知识产权要想得到外国人的保护，也必须向外国申请。

4. 知识产权具有时间上的有限性。这是由于知识产权是无形资产，它与有形资产不同,它的设定是有一定期限的,例如,发明专利权一般为 20 年,商标注册权一般为 15 年。过了这一期限,知识产权就消失;而有形财产的所有权则不同,它是无限的,直到消灭之前一直都存在;同时,也由于知识产权这种无形财产本身更新也比有形财产快,长期保护它意义不大,而且还由于它的社会性很强,社会需要它在一定时期后,把它变为社会的公共财产,由大家自由使用。因此知识产权具有时间上的有限性。

第二节　国际贸易的知识产权保护

国际贸易是跨国商业交易,而知识产权保护受到一定的地域限制。如何在国际贸易中保护知识产权,涉及有关知识产权制度的基本理论问题。

知识产权是一种无形的、一般有保护期限的财产权。它具有财产权的排他性,或者说独占性。比如,专利一直被视为特殊的垄断权;商标是一种专有权;版权归作者,或其他著作权人所有。尽管相对于有形的、无保护期限的货物财产权来说,知识产权是较后产生的特殊财产权,但是,它仍在民事法律范畴之内。各国的知识产权制度,与其他民事法律制度一样,各不相同。原因之一是受各国主权的地域限制,或者说,受国内法律效力的空间限制。

知识产权保护的地域性,不仅源于各务主权的地域限制,而且在于有些知识产权的取得必须通过国家授权(如专利权),或经过国家注册(如商标专用权),有些知识产权的保护以国家登记(如有些作品的版权登记,或有些国家的版权登记制度)为条件。于是,知识产权保护的主权地域限制显得尤为突出。在一国得到保护的知识产权,非经另一国的法定和程序,在该另一国就失去保护,或者在一国得到知识产权保护的主题,在另一国就根本不在保护范围之内。国际贸易中的技术因素增长,客观上要求知识产权的国际保护。但是,知识产权保护的地域限制因各国主权的存在而不能消失。解决两者之间矛盾的主要办法是国际协调(International Harmonization)。

知识产权保护的国际协调有各种形式。其一,通过各国政府之间全球性或区域性的多边协商,达成某些知识产权保护的实体性国际标准,或取得某些知识产权的程序性国际制度,然后由各国国内法采纳,从而在国际上形成相对统一的知识产权保护制度;其二,通过两国政府之间的双边协商,达成双方接受的知识产权保护制度。随着国际贸易的发展,知识产权保护的国际协调越来越引起人们的关注。1883年,保护工业产权巴黎公约的签订,开创了国际多边协调保护知识产权之先河。1967 年世界产权组织的成立和 1994 年世界贸易组织的《与贸易有关的知识产权协议》的签署,堪称这种国际协调发展史上的两个里程碑。

近年来,知识产权保护的国际协调,不仅与国际贸易的关系更加紧密,而且开始从立法协调，向争端解决的国际化方向发展。1994 年，世界知识产权组织的仲裁与调解中心的诞生，1995 年，世界贸易组织争端解决（包括与贸易有关知识产权保护争端解决）机制的正式运行，标志着这种新的发展。

知识产权保护的国际协调，从一开始就与国际贸易有着内在联系。1833 年，保护工业产权巴黎公约是最初的国际协调法律制度之一。但是，在《与贸易有关的知识产权协议》之前，知识产权保护的国际条约仅采用"国民待遇"原则，而在现代国际贸易中，各国普遍奉行"最惠国待遇"与"国民待遇"两项原则。如今，凡是世界贸易组织的成员国，其知识产权的国际保护，都必须遵循这两项基本原则。国际贸易与知识产权保护的法律制度更加紧密地结合起来。

1933 年 12 月 15 日，历经将近 8 年的关税与贸易总协定（GATT）"乌拉圭回合"多边贸易谈判随着包含该谈判结果的签署而宣告结束。1994 年 4 月 15 日，108 个国家的代表在摩洛哥的马拉喀什签署了建立世界贸易组织的协议。该协议的附件包括了《与贸易有关的知识产权协议》（简称 TRIPS 协议）。

TRIPS 协议不仅是第一个明确与国际贸易相联系的知识产权保护协议，并在巴黎公约和伯尔尼公约等 WIPO 知识产权条约的基础，第一次将版权、专利、商标等各种知识产权保护融为一体，而且由于 TRIPS 协议是"乌拉圭回合"的"一揽子"成果之一，任何 WTO 成员国迟早都必须履行 TRIPS 协议规定的义务，从而将大大地扩展国际知识产权保护制度的适用范围。这对于面向 21 世纪知识经济时代的国际贸易与知识产权保护制度，具有深远的影响。

一、TRIPS 协议的主要特点

1. 它采纳了国际贸易中通行的"最惠国待遇"原则。可以说，这是国际知识产权保护制度中的一个质的变化。因为"最惠国待遇"原则是 GATT/WTO 的基石，所以，TRIPS 协议的"最惠国待遇"原则应放在整个 WTO 的法律体系内加以理解。同时，TRIPS 协议规定了知识产权保护的"国民待遇"原则。这也是巴黎公约和伯尔尼公约的基本原则。

2. 它规定了较高的知识产权保护标准。在版权与相邻权领域，TRIPS 协议规定了作为商标（包括服务商标）给予保护的标志及其权利，特别规定了驰名商标的保护；在原产地标志领域，TRIPS 协议规定了成员国负有禁止混淆原产地标志（尤其是酒类与酒精类商品）的义务；在外观设计的领域，TRIPS 协议规定受保护的外观设计所有权在 10 年内禁止他人制造、销售或进口含有该设计的产品；在专利领域，TRIPS 协议规定任何技术方面新颖的、具有创造性步骤和工业实用性的产品与工序，都应享有 20 年的专利权，植物品种专利可作为专利给予保护，并详细地限定了强制性许可或政府利用专利的条件；在集成电路图领域，TRIPS 协议以尚未生效的集成电路图知识产权华盛顿条约为基础，规定集成电路图的知识产权保护期限至少为 10 年；在商业秘密与专有技术领域，TRIPS 协议规定了这类知识产权应包括药品与农业化学产品；最后，在与合同许可有关的反竞争法领域，TRIPS 协议规定 WTO 成员国须采取必要措施，避免滥用合同许可中的知识权利及其对竞争产生的消极作用。成员方有义务根据其国内法提供必要的程序与补救，以保障上述知识产权行以有效的保护；这种程序必须能够确保对侵权行为采取有效的行动，并且是公正的，避免不必要的复杂性与成本以及不合理的拖延；TRIPS 协议还规定了边境实施制度等。

3. 它特别规定了不同发展水平的国家实施 TRIPS 的不同时间表，即发达国家、发展中国家（包括经济转变型国家）和最不发达国家，分别从 1996 年 1 月 1 日、2000 年 1 月 1 日、2006 年 1 月 1 日起实施。但是，所有成员国从 1996 年 1 月 1 日起都必须履行适用 TRIPS 协议规定的国民待遇与最惠国待遇原则的义务。

二、TRIPS 协议的最惠国待遇

（一）TRIPS 协议的最惠国待遇原则

TRIPS 协议将最惠国待遇原则适用于知识产权保护，这不仅改变了传统的知识产权的国际保护制度，而且使该原则的适用超出了一般的国际贸易范围。在最惠国待遇原则的发展史上，这是一个重要的里程碑。

TRIPS 协议第四条最惠国待遇条款规定，在知识产权保护方面，成员给予任何其他成员国民的任何利益、优待、特权或豁免，都将立即地和无条件地给予所有其他成员国民。某成员给予任何这种利益、优待、特权或豁免的义务之例外是：

1. 基于有关司法协助的国际协定或一般性质的法律实施，并且不是特定限于知识产权保护。

2. 据伯尔尼公约（1971）或罗马公约有关规定允许给予的待遇，不属于国民待遇，而属于在其他国家获得的对等待遇。

3. 有关本协议未规定的表演者、录音制品制作者和广播组织的权利。

4. 在 WTO 协议生效前，根据国际协议规定的知识产权保护措施，如果这种协议通知 TRIPS 理事会，并且不构成对其他成员国民的专横或不公正的歧视。

（二）WTRIPS 协议的国民待遇原则

国民待遇（National Treatment）原则，本质上与最惠国待遇原则一样，都是世界贸易体系中的非歧视规则。所不同的是，TATT/WTO 的最惠国待遇原则要求各成员"一视同仁"地对待来自不同成员的相同产品，而国民待遇原则要求各成员"一视同仁"地对待本国生产的与进口的相同产品。

GATT 第三条第一款规定："各缔约方承认，凡影响产品的国内销售、推销、购买、运输、分配或利用的国内税和其他国内费用、法律、条例和要求，凡要求特定数量或比例的产品混合、加工或利用的国内数量管制，都不应适用于进口的或国内的产品，以保护国内生产。"

这一基本规定与第三条其他款项以及 GATT 的其他条款有密切关系。比如，第三条第二款规定：任何缔约方领域内的产品进口到任何其他缔约方领域内，不论是直接地或间接地，都不得对它征收超过那些直接地或间接地适用于相同国内产品的国内税或其他国内费用。因为如果允许征收这种税或费用，假定进口产品与国内产品的销售税分别为 10％、5％，那么，将变相地提高进口产品的关税，从而使 GATT 第二条关于关税减让的规定"形同虚设"。可见，GATT 所实行的国民待遇原则，是为了保障各缔约方通过一般最惠国待遇所获得的关税减让，不至于因各种歧视性国内税或费用的征收而付诸东流。在这一意义，国民待遇是最惠国待遇的补充。

TRIPS 协议第三条"国民待遇"规定："（1）在知识产权保护方面，各成员应给予其他成员国民不低于本国国民的待遇，除非在巴黎公约（1967 年）、伯尔尼公约（1971 年）、罗马公约或集成电路知识产权条约中已规定的例外。对表演者、录音制品制作者与广播组织而言，该义务仅适用于本协议规定之权利。任何成员如可能适用伯尔尼公约（1971 年）的第六条，或罗马公约第二十六条（b），应根据这些规定通过 TRIPS 理事会。（2）各成员可以在司法与行政程序方面，适用第一款规定的例外，包括在某成员的管辖范围内指定服务地址或代理人，但是，这种例外是实施与本协议不相抵触的法律与细则所必不可少的，并且，这种实践不能构成对贸易的伪装限制。"可见，在国民待遇原则方面，TRIPS 协议第三条第一款规定是 GATT 第三条第一款的延伸，所不同的是，"一视同仁"的对象是人（国民）及其享受的知识产权，而不是物（产品）。其精神与巴黎公约、伯尔尼公约亦相一致。

第三节　国际专利贸易

一、专利权

（一）按照世界知识产权组织给出的定义

专利权（Patent）是指由政府机构（或代表几个国家的地区机构）根据申请人的申请而发给的一种法律文件；文件中说明一项发明并给予它一种法律上的地位，即此项得到专利的发明，通常只能在专利持有人的授权下才能予以利用（制造、使用、出售、进口）；对专利的保护有时间限制，一般为 15～20 年。这种专利是人类智慧的结晶，是一种无形财产权，它具有独占性、地域性、时间性以及同专利权第一所有者的人身权有着密切的联系性。这个定义包含三个意思：一是一项发明经过申请，被有关部门认可后，方可获得法律地位，受法律保护；二是发明人有利用或授权利用发明的独占权利，即称为专利权，一般来讲，专利是指专利权；三是专利权有保护期限，超过保护期，专利持有人的独占权即告消失，任何人均可无偿利用。

由专利权所形成的专利制度，是一项对国内经济和国际经济都有重要影响的制度。

专利权的取得必须具备一些基本条件，这些条件各国不同。各国对各种类型的创造发明规定了不同的具体条件，但对条件的要求也有共同性，对发明创造和实用新型都要求有创造性和实用性。

所谓创造性是指发明创造，是创造性思维的结果，也就是指申请专利的发明同自己和技术相比具有突出的实质性的特点和显著的进步，同时，世界各国还制定了一系列判断创造性的原则和标准。所谓实用性就是指发明创造能够在产业上应用的本质特征，即它必须是一项能适合于实际应用的发明创造；对发明创造和实用新型的专利取得的基本条件还要求有其新颖性，特别是对工业产权的外观设计专利权的取得，它更是最主要的。所谓新颖性就是发明创造的成果具有前所未有的技术特点。

（二）专利的种类

专利一般分为三种，即发明专利、实用新型专利和外观设计专利。

1. 发明（Invention）专利。发明是指对特定技术问题提出的前所未有的解决方案，该方案与现有技术相比，必须具有明显进步性或创造性。获得专利的发明称为发明专利。我国专利法规定，作为专利法保护的发明专利分为三种，即产品发明、方法发明和改进发明。产品发明是指人工制造的一切有形的物质产品，如机器、设备等，产品发明获得专利称为"专利产品"。方法发明是指制造和使用某种产品的方法发明，如机构制造法、化学制造法、生物制造法、通信方法、修理方法等，方法发明获得专利称为"专利"方法。改进发明是指对已有的产品发明和方法发明提出实质性改革的新技术方案，它虽不像产品发明和方法发明那样创造出新的产品或新的方法，但仍对技术进步有重要意义。

2. 实用新型（Utility Model）专利。实用新型是指对产品的形状、构造及其结合提出实用的新设计方案。获得专利权的实用新型专利实质上是发明专利的一部分。但在技术水平上比产品发明专利要低，与现有技术相比，只要求有实用性和进步性，在实用价值上体现较低的创造水平，故俗称"小专利"。实用新型专利保护的只是具有一定形状、构造的产品发明。

3. 外观设计（Industrial Design）专利。外观设计是指对产品的形状、图案、色彩及其结合提出富有美感并适于工业上应用的新设计。获得专利权的外观设计专利，只要求与已公开产品的外观不相同或不相近即可，保护的只是产品的外观，不涉及制造技术。

（三）专利权的特性

从法律上看，专利权具有三个特点：

1. 独占性。专利权是法律授予发明人享有独占的权利，其他人如要利用，必须事先征得其许可或向其购买，否则，构成侵权行为。

2. 地域性。专利权享有的法律保护是有地域限制的，通常只限制在授予该专利的国家（或地区）内。如果发明人要使其发明在其他国家受到法律保护，就必须根据其他国家法律申请在该国获得专利。

3. 时间性。专利享有法律保护是有期限的，各国规定的期限不同，一般为15～20年。我国专利法规定发明专利的保护期限为20年，实用新型和外观设计专利各为5年。

二、国际专利保护

商品生产中的技术保护是专项制度产生的缘由。

现代各国专利制度以保护发明专利为主。"发明"，是指可以付诸实践，解决技术领域中特定问题的新颖观念。按照当今绝大多数国家关于专利的立法，申请予以法律保护（"可获得专利的"）的观念，必须是以前没有发表或公开使用过的；必须是具有发明步骤的，对于一定技术领域的一般专业人员是显而易见的；必须能够运用于工业生产。由各国政府的专利机关授予的专利证书，是专利权人在一定期限（通常是自申请专利授予之日起的20年）内拥有制造、利用、销售、进口专利发明的特权。专利权实质上是一种对专利发明期限的合法垄断。国家授予专利权人这种合法垄断权，换取的是专利发明的充分公开，以便于更多的人有偿利用专利发明，促进技术发展。

1993年以来，TRIPS协议的实施，提高了对专利权的保护水平，扩大了保护范围。TRIPS协议的专利条款规定了如下标准：

1. 可获得专利的主题应是所有技术领域里的任何发明，不论是产品或工序，除非：（1）为了保护公共秩序道德，包括保护人类的生存与健康，动植物的生长，或避免对环境的严重破坏。（2）对人类或动物的治疗方法。

这一标准规定了专利保护的主题范围，突出地反映了工业发达国家的利益。

2. 可获得专利的条件应是新颖性，包含发明步骤（或非显而易见性）和具有工业适用性（或可用性）。这是重申早已得到国际公认的标准。当然，各国专利局在运用这些标准决定是否授予专利时，难免存在程度差别。这种差别本身是专利独立性的反映。

3. 专利权的范围，除了各国专利法普遍规定的排他权外（未经专利人同意，不得制造、利用、许诺销售、销售该专利产品或由该专利工序产品），还必须包括未经专利权人同意，不得进口该专利产品或由该专利工序产品。这就排除了非专利权人的"平行进口权"，即非专利权人可以进口在外国授予的同一专利产品或由同一工序专利产生的产品。这是与国际贸易特别有关的问题。在某国申请专利，是在该国市场上排他性地销售该专利产品的前提。根据 TRIPS 协议，在各成员方的市场内销售，或进口的专利产品或由工序专利产生的产品，必须是该成员方授予的专利。这突出反映了专利保护的地域性。

TRIPS 协议第二十八条第二款规定，专利所有人有权转让其专利，或许可他人利用专利。

4. 专利申请的条件。各成员方都应该要求专利申请人以充分清晰和完整的方式披露该发明，使得该领域的技术人员可以实施该发明。这也是国际上早已公认的专利申请条件。但是，TRIPS 协议第二十九条规定的，由各成员方决定是否采纳的"最佳方案"（best mode）条件，则是源于美国专利申请制度的较高标准。

同时，TRIPS 协议秉承了巴黎公约确定的"优先权"原则。

5. 专利的授予及其权利行使，不应由于发明的地点、技术领域或产品是否本地生产而得到歧视待遇，即在符合上述 TRIPS 协议规定的专利主题可取得专利条件和申请条件的前提下，各成员方不应歧视对待在域外的发明或在域外生产的专利产品。

6. 在承认强制许可使用与政府使用专利的同时，规定了一系列限制适用强制许可的条件，包括个案处理、合理要求许可使用未成、非独占使用、非转让，等等。

7. 专利保护期为申请之日起的 20 年。

可见，TRIPS 协议的专利条款，主要是尽可能扩大专利保护主题范围，加强对专利人权的保护。显然，这符合美国等工业发达国家通过提高专利保护水平，拓展海外市场，尤其是发展中国家的市场之目的。

三、国际专利贸易战略

随着科学技术和社会生产力的日益发展，技术国际化和专利国际化已是大势所趋；同时，伴之而来的国际经贸交往日益增多，各国之间的专利纷争也日益加剧和增多，因而了解和认识国际专利战略的运用，就显得十分重要。

现在世界各国，随着其各个企业的规模、技术水平的不同，其专利战略也不尽相同。世界各国企业大体可分为四大类：第一类是高技术大企业；第二类是高技术小规模企业；第三类是一般大企业；第四类是中小企业。其中第一、二类企业都是高技术企业，一般都依据本类企业情况，分别运用基本专利独占战略，以及利用专利输出资本与产品战略、专利与商标结合战略、专利与运用文献公开战略；第三、四类企业不是高技术企业，而是一般大中小企业，它们一般都依据本企业的实际情况，运用共同开发战略、专利收买战略和专利联营战略，其中第三类企业还兼运用设置专利网络战略和互惠许可证贸易战略，第四类企业还运用专利引进战略。各类企业依据各自企业的实际情况所运用的战略，采取适合自己的实际情况的政策。

四、国际专利权的转让和使用许可实施

专利权转让也是专利技术的转让，这种转让实际指的就是专利权的使用形式，也就是指被许可方从专利权人那里，通过签订专利许可实施合同而取得专利许可实施权。

专利许可实施权主要有独占许可实施权、普通许可实施权和排他许可实施权三种方式。所谓独占许可实施权，就是指在专利权的有效期限内，被许可方在一定的地域内对某项专利拥有独占的使用权；普通许可实施权，同独占实施权不同，它不具有排他性，即专利人自己可以实施，而且还可以再许可他人实施同一专利；排他许可实施权与普通许可实施权不同，它禁止专利权人在一定地区范围内向第三者出售相同内容的许可实施权。

获得专利许可实施权者在取得专利许可实施权时，必须向专利权所有人支付专利许可实施费用，这种费用额的多少，由订约双方考虑专利的技术水平、企业批量生产的难度、产品的市场前途以及市场独占能力等多种因素后协商确定。这种专利许可实施费用的计算方法可分为基本提成法、构成要素法和经济预测法。"基本提成"计算方法，即入门费和提成额；"构成要素"计算方法根据纯收益中的资本、经营能力和专利发明三者所占份额来确定专利使用费；"经济预测"计算方法，是根据实际许可证贸易的实施情况加入经济预测因素予以修正，以更好地平衡专利权人同专利实施者之间的经济利益关系。

专利权人同专利实施者在签订许可实施合同时，除商定支付许可实施费用之外，还必须把专利使用费的交纳期限、专利使用权的转让、专利权无效、专利标志等有关问题的商定都写入合同之中，以进一步明确双方的各项具体权利和义务。

第四节　国际商标贸易

一、商标的含义、作用、内容及特点

商标（Trade Mark）是指商品生产者或经营者在自己生产经营商品或提供的

服务上标明的特定的标记，以表示与其他人生产或经营的同类商品的区别。商标一般由文字、图形或文字和图形的组合构成，置于商品的表面或包装物上。

商标的主要作用是：作为区别同类商品的标志，表示商品的质量和商品生产者或经营者的信誉，保护消费者的利益和商标所有人的合法权益，同时，便于经营者进行广告宣传。据世界知识产权组织统计，1995 年，各国注册商标的总数约 100 万件；1995 年底，全世界仍然有效的注册商标多达 800 万件。

商标权不同于商标，它是指商标的专用权，即一项注册商标的所有人对其注册、核准的商标享有独占权利，任何第三方未经其许可，在交易过程中不能使用相同或类似商标。否则，即为侵犯商标权。商标权的内容包括：

1. 使用权。只有商标注册人才有在核定的商品上使用注册商标的权利。

2. 禁止权。商标所有人可以依法禁止他人侵犯注册的商标，有权向商标主管部门或司法机关对侵犯注册商标的人提出控告，要求停止侵权行为，赔偿经济损失。情节恶劣的，司法机关可追究其刑事责任。

3. 转让权。商标所有人有权将自己注册的商标有偿或无偿许可给他人使用，自己完全放弃对注册商标拥有的一切权利。转让注册商标必须向商标主管部门申请，经批准后，予以公告。

4. 许可使用权。商标所有人有权将自己注册的商标有偿或无偿许可给其他人使用，自己仍保留法律授予的一切权利。

商标权的特点是：

1. 独占性。商标权是法律授予商标注册人对其注册的商标享有独占的权利，任何其他人未经许可使用相同或相似的商标即构成侵权行为。

2. 时间性。商标所有人享有的法律保护是有限的，即注册商标法律保护是有期限的，商标注册人对其注册商标可以续展，即延长注册商标的有效期，经申请核准后，可继续保持商标权。各国商标法一般均不限制续展的次数。

3. 地域性。商标所有人只有在商标注册的国家（或地区）内，才受该国法律的保护；在商标未注册的国家（或地区），不受该国法律的保护。所以，如果要想把拥有注册商标的商品出口到未注册的国家（或地区时），必须在当地办理注册手续，才能得到当地法律的保护。

二、商标权的保护和转让

（一）保护

TRPIS 协议的商标条款（第十五条至二十一条）在已有商标保护国际协调的基础上，进一步规定：

1. 商标保护是任何能区分特定商品或服务，构成某种商标的标志或标志组合。

如果某标志难以起到区别作用，成员可以根据使用情况，决定是否予以商标注册。但是，商标的实际使用不能成为申请商标注册的条件。

2. 对驰名（Well-Known）商标的保护。由于国际社会长期未能对驰名商标的认定标准达成协议，因此，TRIPS 协议第十六条第二款着重规定了驰名商标的认定原则，即在决定某商标是否驰名时，应该考虑有关公众对其知晓程度，包括在该成员国内宣传该商标而使公众知晓的程度。

TRIPS 协议，还将对驰名商标的保护范围，扩大至服务商标。随着服务贸易的迅速增长，对驰名服务商标的保护，显得非常迫切。美国等发达国家在服务贸易上占领先地位，这一新规定会给他们带来巨大的好处。

3. 注册商标专用权。未经商标所有人的同意，任何人均不得在商业中使用与该注册的货物或服务相同或相似的商标。但是，这种注册商标专用权不能妨碍原有商标的使用权。

4. 注册商标的保护期为初始注册之日起的 7 年。该保护期可以无限制地每 7 年延续一次。

（二）转让

商标是一种无形资产，是可以转让的。商标转让，各国商标法都有规定。商标权转让分两种：一种是连同转让，即商标必须连同企业一起转让；另一种是自由转让，即商标和企业可以不连同转让，也可以连同转让。转让要经过法定程序，并付给商标所有权人一定的转让费，即转让商标使用权的报酬。

商标转让费的确定，取决于企业每年所销售的该商标项下的商品经营额的多少、商标使用的年限、商标信誉和声望的高低、商标注册地域和商标注册的商品多少等许多因素。因此，世界各国对商标转让价格的计算，也不尽相同。法国的商标转让计价公式有一定的代表性，即商标的计价（V）＝T・N・R・F，其中，T 代表测定的每年所销售的商标项下的商品经营额，N 代表商标可使用的年限，R 代表对商标在经营、销售中所起作用的估价，F 代表商品质量维持最佳状态和导致意外变化的比率。

第五节　国际版权贸易

一、版权的含义和内容

版权（Copyright），亦称著作权。版权这个词的英文原意是"复制权"（The

Right to Copy)。它是指著作权人依法享有的权利，即指公民、法人或者非法人单位依法对科学、文学、艺术等作品享有的权利。版权的作用就是保护知识创作者的权利，促进和鼓励人们的创作，并使人们创作的成果通过传播而得到广泛的使用。

版权（即著作权）的主体是依法对科学、艺术和科学作品享有著作权者，即著作权所有者。它又可分为原始著作权的主体（即作品的作者）和继受著作权的主体；版权的客体是指作者创作的能够以某种有形形式复制的受到著作权保护的科学、文学和艺术作品。版权的内容包括著作人身权和著作财产权两方面的内容，前者是指由著作权规定和保护的，同著作者的人身密不可分的那一部分权利，它又包括著作权的发表权、署名权、修改权和保护作品完整权；后者是指作者或其他著作权人自己使用或允许他人使用其作品而获得物质利益的权利，它又包括复制权、表演权、播放权、展览权、翻译权、注释权、编辑权、整理权以及摄制电视、电影、录像作品权等。

二、国际版权的保护

世界各国法律都规定，版权依法受到保护。凡是侵犯他人著作权的，都要依法承担相应的法律责任，它包括依法承担停止侵害、消除影响、公开赔礼道歉和赔偿损失等民事责任以及由著作权行政管理部门给予没收非法所得、罚款等行政处罚。同时，版权还受国际保护，国际保护的主要形式有三：一是双边协定，即各国之间签订的双边著作权限定；二是互惠原则，有些国家规定根据互惠原则给予外国作者以著作权，即如果外国给本国作者著作权保护，则本国亦给予该外国作者著作权；三是多边公约和国际联盟，通过缔结多边公约或建立国际联盟来给予外国作者著作权保护。1886年，在瑞士首都伯尔尼签订的《保护文学艺术作品的伯尔尼公约》，是世界上第一个国际著作权公约，参加公约的各国还组成了伯尔尼联盟。

国际版权保护的主要原则有三：一是国民待遇的原则，即缔约双方或各方的国民都享有同其他本国国民同样的版权保护；二是最低限度的保护原则，即缔约双方或各方对保护的期限、对象、范围和水平等制定出一些缔约各国都能接受的标准；三是形式上的互惠原则，即缔约双方或各方，在原则上规定给予版权保护，对保护的范围和水平等并不作明确规定，固而实际上只是形式上的互惠。

版权与工业产权有所不同，版权包括作者对其作品的精神权利（Moral Right）和经济权利（Economic Right）。前者是指作品所含的作者人格（名誉、品格等），后者则是复制品带来的经济收入。版权交易仅指版权中的经济权利的转让，作者的精神权利是无法转让的。现代版权制度的保护范围包括：文学作品（小说、诗词、散文、论文等）；音乐作品（歌曲、乐曲、戏剧等）；艺术作品（绘画、雕塑、建筑作品等）；计算机软件也已列入许多国家版权法及有关版权的国际条约的保护范围。

版权也是一种有保护期限的知识产权。一般自作品产生之日起，到作者去世后的50年止。由于版权是承受作品而自动产生，因此一般无须注册。但是，有些国家实行版权登记、颁发证书制度，规定版权证书是请求司法保护的初步证据，如计算机软件，一般需注册以取得版权保护。

三、国际版权转让和使用许可

国际版权转让和使用许可，即国际版权贸易，指的是与版权有关的经济权利的转让与许可，它不包括版权的精神权利。

国际版权的转让有部分转让和全部转让两种。部分转让，即由著作人通过签订合同转让著作权中部分经济权利；全部转让，即卖版权。但一些国家的版权法中禁止全部转让，因为全部转让既包括了经济权利（即财产权），又包括了精神权利（即人身权），也就是说著作人只能转让作为经济权利的财产权的一项或多项，而不能转让作为精神权利的人身权。

国际版权的许可使用可分为集体许可证合同和版权贸易代理两种，前者又有"一揽子许可合同"和"中心组织许可合同"之分，后者中的版权代理人在版权贸易中起中介作用。国际版权的许可使用是通过版权贸易合同的签订实现的。这种合同包括许可使用的方式、权利、种类、范围、期限、付酬标准以及违约责任等。

第六节　我国的知识产权制度

我国的知识产权制度起步较晚，但是，从我国改革开放以来，发展较为迅速，在过去的十多年里，我国为保护知识产权进行了大量而卓有成效的工作，建立起一套比较完整的知识产权保护的法律制度，走过了一些国家几十年甚至上百年才能完成的立法路程。

1982年，首先制定和颁布了《中华人民共和国商标法》；接着在1984年制定和颁布了《中华人民共和国专利法》，并于1992年进一步作了修改；1984年还制定和颁布了《科学技术进步奖励条例》，翌年又制定和颁布了《中华人民共和国发明奖励条例》；1990年制定了《中华人民共和国著作权法》。所有这些法律和条例相互配合，共同构成了我国调整知识产品的人身关系和财产关系的知识产权法律制度。

随着我们保护知识产权法律的实施，知识产权在我国得到了有效的保护，也提高了保护水平；我们的知识产权制度日趋完善，已与国际接轨，对于鼓励发明创造和创作以及公平竞争都起了积极作用。《专利法》的实施，大大鼓励了中外专利的申请；对注册专用权的保护，就促进了中外厂商在中国注册商标数量迅速增加。据统计，2003年度在中国有效注册商标达242511件，其中，国内的注册商标206070件，来自国外的注册商标36441余件。中国商标网在国外的注册商标中，以美国增长最快，2003 年达到 7073 件。

　　1994 年 7 月，国务院作出了《关于进一步加强知识产权保护工作的决定》，把保护知识产权作为建立现代化企业制度的一项重要内容，同时，我国专利技术的实施，也使企业经济效益显著提高；1995 年 2 月，我国同美国经过多次谈判，签署了《中美知识产权保护协议》，此后，我国政府又颁布了知识产权海关保护等一系列条例，成立了特别执法队，严厉打击了各地侵权行为和盗版行为，并清理整顿了音像制品和计算机软件市场，关闭了侵权盗版工厂。这些都表明，我国政府一方面对保护知识产权采取了有力的措施和坚决的行为；另一方面也是在认真履行国际知识产权协议的规定和我方的承诺，但是，国际知识产权能否顺利实现，尚待各国不断地共同努力。

第二十三章　跨国公司与国际贸易

跨国公司是垄断资本高度发展的产物，它形成于 19 世纪末，但真正得到发展是在第二次世界大战后，随着第三次科技革命的迅速发展和生产资本国际化的深化，跨国公司获得了前所未有的发展。跨国公司以整个国际市场为追求目标，以发展对外直接投资作为参与国际竞争的主要形式。跨国公司已经成为国际商贸中的一股强大力量，对于国际贸易额的增长和贸易范围向全球的扩张发挥着十分重要的作用。

第一节　跨国公司概述

一、跨国公司的定义

跨国公司这一概念，是由曾担任过罗斯福总统执政时期田纳西州流域管理局局长的里恩索尔，于 1960 年在卡里升工程学院作报告时首先提出的。

跨国公司是一种复杂的国际组织，其活动涉及不同国家的政治、经济、法律乃至文化等多个方面，在不同的环境下呈现出不同的特征要求，以至于至今在国际范围内尚没有一个被普遍接受的概念。不同的国家、机构、学者从不同的角度，用不同的标准对跨国公司进行界定，从而形成了许多定义。

美国哈佛大学多国企业研究中心 1968 年对跨国公司的定义是：跨国公司就是一个控制着一大群在不同国家设立公司的母公司，不同国家的各个公司之间人力和财力实行统筹使用，并且有共同的经营策略；它们的规模巨大，一般年销售额在 1 亿美元以上；它们不是单纯的出口商，也不单纯是技术提供者，它们具有广泛的地理分布，在本国以外的活动领域往往涉及两个以上的国家。

联合国 1986 年在《跨国公司行为守则草案》中的定义是：跨国公司是指在两个或两个以上国家的实体所组成的公有、私有或混合所有制企业，而不论这些实体的法律形式和活动领域如何；该企业在一个决策体系下运营，并通过一个或一个以上的决策中采取一致的政策和共同战略；该企业中的各个实体通过股权或其他方式结合在一起，这样，其中的一个或更多的实体能够对其他实体的活动施加重大影响，特别是同其他实体分享知识、资源和分担责任。

一般说来，跨国公司应具备以下三个要素：①跨国公司是指一个工商企业，包括设在两个或两个以上国家的实体。而不论这些实体采取何种法律形式经营，也不论其在哪一个经济领域经营。②这种企业必须有一个中央决策体系，具有共同的政策，这些政策能反映企业的全球战略目标和战略部署。③组成企业的各个实体通过股权或其他方式形成特殊联系，其中的一个或几个实体有可能对别的实体施加重大影响，特别是可同其他的实体分享知识、资源和分担责任。

综合以上对跨国公司的定义，我们认为：跨国公司是指通过对外直接投资方式，在国外设立分公司和控制东道国当地企业，使之成为其子公司，并从事生产、销售和其他经营活动的国际性企业。

现实中的跨国公司绝大多数是由一国垄断资本建立，只有极少公司是由两个或更多国家的垄断资本联合建立的，如英荷的亮牌公司。跨国公司由母公司和分布在各国的一定数量的子公司组成，跨国公司的来源国称为母国，子公司所在国为东道国。母公司是在本国政府法律注册登记的法人实体，子公司受母公司的领导，子公司的所有权由母公司掌握，并服从母公司的全球策略，子公司的高级管理人员由母公司任命，一般的管理人员子公司可自行任命，子公司的管理机构要定期向母公司报告其计划完成和经营活动的情况。跨国公司的活动有相当大的部分是在母公司与子公司之间进行的。体现跨国公司主流的是那些财力雄厚、规模庞大、拥有先进技术和独特管理技能的大公司。它们在世界经济中构成一股强大的势力，从而在一定程度上左右着世界经济乃至各国的发展。

二、跨国公司与国内公司相比较的特点

跨国公司的一个最明显要素是"跨国界交易"。这就是说，跨国公司的一切交易都会涉及国家主权。换句话说，跨国公司就是要在一个主权国家对汇率、政治、文化、法规、语言的相对影响下进行一切交易。由此可以看出，跨国公司有两个特点：一是会受到多方面的外在因素的影响；二是现金往来要涉及多种汇率。

（一）多种外在因素

跨国界交易涉及的最大问题是主权问题。一个国家的主权体现在对法定领土内的事件施加影响的权威上。主权国的抉择相对而言不受外来因素的左右。国家权威一般体现在法律、法制机关、政府机关、行为规范、文化等方面。因此，跨国公司也要受到这些外在因素的影响。

跨国公司地域分散，会遇到不同的国家环境。同国内企业相比，这个方面还只是程度上的差异，而不是根本性质的不同。布点位置分散，地理范围广大，固然给跨国公司带来了通信和协调方面的困难，但这种困难并非跨国公司所特有。在一个主权国家内的许多大型国内公司也面临这种困难。而且，有时在主权国家之间进行协调和通信并不比在一国之内进行协调和通信更难，甚至会更容易一些。例如，在

美国和加拿大两国间进行交易的跨国公司遇到的通信问题，也许还没有印度这样的大国的国内公司遇到的多。国家环境问题也是一样。不同的国家环境确实不同，但在一国之内，不同地区在法律、机构和行为规范方面也有差异，只是差异的程度没有国与国之间大。例如，美国的东部和西部，南部和北部都有不少文化差异，但毕竟比不同国家间的文化差异小得多。从上述看来，跨国公司遇到的环境问题比国内公司复杂得多，但是，归根到底还只是程度上的差异，并非性质上的不同。

同国内企业相比，跨国公司遇到的另外一个问题就有本质上的差别了。国内公司虽然也受到种种外在因素的影响，一国之内的不同地区虽然也有差别，但是，既然是在一国之内，总会有总管一切、普遍适用的标准框架存在，一旦发生问题可以引用它来加以解决。国内公司可以用这种框架作为决策和施政的准则。跨国公司则不同，它在决策和经营中没有普遍适用的法律、文化、政治机制可以依赖。由于国与国环境不同，一旦出现矛盾便是很难解决。即使找到解决方法，也会由于主权不容侵犯的原则，很难去执行。只有在各方达成共同协议的情况下，方有真正解决的希望。例如，在反托拉斯方面曾出现美国胡人航空公司诉讼案。1982 年，胡人航空公司在美国对两家美国航空公司和四家欧洲航空公司提出起诉，说它们杀价，逼得该公司破产。由于杀价后，影响到美国顾客，属美国法规管治范围，应由美国法院审理。欧洲航空公司向英国法院提出反诉讼，声称美国法院无权对它们实施法权。如此反复，长久不得解决。另一个经常发生的问题是"多国破产"问题，一家跨国公司因经营不善而破产，其资产和负债在各国分布不均，譬如说，其资产大部分在母国，债务大多在外国，这时谁应该得到偿付，根据什么来定偿付的顺序。这些问题无法回答，因为各国的有关破产和清偿债务的法规差异很远。国际商业信贷银行倒闭就发生了这种情况，数年得不到解决。随着跨国商贸活动的日益频繁，这类问题将呈越来越严重的趋势。

这里只说到缺少国家机制为跨国公司带来的问题，从另一个角度说，这种情况也会给跨国公司带来方便。比如，美国法律规定的某些雇用政策，国内公司必须遵守，跨国公司在国外却可以不管。跨国公司一些决策也许触犯了反托拉斯法，但到了国外却可以不必考虑。

（二）涉及多种汇率

跨国公司的第二大特点是现金往来涉及不同的汇率。它产生三种影响：第一是换算问题，必须对不同的货币间的交易额进行换算；第二是保值问题，必须预测将来汇率的变化，控制公司的现金流动；第三是效益问题，预料不到的汇率变化会影响多国公司的竞争能力。

换算问题和保值问题同地域分布及各国环境相像，给各跨国公司带来的困难也只是比国内公司大一些，并无根本差别。货币换算问题从理论上讲大体和国内公司面临的通货膨胀核算相像。期货交易及有关套期保值办法也与国内公司根据市场情况而采取的保值措施差不多。

跨国公司同各国内公司真正不同的在于汇率引起的效益问题。从浮动汇率制开始实行至今，有的公司承担了很大的风险，也有的公司获得了大好机会。一些主要以美元计算成本的美国跨国公司，如履带拖拉机公司、波音飞机公司、引擎半导体公司发现，由于 1981～1985 年美元升值 35％，其竞争力大大削弱。其中有些公司又发现，由于 1985～1988 年美元贬值，它们又得到了多年不遇的良机，竞争力大大加强，同样 80 年代后半期外国公司对美直接投资增加的原因也是美元贬值，导致美国国内经营成本降低，外国投资者有利可图。

三、跨国公司的特征

（一）生产规模庞大，经济实力强盛

跨国公司是国际行业垄断组织，历来以盈利和占领市场为目的。通过全球经营获得规模经济和垄断利益，因而大都具有明显的垄断性和排他性，在许多国家相应产业部门占据垄断地位，据报道，世界最大的 10 家商业银行每年经营额占世界各国商业银行营业总额的 10％左右；世界上 10 大汽车公司的年生产量占全球汽车总量的 80％以上；全球排行前 10 位的计算机制造商每年生产值占世界各国计算机行业总产值的 30％以上；1996 年，美国可口可乐公司的产品占据世界软饮料市场的 40％左右，总产值 145 亿美元。被称为日不落石油帝国的 Exxon 目前在全球 100多个国家建有分支机构 500 家，参与开采的油井 13000 多个，拥有油厂 50 多个，仍在运营的石油化工厂 50 多家，1997 年销售总收入达 1223.8 亿美元，在世界 500强中位居第七。

（二）战略目标全球化

跨国公司是以整个国际市场为追逐目标，其具体表现在：跨国公司总公司（母公司）在制定每一项重大决策时，总是只从大局出发，而不考虑某一子公司一时一地的得失；总公司在评价子公司的业绩时，主要考察其对总公司的贡献程度，而不是其自身盈利的多寡。这种战略目标是跨国公司区别于国内企业和其他经济组织的重要特征。因此，跨国公司的一切活动均从全球战略出发，有计划、有组织地在目标国家（地区）寻求生产要素最佳配置，安排专业化生产和定向销售专有商品，以最大限度地获得垂直分工和水平分工效益及规模效益。因此，跨国公司的发展使得许多商品的生产和销售具有全球性。从公司管理结构看，跨国公司所属的各分支机构均由母公司管理，无论是市场进入，还是生产和经营决策，均以全球为基础，以公司总体交易最大化和全球资源协调配置为出发点。

（三）经营方式多角化

早期的跨国公司多为专业公司，但随着国际市场环境的变化，如竞争日趋激烈、消费者的需求越来越多样化以及需求变化越来越迅速，跨国公司为了在激烈的市场竞争中占有一席之地，并适应市场环境变化而向多角化方向发展。多角经营是指母公司、子公司生产不同种类的产品，形成多种产品的综合经营体系。多角经营可以给跨国公司带来一些好处：增强公司总体经济潜力，确保公司内部流通渠道畅通，防止过剩的资本形成；有利于公司全球目标的实现；有利于资金的合理分配与流动，从而提高各种生产要素及辅产品的利用率；有利于分散公司的风险，从而稳定企业的利润；有利于充分发挥生产余力，延长产品的生命周期，从而增加公司的利润；有利于节约共同费用，增强公司的机动性。多角化企业的增长速度和多角化的增长速度都很快。从目前来看，除了极少数跨国公司外，绝大多数跨国公司几乎都实现了多角化。有人形象地说，跨国公司的经营领域是"从方便面到导弹"。例如，美国国际电报电话公司在主营电子、电讯以外，还涉及医药、化妆品、保险业、食品、照相装置、卫生设备和旅馆等。

（四）机动灵活的价格转移机制

为了避免由于外部市场的不确定性而导致的公司经营成本的增加和生产效率的降低，跨国公司往往具有较强烈的建立内部化市场以取代外部市场的倾向。跨国公司通过内部纵横联合，实行价格转移，从而躲避东道国的税收管理，获得超额利润。这表现在研究与开发活动及科技成果转让的内部化，以及商品贸易、资本转移等多方面的内部化上。从技术转让来看，有关的资料表明，跨国公司转移到国外的技术，主要是流向其拥有多数或全部股权的国外子公司。

（五）科技变革和创新潮流的主体

这里所说的新技术不仅包括先进的生产技术，还包括管理、组织和信息技术。在激烈的国际市场竞争中，跨国公司若要保持优势，就必须在研究和开发中保持领先地位，并逐步形成了以科技为先导的经营策略，即以现代先进科技与公司生产相结合作为经营方向，自觉依靠科技进步和技术革新，不断推出新产品和提高技术密集程度，保持技术优势，增强国际竞争力，这就要求跨国公司在研究开发上有巨大投入。跨国公司资金雄厚，科技人员相对集中，在母国大多与军事工业有关，在科技与开发领域可望得到政府的资助，因而能够在高新科技领域赶超世界先进水平，并率先商业性利用创新技术，进而为其跨国生产和经营提供技术保障。以美国麦道公司（现已和波音公司合并）为例，该公司民用飞机制造和销售收入仅占本公司营销总额 20％，但每年都得到联邦政府的专项军事科研经费补贴和军品订单。而公司适时将本单位开发的军事技术移植到民品开发上去，大大提高了公司民品生产技术和整体经济效益。

第二节　跨国公司的形成与发展

一、跨国公司的形成

跨国公司是经济发达国家生产和资本高度集中的结果，是科学技术和生产力高度发展的产物。早期的跨国公司起源于 19 世纪 60 年代中期，到 19 世纪末和 20 世纪初，随着科学技术进步和工业生产的发展，主要发达国家自由资本主义进入垄断阶段，出现了同行业和跨行业的垄断集团，这些垄断集团为了追求垄断高额利润，对国内市场已经不能满足，于是将"过剩资本"输出到资金少、地价便宜、工资低、原料丰富而利润又比较高的国家和地区，在那里设立了分支机构，形成了早期的跨国经营的企业。第一次世界大战以前，资本输出只限于英、法、德、美等少数国家，而且主要为间接投资。直接投资的数额和比重比较小，投放部门主要集中在落后国家的铁路修建、矿业开采、热带农业和公用事业。制造业投资虽然当时尚不占重要地位但却有自己的特点：首先，投放的地区集中于经济比较发达的国家和地区；其次，从投资主体看，早期制造业直接投资以美国为主体，其他形式的直接投资以英国为主体。

当时在发达资本主义国家，一些大型企业通过对外投资，在海外设立分支机构和子公司。当时具有代表性的是三家制造业企业，人们一般把这三家公司看成是早期跨国公司的代表。它们是：法国的弗利法里科·拜耳化学公司，于 1865 年在美国纽约州开设了一家苯胺制造厂；瑞典的制造甘油炸药和阿尔弗雷德·诺贝尔公司，于 1866 年在德国汉堡开设了一家炸药厂；美国的胜家缝纫机公司，于 1867 年在苏格兰的格拉斯格首先建立了缝纫机装配厂，并以格拉斯格的产品供应欧洲和其他地区的诸多市场，1880 年又在伦敦和德国汉堡设立负责欧、亚、非等销售业务的机构，这家公司可以算得上是第一家以全球市场为目标的早期的跨国公司。

继胜家公司之后，美国不少大企业也在海外设厂从事生产经营活动，如国际收割机公司、国际收银机公司、通用汽车公司、爱迪生电器公司以及一些大石油公司都先后到国外活动。其他国家的跨国公司生产经营也相继增多，如英国的尤尼来弗公司、瑞士的雀巢公司、英国的帝国化学等先后到国外投资设厂，开始跨国经营，成为现代跨国公司的先驱。据估计，到第一次世界大战以前，英国在海外拥有的制造业子公司已达 60 家，欧洲大陆国家为 167 家，美国有 122 家。

早期跨国公司形成的主要原因有：

1. 大机器工业和生产社会化程度的空前提高，以及宗主国与殖民地的国际分工体系的形成，使得国际经济活动中的生产性经营明显增多，建立了机器工业的英国、法国、荷兰、德国、美国等少数几个国家，垄断了先进的工业部门，并把原料产业部门转移到国外。从而，产生了在海外开垦天然种植园、建立矿山、企业、修筑铁路和发展航运的投资要求。

2. 少数资本主义强国资本积累的增加，造成资本输出快速增长，为早期跨国公司的产生提供了经济基础。英法两国 1870 年时对外投资已有 50 亿美元，1890年上升到 120 亿美元。正是由于资本积累的增加，才导致对外直接投资的增长，跨国公司才得以形成。早期跨国公司规模、地理分布相对较小，经营目标单一，主要是为了避免贸易保护限制和发挥技术优势，在巩固和扩大产品销售中，一般达不到全球战略的程度。业务活动的中心比较集中，一般在有出口市场或原料供应市场的国家，对外直接投资主要是为进出口贸易服务。

3. 拥有发明专利权的技术优势公司，为了防止别家的仿制而到销售市场开设分支机构。美国最先从事跨国经营的企业，往往是那些产品首先在国外发明，或虽在欧洲发明，却在美国经过重大技术革新的部门。如跨国公司的先驱——美国的胜家缝纫机公司于 1851 年取得发明专利权，造出全世界第一台实用的缝纫机。经过一段在国外扩大生产的阶段后，开始到英国和欧洲大陆建立分厂，成为首家以追求全球市场为特色的跨国公司。

4. 保护性贸易限制，刺激了跨国公司到海外建厂，就地供应。例如，法国铁路公司规定其所有空气刹车必须由当地厂商供应，于是刺激了美国威斯豪斯刹车公司到法国建厂。

二、跨国公司的发展

（一）两次世界大战之间的缓慢发展

两次世界大战期间，发达国家对外直接投资增长缓慢，甚至处于停滞状态。这主要是由于当时的客观情况作用的结果——战争的直接破坏和间接损失。此期间发生了一次资本主义经济危机，尤其是 1929～1933 年的大危机和萧条，使资本主义世界受到极大震撼，不仅生产力遭受到严重破坏，而且导致主要发达国家对外贸、外资采取限制、歧视、排斥的超保护贸易政策。货币制度日趋混乱，货币贬值成为贸易战、货币战的手段，外汇管制法层出不穷，妨碍了国际资金自由流通。卡特尔制度盛行，卡特尔通过瓜分世界市场、限定产量和销售价格，对各国相互间的投资极为不利。

（二）第二次世界大战后跨国公司迅速发展

1. 跨国公司的数量急剧增长，规模迅速扩大。据联合国调查，1968～1969年主要市场经济发达国家的跨国公司共有7276家，其国外子公司达27300家以上，1978年子公司达82266家，1980年达98000家。在20世纪80年代中期，跨国公司已达两万家左右，其国外子公司达10万家以上。1997年7月14日《经济日报》报道，据联合国贸发会议统计，到1996年底，全世界跨国公司母公司达到4.4万家，子公司达到28万家。这些跨国公司控制了世界生产的40％，世界贸易的60％，国际投资的90％以上。

2. 跨国公司对外直接投资迅速增长。第二次世界大战后，西方发达国家包括直接投资和间接投资在内的对外投资总额从1945年的510亿美元增加到1978年的6000亿万美元。其中，对外直接投资从200亿美元增加到3693亿美元，1945年对外直接投资占全部对外投资的39.2％，到1978年占61.1％。可见，对外直接投资增长速度很快。据联合国贸发会议《1995年世界投资报告》表明，20世纪80年代后半期，全球所有国家的国外直接投资以年均增长29％的速度递增。1990年增至2430亿美元，创下历史的最高纪录。1995年，通过跨国公司进行的外国直接投资猛增40％，高达3150亿美元，比1990年还要多出30％。

20世纪80年代，全球对外直接投资主要流入发达国家。美国是国际直接投资的主要注入国，又是国际直接投资的重要流出国。90年代后，日本在国际直接投资流出国中跃居首位。1990年，日本对外投资总额为480亿美元，占其投资总额的21％，高出美国6个百分点。尤其是对亚洲的投资大幅度增加。据统计，1994年，日本对亚洲的直接投资比上年度增长了56％。

3. 跨国公司投资的部门和地区结构发生变化。在产业结构方面，跨国公司投资的中心由原材料、燃料工业转向制造业，由初级产品转向高附加产品，从传统工业转向新兴工业，从制造业扩展到服务业领域。1978年，7个主要发达国家对外直接投资行业分布：制造业占一半以上，服务业占30％以上，采矿业占25％。到80年代中期，跨国公司对服务业的直接投资占当年对外投资流量的50％以上。1990～1992年，美国对欧洲制造业投资三年合计70.16亿美元，非制造业66.55亿美元，能源业37.52亿美元。其他国家对美国投资的行业分布也大体如此。可见，跨国公司对制造业和商业服务业投资一直占主导地位。

跨国公司投资的地区分布，"二战"前主要投资于经济落后的殖民地国家，"二战"后尤其是70年代以后，投资的重点转向了发达国家。如发达国家接受的直接投资，由1976～1980年平均占全世界对外直接投资的79.2％提高到1986～1990年平均的84.2％。同期，由于发达国家经济出现严重不景气，而很多发展中国家和新兴工业化国家仍然保持高速增长，对跨国公司的投资产生了更大的吸引力。因此，发展中国家接受的直接投资占全世界直接投资的比重开始提高，由1990年的

16.0％提高到 1991 年的 29.0％和 1992 年的 37.2％。相反，发达国家同期则由 84.0％下降到 71.0％和 62.8％。在发展中国家当中，尤其是经济发展最快、投资环境较好的亚洲地区提高得更快。尽管出现这种变化，发达国家作为跨国公司的主要投资对象的地位却仍未根本改变。

4.20 世纪 80 年代以来，跨国公司的经营策略发生了重大变化。20 世纪 80 年代以来，跨国公司经营策略上发生的变化包括：经营方式从混合经营走向专业经营；公司之间结盟；共同进行新技术、新产品、新能源的研究与开发，分享成果，分担费用与风险；大型跨国公司之间互相兼并、合并，以抵御日趋激烈的市场竞争；利润再投资成为主要筹资手段；非股权安排作为公司进入市场方式的重要性不断提高，等等。

三、战后跨国公司迅速发展的原因

（一）资本的高度集中垄断和资本过剩是推动跨国公司向外扩张的根本原因

第二次世界大战后，主要资本主义国家出现过多次大规模的企业兼并高潮，使其生产和资本的集中达到新的程度，大的垄断性企业迅速增加。以美国为例，美国 1948 年拥有 10 亿美元以上资产的工矿企业仅 12 家，到 1980 年达 244 家，1984 年上升到 287 家。1981 年，美国最大的 200 家制造业公司拥有的资产在制造业资产总额中的比重高达 60％。1998 年，美国花旗银行和旅行者集团合并组建花旗集团，其合并交易额达 800 亿美元。这些大的垄断企业积聚了巨额的资本，在国内市场饱和后，必然产生大规模对外直接投资的动机，并有条件付诸实施。不同国家的垄断企业在全球范围内争夺有利的投资场所，争夺稀缺的生产要素，以谋求垄断高额利润。正是在其向外扩张中，这些垄断企业变成了国际性垄断组织。

（二）科学技术革命为跨国公司向外扩张提供了有利条件

第二次世界大战后，发达资本主义国家发生了第三次科技革命，这次科技革命在速度、深度和广度上，以及对社会经济生活的影响上都远远超过了前两次科技革命。第三次科技革命以原子能科学、电子计算机、空间技术、生物工程等高新技术发展为特征，带来许许多多的新材料、新能源、新工艺、新通信手段和新的产业部门，引起了国际分工的巨大变化。社会生产力的发展导致一系列新兴工业部门出现，发达国家的经济发展日益受到资源和市场的约束，企业为了保证资源供应，维持旧市场、开拓新市场，大举向海外投资。同时，由于各国科学技术发展的不平衡，任何一个国家的大企业都不可能垄断全部最新技术成果，也不可能垄断最新产品和销售市场，这就为那些掌握了某项先进技术和某个生产部门的大公司进入其他国家进行直接投资提供了必要和可能。20 世纪 60 年代美国跨国公司以先进的技术和管理经验渗入西欧、日本；70 年代后，西欧、日本又以自己的技术优势打进美国；80 年代以来，随着高新技术的发展，发达国家都在加速各自产业结构的升级，对外直接投资的行业结构也相应发生变化，各国争夺高新技术的斗争异常激烈，技术转让成为一种投资手段。此外，交通通信工具的改进，为跨国公司的国际化生产经营提供了物质条件，直接促进了跨国公司的发展。

（三）主要发达国家对国际市场的激烈争夺，推动了跨国公司的迅速发展

主要发达国家为了扩大市场份额，一方面竭力扩大海外销售；另一方面又设置各种关税和非关税壁垒限制其他国家商品的进入。在这种条件下，发达国家的跨国公司以直接投资的方式，进入出口受阻的国家和地区，就地生产，就地销售，绕开了对方的贸易壁垒，实现了对市场的占领。

（四）国家垄断资本主义的支持和鼓励

第二次世界大战后，各国相继实行对外资开放的政策，以改善国内投资环境，也成为促进跨国公司迅速发展的一个原因。各种类型的国家倾向奉行开放政策，为跨国公司迅速发展提供了广阔的投资环境。发展中国家近年来的趋势表明，他们对跨国公司实行较大程度的自由化政策，并在执行管制时具有灵活性，各类国家对待外国投资的政策都有不同程度的放松。发达国家的投资政策受国际投资自由流动会促进经济资源更为有效的配置的理论和其作为直接投资的"进口国"和"出口国"双重身份的影响，呈现出这样的特点：对投资的流入流出采取中立态度，同时，对进入的外国投资采取相对开放的态度。第二次世界大战后各国政府制定各种政策措施，为跨国公司的海外投资活动提供了有利条件。首先，政府通过与他国签订避免双重课税协定，投资安全保证协定来减轻跨国公司的纳税负担，保证跨国公司海外投资的安全；通过与他国缔结贸易条约，使本国企业在缔约国尽可能享受国民待遇。其次，政府通过设立专门银行向跨国公司提供各种优惠贷款和参股贷款，为公司海外扩张提供资金；为跨国公司提供财政和税收优惠，资助其研究与开发活动，以提高其产品的竞争力。再次，政府还动用自身的力量为跨国公司的海外投资创造条件。最为突出的是美国。第二次世界大战后，美国执行欧洲经济复兴的马歇尔计划，其附加条件就是要求受援国实行资产非国有化，允许外资进入。

（五）跨国银行的发展

"战后"跨国银行的迅速发展对跨国公司的发展起着推动作用。一是跨国银行

通过投资和参股，使其本身成为跨国公司；二是跨国银行运用自己庞大的金融资产和遍及全世界的信贷网络为各类跨国公司的发展提供资金支持。

第三节 跨国公司的经营策略

一、跨国公司战略目标

跨国公司把研究和开发、加工、装配、销售以及服务等生产过程和流通过程通过子公司和分支机构伸向世界各地，而把最高决策权留在母公司。跨国公司的一切业务经营都要根据母公司在全球范围内的利润、市场情况及公司总的发展等情况作出决策。总公司对整个公司的投资计划、生产安排、价格体系、市场安排、利润安排、研究方向以及其他重大决策实行高度集中的管理，从全球出发制定经营战略，以获得最大利润。总公司并不单纯着眼于某个子公司的局部利益和一时得失，为了保证公司的整体利益和长远目标的实现，必要时甚至牺牲某个子公司的局部利益。各个子公司则根据总公司的全球战略分别制定各自的经营计划及措施。但随着跨国公司经营规模的扩大，子公司与分支机构日益增多，但总公司的集中管理与子公司分散经营的矛盾日益突出，一些大型跨国公司在管理体制、经营决策、研究开发等方面进行了调整，把一部分权力下放给子公司，以发挥各子公司的积极性。

跨国公司的全球战略目标和高度集中统一的管理，使得跨国公司在科学技术日新月异、市场竞争日趋激烈的国际环境中，具有统一、灵活、高效的特点，原料及各种生产要素能够在全球范围内进行最优配置，充分利用其资金、技术、人力及其他各种资源，达到全球一体化的效果，取得最佳的经济效益。如美国波音公司生产的波音 747 客机所需要的零部件来自国外的 1500 家大公司和 1.5 万家小企业。日本马自达汽车公司的玛雅塔敞篷车，设计工作在美国加州，筹资在日本，样车在英国制造，主要零部件来自日本，组装在墨西哥，销售市场在美国。

二、内部转移价格

跨国公司内部贸易采用内部转移价格。所谓内部转移价格是指跨国公司根据全球战略目标，在母公司和子公司、子公司和子公司之间交换商品和劳务的交易价格。这种价格不按照生产成本和正常的营业利润和国际市场价格水平来定价，而是按照子公司所在国的具体情况和母公司的全球性经营策略，人为地加以确定。美国教授阿潘（J. S. Arpan）认为，"公司内部定价就是对被同一个所有者拥有的企业单位之间所转让的货物和劳务的价值的确定，不必等于内部成本，它可能远远低于和高于会计成本，在有些情况下，它与实际成本甚至没有直接联系"。

跨国公司实行内部转移价格通常不受市场供求关系的影响，主要是服从跨国公司全球经营战略的需要，如今，它已成为跨国公司弥补外部市场结构性和效益性缺陷的重要措施。跨国公司内部转移价格的具体做法有：通过调整半成品和零部件的进出口价格和折旧期限，以影响子公司的产品成本和费用；通过对子公司收取技术转让、专利授权、管理咨询及商标使用等的劳务费，以调整子公司的成本和利润；通过内部借贷关系及其利率高低来调节子公司的产品成本和利润；通过支付和索取较高和较低的佣金和折扣来影响子公司的销售收入；在母公司和子公司之间人为地制造呆账坏账、损失赔偿等来增加子公司的费用支出等。

跨国公司实行内部转移价格有很多好处。第一，可以降低公司总税负。在母、子公司所在地税率不同的情况下，采取转移价格可以将利润从高税率国家转移到低税率国家，在总体上降低跨国公司的税负。跨国公司还可以利用避税来降低税负。高关税税率国家的子公司，进口产品时压低价格；低关税税率国家的子公司，进口产品时抬高价格，以降低跨国公司的总关税税率。第二，提高国际竞争力。通过较低的内部转移价供给子公司产品，降低其生产成本，提高其产品的竞争力。第三，避免汇率风险。利用转移价格，推迟和提前付款，规避汇率风险，通过抬高转移价格，转移利润，逃避外汇管制。第四，加速资金周转。通过内部转移价格使资金迅速在公司之间流动，实现资金的自由调拨，提高资金使用效率。

三、产品经营策略

从跨国公司的生产和经营战略看，产品策略主要涉及新产品、新工艺开发及产品生命周期等。

产品是企业一切生产和经营活动的主体，也是企业进入市场的关键。跨国公司无论是出口产品还是在目标市场生产和销售产品，跨国公司均需广泛收集和分析市场行情，生产适销对路的产品。除了注重产品质量外，跨国公司还必须注意产品的品种式样、包装、售后服务等。

（一）新产品开发

在当前竞争激烈的国际市场上，跨国公司不断制造出名牌产品和新产品，以期在竞争中始终处于优势地位。在科学技术日益发展的今天，任何企业如果不重视新产品的开发，在国际市场上便不可能有长久的立足之地。因此，跨国公司毫无例外地重视新产品的科研与开发，一般公司的科研经费占本公司当年营业额的 5%～6%，有的占 10%以上。例如，德国的西门子公司每年预算科研经费达 10 亿美元之多，美国通用汽车公司每年的科研经费在 15 亿美元以上。

（二）产品生产多样化

产品生产多样化是指跨国公司根据本公司发展战略，采取母公司、子公司在各自所在地区按不同的经营策略进行生产和销售。当前，国际市场行情变幻莫测，不确定因素众多，产品生产多样化可以使跨国公司在激烈的竞争中处于一个有利的地位。例如，当某种产品不景气时，其他产品则可能很畅销。这样，可望确保公司总体获利水平。另外，实行多种经营还有利于公司的资金操作和调度，合理调度长短线产品生产，做到充分利用内部资金。

（三）产品生命周期

产品生命周期并非产品使用寿命周期，而是指产品参与市场竞争及其市场地位的变化的过程。具体指一个新产品从研制成功投放市场开始，经过发展期、成熟期、衰退期、最终退出场的全过程。因此，这里所说的产品生命不是某一特定产品的使用价值磨损耗尽的过程，而是产品在市场上营销寿命。该理论由美国哈佛大学教授雷蒙·弗农（Raymond Vernon）提出。

四、营销策略

在市场经济条件下，商品只有经过市场交换方能实现其价格，所以，跨国公司无一例外十分重视产品销售策略。

（一）销售策略

所谓销售策略，是指跨国公司的营销部门在对目标市场行情、消费者偏好、销售渠道及竞争对手等方面进行系统调查研究，并在充分估算市场风险的基础上所制定的、在目标市场上促销本公司产品的商业计划。跨国公司的销售网络通常涵盖众多国家的市场。在制定销售策略时，跨国公司主要考虑下列因素：地理环境，经济发展水平和阶段，文化与生活习惯，产品生命周期，有关国家（地区）的市场结构，竞争状况，政府有关法规等。

下面，就跨国公司的营销实践，举两个关于销售策略的例子。

1. 当产品的用途不同，但使用方法相同时，制造商大体不会改变生产工艺，但一定会调整营销策略。例如，自行车在发达国家主要是做健身工具，而在发展中国家则多用作交通工具。因此，跨国公司销售部门在促销时就需要针对不同的消费者设计不同的广告内容。

2. 当产品的用途相同，但使用方式不同时，制造商会立即调整产品生产工艺，但销售策略基本保持不变。例如，发达国家顾客大多使用洗衣机洗涤衣物，而发展中国家顾客则多用手工洗涤。因此，洗涤剂生产企业则必须对相关产品的工艺配方作相应调整，以使之更加适应目标市场消费者的需要。

（二）促销策略

无论是在国际市场上还是在国内市场上，产品销售均需要借助一系列促销活动，以增进消费者对本产品的了解，从而达到扩大销售，增加收入的目的。目前，跨国公司常用的促销活动主要有：

1. 广告促销。广告是促销的主要方式，其基本功能是传播产品信息，促进销售。

2. 建立商业情报网。制造商通过商业情报网络，可望及时收集商业情报，供制造产品制定出口战略时参考。

3. 举办展销会。展览会大多是流动性商品展销活动，一般分定期和不定期举行，供制造商和贸易公司展销商品。只要有机会，跨国公司均会争取参展，以展销本公司最新产品，展示最新产品生产工艺和技术，宣传本公司的形象，促进当地消费者对公司产品的了解，争取潜在客户，并在宏观上促进与目标国家的贸易。

五、开发新技术推动跨国公司的发展

跨国公司在新技术的研究与开发方面具有明显的优势。跨国公司的资金实力一般比较雄厚，这在当今世界科技革命日新月异，研究与开发费用昂贵的情况下，无疑是一个显著的优势。跨国公司还可以得到政府大量的财政资助，用以研究和发展新技术。20 世纪 70 年代，美国联邦政府就曾用预算拨款资助了民用科研项目的 1/4 以上。此外，发达资本主义国家经济发展水平相似，但各有自己的领先技术。跨国公司通过直接对外投资，尤其是向其他发达国家的某些技术先进部门进行投资，有可能较快地取得所需要的技术，节省研究费用，并在此基础上开展自己的研究。此外，跨国公司有时还将研究与开发机构建立在国外，以利用国外知识和人才集中的优势。跨国公司为了垄断新技术成果，通常把拥有先进技术和第一流人才的科研机构设在公司总部所在的母国，并投入绝大部分的科研经费。尽管在子公司所在的东道国也进行科研，但各个子公司研究机构的研究任务往往由母公司安排，子公司的任何重大科研成果都必须上交母公司，不允许越级转让。而且，对某项技术的全面系统的研究，一般是由总部的研究机构进行的。这样就使总部拥有对技术的绝对控制权。

跨国公司在进行技术转让时坚持内外有别的原则，技术转让主要在内部进行。跨国公司的一般做法是：把研制的专利技术应用于母国的国内生产，垄断国内市场，并通过产品出口满足国外市场的需要；经过若干年后，再将新技术转让给设在其发达国家里的子公司，取得当地的技术优势；又经过若干年后，再向发展中国家的子公司转让技术。

六、非价格竞争手段争夺世界市场

价格竞争是指企业通过降低生产成本，以低于国际市场和其他企业同类商品的价格，在国外市场上打击和排挤竞争对手，以扩大产品的销路。价格竞争是跨国公司的传统竞争手段，但是，价格竞争在很大程度上要受企业生产成本的制约，再加上通货膨胀的影响，会使企业收益明显减少。尽管在一时或某一国市场上企业可能以低于成本价格倾销，以击退竞争对手，但这样做使其需求也呈现出明显的差异性。在这种形势下，单纯采用价格竞争手段，显然已经不能满足跨国公司争夺世界市场的需要。于是，各个跨国公司纷纷从以价格竞争为主转向以非价格竞争为主，进行市场的争夺。

非价格竞争，是指通过提高产品质量和性能，增加花色品种，改进商品包装装潢及规格，改善售前售后服务，提供优惠的支付条件，更新商标牌号，加强广告宣传和保证及时交货等手段来提高产品的质量、信誉和知名度，以增强商品的竞争能力，扩大商品的销路。目前，跨国公司主要从以下几个方面提高商品的非价格竞争能力：提高产品质量，加强技术服务，提高产品性能，延长使用期限；提供信贷；加速产品升级换代，不断推出新产品，更新花色品种；不断设计新颖和多样的包装装潢，注意包装的"个性化"；加强广告宣传，大力研究改进广告销售技术。

第四节　跨国公司对国际贸易的影响

一、跨国公司的发展促进了国际贸易的增长

随着跨国公司的发展，跨国公司在国际贸易中的地位日益提高，对国际贸易起着越来越举足轻重的作用。据美国《商业周刊》报道，1933 年，世界最大的 1000 家企业的资产总额达到 25 万亿美元，年度收入约为 5 万亿美元。在这 1000 家最大企业中，大多数是跨国公司。而同年的世界生产总值不到 25 万亿美元。全世界最大的 50 多家跨国公司的资产总额为 3 万亿美元，其中约 40％在国外。1993 年，跨越国界的商品和服务交易额达到 4 万亿美元，约占世界生产总值的 20％。第二次世界大战结束至今，世界贸易增长的速度为世界生产总值增长速度的 1.5 倍。目前，世界贸易的将近一半由跨国公司进行。跨国公司数量的增长，规模的扩大，实力的增加，销售额的不断增长，大大地促进了国际贸易的增长。国际贸易额的迅速

增长同跨国公司的发展密切相关。

二、跨国公司控制了国际技术贸易

　　经济合作与发展组织（OECD）从发展中国家得到的以专利权使用费、劳务费和技术服务报酬等形式支付的收入在 20 世纪 70 年代平均增长率为 15.6％。到 90 年代，发展中国家向德国和美国支付的技术付款有 80％～90％是利用跨国公司的子公司向母公司付款的方式进行的。

　　跨国公司操作技术转让，主要采取三种形式：一是由母公司向国外子公司进行技术转让。母公司通常只是将部分技术转移给国外的子公司，关键技术仍由自己控制。这样，既可以保持母公司对技术的垄断权，又可以通过向子公司出售技术和工艺获得收益，增加利润。二是通过技术许可贸易向外转让技术。技术许可贸易包括技术专利使用权的转移，技术诀窍的转移，商标使用权的买卖等。三是向合资合作企业转让技术。以这样的方式转移技术，一方面可以获得技术使用费收入；另一方面还可以从合资合作企业的盈利中获得分成。

三、跨国公司的发展推动了世界服务贸易的发展

　　20 世纪 90 年代跨国公司在扩大其全球经营业务外延的同时，其生产经营活动的内涵也发生了一系列变化。与国际产业结构的调整相适应，80 年代以来，在服务业领域，跨国公司也取得了突破性的进展。1993 年，联合国跨国公司和管理署在跨国企业委员会第 19 次会议上所提供的有关跨国企业在服务业的投资的统计数据表明：主要发达国家跨国公司在服务业的对外直接投资累计额（存量），从 1980 年的 1790 亿美元增加到 1990 年的 7260 亿美元，平均年增长率高达 15％，远比其全部对外直接投资累计额增长快。与此同时，服务业在全部对外直接投资存量中所占比重也节节上升。另据资料统计，仅 10 个发达国家，在 1988～1991 年期间它们在服务业的投资年平均流出额高达 970 亿美元，占总流出额的 55％以上。另 16 个发展中国家和地区的服务业接受外国直接投资存量，从 1980 年的 170 亿美元，增加到 620 亿美元，平均年增长率达 13.5％，比其接受外国直接投资总存量年增长率 10.9％要高，但比发达国家服务业接受外国投资存量年增长率 17.3％要低许多。总地说来，90 年代服务业领域中的跨国投资方兴未艾，其投资主体是跨国公司，其发展势头非常强劲。发达国家既是服务业领域中的最大投资国，也是该领域对外投资的最大东道国。服务领域以跨国公司为主体的对外直接投资将大大提高服务产品的可贸易性，从而促进了世界服务贸易的发展。

四、跨国公司的发展加剧了国际贸易中的垄断和竞争

跨国公司的发展使得国际贸易领域的垄断和竞争更加激烈，跨国公司实力雄厚，规模巨大，往往几个大的跨国公司就形成对某一行业的垄断，它们之间可以形成某种协议价格，共同瓜分市场份额。如世界汽车市场、飞机市场、电脑市场等基本上是被几个大的跨国公司瓜分的。

正是因为跨国公司的发展使国际贸易中的垄断和竞争更加激烈，从而使国际贸易关系更显复杂。跨国公司的利益和国家的利益，投资国和东道国，母公司和子公司，子公司和当地公司等的关系错综复杂，扑朔迷离。

五、跨国公司与国际贸易相辅相成

由于投资与贸易的结合越来越紧密，使得作为对外直接投资载体的跨国公司与世界贸易出现了相辅相成，互相促进的新关系。据世界贸易组织的统计，1973～1995 年，全球对外直接投资总额从 250 亿美元增加到 3150 亿美元，增加了 11 倍多；同期世界商品贸易总额从 5750 亿美元增加到 4.9 万亿美元，增长了 7.5 倍。因此，世界贸易与直接投资是"相互依赖的"，是"当今世界经济一体化的两个驱动力"。WTO 的经济分析家希莱克斯特对此也作了这样的解释："外国直接投资输出国和接受国之间的投资和贸易是互补的，也就是说，自由贸易和投资政策能增进外国直接投资，并能加强外国直接投资和贸易之间的积极关系。"美国财政部副部长萨莫斯特别强调国际贸易的促进作用。他说，国际资本的流入会促进外界同这个地区的贸易以及这个地区内部的贸易。如果没有资金，进出口机会就会减少。其实世界贸易的迅速发展，对跨国公司的快速发展，也有极大的促进作用。生产国际化是离不开国际贸易的。跨国公司的发展也不能不依赖国际贸易的纽带作用。

第二十四章 国际经济法

国际经济法是调整国际经济关系的法律规范的总称，是调整自然人、法人、国家和国际经济组织相互之间各种经济法律关系的总和，其调整范围包括国际投资关系、国际贸易关系、国际金融货币关系、国际税收关系等各种国际经济关系。因此，国际经济法大体上也可以分为国际贸易法、国际投资法、国际金融法、国际税法等。而每一大类还可进一步细分，如国际贸易法可分为国际货物买卖法、国际货物运输法、国际货物运输保险法、国际贸易支付法、外贸管制法等。

作为一个新兴的法律部门，国际经济法是资本主义发展到垄断阶段以后的产物。自19世纪开始，出现的少量国际公约和国际贸易惯例，如1883年《保护工业产权巴黎公约》、1886年《保护文学艺术作品伯尔尼公约》、1891年《商标国际注册马德里协定》、国际货物买卖的习惯做法以及许多国家制定的调整国家间贸易和商业关系的双边条约或国内法，成为国际经济法的主要内容。第二次世界大战以后，联合国、其他国际组织以及各国之间达成的一系列调整国际经济关系的国际公约或国际惯例，如《解决国家与他国国民之间投资争议公约》、《联合国国际货物销售合同公约》、《联合国国际海上货物运输公约》、《联合国国际货物多式联运公约》、《多边投资担保机构公约》、《2000年国际贸易术语解释通则》等，使国际经济法真正成为一个独立的法律部门。

第一节 国际贸易法律制度

国际贸易通常是指国际间的货物买卖，指营业所位于不同国家的当事人之间的商品交易以及附属交易如国际货物运输、保险、支付与结算及仲裁、诉讼等。调整国际货物买卖关系的法律指总体上调整各种国际贸易买卖关系的法律规范的总和，通常渊源于某些国家国内立法、国际条约、国际贸易惯例。目前，这些法律规范主要体现在《联合国国际货物销售合同公约》、国际贸易惯例及各国和国际的贸易法律管理制度。

一、联合国国际货物销售合同公约

通过国际立法协调和统一各国在国际货物买卖领域的法律是第二次世界大战后国际贸易法发展的一个显著特点。1964年，在海牙外交会议上通过了由罗马统一国际私法研究所起草的《国际货物买卖统一法公约》（简称海牙第一公约）和《国际货物买卖合同成立统一法公约》（简称海牙第二公约）。这两个公约主要反映了以欧洲为主的立法与习惯，在地区和内容上有很大的局限性，基本上属于区域性的多边条约。为了使更多的国家能接受，联合国国际贸易法委员会从 1964 年开始将上述两个公约合并，并进行修改补充，于 1978 年完成了《联合国国际货物销售合同公约》起草工作，1980 年在维也纳外交会议上讨论并通过了此项公约，该公约于 1988 年 1 月 1 日正式生效。公约共 101 条，主要内容为公约的适用范围、合同的成立、货物销售及最后条款，目前，已对四五十个国家生效。

（一）公约的适用范围

公约第一条规定："本公约适用于营业地在不同国家的当事人之间订立的货物销售合同。"公约强调当事人营业地位于不同国家的事实，并规定："在确定本公约的适用时，当事人的国籍和当事人或合同的民事或商业性质，应不予考虑。"此外，公约第 4 条规定，其适用范围只限于合同的订立及买卖双方因合同而产生的权利和义务。

（二）合同的形式与成立

1. 合同的形式。公约第 11 条规定："销售合同无须以书面订立或书面证明，在形式方面也不受任何其他条件的限制。销售合同可以用包括人证在内的任何方法证明。"但是，公约允许缔约国对这一条提出保留。中国在加入时就提出了保留，对书面形式以外的国际货物销售合同不予认可。

2. 合同的成立。公约第二部分对于要约和承诺的有关问题作了详细规定，但在对待承诺是否必须无条件地接受要约所提出的交易条件这一问题上，公约第 19 条作了一些变通的规定。公约将对要约条件的添加、修改划分为实质性修改和非实质性修改两类。只有实质性的修改才构成对原要约的拒绝并构成新要约，而非实质性修改不影响承诺的有效性。中国合同法已将有关内容全部加以吸收。

（三）买卖双方的义务

从法律上讲，国际货物买卖合同是一种义务，一种有偿合同，买卖双方当事人都应严格按照合同规定履行义务，公约对买卖双方的义务作了如下明确的规定。

1. 卖方的义务。公约第 30 条规定："卖方必须按照合同和本公约的规定，交付货物，移交一切与货物有关的单据并转移货物所有权。"根据这一规定，卖方的义务主要有以下三项：交付货物、移交单据、移交货物的所有权。

2. 买方的义务。按照公约的规定，买方必须按照合同与公约的规定支付货物价款和收取货物。根据这一规定，买方主要有以下两项义务：支付价款、收取货物。

（四）违约救济方法

1. 卖方违约的救济方法。公约第二章第三节对卖方违约的救济方法规定：一方当事人违反合同的行为，只有构成"根本违反合同"，买方才有权撤销合同，并依法得到补偿。

2. 买方违约的救济方法。公约第三章第三节对买方违约的救济方法规定：要求买方履行合同义务、撤销合同、请求损害赔偿。

（五）风险的转移

公约第四章根据各种货物不同的运输与交付情况，对货物风险转移的时间和地点作了规定：规定特定地点交货的，风险于该地点转移；涉及运输的货物，未规定特定地点交货的，风险于货物交付给第一承运人的转移；运输途中出售的货物，风险于订立合同时转移；在其他情况下，风险在买方接受货物时转移。

（六）赔偿额的计算

根据公约规定，一方当事人违反合同应负的损害赔偿额，应与另一方当事人因他违反合同而遭受的包括利润在内的损失额相等。这种损害赔偿不得超过违反合同一方在订立合同时，依照他当时已知道或理应知道的事实和情况，对违反合同预料到或理应预料到的损失。但遭受损失的一方必须根据情况采取合理措施，减轻由于违约行为而引起的损失，否则，违约一方可以要求从损害赔偿中扣除原可以减轻的损失数额。

（七）根本违反合同与预期违反合同

公约对当事人的根本违反合同与预期违反合同作了规定。

公约第 25 条规定："一方当事人违反合同的结果，如使另一方当事人蒙受损害，以至于实际上剥夺了他根据合同规定有权期待得到的东西，即为根本违反合同。"公约规定，只有一方的行为构成根本违反合同时，另一方才可以撤销合同，不履行自己的义务，否则，应在履行自己的义务之后，就对方违约给自己造成的损失，要求对方予以赔偿。

根据公约第 71 条的规定，如果订立合同以后，一方当事人明显地预见到，另一方当事人履行合同义务的能力或信用有严重缺陷，或者其准备履行合同或履行合同中的行为显然不能履行其在合同中承担的大部分重要义务，这一不能履行合同的行为即为预期违反合同。公约规定，一方当事人预期违反合同时，另一方当事人可以中止履行合同义务并立即通知违约方，如果预期违约方对履行义务提出充分担保，则不能中止履行合同义务。

（八）免责

有关免责的根据，公约第 79 条提出了"非所能控制的障碍"（An Impediment Beyond One's Control）的概念。公约规定，当事人由于某种非他所能控制的障碍而无法履行合同义务，则不负责任。构成"非所能控制的障碍"的条件是：不履行合同义务的一方没有理由在订立合同时预期能考虑到这种障碍；没有理由能预期避免这种障碍或其后果；没有理由能预期克服这种障碍或其后果。公约规定只有"非所能控制的障碍存在期间"，才能免除不履行合同义务一方当事人的责任，但该当事人应将所发生的这种障碍及其对履行合同义务的影响通知另一方当事人，否则，该方当事人应对损害负赔偿责任。

二、国际贸易惯例

国际贸易惯例是指国际货物买卖合同双方当事人经常引用的、用以确定他们之间权利义务关系的规则，国际贸易惯例是调整贸易关系的法律渊源之一，在国际贸易活动中具有重要作用。国际贸易惯例的主要形式是国际贸易术语，国际贸易术语又称对外贸易价格条件，通常用一个简短的概念或外文缩写来表示（如 FOB）。由于各国法律规定不一致，倘若国际上对各种贸易术语缺乏统一的解释，势必导致当事人之间的争议。为解决这一问题，长期以来，一些国际上的学术或商业团体一直致力于一些常用的国际贸易术语作出统一解释，使这些术语内容统一化、规范化，这类活动导致了下列三个重要的国际贸易术语规则的产生。

（一）《1932 年华沙——牛津规则》（Warzaw-Oxford Rules 1932）

该规则在国际私法协会支持下，在 1928 年华沙规则的基础上几经修改而成。全文共 21 条，对国际贸易中常用的"到岸价格"（CIF）条件下买卖双方当事人的权利、义务作出明确的规定。

（二）《1941 年美国对外贸易定义修订本》（Revised American Foreign Trade Ddfinition 1941）

1919 年，美国九个商业团体联合制定了《美国出口报价及其缩写条例》，1941

年美国第27届全国对外贸易会议对该条例进行修订，在此基础上形成了这一《定义修订本》，对11种价格术语作了解释，为美国商会、美国进口商协会和全国对外贸易协会所组成的联合委员会所采用，并由全国对外贸易协会予以公布。目前，在美国、加拿大及其他一些美洲国家采用。

（三）《国际贸易术语解释通则》（International Rules for the Interpretation of Trade Terms）

该通则在国际商会主持下于1936年在巴黎制定，先后经过了六次修改、补充，形成了现行的《2000年国际贸易术语解释通则》，简称《2000年通则》（INCOTERMS2000）该通则解释了4大类、13种贸易术语，成为目前影响最大、应用最广泛的国际贸易惯例。

三、国际贸易管制法

（一）国际贸易的单边法律管制

国家对外贸易法律管制，是指在国际贸易中，各国为了维护本国的经济利益，制定一整套国际贸易管理法规，通过关税和非关税的措施，来调节或管制产品的进出口，主要包括进口贸易的法律管制和出口贸易的法律管制两个方面。进口贸易的法律管制包括关税和非关税壁垒等措施的法规，出口贸易的法律管制包括有关出口许可制度和多边出口管制的法规。

1. 进口贸易的法律管制。

（1）关税壁垒。一般可分为下列3种：

其一，普遍关税。又称为一般关税，指一国政府对与本国没有签署友好协定、贸易协定、经济互助协定的国家和地区按普通税税率征收的关税。

其二，优惠关税。又称特惠关税，指一国政府对从其他国家或地区进口的全部产品或部分产品，给予特别优惠的低关税待遇，对受惠国以低于普通关税税率的标准征收关税以示优惠。优惠关税一般是互惠的，即协定双方相互给予对方优惠关税待遇；但也有单方面的，即由给惠国单方给予受惠国优惠待遇，而不要求反向优惠。

优惠关税的税率有固定优惠税率和协定优惠税税率。固定优惠税税率是由给惠国自主制定对受惠国使用的，如普惠制优惠税税率，它多表现为单方面优惠关税。协定优惠税率由缔约各方协商制定，因此，也叫协定关税，多表现为互惠关税。

其三，差别关税。指对同一种进口产品，由于出口国家或生产国家不同，或进口情况不同而使用不同的税率征收的关税。差别关税实际上是保护主义政策的产物，它是进口国在特殊场合下为保护本国某种产业而采取的特别措施，是关税保护政策的延伸。

（2）非关税壁垒，指除关税以外的一切限制进口的各种措施。

非关税壁垒可分为直接和间接的两大类。直接的非关税壁垒是指由进口国直接对进口产品的数量或金额加以限制或迫使出口国直接限制产品出口，其主要措施有：进口配额、进口许可证和"自动"出口限制等；间接的非关税壁垒是对进口产品制定严格的条例，间接地限制商品进口，其主要措施有：外汇管制、进口与出口的国家垄断、歧视性的政府采购政策、进口押金制、进口最低限制、海关估价、繁苛的技术标准、卫生安全检验、包装和标签规定等。

2. 出口贸易的法律管制。出口管制是指一国政府出于本国安全和外交政策需要，或防止某些重要货物的国内短缺及为履行国际义务而对本国出口贸易采取一些限制甚至禁止措施，基本形式有：

（1）单方面出口管制。即一国根据本国的出口管制法，设立专门机构对本国某些商品出口进行审批和颁发出口许可证，实行出口管制。

（2）多边出口管制。即几个国家政府通过一定的方式建立国际性的多边出口管制机构，商讨和编制多边出口管制的货单和出口管制的国别，规定出口管制的方法，以协调彼此的出口管制政策和措施，来达到共同的政治和经济目的。巴黎统筹委员会（简称巴统）——多边出口管制统筹委员会（Coordinating Committee on Multilateral Export Controls. COCOM），就是一个国际性的多边出口管制机构，它成立于 1949 年 11 月，其成员国有美国、英国、法国、加拿大、比利时、意大利、卢森堡、荷兰、丹麦、葡萄牙、挪威、联邦德国、日本、希腊和土耳其等 15 国。巴统作为西方国家对东方国家实行出口管制的一个机构，主要是通过制定出口管制清单和对清单进行审查修订来协调各成员国的出口管制。多年来，巴统的出口控制严重地阻碍着国际贸易的发展和国际间经济技术交流。1994 年 3 月 31 日巴统正式宣布解散，不过，这仅意味着原"巴统"建立的"西方"对"东方"出口管制体系的结束，不可能取消原巴统成员国依其本国法律对出口实施的管制。

（3）出口许可证。出口许可证是某些国家对本国国内生产需要的原材料、国内供应不足的商品，特别是所谓战略物资和高科技设备等，规定出口商必须向政府有关部门申领特别许可证才准许出口的制度。英国《1978 年出口货物管理条例》、《1979 年出口管制法》，日本《外汇及外国贸易管理法》均明确规定了出口许可证制度。

（二）国际贸易的多边法律管制——GATT/WTO 机制

成立于 1947 年的《关税和贸易总协定》（GATT）是第二次世界大战以来协调各国贸易政策、推动关税减让的重要多边法律调解形式，自 1948 年临时生效以来，共发动过八轮谈判，在 1993 年 12 月结束的第八轮乌拉圭回合中 GATT 定名为

"世界贸易组织"（WTO）并于 1995 年正式成立，截至 2001 年 6 月，世贸组织共有 140 个成员。WTO 对国际贸易的法律管制主要体现在 WTO 的一系列多边协议中，包括建立具有法人资格的世界贸易组织协定、1994 年关税和贸易总协定及其他多边货物贸易协定，又包括服务贸易总协定、与贸易有关的知识产权协定，还包括争端解决机制与贸易政策审议机制。

1. 1994 年关税和贸易总协定。1994 年关税和贸易总协定由 1947 年关税和贸易总协定的各项规定、修订条文、其他决定，以及乌拉圭回合谈判达成的谅解、马拉喀什协定书和某些解释性说明组成，是 1947 年总协定的延续和发展。

2. 农产品协议。农产品协议是乌拉圭回合谈判的成果之一，计 13 个总部 21 条，另加 5 个附件。主要包括市场准入、国内支持承诺、出口补贴、出口禁止和限制的纪律、和平条款、成立农业委员会、动植物卫生检疫措施等内容。

3. 纺织品与服装协议。该协议也是乌拉圭回合谈判的重大成果之一。此前，纺织品贸易在国际上一直受《多种纤维协定》中带有歧视性的双边配额的限制，而不受关贸总协定的约束，该协议终于改变了这一局面，实现了纺织品贸易法律制度的统一，为国际间纺织品贸易的自由化创造了良好条件。

4. 技术贸易壁垒协议。该协议以东京回合通过的同名协议为基础，经过大量修改和补充而成，共计 15 条。在承认国际标准和合格评定制度对促进国际贸易发展重要作用的前提下，对包括包装、标签等要求在内的各项技术规章和标准，以及对其评估程序可能形成阻碍国际贸易的壁垒加以约束和限制。内容涉及对各成员中央与地方政府机构及非政府机构制定、采用和实施技术标准的要求；合格评定程序的规则；以及参与国际体系和区域性体系的要求。

5. 与贸易有关的投资措施（TRIMS）协议。该协议是乌拉圭回合谈判的新协议，共计 9 条另加 1 个附件，第一次将国际投资纳入国际多边贸易体系。该体系主要要求成员对国际投资实行国民待遇并取消数量限制。该协议规定任何与 1994 年总协定第三条国民待遇不符的 TRIMS，包括那些根据国内法或行政裁决强制性或必须执行的措施，或为获取某种好处所必须的措施，均在禁止之列。

6. 关于实施 1994 年总协定第 6 条的协议（反倾销协议）。乌拉圭回合谈判所达成的反倾销协议，由东京回合反倾销守则修改补充而成，共计 18 条另加两个附件。其主要内容包括倾销与损害的确定；反倾销申请和调查；证据；临时措施；价格承诺；征收反倾销税；公告和对裁决的解释；司法审议；代表第三国的反倾销诉讼；对发展中国家的特殊规定等。

7. 反补贴协议。该协议共计 11 个部分 32 条，另加 7 个附件。包括补贴和反补贴措施的程序性规定和实体性规定。补贴是指在某成员境内由某一政府或任何公共机构作出的财政支持、任何形式的收入支持或价格支持，以及由此给予的利益，分为特定性补贴和非特定性补贴。一项补贴如果是在实施当局的管辖范围之内由主管当局或其遵守的法律明确给予特定企业，或者一项补贴仅限于由实施当局管辖内的特定地区的特定企业使用，或者其他《反补贴协议》中禁止使用的补贴，为特定性补贴。如果实施当局或其遵守的法律为补贴的获得规定了客观的标准或条件，符合这些标准和条件，补贴将自动取得，不具有特定性。

考虑到 WTO 成员经济的多样性以及补贴形式的复杂性，《反补贴协议》还将补贴分为禁止使用的补贴、可申诉的补贴以及不可申诉的补贴。针对这三种不同性质的补贴，分别制定可与反补贴措施平行使用的救济方法。

8. 原产地规则协议。原产地规则协议也是乌拉圭回合谈判订立的新协议，共计 4 个部分 9 条，外加两个附件。原产地规则是指成员确认货物原产地而实施的普遍适用的法律、法规和行政决定。包括所有 1994 年总协定有关规定中用于非优惠性商业政策措施的原产地规则。

9. 进口许可协议。该协议由东京回合的《进口许可证手续协议》修改而成，共计 7 条。该协议规定，进口许可是指为实施进口许可证制度而采取的一种行政管理程序。该制度要求除海关所需的一切文件以外，货物进入进口国关境，必须向有关行政机关呈交申请书或其他文件。

10. 保障措施协议。关贸总协定第 19 条规定，某缔约方因某进口产品正在相对地或绝对地增加，造成其国内产品或直接竞争产品的生产商严重损害或严重损害威胁，则缔约方可暂停实施关贸总协定的相关义务，限制进口。实施保障措施必须有两个基本条件：一是进口产品大量增加；二是因进口大量增加，造成国内有关产业的严重损害或严重损害威胁。保障措施只针对产品，而不针对国家。协议还对国内产业、严重损害、严重损害威胁等作了明确规定。

第二节　国际投资法律制度

国际投资法是调整国际间私人直接投资关系以及保护外国投资的各种法律制度和法律规范的总称，通常表现为资本输入国和资本输出国制定的有关国际投资的国内规范、资本输入国和资本输出国之间订立的有关国际投资的双边协定、调整国际间私人直接投资的多边协定以及国际公约等国际法律规范。

国际投资法是国际经济法的重要分支之一，它是随着国际间私人直接投资的产生而逐渐形成和发展的，其主要内容包括直接投资的内容、对外国投资的各种保护制度、对外国投资的各种鼓励与限制措施、国际投资所涉及的外汇和税务等管理制度以及解决国际投资争议的各种法律制度等。由于国际投资关系涉及国内法与国际法双重关系，这就决定了它的渊源具有多重性。从总体上讲，国际投资法的渊源有国内渊源和国际渊源两个方面。国内渊源主要是指资本输入国和资本输出国有关国际私人直接投资的各种国内立法。国际渊源主要是指调整两国或多国间私人直接投资关系的双边、多边条约。

一、投资东道国有关国际投资的法律规范

这是指资本输入国有关国际私人直接投资的法律制度和法律规范的总称。这种法律规范既包括调整国际直接投资关系的实体法规范，也包括东道国对外国投资进行审批以及解决投资争议的各种程序法规定。由于各国的立法形式不同，这种调整国际私人投资的法律规范通常有以下几种形式：

(一) 内容系统的、统一的外资法

这种法律对利用外资的各种形式都作了统一、系统的规定。采用这种立法形式的国家比较多，但法律名称不尽相同。如印度尼西亚、智利、阿根廷等国家称"外国投资法"，刚果、乍得、塞内加尔、突尼斯、加蓬等国称"投资法"，日本称"关于外国资本的法律"，菲律宾称"外资企业管理法"，希腊则称"投资及外国资本保护法"。

(二) 针对某一投资形式制定的单一的专门法规

采用这种立法形式的国家通常不制定完整、系统、统一的利用外资的法典，而是就各种利用外资的形式，分别制定单一的专门法规。如中国的《中外合资经营企业法》、《中外合作经营企业法》、《外资企业法》等。

上述两种立法形式属于投资东道国关于外国直接投资的基本法，泛指"外资法"。

(三) 散见于其他法律文件中的有关外国投资的法律规定

除了制定利用外资的基本法外，各国通常还就与外国投资有关的外汇、税务、关税、劳务、土地管理等制定专门的法律、法令、条例、命令以及决议等法律文件，这些法律文件中有关外国投资的法律规定，从各个不同的角度对各国有关外国投资的基本法进行补充。

二、投资母国有关涉外投资的法律制度

不少投资母国从维护本国经济利益、保护本国海外直接投资的实际需要出发，纷纷建立了鼓励、限制、保护本国海外直接投资的法律制度。有些国家制定了有关海外直接投资的专门法律，如美国 1948 年制定并几经修改的《对外援助法》、日本 1978 年修订的《输出保险法》、韩国 1978 年颁布的《海外资源开发促进法》，等

等。也有些国家没有直接制定专门调整海外直接投资关系的法律，但其有关外汇管理、税收、技术转让等国内法中的一些条文对鼓励、限制、保护本国海外直接投资作出规定。

三、投资的国际法律保护

（一）保护投资的双边协定

保护投资的双边条约是投资的国际保护的一种重要法律形式，属于投资法体系中国际法制方面的重要法律规范，它是投资东道国与投资母国之间签订的，旨在鼓励、保护、保证及促进国际私人投资的双边条约。第二次世界大战以后，随着国际间直接投资的不断发展，主要资本输出国为了保护其海外投资，竞相采用这种双边条约。在国际资本流动呈现出多元化、交叉化倾向的今天，双边投资保护协定的数量、内容及适用的地域范围都发生了显著的变化。关于保护国际投资的双边条约、协定、换文种类繁多，按其内容可分为三种主要类型。

1. 友好通商航海条约（Friendship Commerce and Navigation Treaty 简称 FCN 条约）。这是缔约国之间就商业活动和航海自由事宜签订的双边条约。其主要内容是解决两国的商务关系，但也涉及外国商人及其资产和有关投资的保护问题，如美德通商条约规定："任何一方缔约国的国民处在对方缔约国领域内……对于他们的财产，非经法律上的正当手续，并且给予合理的赔偿，不得加以征用和使用"。

2. 投资保证协议（Investment Guarantee Agreement）。本协议主要是美国采取的形式，这种协定通常采用换文的形式。它与美国海外投资保险保证结合在一起，也叫"投资保险和保证的协定"。除美国以外，加拿大也采取这种形式。据统计，自 1948 年起，美国与其他国家所订立的投资保险和保证协定已达 120 多个。其基本内容包括以下几项：①投资保护的条件。②保险的范围。③投资者的法律地位。④代位求偿权。⑤补偿办法。⑥争议的解决。

3. 促进与保护投资协定（Agreement for Promotion and Protection of Investment）。这是欧洲一些发达国家与发展中国家签订的促进与保护投资的协定，其中原联邦德国最为典型。据统计，原联邦德国已签订了 50 多个这类协定。因此，这类协定又被称为"联邦德国的促进与保护投资协定"。这类协定关于鼓励和保护外国投资的规定更为具体详尽，而且大多属于实体法的规定，其保护范围不仅包括"新"的投资，还包括已经存在于资本输入国的缔约另一方自然人或法人的投资。其基本内容可概括为以下几个方面：①关于许可投资方面的规定。②关于国有化和补偿的规定。③关于因政治风险而赔偿损失的规定。④关于代位求偿权的规定。⑤关于争议解决的规定。

（二）保护投资的国际公约

1. 关于解决国家与他国国民之间投资争议公约。多边投资保护一般是通过多国共同签订有关保护国际私人直接投资的多边条约、共同制定保护投资的方案及其他法律措施等形式进行的。第二次世界大战以后，特别是 20 世纪 60 年代以来，有关保护投资的国内法和只限于调整两国间投资关系的双边投资保护协定已不能适应日益复杂的国际间直接投资的需要。为此，一些国家和国际组织试图通过缔结国际公约，建立一整套多国间的保护国际投资的法则、机构和制度。1965 年在世界银行倡导下通过了《关于解决国家与他国国民之间投资争议公约》（Convention on the Settlement of Investment Disputes Between States and Nationals of Other States），于 1965 年 3 月 18 日在华盛顿签字，简称《1965 年华盛顿公约》，这是目前国际上仅有的解决外国投资者和投资所在国之间产生的投资争议的国际公约。公约于 1966 年 10 月 14 日正式生效。根据公约的规定，在华盛顿成立了"解决投资争议国际中心"（International Center for Settlement of Investment Disputes，即 ICSID），为国际上处理投资争议提供专门的解决机制。

2. 多边投资担保机构公约。1985 年 10 月世界银行年会通过了《多边投资担保机构公约》（Convention Establishing the Multilateral Investment Guarantee Agency），公约在汉城签字，并且已于 1988 年 4 月 30 日正式生效。这是继《1965 年华盛顿公约》后世界上第二个正式生效的有关保护国际投资的多边公约。公约设立了"多边投资担保机构"，为外国私人投资提供政治风险担保。

机构的目标是鼓励在其会员国之间，尤其是向发展中国家会员融通生产投资，以补充世界银行、国际金融公司和其他国际金融机构的活动。为达到这一目的，《公约》规定：机构应在一会员国从其他会员国取得投资时，对投资的非商业性活动提供担保，以促进向发展中国家会员国和在发展中国家会员国间的投资流动；为推进其目标，使用必要和适宜的附带权力。

《公约》规定，机构应采取行动，促进投资流动，努力消除在发达国家和发展中国家会员国间存在着的障碍，使投资流向发展中国家会员国；促进投资者和东道国对它们之间缔结有关促进投资的协议。《公约》强调，机构在发挥其推进作用时，应特别注意在发展中国家会员国之间增加投资融通的重要性。

第三节　国际金融法律制度

国际金融法是调整国际间货币金融关系的法律规范的总和。国际金融货币关系是随着国际贸易的发展而产生的，并随着国际贸易范围的不断扩大，从一般国际结算、国际支付和国际汇兑等发展到为促进生产和贸易而进行的国际融资，从而形成了一系列国际货币金融关系。因此，国际金融法不仅包括国际结算、国际货币兑换、国际金融机构和国际货币体系等方面的法律规范，而且还包括由国际融资而衍生的国际证券、国际借贷、融资担保等国际金融实务惯例和各国的涉外金融法。

一、国际借贷中的法律问题

国际借贷中的法律问题主要涉及国际借贷协议，国际借贷是指跨越国界的当事人之间的以货币或实物为标的物的借贷行为。这种跨国的借贷协议是指位于不同国家的债权人和债务人之间的一种货币借贷合同。国际借款协议的订立使国际间的债权债务关系得以成立，它严格地规定了借贷双方当事人的债权债务关系。

（一）借贷协议的订立程序

国际借贷协议的订立要通过一定的程序，一般要经过授权、签署和订立三个程序。

1. 授权。是指国际借贷协议各方当事人必须通过法定的授权程序来获得合法的订约能力。国际借贷协议的缔约方一般以法人、政府机构和各类国际组织为多，而自然人则较少充当国际借贷协议的订约方。对法人而言，公司可算是最常见的法人，许多国家的公司法以及公司章程都明文规定公司的借款能力和授权机构，各国公司法一般规定只有股东大会才能作出贷款的决定或者规定只有董事会才能决定对外签订借贷协议；对政府和政府机构而言，它的举债能力或授权程序也是通过一定的法律规定加以实现的，例如，规定举债必须经过国会的同意，而地方政府对外借款一般都要经过中央政府的批准。

2. 签署。国际借贷协议必须经过双方有签约能力的人正式签署才能生效。国际借贷协议的签署一般必须持有能证明签约人身份及合法签约资格的书面授权文件，该书面文件必须按法定程序形成。通常，对公司的贷款可以由董事长、总经理或其他经过适当授权的公司高级雇员代表公司签字。政府贷款则可由财政部长或有关用款部门的部长签字，也可由本国政府授权其驻外使节代表本国政府签字。

3. 生效。通常国际借贷协议签字后并不马上生效，而是要等到协议中规定的能使协议生效的某些先决条件具备时才开始生效。所谓先决条件，一般是指借款协议的生效，是以先满足这些能保证贷款人合法权益的条件为前提的。

（二）借款协议的主要条款

国际借贷协议一般有以下主要条款：

1. 陈述与保证。本条款通常要求借款人如实陈述并保证以下两部分的内容：

一是在法律方面要说明并保证其承担借款义务的合法性；二是在经济方面则要求借款人说明并保证财务和商务真实情况。

2. 约定事项。国际借贷协议中，一般都有约定事项这一条款。约定事项主要内容是贷款人要求借款人保证做什么或保证不做什么，以此来监督和控制借款人的经营活动。约定事项主要包括下列内容：

（1）消极保证条款。消极保证的意思是保证不做什么。本条款通常要求借款人保证在偿还贷款之前，不得在自己的资产或收益上设立任何抵押权、质权、留置权或其他担保物权。

（2）比例平等条款。比例平等条款是指借款人保证贷款人享有其他无担保权益的债权人一样平等的地位，各类无担保权益的债权人必须按平等原则等比例的受偿。

（3）财务约定事项。财务约定事项的作用有两个：其一，可以监督和控制借款人的财务状况；其二，在借款人违反财务约定事项时，贷款人可以及时采取行动，要求加快偿还贷款。

以上三项条款是约定事项的主要内容，另外还有合并条款、保持资产条款等其他规定。

3. 违约及其救济方法。违约条款一般包括两大类违约情况：一是指借款人违反借贷协议本身和事件，例如，借款人到期不偿还本息，对其经济状况做虚假陈述，等等；二是先兆性违约或预期违约，是指贷款人根据某些情况判断，借款人有可能要发生违约事件。贷款人如能及时发现这类违约事件，就可以尽早采取必要的防范措施，以保护自己的合法权利。

二、国际证券融资中的法律问题

国际证券是在国际证券市场上发行并流通的，以某种国际货币为面值的，能够代表、证明或设立对资产的所有权的书面凭证。国际证券既是国际上筹措资金和借贷资金的一种重要的形式，也是国际间接投资的主要方式之一。

（一）国际证券融资的法律特点

尽管各国法律对国际证券下的定义不尽相同，一般来说，国际证券主要有以下特点：

1. 证券财产所有权的书面法律凭证。证券持有人得以通过持有的证券来证明其拥有证券票面上设定金额的财产权。

2. 证券是证券发行人和证券持有人之间的一种合同，双方必须根据证券上设定的内容，分别来主张权利和承担相应的义务。

3. 证券是一种流通证券，持有人可以通过交付和背书的方式自由转让，这种转让不必征得发行人的同意。

虽然各国的法律对证券的划分范围有所不同，但证券可以根据其是否具有财产属性，一般可分为有价证券和证据证券，有价证券又可分为货币证券和资本证券，货币证券由票据法律调整，资本证券由证券法调整，一般又可分为股票和债券两种。

（二）发行国际债券的主要法律文件

发行国际债券涉及众多的不同当事人，各方当事人之间的法律关系是由一系列有关法律文件来规定的。发行国际债券主要涉及下列法律文件：

1. 发行债券申请书，这是发行人向发行地证券管理机构递交的发行债券申请，主要包括以下内容：发行人所属的概况；发行人自身的法律地位、经济、财务和经营状况；发行债券筹资的主要用途，等等。

2. 发行书，是指发行人和主经理人共同准备的就发行债券的有关事宜，把发行人各方面的真实情况向公众公布的书面报告。发行书主要包括下列内容：①债券发行概况。包括发行金额、发行价格、利息率、期限和偿还方式等各项条件和担保情况等。②发行人的情况。包括发行人的资产负债表、利润损益表、经营和财务状况等。③承销概况。包括承销人的介绍、承销和推销的具体安排等。④税收状况。包括发行和买卖本债券涉及的税收情况和税务后果等。⑤其他情况。包括由谁就发行和担保的有效性提供法律意见，聘请哪些律师作为法律顾问，由哪些会计师提供财务报表以及在何处可查阅有关发行和发行人的各种资料等。发行书中一般还包括发行人的一项声明，表明其在发行书的各项情况介绍是真实的，而且没遗漏含有重要意义的资料。

3. 承销协议，是发行人和承销人之间签订的协议。它主要包括以下内容：承销人有义务购买发行人债券的规定；承销人各自认购的份额和对承销价格和时间的承诺；债券的发行情况说明，发行人的保证和允诺，承销人的报酬的规定；违约及其救济、争议的解决方法和法律适用条款等。

4. 包销协议，包销协议是指主经理人和包销集团之间签订的协议，主要包括包销的数额、包销人的义务和包销费的分配等内容。

5. 销售集团协议，销售集团协议是主经理人和销售集团的其他成员之间签订的协议。其主要内容包括：禁止发表发行书以外的陈述或说明；禁止证券的发行及相关资料违反证券法规定；禁止以低于预先商定的一级市场的价格推销证券，以维持证券的价格。

6. 信托协议，信托协议是发行人和受托人（信托资产管理人）之间签订的协议。本协议主要规定受托人的权利和义务，但是在本协议中，受托人是为证券持有人的利益工作的。如出现协议规定的发行人违约事件，受托人有权作出加速债券到期的决定。

三、融资担保中的法律问题

国际融资担保是指在国际融资活动中，债务人或第三人以自己的信用或财产为跨国的融资活动进行担保的行为。在国际融资活动中，担保的运用极为普遍，各种形式的借贷活动，通常都以借款人能提供可靠的担保作为贷款的前提条件。

国际融资担保主要分为信用担保和物权担保二类。信用担保是指借款人或第三人以自己的资信作为偿还贷款的保证；物权担保则是指借款人或第三人以自己的资产作为偿还贷款的担保；采用信用担保时，主要采用保证、意愿书和备用信用证等方式，而采用物权担保时，主要用的是动产物权担保和不动产物权担保等方法。

（一）信用担保

信用担保是指借款人或第三人以自己的资信作为借款的保证，如借款人届时无力还债，保证人必须承担偿还债务的责任。保证债务与主债务相比，具有下列不同的性质：①相对独立性。保证债务虽因主债务而产生，在法律上并不是主债务的一部分，因此，具有相对独立性。②从属性。保证债务的从属性表现在：主债务在时保证债务在；主债务结清了，保证债务也没了。③转移性。是指保证债务随主债务的转移而转移。

（二）物权担保

物权担保是指借款人或第三人以自己的财产作为偿还国际借款的保证。物权担保在各国国内的借贷实践中运用较多，但在国际融资活动中，使用物权的方式却相对较少。物权担保在国际项目贷款、船舶以及飞机的融资活动中，还是被较多地使用。从国际物权担保的法律关系来看，它具有下列性质：①从属性。指物权担保债务从属于主债务，国际贷款协议项下的主债务消灭，物权担保随之消灭。②不可分性。指物权担保对其所担保的债权承担全部责任，即使一部分清偿而消灭时，担保物仍是全部地被用来担保余下部分的债权。③附随性。指物权担保一般随贷款债权的转移而转移。④代位性。指物权担保的标的物因损坏、灭失等原因获得赔偿金时，债权人亦有求偿权利。

（三）银行保函

保函亦称担保书或保证书（Letter of Guarantee），它是一人为另一人的债务或义务承担保证责任的书面凭证，银行保函是银行根据申请人的请求，为其向受益人保证无条件地支付一定金额给受益人的书面凭证。银行保函一经开立，银行就承担了付款的法律责任。因此，对于保函的申请，必须严格审查。银行为了自身的利益，往往要对申请人是否具有偿还担保金额的能力和经营状况进行审查。只有通过审查的才可能得到保函。银行开立保函一般都要收取手续费并根据申请人的资信状况要其预先交纳一定的押金或提供不动产抵押，以确保银行的利益不受损失。

第四节　国际税收法律制度

国际税法是调整国家之间的税收分配关系，以及国家与跨国纳税人之间税收征纳关系的国际法规范和国内法规范的总称，是主权国家相互间意志的协调反映，国际税法具有以下基本特征：

第一，作为国际税法主体之一的自然人、法人，在国际税收法律关系中只是纳税主体，只承担纳税义务。纳税人在两个或两个以上国家可能同时承担纳税义务，即具有双重纳税人的身份，故亦称跨国纳税人。

第二，国际税法的客体，是纳税人的跨国所得。所谓跨国所得是指所得来源地与收益人所在地或国籍地不在同一国境内的所得，主要包括两类：一类是本国的居民来源于外国的所得；另一类是非本国居民的外国人所取得自本国境内的所得。国际税法的渊源主要是国际税收条约或协定、国际税收惯例及个别国家国内法律规范等。

一、国际税法法律的基本问题

国际税法的基本问题有税收管辖权、国际双重征税、国际避税与反避税等。

（一）税收管辖权

众所周知，主权国家是国际法的基本主体。管辖权是国家的基本权利之一。管辖权是指在国际社会中，所有主权独立国家对其领域内的一切人、物、事件均有行使法律的权利，这是国家主权的一个重要属性。而税收管辖权则是国家主权在税收领域的重要体现，是主权国家政府行使征税的权利。

根据所体现的管辖权原则和对联结点的选择的不同，税收管辖权可以划分为二类：

1.居民税收管辖权，是指在国际税收中，国家根据纳税人在本国境内存在着税收居所这样的联结因素行使的征税权力。它是属人原则在国际税法上的体现。它的确立是以纳税人与征税国之间存在着某种属人的联系为前提的。这种依照纳税人的居民行使税收管辖权的原则，亦称为从人征税。

2. 收入来源地税收管辖权，是指一国对跨国纳税人在该国领域范围内的所得课征税收的权力，它是属地原则在国际税法上的体现。它的确立，是以征税对象与征税国领土之间存在某种经济利益的联系为依据的。这种依照来源地行使税收管辖权的原则，亦称从源征税。

（二）国际双重征税

税收是对纳税人一定的征税对象所进行的实际课征。如果对某笔征税对象同时进行了两次或两次以上的课征，便称为重复征税。因此，双重征税实际上是同一征税主体或不同的征税主体，对同一纳税人或不同纳税人的同一征税对象或税源所进行的重复课征。这种重复征税，在一般情况下是双重的，故亦称双重征税。

国际双重征税的存在，是国际经济正常交往的重要障碍，是当前国际税收中必须谋求解决的主要问题。国际双重征税违背了税负公平原则，使跨国纳税人担负了沉重的纳税义务，挫伤了投资者的积极性。双重征税的结果会不利于国际经济合作，使国际投资和国际技术交流无法取得进展。因此，消除国际双重征税具有积极重要的意义。

1. 避免和消除国际双重征税的国内法制度。主要有：①免税法，亦称豁免法，是指在居住国政府对本国居民纳税人来源于境外的所得或财产免于征税。②扣除法，指居住国政府对居民纳税人因国外所得而向来源国缴纳的税款，允许作为扣除项目从应税所得额中扣除，就其余额适用相应的税率计算应纳税额。③抵税法，是指居住国按本国的居民纳税人在世界范围内的所得汇总计算其应纳税款，但允许其将因境外所得而已向来源国缴纳的税款在本国税法规定的限度内从本国应纳税额中抵免。

2. 避免国际双重征税的国际法制度。随着国际经济合作的迅猛发展，单靠各国国内法上的单边自我限制已很难兼顾好各国的税收利益，导致不必要的利益牺牲。因此，国家间迫切要求订立国际税收协定，以便确定较为合理的税收分配关系，协调彼此间的税收管辖权，这种双边解决方式可以有效地减除两国间的国际双重征税，为各自的居民纳税人在对方国家获得公平的税收待遇，提供可靠的法律保障。因此，目前国际双边税收协定已成为世界各国解决国际双重征税的重要途径。

（三）国际逃税与避税

国际逃税，是指跨国纳税人违反国际税法或国际税收协定的规定，采取种种隐蔽的非法手段，以谋求逃避或减少应该承担的纳税义务的行为。国际避税，是指跨国纳税人利用各国税法规定的差异或国际税收协定的漏洞，采取变更经营地点或者经营方式等种种公开的合法手段，以谋求最大限度减轻国际纳税义务的行为。

1. 防止国际逃税与避税的国内法救济措施。鉴于国际逃税与避税，不仅会造成各国税收利益的大量流失，而且会导致国际资本的非正常转移。因此，许多国家都纷纷采用国内法和国际法上的救济措施，借以有效地防止国际逃税与避税现象的发生。目前，各国政府对付跨国纳税人的逃税与避税主要还是依靠国内法上的单边救济措施。这些措施主要包括：①加强国际税务申报制度。②强化税务的会计审计制度。③实行评估所得征税制度。④设立反避税专门条款。

2. 防止国际逃税与避税的国际法救济措施。防止国际逃税与避税历来为世界各国所重视。由于国际逃避税必然涉及两个或两个以上国家，因此，单独依靠一国国内法上的单边救济措施加以防止是远远不够的，还必须依靠国际法上的双边或多边救济措施，方可奏效。目前，有关国家一方面努力建立和健全其国内税法体制，另一方面还积极与其他国家签订有关税收条约和协定，以加强有关国家政府之间的税收领域中的合作关系。这类跨国协作关系主要有如下几种形式：

（1）税务情报交换。有关税收情报的相互交换方面，《经合组织范本》和《联合国范本》条款中都有规定。根据这两大范本所缔结的国际税收协定，缔约国之间有相互提供有关税收情报的义务。

（2）跨国税务调查合作。根据国际税收协定的规定，缔约国之间在互惠的条件下，国外收入所在国可能允许对方的税务人员入境进行税务调查，提供工作便利。例如，北欧五国 1972 年缔结的多边性税务行政互助协定，欧共体理事会 1975 年通过的"共同体关于对付国际逃税和避税的措施的决议"中均有此类规定。

二、国际税收协定

国际税收协定，亦称国际税收条约，是指两个或两个以上的主权国家，依照对等原则，通过政府间谈判所缔结的确定其在国际税收方面的权利义务关系的一种书面协定。它是目前国际法上调整国际税收分配关系的主要法律表现形式，也是国家相互之间协调税制差异的利益冲突，进行国际税收调整，实现国际税务合作的有效形式。其主要内容有：

（一）避免和消除国际双重征税

避免和消除国际双重征税问题主要涉及两个方面的内容：一是对征税所得涉及他国或多国的情形下，确定应由哪一国行使优先征税权，由哪一国行使最终征税权以及哪一国可由一国独占征税权。二是签订双边税收协定是在承认双方国家都拥有征税权的基础上确立的，可以商定双方能接受的某些限制，但不能否定任何一国的征税权。因此，通过签订国际税收协定，缔约国双方可以确定各自的征税范围；明确对哪些所得应由来源国优先征税，而对哪些所得应限制来源国征税权的行使。

关于跨国纳税人的营业所得，国际税收协定一般都规定，应由居住国行使征税权，但来源于收入来源国的常设机构的利润除外。关于跨国纳税人的投资所得，协定一般都规定采用税收分享原则，即在承认来源国对非居民纳税人的投资所得拥有优先征税权的基础上，同时，又对来源国的征税权加以某种限制，例如，来源国应将其各项投资所得的预提税税率适当降低，以保证居住国能分享一部分投资所得。关于跨国纳税人的个人所得，税收协定一般只规定仅由居住国或来源国单独行使征税权。关于跨国纳税人使用、出租和转让不动产所得，税收协定一般都承认应由该项不动产所在地一方的缔约国优先行使征税权。

针对国际双重征税的既存事实，国际税收协定提供了两种解决方法，即免税法和抵免法。

（二）避免税收差别待遇

避免税收歧视，实行税收无差别待遇原则是国际税法的一项重要原则。国际税收协定中一般都列入无差别待遇原则条款，以保证缔约国一方的人在缔约国另一方应负担的纳税义务，不与缔约国另一方的人在相同或类似的情况下所受到的纳税待遇不同或比其负担更重。税收无差别待遇原则在国际税收协定中具体表现为：①国籍无差别。②常设机构无差别。③支付无差别。④资本无差别。

（三）防止国际逃税与避税

鉴于跨国纳税人利用各国税制的差异及其立法漏洞，进行逃避税的活动日益猖獗，因此，防止国际逃避税已成为国际税收协定的重要内容。通过协定规定旨在加强国家间税务合作，以利于通过情报交换，尽可能堵塞逃避税现象的发生。对交换情报的范围，国际税收协定一般都不列出具体项目，而仅作出原则性的规定，主要涉及：①交换为实施税收协定的规定所需要的情报。②交换与税收协定有关税种的国内法律的情报。③交换防止税收欺诈、偷漏税的情报。

（四）国际税收饶让

国际税收饶让，是指居住国对于跨国纳税人从所得来源国得到减免的那一部分所得税，经居住国特准予以饶让，不再依照本国规定的税率予以补征。这种情况的发生，一般是发达国家（通常是居住国）不仅对于本国的跨国纳税人已向发展中国家（通常是收入来源国）缴纳的税款予以抵免，而且对于发展中国家为鼓励外国投资者所规定的税收减免，亦给予抵免。但这种抵免，已经不是为防止双重征税的抵免，而是一种特殊的抵免。

第五节　国际仲裁法律制度

仲裁（Arbitration）又称公断，是指争议双方根据事前或事后所达成的协议，自愿将争议交付第三方按一定程序进行审理，并且作出对争议双方均有约束力的裁决的一种非司法审判程序。如果仲裁审议的争议双方当事人具有不同国籍，或其营业地分处不同国家（地区），或争议标的或法律关系具有涉外因素，并且争议因商业交往而产生，此类仲裁即为国际商事仲裁。

一、国际商事仲裁协议

仲裁协议是双方当事人表示愿意把他们之间可能发生的或已经发生的争议交付仲裁解决的一种意思表示。这种意思表示以口头或书面形式表现出来，但大部分国家的法律均规定仲裁协议必须以书面方式载明。

按照 1958 年联合国《承认及执行外国仲裁裁决公约》第 2 条规定："称'书面协定'者，谓当事人所签订或互换函电中所载明之契约仲裁或仲裁协定"。

仲裁协议是仲裁庭取得管辖权的基础，仲裁协议订立是否明确，常常关系到争议能否及时、公正地处理。目前，关于仲裁协议包括哪些内容，并无法律上的强行规定。但是，为了避免不必要的麻烦和拖延，仲裁协议最好包括提交仲裁的事项、仲裁地点、仲裁机构、仲裁程序规则以及裁决的效力等内容。

（一）提交争议的事项

国际商业活动中提交仲裁的争议往往源于由合同（但并不局限于合同）确定的法律关系，故而一般在仲裁协议中应明确规定：凡因本合同所产生的或与本合同有关的一切争议均应提交仲裁机构解决。

（二）仲裁地点

国际商事仲裁中，仲裁地点的选择具有非常重要的意义，当事人一般都力争在本国进行仲裁。究其原因，主要在于当事人对本国仲裁法律及一般法律制度比较了解和信任。尤其是仲裁地点对仲裁所适用的程序法及援用的冲突规范均有密切关系，至于关系到当事人权利义务的实体法，除非当事人已明确规定者，否则，仲裁员均按仲裁地点的冲突规范来确定应适用的实体法。所以，当事人在订立仲裁协议时，仲裁地点常常成为讨论的焦点。

为了避免在此问题上相持不下，影响交易的进行，作为可供选择的妥协方法，可规定在被诉方所在国进行仲裁。

（三）仲裁机构

国际的或各国的仲裁机构的仲裁规则通常规定，除非当事人在仲裁协议中明确表示将争议交付各该仲裁机构解决，否则，即使当事人表示了仲裁意愿，有关仲裁机构仍无法受理案件。因此，仲裁机构名称是仲裁协议中一项明确的不可或缺的内容。

（四）仲裁规则

常设国际商事仲裁机构均制定自己的仲裁规则，此外，一些国际组织也制定了国际性或区域性仲裁规则，供当事人选用。但是，大多数仲裁机构仅采用自己制定的仲裁规则，在此情况下，若仲裁协议一方面规定仲裁应在这些机构之一进行，但另一方面又规定按其他仲裁规则进行仲裁，有关的仲裁机构便会拒绝受理案件。因此，当事人应对一些主要仲裁机构的仲裁规则有一基本了解。

（五）仲裁裁决的效力

仲裁裁决的效力主要指裁决是否具有终局性，是否允许再向法院或其他机构上诉的问题。

目前，国际商事仲裁的普遍趋势是裁决应为终局的，不允许任何一方当事人再向法院或其他机构上诉或申请采取任何其他救济措施，以充分发挥仲裁的简便、迅速解决争议的作用。

二、联合国国际贸易法委员会仲裁规则及国际商事仲裁示范法

（一）仲裁规则

《联合国国际贸易法委员会仲裁规则》于 1976 年 4 月 26 日由联合国第 31 次大会正式通过。该项规则对各国并不具有普遍约束力，仅供给合同当事人自愿以书面方式约定采用。如果当事人决定采用，可以在合同中规定："由本合同发生的或与本合同有关的任何争议、争端或请求，或有关本合同的违约、终止或失败，应由目前有效的联合国国际贸易法委员会仲裁规则予以解决。"由于该项仲裁规则充分吸取了世界各国仲裁立法及常设仲裁机构的仲裁规则的优点，所以，它已为不少国家

常设仲裁机构所承认。

（二）《联合国国际商事仲裁示范法》

仲裁法是有关国家制定的可用于控制仲裁或在当事人无约定时可对仲裁起到协助补充作用的法律。仲裁法的范围大致包括：仲裁协议有效性的确定；用以确定实体法的冲突规则；仲裁是否必须适用还是可以依据公允善良原则解决争议或进行友好仲裁；法院在何种情况下对仲裁的监督或干预，等等。

由于世界各国的社会制度、经济制度及法律传统上的差异，在仲裁的立法上亦有不少区别，更有一些发展中国家限于缺乏经验，无法制定适合当代国际仲裁趋势的仲裁法。因此，为了缩小各国仲裁立法差异，为尚未分布仲裁法的国家提供可资借鉴的仲裁法范本，以促进国际商事仲裁的发展，联合国国际贸易法委员会于1958年通过了《国际商事仲裁示范法》（以下简称《示范法》）。

《示范法》不具有法律约束力，它仅供各国制定仲裁法时作参考。因此，就其内容而言，它有别于一般的国际条约或国内法。为了使《示范法》对不同国家都有可资借鉴的作用，它在不少条款后加了说明和解释，有的条款还提供了多项选择方案。由于《示范法》代表了国际商事仲裁的发展趋势，适应现代国际商事仲裁实践的需要，所以，不少国家以此为蓝本，制定自己的仲裁法。

该《示范法》共分8章36条，就仲裁法的适用范围、仲裁协议、仲裁庭的组成、仲裁庭的管辖权、仲裁程序、裁决的作出及程序的终止、对裁决的追诉、裁决的承认及执行等事项作了规定。

三、仲裁裁决的国际承认及执行

仲裁是以双方协议为基础的解决争议的方式，败诉一方通常都能自觉执行裁决规定之义务。然而，如果败诉方拒不执行裁决，那么因仲裁机构不具备强制执行的权力，故只能由胜诉方提请法院强制执行。对此，世界各国的法律均规定，法律对本国仲裁机构所作出的裁决，一般仅作形式审查。法院经过审查，确认裁决符合法律规定的要求，即发出执行令或采取其他方式，予以强制执行。

但是，国际商事仲裁的复杂性在于，仲裁要牵涉不同国家的当事人，而且作出裁决的仲裁机构也分处各国。就一个国家而言，若败诉方不自愿执行裁决，往往就会产生一国法院如何对待外国仲裁裁决的问题。有鉴于此，从20世纪初开始，国际社会就谋求建立一个统一的、比较完善的承认及执行外国仲裁裁决的国际制度。

（一）《承认及执行外国仲裁裁决的公约》的产生

第二次世界大战后，国际商业活动以前所未有的规模和形式发展和扩张，客观上要求国际商事仲裁适应新形势。联合国经济和社会理事会于 1954 年 4 月 6 日通过第 52 号决议，决定成立由英国、前苏联等 8 国代表组成的特别委员会，授权其拟定一份关于承认及执行外国仲裁裁决新的公约草案，供各国讨论。1958 年 5 月20 日～6 月 10 日，来自世界各地 54 国代表以及有关国际性研究机构和常设仲裁机构代表，在美国纽约召开的联合国国际商事仲裁会议上，讨论并通过了《承认及执行外国仲裁裁决的公约》(Convention on the Recognition and Enforcement of Foreign Arbitral Awards，以下简称《纽约公约》)，于 1959 年 6 月 7 日正式生效。

(二)《纽约公约》所确立的承认及执行外国仲裁裁决的国际制度

1. 承认及执行外国仲裁裁决的范围。《纽约公约》第 1 条规定可被缔约国承认及执行的外国仲裁裁决包括：①由于自然人或法人间的争议而引起的仲裁裁决。②在非执行地国家领土作成或执行国不认为是本国裁决的仲裁裁决。③由临时仲裁庭或常设仲裁机构作出的裁决。

公约的适用十分广泛。在仲裁所引起争议的性质方面，它不但适用于传统的因契约争议作出的仲裁裁决，亦适用于非契约所作出的仲裁裁决，充分顾及仲裁方式日益广泛地用于解决船舶碰撞、不正当竞争、知识产权等非契约争议的趋势。从仲裁裁决做成的国家来看，可被承认和执行的裁决既包括缔约国的仲裁裁决，又包括非缔约国的裁决。但各缔约国还可以声明，仅根据本国法律属于商事关系（不论其为契约性质与否）所引起的争议适用公约的规定，对于非商事争议的裁决则不在此限，即所谓"商事保留"。

2. 承认及执行外国仲裁裁决的条件——被申请人举证之责。《纽约公约》未直接规定承认和执行外国仲裁裁决的条件，仅在第 5 条列举了拒绝承认和执行的条件。所以，如果不存在可以拒绝承认和执行的条件，被申请的缔约国主管机关就应承认和执行其他缔约国仲裁机构所作成的裁决。

关于拒绝承认和执行裁决的条件，其举证之责在被申请人方面。凡外国仲裁裁决有规定情况之一者，被请求执行的法院可依被申请人的请求，拒绝予以承认和执行。

3. 承认和执行外国仲裁裁决——法院认定。《纽约公约》第 5 条第 2 款规定，如果被请求承认和执行仲裁裁决的国家有关当局认为，按照该国的法律，裁决中的争议事项不适合以仲裁方式处理，或者认为承认和执行裁决有违该国的公共秩序，则可以拒绝承认和执行该项裁决。

4. 承认及执行外国仲裁裁决的标准。《纽约公约》第 3 条规定，各缔约国应承认裁决具有约束力，并且在承认对方国家的仲裁裁决时，不应该在实质上比承认和执行本国的裁决提出更麻烦的条件或征收更高的费用。由此可以看出，公约的规定类似于在承认及执行裁决方面各缔约国相互给予国民待遇。

5. 承认及执行外国仲裁裁决的程序。《纽约公约》第 4 条规定，申请承认和执行的当事人，应于申请时提供：①经正式认证的裁决书正本或经正式证明的副本。②据以作出裁决的仲裁协议正本或经正式证明的副本。

如果上述裁决或仲裁协议所用文字为非承认及执行地所在国的官方文字，申请当事人应提出该文件的译本，译本应有官方的或经过宣誓的译员或外交或领事人员的认证。

经审查合格的外国仲裁裁决，依执行国法律程序予以执行。

附录一

```
                              ┌──────────┐
                              │ 部长会议 │
                              └────┬─────┘
        ┌──────────────────────────┼──────────────────────────┐
┌────────────────┐         ┌──────────┐              ┌──────────────┐
│ 贸易政策评审机构 │         │ 总理事会 │              │ 争端解决机构 │
└────────────────┘         └────┬─────┘              └──────┬───────┘
                                │                ┌──────────┴──────────┐
                                │          ┌──────────┐      ┌──────────────────┐
                                │          │ 上诉机构 │      │ 争端解决专家小组 │
                                │          └──────────┘      └──────────────────┘
```

委员会	货物贸易理事会	与贸易有关的知识产权理事会	服务贸易理事会	诸边协议
贸易与环境委员会	委员会		委员会	民用空航器贸易委员会
贸易与发展委员会	市场准入委员会		金融服务贸易委员会	政府采购委员会
最不发达国家分委员会	农业委员会		专业服务委员会	
地区贸易协议	卫生与植物检疫措施委员会		工作组	
国际收支限制委员会	对贸易的技术壁垒委员		国内法规工作组	
预算、财务与行政委员会	补贴与反补贴措施委员会		服务贸易总协定规则工作组	
工作组	反倾销措施委员会			
加入工作组	海关估价委员会			
工作组	原产地规则委员会			
贸易与投资关系工作组	进口许可证委员会			
贸易与竞争政策互动工作组	与贸易有关的投资措施委员会			
政府采购透明度工作组	保证措施委员会			
	纺织品监督机构			
	工作组			
	国营贸易企业工作组			
	信息技术协议委员会			

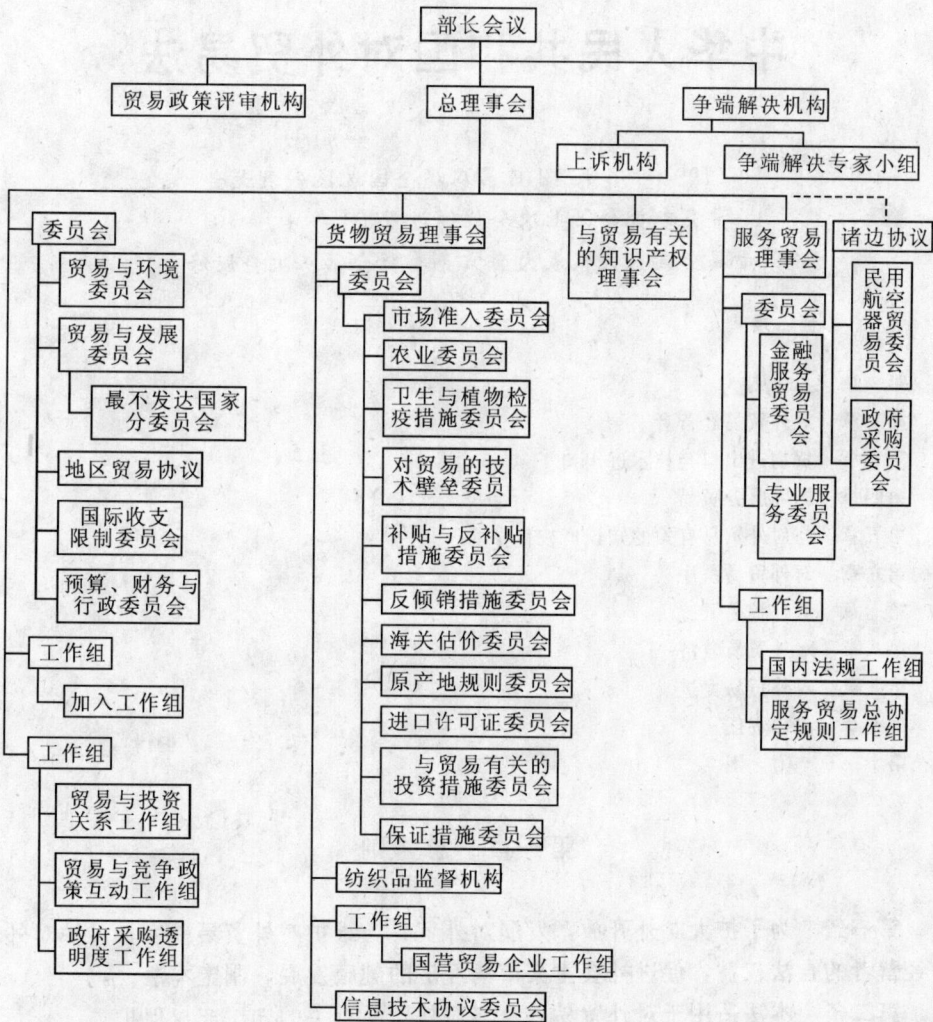

世界贸易组织机构图

附录二

中华人民共和国对外贸易法

（1994 年 5 月 12 日第八届全国人民代表大会
常务委员会第七次会议通过 2004 年 4 月 6 日
第十届全国人民代表大会常务委员会第八次会议修订）

目 录

第一章　总　则

第一条　为了扩大对外开放，发展对外贸易，维护对外贸易秩序，保护对外贸易经营者的合法权益，促进社会主义市场经济的健康发展，制定本法。

第二条　本法适用于对外贸易以及与对外贸易有关的知识产权保护。

本法所称对外贸易，是指货物进出口、技术进出口和国际服务贸易。

第三条　国务院对外贸易主管部门依照本法主管全国对外贸易工作。

第四条　国家实行统一的对外贸易制度，鼓励发展对外贸易，维护公平、自由的对外贸易秩序。

第五条　中华人民共和国根据平等互利的原则，促进和发展同其他国家和地区的贸易关系，缔结或者参加关税同盟协定、自由贸易区协定等区域经济贸易协定，参加区域经济组织。

第六条 中华人民共和国在对外贸易方面根据所缔结或者参加的国际条约、协定，给予其他缔约方、参加方最惠国待遇、国民待遇等待遇，或者根据互惠、对等原则给予对方最惠国待遇、国民待遇等待遇。

第七条 任何国家或者地区在贸易方面对中华人民共和国采取歧视性的禁止、限制或者其他类似措施的，中华人民共和国可以根据实际情况对该国家或者该地区采取相应的措施。

第二章 对外贸易经营者

第八条 本法所称对外贸易经营者，是指依法办理工商登记或者其他执业手续，依照本法和其他有关法律、行政法规的规定从事对外贸易经营活动的法人、其他组织或者个人。

第九条 从事货物进出口或者技术进出口的对外贸易经营者，应当向国务院对外贸易主管部门或者其委托的机构办理备案登记；但是，法律、行政法规和国务院对外贸易主管部门规定不需要备案登记的除外。备案登记的具体办法由国务院对外贸易主管部门规定。

对外贸易经营者未按照规定办理备案登记手续的，海关不予办理进出口货物的报关验放手续。

第十条 从事国际服务贸易，应当遵守本法和其他有关法律、行政法规的规定。

从事对外工程承包或者对外劳务合作的单位，应当具备相应的资质或者资格。具体办法由国务院规定。

第十一条 国家可以对部分货物的进出口实行国营贸易管理。实行国营贸易管理货物的进出口业务只能由经授权的企业经营；但是，国家允许部分数量的国营贸易管理货物的进出口业务由非授权企业经营的除外。

实行国营贸易管理的货物和经授权经营企业的目录，由国务院对外贸易主管部门会同国务院其他有关部门确定、调整并公布。

违反本条第一款规定，擅自进出口实行国营贸易管理的货物的，海关不予放行。

第十二条 对外贸易经营者可以接受他人的委托，在经营范围内代为办理对外贸易业务。

第十三条 对外贸易经营者应当按照国务院对外贸易主管部门或者国务院其他有关部门依法作出的规定，向有关部门提交与其对外贸易经营活动有关的文件及资料。有关部门应当为提供者保守商业秘密。

第三章　货物进出口与技术进出口

第十四条　国家准许货物与技术的自由进出口。但是，法律、行政法规另有规定的除外。

第十五条　国务院对外贸易主管部门基于监测进出口情况的需要，可以对部分自由进出口的货物实行进出口自动许可并公布其目录。

实行自动许可的进出口货物，收货人、发货人在办理海关报关手续前提出自动许可申请的，国务院对外贸易主管部门或者其委托的机构应当予以许可；未办理自动许可手续的，海关不予放行。

进出口属于自由进出口的技术，应当向国务院对外贸易主管部门或者其委托的机构办理合同备案登记。

第十六条　国家基于下列原因，可以限制或者禁止有关货物、技术的进口或者出口：

（一）为维护国家安全、社会公共利益或者公共道德，需要限制或者禁止进口或者出口的；

（二）为保护人的健康或者安全，保护动物、植物的生命或者健康，保护环境，需要限制或者禁止进口或者出口的；

（三）为实施与黄金或者白银进出口有关的措施，需要限制或者禁止进口或者出口的；

（四）国内供应短缺或者为有效保护可能用竭的自然资源，需要限制或者禁止出口的；

（五）输往国家或者地区的市场容量有限，需要限制出口的；

（六）出口经营秩序出现严重混乱，需要限制出口的；

（七）为建立或者加快建立国内特定产业，需要限制进口的；

（八）对任何形式的农业、牧业、渔业产品有必要限制进口的；

（九）为保障国家国际金融地位和国际收支平衡，需要限制进口的；

（十）依照法律、行政法规的规定，其他需要限制或者禁止进口或者出口的；

（十一）根据我国缔结或者参加的国际条约、协定的规定，其他需要限制或者禁止进口或者出口的。

第十七条　国家对于裂变、聚变物质或者衍生此类物质的物质有关的货物、技术进出口，以及与武器、弹药或者其他军用物资有关的进出口，可以采取任何必要的措施，维护国家安全。

在战时或者为维护国际和平与安全，国家在货物、技术进出口方面可以采取任何必要的措施。

第十八条　国务院对外贸易主管部门会同国务院其他有关部门，依照本法第十六条和第十七条的规定，制定、调整并公布限制或者禁止进出口的货物、技术目录。

国务院对外贸易主管部门或者由其会同国务院其他有关部门，经国务院批准，可以在本法第十六条和第十七条规定的范围内，临时决定限制或者禁止前款规定目录以外的特定货物、技术的进口或者出口。

第十九条 国家对限制进口或者出口的货物，实行配额、许可证等方式管理；对限制进口或者出口的技术，实行许可证管理。

实行配额、许可证管理的货物、技术，应当按照国务院规定经国务院对外贸易主管部门或者经其会同国务院其他有关部门许可，方可进口或者出口。

国家对部分进口货物可以实行关税配额管理。

第二十条 进出口货物配额、关税配额，由国务院对外贸易主管部门或者国务院其他有关部门在各自的职责范围内，按照公开、公平、公正和效益的原则进行分配。具体办法由国务院规定。

第二十一条 国家实行统一的商品合格评定制度，根据有关法律、行政法规的规定，对进出口商品进行认证、检验、检疫。

第二十二条 国家对进出口货物进行原产地管理。具体办法由国务院规定。

第二十三条 对文物和野生动物、植物及其产品等，其他法律、行政法规有禁止或者限制进出口规定的，依照有关法律、行政法规的规定执行。

第四章 国际服务贸易

第二十四条 中华人民共和国在国际服务贸易方面根据所缔结或者参加的国际条约、协定中所作的承诺，给予其他缔约方、参加方市场准入和国民待遇。

第二十五条 国务院对外贸易主管部门和国务院其他有关部门，依照本法和其他有关法律、行政法规的规定，对国际服务贸易进行管理。

第二十六条 国家基于下列原因，可以限制或者禁止有关的国际服务贸易：

（一）为维护国家安全、社会公共利益或者公共道德，需要限制或者禁止的；

（二）为保护人的健康或者安全，保护动物、植物的生命或者健康，保护环境，需要限制或者禁止的；

（三）为建立或者加快建立国内特定服务产业，需要限制的；

（四）为保障国家外汇收支平衡，需要限制的；

（五）依照法律、行政法规的规定，其他需要限制或者禁止的；

（六）根据我国缔结或者参加的国际条约、协定的规定，其他需要限制或者禁止的。

第二十七条 国家对与军事有关的国际服务贸易，以及与裂变、聚变物质或者衍生此类物质的物质有关的国际服务贸易，可以采取任何必要的措施，维护国家安全。

在战时或者为维护国际和平与安全，国家在国际服务贸易方面可以采取任何必要的措施。

第二十八条　国务院对外贸易主管部门会同国务院其他有关部门，依照本法第二十六条、第二十七条和其他有关法律、行政法规的规定，制定、调整并公布国际服务贸易市场准入目录。

第五章　与对外贸易有关的知识产权保护

第二十九条　国家依照有关知识产权的法律、行政法规，保护与对外贸易有关的知识产权。

进口货物侵犯知识产权，并危害对外贸易秩序的，国务院对外贸易主管部门可以采取在一定期限内禁止侵权人生产、销售的有关货物进口等措施。

第三十条　知识产权权利人有阻止被许可人对许可合同中的知识产权的有效性提出质疑、进行强制性一揽子许可、在许可合同中规定排他性返授条件等行为之一，并危害对外贸易公平竞争秩序的，国务院对外贸易主管部门可以采取必要的措施消除危害。

第三十一条　其他国家或者地区在知识产权保护方面未给予中华人民共和国的法人、其他组织或者个人国民待遇，或者不能对来源于中华人民共和国的货物、技术或者服务提供充分有效的知识产权保护的，国务院对外贸易主管部门可以依照本法和其他有关法律、行政法规的规定，并根据中华人民共和国缔结或者参加的国际条约、协定，对与该国家或者该地区的贸易采取必要的措施。

第六章　对外贸易秩序

第三十二条　在对外贸易经营活动中，不得违反有关反垄断的法律、行政法规的规定实施垄断行为。

在对外贸易活动中实施垄断行为，危害市场公平竞争的，依照有关反垄断的法律、行政法规的规定处理。

有前款违法行为，并危害对外贸易秩序的，国务院对外贸易主管部门可以采取必要的措施消除危害。.

第三十三条　在对外贸易经营活动中，不得实施以不正当的低价销售商品、串通投标、发布虚假广告、进行商业贿赂等不正当竞争行为。

在对外贸易经营活动中实施不正当竞争行为的，依照有关反不正当竞争的法律、行政法规的规定处理。

有前款违法行为，并危害对外贸易秩序的，国务院对外贸易主管部门可以采取禁止该经营者有关货物、技术进出口等措施消除危害。

第三十四条　在对外贸易活动中，不得有下列行为：

（一）伪造、变造进出口货物原产地标记，伪造、变造或者买卖进出口货物原产地证书、进出口许可证、进出口配额证明或者其他进出口证明文件；

（二）骗取出口退税；

（三）走私；

（四）逃避法律、行政法规规定的认证、检验、检疫；

（五）违反法律、行政法规规定的其他行为。

第三十五条　对外贸易经营者在对外贸易经营活动中，应当遵守国家有关外汇管理的规定。

第三十六条　违反本法规定，危害对外贸易秩序的，国务院对外贸易主管部门可以向社会公告。

第七章　对外贸易调查

第三十七条　为了维护对外贸易秩序，国务院对外贸易主管部门可以自行或者会同国务院其他有关部门，依照法律、行政法规的规定对下列事项进行调查：

（一）货物进出口、技术进出口、国际服务贸易对国内产业及其竞争力的影响；

（二）有关国家或者地区的贸易壁垒；

（三）为确定是否应当依法采取反倾销、反补贴或者保障措施等对外贸易救济措施，需要调查的事项；

（四）规避对外贸易救济措施的行为；

（五）对外贸易中有关国家安全利益的事项；

（六）为执行本法第七条、第二十九条第二款、第三十条、第三十一条、第三十二条第三款、第三十三条第三款的规定，需要调查的事项；

（七）其他影响对外贸易秩序，需要调查的事项。

第三十八条　启动对外贸易调查，由国务院对外贸易主管部门发布公告。

调查可以采取书面问卷、召开听证会、实地调查、委托调查等方式进行。

国务院对外贸易主管部门根据调查结果，提出调查报告或者作出处理裁定，并发布公告。

第三十九条　有关单位和个人应当对对外贸易调查给予配合、协助。

国务院对外贸易主管部门和国务院其他有关部门及其工作人员进行对外贸易调查，对知悉的国家秘密和商业秘密负有保密义务。

第八章　对外贸易救济

第四十条　国家根据对外贸易调查结果，可以采取适当的对外贸易救济措施。

第四十一条　其他国家或者地区的产品以低于正常价值的倾销方式进入我国市场，对已建立的国内产业造成实质损害或者产生实质损害威胁，或者对建立国内产业造成实质阻碍的，国家可以采取反倾销措施，消除或者减轻这种损害或者损害的威胁或者阻碍。

第四十二条　其他国家或者地区的产品以低于正常价值出口至第三国市场，对我国已建立的国内产业造成实质损害或者产生实质损害威胁，或者对我国建立国内产业造成实质阻碍的，应国内产业的申请，国务院对外贸易主管部门可以与该第三国政府进行磋商，要求其采取适当的措施。

第四十三条　进口的产品直接或者间接地接受出口国家或者地区给予的任何形式的专向性补贴，对已建立的国内产业造成实质损害或者产生实质损害威胁，或者对建立国内产业造成实质阻碍的，国家可以采取反补贴措施，消除或者减轻这种损害或者损害的威胁或者阻碍。

第四十四条　因进口产品数量大量增加，对生产同类产品或者与其直接竞争的产品的国内产业造成严重损害或者严重损害威胁的，国家可以采取必要的保障措施，消除或者减轻这种损害或者损害的威胁，并可以对该产业提供必要的支持。

第四十五条　因其他国家或者地区的服务提供者向我国提供的服务增加，对提供同类服务或者与其直接竞争的服务的国内产业造成损害或者产生损害威胁的，国家可以采取必要的救济措施，消除或者减轻这种损害或者损害的威胁。

第四十六条　因第三国限制进口而导致某种产品进入我国市场的数量大量增加，对已建立的国内产业造成损害或者产生损害威胁，或者对建立国内产业造成阻碍的，国家可以采取必要的救济措施，限制该产品进口。

第四十七条　与中华人民共和国缔结或者共同参加经济贸易条约、协定的国家或者地区，违反条约、协定的规定，使中华人民共和国根据该条约、协定享有的利益丧失或者受损，或者阻碍条约、协定目标实现的，中华人民共和国政府有权要求有关国家或者地区政府采取适当的补救措施，并可以根据有关条约、协定中止或者终止履行相关义务。

第四十八条　国务院对外贸易主管部门依照本法和其他有关法律的规定，进行对外贸易的双边或者多边磋商、谈判和争端的解决。

第四十九条　国务院对外贸易主管部门和国务院其他有关部门应当建立货物进出口、技术进出口和国际服务贸易的预警应急机制，应对对外贸易中的突发和异常情况，维护国家经济安全。

第五十条　国家对规避本法规定的对外贸易救济措施的行为，可以采取必要的反规避措施。

第九章　对外贸易促进

第五十一条　国家制定对外贸易发展战略，建立和完善对外贸易促进机制。

第五十二条　国家根据对外贸易发展的需要，建立和完善为对外贸易服务的金融机构，设立对外贸易发展基金、风险基金。

第五十三条　国家通过进出口信贷、出口信用保险、出口退税及其他促进对外贸易的方式，发展对外贸易。

第五十四条　国家建立对外贸易公共信息保险、向对外贸易经营者和其他社会公众提供信息服务。

第五十五条　国家采取措施鼓励对外贸易经营者开拓国际市场，采取对外投资、对外工程承包和对外劳务合作等多种形式，发展对外贸易。

第五十六条　对外贸易经营者可以依法成立和参加有关协会、商会。

有关协会、商会应当遵守法律、行政法规，按照章程对其成员提供与对外贸易有关的生产、营销、信息、培训等方面的服务，发挥协调和自律作用，依法提出有关对外贸易救济措施的申请，维护成员和行业的利益，向政府有关部门反映成员有关对外贸易的建议，开展对外贸易促进活动。

第五十七条　中国国际贸易促进组织按照章程开展对外联系，举办展览，提供信息、咨询服务和其他对外贸易促进活动。

第五十八条　国家扶持和促进中小企业开展对外贸易。

第五十九条　国家扶持和促进民族自治地方和经济不发达地区发展对外贸易。

第十章　法律责任

第六十条　违反本法第十一条规定，未经授权擅自进出口实行国营贸易管理的货物的，国务院对外贸易主管部门或者国务院其他有关部门可以处五万元以下罚款；情节严重的，可以自行政处罚决定生效之日起三年内，不受理违法行为人从事国营贸易管理货物进出口业务的申请，或者撤销已给予其从事其他国营贸易管理货物进出口的授权。

第六十一条　进出口属于禁止进出口的货物的，或者未经许可擅自进出口属于限制进出口的货物的，由海关依照有关法律、行政法规的规定处理、处罚；构成犯罪的，依法追究刑事责任。

进出口属于禁止进出口的技术的，或者未经许可擅自进出口属于限制进出口的技术的，依照有关法律、行政法规的规定处理、处罚；法律、行政法规没有规定的，由国务院对外贸易主管部门责令改正，没收违法所得，并处违法所得一倍以上五倍以下罚款，没有违法所得者或者违法所得不足一万元的，处一万元以上五万元以下罚款；构成犯罪的，依法追究刑事责任。

自前两款规定的行政处罚决定生效之日或者刑事处罚判决生效之日起，国务院对外贸易主管部门或者国务院其他有关部门可以在三年内不受理违法行为人提出的进出口配额或者许可证的申请，或者禁止违法行为人在一年以上三年以下的期限内从事有关货物或者技术的进出口经营活动。

第六十二条　从事属于禁止的国际服务贸易的，或者未经许可擅自从事属于限制的国际服务贸易的，依照有关法律、行政法规的规定处罚；法律、行政法规没有规定的，由国务院对外贸易主管部门责令改正，没收违法所得，并处违法所得一倍以上五倍以下罚款,没有违法或者违法所得不足一万元的,处一万元以上五万元以下罚款;构成犯罪的,依法追究刑事责任。

国务院对外贸易主管部门可以禁止违法行为人自前款规定的行政处罚决定生效之日或者刑事处罚判决生效之日起一年以上三年以下的期限内从事有关的国际服务贸易经营活动。

第六十三条 违反本法第三十四条规定,依照有关法律、行政法规的规定处罚;构成犯罪的,依法追究刑事责任。

国务院对外贸易主管部门可以禁止违法行为人自前款规定的行政处罚决定生效之日或者刑事处罚判决生效之日起一年以上三年以下的期限内从事有关的对外贸易经营活动。

第六十四条 依照本法第六十一条至第六十三条规定的被禁止从事有关对外贸易经营活动的,在禁止期限内,海关根据国务院对外贸易主管部门依法作出的禁止决定,对该对外贸易经营者的有关进出口货物不予办理报关验放手续,外汇管理部门或者外汇指定银行不予办理有关结汇、售汇手续。

第六十五条 依照本法负责对外贸易管理工作的部门的工作人员玩忽职守、徇私舞弊或者滥用职权,构成犯罪的,依法追究刑事责任;尚不构成犯罪的,依法给予行政处分。

依照本法负责对外贸易管理工作的部门的工作人员利用职务上的便利,索取他人财务,或者非法收受他人财物为他人谋取利益,构成犯罪的,依法追究刑事责任;尚不构成犯罪的,依法给予行政处分。

第六十六条 对外贸易经营活动当事人对依照本法负责对外贸易管理工作的部门作出的具体行政行为不服的,可以依法申请行政复议或者向人民法院提起行政诉讼。

第十一章　附　则

第六十七条 与军品、裂变和聚变物质或者衍生此类物质的物质有关的对外贸易管理以及文化产品的进出口管理,法律、行政法规另有规定的,依照其规定。

第六十八条 国家对边境地区与接壤国家边境地区之间的贸易以及边民互市贸易,采取灵活措施,给予优惠和便利。具体办法由国务院规定。

第六十九条 中华人民共和国的单独关税区不适用本法。

第七十条 本法自 2004 年 7 月 1 日起施行。

附录三

中华人民共和国反补贴条例

（2001 年 11 月 26 日中华人民共和国国务院令
第 329 号公布　根据 2004 年 3 月 31 日《国务院关于
修改〈中华人民共和国反补贴条例〉的决定》修订）

第一章　总　则

第一条　为了维护对外贸易秩序和公平竞争，根据《中华人民共和国对外贸易法》的有关规定，制定本条例。

第二条　进口产品存在补贴，并对已经建立的国内产业造成实质损害或者产生实质损害威胁，或者对建立国内产业造成实质阻碍的，依照本条例的规定进行调查，采取反补贴措施。

第二章　补贴与损害

第三条　补贴，是指出口国（地区）政府或者其任何公共机构提供的并为接受者带来利益的财政资助以及任何形式的收入或者价格支持。

出口国（地区）政府或者其任何公共机构，以下统称出口国（地区）政府。

本条例第一款所称财政资助，包括：

（一）出口国（地区）政府以拨款、贷款、资本注入等形式直接提供资金，或者以贷款担保等形式潜在地直接转让资金或者债务。

（二）出口国（地区）政府放弃或者不收缴应收收入；

（三）出口国（地区）政府提供除一般基础设施以外的货物、服务，或者由出口国（地区）政府购买货物；

（四）出口国（地区）政府通过向筹资机构付款，或者委托、指令私营机构履行上述职能。

第四条　依照本条例进行调查、采取反补贴措施的补贴，必须具有专向性。

具有下列情形之一的补贴，具有专向性：

（一）由出口国（地区）政府明确确定的某些企业、产业获得的补贴；

（二）由出口国（地区）法律、法规明确规定的某些企业、产业获得的补贴；

（三）指定特定区域内的企业、产业获得的补贴；

（四）以出口实绩为条件获得的补贴，包括本条例所附出口补贴清单列举的各项补贴；

（五）以使用本国（地区）产品替代进口产品为条件获得的补贴。

在确定补贴专向性时，还应当考虑受补贴企业的数量和企业受补贴的数额、比例、时间以及给与补贴的方式等因素。

第五条　对补贴的调查和确定，由商务部负责。

第六条　进口产品的补贴金额，应当区别不同情况，按照下列方式计算：

（一）以无偿拨款形式提供补贴的，补贴金额以企业实际接受的金额计算；

（二）以贷款形式提供补贴的，补贴金额以接受贷款的企业在正常商业贷款条件下应支付的利息与该项贷款的利息差额计算；

（三）以贷款担保形式提供补贴的，补贴金额以在没有担保情况下企业应支付的利息与有担保情况下企业实际支付的利息金额计算；

（四）以注入资本形式提供补贴的，补贴金额以企业实际接受的资本金额计算；

（五）以提供货物或者服务形式提供补贴的，补贴金额以该项货物或者服务的正常市场价格与企业实际支付的价格之差计算；

（六）以购买货物形式提供补贴的，补贴金额以政府实际支付价格与该项货物正常市场价格之差计算；

（七）以放弃或者不收缴应收收入形式提供补贴的，补贴金额以依法应缴金额与企业实际缴纳金额之差计算。

对前款所列形式以外的其他补贴，按照公平、合理的方式确定补贴金额。

第七条　损害，是指补贴对已经建立的国内产业造成实质损害或者产生实质威胁，或者对建立国内产业造成实质阻碍。

对损害的调查和确定，由商务部负责；其中，涉及农产品的反补贴国内产业损害调查，由商务部同农业部进行。

第八条　在确定补贴对国内产业造成的损害时，应当审查下列事项：

（一）补贴可能对贸易造成的影响；

（二）补贴进口产品的数量，包括补贴进口产品的绝对数量或者相对于国内同类产品生产或者消费的数量是否大量增加，或者补贴进口产品大量增加的可能性；

（三）补贴进口产品的价格，包括补贴进口产品的价格削减或者对国内同类产品的价格产生大幅度抑制、压低等影响；

（四）补贴进口产品对国内产业的相关经济因素和指标的影响；

（五）补贴进口产品出口国（地区）、原产国（地区）的生产能力、出口能力，被调查产品的库存情况；

（六）造成国内产业损害的其他因素。

对实质损害威胁的确定，应当依据事实，不得仅依据指控、推测或者极小的可能性。

在确定补贴对国内产业造成的损害时，应当依据肯定性证据，不得将造成损害的非补贴因素归因于补贴。

第九条　补贴进口产品来自两个以上国家（地区），并且同时满足下列条件的，可以就补贴进口产品对国内产业造成的影响进行累积评估：

（一）来自每一国家（地区）的补贴进口产品的补贴金额不属于微量补贴，并且其进口量不属于可忽略不计的；

（二）根据补贴进口产品之间的竞争条件以及补贴进口产品与国内同类产品之间的竞争条件，进行累积评估是适当的。

微量补贴，是指补贴金额不足产品价值1%的补贴；但是，来自发展中国家（地区）的补贴进口产品的微量补贴，是指补贴金额不足产品价值2%的补贴。

第十条　评估补贴进口产品的影响，应当对国内同类产品的生产进行单独确定。不能对国内同类产品的生产进行单独确定的，应当审查包括国内同类产品在内的最窄产品组或者范围的生产。

第十一条　国内产业，是指中华人民共和国国内同类产品的全部生产者，或者其总产量占国内同类产品全部总产量的主要部分的生产者；但是，国内生产者与出口经营者或者进口经营者有关联的，或者其本身为补贴产品或者同类产品的进口经营者的，应当除外。

在特殊情形下，国内一个区域市场中的生产者，在该市场中销售其全部或者几乎全部的同类产品，并且该市场中同类产品的需求主要不是由国内其他地方的生产者供给的，可以视为一个单独产业。

第十二条　同类产品，是指与补贴进口产品相同的产品；没有相同产品的，以与补贴进口产品的特性最相似的产品为同类产品。

第三章　反补贴调查

第十三条　国内产业或者代表国内产业的自然人、法人或者有关组织（以下统称申请人），可以依照本条例的规定向商务部提出反补贴调查的书面申请。

第十四条　申请书应当包括下列内容：

（一）申请人的名称、地址及有关情况；

（二）对申请调查的进口产品的完整说明，包括产品名称、所涉及的出口国（地区）或者原产国（地区）、已知的出口经营者或者生产者等；

（三）对国内同类产品生产的数量和价值的说明；

（四）申请调查进口产品的数量和价格对国内产业的影响；

（五）申请人认为需要说明的其他内容。

第十五条　申请书应当附具下列证据：

（一）申请调查的进口产品存在补贴；

（二）对国内产业的损害；

（三）补贴与损害之间存在因果关系。

第十六条　商务部应当自收到申请人提交的申请书及有关证据之日起 60 天内，对申请是否由国内产业或者代表国内产业提出、申请书内容及所附具的证据等进行调查，并决定立案调查或者不立案调查。在特殊情形下，可以适当延长审查期限。

在决定立案调查前，应当就有关补贴事项向产品可能被调查的国家（地区）政府发出进行磋商的邀请。

第十七条　在表示支持申请或者反对申请的国内产业中，支持者的产量占支持者和反对者的总产量的 50％以上的，应当认定申请是由国内产业或者代表国内产业提出，可以启动反补贴调查；但是，表示支持申请的国内生产者的产量不足国内同类产品总产量的 25％，不得启动反补贴调查。

第十八条　在特殊情形下，商务部没有收到反补贴调查的书面申请，但有充分证据认为存在补贴和损害以及二者之间有因果关系的，可以决定立案调查。

第十九条　立案调查的决定，由商务部予以公告，并通知申请人、已知的出口经营者、进口经营者以及其他有利害关系的组织、个人（以下统称利害关系方）和出口国（地区）政府。

立案调查的决定一经公告，商务部应当将申请书文本提供给已知的出口经营者和出口国（地区）政府。

第二十条　商务部可以采用问卷、抽样、听证会、现场核查等方式向利害关系方了解情况，进行调查。

商务部应当为有关利害关系方、利害关系国（地区）政府提供陈述意见和论据的机会。

商务部认为必要时，可以派出工作人员赴有关国家（地区）进行调查；但是，有关国家（地区）提出异议的除外。

第二十一条　商务部进行调查时，利害关系方、利害关系国（地区）政府应当如实反映情况，提供有关资料。利害关系方、利害关系国（地区）政府不如实反映情况、提供有关资料的，或者没有在合理时间内提供必要信息的，或者以其他方式严重妨碍调查的，商务部可以根据可获得的事实作出裁定。

第二十二条　利害关系方、利害关系国（地区）政府认为其提供的资料泄露后将产生严重不利影响的，可以向商务部申请对该资料按保密资料处理。

商务部认为保密申请有正当理由的，应当对利害关系方、利害关系国（地区）政府提供的资料按保密资料处理，同时，要求利害关系方、利害关系国（地区）政府提供一份非保密的该资料概要。

按保密资料处理的资料，未经提供资料的利害关系方、利害关系国（地区）政府同意，不得泄露。

第二十三条　商务部应当允许申请人、利害关系方和利害关系国（地区）政府查阅本案有关资料；但是，属于按保密资料处理的除外。

第二十四条 在反补贴调查期间，应当给予产品被调查的国家（地区）政府继续进行磋商的合理机会。磋商不妨碍商务部根据本条例的规定进行调查，并采取反补贴措施。

第二十五条 商务部根据调查结果，就补贴、损害和二者之间的因果关系是否成立作出初裁决定，并予以公告。

第二十六条 初裁决定确定补贴、损害以及二者之间的因果关系成立的，商务部应当对补贴及补贴金额、损害及损害程度继续进行调查，并根据调查结果作出终裁决定，予以公告。

在作出终裁决定前，应当由商务部将终裁决定所依据的基本事实通知所有已知的利害关系方、利害关系国（地区）政府。

第二十七条 反补贴调查，应当自立案调查决定公告之日起 12 个月内结束；特殊情况下可以延长，但延长期不得超过 6 个月。

第二十八条 有下列情形之一的，反补贴调查应当终止，并由商务部予以公告：

（一）申请人撤销申请的；

（二）没有足够证据证明存在补贴、损害或者二者之间有因果关系的；

（三）补贴金额为微量补贴的；

（四）补贴进口产品实际或者潜在的进口量或者损害属于可忽略不计的；

（五）通过与有关国家（地区）政府磋商达成协议，不需要继续进行反补贴调查的；

（六）商务部认为不适宜继续进行反补贴调查的。

来自一个或者部分国家（地区）的被调查产品有的前款第（二）、（三）、（四）、（五）项所列情形之一的，针对所涉产品的反补贴调查应当终止。

第四章　反补贴措施

第一节　临时措施

第二十九条 初裁决定确定补贴成立，并由此对国内产业造成损害的，可以采取临时反补贴措施。

临时反补贴措施采取以保证金或者保函作为担保的征收临时反补贴税的形式。

第三十条 采取临时反补贴措施，由商务部提出建议，国务院关税税则委员会根据商务部的建议作出决定，由商务部予以公告。海关自公告规定实施之日起执行。

第三十一条 临时反补贴措施实施的期限，自临时反补贴措施决定公告规定实施之日起，不超过 4 个月。

自反补贴立案调查决定公告之日起 60 天内，不得采取临时反补贴措施。

第二节　承　诺

第三十二条　在反补贴调查期间，出口国（地区）政府提出取消、限制补贴或者其他有关措施的承诺，或者出口经营者提出修改价格的承诺的，商务部应当予以充分考虑。

商务部可以向出口经营者或者出口国（地区）政府提出有关价格承诺的建议。

商务部不得强迫出口经营者作出承诺。

第三十三条　出口经营者、出口国（地区）政府不作出承诺或者不接受有关价格承诺的建议的，不妨碍对反补贴案件的调查和确定。出口经营者继续补贴进口产品的，商务部有权确定损害威胁更有可能出现。

第三十四条　商务部认为承诺能够接受并符合公共利益的，可以决定中止或者终止反补贴调查，不采取临时反补贴措施或者征收反补贴税。中止或者终止反补贴调查的决定由商务部予以公告。

商务部不接受承诺的，应当向有关出口经营者说明理由。

商务部对补贴以及由补贴造成的损害作出肯定的初裁决定前，不得寻求或者接受承诺。在出口经营者作出承诺的情况下，未经其本国（地区）政府同意的，商务部不得寻求或者接受承诺。

第三十五条　依照本条例第三十四条第一款规定中止或者终止调查后，应出口国（地区）政府请求，商务部应当对补贴和损害继续进行调查；或者商务部认为有必要的，可以对补贴和损害继续进行调查。

根据调查结果，作出补贴或者损害的否定裁定的，承诺自动失效；作出补贴和损害的肯定裁定的，承诺继续有效。

第三十六条　商务部可以要求承诺已被接受的出口经营者或者出口国（地区）政府定期提供履行其承诺的有关情况、资料，并予以核实。

第三十七条　对违反承诺的，商务部依照本条例的规定，可以立即决定恢复反补贴调查；根据可获得的最佳信息，可以决定采取临时反补贴措施，并可以对实施临时反补贴措施前 90 天内进口的产品追溯征收反补贴税，但违反承诺前进口的产品除外。

第三节　反补贴税

第三十八条　在为完成磋商的努力没有取得效果的情况下，终裁决定确定补贴成立，并由此对国内产业造成损害的，可以征收反补贴税。征收反补贴税应当符合公共利益。

第三十九条　征收反补贴税，由商务部提出建议，国务院关税税则委员会根据商务部的建议作出决定，由商务部予以公告。海关自公告规定实施之日起执行。

第四十条　反补贴税适用于终裁决定公告之日后进口的产品，但属于本条例第三十七条、第四十四条、第四十五条规定的情形除外。

第四十一条　反补贴税的纳税人为补贴进口产品的进口经营者。

第四十二条　反补贴税应当根据不同出口经营者补贴金额,分别确定。对实际上未被调查的出口经营者的补贴进口产品,需要征收反补贴税的,应当迅速审查,按照合理的方式确定对其适用的反补贴税。

第四十三条　反补贴税税额不得超过终裁决定确定的补贴金额。

第四十四条　终裁决定确定存在实质损害,并在此前已经采取临时反补贴措施的,反补贴税可以对已经实施临时反补贴措施的期间追溯征收。

终裁决定确定存在实质损害威胁,在先前不采取临时反补贴措施将会导致后来作出实质损害裁定的情况下已经采取临时反补贴措施的,反补贴税可以对已经实施临时反补贴措施的时间追溯征收。

终裁决定确定的反补贴税,高于保证金或者保函所担保的金额的,差额部分不予收取;低于保证金或者保函所担保的金额的,差额部分应当予以退还。

第四十五条　下列三种情形并存的,必要时可以对实施临时反补贴措施之日前90天内进口的产品追溯征收反补贴税:

(一)　补贴进口产品在较短的时间内大量增加;

(二)　此种增加对国内产业造成难以补救的损害;

(三)　此种产品得益于补贴。

第四十六条　终裁决定确定不征收反补贴税的,或者终裁决定未确定追溯征收反补贴的,对实施临时反补贴措施期间已收取的保证金应当予以退还,保函应当予以解除。

第五章　反补贴税和承诺的期限与复审

第四十七条　反补贴税的征收期限和承诺的履行期限不超过5年;但是,经复审确定终止征收反补贴税有可能导致补贴和损害的继续或者再度发生的,反补贴税的征收期限可以适当延长。

第四十八条　反补贴税生效后,商务部可以在有正当理由的情况下,决定对继续征收反补贴税的必要性进行复审;也可以在经过一段合理时间,应利害关系方的请求并对利害方提供的相应证据进行审查后,决定对继续征收反补贴税的必要进行复审。

承诺生效后,商务部可以在有正当理由的情况下,决定对继续履行承诺的必要性进行复审;也可以在经过一段合理时间,应利害关系方的请求并对利害管理方提供的相应证据进行审查后,决定对继续履行承诺的必要性进行复审。

第四十九条　根据复审结果,由商务部依照本条例的规定提出保留、修改或者取消反补贴税的建议,国务院关税税则委员会根据商务部的建议作出决定,由商务部予以公告;或者由商务部依照本条例的规定,作出保留、修改或者取消承诺的决定并予以公告。

第五十条　复审程序参照本条例关于反补贴调查的有关规定执行。

复审期限自决定复审开始之日起，不超过 12 个月。

第五十一条　在复审期间，复审程序不妨碍反补贴措施的实施。

第六章　附　则

第五十二条　对依照本条例第二十六条作出的终裁决定不服的，对依照本条例第四章作出的是否征收反补贴税的决定以及追溯征收的决定不服的，或者对依照本条例第五章作出的复审决定不服的，可以依法申请行政复议，也可以依法向人民法院提起诉讼。

第五十三条　依照本条例作出的公告，应当载明重要的情况、事实、理由、依据、结果和结论等内容。

第五十四条　商务部可以采取适当措施，防止规避反补贴措施的行为。

第五十五条　任何国家（地区）对中华人民共和国的出口产品采取歧视性反补贴措施的，中华人民共和国可以根据实际情况对该国家（地区）采取相应的措施。

第五十六条　商务部负责与反补贴有关的对外磋商、通知和争端解决事宜。

第五十七条　商务部可以根据本条例制定有关具体实施办法。

第五十八条　本条例自 2002 年 1 月 1 日起施行。1997 年 3 月 25 日国务院发布的《中华人民共和国反倾销和反补贴条例》中关于反补贴的规定同时废止。

附录四

中华人民共和国反倾销条例

（2001 年 11 月 26 日中华人民共和国国务院令
第 328 号公布 根据 2004 年 3 月 31 日《国务院关于
修改〈中华人民共和国反倾销条例〉的决定》修订）

第一章 总 则

第一条 为了维护对外贸易秩序和公平竞争，根据《中华人民共和国对外贸易法》的有关规定，制定本条例。

第二条 进口产品以倾销方式进入中华人民共和国市场，并对已经建立的产业造成实质损害或者产生实质损害威胁，或者对建立国内产业造成实质阻碍的，依照本条例的规定进行调查，采取反倾销措施。

第二章 倾销与损害

第三条 倾销，是指在正常贸易过程中进口产品以低于其正常价值的出口价格进入中华人民共和国市场。

对倾销的调查和确定，由商务部负责。

第四条 进口产品的正常价值，应当区别不同情况，按照下列方法确定：

（一）进口产品的同类产品，在出口国（地区）国内市场的正常贸易过程中有可比价格的，以该可比价格为正常价值；

（二）进口产品的同类产品，在出口国（地区）国内市场的正常贸易过程中没有销售的，或者该同类产品的价格、数量不能据以进行公平比较的，以该同类产品出口到一个适当第三国（地区）的可比价格或者以该同类产品在原产国（地区）的生产成本加合理费用、利润，为正常价值。

进口产品不直接来自原产国（地区）的，按照前款第（一）项规定确定正常价值；但是，在产品仅通过出口国（地区）转运、产品在出口国（地区）无生产或者在出口国（地区）中不存在可比价格等情形下，可以以该同类产品在原产国（地区）的价格为正常价值。

第五条 进口产品的出口价格，应当区别不同情况，按照下列方法确定：

（一）进口产品有实际支付或者应当支付的价格的，以该价格为出口价格；

（二）进口产品没有出口价格或者其价格不可靠的，以根据该进口产品首次转售给独立购买人的价格推定的价格为出口价格；但是，该进口产品未转售给独立购买人或者未按进口时的状态转售的，可以以商务部根据合理基础推定的价格为出口价格。

第六条 进口产品的出口价格低于其正常价值的幅度，为倾销幅度。

对进口产品的出口价格和正常价值，应当考虑影响价格的各种可比性因素，按照公平、合理的方式进行比较。

倾销幅度的确定，应当将加权平均正常价值与全部可比出口交易的加权平均价格进行比较，或者将正常价值与出口价格在逐笔交易的基础上进行比较。

出口价格在不同的购买人、地区、时期之间存在很大差异，按照前款规定的方法难以比较的，可以将加权平均正常价值与单一出口交易的价格进行比较。

第七条 损害，是指倾销对已经建立的国内产业造成实质损害或者产生实质损害威胁，或者对建立国内产业造成实质阻碍。

对损害的调查和确定，由商务部负责；其中，涉及农产品的反倾销国内产业损害调查，由商务部会同农业部进行。

第八条 在确定倾销对国内产业造成的损害时，应当审查下列事项：

（一）倾销进口产品的数量，包括倾销进口产品的绝对数量或者相对于国内同类产品生产或者消费的数量是否大量增加，或者倾销进口产品大量增加的可能性；

（二）倾销进口产品的价格，包括倾销进口产品的价格削减或者对国内同类产品的价格产生大幅度抑制、压低等影响；

（三）倾销进口产品对国内产业的相关经济因素和指标的影响；

（四）倾销进口产品的出口国（地区）、原产地（地区）的生产能力、出口能力，被调查产品的库存情况；

（五）造成国内产业损害的其他因素。

对实质损害威胁的确定，应当依据事实，不得仅依据指控、推测或者极小的可能性。

在确定倾销对国内产业造成的损害时，应当依据肯定性证据，不得将造成损害的非倾销因素归因于倾销。

第九条 倾销进口产品来自两个以上国家（地区），并且同时满足下列条件的，可以就倾销进口产品对国内产业造成的影响进行累积评估：

（一）来自每一国家（地区）的倾销进口产品的倾销幅度不小于 2％，并且其进口量不属于可忽略不计的；

（二）根据倾销进口产品之间以及倾销进口产品与国内同类产品之间的竞争条件，进行累积评估是适当的。

可忽略不计,是指来自一个国家(地区)的倾销进口产品的数量占同类产品总进口量的比例低于3%;但是,低于3%的若干国家(地区)的总进口量超过同类产品总进口量7%的除外。

第十条 评估倾销进口产品的影响,应当针对国内同类产品的生产进行单独确定;不能针对国内同类产品的生产进行单独确定的,应当审查包括国内同类产品在内的最窄产品组或者范围的生产。

第十一条 国内产业,是指中华人民共和国国内同类产品的全部生产者,或者其总产量占国内同类产品全部总产量的主要部分的生产者;但是,国内生产者与出口经营者或者进口经营者有关联的,或者其本身为倾销进口产品的进口经营者的,可以排除在国内产业之外。

在特殊情形下,国内一个区域市场中的生产者,在该市场中销售全部或者几乎全部的同类产品,并且该市场中同类产品的需求主要不是由国内其他地方的生产者供给的,可以确定为一个单独产业。

第十二条 同类产品,是指与倾销进口产品相同的产品;没有相同产品的,以与倾销进口产品的特性最相似的产品为同类产品。

第三章 反倾销调查

第十三条 国内产业或者代表国内产业的自然人、法人或者有关组织(以下统称申请人),可以依照本条例的规定向商务部提出反倾销调查的书面申请。

第十四条 申请书应当包括下列内容:

(一)申请人的名称、地址及有关情况;

(二)对申请调查的进口产品的完整说明,包括产品名称、所涉及的出口国(地区)或者原产国(地区)、已知的出口经营者或者生产者、产品在出口国(地区)或者原产国(地区)国内市场消费时的价格信息、出口价格信息等;

(三)对国内同类产品生产的数量和价值的说明;

(四)申请调查进口产品的数量和价格对国内产业的影响;

(五)申请人认为需要说明的其他内容。

第十五条 申请书应当附具下列证据:

(一)申请调查的进口产品存在倾销;

(二)对国内产业的损害;

(三)倾销与损害之间存在因果关系。

第十六条 商务部应当自收到申请人提交的申请书及有关证据之日起60天内,对申请是否由国内产业或者代表国内产业提出、申请内容及所附具的证据等进行审查,并决定立案调查或者不立案调查。

在决定立案调查前,应当通知有关出口国(地区)政府。

第十七条 在表示支持申请或者反对申请的国内产业中,支持者的产量占支持者和反对者的总产量的 50％以上的，应当认定申请是由国内产业或者代表国内产业提出，可以启动反倾销调查；但是，表示支持申请的国内生产者的产量不足国内同类产品总产量的 25％的，不得启动反倾销调查。

第十八条　在特殊情形下，商务部没有收到反倾销调查的书面申请，但有充分证据认为存在倾销和损害以及二者之间有因果关系的，可以决定立案调查。

第十九条　立案调查的决定，由商务部予以公告，并通知申请人、已知的出口经营者和进口经营者、出口国（地区）政府以及其他有利害关系的组织、个人（以下统称利害关系方）。

立案调查的决定一经公告，商务部应将申请书文本提供给已知的出口经营者和出口国（地区）政府。

第二十条　商务部可以采用问卷、抽样、听证会、现场核查等方式向利害关系方了解情况，进行调查。

商务部应当为有关利害关系方提供陈述意见和论据的机会。

商务部认为必要时，可以派出工作人员赴有关国家（地区）进行调查；但是，有关国家（地区）提出异议的除外。

第二十一条　商务部进行调查时，利害关系方应当如实反映情况，提供有关资料。利害关系方不如实反映情况、提供有关资料的，或者没有在合理时间内提供必要信息的，或者以其他方式严重妨碍调查的，商务部可以根据已经获得的事实和可获得的最佳信息作出裁定。

第二十二条　利害关系方认为其提供的资料泄露后将产生严重不利影响的，可以向商务部申请对该资料按保密资料处理。

商务部认为保密申请有正当理由的，应当对利害关系方提供的资料按保密资料处理，同时要求利害关系方提供一份非保密的该资料概要。

按保密资料处理的资料，未经提供资料的利害关系方同意，不得泄露。

第二十三条　商务部应当允许申请人和利害关系方查阅本案有关资料；但是，属于按保密资料处理的除外。

第二十四条　商务部根据调查结果，就倾销、损害和二者之间的因果关系是否成立作出初裁决定，并予以公告。

第二十五条　初裁决定确定倾销、损害以及二者之间的因果关系成立的，商务部应当对倾销及倾销幅度、损害及损害程度继续进行调查，并根据调查结果作出终裁决定，予以公告。

在作出终裁决定前，应当由商务部将终裁决定所依据的基本事实通知所有已知的利害关系方。

第二十六条　反倾销调查，应当自立案调查决定公告之日起 12 个月内结束；特殊情况下可以延长，但延长期不得超过 6 个月。

第二十七条　有下列情形之一的，反倾销调查应当终止，并由商务部予以公告：

（一）申请人撤销申请的；

（二）没有足够证据证明存在倾销、损害或者二者之间有因果关系的；

（三）倾销幅度低于 2% 的；

（四）倾销进口产品实际或者潜在的进口量或者损害属于可忽视不计的；

（五）商务部认为不适宜继续进行反倾销调查的。

来自一个或者部分国家（地区）的被调查产品有前款第（二）、（三）、（四）项所列情形之一的，针对所涉产品的反倾销调查应当终止。

第四章　反倾销措施

第一节　临时反倾销措施

第二十八条　初裁决定确定倾销成立，并由此对国内产业造成损害的，可以采取下列临时反倾销措施：

（一）征收临时反倾销税；

（二）要求提供保证金、保函或者其他形式的担保。

临时反倾销税税额或者提供的保证金、保函或者其他形式担保的金额，应当不超过初裁决定确定的倾销幅度。

第二十九条　征收临时反倾销税，由商务部提出建议，国务院关税税则委员会根据商务部的建议作出决定，由商务部予以公告。要求提供保证金、保函或者其他形式的担保，由商务部作出决定并予以公告。海关自公告规定实施之日起执行。

第三十条　临时反倾销措施实施的期限，自临时反倾销措施决定公告规定实施之日起，不超过 4 个月；在特殊情形下，可以延长至 9 个月。

自反倾销立案调查决定之日起 60 天内，不得采取临时反倾销措施。

第二节　价格承诺

第三十一条　倾销进口产品的出口经营者在反倾销调查期间，可以向商务部作出改变价格或者停止以倾销价格出口的价格承诺。

商务部可以向出口经营者提出价格承诺的建议。

商务部不得强迫出口经营者作出价格承诺。

第三十二条　出口经营者不作出价格承诺或者不接受价格承诺的建议的，不妨碍对反倾销案件的调查和确定。出口经营者继续倾销进口产品的，商务部有权确定损害威胁更有可能出现。

第三十三条　商务部认为出口经营者作出的价格承诺能够接受并符合公共利益的，可以决定中止或者终止反倾销调查，不采取临时反倾销措施或者征收反倾销税。中止或者终止反倾销调查的决定由商务部予以公告。

商务部不接受价格承诺的，应当向有关出口经营者说明理由。

商务部对倾销以及由倾销造成的损害作出肯定的初裁决定前，不得寻求或者接受价格承诺。

第三十四条　依照本条例第三十三条第一款规定中止或者终止反倾销调查后，应出口经营者请求，商务部应当对倾销和损害继续进行调查；或者商务部认为有必要的，可以对倾销和损害继续进行调查。

根据前款调查结果，作出倾销或者损害的否定裁定的，价格承诺自动失效；作出倾销和损害的肯定裁定的，价格承诺继续有效。

第三十五条　商务部可以要求出口经营者定期提供履行其价格承诺的有关情况、资料，并予以核实。

第三十六条　出口经营者违反其价格承诺的，商务部依照本条例的规定，可以立即决定恢复反倾销调查；根据可获得的最佳信息，可以决定采取临时反倾销措施，并可以对实施临时反倾销措施前 90 天内进口的产品追溯征收反倾销税，但违反价格承诺前进口的产品除外。

第三节　反倾销税

第三十七条　终裁决定确定倾销成立，并由此对国内产业造成损害的，可以征收反倾销税。征收反倾销税应当符合公共利益。

第三十八条　征收反倾销税，由商务部提出建议，国务院关税税则委员会根据商务部的建议作出决定，由商务部予以公告。海关自公告规定实施之日起执行。

第三十九条　反倾销税适用于终裁决定公告之日后进口的产品，但属于本条例第三十六条、第四十三条、第四十四条规定的情形除外。

第四十条　反倾销税的纳税人为倾销进口产品的进口经营者。

第四十一条　反倾销税应当根据不同出口经营者的倾销幅度，分别确定。对未包括在审查范围内的出口经营者的倾销进口产品，需要征收反倾销税的，应当按照合理的方式确定对其适用的反倾销税。

第四十二条　反倾销税税额不超过终裁决定确定的倾销幅度。

第四十三条　终裁决定确定存在实质损害，并在此前已经采取临时反倾销措施的，反倾销税可以对已经实施临时反倾销措施的期间追溯征收。

终裁决定确定存在实质损害威胁，在先前不采取临时反倾销措施将会导致后来作出实质损害裁定的情况下已经采取临时反倾销措施的，反倾销税可以对已经实施临时反倾销措施的期间追溯征收。

终裁决定确定的反倾销税，高于已付或者应付的临时反倾销税或者为担保目的而估计的金额的，差额部分不予收取；低于已付或者应付的临时反倾销税或者为担保目的而估计的金额的，差额部分应当根据具体情况予以退还或者重新计算税额。

第四十四条　下列情形并存的，可以对实施临时反倾销措施之日前 90 天内进口的产品追溯征收反倾销税，但立案调查前进口的产品除外：

（一）倾销进口产品有对国内产业造成损害的倾销历史，或者该产品的进口经营者知道或者应当知道出口经营者实施倾销并且倾销对国内产业将造成损害的；

（二）倾销进口产品在短期内大量进口，并且可能会严重破坏即将实施的反倾销税的补救效果的。

商务部发起调查后，有充分证据证明前款所列两种情形并存的，可以对有关进口产品采取进口登记等必要措施，以便追溯征收反倾销税。

第四十五条　终裁决定确定不征收反倾销税的，或者终裁决定未确定追溯征收反倾销税的，已征收的临时反倾销税、已收取的保证金应当予以退还，保函或者其他形式的担保应当予以解除。

第四十六条　倾销进口产品的进口经营者有证据证明已经缴纳的反倾销税额超过倾销幅度的，可以向商务部提出退税申请；商务部经审查、核实并提出建议，国务院关税税则委员会根据商务部的建议可以作出退税决定，由海关执行。

第四十七条　进口产品被征收反倾销税后，在调查期内未向中华人民共和国出口该产品的新出口经营者，能证明与其被征收反倾销税的出口经营者无关联的，可以向商务部申请单独确定其倾销幅度。商务部应当迅速进行审查并作出终裁决定。在审查期间，可以采取本条例第二十八条第一款（二）项规定的措施，但不得对该产品征收反倾销税。

第五章　反倾销税和价格承诺的期限与复审

第四十八条　反倾销税的征收期限和价格承诺的履行期限不超过 5 年；但是，经复审确定终止征收反倾销税有可能导致倾销和损害的继续或者再度发生的，反倾销税的征收期间可以适当延长。

第四十九条　反倾销税生效后，商务部可以在有正当理由的情况下，决定对继续征收反倾销税的必要性进行复审；也可以在经过一段合理时间，应利害关系方的请求并对利害关系方提供的相应证据进行复审后，决定对继续征收反倾销税的必要性进行复审。

价格承诺生效后，商务部可以在有正当理由的情况下，决定对继续履行价格承诺的必要性进行复审；也可以在经过一段合理时间，应利害关系方的请求并对利害关系方提供的相应证据进行审查后，决定对继续履行价格承诺的必要性进行复审。

第五十条　根据复审结果，由商务部依照本条例的规定提出保留、修改或者取消反倾销税的建议，国务院关税税则委员会予以公告；或者由商务部依照本条例的规定，作出保留、修改或者取消价格承诺的决定并予以公告。

第五十一条　复审程序参照本条例关于反倾销调查的有关规定执行。

复审期限自决定复审开始之日起，不超过 12 个月。

第五十二条　在复审期间，复审程序不妨碍反倾销措施的实施。

第六章　附　则

第五十三条　对依照本条例第二十五条作出的终裁决定不服的，对依照本条例第四章做出的政府反倾销税的决定以及追溯征收、退税、对新出口经营者征税的决定不服的，或者对依照本条例第五章作出的复审决定不服的，可以依法申请行政复议，也可以依法向人民法院提起诉讼。

第五十四条　依照本条例作出的公告，应当载明重要的情况、事实、理由、依据、结果和结论等内容。

第五十五条　商务部可以采取适当措施，防止规避反倾销措施的行为。

第五十六条　任何国家（地区）对中华人民共和国的出口产品采取歧视性反倾销措施的，中华人民共和国可以根据实际情况对该国家（地区）采取相应的措施。

第五十七条　商务部负责与反倾销有关的对外磋商、通知和争端解决事宜。

第五十八条　商务部可以根据本条例制定有关具体实施办法。

第五十九条　本条例自 2002 年 1 月 1 日起实行。1997 年 3 月 25 日国务院发布的《中华人民共和国反倾销和反补贴条例》中关于反倾销的规定同时废止。

附录五

贸易进口付汇核销单（代申报单）

印单局代码：110000　　　　　　　　　　　　　　　　核销单编号：0408676

单位代码 付汇银行名称 收款人是否在保税区：是□ 否□	单位名称 收汇人国别 交易附言	所在地外汇局名称 交易编码□□□□

对外付汇币种 其中：购汇金额 　　　人民币账号	对外付汇总额 现汇金额 外汇账号	其他方式金额

付汇性质

□ 正常附录
□ 不在名录　　　□ 90天以上信用证　　　□ 90天以上托收　　　□ 异地付汇
□ 90天以上到货　□ 转口贸易　　　　　　□ 境外工程使用物资　　□ 真实性审查
备案表编号

预计到货日期	进口批件号	合同/发票号

结算方式

信用证90天以内□ 90天以上□	承兑日期	付汇日期	期限　天
托收　90天以内□ 90天以上□	承兑日期	付汇日期	期限　天

汇款	预付货款□	货到付汇（凭报关单付汇）□　付汇日期		
	报关单号	报关日期	报关单币种	金额
	报关单号	报关日期	报关单币种	金额
	报关单号	报关日期	报关单币种	金额
	报关单号	报关日期	报关单币种	金额
	报关单号	报关日期	报关单币种	金额
	（若报关单位填写不完，可另俯纸。）			

付汇日期

申报号码：□□□□□□ □□□□ □□ □□□□□ □□□□

业务编号：　　　　　　审核日期：　　　　　　（付汇银行签盖）

附录六

上海浦东发展银行北京分行购汇申请书

银行编号：

单位名称及地址											
单位性质							电话				
合同号码						合同金额					
信用证号						信用证金额					
人民币账户						外币账户					
进口商品						数量					

购汇金额（大、小写）											
用途	进口商品	从属费用（请详细填写）	索赔退款	因公出国	知识产权	利息支出	劳务承包工程	偿还境外贷款	偿还国内贷款	境外投资	三资企业资本汇出	其它（请详细填写）

结算方式：	信用证		汇款		代收			其他			

进口商品批文名称、编号

进口配额管理商品	特定商品	机电产品	其他商品

请注明所附有效凭证名称、编号

□进口批文：	□信用证申请书：	□运费收据：
□合同/协议：	□报关单/仓单：	□佣金协议：
□发票：	□关税证明：	□结汇水单：
□提单：	□代理协议：	□进口来单通知：
□汇款申请书：	□保费收据：	□售汇通知单：
□批准机关及函号：		

年　月　日 申请单位公章　　经办人	年　月　日 银行盖章
银行编号	审批人　　　复核人　　　经办人
售汇日期（加盖售汇专用章）	
备注	

附录七

中华人民共和国海关进口货物报关单

预录入编号：   海关编号：

进口口岸		备案号		进口日期		申报日期	
经营单位		运输方式	运输工具名称			提运单号	
收货单位		贸易方式		征免性质		征税比例	
许可证号		起运国（地区）		装货港		境内目的地	
批准文号		成交方式	运费		保费		杂费
合同协议号		件数	包装种类		毛重（公斤）		净重（公斤）
集装箱号		随附单据			用途		

标记 及备注

项号	商品编号	商品名称	规格型号	数量及单位	原产国（地区）	单价	总价	币制	征免

税费征收情况

录入员 录入单位	兹声明以上申报无讹并承担法律责任	海关审单批注及放行日期（签盖）	
报关员	申报单位（签盖）	审单	审价
单位地址		征税	统计
邮编 电话 填制日期		查验	放行

附录八

上海浦东发展开发银行北京分行
SHANGHAI PUDONG DEVELOPMENT BANK BEIJING BR

境 外 汇 款 申 请 书
APPLICATION FOR TELEGRAPHIC TR NSFERS （0VERSEAS）
电 文 稿

SWIFT

申请日期：
Date:

20:	本行编号 Our Ref.No	
32A	币种及金额 Currency & Amount	
50:	汇款人 By order of	
56A	收款银行的 代理行名称及地址 Correspoundent of Beneficiary's Banker Name & Address	收款人开户银行在其代理行账号 Beneficiary Banker s a/c No.
57A	收款人开户 银行名称及地址 Beneficiary's Banker Name & Address	收款人账号 Beneficiary' s a/c No.
59:	收款人名称及地址 Beneficiary's Name & Address	
70:	汇款附言 Remarks	
71A	国外费用	☐ 收款人（Beneficiary）　　　☐ 汇款人（Remitter）

发稿日期 Date	申请人签章 Applicant's Signture	受理部门签章 Approved by Officil Authorities
授权人签定 Signature		
押号： Test	联系人： 电话： Phone No.	

附录九

上海浦东发展银行北京分行
SHANGHAI PUDONG DEVELOPMENT BANK BEIJING BR

境外汇款申请书
APPLICATION FOR TELEGRAPHIC TR ANSFERS（OVERSEAS）

留 底

SWIFT

申请日期：
Date：

20:	本行编号 Our Ref.No	
32A	币种及金额 Currency & Amount	
50:	汇款人 By order of	
56A	收款银行的 代理行名称及地址 Correspondent of Beneficiary's Banker Name & Address	
57A	收款人开户 银行名称及地址 Beneficiary's Banker Name & Address	收款人开户银行在其代理行账号 Beneficiary Banker's a/c No.
59:	收款人名称及地址 Beneficiary's Name & Address	收款人账号 Beneficiary's a/c No.
70:	汇款附言 Remarks	
71A	国外费用	□收款人（Beneficiary）　□汇款人（Remitter）

银行专用栏 For Bank Use Only		申请人签章 Applicant's Signature	受理部门签章 Approved by Official Authorities
牌价 Rate @			
等值人民币 Yuan Equivalent			
手续费 Commission			
邮电费 Charges			
合计 Total		申请人： Name of Applicant	核准人签字 Authorized person
支付费用方式 In Payment of the Remittance	□现金 by Cash □支票 by Check □外汇户 from Account.	电话： Phone No.	日期 Date

附录十

海关 专用缴款书

收入系统：　　　　　填发日期：　　　　年　月　日　　号码

收款单位	收入机关		缴款单位（人）	名　称	
	科　目	预算级次		账　号	
	收款国库			开户银行	

税　号	货物名称	数　量	单　位	完税价格（￥）	税率（%）	税款金额（￥）

金额人民币（大写）　　　　　　　　　　合计（￥）

申请单位编号	报关单编号	填制单位	收款国库（银行）
合同（批文）号	运输工具（号）		
缴款期限	提/装货单号		

备注　　　　　　　　　　　　　　　制单人

从填发缴款书之日起限15日内缴纳（期末遇法定假定假日顺延），逾期按日征收税款总额千分之一的滞纳金。

参 考 文 献

1. 陈宪等：《国际贸易理论与实务》，上海社会科学院出版社，2000 年 7 月版。

2. 刘诚：《国际贸易》，中国金融出版社，1999 年版。

3. 邵继勇：《国际贸易概论》，世界知识出版社，1999 年版。

4. 李滋植：《国际贸易》，东北财经大学出版社，2001 年版。

5. 李巍等：《国际贸易》，中国金融出版社，1999 年 6 月版。

6. 陈同仇，张锡嘏：《国际贸易》，对外经贸大学出版社，1998 年版。

7. 刘厚俊，张二震：《国际经贸管理》，南京大学出版社，2001 年版。

8. 苟小菊：《国际经贸概论》，中国商业出版社，2001 年版。

9. 刘丽英：《新编国际经贸教程》，立信会计出版社，2000 年版。

10. （美）萨缪尔森：《经济学》，日本国·岩波出版社，1981 年 9 月版。

11. （日）经济企画厅：《世界经济白书》，日本国·大藏省印刷局，平成 9 年 11 月版。

12. （英）凯恩斯：《就业利息和货币通论》，北京商务印书馆，1993 年 4 月版。

13. （日）冈本磐男：《现代的金融经济》，日本国·世界书院，昭和 54 年 3 月版。

14. （德）鲁道夫·希法亭：《金融资本》，北京商务印书馆，1994 年 6 月版。

15. （日）小林端五：《现代社会政策讲义》，日本国·青木出版社，1993 年 3 月版。

后 记

　　《国际贸易学》第一版自 2002 年 10 月出版后，于 2003 年 8 月被评为保定市第六届社会科学优秀成果一等奖，2003 年 12 月又由于与教学相辅相承，被河北农业大学评为校级精品课程。为了适应国际经济形势的新变化，中国对外贸易方面出台了一系列新政策。本书自 2003 年起已被日本国明海大学指定为必修课程之一；而且第一版所出书籍已被购买一空。为了更好地满足广大读者的要求，再版了《国际贸易学》，本书在编写过程中，得到了河北农业大学教务处的大力支持和帮助；还有承蒙广大读者的厚爱，在此一并致以衷心的感谢。